第四轮 十四五

国家卫生健康委员会"十四五"规划教材

全国高等中医药教育教材

供中西医临床医学专业用

中西医结合骨伤科学

中西医結合

主　编　冷向阳　穆晓红

副主编　李　勃　李西海　张顺聪　袁普卫　熊　辉

主　审　施　杞　赵文海

编　委　（按姓氏笔画排序）

丰　哲（广西中医药大学）	李星晨（郑州大学）
王　正（安徽中医药大学）	李晋玉（北京中医药大学）
王　轩（山西中医药大学）	况　君（江西中医药大学）
王一品（辽宁中医药大学）	冷向阳（长春中医药大学）
王上增（河南中医药大学）	张君涛（天津中医药大学）
王卫国（山东中医药大学）	张顺聪（广州中医药大学）
王旭凯（长春中医药大学）	易红赤（云南中医药大学）
卢建华（浙江中医药大学）	孟宪宇（黑龙江中医药大学）
吉光荣（厦门大学）	郝　琦（西南医科大学）
刘　瑞（内蒙古医科大学）	胡　炜（新疆医科大学）
刘洪波（海南医学院）	袁普卫（陕西中医药大学）
许和贵（贵州中医药大学）	黄英如（重庆医科大学）
李　宁（甘肃中医药大学）	章轶立（南京中医药大学）
李　勃（上海中医药大学）	熊　辉（湖南中医药大学）
李　浩（湖北中医药大学）	穆晓红（北京中医药大学）
李西海（福建中医药大学）	

秘　书（兼）　王旭凯　李晋玉

人民卫生出版社

·北京·

图书在版编目（CIP）数据

中西医结合骨伤科学/冷向阳，穆晓红主编. —北京：人民卫生出版社，2023.8

ISBN 978-7-117-34972-7

Ⅰ.①中⋯ Ⅱ.①冷⋯②穆⋯ Ⅲ.①骨损伤-中西医结合疗法-高等学校-教材 Ⅳ.①R683.05

中国国家版本馆 CIP 数据核字（2023）第 147671 号

人卫智网	www.ipmph.com	医学教育、学术、考试、健康，购书智慧智能综合服务平台
人卫官网	www.pmph.com	人卫官方资讯发布平台

中西医结合骨伤科学
Zhongxiyi Jiehe Gushangkexue

主　　编：冷向阳　穆晓红

出版发行：人民卫生出版社（中继线 010-59780011）

地　　址：北京市朝阳区潘家园南里 19 号

邮　　编：100021

E - mail：pmph @ pmph.com

购书热线：010-59787592　010-59787584　010-65264830

印　　刷：廊坊一二〇六印刷厂

经　　销：新华书店

开　　本：850×1168　1/16　印张：24

字　　数：629 千字

版　　次：2023 年 8 月第 1 版

印　　次：2023 年 8 月第 1 次印刷

标准书号：ISBN 978-7-117-34972-7

定　　价：89.00 元

打击盗版举报电话：010-59787491　E-mail：WQ @ pmph.com

质量问题联系电话：010-59787234　E-mail：zhiliang @ pmph.com

数字融合服务电话：4001118166　E-mail：zengzhi @ pmph.com

修 订 说 明

为了更好地贯彻落实党的二十大精神和《"十四五"中医药发展规划》《中医药振兴发展重大工程实施方案》及《教育部 国家卫生健康委 国家中医药管理局关于深化医教协同进一步推动中医药教育改革与高质量发展的实施意见》的要求,做好第四轮全国高等中医药教育教材建设工作,人民卫生出版社在教育部、国家卫生健康委员会、国家中医药管理局的领导下,在上一轮教材建设的基础上,组织和规划了全国高等中医药教育本科国家卫生健康委员会"十四五"规划教材的编写和修订工作。

党的二十大报告指出:"加强教材建设和管理""加快建设高质量教育体系"。为做好新一轮教材的出版工作,人民卫生出版社在教育部高等学校中医学类专业教学指导委员会、中药学类专业教学指导委员会、中西医结合类专业教学指导委员会和第三届全国高等中医药教育教材建设指导委员会的大力支持下,先后成立了第四届全国高等中医药教育教材建设指导委员会和相应的教材评审委员会,以指导和组织教材的遴选、评审和修订工作,确保教材编写质量。

根据"十四五"期间高等中医药教育教学改革和高等中医药人才培养目标,在上述工作的基础上,人民卫生出版社规划、确定了中医学、针灸推拿学、中医骨伤科学、中药学、中西医临床医学、护理学、康复治疗学7个专业155种规划教材。教材主编、副主编和编委的遴选按照公开、公平、公正的原则进行。在全国60余所高等院校4 500余位专家和学者申报的基础上,3 000余位申报者经教材建设指导委员会、教材评审委员会审定批准,被聘任为主编、副主编、编委。

本套教材的主要特色如下:

1. **立德树人,思政教育**　教材以习近平新时代中国特色社会主义思想为引领,坚守"为党育人、为国育才"的初心和使命,坚持以文化人,以文载道,以德育人,以德为先。将立德树人深化到各学科、各领域,加强学生理想信念教育,厚植爱国主义情怀,把社会主义核心价值观融入教育教学全过程。根据不同专业人才培养特点和专业能力素质要求,科学合理地设计思政教育内容。教材中有机融入中医药文化元素和思想政治教育元素,形成专业课教学与思政理论教育、课程思政与专业思政紧密结合的教材建设格局。

2. **准确定位,联系实际**　教材的深度和广度符合各专业教学大纲的要求和特定学制、特定对象、特定层次的培养目标,紧扣教学活动和知识结构。以解决目前各院校教材使用中的突出问题为出发点和落脚点,对人才培养体系、课程体系、教材体系进行充分调研和论证,使之更加符合教改实际、适应中医药人才培养要求和社会需求。

3. **夯实基础,整体优化**　以科学严谨的治学态度,对教材体系进行科学设计、整体优化,体现中医药基本理论、基本知识、基本思维、基本技能;教材编写综合考虑学科的分化、交叉,既充分体现不同学科自身特点,又注意各学科之间有机衔接;确保理论体系完善,知识点结合完备,内容精练、完整,概念准确,切合教学实际。

4. **注重衔接,合理区分**　严格界定本科教材与职业教育教材、研究生教材、毕业后教育教材的知识范畴,认真总结、详细讨论现阶段中医药本科各课程的知识和理论框架,使其在教材中得以凸显，既要相互联系，又要在编写思路、框架设计、内容取舍等方面有一定的区分度。

5. 体现传承，突出特色 本套教材是培养复合型、创新型中医药人才的重要工具，是中医药文明传承的重要载体。传统的中医药文化是国家软实力的重要体现。因此，教材必须遵循中医药传承发展规律，既要反映原汁原味的中医药知识，培养学生的中医思维，又要使学生中西医学融会贯通；既要传承经典，又要创新发挥，体现新版教材"传承精华、守正创新"的特点。

6. 与时俱进，纸数融合 本套教材新增中医抗疫知识，培养学生的探索精神、创新精神，强化中医药防疫人才培养。同时，教材编写充分体现与时代融合、与现代科技融合、与现代医学融合的特色和理念，将移动互联、网络增值、慕课、翻转课堂等新的教学理念和教学技术、学习方式融入教材建设之中。书中设有随文二维码，通过扫码，学生可对教材的数字增值服务内容进行自主学习。

7. 创新形式，提高效用 教材在形式上仍将传承上版模块化编写的设计思路，图文并茂、版式精美；内容方面注重提高效用，同时应用问题导入、案例教学、探究教学等教材编写理念，以提高学生的学习兴趣和学习效果。

8. 突出实用，注重技能 增设技能教材、实验实训内容及相关栏目，适当增加实践教学学时数，增强学生综合运用所学知识的能力和动手能力，体现医学生早临床、多临床、反复临床的特点，使学生好学、临床好用、教师好教。

9. 立足精品，树立标准 始终坚持具有中国特色的教材建设机制和模式，编委会精心编写，出版社精心审校，全程全员坚持质量控制体系，把打造精品教材作为崇高的历史使命，严把各个环节质量关，力保教材的精品属性，使精品和金课互相促进，通过教材建设推动和深化高等中医药教育教学改革，力争打造国内外高等中医药教育标准化教材。

10. 三点兼顾，有机结合 以基本知识点作为主体内容，适度增加新进展、新技术、新方法，并与相关部门制定的职业技能鉴定规范和国家执业医师(药师)资格考试有效衔接，使知识点、创新点、执业点三点结合；紧密联系临床和科研实际情况，避免理论与实践脱节、教学与临床脱节。

本轮教材的修订编写，教育部、国家卫生健康委员会、国家中医药管理局有关领导和教育部高等学校中医学类专业教学指导委员会、中药学类专业教学指导委员会、中西医结合类专业教学指导委员会等相关专家给予了大力支持和指导，得到了全国各医药卫生院校和部分医院、科研机构领导、专家和教师的积极支持和参与，在此，对有关单位和个人表示衷心的感谢！为了保持教材内容的先进性，在本版教材使用过程中，我们力争做到教材纸质版内容不断勘误，数字内容与时俱进，实时更新。希望各院校在教学使用中，以及在探索课程体系、课程标准和教材建设与改革的进程中，及时提出宝贵意见或建议，以便不断修订和完善，为下一轮教材的修订工作奠定坚实的基础。

人民卫生出版社

2023 年 3 月

前 言

中西医结合骨伤科学是中西医结合医学的重要组成部分，是将中医传统疗法和现代医学相结合，以中医辨证思维为核心、西医辨病论治为基础，综合运用中西医的理论和方法，保留传统骨伤科特点，结合现代理论，研究人体运动系统疾病的诊断、治疗、预防保健的一门临床课程。为了适应新形势下教学改革和中西医结合人才培养需要，提升中西医结合教材质量，满足中西医结合教学需求，突出中西医结合专业特色，体现学科发展研究成果，根据人民卫生出版社教材编写要求，本教材编委会经过充分讨论，最终编写本教材。

本教材在编写过程中始终贯彻"三基、五性、三特定"原则和中西医结合人才培养要求，同时突出中西医结合骨伤科学的特色与优势，并充分吸收近年来本学科教学及科研优秀成果，教材内容以知识点为主体，增加了新进展、新技术和新理念，设立学习目标、思政元素、课堂互动、知识链接等模块，增强学生学习的兴趣，同时增加数字资源，以进一步提高学生的学习效果。

本教材适用于中西医临床医学专业本科教学，同时也可应用于中西医结合专业研究生、进修生以及相关专业学生参考学习。

本书编写分工如下：第一章由冷向阳执笔，第二章由李晋玉执笔，第三章由穆晓红、章轶立、吉光荣执笔，第四章由易红赤、王轩、李西海、李星晨、王旭凯、袁普卫执笔，第五章由孟宪宇执笔，第六章由李勃执笔，第七章由许和贵执笔，第八章由况君、刘洪波、李宁、李浩执笔，第九章由王上增、王卫国、郝琦、王一品执笔，第十章由卢建华、张君涛执笔，第十一章由张顺聪、黄英如、王正执笔，第十二章由胡炜执笔，第十三章由熊辉执笔，第十四章由刘瑞执笔，第十五章和第十六章由丰哲执笔。

本书由施杞教授和赵文海教授主审，两位教授对本书进行了认真审校，付出了辛勤劳动，谨在此表示最诚挚的谢意。

本教材虽经全体编委多次讨论修改研究，但内容难免有不足或疏漏之处，望各院校师生和广大读者在使用过程中多提宝贵意见，以便再版时进一步修订完善。

编者

2023 年 2 月

目 录

❖❖❖ 第一章 ❖❖❖

绪　论

📍 学习目标

　　了解中、西医骨伤科的发展历程;熟悉不同时期的著名医家及其著作;掌握中、西医骨伤科的主要成就。

第一节　中西医结合骨伤科学发展概况

一、中医骨伤科学发展概况

　　早在远古时代,原始人摸索出一些简易的理伤按摩手法,并发现了有治疗作用的外用药物,这是中医外治法的起源。在旧石器时代晚期,发现了骨针、骨锥和其他骨制尖状器具。新石器时代已有可以砭刺、切割的砭镰,这些说明新石器时代已产生了外科手术器械,这一时期还出现了外伤科名医俞跗。

　　公元前 21 世纪至公元前 476 年,我国经历了夏、商、周(春秋时期)三代,这个时期中医骨伤科学开始萌芽,外科学成为独立学科,对骨伤科疾病有了明确的认识和分类,并出现了"疡医"。

　　战国、秦汉时期,中国从奴隶社会进入封建社会,政治、经济、文化都有显著进步,学术思想十分活跃,出现了"诸子蜂起、百家争鸣"的局面,促进了医学的发展,骨伤科学基础理论初步形成,马王堆汉墓出土的医学帛书记载了战国时期诊治骨折、创伤及骨病的丰富经验,包括手术、练功及方药等。《黄帝内经》是我国现存最早的一部医学典籍,为中医骨伤科学的发展奠定了理论基础。成书于东汉时期的《神农本草经》载有中药 365 种,其中应用于骨伤科的药物约 100 种。汉代著名医家华佗精通方药、针灸、养生,更擅长外伤科手术,华佗的五禽戏现已广泛应用于骨伤科疾病的康复。

　　三国至隋唐、五代时期,骨伤科的诊疗技术得到了明显提升。晋代葛洪著《肘后备急方》,在世界上最早记载了下颌关节脱臼手法整复方法;同时在书中首先记载用竹片夹板固定骨折、烧灼止血、桑白皮线缝合创伤肠断裂等开放创口的处理原则。南齐时期龚庆宣整理的《刘涓子鬼遗方》记载了对创口感染、骨关节化脓性疾病的治法,运用虫类活血药治疗金疡,提出了骨肿瘤的诊断和预后。隋代巢元方著《诸病源候论》,详细论述了复杂骨折的处理方法,书中记载了用丝线结扎血管,还提出对破碎的关节和折断的骨骼在受伤后可立即用线缝合,这是世界上关于骨折内固定的最早记载。唐代孙思邈著《备急千金要方》,在骨伤科方面总结了补髓、生肌、坚筋、固骨类药物,载录了下颌关节脱位手法复位后采用蜡疗、热敷、针灸等外治法,丰富了骨伤科治疗方法。唐代王焘所著《外台秘要》最早将伤科疾病分为外损与内伤两大类。唐代蔺道人所著《仙授理伤续断秘方》是我国现存最早的一部伤科专著,提出了骨折整复固定的方法和处理开放性骨折需要注意的原则,形成了麻醉、清创、整复、固定、练功、按摩及内外用药等一系列治疗方法。

宋金元时期,医学出现了百家争鸣、蓬勃发展的局面,是促进中医骨伤科发展的关键时期。宋代医官王怀隐等编成的《太平圣惠方》中提出了对骨折"补筋骨,益精髓,通血脉"的治疗思想,倡导用柳木夹板固定骨折;张杲著《医说》记载了治疗开放性胫腓骨骨折病案,介绍了采用脚踏转轴及竹管的搓滚舒筋练功疗法。元代危亦林著《世医得效方》记载了当时已采用刀、剪、钳、凿、夹板等多种医疗器械进行骨科手术,提出的采用两踝悬吊复位法进行脊柱骨折的整复为世界首例。

明清时期是中医骨伤科的兴盛时期。明代《金疮秘传禁方》记载了用骨擦音作为检查骨折的方法;对于开放性骨折,主张把穿出皮肤已被污染的骨折端切除,以防感染等。朱橚等编著《普济方》辑录治疗骨伤科方药 1 256 首,是 15 世纪以前治疗骨伤方药的总汇。明代异远真人著《跌损妙方》记载全身 57 个穴位,总结了一套按受伤穴位施治的方药,其"用药歌"在骨伤科亦广为流传。薛己所撰的《正体类要》强调突出八纲、脏腑、气血辨证论治,用药主张以补气血、补肝肾为主,行气活血次之,开创了以"气血学说"和"平补法"为基础的骨伤科"内治学派"先河。清代吴谦等编著的《医宗金鉴·正骨心法要旨》,在骨折的治疗方面总结了"摸、接、端、提、按、摩、推、拿"八种正骨手法,记载了"攀索叠砖法""腰部垫枕法"整复腰椎骨折脱位,以及竹策、杉篱、腰柱、通木、抱膝圈等各种外固定器材。清代钱秀昌所著《伤科补要》、赵竹泉所著《伤科大成》都系统论述了各种损伤证治,并附有很多治伤方药。王清任《医林改错》尤善活血化瘀治伤,某些方剂至今仍广为采用。

鸦片战争后,随着西方文化的传入,中医受到歧视,在此期间,骨伤科著作甚少,较有代表性的是 1852 年赵廷海所著《救伤秘旨》。该书收集了少林学派的治伤经验,介绍了损伤的各种轻重症治疗方法。中华人民共和国成立前,中医骨伤科的延续以祖传或师承为主,医疗活动只能以规模极其有限的私人诊所形式开展。这种私人诊所在当时不仅是医疗单位,也是教徒授业的教学单位。借此,中医骨伤科许多宝贵的学术思想与医疗经验才得以流传下来。全国各地的骨伤科诊所,因其学术渊源的差别,出现不少学术流派。

中华人民共和国成立后,国家为中医药事业的发展提供了前所未有的优越条件,中医骨伤科与中医事业均得到了大规模的发展,取得了一系列成就。1958 年以后,全国各地有条件的省、市、县均相继成立了中医院,不少地区还建立了专门的骨伤科医院;同时,全国各省、自治区、直辖市普遍建立中医学院与中医学校,为国家培养了大批中医人才。20 世纪 50 年代,上海市首先成立了骨伤科研究所,20 世纪 70 年代,北京中国中医研究院(现中国中医科学院)骨伤科研究所与天津市中西医结合治疗骨折研究所相继成立,其他不少省市也纷纷成立骨伤科研究机构,中医骨伤科不仅在临床实践上得到充分发展,在基础理论与科学研究方面也都取得了较好的进步。

1986 年中华中医药学会骨伤科分会成立,标志着中医骨伤科进入了一个新的历史时期。全国各省、自治区、直辖市分别设立了骨伤科专业委员会,2005 年又成立了世界中医药学会联合会骨伤科专业委员会等。随着各级、各类学术组织机构的成立,中医骨伤科学发展又进入了新的阶段,同时《中医正骨》《中国骨伤》《中国中医骨伤科杂志》等专业杂志陆续创办,出现了学术"百花齐放、百家争鸣"的可喜局面。

近些年来,现代科学技术已在中医骨伤科的基础研究与临床医疗中广泛应用。中医骨伤科学只有不断继承发扬自身优势,不断吸纳百家之长,将传统的特色与现代科技紧密结合,不断创新,中西并重,才能永葆青春活力。

二、西医骨科学发展概况

西方医学是以古希腊医学为基础,融汇了古巴比伦、古罗马和古埃及的医学而逐步形成的。

约公元前 19 世纪,古巴比伦的《汉谟拉比法典》记录有青铜刀割治创伤的条文。约公元前 9 世纪,古希腊的史诗《伊利亚特》和《奥德赛》记录了创伤等一些骨科疾病治疗方法。公元前 4 世纪,古希腊的《希波克拉底文集》记载了四肢骨折、关节脱位用手法复位、夹板外固定治疗,对肩关节脱位施行的手牵足蹬复位法,此类方法至今还应用于临床。古希腊盖伦对骨骼系统、结构和数目都作了较为正确的记录,奠定了西医骨科的解剖学基础,记录了钻颅术、压迫结扎或烧灼止血、亚麻线缝合伤口、手法复位局部木板固定骨折、截肢术及功能体育疗法。

欧洲经过 14 世纪到 16 世纪的文艺复兴,自然科学逐渐兴起,骨科在西医迅速发展的大背景里也逐步发展起来。到 17 世纪,西医骨科在临证医学上已经取得了一定成就,骨折的治疗主要依靠手法及机械力的复位和局部的夹板固定,外科手术因疼痛、出血、感染而未得到广泛推广。1741 年,巴黎大学医学教授安德雷应用古希腊词根组合提出了"Orthopaedia"作为外科学中一门分科的名词,标志着骨科作为外科学的分科已经成熟。就在这一时期以后,西医骨科进入了快速发展期。1768 年,英国的波特发表《骨折与脱位》,确立了骨折以复位和固定为治疗原则,提倡包括上下关节的广泛固定法。

19 世纪,X 线机的发明并广泛应用于临床,对骨科的发展产生了巨大而深远的影响,骨折脱位的分型分类逐步丰富和发展。其中,科利斯报告桡骨远端伸直型骨折(Colles fracture),蒙泰贾报告尺骨上 1/3 骨折并桡骨头脱位(Monteggia fracture),巴顿报告桡骨下端涉及桡骨关节面、伴有桡腕关节脱位的骨折(Barton fracture),史密斯报告桡骨远端屈曲型骨折(Smith fracture)。石膏绷带外固定的应用,被视为骨折疗法的一个革新。同时,相应的一些固定器具也相继出现,还发明了多种牵引技术、器材等用于持续牵引、广泛固定治疗骨折和损伤。在骨病方面,对骨髓炎、骨肿瘤和骨关节结核也有了初步认识。19 世纪初,英国的 William Hey 首先提出应用瘘管扩张、死骨摘除和灌注治疗骨感染,并开始对骨髓炎进行病理研究。1845 年,Boyer 首次描述了骨肉瘤,认为这是一种特殊的恶性肿瘤;1879 年,Gross 对骨肉瘤的起源、病理和症状进行了系统阐述。1882 年,德国 Robert Koch 分离出结核杆菌之后,骨、关节结核也逐步被认识。

19 世纪末到 20 世纪初,随着磺胺药物、青霉素、合金内固定钢板的应用,内固定技术得到迅速推广。1891 年,Hadra 为一颈椎骨折脱位患者施行金属线穿过棘突内固定,开启了脊柱骨折内固定的历史;1893 年,W. A. Lane 首先应用钢制接骨板和螺丝钉固定骨折。

20 世纪 50 年代,"AO"学派诞生,以解剖对位、坚强内固定、保护血液供应、无痛功能活动为原则,设计了全套内固定用具和手术器械,全身骨折均可施行加压内固定技术治疗。但是在长期的临床应用中,"AO"理论的弊端也逐渐暴露出来,20 世纪 90 年代,骨折的生物学固定"BO"理论提出并被广泛关注,"BO"理论的核心是充分保护骨折血运,决不允许以牺牲局部血运的代价来达到骨折的解剖复位,也就是将骨折局部医源性的破坏降到最低限度。因此,骨折治疗需在骨折稳固和局部软组织完整之间平衡。在"BO"理论的指导下,骨折固定物的材料、复位及固定方法等均有较大改进,可吸收钢板、部分接触钢板(LC-DCP)、点状接触钢板(PC-Fix)、不接触钢板(NCP)等相继出现。与此同时,骨折治疗的微创化也逐步运用于临床,如微创内固定系统(LISS)、微创钢板接骨术(MIPO)等。

人工关节置换技术的成熟,标志着骨关节外科进入置换外科时代,其中以髋、膝关节置换技术最为成熟。在脊柱外科技术方面,越来越多的内固定器材或内镜系统进入临床并取得良好效果。随着光纤技术的发展和小型手术器械的改进,关节镜的应用范围已经延伸到髋、踝、肩、肘、腕及颞下颌关节。

进入 21 世纪,骨科发展进入计算机参与手术的时代,3D 打印与手术机器人等技术的问世,实现复杂手术标准化、常规手术微创化、按键操作智能化。随着医疗水平的发展,骨科疾病的治疗日趋微创化、智能化,为病患减轻了痛苦,造福了人类健康。

三、中西医结合骨伤科学发展概况

鸦片战争后(1840—1949 年),中国逐渐沦为半封建半殖民地国家,骨伤科著作甚少,以前处于萌芽状态的骨折切开复位、内固定等技术不仅没有发展,而且基本上失传。西方医学大量输入中国,东、西方文化的不断交流,即产生了中西医汇通思想,在 19 世纪末、20 世纪初形成了以唐容川为代表的主张"中体西用""衷中参西"的"中西医汇通派",继而到 20 世纪 20 年代兴起了中西医结合研究。19 世纪末一些开明的中医骨伤科医师开始注重吸收西医知识,尤其是关于骨骼解剖、肌肉、韧带的相关知识,并将其运用到中医手法治疗中。

进入 20 世纪,诸如 X 线等物理诊断技术传入中国,当时有条件的中医骨伤科医生都尽可能地吸取 X 线诊断知识,利用 X 线拍片来诊断疾病,大大提高了骨伤疾病诊断的准确性。

从 20 世纪 50 年代开始,我国学者对中医骨伤科和西医骨科的临床进行了深入探讨,取长补短,融会贯通,在骨折治疗方面取得了突破性的成就。1958 年,我国著名骨伤科专家方先之、尚天裕等虚心学习著名中医苏绍三的正骨经验,博采各地中医伤科之长,运用现代科学知识和方法,总结出新的正骨八大手法,成功研制新的夹板外固定器材,同时配合中药内服、外治及传统的练功方法,形成一套中西医结合治疗骨折的新疗法,其编著的《中西医结合治疗骨折》一书,根据对立统一的辩证关系,提出了"动静结合、筋骨并重、内外兼治、医患合作"的骨折治疗新原则,使骨折治疗提高到一个新水平,在国内外产生重大影响,被国际骨科界称为"CO 学派"(Chinese osteosynthesis)。

20 世纪 70 年代以后,中西医结合在治疗开放性感染骨折、脊椎骨折、关节内骨折及陈旧性骨折脱位等方面总结了成功经验,治疗慢性骨髓炎、慢性关节炎也取得了一定效果。传统的中医骨伤科经验得到进一步发掘、整理与提高,逐步形成一套具有中国特色的治疗骨折、骨病与软组织损伤的新疗法。空军总医院冯天有教授应用传统中医的朴素思维与现代西医解剖学相结合,创造性地提出了新医正骨疗法,通过独特的调整椎体位移手法来治疗腰部急性软组织劳损、小关节滑膜嵌顿等引起的疼痛、功能受限,发挥了良好作用。新医正骨疗法具备完整的中西医结合理论,在国内外产生了巨大影响。在外固定方面,全国各地在总结中西医固定器械的优缺点基础上,把两者有机结合在一起,运用现代科学理论加以论证,这方面工作较突出的如中国中医科学院"骨折复位固定器"、天津医院"抓髌器"、河南省洛阳正骨医院"尺骨鹰嘴骨折固定器"及上海市第六人民医院"单侧多功能外固定器"等。

20 世纪 90 年代以来,一些治疗骨延迟愈合、骨质疏松、骨缺血性坏死、骨髓炎及骨性关节炎的中药新药不断研制出来,产生了良好的社会效益与经济效益。在颈肩臂痛、腰腿痛等疾病的诊治中均取得了长足的进步。

21 世纪以来,中西医结合骨伤科学一直坚持遵循现代科学的发展规律,中西医互相借鉴,相互融合,使得中西医结合骨伤科学在诊断与治疗技术上取得了不断进步。微创技术和数字技术作为一种新兴技术,已成为骨伤科领域治疗的重要技术之一,此项技术的发展使得骨伤科疾病的治疗更加微创化、智能化、个体化、精确化。

思政元素

医 者 精 神

"健康所系,性命相托"是医者的神圣职责。时代各有不同,医者一脉相承。纵观中西医结合骨伤科学的发展,疾病的诊断和治疗手段不断创新,体现了历代医者敢于开创、精益求精的钻研精神。党的二十大报告中多次提及卫生健康工作,指出"把保障人民健康放在优先发展的战略位置,完善人民健康促进政策"。作为新时代的医务工作者,我们不仅要具备以爱国主义为核心的民族精神,救死扶伤、甘于奉献的职业精神,还应该具有刻苦钻研的科学精神、勇于探索的开拓精神、通力协作的团队精神,争取为建设健康中国、增进人民健康福祉做出新的贡献!

第二节 中西医结合骨伤科学的研究与展望

中医骨伤科学历史悠久,是在我国各族人民与外伤疾患长期斗争中创造和发展起来的,对疾病的认识具有朴素的辩证观点,在整体观念的指导下,经过长期的医疗实践,形成了以气血学说、肾主骨学说、经络学说为主的理论体系,动静结合、筋骨并重、内外兼治、医患合作的治疗原则及相应方法,逐步成为一门独立的学科,是中国医学的重要组成部分,为中华民族的繁衍昌盛和医学发展作出了重要贡献。

西医骨科学又称矫形外科学,是医学的一个专业或学科,专门研究骨骼肌肉系统的解剖、生理与病理,运用药物、手术及物理方法保持和发展这一系统的正常形态与功能,以及治疗这一系统伤病的学科。西医骨科学主要依靠近代科学技术的发展而迅速成长,重视实验医学、专科建设和学术交流。

中西医结合骨伤科学是传统中医骨伤科学与现代医学相互交叉渗透的结果,只有通过中西医结合,才能使两个学科取长补短,以提高临床疗效为初衷,更新观念,拓展思路,守正创新,在继承发扬传统中医骨伤科学的基础上,结合现代科技理论和方法,发展成为具有中国特色的中西医结合骨伤科学。

ER-1-2

扫一扫,
测一测

（冷向阳）

复习思考题

1. 骨科专业发展为什么要走中西医结合之路?
2. 作为医学生,你认为未来中西医结合骨伤科学的发展之路该如何走?

◇◇◇ 第二章 ◇◇◇

筋骨系统疾病的分类与病因病机

✎ 学习目标

了解损伤与筋骨关节疾病的范畴与病因;熟悉筋骨关节疾病的病因病机;掌握损伤和筋骨关节疾病的分类以及损伤的病因病机。

第一节　损伤的分类与病因病机

一、损伤的分类

人体遭受外界各种致伤因素,使皮肉、筋骨、脏腑等组织器官出现结构上的损害,以及带来的局部和全身性反应,即为损伤。损伤分类的方式众多,临床上常常应用多种分类方法共同判断患者损伤情况。

(一)按损伤部位分类

1. 外伤　可分为骨折、脱位和筋伤。

(1)骨折:骨折是指在外力损伤下出现骨骼的完整性或连续性中断。根据骨折整复后的稳定程度,可分为稳定骨折和不稳定骨折。稳定骨折是指骨折处在经过复位和外固定后不易再发生移位的骨折,这类骨折包含裂缝骨折、横行骨折、嵌插骨折和青枝骨折等。不稳定骨折指的是复位及固定后容易发生再移位的骨折,这类骨折主要包含斜形骨折、螺旋形骨折和粉碎性骨折。

(2)脱位:又称为脱臼或脱骱,是指在损伤因素作用下构成关节的骨端关节面脱离了正常位置而发生关节功能障碍。根据脱位原因常分为外伤性脱位、病理性脱位、习惯性脱位和先天性脱位等;临床上根据骨端脱出的方向常分为前脱位、后脱位、上脱位、下脱位、内侧脱位和外侧脱位等。

(3)筋伤:中医概念中"筋"的范围较为广泛,是指遍布周身、联络百骸、负责运动的组织,如《杂病源流犀烛》中所述:"筋也者,所以束节络骨,绊肉弸皮,为一身之关纽,利全体之运动者也……按人身之筋,到处皆有,纵横无算。"由于扭转、闪挫、切割以及劳损等原因导致软骨、经络、韧带及筋膜等组织受损或退变,都属于筋伤范畴,中医分类包括瘀血凝滞、筋伤断裂、筋纵弛软、痉挛拘急和筋出其槽等几类。筋伤类似于现代医学中的软组织损伤,包括扭伤、挫伤、裂断伤、撕脱伤和碾挫伤等。

2. 内伤　按内伤病理特点可分为伤气(气滞、气闭、气虚、气脱)、伤血(血瘀、血热、血虚、血脱);按内伤部位不同可分为头部伤、胸部伤、腹部伤。内伤后可出现诸多里证,如损伤血证、损伤疼痛、损伤昏厥、损伤呕吐等。

（二）按损伤过程和外力作用的性质分类

1. 急性损伤　是指由突发暴力所造成的损伤,特点是突发性、不可预测性,通常伴随剧烈的疼痛和活动障碍。

2. 慢性劳损　是指由于外力持续作用或劳逸失度、长期不正确的姿势所造成的损伤,通常表现为疼痛和活动障碍的慢性进展,亦称为劳伤。

（三）按损伤后就诊时间的长短分类

1. 新鲜损伤　一般指受伤发生时间较短(2~3周内)的损伤,可能带来骨折、脱位、筋伤和内伤。

2. 陈旧损伤　是指受伤时间长,超过损伤发生时间2~3周,包括陈旧性骨折、陈旧性脱位、慢性筋伤及宿伤。陈旧损伤的特点是病程长,通常为日久失治或经久未愈,在一定诱因下又反复发作。

（四）按损伤部位皮肤与黏膜完整性分类

1. 闭合性损伤　一般是由于钝性暴力作用而导致的损伤,受伤部位的皮肤或黏膜完整无创口。根据闭合性损伤发生的部位可分为闭合性软组织损伤(如挫伤、扭伤、挤压伤等)、闭合性骨折、闭合性脱位、闭合性内脏损伤(如冲击伤、爆震伤等)等,以上损伤临床上也可同时出现,如肩关节受外伤撞击时可能同时发生肩关节脱位与肱骨外科颈骨折,临床上需仔细问诊查体,结合影像学结果进行判断。

2. 开放性损伤　常常是由锐器、火器或钝性暴力碾挫造成,受伤部位的皮肤或黏膜破裂而出现创口。创口的形态、大小、深浅因暴力性质及损伤程度而异:如火器伤可深达骨骼、关节,形成开放性骨折和开放性脱位;锐器伤可涉及内脏,导致开放性内脏损伤;擦伤可仅涉及皮肤筋膜肌肉组织,而形成开放性软组织损伤。

（五）按照损伤部位的严重程度分类

1. 骨折　可分为不完全骨折和完全骨折。不完全骨折系指骨的完整性和连续性仅有部分中断,此类骨折多无移位,如裂纹骨折、青枝骨折(儿童好发)等。完全骨折系指骨的完整性和连续性全部中断,完全骨折可分为横形骨折、斜形骨折、螺旋形骨折、粉碎性骨折、爆裂骨折等几种类型。

2. 脱位　根据关节脱位后骨端与关节之间的位置关系和脱位发生的原因,临床上可分为完全脱位、不完全脱位(半脱位)、单纯性脱位、复杂性脱位(脱位合并骨折,或合并血管、神经、内脏损伤者)。

3. 筋伤　按病理特点及损伤程度可分为瘀血凝滞(指筋膜、肌肉的脉络受伤,但筋膜、肌肉、韧带无撕裂或断裂)、筋伤断裂(筋膜、肌肉、韧带等牵拉伤、撕裂伤和断裂伤)、筋纵弛软(含神经损伤和肌肉失用性萎缩等)、痉挛拘急(含关节僵硬和肌肉痉挛等)和筋出其槽(即筋位异常,含肌腱滑脱、可动和微动关节的细微错缝)等几类。

4. 内伤　按损伤后是否合并体内脏腑器官的损伤,可分为单脏器损伤及多脏器损伤。

（六）按损伤是否继发于其他疾病分类

根据损伤是否继发于其他疾病可分为原发性损伤与继发性损伤。原发性损伤是指损伤原因来自外界突发损伤因素或损伤部位慢性劳损等因素,如原发性骨折是突然遭受较强大的暴力所造成的骨骼受损,原发性损伤在临床上占绝大多数。继发性损伤是指损伤部位在致伤因素出现之前就已有病变破坏,如骨结核、骨肿瘤、骨质疏松等造成的骨骼病变,使骨骼在轻微外力的作用下即可发生较为严重的损伤。

（七）按损伤因素的性质及种类分类

按损伤因素的性质和种类可分为物理性损伤、化学性损伤、生物性损伤以及复合型损伤,物理性损伤包括车祸伤、跌扑伤、切割伤;化学性损伤是由具有腐蚀性或放射性等化学物质所造成;生物性损伤包括蛇咬伤、犬咬伤等生物因素所造成的损伤;复合型损伤指两种或两种以上不同性质的致伤因素所造成的损伤,包括热压伤、烧冲伤等。

二、损伤的病因病机

(一)损伤的病因

损伤的病因即造成人体损伤发生的原因,亦称为损伤的致病因素。中医文献中对损伤病因的论述有很多。《黄帝内经》中记载有"坠堕""击仆""举重用力"等损伤致病因素。历代大多数医家认为,损伤的病因包括外因和内因。了解损伤的病因,才能对损伤的性质和程度做出较为准确的估计,因而对损伤的治疗有着重要的指导意义。

1. 外因 损伤的发生主要与外力因素有关,其发生发展亦与外感六淫、劳伤虚损、邪毒感染等因素有一定关系。

(1)外力因素:外力作用可导致机体的组织结构及生理功能失常,从而引起一系列症状,轻则出现皮肤筋肉的肿痛瘀斑,重则皮肉开裂出血或筋断骨错,甚则损伤脏腑危及生命。骨伤科常见的致伤因素有跌扑伤、撞击伤、挤压伤、刀器伤、火器伤、毒剂伤等。各种外力伤害的性质均可归纳为以下4类:

1)直接暴力:直接暴力造成损伤的特点是外力直接作用部位出现损伤,可由跌仆、坠堕、撞击、压砸、穿凿、挤压等引起。直接暴力造成的骨折,骨折发生在外力直接作用的部位,其局部软组织常被暴力碾挫致伤,骨折线的形态多为横断形或粉碎性。直接暴力造成的脱位多并发筋伤断裂和骨折,直接暴力导致内伤时易出现体内脏器的损伤。

2)间接暴力:间接暴力所致的损伤发生在远离外力作用的部位,其造成的骨折多发生在骨质较弱处,即应力集中的部位,骨折线形态多为斜形、螺旋形,或为压缩性和撕脱性骨折,骨折处的软组织损伤较轻。当间接暴力的强度超过关节所能承受的应力,即可破坏关节的正常结构,如关节囊、韧带等损伤断裂,使关节的骨端运动超过正常范围而引起脱位。如为筋腱损伤,则多为扭转牵拉所致。如为内脏损伤,则多为震荡伤。依据间接暴力的不同性质可分为传达暴力、扭转暴力、杠杆暴力3种。

传达暴力:多由大小相等、方向相反的纵向轴心作用力形成,易发生在四肢和脊柱。损伤部位多在骨质结构薄弱处、运动与静止交界处、松质骨与密质骨交界处等力的作用中心,如发生骨折,多为斜形或压缩性。如老年人摔倒时手撑地,虽然手掌部为直接受力点,但传达暴力往往导致桡骨远端发生骨折。

扭转暴力:为大小相等、作用方向相反的绕骨干纵轴轴心旋转的作用力。所致损伤多发生在关节、筋腱结构薄弱处或骨干细弱处。扭转暴力多形成关节囊、韧带的撕裂伤,重者则形成脱位。扭转暴力易造成四肢长骨干骨折,多为螺旋形和撕脱性骨折。如踝关节扭伤时,扭转暴力可能会导致关节囊撕裂、踝部骨折、下胫腓联合分离等情况。

杠杆暴力:易在关节和关节附近形成支点,因支撬作用造成筋腱断裂或骨折脱位,如跌仆时上肢高度外展外旋而形成的肩关节脱位、膝关节的急骤屈曲所形成的髌骨骨折均属此类损伤。

3)肌肉强烈收缩:在损伤中由于机体的防御反应或在劳作时用力过猛,均可致急剧而不协调的肌肉强烈收缩,造成筋腱断裂或肌腱附着处骨折,如运动员股四头肌强烈收缩致股四头肌断裂,杂技演员翻跟斗时小腿三头肌的强烈收缩造成跟腱断裂,也可导致骨折发生,如骤然跪地时,股四头肌猛烈收缩导致髌骨骨折。

4)持续劳损:由于劳作过度或姿势不正确,易形成筋肉、骨关节积累性劳损而使组织变性,甚至断裂。当微小损伤发生后,组织还没有足够时间愈合,下一次微小损伤便开始累积,当超过疲劳极限,组织就会受到创伤。如耐力跑步运动员中跖骨骨折更常见,举重和体操运动员更易成为椎体滑脱患者,长期伏案工作易形成颈项部肌肉劳损。

（2）外感六淫：外感六淫诸邪对损伤疾病有一定影响,人体四肢百骸遭受外伤后,气血、筋骨、脏腑、经络受损,六淫之邪常乘虚而入。《黄帝内经》指出："风寒湿三气杂至,合而为痹也。其风气胜者为行痹,寒气胜者为痛痹,湿气胜者为着痹也。"说明风寒湿邪乘虚侵袭,经络阻塞,气机不得宣通,可引起肌肉挛缩或松弛无力,导致关节活动不利、肢体功能障碍,而风邪所导致的行痹特点是疼痛游移不定;寒邪所导致的痛痹则表现为疼痛明显,得温而减;湿邪所导致的着痹病变沉着不移。

（3）邪毒感染：人体受伤后,常有皮肉破损,严重者筋骨断裂,形成开放性骨折,则邪毒可从伤口侵入,引起邪毒感染,轻者表现为伤口红、肿、热、痛;重者腐肉为脓、肢体坏死;甚者邪毒内陷,侵犯脏腑,导致全身化脓性感染,出现火毒攻心的证候。临床常见的骨科感染有麻风、布鲁氏菌病、骨与关节梅毒、骨包虫病、足菌肿、沙门菌感染、含 Panton-Valentine 杀白细胞素（PVL）的金黄色葡萄球菌感染、脊髓灰质炎、结核等。此外,邪毒感染还可引动肝风,出现牙关紧闭、角弓反张、全身抽搐等证候,见于创伤后破伤风患者。

2. 内因　内因是指人体内部导致损伤发生和发展的因素。损伤的发生无论是急性的外力损伤或慢性劳损,或是由于六淫侵袭及邪毒感染,主要都由外界伤害因素所致。但不可忽视的是损伤的发生发展与患者的年龄、体质、局部解剖结构、职业性质、病理因素等往往有密切联系。《素问·评热病论》："邪之所凑,其气必虚。"指出是由于人体内、外因素联合才导致发病,许多伤病还与人体生理特点、病理反应等内在因素有关。

（1）年龄：不同的年龄阶段,损伤发生的性质和部位都各有不同。从损伤发生性质来看,劳损性、退行性伤病多见于老年人,而青壮年则少见发生。从损伤发生的部位来看,同样是因为跌仆外伤手掌撑地导致的上肢骨折,老年人骨折多见于桡骨远端处,儿童多发生在肱骨髁上,青壮年则在尺桡骨或肱骨干处出现损伤。

（2）体质：即使是同一年龄阶段,体质的强弱、盛衰仍对损伤发生发展有很明显的影响。体质虚弱者,常表现出气血不足、肝肾亏损、筋骨失养的情况,甚至一般外力即可造成损伤;而体质强健、气血旺盛、筋骨壮实者,在相同外力,甚至更大力的情况下也很少造成损伤。即使形成损伤,其程度亦较前者为轻。

（3）局部解剖结构：正常生理中,机体各部分结构对于外力的承受能力也各有不同。在外力作用下,机体局部的解剖结构与伤病的形成密切相关。如传达暴力作用于某一骨骼时,通常是在其解剖结构的薄弱处发生骨折。如松质骨与密质骨交界处和形态变化部位均易产生应力集中,为力学上的薄弱点,例如肱骨外科颈、桡骨远端、肱骨髁上、锁骨中外 1/3 交界处、胫骨中下 1/3 交界处等,都是骨折的好发部位。

（4）职业性质：损伤的发生与职业性质也有一定关系,如运动员进行激烈的对抗活动、体力劳动者在劳动时保护措施不符合要求等,均易发生损伤。手部损伤多发生于缺乏必要防护设备的机械工人之中;肱骨外上髁炎多发生于网球运动员、砖瓦工、木工等;胫骨结节骨骺炎多发生于青少年田径、足球运动员;经常弯腰的体力劳动者,腰部容易形成劳损;高空作业的建筑工人,常因跌伤形成脊柱骨折。

（5）病理因素：损伤的形成还与诸多病理因素有关。病理性骨折是指已有病变的骨,在通常不足以引起骨折的外力作用下即发生的骨折,或没有任何外力而发生自发性骨折,骨的原发性或转移性肿瘤是病理性骨折最常见的原因。

（二）损伤的病机

人体是由脏腑、经络、皮肉、筋骨、气血与津液等共同组成的有机整体。脏腑各有不同的生理功能,通过经络联系全身的皮肉筋骨等组织,构成复杂的生命活动,它们之间保持着相对的平衡,互相联系、互相依存、互相制约,在生理活动和病理变化上都有着不可分割的关系。因此,伤病的发生和发展与气血筋骨、脏腑经络等都有密切关系。

1. 皮肉筋骨病机　皮肉筋骨的损伤,在伤科疾患中最为多见,一般分为"伤皮肉""伤筋""伤骨",但又互有联系。

（1）伤皮肉:皮肉受营卫气血濡养,营卫气血的生理、病理变化关系到皮肉的消长和病变。伤病之后,若肺气不固,脾虚不运,则外卫阳气不能熏泽皮毛,脾不能为胃运行津液,而致皮肉濡养缺乏,引起肢体萎弱或功能障碍。损伤引起血脉受压,营卫运行滞涩,则筋肉得不到气血濡养,致肢体出现麻木不仁、挛缩畸形等缺血性肌挛缩的表现;局部皮肉组织感染邪毒,营卫运行功能受阻,气血凝滞,则郁热化火,酿而成脓,出现局部红、肿、热、痛等症状;若皮肉破损引起破伤风,可导致肝风内动而出现张口困难、牙关紧闭、角弓反张、强直性阵发性抽搐等症状。

（2）伤筋:在临床上,凡扭伤、挫伤后,可致筋肉损伤,局部肿痛、青紫,关节屈伸不利。即使在"伤骨"的病证中,如骨折时,由于筋附着于骨的表面,筋亦往往首先受伤;关节脱位时,关节四周筋膜多有破损。所以,在治疗骨折、脱位时都应考虑伤筋的因素。慢性劳损,亦可导致筋的损伤,如"久行伤筋",说明行走过度疲劳,可致筋的损伤。临床上筋伤机会甚多,其证候表现、病理变化复杂多端,如筋急、筋缓、筋缩、筋挛、筋痿、筋结、筋惕等,宜细审察之。

（3）伤骨:在伤科疾患中所见的"伤骨"病证,包括骨折、脱位,多因间接暴力或直接暴力所引起。凡伤后出现肿胀、疼痛、活动功能障碍,并可因骨折断端位置的改变而有畸形、骨擦音、异常活动,或因关节脱位,骨的位置不正常,可使附着之筋紧张而出现弹性固定的特殊体征。但伤骨不会是单纯性的孤立损伤。如上所述,损骨能伤筋,伤筋亦能损骨,筋骨的损伤必然导致气血伤于内,因脉络受损,血瘀气滞,为肿为痛。所以治疗伤骨时,必须行气消瘀以纠正气滞血瘀的病理变化。

2. 气血精津病机

（1）损伤与气血的关系:气血与损伤的关系极为密切,当人体受到外力损伤后,气血循行不畅,则体表的皮肉筋骨与体内的五脏六腑均将失去濡养,以致脏器组织的功能活动发生异常,而产生一系列病理变化。所以,气血与损伤的关系是损伤病机的核心内容。

1）伤气:由于负重用力过度,或举重呼吸失调,或跌仆闪挫、击撞胸部等,以致人体气机运行失常。一般可分为气滞、气虚,但损伤严重者可出现气闭、气脱等证。

气滞:气运行于全身,应该流通顺畅,如人体某一部位、某一脏腑发生病变或受外伤,气机不利,都可使气的流通发生障碍,出现"气滞"的病理现象。《素问·阴阳应象大论》说:"气伤痛,形伤肿。"气本无形,故郁滞则气聚,聚则似有形而实无质,气机不通之处,即伤病所在之处,必出现胀闷疼痛,因此,痛是气滞的主要证候。其特点为外无肿形,自觉疼痛范围较广,痛无定处,体表无明显压痛点。气滞在伤科中多见于胸胁损伤,如胸胁屏伤、挫伤后,可出现胸胁部的疼痛、胀闷等气滞证候。

气闭:常为损伤严重而骤然导致气血错乱,气为血壅,闭而不宣。其主要见症为出现一时性的晕厥、昏迷不省人事、窒息、烦躁妄动,或昏睡困顿等。《医宗金鉴·正骨心法要旨》关于气闭有"或昏迷目闭,身软而不能起,声气短少,语言不出,心中忙乱,睡卧喘促,饮食少进"等描述。常见于严重损伤的患者。

气虚:气虚是全身或某一脏腑、器官、组织出现功能减弱和衰退的病理现象。其主要证候是疲倦乏力、语声低微、呼吸气短、胃纳欠佳、自汗、脉细软无力等。在伤科疾病中,如某些慢性损伤患者、严重损伤的恢复期、体质虚弱和老年患者等均可见到。

气脱：损伤可造成气随血脱，本元不固而出现气脱，是气虚最严重的表现。气脱者多有突然昏迷，或醒后又昏迷，表现为目闭口开、面色苍白、呼吸浅促、四肢厥冷、二便失禁、脉微弱等证候。常发生于开放性损伤失血过多、头部外伤等严重损伤。

2）伤血：由于跌仆坠堕、碾轧挤压、拳击挫撞，以及各种机械冲击等伤及经络血脉，以致损伤出血，或瘀血停积。损伤后血的生理功能失常可出现各种病理现象，主要有血瘀、血虚和血热，这三种情况和伤气又互为因果。

血瘀：血液循行于脉管之中，流布全身，环周不休，运行不息。如全身血流不畅或因血溢脉外，局部有离经之血停滞，便会出现血瘀的病理现象。血瘀可由局部损伤出血、各种内脏和组织发生病变形成。在伤科疾患中，血瘀多为局部损伤出血所致。血有形，形伤肿，瘀血阻滞，不通则痛，故血瘀会出现局部肿胀疼痛。疼痛如针刺刀割，痛点固定不移，是血瘀最突出的特点。瘀血痛与气滞痛的性质有所不同，气滞痛常痛无定处，瘀血痛常随瘀血所在之处而表现为痛处固定。血瘀时还可在伤处出现肿胀青紫，同时由于瘀血不去，可使血不循经，出血反复不止。

血虚：血虚是体内血液不足所发生的病变，其原因主要是由于失血过多或生血不足所致。在伤科疾患中，由于失血过多，新血一时未及时补充，或因瘀血不去，新血不生，或因筋骨严重损伤，累及肝肾，肝血肾精不充，都能导致血虚。血虚的证候表现主要为面色不华或萎黄、头晕、目眩、心悸、手足发麻、心烦失眠、爪甲色淡、唇舌淡白、脉细无力等。在伤科疾患中还可表现为局部损伤之处久延不愈，甚至血虚筋挛、皮肤干燥、头发枯焦，或关节缺少血液滋养而僵硬、活动不利。

血热：损伤后积瘀化热或肝火炽盛、血分有热均可引起血热。临床可见发热、口渴、心烦、舌红绛、脉数等证候，严重者可出现高热昏迷。积瘀化热，邪毒感染，尚可致局部血肉腐败，酝酿液化成脓。《正体类要》："若患处或诸窍出血者，肝火炽盛，血热错经而妄行也。"若血热妄行，则可见出血不止。

（2）损伤与精津的关系：《灵枢·营卫生会》言："夺血者无汗，夺汗者无血。"《伤寒论》中有"衄家不可发汗"和"亡血家不可发汗"之诫。损伤而致血瘀时，由于积瘀生热，热邪灼伤津液，可使津液出现一时性消耗过多，而使滋润濡养作用不能很好发挥，出现口渴、咽燥、大便干结、小便短少、舌苔黄而干糙等症状。由于重伤久病，常常严重耗伤阴液，因此除了可见较重的伤津证候外，还可见全身情况差、舌色红绛而干燥、舌体瘦瘪、舌苔光剥、口干而不甚欲饮等症状。

3. 脏腑经络病机

（1）脏腑病机：脏腑病机是探讨疾病发生发展过程中，脏腑功能活动失调的病理变化机制。外伤后势必造成脏腑生理功能紊乱，脏腑的生理各有所主，故其主病亦各有不同之见症。

1）肝、肾：《素问·宣明五气》早就提出五脏随其不同功能而各有所主。"肝主筋""肾主骨"的理论亦广泛地运用在临床治疗上。损伤与肝、肾的关系十分密切。

肝主筋：《素问·五脏生成》云："肝之合筋也，其荣爪也。"《素问·六节脏象论》说："其华在爪，其充在筋。"《素问·痿论》说："肝主身之筋膜。""肝主筋"就是认为全身筋肉的运动与肝有密切关系。运动属于筋，而筋又属于肝，肝血充盈才能使肢体的筋得到濡养，维持正常活动。若肝血不足，血不养筋，则出现手足拘挛、肢体麻木、屈伸不利等症。

肝藏血：《灵枢·本神》云："肝藏血。"《素问·五脏生成》云："故人卧，血归于肝……足受血而能步，掌受血而能握，指受血而能摄。"是指肝脏具有贮藏血液和调节血量的功能。人体在休息时，部分血液就归藏于肝，亦即人静则血归于肝；当劳动或工作时，血液分布于全身各处,人动则血运于诸经。所以凡跌打损伤之证,有恶血留内者,不分何经,皆以肝为主,因肝主血,败血凝滞,及其所属,故必归于肝;又如跌仆闪挫伤的疼痛多发生在胁肋、少腹部位,是因为肝在胁下,肝经起于大趾,循少腹,布两胁的缘故。总而言之,肝藏血主筋,肝血充盈,筋得所养,肝血不足,筋的功能就会发生异常。

肾主骨、生髓:《素问·阴阳应象大论》说"肾生骨髓""在体为骨"。说明肾藏精,精生髓,髓养骨,所以骨的生长、发育、修复,均需依赖肾脏精气的滋养和推动。临床上小儿骨软无力、囟门迟闭,以及某些骨骼的发育畸形,是肾的精气不足所致;而肾精不足、骨髓空虚,则可致腿足痿弱而不能行动。

2)脾、胃:脾主肌肉、四肢,为仓廪之官,主消化吸收。全身的肌肉营养,依赖脾胃的健运。人体如营养充足则肌肉壮实,四肢活动有力,受伤以后容易痊愈;反之,则肌肉瘦削,四肢疲惫、举动无力,伤后不易恢复。因此,损伤以后还要注意气血的濡养情况,调理脾胃功能。胃气强,则五脏俱盛,脾胃运化功能正常,消化吸收旺盛,水谷精微得以生气化血,输布全身,伤后也容易修复;如果脾胃失于健运,则化源不足,无以滋养,势将影响气血的生化和筋骨损伤的恢复,所以有"胃气一败,百药难施"的说法。若伤后脾胃功能减退,生化和转输功能障碍,日久则出现肢体疲软乏力、肌肉消瘦等现象。

3)肺、心:气血的周流循环,还有赖于心肺功能的健全,因肺主气,心主血。心肺调和,则气血循环得以正常输布,发挥煦濡作用,筋骨损伤才能得到痊愈。肺主一身之气,如果肺气不足,不但会影响呼吸功能,而且也会影响真气的生成,从而导致全身性的气虚,出现体倦无力、气短、自汗等症状。心气有推动血液循环的功能,血行脉中不仅需要心气推动,也需血液的充盈。气为血之帅,而又依附于血,因此损伤后出血太多,血液不足而心血虚损时,心气也会随之不足,出现心悸、胸闷、眩晕等症。

(2)经络病机:《灵枢·本脏》云:"经脉者,所以行血气而营阴阳,濡筋骨,利关节者也。"指出经络有运行气血、营运阴阳、濡养筋骨、滑利关节的作用。《灵枢·经别》云:"夫十二经脉者,人之所以生,病之所以成,人之所以治,病之所以起。"也可以说人体的生命活动、疾病变化和治疗作用,都是通过经络来实现的。经络的病候主要有两个方面:一是脏腑伤病可以累及经络,经络伤病又可内传脏腑而出现症状;二是经络运行阻滞,影响其循行所过的组织器官的功能,出现相应部位的证候。正如《杂病源流犀烛·跌仆闪挫源流》中所论述:"损伤之患,必由外侵内,而经络脏腑并与俱伤。"经脉内联脏腑,外络肢节,布满于全身,是营卫气血循行的通路,所以一旦受伤就使营卫气血的通路受到阻滞。所以在医治伤科疾患时,应根据经络、脏腑学说灵活运用,调整其内脏的活动和体表组织、器官的功能。

第二节　筋骨关节疾病的分类与病因病机

人体关节运动依赖于筋骨系统的稳定,筋骨关节疾病根据病变部位可分为筋伤和骨病;根据病变性质可分为退行性疾病、感染性疾病、肿瘤、先天性疾病、代谢性疾病等。

一、筋骨关节疾病的分类

(一)按病变部位分类

1. 筋伤　在中医脏象学说中,"筋"属于"五体"之一,《黄帝内经》中明确提出"肝主筋",而中医传统所讲的筋,不仅指附属于骨的肌腱、肌肉,还可引申为骨骼运动相关的血管、神经、韧带等,而有时也单指血管脉络,但在此主要探讨其有关骨和运动的部分意义。

筋主束骨而利关节,性柔韧,忌刚僵,病则为痉为痿。筋伤为病,皆因外来暴力或慢性劳损所造成,伤筋多指筋络、筋脉损伤,骨失约束,关节不利。"筋"的范围比较广泛,广义的筋是指皮肤、皮下组织、筋膜、肌肉、肌腱、韧带、关节囊、滑液囊、关节软骨盘、椎间盘、腱鞘等软组织,狭义的筋是指关节附近的软组织。筋伤相当于西医学的软组织损伤。

2. 骨病 骨病是骨科疾病中最常见的疾病,它研究的对象是人体骨骼、关节、筋肉等运动系统疾病。骨病主要分为非化脓性关节炎、骨坏死、代谢性骨病、骨与关节感染、骨结核、骨肿瘤、骨与关节畸形、职业性骨病、地方性骨病等内容。

(二)按病变性质分类

1. 筋骨关节劳损退行性疾病 发生在脊柱的劳损退行性疾病,如颈椎病、腰椎间盘突出症等;发生在筋骨关节的退行性疾病,如肩周炎、网球肘等软组织疾病及髋、膝等骨性关节炎。

2. 筋骨关节感染性疾病 该疾病主要是化脓性感染,少数为特殊感染。关节感染常见化脓性关节炎、关节结核等;骨感染常见急慢性化脓性骨髓炎、骨结核等。在临床上,以开放性损伤继发化脓性骨关节感染最为常见。

3. 骨肿瘤 一般分为原发性骨肿瘤、继发性骨肿瘤和瘤样病变等。原发性骨肿瘤可分良、恶性肿瘤,而继发性骨肿瘤则多是恶性肿瘤。骨肿瘤虽有良性或恶性之分,但并非截然分开,有些肿瘤表现为良性与恶性之间的中间型性质,故有"相对恶性"与"低度恶性"之说。一般为单发,也有多发者,如骨软骨瘤、软骨瘤、骨髓瘤等。

4. 筋肉相关的肿瘤疾病 包括损伤压迫周围组织的脂肪瘤、肌肉纤维瘤,以及一些恶性的血管肉瘤、纤维肉瘤等。

5. 先天性筋骨关节疾病 多为遗传或胎儿发育过程中出现问题而导致的筋骨关节疾病,大部分表现为肢体畸形,如软骨发育不全、先天性胫骨假关节、发育性髋关节发育不良、先天性马蹄内翻足等。

6. 代谢性筋骨关节疾病 多为身体代谢功能出现障碍,影响筋骨关节功能,出现代谢性骨病,常有骨质变化、肢体活动不便等症状,如佝偻病、骨质疏松症、骨软化症等。

7. 风湿性筋骨关节疾病 又称"骨痹",指人体正气不足,风寒湿热等外邪侵袭,或内生痰、瘀,闭阻筋骨、经脉,出现以肢体骨关节肌肉疼痛、重着、麻木、肿胀、屈伸不利,甚则关节变形、失去功能、肌肉萎缩为特征的一类病证。包括类风湿关节炎、强直性脊柱炎、风湿性关节炎等。

8. 其他筋骨关节疾病 包括颈性视力下降、颈性眩晕等这类"脊柱源性疾病",其原因不明,病理机制不十分清晰,有待进一步研究。

二、筋骨关节疾病的病因病机

(一)病因

导致筋骨关节疾病的病因比较复杂,根据病因是属于内源性或外源性,基本分为外因和内因两大类。

1. 外因

(1)风寒湿邪侵袭:外邪侵袭是导致筋骨关节疾病的因素之一,《黄帝内经》云:"风寒湿三气杂至,合而为痹也。其风气胜者为行痹,寒气胜者为痛痹,湿气胜者为着痹也。"风寒湿邪是导致筋骨关节疾病最常见的外邪,但单独以风寒湿等外邪侵袭而致的筋骨关节疾病在临床上比较少见,多数是因为外伤、劳损后又复感风寒湿邪而引起。

(2)劳损伤害:慢性劳损也是引起筋骨关节疾病的重要原因。"久卧伤气,久坐伤肉,

笔记栏

久立伤骨,久行伤筋",慢性劳损引起的筋伤多因久行、久坐、久卧、久立或长期不正确姿势而使人体某一部位长时间过度用力,造成积累性损伤。如现代人长期使用鼠标而致的腱鞘炎、反复伸腕用力所致的网球肘等疾病,就属于这一类筋伤。

（3）职业工种:职业工种虽然不属于人体本身的内在因素,但它对内因的影响及与筋骨关节疾病的关系比较密切。如长期弯腰负重工作的人容易引起腰部慢性筋伤;长期从事低头劳动或伏案工作的人容易发生颈部肌肉劳损和颈椎病。因此,从某种意义上讲,职业工种也是一种致病因素。

2. 内因　内因是指从内部影响人体的致病因素。在研究病因时不能忽视机体本身对疾病的影响。

（1）年龄:不同的年龄段,筋骨系统各有其不同的生理特点,因此筋骨关节疾病的好发部位和发病率也不一样。如急性血源性骨髓炎儿童多见,颈椎病在中老年人中的发病率远远高于青壮年。

（2）先天禀赋及体质:先天性筋骨关节疾病的发生多因先天禀赋不足,或胎儿发育过程中出现异常。体质与筋骨关节疾病关系密切,如体质强壮,气血旺盛,肝肾充实,则筋骨强盛,不易发生疾病;而体弱多病,气血虚弱,肝肾不足,则筋骨痿软,易受外邪侵袭而发生筋骨关节疾病。

（3）解剖结构:对筋骨关节疾病的影响有两方面。一是解剖结构的正常与否对筋骨关节疾病的影响。解剖结构正常,承受外力的能力就强;反之,解剖结构异常,承受外力的能力也就相应减弱,容易发生筋骨关节疾病。例如腰骶部有先天性畸形,更容易发生腰部扭伤。二是人体解剖结构本身的特点对筋骨关节疾病的影响,如股骨颈、距骨、腕舟骨等骨折后,由于血供破坏,容易造成股骨头、距骨、腕舟骨等坏死。

（二）病机

筋骨关节疾病的种类很多,因此,其病机表现也十分复杂。具体疾病的病机在后面各章节中予以介绍。

（李晋玉）

ER-2-2

扫一扫,
测一测

复习思考题

1. 如何理解"恶血必归于肝"?
2. 何谓外伤与内伤? 两者之间的关系如何?

第三章

筋骨系统疾病的诊断

中西医结合骨伤科学对于筋骨系统疾病的诊断，是通过望、闻、问、切四诊，骨关节检查，结合影像学及实验室等检查，将所收集的临床资料用中医学的理论作为指导，结合现代骨科诊断特点，加以综合分析而做出判断的过程。在辨证诊断中，既要有整体观念，重视全面检查，又要注意结合骨伤科的特点，进行细致的局部检查，并充分利用现代医学技术，相互补充、彼此印证，才能全面而系统地了解病情，做出正确的判断。

第一节　筋骨系统疾病的症状和体征

人体受外在或内在致伤因素作用下发生损伤后，由于气血、营卫、皮肉、筋骨、经络、脏腑及津液的病理变化，表现出一系列症状和体征，这些临床表现对于诊断筋骨系统疾病、判断病情发展与预后等均有重要价值。

本章节重点对损伤与筋骨关节疾病的症状与体征展开论述。损伤是指人体遭受外力后，皮肉、筋骨、脏腑等组织器官出现结构上的损害，以及由此引发的局部和全身性反应。筋骨关节疾病根据病变部位可分为筋伤和骨病。中医学"筋"的范畴包括肌肉、筋膜、肌腱、韧带、椎间盘、关节软骨等组织。筋伤指筋在外来暴力、慢性劳损或风寒湿邪侵袭等因素作用下造成损伤，与现代医学中的软组织损伤相当；骨病是除骨与关节损伤外所有骨伤科疾病的总称。损伤与筋骨关节疾病不仅可以产生局部病损和功能障碍，还可能影响整个机体的形态与功能。因此，均会出现一系列全身与局部的症状和体征。

一、筋骨系统疾病的症状

（一）损伤的症状

大多数骨折一般只引起局部症状，严重骨折和多发性骨折可导致全身性反应。

1. 全身症状　轻微损伤一般无全身症状。通常损伤之后由于血瘀气滞，往往有神疲纳呆，夜寐不安，便秘，形羸消瘦或有瘀斑，脉浮弦等全身症状。妇女可见闭经或痛经、经色紫暗有块。若瘀血停聚，积瘀化热，常有体温升高、口渴、口苦、心烦、便秘、尿赤、烦躁不安等表现，舌质红，苔黄厚腻，脉浮数或弦紧。严重损伤者可出现面色苍白，肢体厥冷，出冷汗，口渴，尿量减少，血压下降，脉搏微细或消失，烦躁或神情淡漠等休克表现。出血量较大的骨折,如股骨骨折和骨盆骨折后血肿吸收时可出现低热,但一般不超过 38℃;开放性骨折出现高热时,应考虑感染的可能。

高能量损伤常常伴随着体腔内脏腑不同程度的损害,因损伤的部位不同,常可出现呼吸困难、胸闷气短,或腹胀、腹痛,排尿困难、肢体坏死、肌萎缩、肌无力等特殊症状,这对于辨证诊断具有重要作用。例如:颅骨底骨折可出现眼周围迟发性瘀斑、鼻孔出血或脑脊液外漏、外耳道出血等。硬膜外血肿常有中间清醒期。后脱位的锁骨压迫气管、食管、大血管可出现严重的疼痛、咳嗽、发绀、呼吸困难、吞咽困难及声音改变,也可见颈静脉怒张,重者可出现气管撕裂、血气胸,甚至死亡。肋骨多发骨折时患者胸痛剧烈,伴呼吸困难,可出现反常呼吸、呼吸及咳嗽时疼痛加剧、发绀等,在伤后 1~2 天,若呼吸困难及发绀逐渐加重,要警惕创伤后的急性呼吸窘迫综合征。胸部损伤导致气胸、血胸时,出现气逆、喘促、咯血,甚至鼻翼扇动、发绀、休克。腹腔内脏损伤时,可有呕吐、恶心、便血、气腹等,但临床表现差异极大,从无明显症状到出现重度休克甚至濒死状态,需要引起重视。肾脏损伤时,可见无尿等。内脏损伤出现特殊症状,多见于急重症,应及时做出定位诊断,并积极采取抢救措施。

2. 局部症状

(1)疼痛:伤后患处经脉受损、气机凝滞,经络阻塞,不通则痛,可出现不同程度的疼痛。气滞者因损伤而致气机不利,表现为无形之疼痛,其痛多无定处,且范围较广,忽聚忽散。若伤在胸胁部,多有咳嗽、呼吸不畅、气急、胸闷胀满、牵掣作痛。气闭者则因骤然损伤而使气机闭塞不通,多为颅脑损伤,出现晕厥、神志昏迷等症状。若肝肾气伤,则痛在筋骨;若营卫气滞,则痛在皮肉。

(2)肿胀和瘀斑:伤后患处络脉损伤,营血离经,阻塞络道,瘀滞于皮肤腠理,故出现肿胀。伤血者肿痛部位固定。若血行之道不得宣通,"离经之血"较多,透过撕裂的肌膜与深筋膜,溢血于皮下,一时不能消散,即成瘀斑,损伤严重者经脉破损,血溢脉外,引起出血。离经之血至皮下多需时日,故损伤初起可无瘀斑,而一二日后瘀斑渐显现扩散,并非病情进展表现。气血旺盛或素体健康者,五至七日后瘀斑转黄色而渐消退;若瘀血经久不散,则变为宿伤;严重肿胀时还可出现张力性水疱。若在前臂或小腿等处,因创伤骨折后血肿和组织水肿引起骨筋膜室内压力增加,可发生骨-筋膜室综合征,肿胀严重者甚至会引起肌肉缺血性挛缩、坏疽等,大量毒素进入血液循环,还可导致休克、心律失常和急性肾衰竭,严重影响预后。

(3)功能障碍:由于损伤后气血阻滞引起剧烈疼痛,肌肉反射性痉挛及组织器官的损害,可以引起肢体或躯干发生不同程度的功能障碍。伤在颅脑则神明失守,伤在颈项则转摇不能,伤在胸胁则心悸气急,伤在肚腹则纳呆胀满。伤在上肢则活动受限,伤在下肢则步履无力,伤在腰背则俯仰受阻,伤在关节则屈伸不利。若组织器官仅出现功能紊乱,而无器质性损伤,则功能障碍可逐渐恢复。若组织器官有器质性损伤,则功能障碍将不能完全恢复,除非采用手术或其他有效的治疗措施。

疼痛、肿胀、瘀斑及功能障碍是损伤较普遍的一般症状。由于气与血相辅相成,故临床多为气血两伤、痛肿并见。

(二)筋骨关节疾病的症状

1. 全身症状　先天性骨关节畸形、良性骨肿瘤、筋挛、骨关节退行性疾病等,对整个机体影响较小,故全身症状通常不明显。

(1)骨痈疽:相当于现代医学的感染性化脓性关节炎等,发病时可出现寒战高热、出汗、烦躁不安、口渴、舌红、苔黄腻、脉数等全身症状;脓肿溃破后体温逐渐下降,全身症状减轻。

(2)骨痨:相当于现代医学的骨结核,发病时表现为骨蒸潮热、盗汗、口燥咽干、舌红少苔或无苔、脉沉细数等阴虚火旺症状；后期呈慢性消耗性病容、倦怠无力、舌淡苔白、脉濡细等气血两虚症状。

（3）痹证：相当于现代医学的风湿性关节炎等，兼有发热、恶风、口渴、烦闷不安等全身症状。

（4）痿证：现代医学的骨质疏松症属中医学"痿证"范畴，病变在骨，其本在肾，多表现为面色无华、食欲不振、肢体痿软无力、舌苔薄白或少苔、脉细等症状。

（5）恶性骨肿瘤晚期：可出现精神萎靡、面色苍白或萎黄、食欲不振、消瘦、贫血等恶病质症状。

2. 局部症状

（1）疼痛、麻木：不同类型或病程的骨病发生疼痛、麻木的表现各异。"不通则痛"准确地说明了发生疼痛的病机。不通多为实滞，如气滞、血瘀、热毒、痰湿等；也可见于虚怯，如气血亏损、运化乏力而瘀滞不通，或称为"不荣则痛"。行痹者表现为游走性关节疼痛；痛痹者表现为疼痛较剧，痛有定处，得热痛减，遇寒痛增；着痹者关节酸痛、重着、痛有定处；热痹者患部灼痛，得冷稍舒，痛不可触；感染性、化脓性关节炎发病时疼痛彻骨，痛如锥刺，脓溃后疼痛减轻；骨结核初起时患部仅酸痛隐隐，继而疼痛加重，尤其夜间或活动时较明显；颈椎病可出现颈肩疼痛或上肢放射性疼痛、麻木；腰椎间盘突出症可出现腰腿疼痛或下肢放射性疼痛、麻木；骨质疏松症往往全身性酸痛；恶性骨肿瘤后期呈持续性剧痛，夜间加重，止痛剂不能奏效。

（2）肿胀：骨痈疽、骨痨、痹证等患处常出现肿胀。如感染性、化脓性关节炎局部红肿；骨结核局部肿而不红；各种痹证，如风湿性、痛风性、血友病性关节炎，类风湿关节炎等，关节部位常肿胀。

（3）功能障碍：骨关节疾患常引起肢体功能障碍。关节本身疾患往往主动和被动运动均有障碍；神经系统疾患可引起肌肉瘫痪，不能主动运动，而被动运动一般良好。

二、筋骨系统疾病的体征

（一）损伤的体征

1. 损伤的一般体征　主要是压痛和叩击痛。伤后患处经脉受损、气机凝滞，血脉瘀积，经络阻塞，当医者触诊时，用手指指端放于体表并逐渐深压时可使患者出现不同程度的疼痛。伤处可有直接压痛或间接压痛。直接压痛多见于局部伤筋、骨折、炎症等；间接压痛多见于深层组织结构发生病变。纵轴叩击痛，一般远离伤处，为医者沿肢体纵轴远端叩击，诱发伤处疼痛，以确定受伤程度的一种试验，如踝关节有骨折，叩击足跟时，会诱发踝关节内部的剧烈疼痛。挤压痛是医者在受伤腔体处挤压患处诱发的疼痛，如胸腔挤压痛可提示肋骨骨折；骨盆挤压痛可提示骨盆骨折。

2. 损伤的特殊体征

（1）畸形：发生骨折、脱位或严重筋伤时，由于暴力作用及肌肉、韧带的牵拉等原因，常使骨折端移位或关节脱位，出现肢体形状改变，产生特殊畸形。畸形是最为常见的筋骨损伤的特征之一，对于某些疾病的诊断及治疗具有决定性的作用和指导意义。如肩锁关节脱位时，可出现锁骨外端高于肩峰、锁骨外端有浮动感。肩关节脱位时肩部失去圆钝平滑轮廓，呈"方肩"畸形；肘关节脱位时，呈"靴状畸形"，等等。

（2）骨擦音：骨折时，由断端相互碰触或摩擦产生，一般在检查骨折局部时触摸而偶然感觉到。如肱骨髁上骨折时在肱骨髁上部位骨擦音明显。

（3）异常活动：在肢体没有关节处出现了类似关节的活动，或关节在原来不能活动的方向上出现了活动。如肢体骨干骨折后在骨折部位可出现屈曲、后伸、旋转等活动。

畸形、骨擦音和异常活动是骨折的特征，但在检查时不应主动寻找骨擦音或异常活动，以免增加患者痛苦、加重局部损伤或导致严重的并发症。若骨折端移位明显而无骨擦音，则骨折断端间可能有软组织嵌入。也有部分骨折如裂缝骨折、嵌插骨折、脊柱骨折及骨盆骨折，没有上述三个典型体征，应常规进行 X 线平片检查，必要时行 CT 或 MRI 检查，以便确诊。

（4）关节盂空虚：位于关节盂的骨端脱出，致使关节盂空虚，这是脱位的特征。如肩关节脱位时，肩峰下关节囊空虚。

（5）弹性固定：脱位后，关节周围的肌肉痉挛收缩，可将脱位后的骨端保持在特殊位置上，该关节进行被动活动时，仍可轻微活动，但有弹性阻力，被动活动停止后，脱位端又恢复原来的特殊位置，这种情况称为弹性固定。如肘关节侧方脱位时，肘关节弹性固定于屈曲90°位，于肘关节内侧可触及肱骨滑车突出。

（6）异位骨端：关节脱位使该关节的骨端处在异常位置上，在临床检查时，可在异常位置触摸到脱位的骨端。如肩关节前脱位，在喙突或锁骨下可扪及肱骨头；髋关节后脱位时，可在臀部触及股骨头。

（二）筋骨关节疾病的体征

1. 筋骨关节疾病的一般体征　主要是压痛。筋伤浅表组织疾病的压痛常在特定部位，压痛部位往往就是损伤所在部位，需要仔细确定主要的压痛点，对于诊断疾病十分重要。如第三腰椎横突综合征压痛点在横突尖端；臀上皮神经炎的压痛点在髂嵴外 1/3；腰肌劳损的压痛点在腰段骶棘肌中外侧缘等。筋伤的深部结构病变如小关节、椎间盘等和骨病疾患，仅在病变结构区的体表处有深压痛或叩击痛，压痛点不明确。筋伤初期，局部压痛较为剧烈；筋伤中期，瘀血渐化，疼痛减轻，轻者可获康复，重者疼痛明显减轻、功能部分恢复；筋伤后期，多数患者可无任何不适，少数患者恢复期长，疼痛隐约，或隐痛或酸痛，症状常因劳累或受风寒湿邪而加重。对于严重筋伤者，要除外骨折和脱位。

2. 筋骨关节疾病的特殊体征

（1）畸形：骨关节疾患可出现典型的畸形，如脊柱结核后期常发生后凸畸形；类风湿关节炎可发生腕关节尺偏畸形、手指鹅颈畸形等；强直性脊柱炎可引起圆背畸形；特发性脊柱侧凸可出现脊柱侧凸畸形；先天性肢体畸形，如并指、多指、巨指、马蹄足等均有明显手足畸形。

（2）肌肉萎缩：是痿证最主要的临床表现。如脊髓灰质炎后遗症出现受累肢体肌肉萎缩；多发性神经炎出现两侧手足下垂与肌肉萎缩；进行性肌萎缩出现四肢对称近端肌萎缩；肌萎缩侧索硬化出现双前臂广泛萎缩，伴肌束颤动等。

（3）筋肉挛缩：身体某群筋肉持久性挛缩，可引起关节畸形与活动功能障碍。如前臂缺血性肌挛缩，手部呈爪形手；掌腱膜挛缩症发生屈指挛缩畸形；髂胫束挛缩症出现屈髋、外展、外旋挛缩畸形等。

（4）肿块：骨肿瘤、痛风性关节炎、骨突部骨软骨病等，局部可触及肿块。关节游离体形成的肿块忽隐忽现；骨肿瘤形成的肿块固定不移，质较硬。

（5）疮口与窦道：骨痈疽的局部脓肿破溃后，疮口流脓，初多稠厚，渐转稀薄，有时夹杂小块死骨排出，疮口周围皮肤红肿；慢性附骨疽反复发作者，有时可出现数个窦道，疮口凹陷，边缘常有少量肉芽组织形成。骨痨的寒性脓肿可沿软组织间隙向下流注，出现在远离病灶处；寒性脓肿破溃后，即形成窦道，日久不愈，疮口凹陷、苍白、周围皮色紫暗，开始时可流出大量稀脓，如豆腐花样腐败物。之后则流出稀薄脓水，或夹有碎小死骨。

第二节　四 诊 方 法

四诊是指望、闻、问、切,古称"诊法"。《素问·阴阳应象大论》言:"善诊者,察色按脉,先别阴阳,审清浊而知部分;视喘息,听音声而知所苦,观权衡规矩而知病所主。按尺寸,观浮沉滑涩而知病所生。以治无过,以诊则不失矣。"

一、望诊

《灵枢·本脏》载:"视其外应,以知其内脏,则知所病矣。"对骨伤患者进行诊察时,望诊是必不可少的步骤,除观察患者的全身情况外,对损伤部位及其邻近部位也应特别注意察看。《伤科补要·跌打损伤内治证》中明确指出"凡视重伤,先解开衣服,遍观伤之重轻",以初步确定损伤的部位、性质和轻重。

(一)望全身

1. 望神色　神色是人体生命活动的体现,亦是对人体精神意识、思维活动以及气血、脏腑功能外在表现的高度概括。通过望神色可判断病情缓急、损伤轻重。一般来说,精神爽朗、面色清润者,正气未伤;若患者精神萎靡、面色晦暗,表明正气已伤。若昏迷、神昏谵语、面色苍白、四肢厥冷、汗出如油、呼吸微弱或喘息异常,则多为危候。

2. 望姿态　通过望姿态,可初步了解损伤的部位和病情轻重。骨折、关节脱位以及严重筋伤等,多伴随肢体姿态的改变。如患者肩、肘部损伤时,多用健侧手扶托患侧前臂;腰部急性扭伤时,身体多向患侧倾斜,且扶腰慢步;下肢骨折时,患者多不能直立行走;下肢骨关节疾患则常出现步态的改变。有特殊姿态的患者应结合摸诊及其他检查,进一步观察和分析病位。

3. 望舌　包括观察舌质及舌苔,是中医诊断学的特色之一。舌为心之苗,又为脾胃之外候,连于肝、肾、肺之脉络,与各脏腑密切联系。《辨舌指南》载:"辨舌质,可诀五脏之虚实;视舌苔,可察六淫之浅深。"

(1)望舌质:正常人舌质为淡红色。舌色淡白,为气血虚弱或阳气不足;舌色红绛,为热证或阴虚;舌色青紫,为伤后气血运行不畅,瘀血凝聚。舌色青紫而滑润,表示阴寒血凝,为阳气不能温运血液所致;绛紫而干,表示热邪深重,津伤血滞。

(2)望舌苔:观察舌苔的变化,鉴别疾病表里;舌苔的厚薄,判断邪正的虚实。根据舌苔的消长和转化可预测病情的发展趋势。正常舌苔薄白而润滑,舌苔白、黄、灰黑色泽的变化标志着人体内部寒热,以及病邪发生变化。如由黄色转为灰黑苔时表示病邪较盛,多见于严重创伤感染伴有高热或水失津润等。

(二)望局部

1. 望畸形　可通过观察肢体标志线或标志点的异常变化,判断有无畸形。畸形往往标志有骨折或脱位的存在。某些特征性畸形可对骨伤科的诊断有决定性意义,如伸直型桡骨远端骨折的"餐叉"样畸形、股骨颈骨折和转子间骨折的患肢外旋短缩畸形、肩关节前脱位的方肩畸形、强直性脊柱炎的驼背强直畸形等。

2. 望肿胀、瘀斑　人体损伤必伤气血,故血瘀气滞壅积于肌表,呈现肿胀、瘀斑。通过观察肿胀的程度及瘀斑的色泽变化,可推断损伤性质。肿胀严重,瘀斑青紫明显者,可能有骨折或伤筋存在;肿胀较轻,稍有青紫或无青紫者,多属轻伤。肿胀较重,肤色青紫者为新伤;肿胀较轻,肤色青紫带黄者多为陈伤。

3. 望创口　若局部有创口,需注意创口的大小、深浅,创缘是否整齐,创面污染程度,血液颜色,出血多少等。对感染的创口,应注意引流是否通畅,肉芽组织和脓液的情况等。

4. 望肢体功能　肢体功能的观察,对诊治骨及关节的损伤和疾患具有重要意义。上肢要重点观察关节活动和手的功能,下肢要重点观察负重及行走功能,脊柱则重点观察生理曲线及对称性。此外还需观察各种形式的关节活动情况,如有异常应观察其受限程度。

二、闻诊

闻诊即医生通过患者的语言、呼吸、呻吟、啼哭声,以及患者呕吐物和伤口渗出物、大便或其他排泄物的气味等方面获取有效临床资料。骨伤科闻诊在此基础上,还需通过触摸与运动检查相结合,或采取现代相关检测手段、仪器,获得更多的信息,以准确判断骨关节有无异常的响声及摩擦声。应注意切忌刻意追求局部闻诊而加重患者的痛苦与损伤。

(一)一般闻诊

1. 听声音　呻吟表示有不适、疼痛或精神烦躁;大声呼叫,声音短而急促,多由于剧烈疼痛。语音高亢,呼吸声音粗大为实证、热证;声音低弱,少言难语为虚证、寒证。病中叹息多因情志抑郁,肝气不舒;严重创伤或手术失血过多者,声低语少而断续;胸部损伤、肋骨骨折者,声音低微、呼吸表浅,不敢咳嗽;小儿触及伤处,会突然啼哭或啼哭声加剧。

2. 嗅气味　口气臭秽者,多属胃热,或消化不良、口腔疾患;二便、痰液、脓液等气味恶臭、质地稠厚者,多属湿热或热毒;脓液稀薄、无臭,则多为气血两亏或寒性脓肿。

(二)局部闻诊

1. 听骨擦音　骨擦音是骨折的主要体征之一。听骨擦音,不仅可以帮助辨明是否骨折,还可以进一步分析判断骨折的性质和程度。《伤科补要·接骨论治》中记载:"骨若全断,动则辘辘有声。如骨损未断,动则无声。或有零星败骨在内,动则淅淅之声。"若骨擦音经治疗后消失,则表明骨折已接续。但应注意,只能在检查中偶得骨擦音,不宜主动去寻找,以免增加患者的痛苦和损伤。

2. 听骨传导声　多用于检查一些不易发现的长骨骨折,如股骨颈骨折、股骨粗隆间骨折等。检查时将听诊器置于伤肢近端的骨突起处,或置于耻骨联合部上,用手指或叩诊锤轻叩远端骨突起处,可听到骨传导声。骨传导音减弱或消失,表示骨的连续性遭到破坏。但应注意与健侧对比,与健侧位置对称,叩诊时用力大小相同等。

3. 听入臼声　关节脱位在整复成功时,常能听到"咔嗒"声,表明关节已复位。《伤科补要》言:"凡上骱时,骱内必有响声活动,其骱以上;若无响声活动者,其骱未上也。"当复位时听到此声,应立即停止拔伸牵引动作,以免增加肌肉、韧带和关节囊等软组织损伤。临床应注意某些较小关节的错缝或半脱位复位成功时,未必有声响,或仅有细小的声响,如小儿桡骨头半脱位。

4. 听伤筋或关节声　部分伤筋或关节病在检查时可有特殊的摩擦声或弹响声。检查时,医生一手置于患者关节部位,另一手握其关节远端活动关节,有明显或细小的摩擦音或摩擦感。柔和的关节摩擦音多发生在一些慢性或亚急性关节疾患,骨关节炎则多出现粗糙的关节摩擦音。而膝关节半月板损伤或关节内有游离体时,当关节屈伸、旋转活动到某一角度,关节内可发出较清脆的弹响声。

5. 听肌腱与腱鞘的摩擦声　肌腱周围炎患者检查时可听见一种类似于捻干燥头发的声音,即"捻发音",常好发于前臂的伸肌群、大腿的股四头肌和小腿的跟腱部。指屈肌腱狭窄性腱鞘炎好发于手指部,当患者伸屈活动患指时,可听到摩擦声甚至弹响声,系肥厚的肌腱通过狭窄的腱鞘时所致。

6. 听创伤皮下气肿声　当创伤后发现皮下有大小不相称的弥漫性肿起时,应检查有无皮下气肿。检查时将手指扇形分开,并轻轻揉按患处,若感触到一种特殊的捻发音或捻发感,则表明有皮下气肿。肋骨骨折后,断端刺破肺脏,空气渗入皮下组织形成皮下气肿;手术缝合时创口内残留空气,也可在创口周围形成皮下气肿。

7. 听啼哭声　检查小儿患者时,可根据啼哭声的变化辨别受伤部位。小儿不会准确诉说病情,家长或陪同者有时也难以提供可靠病史,因此在检查患儿时,若摸到某一部位,患儿啼哭或啼哭声加剧,往往提示该处可能有损伤。

8. 闻气味　若局部可闻到血腥味,表明有开放性出血;若创口处有腐肉气味,表明有细菌感染和局部坏死;若创口周围发黑,臭味特殊,有气逆者,多考虑气性坏疽。

三、问诊

问诊是医生了解患者疾病发生情况、病情发展变化、诊疗经过、既往病史、个人情况等信息的有效途径,在四诊中占有重要地位。骨伤科问诊除按照诊断学的一般原则和注意事项外,还需结合骨伤科的特点。

(一)一般情况

了解患者的一般情况,如详细询问记录患者姓名、性别、年龄、职业、婚姻、民族、籍贯、住址、就诊日期、病例陈述者及联系方式等,建立完整的病历档案,既便于查询、联系和随访,也利于流行病学调查研究。尤其对于涉及各类纠纷的伤患,这些记录格外重要。

(二)发病情况

1. 主诉　即患者伤病发生后的主要症状和发病时间。主诉是促使患者前来就医的主要原因,也是患者最需要解决的问题,往往可提示病变的性质。骨伤科患者的主诉内容包括疼痛、肿胀、功能障碍、畸形及痉挛等。记录主诉应简明扼要。

2. 发病过程　应详细询问患者的发病情况以及变化缓急,受伤过程,有无昏厥及昏厥时间的长短,其间有无再昏厥,有无出血及出血量多少,经过何种方法治疗,效果如何,目前症状怎样。一般而言,生活损伤较轻,工业损伤、农业损伤、交通事故损伤、自然灾害损伤或战伤比较严重,常为复合伤、开放伤或严重的挤压伤等。应详细询问受伤的原因,如跌扑、闪挫、扭戾、坠堕、压轧等;询问受伤体位,如手掌、足跟、臀部、头部着地受伤,或弯腰时、后伸位时受伤,或肢体处于伸直位、屈曲位受伤等。对于无明显外伤的患者,应考虑其为慢性劳损或其他骨病。

3. 伤情　问损伤的部位和各种症状,包括创口情况。

(1)疼痛:详细询问疼痛的起始时间、部位、性质、程度。是剧痛、胀痛、酸痛、牵拉痛还是麻木;是持续性还是间歇性疼痛;疼痛或麻木范围是扩大还是缩小;痛点是固定不移还是游走不定,有无放射痛,放射到何处;服用止痛药后能否减轻;以及各种活动、劳累、休息、昼夜、气候变化对疼痛程度是否有影响等。

(2)肿胀:应询问肿胀出现的时间、部位、范围、程度。如系肿物包块,应了解其出现的时间及增长速度等。

(3)肢体功能:应询问功能障碍发生的时间及其程度。通常骨折或脱位后,会立即产生功能障碍;其他骨病则会在发病后经过一段时间才会影响到肢体功能。

(4)畸形:应详细询问畸形发生的时间及演变过程。肢体畸形多由骨与关节的破坏、移位、增生或软组织挛缩所致。外伤后可立即出现肢体畸形,亦可经过几年后出现;若无外伤史,则应考虑是先天性畸形还是发育性畸形。

(5)创口:应询问创口形成的时间、出血情况、污染情况、处理经过,以及是否使用过破伤风抗毒血清等。

（三）全身情况

1. **问寒热**　恶寒、发热是骨伤科临床上的常见症状。如损伤初期发热多为血瘀化热，体温一般不超过 38.5℃，而高热多为伤口感染邪毒，热盛肉腐化脓，体温常在 38.5℃ 以上。

2. **问汗**　询问汗液的排泄情况，可了解脏腑气血津液的情况。自汗常见于损伤初期或手术后；盗汗多见于慢性骨关节疾病；邪毒感染者会出现大热大汗；而严重创伤或重度感染者，则可出现四肢厥冷、汗出如油的险象。

3. **问饮食**　询问饮食的时间、食欲、食量、味觉、嗜好及饮水情况等，可了解患者的脾胃功能与损伤的病程和轻重。食欲不振或食后饱胀是胃纳呆滞的表现，多为伤后血瘀化热导致脾虚胃热或长期卧床体弱胃虚所致。

4. **问二便**　对脊柱、骨盆及腹部损伤者，尤需询问大小便的次数、量、质和颜色。如若小便闭塞不通则提示严重外伤或脊柱骨折脱位合并截瘫，也可能是骨盆骨折合并膀胱或尿道破裂。

5. **问睡眠**　伤后难以入睡，寐而噩梦惊醒或彻夜不寐，多见于严重创伤，心烦内热；昏沉而嗜睡，呼之即醒，闭眼又睡，多为伤重，气衰神疲；昏睡不醒或醒后再度昏睡，多由于颅内损伤。

（四）其他情况

1. **既往史**　主要询问过去疾病可能与目前伤病相关的内容，应按发病的年月顺序，记录主要的病情经过，当时的诊断、治疗情况，以及有无并发症或后遗症。如先天斜颈、新生儿臂丛神经损伤，需了解有无难产或产伤史；对骨关节结核患者需了解有无肺结核病史。

2. **个人史**　询问患者从事的职业或工种的年限，劳动的性质、条件和常处的体位，以及个人嗜好等。对妇女还需询问月经、妊娠、哺乳史等。

3. **家族史**　询问家族内成员的健康状况。如已死亡，应追问其死亡原因、年龄，以及有无可能影响后代的疾病。这对先天性畸形、类风湿关节炎、骨肿瘤等疾病的诊断具有重要意义。

四、切诊

骨伤科的切诊包括脉诊和触诊。脉诊主要是掌握机体内部气血、虚实、寒热等变化；触诊主要是鉴别骨骼肌肉系统疾患之轻重浅深及损伤性质。

（一）脉诊

脉诊，又称"切脉"，指医生用手指对患者身体某些部位的动脉进行切按，依据血脉搏动的特点来了解病情的一种诊察方法。常见的病理脉象有浮、沉、迟、数、弦、滑、涩、濡、洪、细、芤、结、带等脉。

（二）伤科脉诊纲要

清代钱秀昌《伤科补要·脉诀》阐述损伤脉诊要领，现归纳如下：

1. 闭合性损伤瘀血停积或阻滞，脉洪大、坚强而实者为顺证。开放性损伤失血之证，或呈芤脉，或为缓小，亦属脉证相符的顺脉；反之，如蓄血之证脉见缓小，失血之证脉见洪大，是脉证不相符的逆脉，往往提示病情复杂，比较难治。

2. 脉大而数或浮紧而弦者，往往伴有外邪。

3. 沉脉、伏脉为气滞或寒邪凝滞；沉滑而紧者，为痰瘀凝滞。

4. 乍疏乍数，时快时缓，脉律不齐者，重伤时应注意发生其他转变。

5. 六脉（左右手寸、关、尺）模糊不清者，预后难测，即使伤病较轻，亦应严密观察其变化；和缓有神者，伤证虽危重，但一般预后较佳。

6. 严重损伤,疼痛剧烈,偶尔出现结、代脉,系痛甚或情绪紧张所致,并非恶候。但如频繁出现,则应注意。

（三）触诊

触诊,又称"摸诊",是骨伤科临床检查的主要方法之一。通过医生以手对损伤局部或全身进行认真触摸,可帮助了解损伤的性质、程度,判断有无骨折、脱位或筋伤断裂,以及骨折、脱位的移位方向等。《医宗金鉴·正骨心法要旨》言:"以手摸之,自悉其情。"

1. 主要用途

（1）摸压痛:根据压痛的部位、范围、程度来鉴别损伤的性质种类和轻重缓急。直接压痛可能是局部有骨折或伤筋,而间接压痛(如纵轴叩击痛)常提示骨折的存在。

（2）摸畸形:当望诊发现畸形时,结合触诊,仔细检查骨和关节的形态变化,可以判断骨折和脱位的性质、移位方向以及呈现重叠、成角或旋转畸形等变化。

（3）摸肤热:从局部皮肤冷热的程度,可以辨识是寒证还是热证,并及时了解患肢的血运情况。热肿通常表示新伤或局部积瘀化热、感染,如开放性骨折感染;冷肿表示寒性疾患,如骨关节结核;若伤肢远端冰凉、麻木、动脉搏动减弱或消失,则表明血运障碍,如缺血性肌挛缩者。摸肤温时一般用手背测试并与对侧比较。

（4）摸异常活动:在肢体没有关节的地方出现类似关节的活动,或关节原来不能活动的方向出现了活动即为异常活动。多见于骨折和韧带断裂。需注意,在临床上不要主动寻找异常活动,以免增加患者的痛苦和加重局部组织损伤。

（5）摸弹性固定:脱位的关节多保持在特殊的畸形位置,在触诊时手中有弹力感。这是关节脱位的特征之一。

（6）摸肿块:首先应区别肿块的解剖层次,是在骨骼还是在肌腱、肌肉等组织中,是骨性的还是囊性的,还需触摸其大小、形状、硬度,边界是否清楚,推之是否可以移动以及表面光滑度。

2. 常用手法

（1）触摸法:以拇、示、中三指置于伤处,稍加按压,细细触摸,仔细体验指下的感觉。通过触摸可了解损伤和病变的确切部位,病损处有无畸形、摩擦征,皮肤温度、软硬度有无改变,有无波动感等。检查时往往最先使用触摸法。

（2）挤压法:用手挤压患处上下、左右、前后,根据力的传导作用来诊断骨骼是否骨折,常用于胸廓或骨盆的检查,此法有助于鉴别是骨折还是挫伤。

（3）叩击法:利用掌根或拳头对肢体远端纵向叩击所产生的冲击力来检查有无骨折。

（4）旋转法:用手握住伤肢的下端,做轻柔的旋转动作,观察伤处有无疼痛、活动障碍或特殊响声等。

（5）屈伸法:用手握住邻近的关节做屈曲、伸展动作,根据屈伸的度数来测量关节活动功能。

（6）摇晃法:用一手握于患处,另一手握伤肢远端,做轻轻摇晃,结合问诊和望诊,根据患部疼痛的性质、异常活动、摩擦音的有无,判断有无骨与关节损伤。

中医四诊望、闻、问、切各有特点,从不同角度诊察病情,彼此相互独立,又相辅相成,在实际应用中应四诊并重,诸法参用,全面获取病情资料。所谓合参,即将中医的望诊、闻诊、问诊和脉诊相合相参,综合四诊共同收集患者的症状体征等信息,获取全面、准确的诊断信息,从而更好地探求病因、判断病位、辨析病性、确定病机,为辨证论治做准备。《医宗金鉴·四诊心法要诀》言:"望以目察,闻以耳占,问以言审,切以指参。明斯诊道,识病根源,能合色脉,可以万全。"

第三节　骨伤科检查方法

骨伤科检查是为了发现客观体征,以助得出正确诊断,避免延误治疗。骨伤科检查要有整体观念,不可只注意局部,且应在了解病史及完成全身检查的基础上进行。应遵循"对比"原则,即患侧与健侧对比、患者与健康人对比;对不能确定的阳性体征须进行反复检查;对急性疾患、创伤和肿瘤的患者,手法要轻柔,以减少患者的痛苦和病变扩散的风险。

一、测量

临床常需测量的内容有肢体力线、肢体长度、肢体周径以及肢体活动范围(角度),常用的测量工具有卷尺、直尺、皮尺、卡尺、皮肤标志笔、关节量角器等。

(一)肢体力线的测量

1. 人体重力线　位于人体的正中,从侧面观,相当于乳突、下颈椎、肩关节、第12胸椎体、第2骶椎体、髋关节、膝关节、内踝的连线(图3-1)。

2. 上肢力线　肱骨头中心、桡骨小头和尺骨茎突应当在一条直线上。正常肘关节有生理外翻角(携带角)(图3-2)。

3. 下肢前负重线　取下肢伸直位,做髂前上棘至第1、2趾蹼间的连线,正常时该线通过髌骨中点(图3-3)。

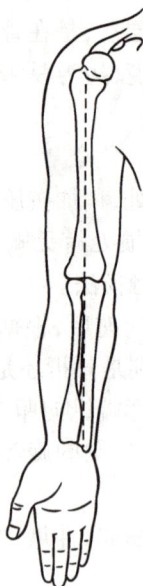

图3-1　人体重力线　　　图3-2　正常上肢力线　　　图3-3　正常下肢前负重线

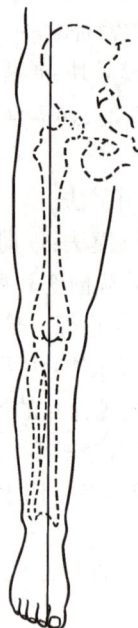

正常膝关节有10°左右的外翻角,如果前负重线经过髌骨内侧缘或更远,则为膝内翻畸形;反之,经过髌骨外侧缘或更远,则为膝外翻畸形(图3-4)。

4. 下肢侧负重线　站立位,自大粗隆顶点至外踝的连线,正常时,该线通过腓骨小头侧方中点(图3-5)。

如果下肢侧负重线通过腓骨小头前方,则为膝关节过伸位膝反张;如果侧负重线通过腓骨小头后方,则为膝关节屈曲畸形。

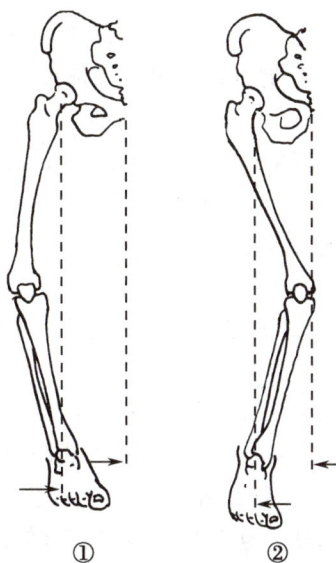

图 3-4　膝内、外翻
①膝内翻；②膝外翻

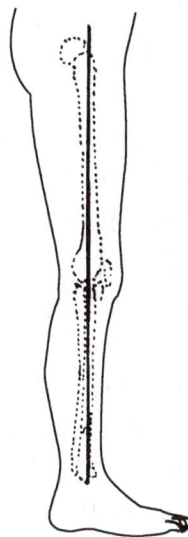

图 3-5　正常下肢侧负重线

（二）肢体长度测量

1. 骨科测量的常用体表标志

（1）骨性标志：枕外隆凸、第 7 颈椎棘突、肩峰、肱骨外上髁、髂前上棘、外踝、内踝等。

（2）皮肤皱纹标志：臀横纹、股皱纹、腘横纹等。

（3）身体标志线：前正中线、锁骨中线、腋中线、腋后线、后正中线等。

2. 长度测量方法　测量时应将两侧肢体置于对称位置，常是以健肢效仿患肢的姿势。测量中发现肢体长于或短于健侧，均为异常。

（1）上肢长度：从肩峰至桡骨茎突尖（或中指尖）。

1）上臂长度：肩峰至肱骨外上髁。

2）前臂长度：肱骨外上髁至桡骨茎突，或尺骨鹰嘴至尺骨茎突。

（2）下肢长度：髂前上棘至内踝下缘，或脐至内踝下缘（骨盆骨折或髋部病变时用）。上述测量方法均为下肢的间接长度，表示下肢与骨盆的位置关系；而下肢的直接长度则是下肢的真正长度，即股骨大粗隆顶点至外踝下缘的距离。

1）大腿长度：髂前上棘至膝关节内缘，为大腿的间接长度；股骨大粗隆至膝关节外缘为大腿的直接长度。

2）小腿长度：膝关节内缘至内踝，或腓骨头顶点至外踝下缘。

3. 肢体不等长的临床意义

（1）长于健侧：多见于创伤、慢性炎症对骨骺刺激后，使骨骺加速生长所导致，或无骨骺结构的实质性破坏，而由于肢体畸形所致，如髋关节前脱位、髋关节半脱位、髋关节外展强直位、马蹄足等。

（2）短于健侧：常见于关节脱位、关节结核等所致的骨质破坏、骨折断端嵌插或重叠移位、脊髓灰质炎后遗症及骨骺损伤、髋关节屈曲畸形、内收畸形及骨盆倾斜等。

（三）肢体周径测量

1. 两肢体取相应的同一水平测量，测量肿胀时取最肿处，测量肌萎缩时取肌腹部。

（1）上肢周径：上臂在腋窝皱褶平面、三角肌止点处环绕肱二头肌中段做测量。前臂在最粗处测量最大周径,在最细小处测量最小周径。

（2）下肢周径:大腿在髌骨上缘10~15cm处做测量。小腿在小腿最粗处做测量。

2. 通过肢体周径的测量,可了解其肿胀程度或有无肌肉萎缩等。肢体周径变化的临床意义如下:

（1）粗于健侧:较健侧显著增粗并有畸形者,多因存在骨折、关节脱位;如无畸形而测量结果较健侧粗者,多系肌肉肿胀等。

（2）细于健侧:多为陈旧伤或有神经疾患而致肌肉萎缩者。

（四）角度测量

测量方法有3种,最简单的是目测比拟法,比较准确的是量角器测量法,更准确的是X线照片测量法。

目前临床上常用的关节活动度的记录方法有中立位0°法（即以每个关节的中立位置为0°计算）和邻肢夹角法（以关节相邻肢段所构成的夹角计算）两种。国际上通用的方法为中立位0°法。在测量时应注意除外关节周围的附加活动,如测量肱盂关节活动,应固定肩胛骨;测量髋关节活动时,应固定骨盆。还应注意正常人关节活动的范围差异,必要时双侧对比测量。

二、常用检查法

（一）骨关节运动检查

1. 人体各关节活动的正常范围

（1）脊柱关节

1）颈部:中立位为直立位,头向前,下颌内收作为0°。活动范围（图3-6）:左右侧屈可达45°,前屈、后伸各35°~45°,旋转范围为60°~80°。

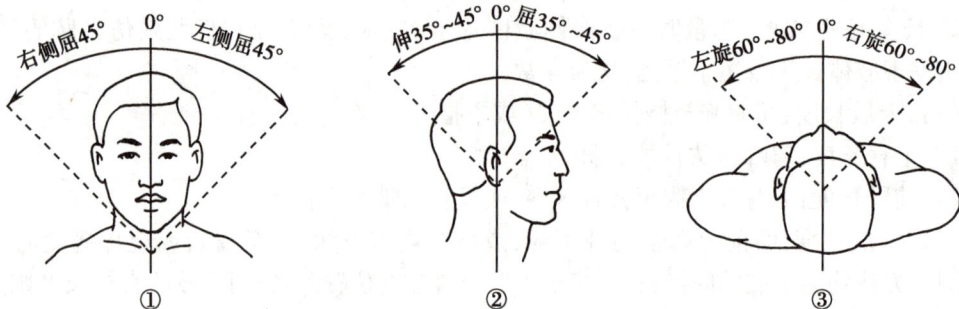

图3-6　颈部活动范围

2）胸背部:胸椎运动受胸廓的限制,活动范围较小。应注意各段活动度是否一致,可以测量棘突之间距离的改变来比较。

3）腰骶部:中立位为直立,腰伸直自然体位。活动范围（图3-7）:前屈90°、后伸30°、侧屈20°~30°、旋转30°。

（2）上肢关节

1）肩部:检查时患者取坐位或卧位,坐位时中立位为上肢下垂。活动范围（图3-8）:前屈90°、后伸45°、外展90°、内收40°、外旋30°、内旋80°、上举90°。

2）肘部:中立位为肘关节伸直。活动范围（图3-9）:屈曲140°、伸肘0°~10°、旋后80°~90°、旋前80°~90°。

3）腕部:腕部中立位为手与前臂成直线,掌心向下。活动范围（图3-10）:伸腕35°~60°、屈腕50°~60°、腕桡偏25°~30°、腕尺偏30°~40°。

屈90° 伸30° 侧屈20°~30° 旋转30°

① ② ③ ④

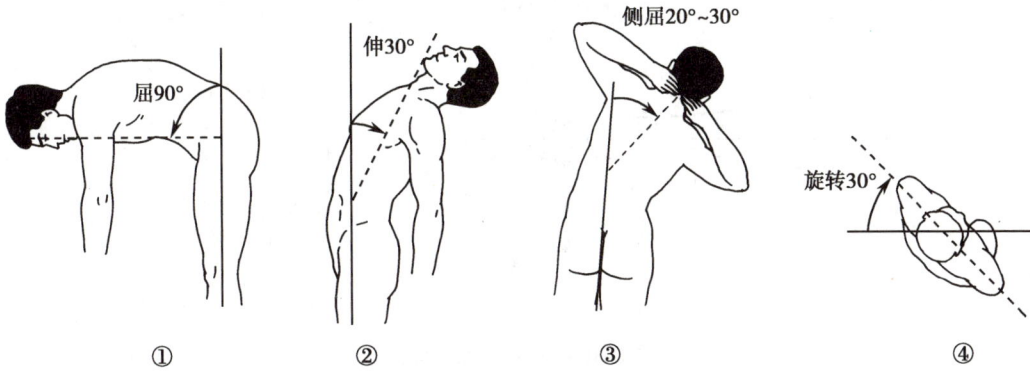

图 3-7 腰部活动范围

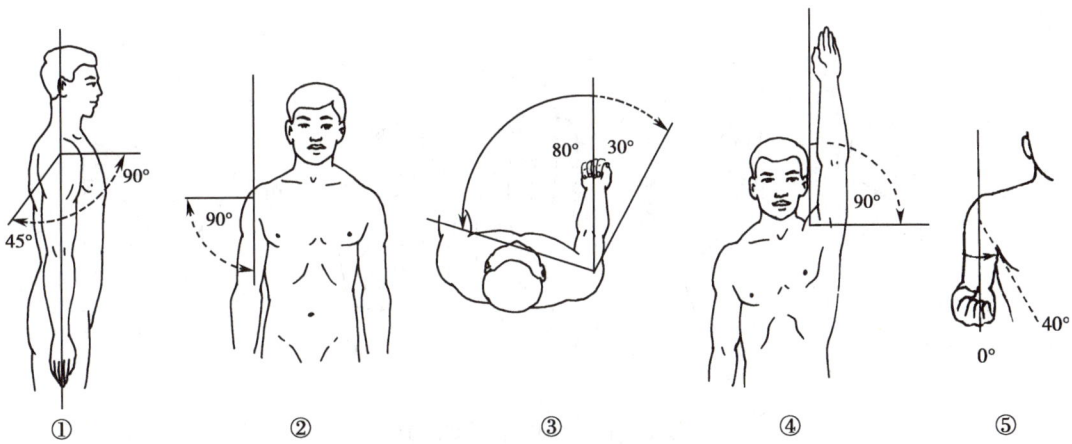

90° 45° 90° 80° 30° 90° 0° 40°

① ② ③ ④ ⑤

图 3-8 肩关节活动范围

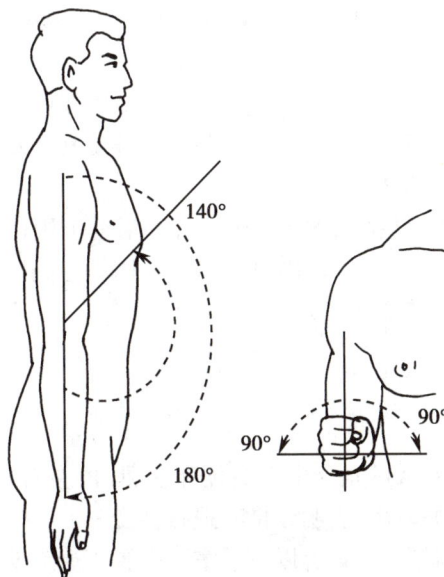

140° 180° 90° 90°

图 3-9 肘关节活动范围

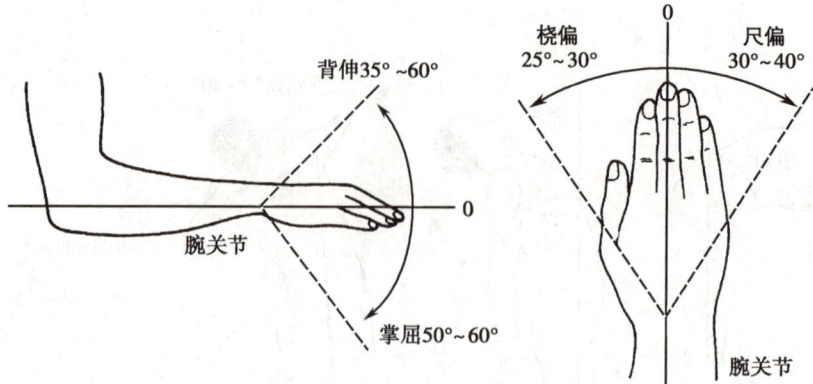

图 3-10 腕关节活动范围

4）手部关节：掌指关节屈曲 80°～90°，近侧指间关节屈曲 90°～100°，远侧指间关节屈曲 70°～90°；手指外展或内收≥20°，拇指外展活动 50°～70°，拇指屈曲活动度可达 20°～50°（图 3-11）。

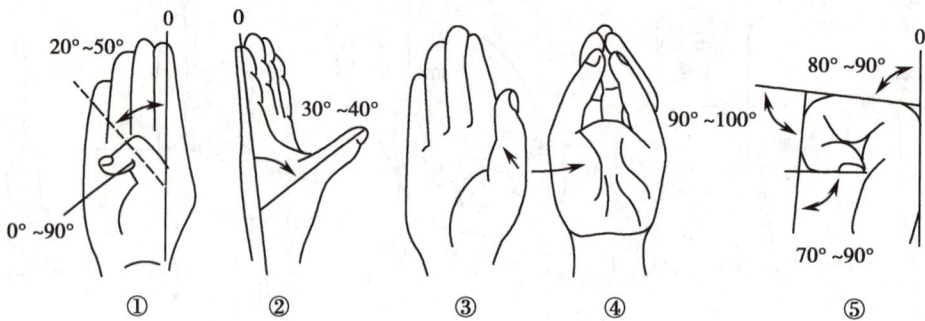

图 3-11 手部关节活动范围

（3）下肢关节

1）髋部：中立位为髋关节伸直，髌骨向前。活动范围（图 3-12）：屈曲 130°～140°，后伸 10°～15°，被动超伸可达 40°；屈曲 145°，后伸 40°，外展 30°～45°，内收 20°～30°，外旋 30°～40°，内旋 40°～50°。

2）膝部：中立位为膝关节伸直。活动范围（图 3-13）：屈曲 145°，伸直 0°，青少年及女性可有 5°～10°过伸。膝关节完全伸直后没有侧屈和内、外旋转运动。当膝关节屈曲 90°时，内旋运动可达 10°，外旋运动可达 20°。

3）踝部与足部：中立位为足与小腿成 90°。踝部活动范围（图 3-14）：踝关节背伸 20°～30°，踝关节跖屈 40°～50°。足部活动范围（图 3-15）：中跗关节内翻 30°，外翻 30°～35°；跖趾关节背伸约 45°，跖趾关节跖屈 30°～40°。

2. 特殊检查

（1）脊柱特殊检查

1）颈部

①前屈旋颈试验（Fenz sign）：先令患者头颈部前屈，再左右旋转活动，若颈椎处出现疼痛即为阳性，提示颈椎有骨关节病，表明颈椎有退行性变。

②头部叩击试验：患者端坐，检查者以一手掌面平置于患者头部，掌心接触头顶，另一手握拳轻轻叩击放置于头顶部的手背，如果患者感到颈部不适、疼痛或向上肢串痛、酸麻则为阳性。该试验可使椎间孔变窄，对颈神经根刺激，常见于神经根型颈椎病。

28

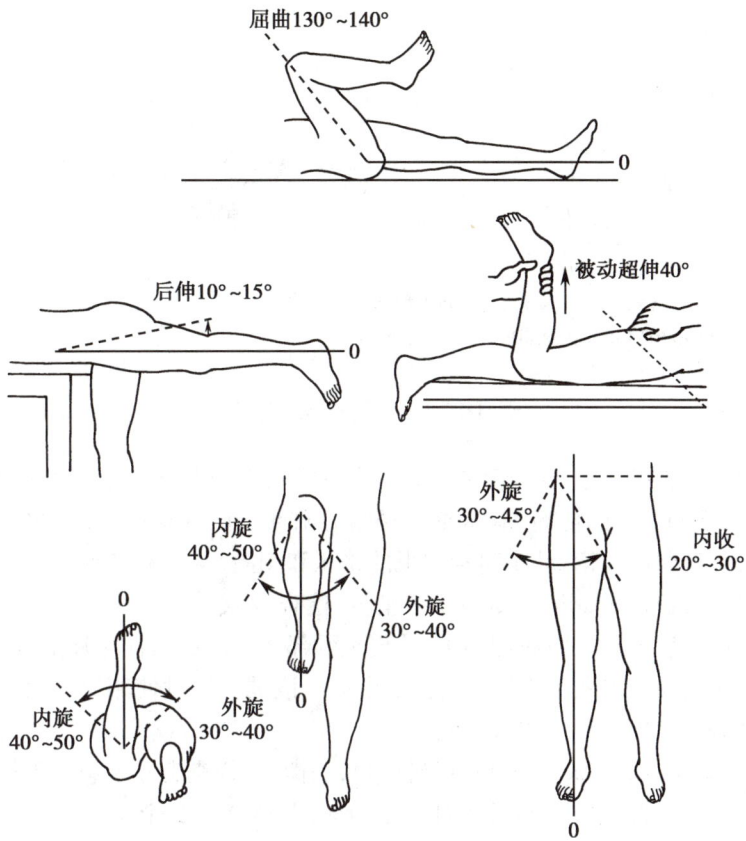

图 3-12　髋关节活动范围

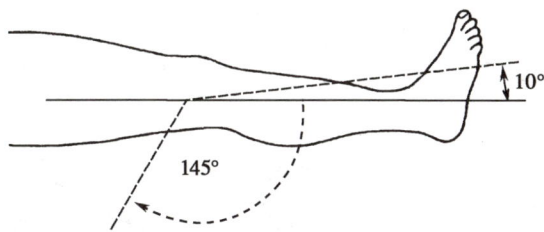

图 3-13　膝关节活动范围

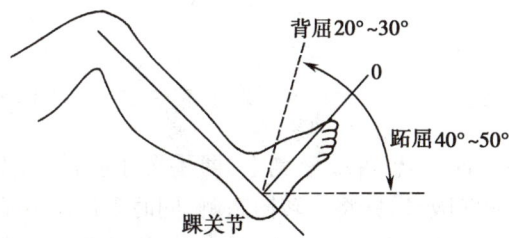

图 3-14　踝关节活动范围

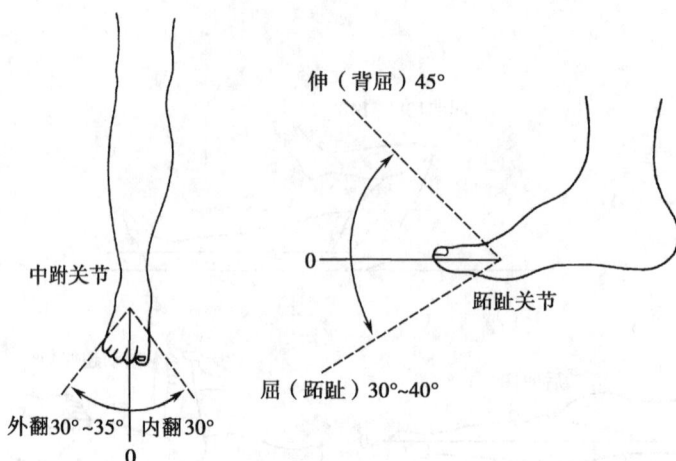

图 3-15 足部关节活动范围

③分离试验:检查者一手托住患者下颌部,另一手托住枕后部,然后逐渐向上牵引头部,如果患者感到颈部和上肢的疼痛、麻木感减轻则为阳性。该试验可以通过牵拉使狭窄的椎间孔间隙增大,缓解肌肉痉挛,减少对神经根的挤压和刺激,从而减轻疼痛。

④椎间孔挤压试验(Spurling test):患者坐位,检查者双手十指相扣,以手掌面压于患者头顶部,向左右或前后施加压力屈伸颈椎,若出现颈部或上肢放射性疼痛加重,则为阳性(图3-16)。多见于神经根型颈椎病或颈椎间盘突出症。该试验通过使相应椎间孔变窄,从而加重对颈神经根的刺激,出现疼痛或放射痛。

⑤臂丛神经牵拉试验(Eaton test):患者坐位,头微屈,检查者立于患者被检侧,一手推头部向对侧,同时另一手握该侧腕部做相对牵引,此时臂丛神经受牵拉,若出现放射痛、麻木,则为阳性(图3-17)。多见于神经根型颈椎病患者。

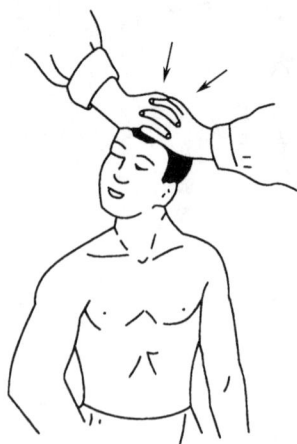

图 3-16 椎间孔挤压试验

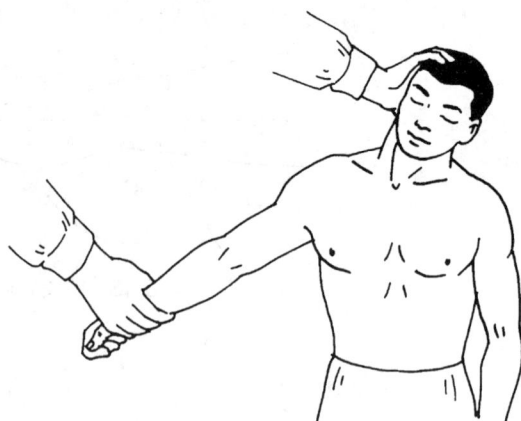

图 3-17 臂丛神经牵拉试验

⑥深呼吸试验(Adson sign):患者端坐凳上,两手置于膝部,先比较两侧桡动脉搏动力量,然后让患者尽力抬头做深吸气,并将头转向患侧,同时下压患侧肩部,再比较两侧脉搏或血压,若患侧桡动脉搏动减弱或血压降低,即为阳性。说明锁骨下动脉受到挤压,同时往往疼痛加重。相反,抬高肩部,头面转向前方,则脉搏恢复,疼痛缓解。主要用于检查有无颈肋和前斜角肌综合征。

2）胸腰背部

①压胸试验：患者取坐位或站立位，检查者站于侧方，一手抵住其脊柱，另一手压迫胸骨，轻轻地相对挤压（图 3-18）。若在胸侧壁上某处出现疼痛，即为阳性。这是诊断外伤性肋骨骨折的重要体征。

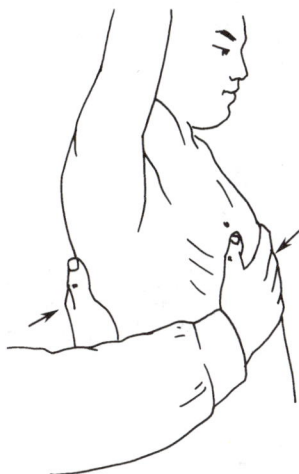

②直腿抬高试验：患者仰卧位，两下肢伸直靠拢，检查者用一手握患者踝部，一手扶膝保持下肢伸直，逐渐抬高患者下肢，正常者可以抬高 70°~90° 而无任何不适感觉；若小于以上角度即感该下肢有传导性疼痛或麻木者为阳性（图 3-19）。多见于坐骨神经痛和腰椎间盘突出症患者。若将患者下肢直腿抬高到开始产生疼痛的高度，检查者用一手固定此下肢保持膝伸直，另一手背伸患者踝关节，放射痛加重者为直腿抬高加强试验（Bragard additional test）阳性（图 3-20）。该试验用以鉴别是神经受压还是下肢肌肉等原因引起的抬腿疼痛。

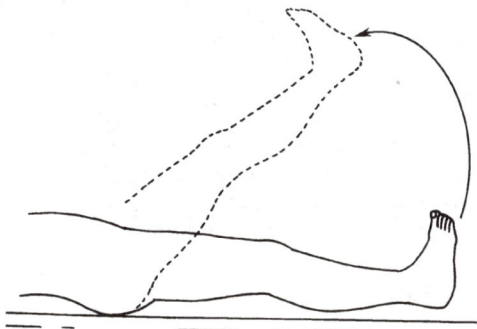

图 3-18 压胸试验

图 3-19 直腿抬高试验

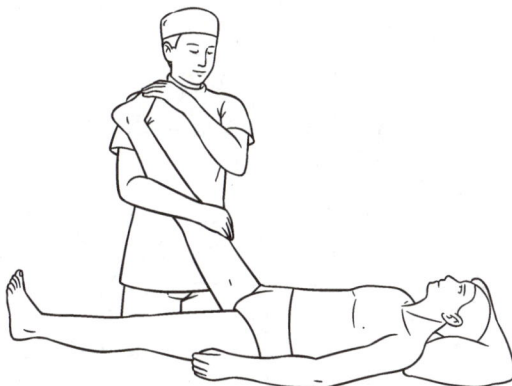

图 3-20 直腿抬高加强试验

③拾物试验：让小儿站立，嘱其拾起地上物品。正常小儿可以两膝微屈，弯腰拾物；若腰部有病变，可见腰部挺直、双髋和膝关节尽量屈曲的姿势去拾地上的物品，此为该试验阳性（图 3-21）。常用于检查儿童脊柱前屈功能有无障碍，用于诊断腰椎结核等疾病。

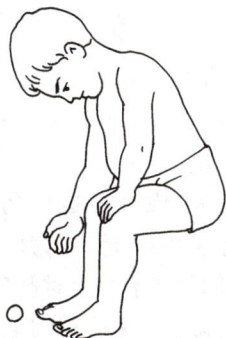

④仰卧挺腹试验：通过增加椎管内压力，刺激神经根产生疼痛，以诊断椎间盘突出症。具体操作分 4 个步骤。第 1 步：患者仰卧，双手放在腹部或身体两侧，以头枕部和双足跟为着力点，将腹部及骨盆用力向上挺起，若患者感觉腰痛及患侧传导性腿痛即为阳性。若传导性腿痛不明显，则进行下一步检查；第 2 步：患者保持挺腹姿势，先深吸气后停止呼吸，用力鼓气，直至脸面潮红约 30 秒，若有传导性腿痛即为阳性；第 3 步：在仰卧挺腹姿势下，用力咳嗽，若有传导性腿痛即为阳性；第 4 步：在仰卧挺腹姿势下，检查者用手轻压双侧颈内静脉，若出现患侧传导性腿痛即为阳性。

⑤俯卧背伸试验：本试验用于检查婴幼儿脊柱病变。嘱患儿俯卧位，检查者提起其双足，出现腰部过伸，脊柱呈弧形后伸状态为正常。若提起双足时，脊柱呈强直状态，大腿、骨盆和腹壁同时离开床面，此为俯卧背伸试验阳性（图 3-22）。

图 3-21 拾物试验

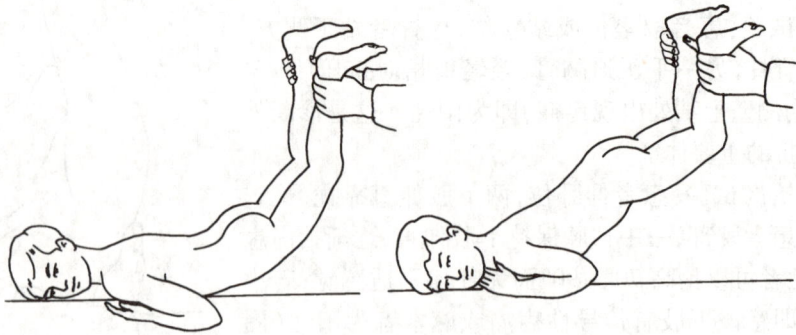

图 3-22　俯卧背伸试验

⑥股神经牵拉试验:患者俯卧位,伸直下肢,检查者以手托住患者膝关节,保持膝关节伸直,同时上抬使髋关节出现过伸位,如果患者出现大腿前方的放射样疼痛,则为股神经牵拉试验阳性。该试验是判断高位椎间盘突出症的一个常用体格检查(图 3-23)。

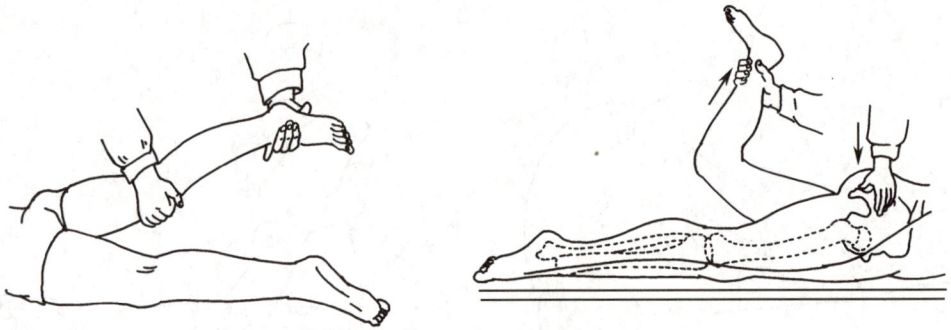

图 3-23　股神经牵拉试验

3)骨盆

①骨盆挤压试验:患者仰卧位,检查者用双手分别于髂骨翼两侧同时向中线挤压骨盆;或患者侧卧,检查者挤压其上方的髂嵴。如果患处出现疼痛,即为骨盆挤压试验阳性,提示有骨盆骨折或骶髂关节病变。

②骨盆分离试验:患者仰卧位,检查者两手分别置于两侧髂前上棘前面,两手同时向外下方推压,若出现疼痛,即为骨盆分离试验阳性(图 3-24),表示有骨盆骨折或骶髂关节病变。

③骨盆纵向挤压试验:患者仰卧位,检查侧的髋关节、膝关节半屈曲位,检查者用左、右手分别置于髂前上棘和大腿根部,双手用力挤压,若出现疼痛,即为骨盆纵向挤压试验阳性,提示单侧骨盆骨折。

④屈膝屈髋试验:患者仰卧位,双腿靠拢,嘱其尽量屈曲髋、膝关节,检查者也可两手推膝使髋、膝关节尽量屈曲,臀部离开床面,腰部被动前屈,若腰骶部发生疼痛,即为阳性(图 3-25)。若行单侧髋、膝屈曲试验,患者一侧下肢伸直,检查者用同样方法,使对侧髋、膝关节尽量屈曲,则腰骶关节和骶髂关节可随之运动,若有疼痛即为阳性,提示有闪筋扭腰、劳损,或者有腰椎椎间关节、腰骶关节或者骶髂关节等病变,但腰椎间盘突出症患者该试验为阴性。

⑤梨状肌紧张试验:患者仰卧位,伸直患肢,做内收内旋动作,若有坐骨神经放射痛,再迅速外展、外旋患肢,若疼痛立刻缓解即为阳性,说明有梨状肌综合征。

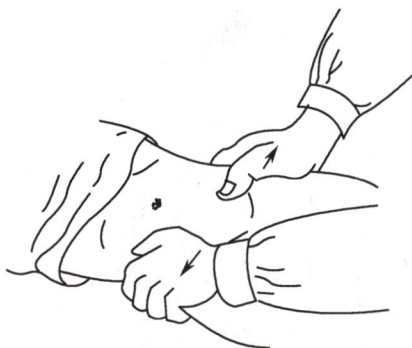

图 3-24　骨盆分离试验

图 3-25　屈膝屈髋试验

⑥床边试验:患者靠床边仰卧位,臀部稍突出床沿,大腿下垂。健侧下肢屈膝屈髋,贴近腹壁,患者双手抱膝以固定腰椎。检查者一手扶住髂峰以固定骨盆,另一手用力下压床边的大腿,使髋关节尽量后伸。若骶髂关节发生疼痛即为阳性,提示有骶髂关节病变(图 3-26)。

⑦骶髂关节分离试验(Patrick test):又称 4 字试验。患者仰卧位,被检查一侧下肢膝关节屈曲,髋关节屈曲、外展、外旋,将足架在另一侧膝关节上,使双下肢呈"4"字形。检查者一手放在屈曲的膝关节内侧,另一手放在对侧髂前上棘前面,然后两手向下按压,如被检查侧骶髂关节处出现疼痛即为阳性(图 3-27),排除髋关节本身病变后提示骶髂关节劳损、类风湿关节炎、结核、致密性骨炎等。

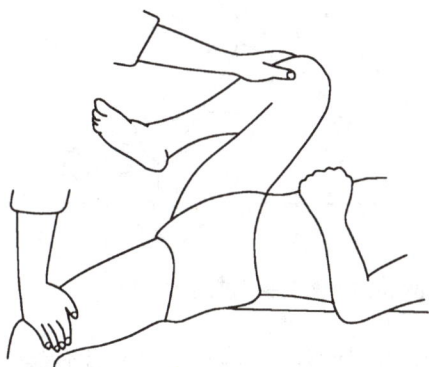

图 3-26　床边试验

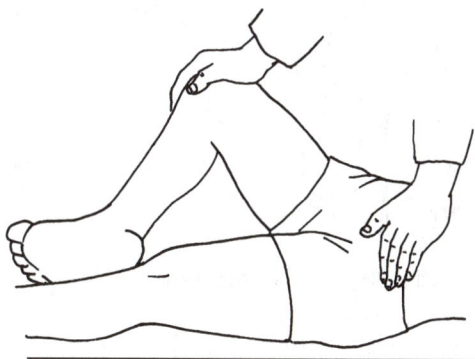

图 3-27　骶髂关节分离试验

(2) 四肢关节特殊检查

1) 肩部

①杜加斯征(Dugas sign):又称搭肩试验,将患肢肘关节屈曲,患侧手搭在对侧肩部,肘关节能贴近胸壁为正常。若肘关节不能靠近胸壁,或肘关节贴近胸壁时而患侧手不能搭在对侧肩部,或两者均不能,则为阳性(图 3-28),提示肩关节脱位。

②直尺试验:正常人肩峰位于肱骨外上髁与肱骨大结节连线的内侧。用直尺贴在上臂的外侧,下端靠近肱骨外上髁,上端如能与肩峰接触则为阳性,提示肩关节脱位(图 3-29)。

③冈上肌腱断裂试验:在肩外展 30°~60°范围内时,三角肌用力收缩,但不能外展举起上臂,越外展用力,肩越高耸。但被动外展到此范围以上,患者能主动举起上臂。最初主动外展障碍为阳性征,提示冈上肌腱断裂。

④肩外展疼痛弧试验:在肩外展 60°~120°范围内时,因冈上肌腱与肩峰下摩擦,肩部出现疼痛为阳性征,这一特定区域内的疼痛称为疼痛弧(图 3-30)。见于冈上肌腱炎。

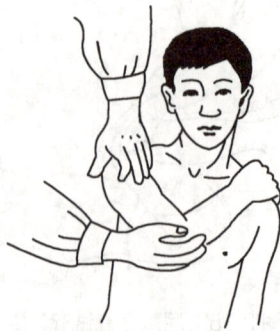

图 3-28　搭肩试验

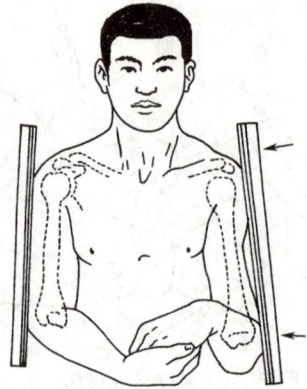

图 3-29　直尺试验

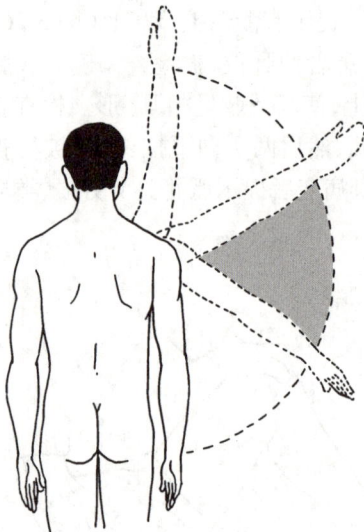

图 3-30　肩外展疼痛弧试验

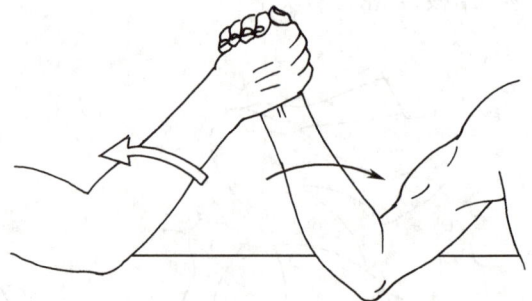

图 3-31　肱二头肌抗阻力试验

⑤肱二头肌抗阻力试验(Yergason test):患者抗阻力屈肘及前臂旋后,引起肱骨结节间沟部位疼痛为阳性征(图 3-31),见于肱二头肌长头腱鞘炎。

⑥臂坠落试验:患者取立位,先将患侧上肢伸直,被动外展至 90°,去除医生的帮助,令其缓慢地放下上肢,如不能慢慢地放下上肢,而出现突然直落到体侧则为本试验阳性,提示有肩袖损伤断裂。

2)肘部

①肘后三角:正常的肘关节在完全伸直时,肱骨外上髁、内上髁和尺骨鹰嘴在一条直线上。肘关节屈曲 90°时,三个骨突形成一个等腰三角形,称为肘后三角。肘关节脱位时,此三角关系改变(图 3-32),用于肘关节脱位的检查,以及肘关节脱位与肱骨髁上骨折的鉴别。

②腕伸肌紧张试验(Mills sign):患者肘关节伸直,前臂旋前位,做腕关节的被动屈曲,引起肱骨外上髁处疼痛者为阳性,见于肱骨外上髁炎(图 3-33)。

③肘关节外展内收试验:患者与检查者对面而坐,上肢向前伸直,检查者一手握住肘部,一手握腕部并使前臂内收,握肘部的手推肘关节向外,如有外侧副韧带断裂,则前臂可出现内收运动;若握腕部的手使前臂外展,而拉肘关节向内,前臂有外展运动,则为内侧副韧带损伤。

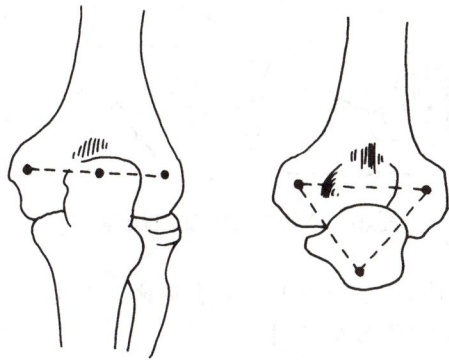

图 3-32　肘后三角

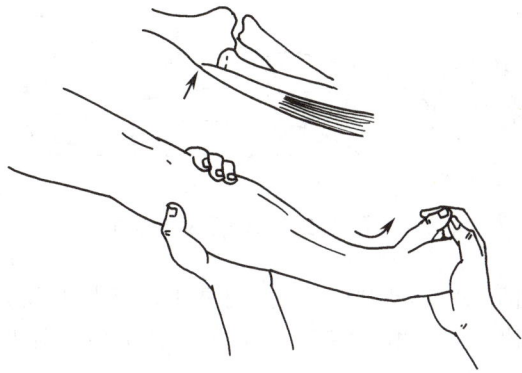

图 3-33　腕伸肌紧张试验

3）腕部

①握拳尺偏试验(Finkelstein test)：又称芬克尔斯坦试验,患者拇指屈曲握拳,将拇指握于掌心内,然后使腕关节被动尺偏,引起桡骨茎突处明显疼痛为阳性征,见于桡骨茎突狭窄性腱鞘炎(图 3-34)。

②腕三角软骨挤压试验(crushing test of wrist triangular cartilage)：又称腕关节尺侧挤压试验,腕关节位于中立位,然后使腕关节被动向尺侧偏斜并纵向挤压,若出现下尺桡关节疼痛则为阳性,见于腕三角软骨损伤、尺骨茎突骨折(图 3-35)。

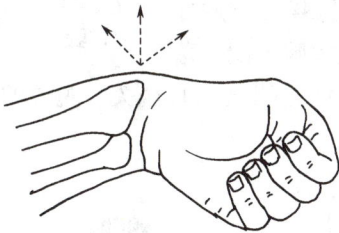

图 3-34　握拳尺偏试验

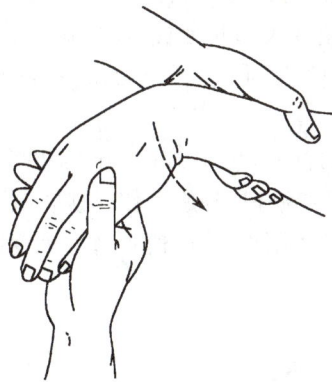

图 3-35　腕三角软骨挤压试验

③屈腕试验：医者手握患者腕部,拇指按压在腕横纹处,同时嘱患腕屈曲。若患手麻痛加重,并放射到中指、示指,即为阳性,见于腕管综合征(图 3-36)。

4）髋部

①髋关节屈曲挛缩试验(Thomas sign)：又称托马斯征。患者取仰卧位,当患者双下肢平放到检查台上,出现腰椎前突者为该试验阳性(图 3-37)。或将健侧髋、膝关节尽量屈曲,大腿贴近腹壁,使腰部接触床面,以消除腰前突增加的代偿作用;再让其伸直患侧下肢,若患肢随之翘起而不能伸直平放于床面,即为阳性(图 3-38),提示该髋关节有屈曲挛缩畸形。

②髋关节过伸试验：又称腰大肌挛缩试验。患者俯卧位,患

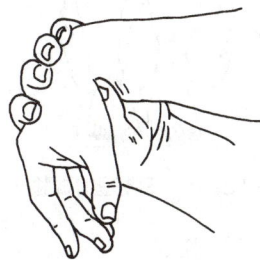

图 3-36　屈腕试验

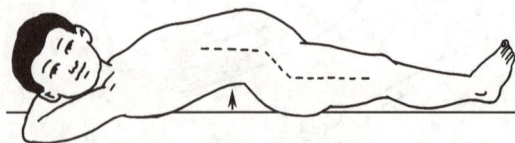

图 3-37　髋关节屈曲挛缩试验 1

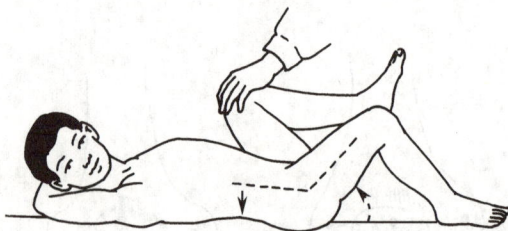

图 3-38　髋关节屈曲挛缩试验 2

侧膝关节屈曲 90°,医生一手握其踝部将下肢提起,使髋关节过伸,若骨盆亦随之抬起,即为阳性征,说明髋关节不能过伸。腰大肌脓肿及早期髋关节结核可有此体征。

③单腿独立试验:又称臀中肌试验,此试验是检查髋关节承重功能。先让患者健侧下肢单腿独立,患侧腿抬起,患侧臀皱襞(骨盆)上升为阴性。再让患侧下肢单腿独立,健侧腿抬高,则可见健侧臀皱襞(骨盆)下降,为阳性征(图 3-39),表明持重侧的髋关节不稳或臀中肌、臀小肌无力。任何使臀中肌无力的疾病均可出现阳性征。

④膝高低征(Allis sign):又称下肢短缩试验。患者仰卧,双侧髋、膝关节屈曲,足跟平放于床面上,正常两侧膝顶点等高,若一侧较另一侧低即为阳性(图 3-40),表明股骨或胫腓骨短缩或髋关节脱位。

⑤望远镜试验:患者仰卧位,医生一手固定骨盆,另一手握患侧腘窝部,使髋关节稍屈曲,将大腿纵向上下推拉,若患肢有上下移动感即为阳性,表明髋关节不稳或有脱位,常用于小儿髋关节先天性脱位的检查。

⑥蛙式试验(Ortolani sign):患儿仰卧位,将双侧髋膝关节屈曲90°,再做双髋外展外旋动作,呈蛙式位。若一侧或双侧大腿不能平落于床面,即为阳性,表明髋关节外展受限(图 3-41),常用于小儿先天性髋关节脱位的检查。

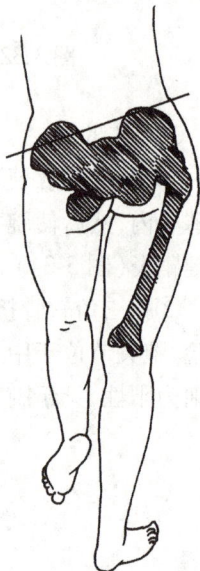

图 3-39　单腿独立试验

图 3-40　下肢短缩试验

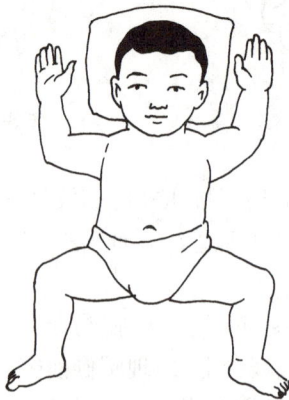

图 3-41　蛙式试验

5）膝部

①浮髌试验:患肢伸直,医生一手虎口对着髌骨上方,手掌压在髌上囊,使液体流入关节腔,另一手示指以垂直方向按压髌骨,若感觉髌骨浮动,并有撞击股骨髁部的感觉,即为阳性

（图3-42），表明关节内有积液（一般大于50ml）。

②抽屉试验（drawer test）：患者仰卧屈膝90°，检查者轻坐在患者足背，双手握小腿上段，向后推再向前拉。前交叉韧带断裂时可向前拉0.5cm以上；后交叉韧带断裂时可向后推0.5cm以上。将膝关节置于屈曲10°~15°位进行检查，可增加本试验的阳性率，有利于判断前交叉韧带的前内束或后外束的损伤（图3-43）。

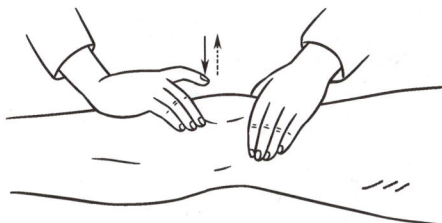

图3-42　浮髌试验

图3-43　抽屉试验

③挺髌试验：患侧下肢伸直，医生用拇、示指将髌骨向远端推压，嘱患者用力收缩股四头肌。若引起髌骨部疼痛即为阳性，常见于髌骨软骨软化症。

④髌骨研磨试验：挤压髌骨，或者上下左右滑动髌骨时有粗糙感和摩擦音，并伴有疼痛不适；或者一手尽量将髌骨推向一侧，另一手直接按压髌骨，若髌骨后出现疼痛，即为阳性，常见于髌骨软骨软化症。

⑤半月板回旋挤压试验（McMurray test）：又称麦氏征。髋膝屈曲成锐角，尽量使足靠近臀部，检查者一手放在其膝部，手指摸关节间隙，另一手握其踝部。令患者肌肉放松，将患者的髋与膝由被动屈曲而逐渐伸直，同时使其小腿外展外旋或内旋；再使小腿内收内旋或外旋。如果在某一固定角度触到或听到响声并伴有疼痛即为阳性，提示半月板损伤（图3-44）。

⑥研磨提拉试验（Apley test）：又称膝关节旋转推拉试验或旋转挤压试验。患者俯卧，检查者将膝部或手放于患者大腿的后侧以固定大腿，手握持患肢足部，向上提拉膝关节，并向内侧或外侧旋转，如发生疼痛，表示韧带损伤。反之，双手握持患肢足部向下挤压膝关节，再向外侧或内侧旋转，同时从屈曲到最大限度再伸直膝关节，如发生疼痛，则表示内侧或外侧半月板有破裂（图3-45）。

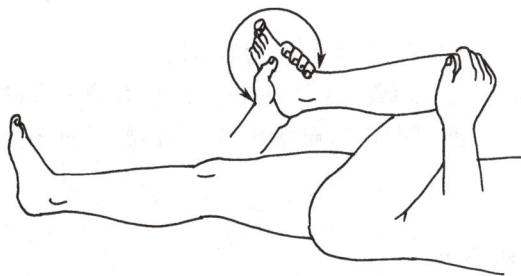

图3-44　半月板回旋挤压试验

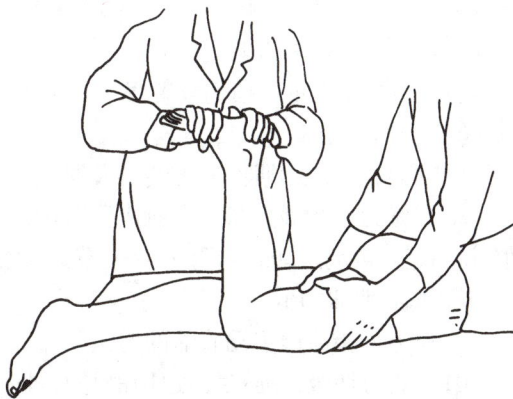

图3-45　研磨提拉试验

⑦侧副韧带损伤试验：又称膝关节分离试验、侧位运动试验。患者伸膝，并固定大腿，检查者一手握踝部，另一手扶膝部，做侧位运动以检查内侧或外侧副韧带，若有损伤，检查牵扯韧带时，可引起疼痛或异常活动（图3-46）。

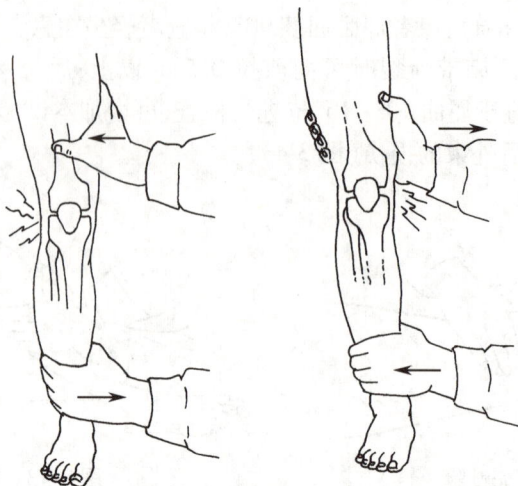

图 3-46 侧副韧带损伤试验

⑧膝关节过伸试验:患者仰卧,膝关节伸直平放。医者一手握伤肢踝部,另一手按压膝部,使膝关节过伸。如有疼痛,则可能是半月板前角损伤、髌下脂肪垫肥厚或股骨髁软骨伤。

6)足踝部

①踝关节背伸试验:患者屈曲膝关节,由于腓肠肌起点在膝关节线上,此时腓肠肌松弛,踝关节能背伸;当膝关节伸直时,踝关节不能背伸,说明腓肠肌挛缩。若伸膝或屈膝时,踝关节均不能背伸,说明比目鱼肌挛缩。比目鱼肌起点在膝关节线以下,所以伸膝或屈膝时做此试验结果相同。该试验是鉴别腓肠肌与比目鱼肌挛缩的方法。

②提踵试验:患足不能提踵 30°站立,仅能提踵 60°站立,为试验阳性,说明跟腱断裂。因为 30°提踵是跟腱的作用,而 60°提踵站立是胫后肌、腓骨肌的协同作用。

③腓肠肌挤压试验:患者取俯卧位,嘱其放松,膝关节屈曲 90°,检查者用拇指和其他手指从内外侧两个方向挤压小腿中段。阳性表现为足部无法跖屈,提示跟腱断裂。

④踝关节前抽屉试验:目的是评估距腓前韧带的稳定性。患者取坐位,膝关节屈曲约 90°,同时踝关节跖屈约 20°。检查者用一只手握住胫骨远端的前方,维持其稳定性或施加一个轻微向后推的力;同时另一只手半握呈杯状放在患者跟骨后方,用力将跟骨和距骨相对于胫骨向前推。检查中如果发现无法达到一个相对稳固的状态或者前后活动度过大,常提示距腓前韧带中度至重度损伤或者慢性踝关节不稳。

(二)肌肉检查

1. 肌容积 观察肌肉有无萎缩及肥大,测量肢体周径,判断肌肉营养状况。

2. 肌张力 指静息状态下肌肉紧张度。检查方法是嘱患者肌肉放松,用手触摸肌肉硬度,并测定其被动运动时的阻力及关节运动幅度。亦可叩击肌腱听声音,声音高者肌张力高,声音低者肌张力低。

3. 肌力 指肌肉主动收缩的力量。

(1)肌力评级标准:目前通用的是 Code 六级分法。

0 级:肌力完全消失,无收缩活动;

1 级:肌肉能收缩,但不能带动关节活动;

2 级:肌肉能收缩,关节可水平方向活动,但不能对抗肢体重力;

3 级:能对抗肢体重力使关节活动,但不能对抗外来阻力;

4 级:能对抗外来阻力使关节活动,但肌力较弱;

5级:肌力正常。

(2)肌力检查法:在关节主动运动时施加阻力与之对抗,测量其肌力,并进行双侧对比。

(三)神经功能检查

1.感觉检查

(1)浅感觉检查

1)痛觉:注意两侧对比,同时记录痛感障碍类型(正常、过敏、减退或消失)与范围。痛觉障碍见于脊髓丘脑侧束损害。

2)触觉:用棉签轻触患者的皮肤或黏膜,询问有无感觉。触觉障碍见于脊髓丘脑前束和后索病损。

3)温度觉:用盛有热水(40~50℃)或冷水(5~10℃)的玻璃试管交替接触患者皮肤,嘱患者辨别冷、热感。温度觉障碍见于脊髓丘脑侧束损害。

(2)深感觉检查

1)运动觉:检查者轻轻夹住患者的手指或足趾两侧,上或下移动,令患者根据感觉说出"向上"或"向下"。运动觉障碍见于后索病损。

2)位置觉:检查者将患者的肢体摆成某一姿势,请患者描述该姿势或用对侧肢体模仿。位置觉障碍见于后索病损。

3)震动觉:用震动着的音叉(128Hz)柄置于骨突起处(如内、外踝,手指、桡尺骨茎突、胫骨、膝盖等),询问有无震动感觉,判断两侧有无差别。震动觉障碍见于后索病损。

(3)复合感觉检查:复合感觉是大脑综合分析的结果,也称皮质感觉。包括皮肤定位觉、两点辨别觉、实体觉、体表图形觉。

①神经干损伤:受损伤的神经感觉分布区浅、深感觉均有障碍。常伴有该神经支配的肌肉瘫痪、萎缩和自主神经功能障碍。②神经丛损伤:该神经丛分布区的浅、深感觉均受影响,感觉减弱或消失,常伴有疼痛。感觉障碍的分布范围较神经干型要大,包括受损神经丛在各神经干内感觉纤维所支配的皮肤区域。③神经根损伤:浅、深感觉均受影响,其范围与脊髓神经节分布相一致,并伴有损伤部位的疼痛,称"根性疼痛"。④半侧脊髓损伤:损伤节段以下同侧运动障碍及深感觉障碍,对侧痛觉、温度觉障碍,双侧触觉往往不受影响,称为脊髓半切综合征,又叫 Brown-Sequard 综合征。⑤脊髓横断性损伤:受损节段以下浅、深感觉均受影响。

2.肌力检查 肌力是指肌肉运动时的最大收缩力。检查时令患者做肢体伸屈动作,检查者从相反方向给予阻力,测试患者对阻力的克服力量,并注意两侧对比。

不同程度的肌力减退可分别称为完全性瘫痪和不完全性瘫痪(轻瘫)。不同部位或不同组合的瘫痪可分别命名为:①单瘫:单一肢体瘫痪,多见于脊髓灰质炎;②偏瘫:为一侧肢体(上、下肢)瘫痪,常伴有同侧脑神经损害,多见于颅内病变或脑卒中;③交叉性偏瘫:为一侧肢体瘫痪及对侧脑神经损害,多见于脑干病变;④截瘫:为双侧下肢瘫痪,是脊髓横贯性损伤的结果,见于脊髓外伤、炎症等。

3.反射检查 反射检查有助于判断神经系统损害的部位和性质。反射包括生理反射和病理反射,检查时患者要合作,肢体肌肉应放松。检查者叩击力量要均等,两侧要对比。根据刺激的部位,又可将生理反射分为浅反射和深反射两部分。

(1)浅反射:是刺激体表感受器引起的反射。常检查的浅反射有:角膜反射(corneal reflex)、腹壁反射(abdominal reflex)、提睾反射(cremasteric reflex)、跖反射(plantar reflex)、肛门反射(anal reflex)。

(2)深反射:刺激骨膜、肌腱经深部感受器完成的反射称为深反射,又称腱反射。反射强度通常分为以下几级：消失（-）、减退（+）、正常（++）、增强（+++）、亢进甚至出现阵挛（++++）。

常检查的深反射有：肱二头肌反射（biceps reflex）、肱三头肌反射（triceps reflex）、桡骨膜反射（radial periosteal reflex）、膝腱反射（patellar tendon reflex）、跟腱反射（achilles tendon reflex）[又称踝反射（ankle reflex）]。

锥体束以上病变导致深反射亢进时，用力使相关肌肉处于持续性紧张状态，该组肌肉则发生节律性收缩，称为阵挛，常见的有踝阵挛（ankle clonus）和髌阵挛（patellar clonus），均系腱反射极度亢进的表现。

（3）病理反射：病理反射指锥体束病损时，大脑失去对脑干和脊髓的抑制作用而出现的异常反射。1岁半以内的婴幼儿由于神经系统发育未完善，也可出现这种反射，不属于病理性。临床常见的病理反射有：巴宾斯基（Babinski）征、奥本海姆（Oppenheim）征、戈登（Gordon）征及霍夫曼（Hoffmann）征。

（4）脑膜刺激征：为脑膜受激惹的体征，见于脑膜炎、蛛网膜下腔出血和颅压增高等。常表现为颈强直、克尼格（Kernig）征阳性、布鲁津斯基（Brudzinski）征阳性。

4. 自主神经检查　自主神经可分为交感与副交感两个系统，主要功能是调节内脏、血管与腺体等活动。大部分内脏接受交感和副交感神经纤维的双重支配，在大脑皮质的调节下，协调整个机体内、外环境的平衡。临床常用的检查方法有眼心反射、卧立位试验、皮肤划痕试验、竖毛反射、发汗试验、瓦尔萨尔瓦（Valsalva）动作等。

5. 共济失调检查　机体任一动作的完成均依赖于某组肌群协调一致的运动，称为共济运动。这种协调主要靠小脑的功能以协调肌肉活动、维持平衡和帮助控制姿势；也需要运动系统的正常肌力，前庭神经系统的平衡功能，眼睛、头、身体动作的协调，以及感觉系统对位置的感觉共同参与作用。任何这些部位的损伤均可出现共济失调（ataxia）。常用的共济失调检查有指鼻试验、跟-膝-胫试验、快速轮替动作、闭目难立征（Romberg sign）等。

（四）四肢血管检查

1. 动脉的检查　动脉可因骨折移位、血肿、骨痂形成，夹板、石膏等外固定物压迫而致血流受阻，也可因血栓闭塞性脉管炎、闭塞性动脉粥样硬化、大动脉炎、急性动脉栓塞和雷诺病等周围血管疾病而导致闭塞。

（1）动脉的搏动异常：动脉搏动可分为正常、减弱、消失、可疑、增强5种情况。局部动脉搏动消失，提示其近心端有阻塞、压迫或破裂出血；动脉破裂局部迅速出现肿胀；动脉搏动存在，但肿胀迅速发生，可能是动脉的分支破裂、受压或阻塞、静脉干破裂出血等；肢体动脉搏动消失，其近心端某处有一搏动性肿物并有震颤感，可能为动脉瘤。

（2）检查动脉搏动的常用部位见图3-47~图3-52。

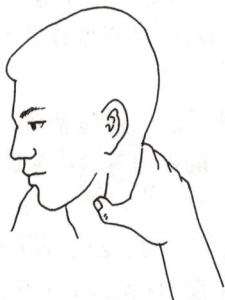

图 3-47　颈总动脉搏动处　　　　　　　　图 3-48　肱动脉搏动处

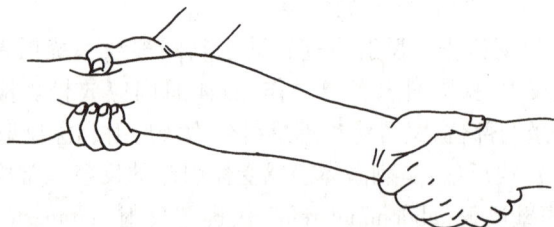

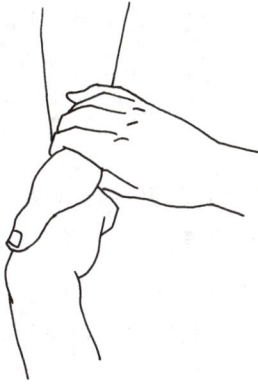

图 3-49 桡动脉搏动处

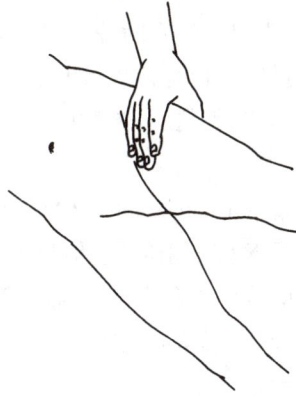

图 3-50 股动脉搏动处

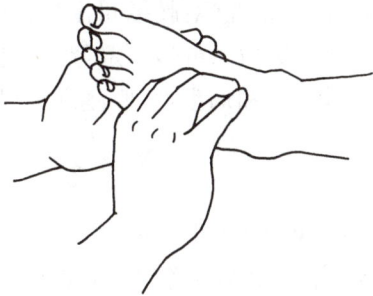

图 3-51 足背动脉搏动处

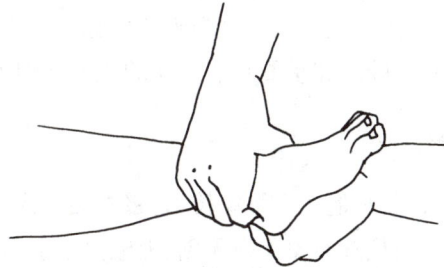

图 3-52 胫后动脉搏动处

2. 静脉的检查 静脉可因骨折移位、血肿、骨痂形成,夹板、石膏等外固定物压迫而回流受阻,也可因静脉瓣膜缺陷、浅静脉曲张、深静脉血栓形成等周围血管疾病导致静脉回流受阻。

(1)静脉的视诊:观察静脉有无萎缩、扩张或怒张等异常表现,判断静脉回流有无受阻现象。出现下肢疼痛、肿胀等情况注意检查是否存有下肢静脉血栓形成。

(2)静脉的触诊:触摸静脉,检查静脉有无硬化条索或曲张团块内有无硬化的结节,沿深层静脉走行有无压痛,深层静脉阻塞所致肿胀常使软组织张力增高。

第四节 辅 助 检 查

一、影像学检查

(一)X线检查

X线检查是骨伤科疾病检查、诊断的重要手段之一,可为临床诊断提供重要依据。常规X线检查在骨伤科疾病的应用最为广泛,且具有快速、安全的特点。通过X线检查,不仅可以了解骨与关节伤病的部位、范围、性质、程度及与周围软组织的关系,为治疗提供可靠的参考,还可在治疗过程中指导骨折、脱位的手法整复、牵引、固定,以及观察治疗效果、病变发展和判断预后等。此外,还可利用X线检查观察骨骼生长发育的情况,以及观察某些营养和代谢性疾病对骨骼的影响。然而,由于X线检查只能从影像的变化来判断,不完全是伤病的实质变化情况,难以准确判断并作出及时的诊断。因此,X线检查仅是辅助诊断手段之一。

常用的投照体位有常规摄影及特殊摄影两种。常规摄影位置有正位、侧位、斜位;特殊摄影位置有轴位、斜位、双侧对比X线片、开口位、脊椎运动X线检查、断层摄影检查等。

(二)CT检查

CT(computed tomography)检查方便、迅速,扫描时患者无痛苦,无危险,容易为患者所接受。虽然也有X线辐射问题,但只要使用合理,一般照射量不会超过允许量。CT扫描所获得图像的空间分辨率和密度分辨率都很高,可直接显示许多密度近似的、普通X线不能显示的器官组织和病变,从而使躯干部和四肢的软组织(如肌肉、脊髓、神经、血管和椎间盘等)也能很好地显示。

在骨伤科疾病的检查、诊断中,CT能从横断面了解脊椎、骨盆、四肢骨关节的病变,而不受骨阴影重叠或肠内容物遮盖的影响。通过CT横断扫描,可发现椎体、椎管侧隐窝、小关节突、骨盆、长管骨髓腔等处的微小改变,可直接观察到椎管内腔情况,对腰椎间盘突出症、腰椎管狭窄症等疾病做出更为确切的诊断。对原发性骨肿瘤,CT扫描可显示定位、测定病变范围、确定肿瘤和重要脏器之间的关系。但CT检查也有其缺点和局限性,要注意掌握其适应证。

(三)MRI检查

相比于其他医学影像技术,磁共振成像(magnetic resonance imaging,MRI)检查具有诸多优点,如对检查对象无损无创、无电离辐射、软组织对比度高、空间分辨率高(亚毫米量级)、不存在穿透深度限制、无须移动患者和设备即可进行任意层面任意角度成像,目前已经成为临床医学诊断和基础生命科学研究中最基本和最重要的影像学工具之一。在常规临床放射诊断方面,MRI可对体内除了肺部空腔以外的几乎所有器官进行成像,包括头部、颈部、脊柱、心血管系统、乳腺、腹部脏器、盆腔、肌肉、关节等。

MRI在骨伤科疾病中对软组织损伤、脊椎病变的诊断效果较好,能很好地显示肌肉和脂肪组织结构,对肌肉、肌腱的断裂、血肿、肿胀以及血管吻合后通过情况能清晰地显现,并能显示病变部位、形态和范围等,对四肢关节软组织损伤性疾患的诊断亦较精确。MRI较CT更易获得脊柱的二维结构,可以同时以矢状面、冠状面及横断面观察椎管内外的结构有无改变,如椎管矢径大小、硬膜囊形态、黄韧带厚度、后纵韧带改变、硬膜外脂肪消失、脱出椎间盘轮廓、椎体后缘的骨质增生以及局部有无炎症或肿瘤等。MRI检查可以早期发现脊髓组织本身的病理变化,这是其他任何诊断技术尚不能取代的,但MRI亦有其局限性,不能完全代替X线及其他成像技术。

(四)放射性核素骨显像

放射性核素骨显像是将能被骨和关节浓聚的放射性核素或标记的化合物引入体内,使骨和关节显像。放射性核素骨与关节显像在骨与关节疾病早期诊断上具有重要价值,除了可显示骨骼的形态、具有较好的整体观外,主要显示骨的代谢状态和血供情况,一次检查可显示全身骨骼情况,能够灵敏、无创地发现早期骨骼病灶,在骨骼病变尤其是转移性病变的早期诊断方面具有明显优势。但由于骨显像反映的是局部骨骼的血供及无机盐代谢情况,其特异性较差,创伤、退行性变、炎症、肿瘤等均可导致局部骨骼放射性分布异常,骨显像发现的病灶尤其是单发病灶的良恶性鉴别诊断比较困难,常常需要结合其他影像学检查、病理检查或者长期随访观察才可以确定其良恶性。

（五）超声检查

超声检查在骨伤科疾病的诊断方面,可用于椎管肿瘤、黄韧带肥厚、腰椎间盘突出症等疾病,从正中纵切面、左右斜切面,清晰地显示出椎管和周围组织的关系。也用于四肢骨和软组织的肿瘤、脓肿、损伤的检查诊断。

二、实验室检查

（一）血液学检查的临床意义

血液学检查是骨伤科临床上常规实验室检查之一。通过血液学的检查,可帮助了解创伤引起出血的程度、有无感染,并可推测感染的预后等情况。

1. 失血　红细胞及血红蛋白明显减少,网织红细胞增多,白细胞可增高。若两次检查结果显示血液成分有明显降低,则提示活动性出血。

2. 感染　白细胞数明显增高,中性粒细胞比例增高,红细胞沉降率增快,多提示急性感染,尤其是化脓性感染,白细胞计数可达 $20×10^9/L$ 以上,但在重度感染时,白细胞也可正常或降低。白细胞降低则多见于革兰氏阴性菌或病毒、原虫等感染,也可见于骨髓转移癌。

3. 创伤、应激　在严重创伤或者应激状态下,白细胞可增高,如在严重外伤或较大的手术后白细胞可升高。应激状态下还可见红细胞沉降率增快,嗜酸性粒细胞减少。

4. 慢性消耗　因骨折长期卧床或患骨关节结核、慢性骨髓炎,可使红细胞、血红蛋白量明显减少。

（二）血栓及止血检测的临床意义

1. 出血时间(BT)延长　多为血小板显著减少、功能异常、血管功能异常、相关血浆因子缺乏等。

2. 凝血时间(CT)延长　因凝血酶原减少所致。常见于严重的肝功能损害、阻塞性黄疸。

3. 活化部分凝血活酶时间(APTT)异常　APTT 延长多见于凝血因子的缺乏等;APTT 短缩多见于血栓性疾病和血栓前状态。

4. 凝血酶原时间(PT)异常　PT 延长多见于凝血因子的缺乏;PT 缩短多见于血液高凝状态,如骨髓瘤、缺血性股骨头坏死等。

5. 血浆黏度增高　多见于血浆球蛋白和/或血脂增高的疾病,如糖尿病、多发性骨髓瘤、骨坏死等。

（三）生化检查的临床意义

1. 血尿酸(UA)异常　血尿酸浓度升高,多见于肾小球滤过功能损害;体内尿酸异常增多,常见为痛风性关节炎等;血尿酸浓度降低,多见于各种原因致肾小管重吸收尿酸功能损伤。

2. 血钙异常　血钙增高见于多发性骨髓瘤、维生素 D 用量过多、自发性高钙血症、甲状旁腺功能亢进等;血钙减低见于骨质软化症、恶性肿瘤骨转移、佝偻病、婴儿手足抽搐症、维生素 D 缺乏症、甲状旁腺功能减低等。

3. 血磷异常　血磷增高见于维生素 D 摄入过量、甲状旁腺功能减退、骨折愈合期、肾衰竭等;血磷减低见于磷摄入不足、甲状旁腺功能亢进、肾小管性酸中毒、过度换气综合征、碱中毒、急性心肌梗死等。

4. 碱性磷酸酶(ALP)升高　多见于肝胆系统疾病、纤维性骨炎、佝偻病、骨软化症、成骨细胞瘤及骨折愈合期等。

5. 酸性磷酸酶(ACP)升高　多见于前列腺癌、肝硬化、血小板减少症、原发性骨肿瘤、恶性肿瘤骨转移、代谢性骨病等。

(四) 其他实验室检查的临床意义

1. 抗溶血性链球菌(ASO)阳性　多见于活动性风湿热、风湿性关节炎、急性肾小球肾炎、急性上呼吸道感染等。

2. 类风湿因子(RF)阳性　多提示类风湿性疾病,如类风湿关节炎等。

3. C-反应蛋白(CRP)增高　多提示化脓性感染、组织坏死、恶性肿瘤、结缔组织病等。

4. 人类白细胞抗原B-27(HLA-B27)阳性　多提示强直性脊柱炎等。

三、其他检查

(一) 肌电图

肌电图检查法是一种临床电生理学检查法。神经肌肉兴奋时可发生生物电位变化,用同心轴单、双心针电极插入肌肉,用电极把肌肉所产生的生物电位引导出来,经过检视、放大,可显示出一定的波形,这种波形称为肌电图。肌电图主要用于检查神经与肌肉疾患,对下运动神经元疾病及肌源性疾病的诊断价值较大,并可作为评定肌肉功能的指标,对治疗亦有一定的参考价值。

(二) 躯体感觉诱发电位

躯体感觉诱发电位(somatosensory evoked potential,SEP)是电流刺激周围神经干时,通过向心传导引起中枢神经的电活动,在脑皮质的相应感觉区出现可被测定、放大及记录的感觉诱发电位。依据诱发电位的有无及波形、潜时等不同,为脊髓伤病的诊断及预后提供依据。本检查的检测目的是观察神经损伤的程度,神经损伤点的定位,客观反映感觉神经功能状态,观察神经恢复的情况。常用于判断脊髓损伤的程度和预后、各种脊柱疾病(如脊髓内或脊髓外肿瘤及结核压迫)的检测、判断周围神经损伤的程度和预后以及脊柱手术的监护等。

(三) 骨密度测定

骨密度是指单位体积(体积密度)或单位面积(面积密度)所含的骨量。骨密度及骨测量方法较多,不同方法在骨质疏松症的诊断、疗效监测以及骨折危险性评估中的作用有所不同。目前临床和科研常用的骨密度测量方法有双能X射线吸收法(dual energy X-ray absorptiometry,DXA)、定量CT(quantitative computed tomography,QCT)、外周QCT和定量超声(quantitative ultrasound,QUS)等。目前公认的骨质疏松症诊断标准是基于DXA测量的结果。我国已经将骨密度检测项目纳入40岁以上人群常规体检内容。

(四) 关节镜检查

关节镜检查是指利用微创技术,借助关节镜对关节腔隙进行检查的一种诊疗方法。目前主要用于膝关节检查,随着器械的改进,正在逐步地用于其他关节,如肩、肘、腕、髋关节等的检查。

关节镜的用途,除可直视关节腔内部结构的损伤和病变外,还可把镜下所见的情况拍照,或拍摄成电视片、录像带等,也可用专用的活检钳采取组织标本送活检;此外,尚可进行某些治疗,如关节腔冲洗、电灼、切断粘连、松解滑膜皱襞、搔刮关节软骨面、摘除关节内游离体、切除损伤的半月板和修复交叉韧带等。关节镜检查的主要并发症有关节软骨损伤、关节血肿、皮下水肿及感染等。因此,施行关节镜检查应在手术室内按无菌手术原则要求,严格按照操作规程进行检查或施行关节内手术。

(穆晓红　章轶立　吉光荣)

复习思考题

1. 损伤的特殊体征主要有哪些,请具体论述。
2. 四诊合参的意义是什么?
3. 神经检查法中感觉检查异常的临床意义有哪些?
4. 肌肉检查包括哪些内容?

◇◇◇ **第四章** ◇◇◇

筋骨系统疾病的治疗

> **学习目标**
>
> 了解筋骨系统疾病治疗方法（手法、固定、牵引、药物、练功等）的定义、种类、分类；熟悉各种治疗方法临床应用的适应证、禁忌证，围手术期处理；掌握各种治疗方法的原则、操作方法、注意事项等。

第一节 手 法

手法是指医者用指、掌、腕及臂的劲力，结合特定技巧，辅以器械，作用于筋骨，以及通过经络、穴位由表入里，从而达到整复治疗、祛病强身效果的一种治疗方法。手法与固定疗法、中药疗法、功能锻炼并称为骨伤科四大治疗方法，具有方法简便、疗效显著等特点，在临床筋骨系统疾病的治疗中发挥着重要作用。临床上常用的手法包括正骨手法、复位手法和理筋手法。

一、正骨手法

（一）概述

正骨手法是指通过特定的手法来诊断治疗骨关节损伤的一种手法，是中医骨伤科常用外治法之一，又称整骨手法、接骨手法。

正骨手法历史悠久，约 3 000 年前的周代就有专治骨折的医生。《周礼·天官》有疡医专处折疡的记载。唐代蔺道人《仙授理伤续断秘方》中将唐代以前的正骨手法归纳总结为相度、忖度、拔伸、搏捺、捺正五法，介绍了揣、摸、拔伸等正骨手法，首次运用杠杆力学原理整复骨折，对后世影响深远。明代薛己的《正体类要》记述的正骨手法有 19 条，简明实用；明代王肯堂的《证治准绳》也记载了许多正骨手法。特别是清代吴谦《医宗金鉴·正骨心法要旨》记载："夫手法者，谓以两手安置所伤之筋骨，使仍复于旧也。"并总结前人正骨经验，提出了摸、接、端、提、推、拿、按、摩八法，称正骨八法。1958 年后，著名骨伤专家方先之、尚天裕虚心学习，博采众家，对正骨八法进行了科学研究，加以改进创新和充实提高，提出了新正骨八法。

（二）适应证

在骨伤科疾病中，如骨折、脱位、筋伤等，除手术适应证外，均可行手法复位治疗，所以适应证十分广泛。

1. 大部分肢体骨折 如尺、桡骨骨折和胫、腓骨骨折等。

2. 各部位关节脱位合并骨折者 如肩关节脱位合并大结节骨折等、孟氏骨折、盖氏骨折等。

3. 躯干部位骨折　如肋骨骨折、椎体骨折、骨盆骨折等。

（三）禁忌证

1. 合并急性传染病、高度肿胀、骨髓炎、关节结核、恶性肿瘤、血友病等。

2. 诊断不明的急性脊椎损伤，或伴有脊髓压迫症状的不稳定性脊椎骨折，或脊椎重度滑脱的患者。

3. 开放性骨折污染严重者。

4. 手法后疼痛加重或出现异常反应者，不能继续手法复位，需进一步查明原因。

5. 妊娠3个月内妇女。

6. 手法区域有皮肤病或化脓性感染者。

7. 精神病患者或对手法复位不配合者。

8. 有严重内科疾患或其他不适合手法整复者。

（四）操作要领

正骨手法的操作要求稳、准、敏捷，用力均匀，动作连贯，力量要稳重适当，切忌猛力、暴力。

（五）常用正骨手法

1. 手摸心会　用手指指腹触摸骨折局部，并用心体会，手法由轻逐渐加重，由浅及深，从远到近了解骨折移位情况，医生要建立一个立体的骨折移位图像，虽然通过X线可清楚地看到骨骼形态，但X线片只能以平面形式呈现骨折部位情况，而手摸心会有助于了解全貌。因此，手摸心会是临床运用其他手法对证施治的先导手法，在整复过程中，也要反复进行"手摸心会"，以了解牵引及复位情况，贯穿正骨过程始终。

2. 拔伸牵引　整复骨折的起始手法，用于克服患肢肌肉收缩力，矫正重叠短缩移位，恢复肢体长度和力线，即所谓"欲合先离，离而复合"。开始实施时，由一人或数人持握骨折远、近端，先使肢体在原来畸形的位置上沿肢体纵轴方向对抗牵引，然后按照正骨步骤改变肢体方向至正常力线方向，持续牵引以矫正肢体的短缩畸形，恢复肢体长度，为其他正骨手法的实施创造条件（图4-1）。

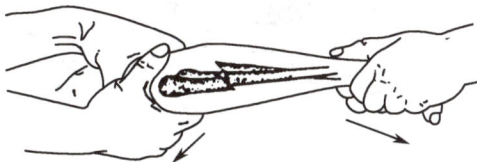

图4-1　拔伸牵引

牵引时注意握持部位，助手尽可能直接拔伸骨折远、近端，以便最大程度地发挥拔伸力量，同时要空出一定范围的骨折段，方便术者实施手法；如果骨折靠近关节部位，可越过关节握持，但是要注意不要偏离力线过远，防止造成其他部位骨折。牵引力量要灵活掌握，既要牵开骨折端，又要防止过牵，一般来说肌肉发达者，牵引力量宜大，老人儿童及体弱者要小一些，力量由轻到重，复位完成后力量由重到轻，维持位置不变，直至固定妥善。牵引方向要先沿着畸形方向，然后听从术者指挥，变为正常力线方向。牵引过程要协调、和缓和持续，老年患者要注意避免力量集中到皮肤，造成皮肤撕裂损伤。

3. 旋转屈伸　用于整复靠近关节部位的骨折移位，其中，旋转手法纠正骨折远端旋转移位，屈伸手法用来矫正成角移位。靠近关节部位的骨折因近侧骨折段位置不易改变，骨折远段因失去连续可以活动，且周围肌肉起止点不同，骨折端常受一侧肌肉过度牵拉，常发生旋转成角畸形，此时如果单用牵引手法，不但不能矫正畸形，反而会加大成角，故应用旋转、牵引、屈伸、外展、内收等方法，整复骨折断端的旋转或成角移位。如肱骨髁上骨折伸直型移位骨折，整复时需要助手顺势适度牵引，术者旋转远端肢体纠正旋转畸形（图4-2），同时屈肘牵引（图4-3），完成整复。肱骨髁上骨折屈曲型移位骨折整复同上，只是需要在伸肘位牵引下完成整复，其他部位如肱骨近端、股骨远端、桡骨远端骨折均适用本方法。

图 4-2　旋转

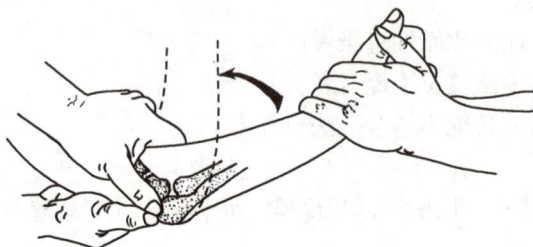

图 4-3　屈伸

4. **提按端挤**　用于整复骨折侧方移位的方法,古称捺正。术者一手固定骨折近端,另一手握住骨折远端,或上下提按(图 4-4),或左右端挤(图 4-5),即所谓"陷者复起,突者复

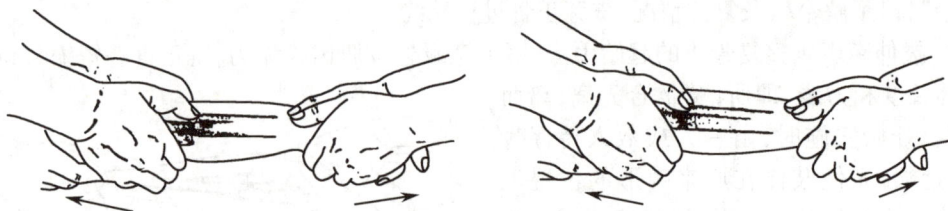

图 4-4　提按

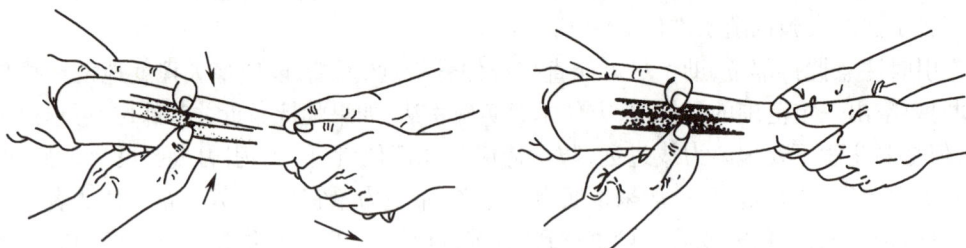

图 4-5　端挤

平"。操作时用力要适当,方向要正确,部位要准确,着力点要稳固。医生手掌、手指应与患者皮肤紧密接触,切忌在皮肤上摩擦,造成皮肤破损。

5. **摇摆触碰**　用于横断、锯齿形骨折,可使骨折面紧密接触,增加复位的稳定。术者用双手固定骨折部,在助手维持牵引下,轻轻左右或上下方向摇摆骨折远端至骨擦音消失称摇摆法(图 4-6),摇摆幅度在 10°～30°为宜。触碰法可使骨折端紧密嵌插,医生

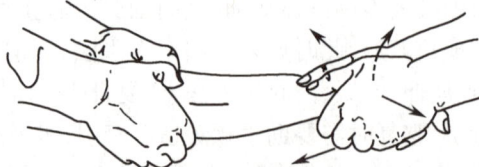

图 4-6　摇摆

48

一只手固定骨折部,另一只手轻轻叩击骨折远端(图 4-7)。

6. 夹挤分骨　用于矫正两骨并列部位骨折移位的手法,医者用两手拇指及示、中三指由骨折部的掌背侧对面挤捏或夹挤两骨间隙,使骨间膜紧张,靠拢的骨折断端便分开,远、近骨折段相对稳定,并列的双骨折就能像单骨折一样一起复位(图 4-8)。

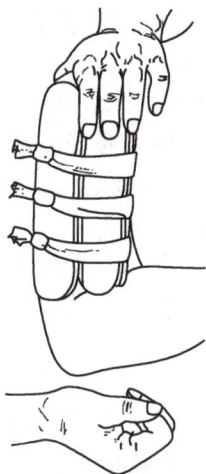

图 4-7　触碰

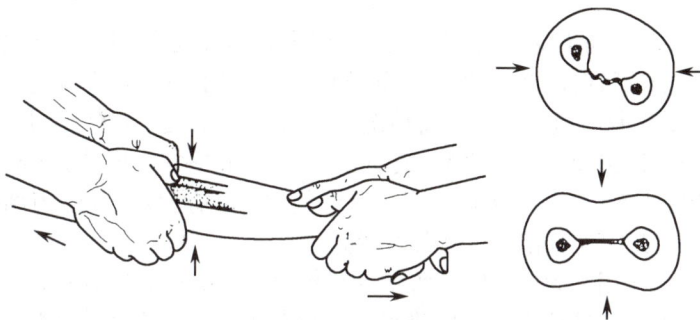

图 4-8　夹挤分骨

7. 折顶回旋　折顶法用于矫正肌肉丰厚部位的骨折,且较大的重叠移位,仅靠拔伸牵引法不能矫正者。在助手顺势牵引情况下,术者双拇指并列抵压骨折突出的一端,两手余指环抱骨折下陷的一端,用力挤按突出的一端使骨折处原有成角加大至 30°~50°,当骨折远近端的骨皮质接近后,骤然用环抱的四指将远折端的成角伸直,进行反折,矫正畸形(图 4-9)。回旋法多用于矫正有背向移位的斜形、螺旋形骨折或骨折断端之间有软组织嵌入,拔伸等手法不能将其解脱者。双手分别握住骨折远、近端,按原来骨折移位方向逆向回旋,使断端相对,注意避开血管神经,防止误伤(图 4-10)。

8. 推拿按摩　也称为顺骨捋筋,伤骨必伤筋,骨折整复后,骨折周围部分肌肉和肌腱还存在扭曲、反折。施术时用拇指及示、中指沿骨干周围上下轻轻推捋数次,以达到舒筋活血目的。本法操作时要轻柔,仅作为结束时的辅助性手法。

（六）正骨手法注意事项

1. 充分了解病情,明确诊断　医者要对病情有充分了解,根据病史、受伤机制和 X 线检查结果作出明确诊断,同时分析骨折发生移位的机制,选择有效的整复手法。

2. 密切关注全身情况,选择合适时机　对多发性骨折、严重骨盆骨折发生失血性休克,以及脑外伤重症等,均需暂缓整复,可采用临时固定或持续牵引等方法,待危重病情好转后再考虑骨折整复。

3. 掌握骨折复位标准　对于骨折争取

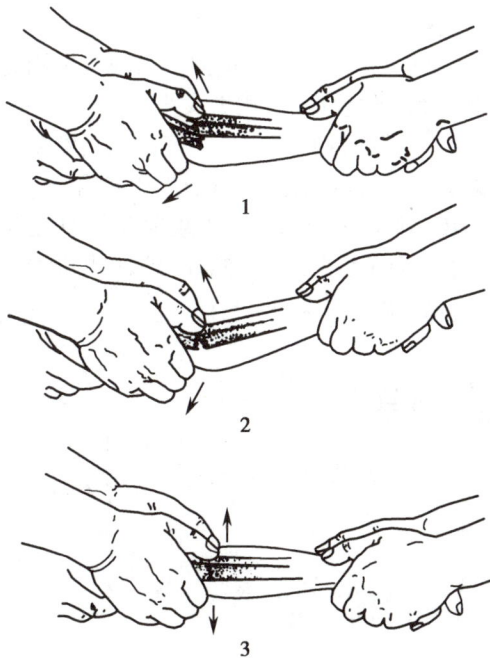

图 4-9　折顶

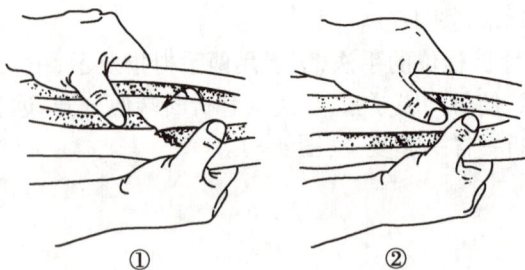

图 4-10 回旋

达到解剖和接近解剖学对位。若某些骨折不能达到解剖对位，也应根据患者年龄、职业及骨折部位的不同，达到功能对位。所谓功能对位，即骨折在整复后无重叠移位，旋转、成角畸形得到纠正，肢体的力线正常，长度相等，骨折愈合后肢体的功能可以恢复到满意程度，不影响患者在工作或生活上的要求。如老年患者，虽骨折对位稍差，肢体有轻度畸形，只要关节活动不受影响，自理生活无困难，疗效亦算满意。儿童骨折治疗时要注意肢体外形，不能遗留旋转及成角畸形，轻度的重叠及侧方移位，在发育过程中可自行矫正。

4. 整复时机　只要全身情况允许，整复时间越早越好。骨折后半小时内，局部疼痛、肿胀较轻，肌肉尚未发生痉挛，最易复位。伤后 4~6 小时内局部瘀血尚未凝结，复位也较易。一般成人伤后 7~10 天内可考虑手法复位，但时间越久复位困难越大。

5. 选择适当麻醉　根据患者具体情况，选择有效的止痛或麻醉。伤后时间不长，骨折不复杂，可用 0.5%~2% 普鲁卡因局部浸润麻醉；如果伤后时间较长，局部明显肿胀，骨折较为复杂，预计复位有一定困难者，上肢采用臂丛神经阻滞麻醉，下肢采用脊椎麻醉（俗称腰麻），尽量不采用全身麻醉。

6. 做好整复前工作准备

（1）人员准备：确定术者与助手，并做好分工。参加整复者应对伤员全身情况、受伤机制、骨折类型、移位情况等，进行全面了解，将 X 线片的显示与患者实体联系起来，仔细分析，确立整复手法及助手的配合等，做到认识一致，动作协调。

（2）器材准备：根据骨折的需要，准备好一切所需要物品，如纸壳、石膏绷带、夹板、扎带、棉垫、压垫以及需要的牵引装置等。还须根据病情准备好急救用品，以免在整复过程中发生意外。

7. 参加整复人员注意力集中　注意手下感觉，观察伤处外形变化，注意患者反应，以判断手法效果。

8. 切忌使用暴力　拔伸牵引须缓慢用力，恰到好处，勿太过或不及，不得施用猛力。整复时着力部位要准确，用力大小、方向应视病情而定，不得因整复而增加新的损伤。

9. 尽量一次整复成功　多次反复整复，易增加局部软组织损伤，肿胀更加严重，再复位难以成功，而且还有造成骨折迟缓愈合或关节僵硬的可能。

10. 避免 X 线伤害　为减少 X 线对患者和术者的损害，整复、固定尽量避免在 X 线透视下进行，若确实需要，应注意防护，尽可能缩短透视时间。在整复后常规拍摄正侧位 X 线片复查，以了解治疗效果。

课堂互动

正骨八法是哪八法？

二、复位手法

（一）概述

复位手法又称上髎手法，即脱位的复位手法，为中医骨伤科常用外治法。复位手法是正骨手法的一个组成部分,但由于脱位与骨折的病理特点不同,故其手法也有自己的特点。

（二）常用复位手法

1. 手摸心会　通过手法触摸伤部,可以辨明是否脱位,是半脱位还是全脱位,是前脱位还是后脱位,是新鲜脱位还是陈旧性脱位,以及关节脱位的程度和方向等,术者做到心中有数,施法时才能有的放矢。

2. 拔伸牵引　整复脱位的基本手法,起到"欲合先离,离而复合"的作用;可克服关节周围肌肉因解剖异常与疼痛而引起的痉挛性收缩。关节脱位后,由于周围肌肉痉挛,脱位的骨端被弹性固定在关节外的某个位置上,如不施以牵引则脱位难以纠正。操作时一助手固定脱位关节的近端肢体,另一助手握住伤肢远端进行对抗牵引,牵引力量和方向根据病情而定,只有充分牵引才能克服肌肉痉挛,有利于脱位的整复。在牵引过程中,可同时施行屈曲、伸直、内收、外展及旋转等手法(图4-11)。

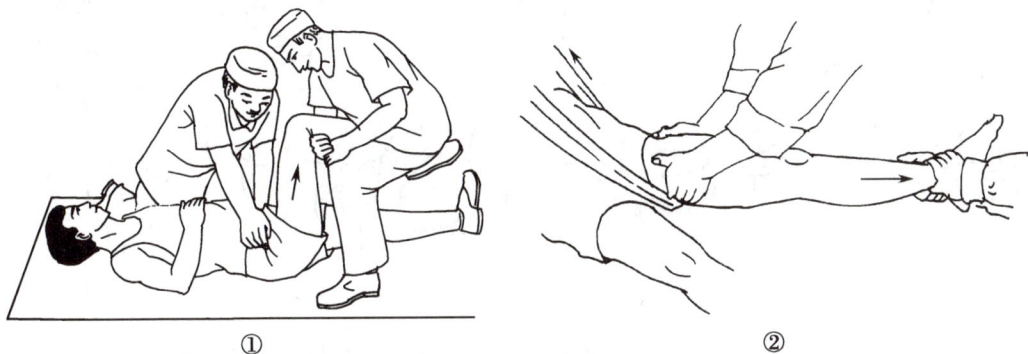

图4-11　拔伸牵引

3. 屈伸回旋　关节脱位后骨端被撕裂的关节囊、韧带或肌腱组织卡住或锁住,如单纯施以拔伸牵引,则越是牵引脱位越是不易纠正,应采用此法。如髋关节脱位操作时须在屈髋屈膝位牵引,同时内收屈曲大腿,再外展、外旋伸直患肢(图4-12)。采用本手法前要仔细分析受伤机制,手法逆创伤机制而施。对骨质疏松者,施法时要小心,可能引起骨折。

4. 端提挤按　本手法可以联合使用,也可以单独使用,主要是配合牵引情况下,将脱位的骨端推送至正常位置。如肩关节脱位,用手端提肱骨头,同时按压肩峰使其复位(图4-13)。

5. 足蹬膝顶　主要用于肩、膝或肘等大关节脱位的整复。利用术者自身膝顶足蹬配合双手充分对抗牵引的基础上进行,否则非但不能整复脱位,反而容易引起其他损伤,还应注意对主要受力部位软组织的保护。

(1) 足蹬法:适用于肩关节和髋关节脱位,本法通常由一人操作即可完成,以肩关节脱位为例,患者仰卧于床上,术者立于患侧,双手握住伤肢腕部,将患肢伸直并外展;术者立于患侧,用足底蹬于患者腋下(左侧脱位用左足,右侧脱位用右足,蹬的部位是腋下,注意不要蹬在胸壁上,防止造成肋骨骨折),足蹬手拉,缓慢用力拔伸牵引,然后在牵引的基础上,使患肢外旋、内收,同时足跟轻轻用力向外支撑肱骨头,即可复位(图4-14)。

(2) 膝顶法:适用于肘关节脱位,患者坐位,术者立于患侧,一手握患肢上臂,一手握腕部,膝关节屈曲,足蹬在患者坐的椅子上,将膝放在患肘前,顶压肱骨下端,握腕之手顺前臂方向用力牵引并屈曲,即可复位(图4-15)。

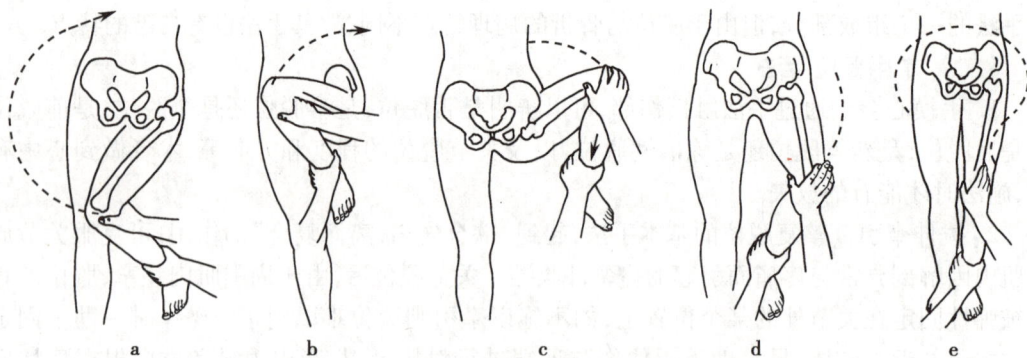

①

a.b.屈髋屈膝位牵引　c.外展　d.e.外旋伸直患肢

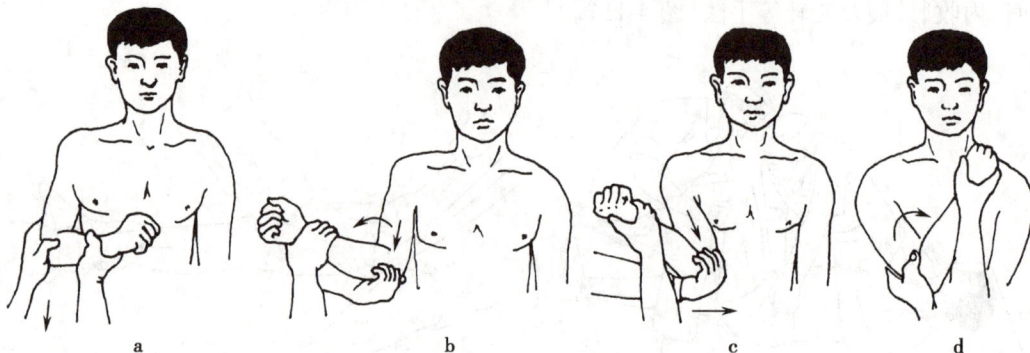

②

a.向下牵引　b.外展、外旋　c.内收　d.内旋将患肢搭于健肩

图 4-12　屈伸回旋
①髋关节后脱位屈曲回旋复位法；②肩关节前脱位屈曲回旋复位法。

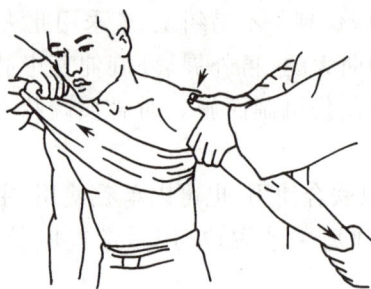

图 4-13　端提挤按（肩关节脱位）

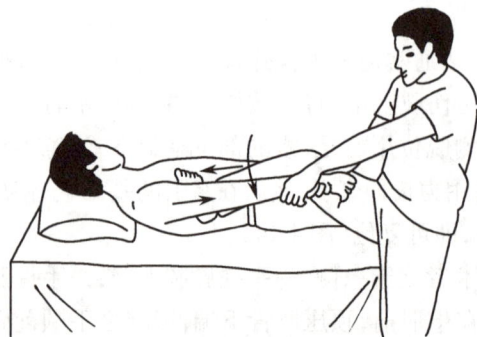

图 4-14　足蹬法

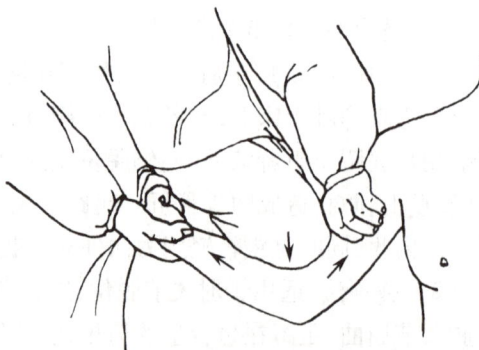

图 4-15　膝顶法

6. 杠杆支撑法　本法利用杠杆为支撑点，力量较大，适用于难以整复的肩关节脱位或陈旧性脱位。整复前一定要拍摄 X 线片，了解骨质情况。对骨质疏松或关节周围严重粘连者，禁用本手法。使用本手法时要随时注意患者反应，有疑问即刻停止，或改用他法。操作方法：取一长的圆木棒，中间部位以棉垫裹好，置于患者腋窝，两助手上抬，术者双手握住腕部，并外展 40°向下对抗牵引，解除肌肉痉挛，使肱骨头摆脱盂下的阻挡而复位（图 4-16）。

图 4-16　杠杆支撑法

（三）复位手法注意事项

1. 明确诊断　手法复位前要仔细阅读影像学资料，明确脱位的类型、程度，判明是否合并骨折。老年患者常合并多种疾患，整复前详细询问病史，评估病情，整复时也要时刻关注生命体征，避免诱发原有疾病发作。

2. 早期复位　脱位早期，局部肿胀不严重，整复相对容易，痛苦小，功能恢复快，效果好。若延迟整复，则复位难，即使复位成功，日后功能恢复亦较慢。复位时要分工明确，尽量一次整复成功，严禁动作粗暴和反复复位，以防加重损伤。

3. 选择合适的麻醉方法　对于新鲜脱位，如果关节周围的肌肉不太丰富，一般不需麻醉即可复位成功，或仅予止痛药、镇痛药即可。对关节周围肌肉发达或复杂性脱位者，为减轻疼痛、松弛痉挛的肌肉，保证复位效果，应选择适当的麻醉方法，如局部麻醉、臂丛阻滞麻醉、硬膜外麻醉或全身麻醉。

4. 原路返回　要根据脱位关节的类型、脱位部位的局部解剖和病理来选择复位手法，在拔伸牵引的基础上，综合运用屈伸回旋、端提挤按等手法，将脱位骨端灵巧地通过关节囊破裂口返回至原来的位置，避免关节周围组织再受损伤，对功能的恢复有重要意义。

5. 先整复脱位再整复骨折　脱位合并骨折者，一般先整复脱位，在多数情况下脱位整复后骨折亦随之复位，若骨折位置不理想，甚至夹于关节内，影响功能的，常需切开复位。

6. 避免骨折　老年脱位患者常合并严重骨质疏松，整复时需手法轻柔，用力适度，避免造成新的骨折。

三、理筋手法

（一）概述

理筋手法是用手或身体其他部位在患者的经络、穴位或某些特定部位进行技巧性操作，以治疗骨伤科疾病的中医外治法。

（二）功效

理筋手法是治疗筋伤的重要方法，是术者运用手指、掌、腕、臂的劲力，直接作用于患者的损伤部位，通过各种手法的技巧及其力量以调节机体的生理、病理变化，达到治疗目的。主要功效为活血化瘀、消肿止痛、整复错位、调正骨缝、消除狭窄、舒筋活络、松解粘连、软化瘢痕、温经散寒、滑利关节、调和气血等。

（三）适应证

1. 急性筋伤、慢性筋伤、劳损性筋伤。

2. 关节错缝、关节半脱位、滑膜嵌顿。

3. 创伤后关节僵硬、粘连及组织挛缩、痿软者。

4. 骨关节炎引起的肢体疼痛、活动不利等。

（四）禁忌证

1. 诊断尚不明确的急性脊柱损伤伴有脊髓损伤症状者。

2. 急性筋伤局部肿胀严重的患者。

3. 有严重心、脑、肺疾病的患者。

4. 有出血倾向的血液病患者。

5. 可疑或已明确诊断有骨关节、软组织肿瘤的患者。

6. 骨关节感染性疾病(骨髓炎、骨结核等)的患者。

7. 妊娠期妇女。

8. 传染性皮肤病及精神病不能合作的患者等。

(五)常用理筋手法

理筋手法的种类很多,可分为舒筋通络法和活络关节法两大类。

1. 舒筋通络法　术者利用一定的手法技巧(手部动作)直接作用于患者肌肉较为丰满的部位,或按摩,或揉擦,或搓抖,或击打等,起到活血止痛、舒筋通络的作用。本类手法是所有理筋手法的基础,包括按摩法、滚法、击打法、拿捏法、点压法、搓抖法等手法。

(1) 按摩法:按法和摩法的合称,按是用指尖、拳尖、手掌、肘等部位在患处垂直用力,按法作用较深,以局部感觉胀痛为度。摩法是用手在局部回旋移动,作用轻柔而浅,速率较快。按摩法临床使用最普遍,明代以前作为理筋手法的总纲。

1) 轻度按摩法(浅表按摩法):单手或双手的手掌或指腹,在患处轻柔缓慢地做来回直线或画圈的抚摩动作(图4-17)。

功用:化瘀消肿,镇静止痛,缓解肌肉紧张疼痛。

适应证:一般理筋手法的开始和结束时用,适合全身各部,以胸胁肋处损伤较为常用。

2) 深度按摩法:手指、掌根及全掌进行推摩的手法,也可双手重叠一起操作,力量较轻度按摩法重。术者由浅入深推动深部组织,这种手法更适合于青壮年患者或宿病深在者(图4-18)。包括捋顺法和拇指推法。

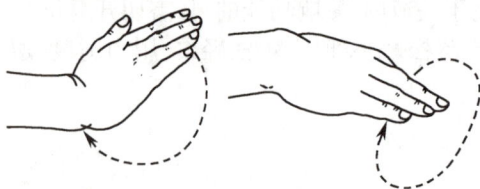

图 4-17　轻度按摩法　　　　图 4-18　深度按摩法

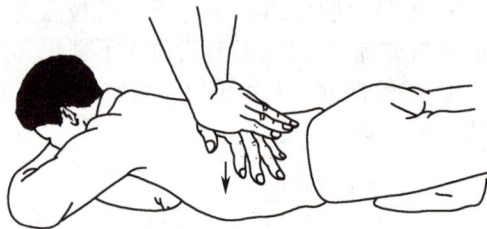

功用:舒筋通络,活血止痛,祛瘀生新,以达缓解痉挛、松解粘连、软化瘢痕的作用。

适应证:一般在理筋手法开始由轻度按摩法转入,或结合点穴进行,是治伤最基本的手法之一,适合全身各部位损伤、各种慢性劳损、风湿痹证等。

①捋顺法:由肢体近端向远端推摩的手法,其手法劲力与推摩相同,只是有向心与离心方向上的区别(图4-19)。

②拇指推法:又称一指禅推法,是以拇指指端掌面或偏桡侧施力,拇指单独进行的摆动性推法,要求沉肩、垂肘、悬腕(图4-20)。

(2) 揉法:用拇指或手掌在皮肤上做轻轻回旋揉动的手法。也可用拇指与四指成相对方向揉

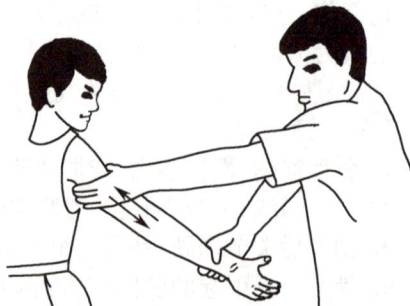

图 4-19　捋顺法

图 4-20　拇指推法

动,揉动的手指和手掌一般不移开接触的皮肤,仅使该处的皮下组织随手指或手掌揉动而滑动。包括指揉法(图 4-21)、掌揉法(图 4-22)和鱼际揉法(图 4-23)。

功用:舒筋通络,活血祛瘀,消肿止痛。

适应证:肢体各部位损伤、慢性劳损、风湿痹痛。

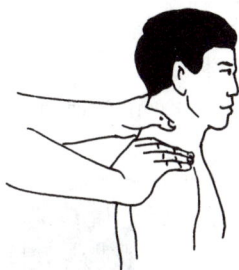　　

图 4-21　指揉法　　　　　图 4-22　掌揉法　　　　　图 4-23　鱼际揉法

（3）擦法:用手掌、大小鱼际、掌根或手指在皮肤上摩擦的一种方法。上臂带动手掌,力量大而均匀,动作要灵巧且连续不断,使皮肤有红热舒适感(图 4-24)。

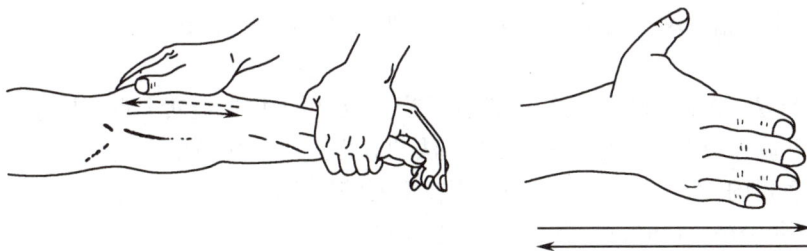

图 4-24　擦法

功用:活血化瘀,消肿止痛,温经通络,并具有松解粘连、软化瘢痕的作用。

适应证:腰背以及肌肉丰厚部位的慢性劳损和风湿痹痛等。

（4）滚法:用手的小鱼际尺侧缘及 3、4、5 掌指关节的背侧,按于体表,沉肩,屈肘约120°,手呈半握拳状,手腕放松,利用腕力和前臂的前后旋转,反复滚动,顺其肌肉走行方向自上而下或自左而右,按部位顺序操作,压力均匀,动作协调而有节律(图 4-25)。

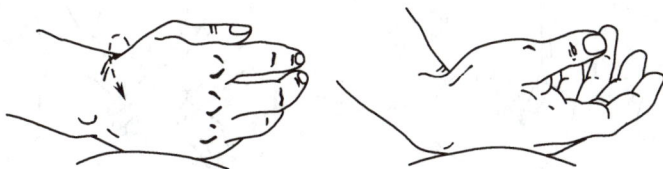

图 4-25　滚法

功用:疏通经络,解痉止痛。

适应证:陈伤及慢性劳损,颈肩腰背、四肢等肌肉丰厚部位的筋骨酸痛、麻木不仁、肢体瘫痪等。

(5)拨络法(弹拨法):拇指加大劲力于筋络循行方向横向拨动,或拇指不动,其他四指取与肌束、肌腱、韧带的垂直方向,单向或反复揉拨,起到类似拨动琴弦一样的拨动筋络作用。

功用:活血化瘀、通络止痛,可以缓解肌肉痉挛,松解粘连。

适应证:急慢性伤筋而致肌肉痉挛或粘连等。

(6)击打法:包括拍打(用掌)、捶打(用拳)、劈打(用手尺侧)和叩打(用指尖)。操作时一定要蓄劲收提,手法轻巧而有弹性。另外,对某些特殊部位的损伤,如头部或胸腹部,施法力量一定要掌握好,宁欠勿过。

功用:疏通周身气血,消除外伤瘀积、疲劳酸胀,又可祛风散寒。

适应证:腰背部因用力不当而致内部屏伤岔气,亦用于腰背、大腿及臀部肌肉肥厚区域,对陈旧性损伤兼有风寒湿者有较好疗效。

(7)拿捏法:用拇指与其他四指做相对钳形的用力,一紧一松地拿捏,以挤捏肌肉、韧带等软组织的手法。要求腕部放松,用指面着力,逐渐用力内收,并做连续不断的揉捏动作,用力由轻到重,再由重到轻,不可突然用力(图4-26)。本法还分为弹筋法和捻法。

功用:缓解肌肉痉挛,松解粘连,活血消肿,祛瘀止痛。

适应证:急慢性伤筋所致的痉挛或粘连等。

①弹筋法:用手指将患部筋肉捏拿起来,然后迅速放开,如同射箭时拉弓放弦动作一样,使筋肉在指间滑落弹回。本法可与拨络联用,又称弹筋拨络法。

②捻法:用拇指和示指夹持住身体的某个部位,做来回的揉搓捻动。

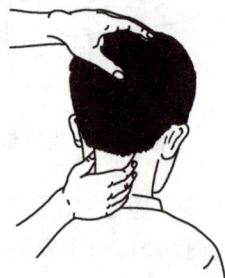

图4-26 拿捏法

(8)点压法:根据经络循行路线,选择适当穴位,用手指在经穴上点压按摩,用力大小分为轻、中、重三度。方法有一指点法、三指点法和五指点法。其操作原理是循经取穴,点压刺激而达到治病目的(图4-27)。本手法慎用在重要脏器部位。

功用:疏通经络、宣通气血、调和脏腑、平衡阴阳。

适应证:用于胸腹部内伤,腰背部劳损、神经损伤及截瘫、四肢损伤及损伤疾患伴有内证者。

(9)搓法:用双手掌面相对放置于患部两侧,用力做快速搓揉,并同时做上下或前后往返移动的手法,使之有明显的热感(图4-28)。

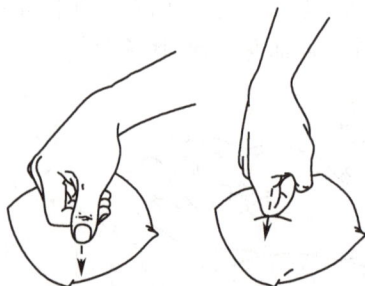

图4-27 点压法

图4-28 搓法

功用:调和气血、舒筋活络,可起到放松肌肉的作用。

适应证:四肢,肩、肘、膝关节伤筋,也可用于腰背、胁肋处伤筋。

(10)抖法:医者用双手握住患者的上肢或下肢远端,轻微用力做连续的小幅度、上下快速的抖动,使关节有松动感(图4-29)。

功用:松弛肌肉关节,缓解外伤引起的关节功能障碍,减轻施行重手法的反应,增加患肢舒适感。

适应证:多用于四肢关节,尤以上肢为常用,常配合按摩与搓法,综合运用于理筋手法的结束阶段。

2. 活络关节法　指医者用一个或数个手法,作用于患部关节处,从而达到活络和通利关节的目

图4-29　抖法

的。适用于组织粘连、挛缩,关节功能障碍、活动受限,或伤后关节间微有错落不合缝者,通过活络关节手法,逐步使肢体功能恢复正常。一般在舒筋手法后实施。包括屈伸法、旋转摇晃法、腰部背伸法、拔伸牵引法、踩跷法等手法。

(1)屈伸法:本法主要用于关节屈伸功能活动障碍者,做被动屈伸活动的一种手法。如内收、外展功能活动受限,可加被动外展、内收的手法。施术时,一手握患肢远端,一手固定关节部,缓慢、均匀、持续有力地做被动屈伸或外展、内收动作。屈伸关节时可结合拔伸或按压手法。用力要恰到好处,刚柔相济(图4-30)。

功用:具有松解粘连的作用。

适应证:各种损伤后的关节屈伸、收展活动障碍。

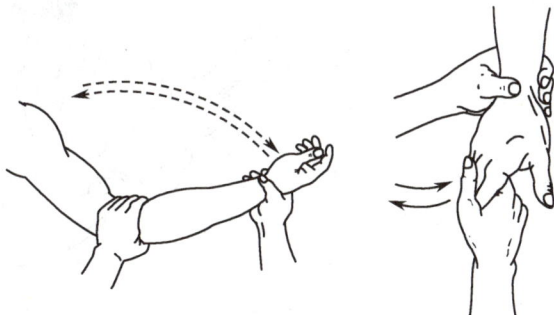

图4-30　屈伸法

(2)旋转摇晃法:本法主要用于关节旋转功能障碍,做被动旋转摇晃活动的一种手法,临床常与屈伸手法配合使用。施术时一手握住关节近端,另一手握肢体远端,做来回旋转及摇晃动作。操作应轻柔,循序渐进,活动的幅度由小到大,以不引起疼痛加剧为原则(图4-31)。

功用:松解关节滑膜、韧带及关节囊之粘连,促进与恢复关节功能。

适应证:四肢关节及颈椎、腰椎部僵硬粘连,以及小关节的滑脱错位等。

1)颈部旋转法:又称扳颈手法,操作时术者一手

图4-31　旋转摇晃法

托住下颌,另一手按扶头后,或一手托住下颌,另一手按住颈椎患部棘突上,做旋转动作,可听到"咔嗒"声响(图4-32)。

2)腰部旋转法:又称斜扳法,患者俯卧位,操作时术者一手扳肩,一手扶臀,向相反的方向用力,使腰部产生旋转,本法也可采用坐位(图4-33)。

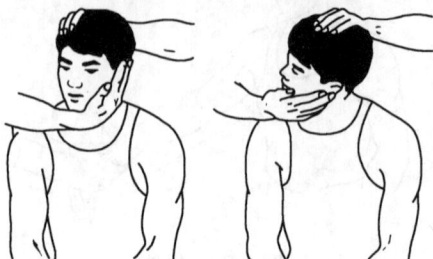 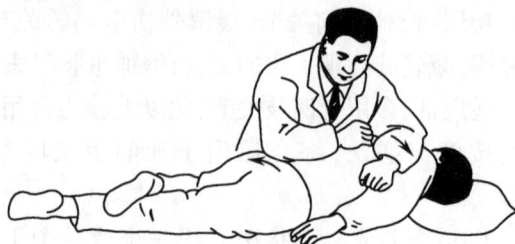

图4-32　颈部旋转法　　　　　　　　　　图4-33　腰部旋转法

（3）腰部背伸法:包括背法和扳腿法。

1)背法:患者双足离地,术者以臀部着力晃动牵引患者腰部,臀部的上下晃动要和两膝的屈伸协调(图4-34)。

2)扳腿法:术者一手扳腿,一手推按于腰部,迅速向后拉腿而达到腰部过伸的目的(图4-35)。

 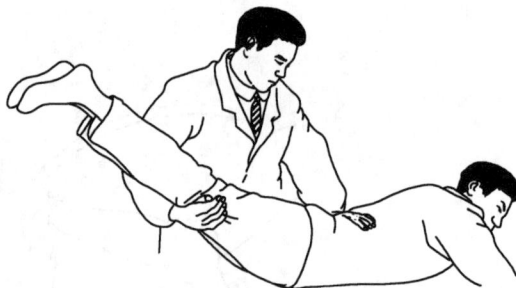

图4-34　背法　　　　　　　　　　　　图4-35　扳腿法

功用:使腰部脊柱及两侧背伸肌过伸,松弛紧张肌肉,使扭错的小关节复位,有助于腰椎间盘突出症状缓解,使压缩性腰椎骨折的楔形变得以改善。

适应证:急性腰扭伤、腰椎间盘突出症及稳定性腰椎压缩骨折。

（4）拔伸牵引法:由术者和助手分别握住患肢远端和近端,对抗用力牵引。先顺势用力拔伸,后沿肢体纵轴对抗牵引,用力轻重得宜,持续稳准。

功用:疏通筋脉,行气活血。

适应证:肢体关节扭伤、挛缩及小关节错位。

（5）按压踩跷法

1)按压法:以拇指、手掌、掌根,或双手重叠在一起对患部向下按压,必要时术者可以前倾身体,用上半身的体重加强按压力。在腰臀肌肉丰厚部位处可用肘尖按压(图4-36)。

2)踩跷法:术者双足踏于患部,双手撑于特制的木架上进行踏跳。患者躯体下需垫软枕保护,并嘱患者做深呼吸配合,随着弹跳的起落,张口一呼一吸,切忌屏气。操作时,术者要注意控制自己的体重落点,勿将体重全部落在患者身上太久。在所有的理筋手法中,踩跷法是施力最重的。在对胸部进行治疗时,要注意患者的呼吸动度和频率变化,如有不适,应立即停止治疗(图4-37)。

功用:通络止痛、放松肌肉、松解粘连。

适应证:腰肌劳损及腰椎间盘突出症等。

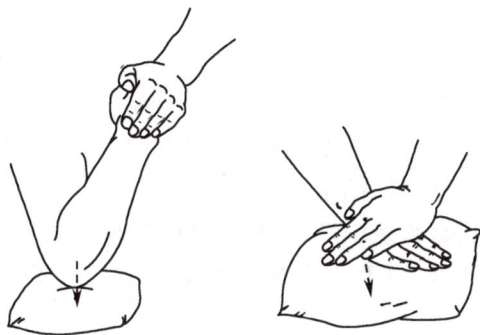

图4-36　按压法

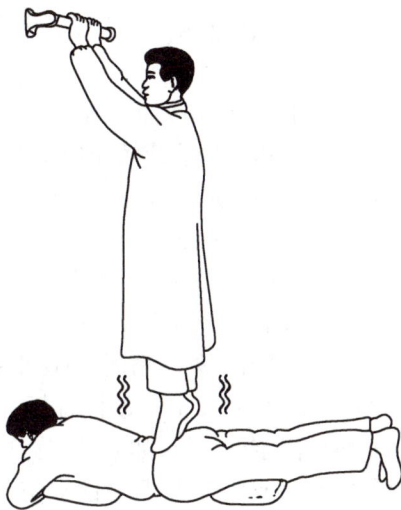

图4-37　踩跷法

（六）理筋手法注意事项

1. 明确诊断　施行手法前要对患者病情及全身状况有充分的了解,才能做到使用正确的手法。

2. 明确手法操作步骤　手法治疗顺序分为准备手法(点穴、按压、镇痛等)、治疗手法(展筋、拿筋、利节等)和结束手法(舒筋、镇痛、捋顺等)三个阶段进行。

3. 合理应用手法　选用手法要以筋伤的主症为主,同时顾及兼症。骨折、脱位、筋伤者,应先治疗骨折、脱位,而后治疗筋伤。新伤手法操作宜轻,陈伤手法宜较重。急性筋伤要求手法稳、妥、准,一次手法成功,避免增加损伤,减少患者痛苦。手法先轻后重,轻时不宜虚浮,重时切忌粗暴;活动范围由小到大,速度先慢后快;手法均匀、柔和、持久、深透有力,自始至终贯彻稳、准、巧的原则,即在临床运用时要充分把握手法的连续性、节律性、自然性及时间与力度,还须将各点有机地联系起来,不可断然分开。

4. 严格掌握手法适应证和禁忌证。

第二节　固定疗法

固定疗法是治疗各类损伤的一种重要手段,目前常用的固定方法可分为外固定疗法和内固定疗法两种。外固定疗法通常分为夹板固定、石膏固定、外固定器固定与支具固定等;内固定疗法通常分为钢板固定、螺丝钉固定、钢丝固定、髓内针固定与椎弓根钉固定等。

在选择固定方法时应注意以下几点:①能保证固定周围组织的正常血运,不影响损伤处的正常愈合;②既要对患处具有良好的固定作用,又要对固定周围的软组织无损伤;③能保证骨折复位端的相对稳定,消除骨折断端可能出现的旋转力、成角力等不利因素;④对患处的关节约束应该达到最小,能够最大程度保证患者的功能活动;⑤对复位后的残留移位有一定的矫正作用。

一、外固定疗法

外固定疗法是用于体外的一种固定疗法,通过体外的装置将患处保持在一定位置,常常用于损伤整复后。常用的外固定方法有夹板固定、石膏固定以及外固定器固定等。在临床上,中医正骨手法整复后与外固定疗法结合,往往能取得很好的疗效。

(一)夹板固定

夹板外固定是运用夹板、固定垫、系带进行固定的一种方法。通过系带对夹板的约束力,固定垫对骨折端防止或矫正成角畸形和侧方移位的效应力,并充分利用肢体肌肉收缩活动时所产生的内在动力,克服移位因素,使骨折断端复位后保持稳定。

1. 适应证和禁忌证

(1)适应证:四肢闭合性骨折经过手法等方式整复成功者;四肢闭合性管状骨骨折或不稳定性骨折,如股骨干骨折夹板固定时,要配合持续的牵引或外固定架;四肢开放性骨折,创面小或伤口经缝合等处理后闭合;陈旧性四肢骨折可运用手法整复者。

(2)禁忌证:严重的开放性骨折,撕裂伤较长,软组织广泛缺损;难以整复的关节内骨折;夹板难以固定的骨折,如髌骨、骨盆等;肿胀严重,伴有水疱者;伤肢远端脉搏微弱,末梢血液循环较差,或伴有动、静脉的损伤。

2. 材料与制作要求　常用的夹板材料有柳木板、竹板、塑料板、三合板等。此外还有杉树皮、金属铝板等。夹板材料的选择上需要满足以下特性:

(1)可塑性:夹板的材料能够根据肢体不同的部位进行塑形,满足身体各部位的使用需求,能够适应肢体的生理弧度。

(2)韧性:在外力下不易变形、不易折断。

(3)弹性:能够适应肌肉收缩或舒张时产生的肢体内部压力变化,发挥持续固定的作用。

(4)吸附性与通透性:夹板需要有一定的吸附性和通透性,以利于固定部位周围皮肤散热和骨折复位后 X 线的复查。

(5)重量轻:过重增加固定部位负担,增加骨折端剪力,影响肢体的正常活动。

(6)能被 X 线穿透:有利于固定后及时复查。

3. 夹板固定长度与厚度　夹板的长度根据骨折部位的不同而异,总的来说分为超关节固定和不超关节固定两种。超关节固定适用于关节内或近关节处骨折,夹板通常要超出关节处 2~3cm;不超关节固定以夹板固定不影响关节活动为度。夹板厚度适中,一般来说,竹板厚度选择 1.5~2.5mm,木板选择 3~4mm,纸板厚度选择 1~2mm。

4. 固定垫的种类　固定垫是安放在夹板与皮肤之间的垫子,又名压垫。固定垫产生的作用力能够维持骨折断端复位后的良好位置。固定垫的选择应该满足以下特征:质地柔软、有韧性、有弹性、在产生支持力的同时能够维持一定形态,能够吸水、散热等。制作固定垫的材料可以选择棉花、毛头纸等。此外,固定垫的形态、厚薄、大小主要根据骨折的部位、类型、移位情况等而定。常用的固定垫种类有以下几种(图 4-38):

(1)平垫:多适用于肢体平坦部位,可用于骨干骨折等。形状一般呈方形,宽度可稍宽于固定侧夹板,能够扩大与肢体的接触面,长度根据部位而定,一般 4~8cm;其厚度根据局部软组织厚薄而定,为 1.5~4cm。

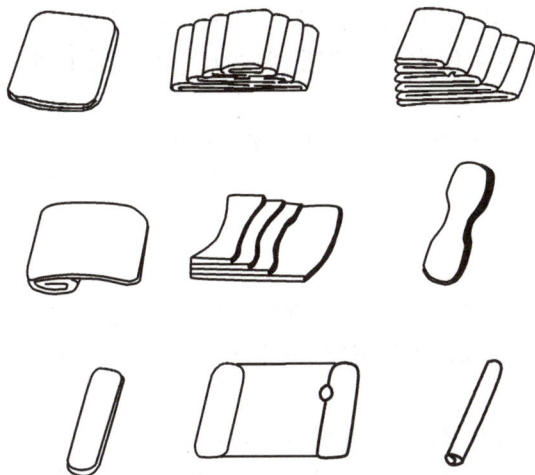

图 4-38 固定垫的种类

（2）塔形垫：适用于肢体关节凹陷处，如肘关节、踝关节等部位。做成中间厚、两边薄，形如塔形的固定垫。

（3）梯形垫：一边厚，一边薄，形似阶梯状。多用于肢体有斜坡处，如肘后、踝关节等。

（4）高低垫：为一边厚、一边薄的固定垫。可用于锁骨骨折或复位后固定不稳的尺桡骨骨折。

（5）抱骨垫：为半月状，适用于髌骨及尺骨鹰嘴骨折。

（6）葫芦垫：厚薄一致，两头大、中间小，形如葫芦状，适用于桡骨头骨折或脱位。

（7）横垫：为长条形厚薄一致的固定垫，长 6~7cm，宽 1.5~2cm，厚约 0.3cm，适用于桡骨远端骨折。

（8）合骨垫：呈中间薄、两边厚的固定垫，适用于下尺桡关节分离。

（9）分骨垫：用一根铅丝为中心，外用棉花或纱布卷成，其直径为 1~1.5cm，长 6~8cm。适用于尺桡骨骨折、掌骨骨折等。

（10）大头垫：用棉花或棉毡包扎于夹板一头，呈蘑菇状。适用于肱骨外科颈骨折。

5. 固定垫的使用方法　固定垫的使用要根据骨折类型、移位情况，在适当的位置将固定垫放置。常用的固定垫放置方法有以下几种（图 4-39）：

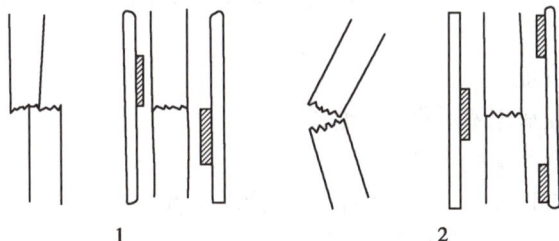

图 4-39 固定垫的放置方法

（1）一垫固定法：主要使用固定垫压迫骨折部位，多用于肱骨内、外髁骨折，桡骨头骨折及脱位等。

（2）二垫固定法：用于有侧方移位的骨折，骨折复位后，将两垫分别置于两骨折端原有移位的一侧，以骨折线为界，两垫不能超过骨折端，以防止骨折再发生侧方移位。

（3）三垫固定法：用于存在成角畸形的骨折。骨折复位后，一垫置于骨折成角突出部位，另两垫分别置于靠近骨干两端的对侧。三垫形成杠杆力，防止骨折再发生成角移位。

6. 夹板固定的操作步骤

（1）根据骨折部位及类型，选择合适的夹板，并将固定所要用到的器械及物品准备齐全。

（2）复位后，在助手或者牵引仪器的辅助下维持牵引，如需要外敷膏药将其敷好后，将压垫放在合适位置，并使用胶布贴牢。

（3）将棉垫包裹患处，将夹板置于外层并排列均匀，夹板间距以 1~1.5cm 为宜，夹板的两端不超过棉垫，骨折线最好位于夹板中央，然后依次捆扎系带，两端扎带距夹板 1~1.5cm 为适宜，防止滑脱。

（4）固定完毕后，以绷带包缠，需附长板加固者直接置于小夹板外层即可。如需持续牵引者，按牵引方法处理。

7. 夹板固定后的注意事项

（1）抬高患肢，以利肿胀消退。

（2）密切观察伤肢血运情况，在固定后 3~4 天内应密切观察患肢皮肤颜色、温度、感觉、肿胀程度等。如发现肢体肿胀、疼痛、温度下降、颜色紫暗、麻木等情况时，应及时处理，防止出现缺血坏死的情况。

（3）注意骨骼突出部是否有灼痛持续性发作，防止压迫性溃疡的发生。

（4）要经常检查并调整系带的松紧度。一般在 4 日内，因复位而引起继发性损伤，局部损伤性炎症反应，夹板固定后静脉回流受阻，组织间隙内压有上升的趋势，可适当放松系带。待组织间隙内压下降，血液循环改善，系带松弛时应及时调整系带的松紧度，确保上下 1cm 的正常移动度。

（5）定期进行 X 线检查，了解骨折的愈合情况，以及是否再发生移位，尤其是新发生的骨折（2 周内），若有移位要及时进行处理。

（6）患者应该进行适当的功能锻炼，医者需要告知患者相关注意事项及练功方法，这样能够更好地帮助骨折恢复。

（二）石膏固定

石膏固定是骨伤科最常用的外固定疗法之一。医用石膏由天然硫酸钙石膏锻造而成，将其捣碎，碾成粉末，加热，脱水变为熟石膏。石膏粉末吸水后又凝固成结晶石膏，其凝固的时间随温度和石膏的纯度而异。石膏中加少许盐可缩短凝固时间，一般 10~20 分钟即凝固，24~72 小时即干燥。

1. 石膏固定的适应证

（1）开放性骨折经清创术后创口未愈合者。

（2）夹板难以固定的某些部位骨折。

（3）血管、神经、肌腱以及韧带需要石膏保护固定者。

（4）治疗化脓性关节炎、骨髓炎者，固定患肢。

（5）骨关节行关节融合术者。

（6）畸形矫正术后，维持矫正位置。

2. 石膏绷带固定的使用方法　将熟石膏粉末与吸水纱布制成石膏绷带，放在 30~40℃ 温水桶内浸泡，待气泡出净后取出，以手握其两端，挤去多余水分，即可使用。石膏在水中不可浸泡过久，或从水中取出后放置时间过长。耽搁时间过长，石膏很快硬固，如勉强使用，各层石膏绷带将不能互相凝固成为一个整体，从而影响固定效果。石膏绷带固定可依据患肢外形进行塑形，有固定效果牢靠、简单方便的优点，其缺点是无弹性，不能调节松紧度，常常影响关节功能锻炼，易致关节僵硬。

3. 石膏绷带的衬垫　包扎石膏绷带时，根据衬垫的有无，分为有衬垫石膏和无衬垫石膏。有衬垫石膏常用的衬垫有绵纸、棉花、棉垫等，根据患肢需要，将患肢用绵纸或棉花自上而下全部包扎，外面一层再包石膏绷带。有衬垫石膏患者使用较为舒服，其固定效果略差，临床多用于术后固定。无衬垫石膏，患肢其他部位可以不放，但骨骼隆突处需放置衬垫，再包扎石膏绷带，以防止产生压迫性溃疡。无衬垫石膏固定效果较好。

4. 石膏绷带的操作步骤

（1）材料准备：石膏绷带、纱布、棉花或绵纸、石膏操作台、石膏剪等。

（2）体位：将患肢置于功能位，如患肢无法维持这一体位，则可借助相应的器具调整。

（3）保护骨骼隆突部位：可在隆突部位放置绵纸或棉花。

（4）制作石膏条：在进行石膏绷带包扎时，可根据患肢所需长度，先做石膏条，其方法是在平板上，将石膏绷带折叠成所需要的长度和宽度，宽度约为患肢周径的 2/3，一般上肢绷带厚度层数为 8~12 层，下肢绷带厚度层数为 12~16 层（图 4-40），在包扎过程中，石膏绷带间切勿形成褶皱，须抹平包扎。

（5）石膏托固定：可将石膏托置于患肢需要固定的部位，内层先用石膏绷带包扎，包扎时先在患肢近端缠绕 2 层，然后再按顺序一圈一圈地包扎达肢体远端，外层则用纱布绷带包扎，当行经关节弯曲部位时，可将石膏绷带剪开适当宽度后迅速用双手抹平石膏，避免石膏褶皱（图 4-41）。单侧石膏固定时，塑形按体型完成。如患者需要双侧石膏托固定时，即在单侧石膏托的对侧增加一个石膏托，再用绷带包扎二者，在牢固度上双侧固定明显优于单侧，且调整松紧更方便。石膏托适用于四肢稳定性骨折，及骨折、关节脱位早期患处肿胀疼痛的固定，肿胀消退后，可改用管型石膏固定。

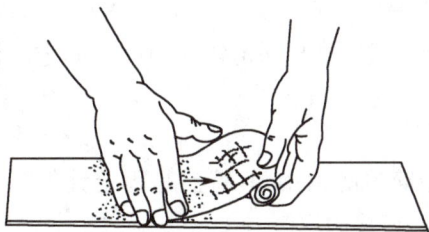

图 4-40　制作石膏条

图 4-41　包扎石膏

（6）管型石膏固定：石膏条置于肢体前侧及后侧，然后用石膏绷带环绕包缠患肢，平整包扎，表面抹光，则为管型石膏。石膏绷带缠绕时，从患肢近端向远端缠绕，用力均匀，进行滚动式包扎，绷带勿过紧过松，不要形成褶皱，挤出石膏条及石膏绷带之间的多余空气及水分，防止肢体血液循环障碍，最后抹光石膏绷带表面，根据骨折复位的要求或最大限度贴近患肢外部轮廓加以塑形，用记号笔在石膏显著位置标记诊断类型及日期，石膏未干硬前根据具体病情可考虑开窗。石膏绷带的厚度，一般为 8~12 层，以避免折裂，对超过固定范围部位的部分，应加以修剪，且关节处及上下边缘石膏绷带要适当加厚，增强其稳定性。管型石膏固定，一方面能更好地达到固定患肢的目的，另一方面此法包扎的石膏，有厚有薄，负重的关节加厚，不负重的关节较薄，有利于节省石膏绷带，且不影响固定效果。目前临床上已经广泛应用新型高分子材料绷带，如聚氨酯、树脂等，具有透气性好、防水、重量轻、不过敏的特点。

5. 固定后的注意事项

（1）石膏定型后，可用电吹风烘干。寒冷季节打石膏绷带的患肢要注意保暖，切忌烤火，防止患肢肿胀致血液循环障碍。炎热季节，对石膏固定患者，要注意通风，防止中暑。

（2）在石膏未干以前搬动患者时，注意勿使石膏折断或变形，常用手掌托起石膏，忌用手指捏压，回病房后必须用软枕垫好。翻身或改变体位时，应保护石膏原形，避免折裂变形。

（3）石膏固定时应将指（趾）暴露，随时观察指（趾）血运、皮肤颜色、温度、肿胀、感觉及运动情况，如果发现指（趾）肿胀明显，疼痛加重，颜色变白、变紫时，应紧急处理，立即将管型石膏纵向切开，待上述症状减轻后，再用纱布绷带自上而下包缠。

（4）石膏固定后，必须抬高患肢 5~7 天，以减轻肢体肿胀、缓解疼痛，待肿胀消退后即可鼓励患者下床活动。

（5）注意保持石膏清洁，勿被尿、便等浸湿污染。发现渗出的血液及脓液浸透石膏时，应及时处理。

（6）石膏被破坏或有松动时，应立即更换石膏或用其他固定方法。

（三）外固定器固定

外固定器固定指将螺钉或骨圆针钻入骨折两断端后，将患肢固定于外固定架上，利用物理调节使骨折两断端达到良好对位和固定的方法，又称外固定架固定。

1. 功能分类

（1）单纯固定的外固定器：如单平面单侧 Hoffmann 外固定器，固定前先要整复骨折，骨折整复对位后再安装外固定器。

（2）兼备整复和固定的外固定器：此类固定器固定后能进行复位和必要的再调整，以纠正偏差，但这种外固定器的缺点是灵巧性较差。

（3）骨延长外固定器：这种外固定器具有较灵活的外固定杆，可以在轴线上延长或缩短骨质。

（4）预防、矫正畸形的外固定器：此类固定器的体外连接杆可以超/不超关节固定，而且在关节处可以活动，用于关节处瘢痕挛缩的松解，或有效地防治需长时间外固定肢体的关节僵硬或挛缩畸形。

2. 构型分类

（1）单边式（亦称半针或钳夹式）：这是最简单的构型，其特点是固定针仅穿出对侧骨皮质，在肢体一侧用连接杆将裸露于皮外的钉端连接固定。

（2）双边式（亦称全针或框架式）：此类外固定器，用固定针贯穿骨与对侧软组织及皮肤，在肢体两侧各用 1 根连接固定。

（3）三角式（亦称三边式）：这种外固定器可供 2 或 3 个方向穿针，多采用全针与半针相结合的形式实现多向性固定。

（4）四边式（亦称四边形框架式）：这种外固定器的稳定性最坚牢，但体积庞大，调整的灵活性也最差。

（5）半环式：此型特点是可供多向性穿针；半环上安放钢针固定夹，这类外固定器有牢固可靠的稳定性，特别适用于严重开放性骨折和各种骨不连及肢体延长。

（6）全环式：这种类型外固定器呈全环套放于肢体，可实施多向性穿针固定，但不及半环式简便。此类外固定器固定的稳定性和使用的钉与连接杆数目有关。

3. 力学结构分类　骨外固定器的几何构型是其力学性能的主要因素，基本反映了固定的牢固程度，即固定刚度。但就其力学结构的稳定性而言，目前使用的各种外固定器，可简要地分为以下三类：单平面半针固定型、单平面全针固定型和多平面固定型。

4. 外固定器的使用方法

（1）基本要求：①严格无菌操作技术，预防针孔感染。②熟悉局部的解剖位置，避免损伤大血管与神经。③正确选择穿针部位，既不能靠近骨折端，又不能远离骨折端，后者固定力不足。对开放性骨折，进针处应尽量偏离创面。④穿针最好用电钻，或手摇式骨钻。使用电钻时保护好皮肤，速度用中低速，减少高速钻孔形成的局部高温。⑤骨针粗细要适当。

（2）操作方法：①常规消毒皮肤,铺无菌巾。②进针处用局部麻醉,并做与肢体纵轴平行的 0.5cm 切口,深及筋膜下,这样避免针对皮肤造成压迫坏死。③穿刺孔应经过骨干的中间部,使针在骨端的作用力均匀。④穿针时应符合不同外固定架对针之角度和方向的要求,以便较为容易地和外固定架连接起来。

5. 骨外固定架的适应证

（1）严重的开放性骨折伴广泛的软组织损伤或合并感染者,应用骨外固定架能使骨折得到固定,同时便于对软组织损伤进行修复、创面换药、引流和控制感染等处理。

（2）四肢各种不稳定性新鲜骨折和软组织损伤、肿胀严重的骨折。

（3）骨折延迟愈合或不愈合,外固定架可以使骨折端得到较好的制动。

（4）下肢短缩需要延长者,外固定架不仅有加压作用,还具有延长、牵开的作用,利用这一特点可以使肢体延长。

（5）多发性骨折或骨折后需要多次搬动的患者。

（6）关节融合术、畸形矫正术后均可用外固定器加压固定,可使关节融合速度更快。

6. 禁忌证

（1）伤肢有广泛的皮肤病。

（2）因年龄或其他因素不能配合术后管理者。

7. 注意事项

（1）保持针孔的清洁,术后第二天即应更换敷料,每天 1 次用 75% 乙醇滴于针眼处。根据病情适当应用抗生素,防止针道感染。

（2）术后每天观察固定针有无松动,骨外固定器有无移位及固定锁钮是否松动,如有松动及时拧紧,保证固定效能确实可靠。

（3）需多次调节固定者,如肢体延长、关节融合加压固定等,应注意保持固定针与皮肤界面处于无张力状态,否则应切开松解,以免皮肤受压坏死。

（4）鼓励患者术后行肢体关节及肌肉的主动和被动功能锻炼。下肢骨折者,如全身情况允许且骨折固定稳定可靠,可在医生的指导下,于术后 1 周左右扶双拐下地练习不负重或部分负重行走。

（5）定期 X 线检查,了解骨折端有无移位,如发生移位,随时调节外固定器予以矫正。当 X 线片显示骨折线模糊、有骨痂形成时,应拆除外固定器。

（四）支具固定

支具又称矫形器,是指用具有一定硬度和支撑作用的托板、支架等器具,固定人体躯干或四肢的一种固定方法,具有固定、制动、保护、支撑身体、预防和矫正畸形等作用。

1. 支具的适应证

（1）先天性疾病：①先天性脊椎裂、脊索瘤伴有截瘫或不全瘫；②3～4 岁以下先天性马蹄足；③3～4 岁以下先天性髋关节脱位或脱位复位术后的固定；④先天性斜颈、先天性膝关节脱位、先天性平足矫形或矫形术后的固定；⑤先天性脊柱侧凸术前矫形或术后固定。

（2）创伤性疾病：①腰部及四肢急性扭挫伤；②创伤性关节炎；③外伤性截肢；④外伤性下肢不等长。

（3）术后固定：①颈椎病前路融合术后；②肌性斜颈术后；③膝关节半月板、滑膜切除术后；④四肢关节脱位手术复位术后；⑤先天性马蹄足矫形术后。

（4）炎症：①脊柱及四肢的骨与关节结核或化脓性感染；②风湿和类风湿关节炎；③强直性脊柱炎。

（5）退行性变：①腰椎间盘退行性变或突出；②颈椎病；③骨性关节病。

（6）瘫痪：①脑性瘫痪；②脊髓外伤性截瘫；③脊柱结核性截瘫；④脊柱肿瘤性截瘫；⑤周围神经损伤性部分肌肉瘫痪。

2. 支具的分类

（1）按使用目的分类：分为固定性支具、保护性支具、矫形性支具、牵引性支具、免负重支具等。

（2）按制作材料分类：分为金属支具、塑料支具、木制支具、硬纸板支具、组合支具等。

（3）按材料弹性分类：分为软性支具、硬性支具、半硬性支具。

（4）按作用部位分类：分为脊柱支具、上肢支具、下肢支具。

（5）按功能作用分类：分为康复性支具、功能性支具、预防性支具。

3. 常见支具

（1）颈支具：分为前后两块，前块上缘超过下颌，下缘达上胸部；后块上缘达枕骨，下缘达胸背部。主要限制头颈部的屈伸和旋转活动。多用于落枕、颈椎骨质增生、颈椎病、颈椎骨折、颈椎脱位复位后的固定。

（2）腰支具：又称腰围。前面上缘达剑突下约 1cm，下缘至耻骨联合上缘约 1cm；后面上缘达肋弓，下缘包裹臀肌隆起部。可减少腰骶椎负荷，用以限制腰部和腰骶关节活动，保护腰肌并让其得以休息。适用于急性腰扭伤、腰肌筋膜炎、腰肌劳损及腰椎间盘摘除术后、腰椎融合术后。

（3）肩外展支具：支具主体呈 Z 形，用于安放患侧上肢。患侧上肢在外展支具上分别置肩、肘和腕关节于功能位。可用于固定治疗肱骨外科颈骨折和肱骨干骨折、肩袖损伤、冈上肌腱断裂、急性肩周炎等。

（4）双髋外展支具：又称 Atlanta 支具。多用于治疗双侧先天性髋关节脱位以及双侧股骨头缺血性坏死的早期固定。

二、内固定疗法

内固定是治疗骨折的一种常用手段，在骨折复位后，通过金属内固定维持复位的一种方法。临床上有两种复位方法：一是切开复位后植入固定物；二是闭合复位后，在 X 线等影像设备的监视下将金属内固定植入，以固定骨折。由于中西医结合治疗骨折的发展，闭合正骨复位及外固定技术不断提高，所以需采用手术切开复位内固定逐步减少，但是有些复杂骨折及合并损伤，采用非手术治疗效果不佳，仍有手术切开复位内固定的必要。内固定是与外固定相对而言的一种治疗方法，两者各有利弊，可以互补，但是不能互相代替。

1. 切开复位内固定的适应证

（1）有移位的关节内骨折，手法不能达到满意复位，或复位后容易移位的骨折，估计以后必将影响关节功能者。

（2）手法复位与外固定未能达到功能复位的标准，而影响肢体功能者。

（3）骨折端有肌肉、肌腱、骨膜或神经、血管等软组织嵌入，手法复位失败者。

（4）撕脱性骨折，多因强大肌群牵拉而致，外固定难以维持其对位。

（5）骨折合并重要神经、血管损伤者，须探查神经、血管进行修复，并同时做骨折内固定。

（6）开放性骨折，在 6~8 小时之内需要清创，如伤口污染较轻，清创较彻底，可直接采用内固定。

（7）骨折伴有肌腱、韧带完全断裂者。

（8）多发骨折或多段骨折，为了预防严重并发症和便于患者早期活动，对多发骨折某些重要部位可选择内固定;多段骨折难以复位与外固定,如移位严重应采用内固定。

(9) 骨折伴有关节脱位,经闭合复位未能成功者。

(10) 畸形愈合或骨不愈合造成功能障碍者。

2. 切开复位内固定的禁忌证

(1) 患肢严重骨质疏松,骨质脆弱不能承受内固定者。

(2) 全身情况不能耐受麻醉和手术创伤者,如伴有严重的心、脑血管疾病,严重的糖尿病、血友病等。

(3) 全身或患肢局部有活动性感染者,如骨髓炎。

(4) 由于瘢痕、烧伤、活动性感染或皮炎导致骨折或计划手术部位的软组织覆盖太差者,此时行手术内固定易破坏软组织覆盖或使感染恶化。

(5) 患肢皮肤或软组织大块缺损未获修复者。

(6) 已不能成功重建的粉碎性骨折,内固定不能有效保持复位者。

3. 内固定材料的要求　作为内固定的材料必须能与人体相容,具有良好的生物相容性,无毒、无免疫反应、无致癌性,必须满足内固定的强度要求,耐腐蚀性强,在使用内固定材料时也须注意以下几点:①同一部位使用的接骨板和螺丝钉,必须由一种成分的合金钢制成,否则会产生电位差而形成电解腐蚀,影响骨折愈合;②内固定物光洁度要求很高,如表面粗糙或有损坏,也可形成微电流,而起电解腐蚀作用;③内固定物不宜临时折弯,折弯等可损坏钢材内部结构,局部产生应力微电池,在钢材内部起电解腐蚀作用。

4. 内固定方式、种类　根据不同的手术类型和骨折部位,所采用的内固定方式也不同,需要准备相应的内固定器材。常用的有螺钉、接骨板、髓内针、不锈钢丝、骨圆针、空心钉以及脊柱前后路内固定器材等。常用的内固定种类有螺钉内固定、钢板内固定、钢丝内固定、髓内针内固定和椎弓根钉内固定等。

(1) 螺钉内固定:螺钉既可单独使用,对骨折块进行加压固定,也可与接骨板等联合使用形成固定系统。单独使用螺钉对骨折端进行加压固定是通过将拉力螺钉穿过骨折线来实现的,适用于内踝骨折、肱骨内髁骨折、股骨颈骨折、下胫腓关节分离等;而横形和短斜形骨折常需配合接骨板使用。螺钉的类型很多,包括自攻螺钉和非自攻螺钉、皮质骨螺钉和松质骨螺钉、空心螺钉和锁定螺钉、金属螺钉和可吸收螺钉等。

1) 自攻螺钉:其钉尖部分有切槽,可切割出骨道面使螺钉进入,因此拧入时可自行在骨骼中开出螺纹。

2) 非自攻螺钉:其尖端钝圆,无切槽,因此操作时需事先钻孔,然后攻丝。非自攻螺钉的优点在于事先在骨骼上攻出螺纹,拧入时扭力较小,且无须太大的轴向压力。

3) 皮质骨螺钉:属于非自攻螺钉,其螺纹浅、螺距短,钉芯相对较短,抗弯曲力很强,可用于斜形、螺旋形和蝶形骨折。

4) 松质骨螺钉:属于自攻螺钉,分全螺纹和半螺纹两种。螺纹较深,螺距较长,钉芯的直径相对较小,螺纹的面积很大,因此在骨质中有良好的把持作用,多用于骨骺端的松质骨。

5) 空心螺钉:外形多为半螺纹的松质骨螺钉,有一空心轴,允许导针通过。导针在 X 线的监视下插入精确位置,使骨折端暂时固定,通过导针即可拧入空心螺钉,可以确保精确放置螺钉。适用于四肢干骺端、骨盆骨折、不规则骨骨折的内固定。

6) 锁定螺钉:属于自攻螺钉,其螺杆较厚、螺纹较窄,与锁定钢板配合使用。锁定螺钉钉帽与钢板孔之间以锥形螺纹方式连接固定,螺钉拧入钢板固定后,螺钉与钢板之间不会再产生相对活动,形成角度固定作用,可以有效增加内固定强度、保留骨膜血液供应。

7) 可吸收螺钉:由高分子聚合材料制成,可在体内逐渐水解消失。其优点是可完全降解吸收,被新骨替代,免于第二次手术取出内固定物的伤害。缺点是机械强度不够,仍会引起一定程度的非特异性炎症反应。目前仅限于部分关节内或骨骺部骨折的固定。

（2）钢板内固定

1）普通接骨板:一般为直板、圆孔式,无加压作用,仅将骨折固定。有4孔、6孔、8孔等规格。固定骨折时,长度应超过所固定骨干直径的4~5倍,如钢板过短,常会导致固定不牢,固定失败。

2）普通加压接骨板:与普通接骨板类似,仅在一端的洞壁有一可供加压器钩住的孔洞,使用时用螺钉把接骨板固定在一侧骨折端,另一侧依靠固定器的牵拉而完成骨折块间的加压。

3）动力型加压接骨板:这种自动加压接骨板固定螺钉的钉帽为球状,旋入时沿钉孔内的斜坡状滑移槽自外上滑向内下槽底,推动其下的骨段向骨折端移行,以达到轴向加压的效果。

4）限制接触型加压钢板:其钢板底面有凹槽,钉孔的斜坡是双侧的。优点是钢板与骨骼只有部分接触,且凹槽部分允许骨膜存在和生长,对骨膜血供损伤小,从而防止钢板下骨折部骨质疏松。

5）点接触钢板:钢板与骨折端仅以点状接触,螺钉为锁定螺钉,螺钉头有细小螺纹牢固地锁定在接骨板钉孔上,只穿过一层皮质骨。

6）环形钢板:包括1/2环形、1/3环形和1/4环形3种。环形钢板可以抵抗旋张力和扭力,并可进行动力加压,适用于直径较小的长管状骨骨折。但由于其厚度只有1mm,强度差,所以只能用于应力不大部位的骨折固定。

7）重建钢板:在钢板的侧方有切槽。主要用于应力不大、形态复杂部位的骨折,如髋臼、肱骨远端骨折等。

8）角钢板:包括钢板和刀部两部分,两者之间成130°或95°夹角,适用于股骨近端（130°）和股骨远端（95°）骨折固定。

9）滑动螺钉钢板:滑动螺钉钢板的一侧设计有套筒,拉力螺钉可在套筒内滑动。拉力螺钉置入后再套入套筒,侧板位置可有一定程度的调动度,拉力螺钉可以使骨折端获得加压。主要应用于腓骨远端骨折。

10）锁定钢板:螺钉帽和钢板孔都带有螺纹,螺钉拧入钢板后可使钢板和螺钉之间连接锁定成整体,不会出现摇摆,增加固定效果。固定骨折后可使钢板不接触骨面,其固定形式相当于内置的外固定架。常用于四肢骨折。

（3）钢丝内固定:临床上常用于髌骨横断骨折、尺骨鹰嘴突横断骨折、指骨末节撕脱骨折、不稳定的颈椎骨折脱位或作为其他内固定的辅助固定,以固定游离骨片（如髓内针固定并用钢丝固定小骨片）。其操作步骤为:

1）穿引钢丝:穿引钢丝的方法随骨折的部位而不同,一般常用环形固定法和"8"字形固定法两种。环形固定法多用于髌骨骨折,用粗圆针穿以钢丝,贴近骨的边缘,在腱内环形缝合;或先在骨折的两侧对应地用小钻头各钻一隧道,而后用钢丝环形穿过隧道。"8"字形固定法常用于尺骨鹰嘴骨折,先在骨折两端各钻一横断隧道,然后以"8"字将钢丝穿过,钢丝交叉在骨外。

2）收紧钢丝:先用巾钳等器械将骨折复位,并维持位置,然后慢慢收紧钢丝,以免切断骨质及软组织,或拉断钢丝,待完全收紧至骨折端紧密相接后,才可将钢丝两端拧结成绳状。松紧度要适当,过松骨折断端间会遗留裂隙,影响愈合,过紧则容易拉断钢丝。

3）处理残端:剪除多余的钢丝,留下3~5mm的残端,将其弯向骨面或埋于凹陷处的软组织中,防止刺及皮肤而致疼痛。钢丝直径细,因此可以穿过骨内人工隧道环扎或固定,能有效维持某些骨折复位,但其固定作用较小,应用范围也相应较小。利用不锈钢丝来环扎固定长骨干的斜形或螺旋形,不但容易断裂,还会引起受压外的骨质吸收,骨膜血运受损,从而失去固定作用,影响骨折愈合。

（4）髓内针内固定:是用不同类型的钢针,穿入需要固定的骨干髓腔内,以控制该骨干的骨折位置。髓内针需要有足够的强度,不会在长期使用中出现弯曲、折断现象。在操作正确、器材选择合适的情况下,可牢固地固定骨折,不用辅以外固定,以避免长期外固定引起的并发症,早日进行功能锻炼,促进骨折愈合。

髓内针有不同类型,临床上主要分为无锁髓内针和带锁髓内针两大类。①无锁髓内针:无锁髓内针是一种典型的弹性内固定,此后出现的各种髓内钉基本上是在此基础上改进而成。其具有操作简单,并发症少,价格低廉的优点,V形及克氏针等均属于无锁髓内针。②带锁髓内针:与无锁髓内针相比,带锁髓内针大大增强了对轴向、旋转移位的固定能力,对长螺旋形、粉碎性等难以维持复位的复杂骨折均可形成可靠的固定,因此,目前带锁髓内钉已广泛用于股骨、胫骨和肱骨干骨折的内固定。

（5）椎弓根钉内固定:经椎弓根内固定技术自1963年开始应用于临床以来,已被公认为脊柱外科重大的进展之一,是一种有效的手术治疗方法。

1）分类:一般分为两类。①钉板系统:如Steffee、Roy-Camille、Louis等内固定系统。该类系统抗旋转作用较强,但撑开力量较弱。②钉棒系统:如C-D、Dick、R-F、A-F、GSS、FASS、DSS等内固定系统。该类系统明显加强了撑开力和压缩力。由于操作简便、创伤小,钉棒系统在临床上更为常用。

2）适应证:①不稳定性胸腰椎骨折、脱位;②脊柱侧弯畸形、脊柱肿瘤、脊柱结核或退行性变致脊柱不稳;③其他需行脊椎稳定手术者。

第三节　牵 引 疗 法

牵引是通过牵引装置,利用沿肢体纵轴的牵引力,对抗肌肉的张力和痉挛,预防和矫正软组织挛缩以及骨与关节的畸形,辅助治疗骨折、脱位和筋伤的一种方法。根据牵引的方式可分为骨牵引、皮牵引及布托牵引。

一、骨牵引

将骨圆针或牵引钳穿入骨骼内,通过牵引装置,使牵引力直接作用于骨骼进行牵引,称为骨牵引。在四肢骨折或脱位中常用,穿针部位在骨折的远端,或在骨折处的关节远端,如股骨干骨折,牵引针穿在胫骨近端;颈椎骨折脱位,牵引钳固定于颅骨外板上。牵引力直接作用于骨骼（或通过关节再传导于骨骼）,而到达损伤部位,起到复位和固定作用,可以承受较大的牵引重量。

1. 适应证　用于成人肌力较强部位的骨折,尤其是不稳定性骨折、开放性骨折、骨盆骨折、髋臼骨折及髋关节中心性脱位等;颈椎骨折或脱位;对于学龄前儿童股骨干不稳定性骨折,如需要骨牵引,骨圆针的进针处应避开骨骺,以免影响骨的生长发育;皮牵引无法实施的短小管状骨骨折,如掌骨、指（趾）骨骨折;某些手术前准备,如关节挛缩畸形矫形术前准备等。

2. 禁忌证　牵引处有感染或开放性伤口,创伤污染严重者不宜做骨牵引。

3. 常用牵引与操作方法

（1）颅骨牵引

1）适应证：用于颈椎骨折或脱位，尤其是合并颈髓损伤者。

2）操作方法

头部备皮：剃光头发，用肥皂水洗净，擦干。患者仰卧，头下枕一沙袋。

牵引点定位：用甲紫在两侧乳突之间画一条冠状线，再沿鼻尖到枕外隆凸画一条矢状线。将颅骨牵引弓的交叉部支点对准两线交点，两端钩尖放在横线上，充分撑开牵引弓，钩尖所在横线上的落点即为进针点。另一方法是由两侧眉外端向颅顶画两条平行的矢状线，两线与上述冠状线相交的两点，即为进针点（图 4-42①）。

牵引方法：以甲紫标记两进针点。常规消毒，铺无菌巾，局部麻醉后，用尖刀在两点处各做一长约 1cm 小横切口，深达骨膜，然后进行止血，再用带安全隔板的钻头在颅骨表面斜向内侧约 45°，以手摇钻钻穿颅骨外板（成人约 4mm，儿童约 3mm）（图 4-42②）。注意防止穿过颅骨内板伤及脑组织，然后将牵引弓两钉齿插入骨孔内，拧紧牵引弓螺丝钮，使牵引弓钉齿固定牢固，缝合切口并用酒精纱布覆盖伤口。牵引弓系牵引绳并通过滑车，抬高床头 20cm 左右作为对抗牵引（图 4-42③）。

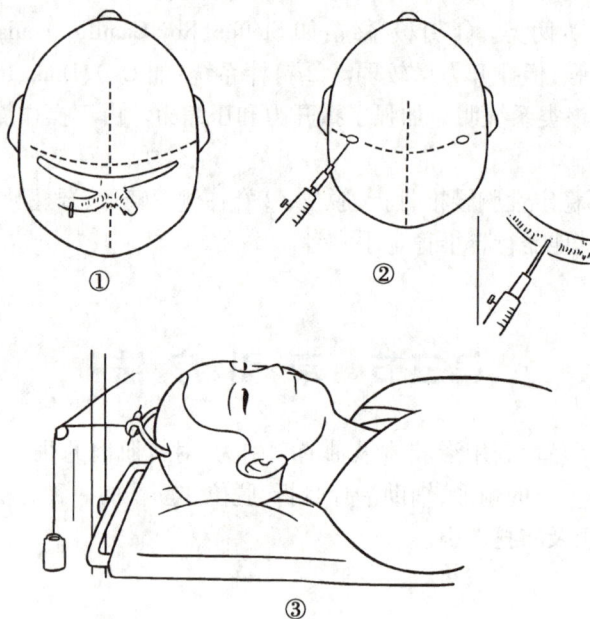

图 4-42　颅骨牵引
①颅骨钻孔部位的选取；②颅骨钻孔方法；③颅骨牵引

牵引重量：一般第 1~2 颈椎用 4kg，以后每下一椎体增加 1kg。复位后其维持重量一般为 3~4kg。为了防止牵引弓滑脱，于牵引后第 1 天、第 2 天，每天将牵引弓的螺丝加紧一扣。

（2）尺骨鹰嘴牵引

1）适应证：用于肱骨外科颈、肱骨干、肱骨髁上及髁间粉碎性骨折，局部肿胀严重，不能立即复位固定者，也可用于陈旧性肩关节脱位拟行手法复位者。

2）操作方法

穿针部位：自尺骨鹰嘴尖端向远端 2cm 处做一尺骨背侧缘的垂直线，再在尺骨背侧缘的两侧各 2cm 处，画两条与尺骨背侧缘平行的直线，三条直线相交的两点即为牵引针的进出针点（图 4-43①）。

70

牵引方法:定位后用甲紫做好标记。患者仰卧位,助手将患者伤肢提起,屈肘90°,前臂中立位。常规皮肤消毒、铺巾,局部麻醉生效后,术者由内向外将克氏针刺入皮肤至骨面,转动手摇钻将骨圆针穿过尺骨鹰嘴,从外侧标记点穿出。穿针时应始终保持针与尺骨干垂直,不能钻入关节腔或损伤尺神经。穿好针后去除手摇钻,使牵引针两端外露部分等长,安装牵引弓并拧紧固定以免滑脱,针眼部用酒精纱布保护,针之两端用青霉素瓶套入,连接牵引绳及牵引装置,沿上臂纵轴线方向进行牵引,同时将伤肢前臂用布带吊起,保持肘关节屈曲90°(图4-43②)。儿童患者可用大号布巾钳代替克氏针进行牵引(图4-43③)。

牵引重量:一般牵引重量为2~5kg。

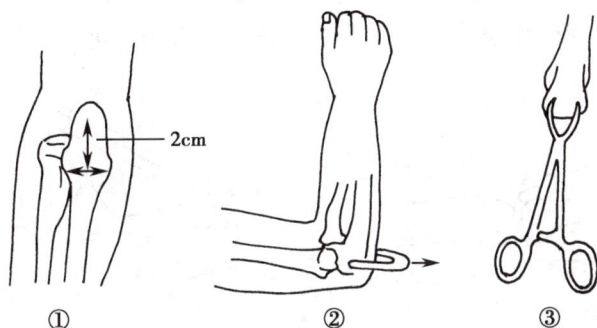

图4-43　尺骨鹰嘴牵引
①进针点;②克氏针牵引法;③布巾钳牵引法

（3）股骨髁上牵引

1）适应证:用于股骨干骨折、粗隆间骨折、髋关节中心性脱位、骶髂关节脱位、骨盆骨折向上移位、髋关节挛缩畸形手术前需要松解粘连者;也可用于胫骨结节牵引的替代牵引。

2）操作方法

穿针部位:膝伸直位,自髌骨上缘做一与股骨干垂直的横线,再沿腓骨小头前缘与股骨内髁隆起最高点各做一条与髌骨上缘横线相交的垂直线,相交的两点即为克氏针的进出针点,同时以甲紫做好标记点。也可以内收肌结节上方2cm处作为进针点。

牵引方法:患者仰卧位,伤肢置于布朗架上,使膝关节屈曲40°,常规消毒铺巾,局部麻醉后,以克氏针在大腿内侧标记点穿入皮肤,直达骨面,掌握骨钻进针方向,徐徐转动手摇钻,当穿过对侧骨皮质时,以手指压迫针眼处周围皮肤,穿出钢针,使两侧钢针相等,酒精纱布覆盖针孔,安装牵引弓,进行牵引(图4-44)。穿针的方向应呈水平位与股骨干纵轴垂直,否则钢针两侧负重不平衡,易造成骨折断端成角畸形。

牵引重量:股骨髁上牵引的重量应根据患者的体重和损伤情况决定,如骨盆骨折、股骨骨折和髋关节脱位的牵引重量,成人一般为体重的1/8~1/6,年老体弱者为体重的1/9,维持牵引的重量为体重的1/10。牵引时,

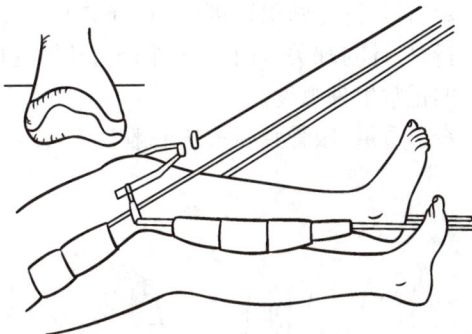

图4-44　股骨髁上牵引

应将床脚抬高20cm左右,以作为对抗牵引。

（4）胫骨结节牵引

1）适应证:用于股骨干骨折、伸直型股骨髁上骨折、髋关节中心性脱位及陈旧性髋关节

笔记栏

脱位等。临床上胫骨结节牵引较股骨髁上牵引常用。

2）操作方法

牵引部位：自胫骨结节向下2cm，画一条与胫骨结节纵轴垂直的横线，在纵轴两侧各3cm左右处，画两条与纵轴平行的纵线，与横线相交的两点，即为克氏针进出针点，同时做好标记点。也可以把胫骨结节最高点向下2cm再向后2cm，即为外侧进针点（图4-45①）。

牵引方法：患者仰卧位，将伤肢置于布朗架上。常规消毒，铺无菌巾，局部浸润麻醉后，助手牵引踝部维持固定，以防止继发损伤和减少患者痛苦。将克氏针自标记点从外向内刺入皮肤，直达骨面，摇动手摇钻穿透骨质，自内侧标记点处穿出。钢针穿出皮肤，使针之两端等长后，酒精纱布保护针孔，安装牵引弓，连接牵引装置（图4-45②）。

牵引重量：成人一般为体重的1/10~1/8，维持重量为3~5kg。

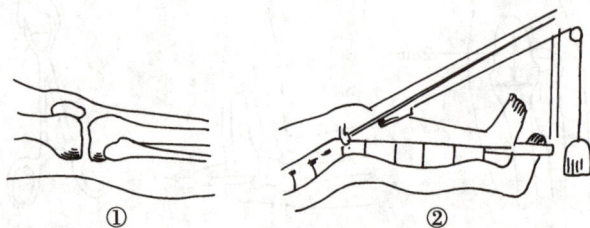

图4-45　胫骨结节牵引
①胫骨结节牵引的进针部位；②胫骨结节牵引示意图

（5）跟骨牵引

1）适应证：用于胫腓骨不稳定性骨折、踝部粉碎性骨折、跟骨向后上方移位的骨折等。也可用于髋关节、膝关节轻度挛缩畸形的早期治疗。

2）操作方法

牵引部位：自内踝尖到足跟后下方连线中点，或自内踝尖垂直向下3cm，再水平向后3cm，即为内侧进针点（图4-46①②）。

牵引方法：将伤肢置于牵引架上，在小腿下方垫一沙袋使足跟抬高，助手一手握住前足，一手握住小腿下段，维持踝关节中立位。常规消毒足跟周围皮肤，局部麻醉后，用手摇钻或骨锤将克氏针自内侧标记点刺入，直达骨骼，使针贯穿跟骨至对侧皮外，酒精纱布覆盖针孔，安装牵引弓，进行牵引即可（图4-46③）。牵引针用骨圆针，穿针时应注意针的方向，胫腓骨干骨折时，针与踝关节面呈倾斜15°，即针的内侧进口处低，外侧出口处高，有利于恢复胫骨向内的正常生理弧度。

牵引重量：跟骨牵引重量一般为4~6kg，维持重量为2kg。

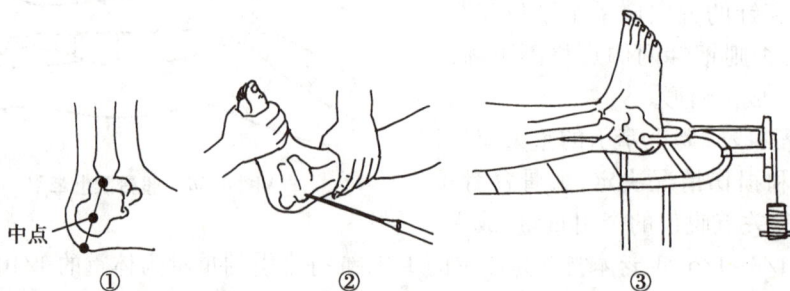

图4-46　跟骨牵引
①②跟骨牵引的进针部位；③跟骨牵引示意图

（6）肋骨牵引

1）适应证：用于多根多段肋骨骨折造成浮动胸壁，出现反常呼吸者。

2）操作方法

牵引部位：患者仰卧位，常规消毒铺巾，选择浮动胸壁中央的一根肋骨。

牵引方法：局部浸润麻醉，用无菌巾钳将肋骨夹住，钳子的另一端系于牵引绳，进行滑动牵引（图4-47）。

牵引重量：肋骨牵引重量一般为2~3kg。

4. 注意事项

（1）经常检查牵引针处有无不适，如皮肤绷得过紧，可适当切开少许减张，穿针处如有感染，应设法使之引流通畅，保持皮肤干燥，感染严重时应拔出钢针改换牵引位置。

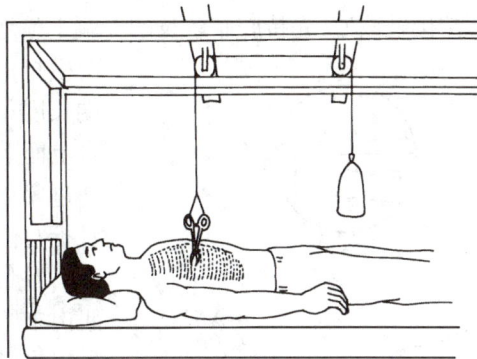

图4-47　肋骨牵引

（2）牵引重量应根据患者的年龄、体质、肌肉发育情况以及骨折的部位、类型、移位程度，并结合X线等来确定和调整。切勿过重，一旦复位或肢体肿胀消退后，应酌情减轻牵引重量，防止过度牵引。

（3）牵引开始数日后，应透视观察骨折端对位矫正情况，及时调整体位或加小夹板等矫正。

（4）骨牵引治疗骨折，牵引时间一般为4~8周，以临床愈合为准。

（5）牵引过程中应本着动静结合、筋骨并重的原则，鼓励患者进行功能锻炼，防止伤肢及未牵引肢体发生失用性肌肉萎缩、关节僵硬等。

（6）每日检查牵引装置1~2次，保持牵引绳与肢体长轴方向一致。注意牵引绳有无断裂，在牵引装置上滑动有无障碍，骨圆针是否松动，伤肢血运是否正常。如发现问题，及时处理。

二、皮牵引

用医用胶布条粘贴于伤肢皮肤上，利用扩张板（方形木板），通过滑车连接牵引重锤，对皮肤产生牵引拉力，从而对患肢进行牵引的方法，称为皮牵引。皮牵引的牵引力通过皮肤的张力，有较大的局限性。

1. 适应证　需要持续牵引，但又不需要强力牵引的骨折，或不适于骨骼牵引、布托牵引的患者。主要用于小儿下肢骨折。

2. 禁忌证　皮肤对胶布过敏者；皮肤有损伤或炎症者；肢体有血管病变者，如静脉曲张、慢性溃疡、血管硬化及栓塞等；骨折严重错位需要重力牵引才能矫正畸形者。

3. 操作方法

（1）术前准备

1）皮肤准备：在牵引部位剃毛、洗净、擦干，以免影响胶布的黏合力，并用酒精消毒。

2）材料准备：备宽的医用卷胶布，按照被牵引肢体周径1/3左右的宽度剪取适当长度，其长度应根据骨折平面而定，即骨折线以下肢体长度与扩张板长度两倍之和（为绕过足底贴在扩张板上和留出空隙的长度），在胶布的中段贴上扩张板，并将胶布末端按两等分撕成叉状，其长度约为10cm。扩张板的宽度约较内外踝稍宽，中间有一圆孔，并穿入牵引绳于板之内侧面打结,防止牵引绳滑脱。

3) 其他用品:复方苯甲酸酊 1 瓶,绷带数卷,牵引支架 1 个,牵引重锤若干。复方苯甲酸酊可增加皮肤黏性,并可防止皮肤发生水疱。

(2) 操作步骤:在伤肢两侧皮肤上涂一层复方苯甲酸酊,在骨突起处放置纱布,不使胶布直接接触该处,先持胶布较长的一端平整地贴于大腿或小腿外侧,并使扩张板与足底保持两横指的距离,然后将胶布的另一端贴于内侧,注意两端长度相一致,以保证扩张板处于水平位置;胶布外面自上而下地用绷带缠绕。将胶布平整地固定于肢体上,勿过紧以防影响血液循环;将肢体置于牵引架上,根据骨折对位要求调整滑车的位置及牵引方向(图 4-48)。牵引重量根据患者年龄、体重和骨折类型、移位程度及肌肉丰厚情况而定,但一般不能超过 3kg。腘窝和跟腱处应垫以棉垫,勿使悬空。

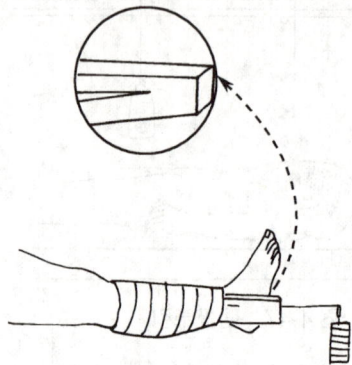

图 4-48　皮牵引

4. 注意事项

(1) 注意牵引重量是否合适,过轻不起作用,过重则易伤及皮肤或起水疱,影响继续牵引。其对患肢无侵入性损伤,无穿针感染之危险,但皮肤本身所承受力量有限,只能适当用轻重量(少于 3kg)牵引。

(2) 牵引时间一般为 2~3 周,时间过长,因皮肤上皮脱落影响胶布黏着力,如需继续牵引应更换新胶布维持牵引。

(3) 牵引期间应定时检查伤肢长度及牵引的胶布粘贴情况,及时调整重量和体位,防止过度牵引。

(4) 注意有无皮炎发生,小儿皮肤柔嫩,对胶布反应较大,若有不良反应,应及时停止牵引;注意检查患肢末梢血运及足趾(手指)感觉活动情况。

三、布托牵引

利用牵引带系于患者肢体某一部位,再用牵引绳通过滑轮连接牵引带和重量进行牵引的方法,称为布托牵引。临床上对骨折和脱位有一定的复位固定作用;还可用于缓解和治疗筋伤的痉挛、挛缩和疼痛。根据病变部位的不同,常用的有以下几种牵引方法:

1. 颌枕带牵引　利用颌枕带系于颌下与枕部,连接牵引装置牵引颈椎的一种方法。其目的是利用牵引维持固定,使头颈处于休息位,减低颈椎间隙压力,缓解肌肉痉挛,恢复颈椎的动静态平衡,促进神经根水肿吸收,从而缓解症状,达到治疗目的。

(1) 适应证:用于轻度脊髓损伤的颈椎骨折或脱位、颈椎病、颈椎间盘突出症的治疗。

(2) 牵引方法

1) 坐位牵引:每日 1~2 次,每次 20~30 分钟,间接牵引,重量为 5~10kg。根据患者的具体情况,可增加到 12kg 左右(图 4-49)。

2) 卧床持续牵引:患者仰卧位,牵引重量一般为 3~8kg。

(3) 注意事项:坐位牵引时,应选择高低合适的座椅,坐垫松软并带有靠背,务必保持端坐体位。卧位牵引时,应选择合适

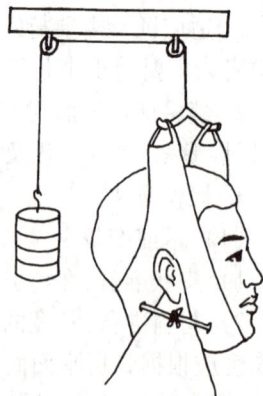

图 4-49　坐位颌枕带牵引

的床铺,便于连接牵引装置。牵引角度是牵引治疗的关键因素之一。一般对颈型、神经根型颈椎病患者进行牵引时,头颈宜前屈 15°~30°;椎动脉型颈椎病患者宜采用垂直或略前屈牵引;无关节交锁的颈椎骨折,多采用头颈略后伸的卧位牵引;伸直型颈椎骨折多采用卧位牵引。开始牵引时,有少数患者出现头痛、恶心、颈部不适等不良反应时,通过调整颌枕带的位置,减轻重量、调整牵引角度多能缓解。牵引重量要根据病变节段、颈部的粗细、牵引角度等因素调节,最终以不引起患者明显不适为参照,力量过轻不能起到牵引效果,过大则可能引起损伤。持续牵引期间需休息,每 20 分钟左右要暂时解开,按摩下颌部,张嘴活动下颌关节,以减少皮肤压疮和下颌关节损伤,同时也缓解颈部肌肉的牵引力。

2. 骨盆悬吊牵引 利用骨盆悬吊兜将臀部抬离床面,利用体重使悬吊兜侧面拉紧向骨盆产生挤压力,对骨盆骨折和耻骨联合分离进行整复固定的方法。

(1)适应证:用于骨盆环骨折分离、耻骨联合分离、髂骨翼骨折向外移位以及骶髂关节分离等。

(2)操作方法:患者仰卧位,以长方形厚布制成的骨盆悬吊布兜,其两端各穿一木棍,用布兜托住骨盆,以牵引绳分别系住横棍的两端,通过滑轮进行牵引(图 4-50)。牵引重量能使臀部稍离开床面即可。牵引时间为 4~6 周。

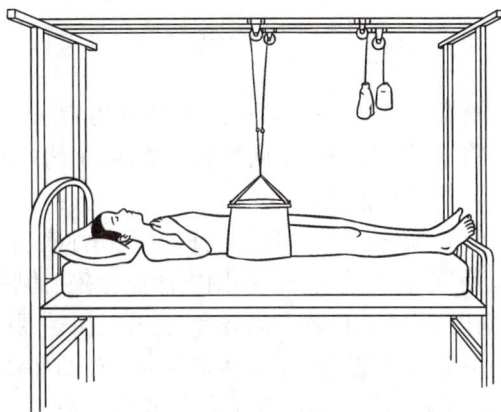

图 4-50 骨盆悬吊牵引

(3)注意事项:牵引时两横木棍尽可能向中央收紧,以增加对骨盆两侧的挤压力,这样既可稳定骨折、减少疼痛,又便于护理,同时患者感觉舒适。有骨盆环断裂的骨折,必要时同时进行两下肢的骨牵引,经 4~6 周悬吊牵引后可改为骨盆弹力夹板或石膏短裤固定,一般需要 7~8 周才能扶拐下地活动。

3. 骨盆牵引带牵引 让患者仰卧于骨盆牵引床上,用束带分别捆绑于胸部和骨盆部,在束带上连接一定的重量或施加一定的力量进行牵引的方法。

(1)适应证:用于腰椎间盘突出症、腰椎小关节紊乱症、急性腰扭伤以及慢性腰肌劳损等症。

(2)操作方法

1)持续牵引:用骨盆牵引带包托于骨盆,两侧各系一条牵引带,每侧重量均等,约为 10kg,床脚抬高 20~25cm,便于对抗牵引(图 4-51),并加强腰背肌功能锻炼,使腰腿痛的症状逐渐消退。

2)间断牵引:利用机械进行大重量牵引,即用固定带将两侧腋部向上固定,做对抗牵引,另用骨盆牵引带包托进行牵引,每天牵引 1 次,每次牵引 20~30 分钟。牵引重量先从体重的 1/3 开始,逐渐加重,可使腰腿痛症状逐渐减轻。

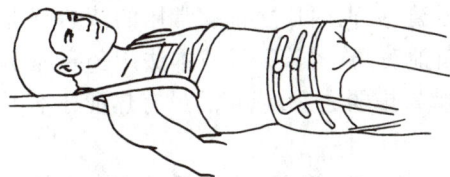

图 4-51 骨盆牵引带牵引

(3)注意事项:对腰椎失稳定者不宜用较大重量牵引,以免加重症状。若患者在牵引中出现症状加重或胸闷不适,应调整牵引的重量、体位以及牵引带的松紧度。部分患者可采取双小腿用枕垫高,或屈膝 60°~90°进行牵引,这样更能有效地松弛腰背肌,使腰椎间隙后缘加宽,有利于减轻神经根刺激症状。经骨盆牵引后,疼痛减轻,应配合积极的腰背肌功能锻炼。合并腰椎椎管狭窄的患者禁用牵引。

第四节　药　物　疗　法

一、内治法

中西医结合骨伤科学的内治法可分为中药和西药两大类,在临床中,我们应从整体观念出发,辨病与辨证相结合,根据病情有针对性地应用药物疗法。

（一）中药

根据骨伤科的基本理论,中药的内治法一般可以归纳为下、消、清、开、和、续、补、舒八法。临床根据疾病的不同特点和规律,中药内治法大体分为骨伤内治法和骨病内治法两类。

1. 骨伤内治法

（1）损伤三期辨证治法:根据损伤性疾病的发展过程,一般分为初、中、后三期。损伤初期,若气滞血瘀,肿痛较重,则以活血化瘀、消肿止痛为主;若瘀积化热,或邪毒感染,迫血妄行,则以清热凉血、解毒化瘀为法;若气闭昏厥或瘀血攻心,宜急则治其标,以开窍醒神为法。损伤中期,肿胀渐趋消退,疼痛逐步减轻,但瘀阻未尽,仍应以活血化瘀、和营生新、接骨续筋为主。损伤后期,瘀肿已消,但筋骨尚未坚实,功能尚未恢复,则以补养气血、肝肾、脾胃,坚骨壮筋为主;而经络阻滞、筋肉拘挛、风寒湿痹、关节不利者,则以舒筋活络、温经散寒、祛风除湿为原则。

1）初期治法:在治疗上必须活血与理气兼顾,注重瘀血化热或兼腑实闭阻之证,常用治法有行气消瘀法、攻下逐瘀法、清热凉血法、开窍通关法等。

①行气消瘀法:是伤科内治法中最常用的一种方法。本法属"消"法,其用药较缓和并不峻猛,适用于气滞血瘀,肿胀疼痛,无里实热证,或宿伤而有瘀血内结者,或因某种禁忌而不能猛攻急下者。常用方剂:以活血化瘀为主的复元活血汤、活血止痛汤、活血化瘀汤等,以行气为主的柴胡疏肝散、加味乌药汤、金铃子散以及活血行气并重的膈下逐瘀汤、顺气活血汤、血府逐瘀汤等,可根据气滞与血瘀孰轻孰重,或重于活血,或偏于行气,灵活选用。如瘀血较重、肿痛明显者,往往需要逐瘀与攻下药配合应用,以便瘀血能随腑气排而泄之,又能避免瘀血化热、腐肉成脓。对于禀赋体弱或妊娠、月经期间不宜使用活血化瘀破散之品者,应配合益气、养血、养阴药物,以免攻伐太过。

②攻下逐瘀法:本法属"下"法,药效峻猛,只适用于伤后有瘀血内积,腹中胀满,大便不通,苔黄舌燥,脉洪数的体实患者,年老体弱、气血虚衰、失血过多、有宿疾者,皆不宜用。对于妊娠期、产后或月经期亦当禁用或慎用。常用的方剂有桃核承气汤、鸡鸣散、大成汤、黎洞丸等。

③清热凉血法:本法属"清"法,可分为清热解毒与凉血活血两法。适用于伤后瘀血化热,热毒内蕴,伤处红肿热痛,或血热妄行,或邪毒侵袭、火毒内攻之证。常用的清热解毒方剂有五味消毒饮、黄连解毒汤;凉血活血方剂有犀角地黄汤、清营汤等。本法用药寒凉易伤脾胃,且寒凉过度易致瘀血凝滞不行,故体质虚寒、脾胃虚弱之人,或产后虽有热证亦不可过用本法。

④开窍通关法:本法属"开"法,是用辛香走窜、开窍通关、镇心安神的药物来急救的一种方法,用以治疗损伤后气血逆乱,瘀血攻心,致神志不清、胡言乱语、神昏窍闭等急危重症。

根据不同情况可选用清心开窍法、豁痰开窍法、辟秽开窍法,常用方剂有苏合香丸、安宫牛黄丸、紫雪丹、至宝丹、玉枢丹、行军散等。

2）中期治法:中期诸法是以"和"法和"续"法为基础发展而来,其本质是活血化瘀行气与滋补肝肾、接骨续筋相结合,从而达到进一步调和气血、祛瘀生新、接骨续筋、疏风通络、活血舒筋的目的。损伤中期常用治法有和营止痛法、接骨续筋法。

①和营止痛法:适用于损伤后,虽经消、下等法治疗,而气血瘀滞,肿痛未尽之证,常用方剂有和营止痛汤、定痛和血汤、正骨紫金丹、七厘散、和营通气散等。

②接骨续筋法:适用于损伤中期,骨位已正,筋已理顺,筋骨已有连接但尚未坚实,尚有瘀血未去者。瘀不去则新不生,新不生则骨不能合、筋不能续,故主要使用接骨续筋药,佐以活血化瘀药,以取活血化瘀、接骨续筋之效。常用的方剂有接骨丹、接骨紫金丹、新伤续断汤等。

3）后期治法:损伤后期多伤之已久,虽瘀血已去,但正气亦衰,故当以扶正固本为主,包括补气养血、补养脾胃、补益肝肾三法,属"补"法。另外,损伤后期气血喜温而恶寒,亦可用温经通络之法。

①补气养血法:本法适用于伤后日久,气短神疲,心慌虚汗,面黄甲苍等,常用方剂有以补气为主的四君子汤、以补血为主的四物汤,以及气血双补的八珍汤、十全大补汤等。对损伤大出血而引起血脱者,补气养血法要及早使用,以防气随血脱,方选当归补血汤,重用黄芪。

使用补气养血法应注意,补血药多滋腻,素体脾胃虚弱者易引起纳呆、便溏,补血方内宜兼用健脾和胃之药。若阴虚内热、肝阳上亢者,忌用偏于辛温的补血药。若跌仆损伤而瘀血未尽,体虚不任攻伐者,于补虚之中仍需酌用祛瘀药,以防留邪损正,积瘀为患。

②补养脾胃法:本法适用于损伤日久,耗伤正气,或长期卧床而致脾胃虚弱,运化失常,补益脾胃法可促进中焦腐熟运化功能,气血旺盛则筋骨肌肉就能恢复迅速。常用方剂有补中益气汤、参苓白术散、归脾丸、健脾养胃汤等。

③补益肝肾法:本法适用于损伤后期,年老体弱,骨质疏松,骨折愈合缓慢等症,多与补气养血法结合使用。常用方剂有壮筋养血汤、生血补髓汤等。以肾阴虚为主者,可用六味地黄汤、四物汤加左归丸;肾阳虚为主者,可用右归丸、金匮肾气丸;筋骨疲软者用健步虎潜丸、壮骨续筋丹等方。若出现阴虚火旺,可用知柏地黄丸或大补阴丸,滋阴降火。

使用补法应注意三点:第一在使用补法时,多佐以理气之品,以达补而不腻、补而不滞之效。第二要适时而补,邪势正盛而正气不虚之时,或虽有正虚但瘀血已有化热之势时,切忌滋补,应以祛邪为要。第三要针对虚之方面使用补法,根据患者阴阳、气血、脏腑孰虚孰弱加以辨证施治,切不可不辨而滥用补法。

④温经通络法:适用于损伤后气血运行不畅,或因阳气不足,腠理空虚,风寒湿邪滞留,或筋骨损伤日久,气血凝滞者。本法使用温性或热性的祛风、散寒、除湿药物,并佐以调和营卫或补肝肾之药,以祛除流注于骨节经络之风寒湿邪,使血活筋舒,关节滑利,经络通畅。常用方剂有麻桂温经汤、乌头汤、大活络丹、小活络丹等。

以上治法是临证应用时应遵循的一般原则。但临床治病变化多端,错综复杂,必须灵活变通,审慎辨证,正确施治,不可拘泥和机械地分期。

（2）按损伤部位辨证治法

1）根据损伤部位选方用药:头面部用通窍活血汤、清上瘀血汤,四肢损伤用桃红四物汤,胸胁部可用复元活血汤,腹部损伤可用膈下逐瘀汤,腰及小腹部损伤可用少腹逐瘀汤、大成汤、桃核承气汤,全身多处损伤可用血府逐瘀汤、身痛逐瘀汤加味。

2) 根据损伤部位主方加引经药：使药力能更有效地作用于损伤部位。如上肢损伤加桑枝、桂枝、羌活、防风；下肢损伤加牛膝、木瓜、独活；头部颠顶损伤加藁本、细辛；后枕部损伤加羌活；肩部损伤加姜黄；胸部损伤加柴胡、郁金、制香附、紫苏子；两胁肋部损伤加青皮、陈皮、延胡索；腰部损伤加杜仲、补骨脂、川续断、桑寄生；腹部损伤加枳壳、厚朴、木香；小腹损伤加小茴香、乌药，等等。

2. 骨病内治法　骨病的病理变化和临床表现与损伤不同，因此在治疗上有其特殊性和自身规律，也应在中医整体观念和四诊八纲等辨证的基础上分而治之。骨病常用的治法有清热解毒法、温阳驱寒法、祛痰散结法、祛邪通络法等。

（1）清热解毒法：适用于骨痈疽，热毒蕴结于筋骨或内攻营血诸症。骨痈疽早期可用五味消毒饮、黄连解毒汤或仙方活命饮合五神汤加减。如热毒重者加黄连、黄柏、生栀子；有损伤史者加桃仁、红花；热毒在血分的实证，疮疡兼见高热烦躁、口渴不多饮、舌绛、脉数者，可加用生地黄、赤芍、牡丹皮等药；热毒内陷或有走黄重急之征象，症见神昏谵语或昏沉不语者，当加用清心开窍之药，如安宫牛黄丸、紫雪丹等。本法是用寒凉药物使内蕴之热毒清泄，因血喜温而恶寒，寒则气血凝滞不行，故不宜寒凉太过。

（2）温阳驱寒法：适用于阴寒内盛之骨痨或附骨疽。本法是用温阳通络的药物，使阴寒凝滞之邪得以驱散。流痰初起，患处漫肿酸痛，不红不热，形体恶寒，口不作渴，小便清利，苔白，脉迟等内有虚寒现象者，可选用阳和汤加减。

（3）祛痰散结法：适用于骨病见无名肿块，痰浊留滞于肌肉或经隧之内者。骨病的癥瘕积聚均为痰滞交阻、气血滞留所致。此外，外感六淫或内伤情志以及体质虚弱等，亦能使气机阻滞，液聚成痰。本法在临床运用时要针对不同病因，与下法、消法、和法等配合使用，才能达到化痰、消肿、软坚之目的。常用方剂有二陈汤、温胆汤、苓桂术甘汤等。

（4）祛邪通络法：适用于风寒湿邪侵袭而引起的各种痹证。祛风、散寒、除湿及宣通经络为治疗痹证的基本原则。常用方剂有蠲痹汤、独活寄生汤、三痹汤等。

对骨病中的一些杂症则以发汗解表、养阴清热、固涩收敛、祛湿和络、镇静安神法施治为主，但在具体运用时，必须根据具体病情，在基本治法中参合变化，灵活应用，对特殊病例尤需审慎辨证，正确施治。

（二）西药

西药具有缓解症状、起效迅速的特点，但其具有较明显的毒副作用和不良反应。因此，临床应用时要了解其作用机制、毒副作用，严格掌握其适应证、禁忌证以及注意事项。临床常用的有非甾体抗炎药、糖皮质激素、抗生素、抗结核药以及免疫抑制剂等。

1. 非甾体抗炎药　非甾体抗炎药属于解热镇痛药，是治疗疼痛最基本、最常用的药物。在药理作用上具有共同特性，即有解热、镇痛、消炎和抗风湿作用。主要是通过抑制前列腺素（PG）的生物合成与释放，从而达到抗炎、止痛作用。

本类药物的镇痛作用对钝痛有效，临床多用于治疗各种关节炎和躯体轻至中度疼痛，如关节和肌肉疼痛、手术后疼痛等；有较强的抗炎、抗风湿作用，多用于风湿和类风湿关节炎、骨关节炎、强直性脊柱炎等疾病，可缓解症状，但不能控制疾病过程的进展。非甾体抗炎药对人体有不同程度而又相似的毒副作用。其毒副作用发生率为30%～50%，其中20%的患者需要停药，有的甚至后果严重，凡有消化道疾患者最好避免使用或慎用。在用药过程中均应禁酒；有抑郁、焦虑等精神障碍者均应慎用；造血功能不全的患者应避免使用；肝肾功能不全者应慎用或禁用。

2. 糖皮质激素　糖皮质激素是治疗许多结缔组织疾病的一线药物，但非根治药物。临床上常用于治疗类风湿关节炎；在足量的抗生素配伍下可用于严重的中毒性感染；在早期抗结核药物治疗的同时,短程的糖皮质激素可用于多种结核病的急性期;早期大量应用糖皮质激素抢救休克,均可取得明显效果。

本类药物存在一定的毒副作用,长期大量使用激素,可引起肌肉萎缩,导致骨质疏松、股骨头无菌性坏死等,应注意补充钙剂和维生素 D 等;用药不当,可诱发或加重感染、溃疡出血、穿孔,以及高血压、糖尿病、肥胖、精神障碍等;用药超过 7 天者,不可突然停药,应逐渐减量或在停药前给予促肾上腺皮质激素;应用激素时要注意有无禁忌证;凡能用其他疗法控制症状者,应避免使用激素;妊娠早期使用可影响胎儿发育或引起胎儿畸形,孕妇应慎用或禁用。

3. 抗生素 抗生素可以预防和控制感染的发生。但随着新型抗生素的不断问世,滥用现象与其副作用已日渐严重。一味依赖抗生素,不但感染无法控制,还将导致耐药菌群的产生、微生物生态失衡以及其他毒副作用。

(1)抗生素的分类:根据抗生素不同的作用机制,临床可分为干扰细菌细胞壁合成的抗生素、作用于细胞核糖体而影响蛋白质合成的抗生素、作用于细菌 RNA 和 DNA 的抗生素,以及抑制细菌代谢和合成的抗生素,等等。

(2)抗生素临床的选择和使用依据

1)根据细菌学检查和药敏试验:尽早查明感染病原,一旦病原菌被分离并行药物敏感试验,根据结果选择抗生素药物品种。

2)根据经验用药:在未知细菌培养及药敏结果前,或无法获取培养标本时,可根据患者的感染部位、基础疾病、发病情况、发病场所、既往抗菌药物用药史及其治疗反应等推测可能的病原体,并结合当地细菌耐药性监测数据,先给予抗菌药物经验治疗;待获知病原学检测及药敏结果后,结合先前的治疗反应调整用药方案;对培养结果阴性的患者,应根据经验治疗的效果和患者情况采取进一步诊疗措施。

①结合感染部位:临床医生应熟悉身体不同部位及其邻近组织的常驻细菌,皮肤、皮下组织的感染以革兰氏阳性球菌居多,如链球菌、葡萄球菌等;腹腔、大腿根部感染则以肠道菌群包括厌氧菌为多见。

②根据局部情况:如链球菌感染,炎症反应较明显,扩散快,易形成蜂窝织炎,脓液稀薄或为血性;葡萄球菌感染时化脓性反应较明显,脓液稠厚,易有灶性破坏;铜绿假单胞菌感染时,敷料易见绿染,与坏死组织共存时有霉腥味;厌氧菌感染时,常有硫化氢、氨等特殊臭味,有些厌氧菌有产气作用,可致皮下气肿。

③结合病情:病情急剧,较快发展为低温、白细胞减少、低血压、休克者,以革兰氏阴性杆菌感染为多;病情较缓,以高热为主、有转移性脓肿者,以金黄色葡萄球菌感染居多;病程迁延,持续发热,口腔黏膜出现霉斑,对一般抗生素治疗反应差时,应考虑真菌感染。据此,分别选择各种对该细菌敏感的抗生素。

(3)根据组织分布:临床现用的药物敏感试验,都是以血清中的有效抑菌浓度为标准,并不反映不同组织中的有效浓度,所以,还应根据药物在组织中的分布能力进行选择。如头孢菌素在骨与软组织中的弥散作用较好,常用于骨与软组织的感染;浆膜腔、滑液囊等部位,抗生素浓度一般只为血浆浓度的一半,应用抗生素应适当增加用量;氨苄西林可进行"肝肠循环",在胆道无阻塞的情况下,胆汁浓度可达到血清浓度的数倍,多用于胆道感染等;感染灶如在颅内,要选用穿透血脑屏障的药物。

(4)根据不良反应:临床应用时要根据抗生素的不良反应选择和使用。青霉素、头孢菌素和红霉素有着最安全的使用记录。其他抗生素可引起并发症和毒副作用,如氨基糖苷类抗生素可引起耳聋;使用磺胺类药物超过 6 个月可引起核黄疸症,四环素可引起小儿骨发育障碍,并能造成孕妇胰腺炎和肝功能紊乱;喹诺酮类抗生素可改变生长期动物的软骨生长等,因此,孕妇和哺乳期妇女应慎重选择抗生素。

此外,抗生素的应用剂量一般按体重计算,还要结合年龄和肾功能以及感染部位综合考虑。对危重和全身感染,应选择静脉给药;对多菌群感染还要联合用药,较好的组合是第三代头孢菌素加氨基糖苷类抗生素,必要时加抗厌氧菌的甲硝唑。一般情况下,可单用者不联合,可用窄谱者不用广谱。抗生素一经使用,就要密切注意其毒副作用,如过敏性休克、剥脱性皮炎、造血系统和肝肾功能的障碍等,特别要注意长期使用抗生素可引起的菌群失调。

4. 抗结核药物 抗结核药物是针对结核杆菌感染的特殊抗生素,对控制结核病起决定性作用,合理化疗可消灭病灶内的细菌,最终达到痊愈。

抗结核药物治疗一定以早期、联合、适量、规律和全程用药为原则,需要特别强调,在抗结核化疗全过程中督导用药非常重要。抗结核治疗用药至少半年,疗程较长,患者常难坚持。医护人员应按时督导用药,加强访视,取得患者合作以保证全程治疗和疗效。

5. 免疫抑制剂 免疫抑制剂对机体各种免疫反应具有非特异性抑制作用,现已广泛用于防治器官移植的排斥反应,效果比较肯定;也常用于变态反应和自身免疫性疾病,其疗效特别是远期疗效尚难肯定。

对于自身免疫性疾病,多数免疫抑制剂尚不能有效地诱导抗原特异的免疫耐受性,只能控制疾病症状,不能根治。加之此类药物毒性较大,长期应用易导致不良反应,故必须慎用。一般应首先采用其他防治措施,无效时再考虑应用免疫抑制剂。在各类免疫抑制剂中,应首先选择肾上腺皮质激素类制剂,对此类药物无效时再考虑改用其他免疫抑制剂。近年来为提高疗效和减轻毒性反应,多倾向于合并用药,常用的合并治疗方案是肾上腺皮质激素加细胞毒类免疫抑制剂。

临床中长期应用免疫抑制剂易发生细菌、病毒和真菌感染,肿瘤发生率较高以及致畸胎和不孕症等毒副作用和不良反应。

二、外治法

外治法是指对损伤局部进行治疗的方法,在骨伤科治疗中占有重要地位。临床外用药物大致可分为敷贴药、搽擦药、熏洗湿敷药与热熨药。

(一)敷贴药

外用药应用最多的剂型是药膏、膏药和药散3种。使用时将药物制剂直接敷贴在损伤局部,使药力发挥作用,可收到较好疗效。

1. 药膏(又称敷药或软膏)

(1)药膏的配制:将药碾成细末,然后选加饴糖、蜜、油、水、鲜草药汁、酒、醋或医用凡士林等,调匀如厚糊状,涂敷伤处。近代骨伤科医家的药膏用饴糖较多,主要是取其硬结后药物本身的功效和固定、保护伤处的作用。饴糖与药物的比例为3∶1,也有用饴糖与米醋之比为4∶1调拌的。对于有创面的创伤,都用药物与油类熬炼或拌匀制成的油膏,因其柔软,并有滋润创面的作用。

(2)药膏的种类

1)消瘀退肿止痛类:适用于骨折、筋伤初期肿胀疼痛剧烈者,可选用消瘀止痛药膏、定痛膏、双柏膏、消肿散、散瘀膏等药膏外敷。

2)舒筋活血类:适用于扭挫伤筋,肿痛逐渐减退之中期患者。可选用舒筋活络药膏、活血散等药膏外敷。

3)接骨续筋类:适用于骨折整复后,位置良好、肿痛消退之中期患者。可选用外敷接骨散、接骨续筋药膏、驳骨散等。

4）温经通络类：适用于损伤日久，复感风寒湿外邪者。发作时肿痛加剧，可用温经通络药膏外敷；或在舒筋活络类药膏内酌加温散风寒、利湿的药物外敷。

5）清热解毒类：适用于伤后感染邪毒，局部红、肿、热、痛者。可选用金黄膏、四黄膏。

6）生肌拔毒长肉类：适用于局部红肿已消，但创口尚未愈合者。可选用橡皮膏、生肌玉红膏、红油膏等。

（3）注意事项

1）药膏在临床应用时，摊在棉垫或纱布上，大小根据敷贴范围而定，摊妥后还可以在敷药上加盖一张极薄的绵纸，然后敷于患处。

2）药膏的换药时间，根据伤情变化、肿胀消退程度及天气的冷热来决定，一般2~4天换1次。凡用水、酒、鲜药汁调敷药时，需随调随用勤换。一般每天换药一次。生肌拔毒类药物也应根据创面情况而勤换药，以免脓水浸淫皮肤。

3）药膏一般随调随用，凡用饴糖调敷的药膏，室温高容易发酵，梅雨季节易发霉，故一般不主张一次调制太多，或将饴糖煮过后再调制。寒冬气温低时可酌加开水稀释，以便于调制拌匀。

4）少数患者对敷药及药膏过敏而产生接触性皮炎，皮肤奇痒及有丘疹、水疱出现时，应注意及时停药，外用青黛膏或六一散，严重者可同时给予抗过敏治疗。

2. 膏药　古称为薄贴，是中医学外用药物中的一种特有剂型，骨伤科临床应用更为普遍。

（1）膏药的配制：将药物碾成细末配以香油、黄丹或蜂蜡等基质炼制而成。

1）熬膏药肉：将药物浸于植物油中，主要用香油（芝麻油），加热熬炼后，再加入铅丹（又称黄丹或东丹），其主要成分为四氧化三铅，也有的用主要成分为一氧化铅的密陀僧制膏。经过"下丹收膏"，制成的一种富有黏性，烊化后能固定于伤处的成药，称为膏或膏药肉。膏药要求老嫩合度，达到"贴之即粘，揭之易落"的标准。膏药肉熬成后浸入水中数天，再藏于地窖阴暗处以"去火毒"，可减少对皮肤的刺激，防止诱发接触性皮炎。

2）摊膏药：将已熬成的膏药肉置于小锅中用文火加热烊化，然后将膏药摊在牛皮纸或布上备用，摊时应注意四周留边。

3）掺药法：膏药内药料掺和方法有三种，一是熬膏药时将药料浸在油中，使有效成分溶于油中；二是将小部分具有挥发性又不耐高温的药物，如乳香、没药、樟脑、冰片、丁香、肉桂等先研成细末，在摊膏药时将膏药肉在小锅中烊化后加入，搅拌均匀，使之融合于膏药中；三是将贵重的芳香开窍药物，或特殊需要增加的药物，临贴时加在膏药上。

（2）膏药的种类：膏药按功效可分为三类。

1）治损伤类：适用于损伤者，有坚骨壮筋膏；适用于陈伤气血凝滞、筋膜粘连者，有化坚膏。

2）治寒湿类：适用于风湿者，有狗皮膏等；适用于损伤与风湿兼证者，有万灵膏、损伤风湿膏等。

3）提腐拔毒生肌类：适用于创伤而有创面溃疡者，有太乙膏、陀僧膏等。一般常在创面另加药散，如九一丹、生肌散等。

（3）注意事项

1）膏药由较多的药物组成，适用于多种疾患，一般较多应用于筋伤、骨折的后期，若新伤初期有明显肿胀者，不宜使用。

2）对含有丹类药物的膏药，由于含四氧化三铅或一氧化铅，X线不能穿透，所以做X线检查时应取下。

3. 药散　又称药粉、掺药。

（1）药散的配制：是将药物碾成极细的粉末，收贮瓶内备用。使用时可将药散直接掺于伤口处，或置于膏药上，将膏药烘热后贴患处。

（2）药散的种类

1）止血收口类：适用于一般创伤出血撒敷用，常用的有桃花散、花蕊石散、金枪铁扇散、如圣金刀散、云南白药等。

2）祛腐拔毒类：适用于创面腐脓未尽，腐肉未去，或肉芽过长的患者。常用的有红升丹、白降丹。红升丹药性峻猛，系朱砂、雄黄、水银、火硝、白矾炼制而成，临床常加入熟石膏使用。白降丹专主腐蚀，只可暂用而不可久用，因其纯粹成分是氧化汞，故也需加赋形药使用。常用的九一丹即指熟石膏与红升丹之比为9∶1，七三丹两者之比为7∶3。红升丹过敏的患者，可用不含红升丹的祛腐拔毒药，如黑虎丹等。

3）生肌长肉类：适用于脓水稀少、新肉难长的疮面，常用的有生肌八宝丹等，也可与祛腐拔毒类散剂掺和在一起应用，具有促进新肉生长、创面收敛等作用。

4）温经散寒类：适用于损伤后期，气血凝滞疼痛或局部寒湿侵袭患者，常用的有丁桂散、桂麝散等，具有温经活血、散寒逐风的作用。

5）散血止痛类：适用于损伤后局部瘀血结聚肿痛者，常用的有四生散、消毒定痛散等，具有活血止痛的作用。四生散对皮肤刺激性较大，使用时要注意皮肤药疹的发生。

6）取嚏通经类：适用于坠堕、不省人事、气塞不通者。常用的有通关散等，吹鼻中取嚏，使患者苏醒。

（二）搽擦药

搽擦法始见于《素问·血气形志》："经络不通，病生于不仁，治之以按摩醪药。"醪药是配合按摩而涂搽的药酒，搽擦药可直接涂搽于伤处，或在施行理筋手法时配合推擦等手法使用，或在热敷熏洗后进行自我按摩时涂搽。

1. 酒剂　又称为外用药酒或外用伤药水，是用药与白酒、醋浸制而成，一般酒醋之比为4∶1，也有单用酒浸者。近年来还有用乙醇溶液浸泡加工炼制的酒剂。常用的有活血酒、伤筋药水、息伤乐酊、正骨水等，具有活血止痛、舒筋活络、追风祛寒的作用。

2. 油膏与油剂　用香油把药物熬煎去渣后制成油剂，或加黄蜡或白蜡收膏炼制而成油膏，具有温经通络、消散瘀血的作用。适用于关节筋络寒湿冷痛等证，也可配合手法及练功前后做局部搽擦。常用的有跌打万花油、活络油膏、伤油膏等。

（三）熏洗湿敷药

1. 热敷熏洗　本法是将药物置于锅或盆中加水煮沸后熏洗患处的一种方法。先用热气熏蒸患处，待水温稍减后用药水浸洗患处，具有舒松关节筋络、疏导腠理、流通气血、活血止痛的作用。适用于关节强直拘挛、酸痛麻木或损伤兼夹风湿者。多用于四肢关节的损伤，腰背部也可熏洗。常用方药可分为新伤瘀血积聚熏洗方及陈伤风湿冷痛熏洗方两种。

2. 湿敷洗渍　古称"渍渍""洗伤"等，现临床上把药制成水溶液，供伤口湿敷洗涤用。常用的有金银花煎水、野菊花煎水、2%~20%黄柏溶液，以及蒲公英等鲜药煎汁。

（四）热熨药

热熨法是一种热疗方法。本法选用温经祛寒、行气活血止痛的药物，加热后用布包裹，热熨患处，借助其热力作用于局部，适用于不宜外洗的腰脊躯体之新伤、陈伤。主要的剂型有下列几种：

1. 坎离砂　又称风寒砂，适用于陈伤兼有风湿证者。

2. 熨药　适用于各种风寒湿肿痛证,可舒筋活络、消瘀退肿。常用的有正骨熨药等。

3. 其他　如用粗盐、黄沙、米糠、麸皮、吴茱萸等炒热后装入布袋中热熨患处。民间还采用葱姜豉盐炒热,布包罨脐上治风寒。这些方法简便有效,适用于各种风寒湿性筋骨痹痛、腹胀痛及尿潴留等症。

第五节　手　术　疗　法

一、手术基本原则

（一）无菌原则

大多骨科手术需要放置固定物,手术进行过程中,术者必须严格执行无菌操作。如果发生感染,将严重影响患者预后,加重心理和经济负担。

术者应在术前进行标准的外科手消毒,穿戴手术衣及无菌手套;对患者消毒铺巾,并粘贴皮肤保护膜,为手术提供无菌操作环境。术中无菌区包括术者的肩部以下、腰部以上、两侧腋中线之前以及双侧手臂、铺设无菌单后的手术台及器械推车,除无菌区外术者不能触碰有菌地带。如果手套发生污染或破损应立刻更换,术者手术衣发生污染应粘贴护肤膜或更换手术衣。若术中手术人员需调换位置,应一人后退一步,背对背转身调换,防止触碰背部非无菌区。参观手术人员不宜过多,并且应与器械台保持 30cm 以上距离。

（二）无瘤原则

外科手术切除是治疗骨肿瘤最主要的手段,而在肿瘤手术操作中应防止癌细胞的脱落、种植和传播。无瘤原则包括不可挤压原则、隔离原则、锐性解剖原则、减少肿瘤术中扩散机会原则、减少癌细胞污染原则和整块切除原则。

（三）微创化操作原则

微创化的目的在于以最小的创伤获得最佳的外科治疗效果。应选择适当的手术切口,在保证充足的手术视野下,可适当缩小切口。术中要做到精细分离组织,合理应用钝性及锐性分离,避免使用暴力动作牵拉压迫,导致组织挫伤。目前各种内镜的使用,如关节镜、脊柱内镜等,符合微创化操作原则以及加速康复外科理念,最大程度地减小患者的创伤。

（四）最适方案原则

骨科疾病的诊治要有整体观念,术前要明确诊断,确定病变部位。同时应考虑患者的自身情况及需求,如腰椎间盘突出症的治疗,既要考虑是否合并椎体滑脱、终板炎症,还要考虑患者的年龄、身体状况、劳动需求等,从而制定全面、合理、细致的手术方案。

二、围手术期处理

围手术期是指从确定实施手术开始,至与本次手术有关的治疗基本结束为止这段时间,包含术前、术中和术后三个阶段。

（一）术前准备

1. 病史　是对患者患病经过和治疗情况所做的文字记录,是医学科学研究的重要资料,也是患者健康情况的档案。术前应详细询问患者病史,包括但不限于患病时间、病因和诱因、症状特点,以及疼痛的部位、性质、程度、时间等。同时应询问既往手术、外伤及输血史,传染病史、过敏史等既往史。充分了解病史能够全面掌握患者病情,协助医生诊断。

2. 查体　体征是疾病重要的客观证据,术前应按照视、触、动、量进行全面细致的查体。

3. **实验室检查** 术前进行血液、尿液、粪便常规检查,生化检查、传染病筛查等,明确患者身体状况能否耐受手术,是否有贫血、传染性疾病等,提前做好相应准备。

4. **影像学检查** 是骨科疾病诊断的重要依据,包括 X 线、CT、磁共振成像等。X 线可以清晰地显示骨关节病变,但对软组织的分辨力较差。而 CT 和磁共振成像弥补了 X 线的缺点,多维度扫描提高了诊断骨伤科疾病的准确性。

5. **辅助检查** 心电图和超声作为术前常规检查,评估患者心脏功能,筛查下肢静脉血栓。肌电图检查有助于鉴别神经源性或肌源性损伤,评估神经功能状态。

6. **术前谈话** 与患者及其家属充分沟通,告知手术方式、预期效果及风险,并签署知情同意书。

(二) 麻醉方式的选择

骨科手术麻醉可采用局部麻醉或全身麻醉,局部麻醉包括局部浸润麻醉、表面麻醉、神经阻滞麻醉等。麻醉方式取决于患者身体状况、手术需求、患者及术者的要求等。

(三) 疼痛管理

1. **术前宣教** 术前充分宣教,消除患者的紧张、焦虑情绪。

2. **术后多模式镇痛** 可使用冷冻压迫法、患者自控镇痛泵、曲马多片(注射液)、非甾体抗炎药等缓解疼痛症状。

(四) 合并疾病的处理

1. **高血压** 高血压是骨科老年患者常见疾病之一,未被控制的血压可能导致心脑血管意外,因此术前应将血压降低至适当水平。

2. **糖尿病** 血糖波动会影响伤口愈合,增加感染率。术前应控制血糖稳定,空腹血糖控制在 8mmol/L 以内。

3. **脑卒中** 对于有卒中病史的患者,择期手术应推迟 1~3 个月进行。

4. **其他疾病** 术前了解患者常用药物,全面评估患者身体功能,停用抗凝药物如阿司匹林等。

(五) 并发症的防治

1. **下肢静脉血栓** 下肢静脉血栓是骨科围手术期常见的并发症之一,部分患者会发展成肺栓塞,甚至危及生命。对于静脉血栓形成,多采用药物预防及机械预防。药物预防有红花、当归、丹参等中草药以及西药,起到活血化瘀、促进循环的作用;机械预防有弹力袜、气压泵等。

2. **手术部位感染** 手术部位感染常导致切口愈合不良,严重者甚至引起全身感染,影响患者预后。因此,有效控制术后感染是提高临床疗效的重要方式。手术部位感染常表现为红、肿、热、痛或有脓性分泌物,通过分泌物细菌培养可帮助确诊。

3. **低血容量休克** 休克是指机体有效循环血容量减少导致的组织灌注不足,细胞代谢紊乱和器官系统功能受损的病理状态。低血容量休克是骨科手术中休克常见类型。术中应关注患者血压水平及尿量,长时间手术的患者应定时检查动脉血气、血常规等。对于预期出血量较大的手术,术前应常规备血,术中充分补液,术后密切观察患者生命体征、切口渗出情况、引流量以及实验室检查结果,做到早发现、早处理。

4. **脑脊液漏** 脑脊液漏是脊柱手术常见并发症,多见于术中造成的医源性损伤。术后可见引流出清亮液体,患者出现头痛、头晕等症状。术中仔细操作是预防脑脊液漏的关键,若术中出现硬膜撕裂应尽可能缝合修补,术后留置引流,患者取头低足高卧位,拔除引流管后加压覆盖。

5. **骨-筋膜室综合征** 肢体创伤后筋膜间室内容物增加引起压力增高,导致间室内容物(肌肉、神经等)发生缺血性坏死。主要表现为疼痛及活动障碍,而肿胀、压痛及受累肌肉被动牵拉痛是重要体征。该病一旦确诊应积极治疗,保守治疗一般采用局部制动、抬高患肢。如果疼痛明显,存在被动牵拉疼痛,筋膜间隙压力大于 30mmHg,应立即切开减压治疗。

(六)术后康复

骨伤科患者术后应在指导下积极行康复锻炼,注意预防长期卧床导致的压疮、坠积性肺炎等并发症。

三、手术方式

(一)清创术

开放性伤口常有污染,应行清创术,即用外科手术的方法清除开放伤口内的异物,切除坏死、失活或严重污染的组织,将污染伤口变成清洁伤口,为组织愈合创造良好条件。

1. 手术步骤 使用无菌敷料覆盖伤口,并用肥皂水清洗周围皮肤;取出伤口内异物、血块及脱落的组织碎片,之后用生理盐水反复冲洗;常规消毒铺巾后,切除创缘皮肤 1~2mm;之后由浅至深,切除失活的组织,清除异物、血肿等;对损伤的肌腱和神经可酌情进行修复或仅用周围组织掩盖;彻底止血后再次用生理盐水反复冲洗;彻底清创后,予以缝合,但不宜过密、过紧,以伤口边缘对合为度。缝合后再次消毒皮肤,使用纱布或无菌敷料包扎,必要时固定制动。

2. 注意事项 对于合并失血性休克或其他严重脏器损伤的患者应优先抢救,不宜立即行清创术。6~8 小时以内的伤口应行清创术,8~24 小时之间的伤口仍可行清创术,但一期缝合与否应依伤口情况而定。对于污染较重、已感染的伤口,应待感染得到控制后行二期缝合。

(二)人工关节置换术

人工关节置换术能够有效地缓解疼痛、矫正畸形和改善患者的生活质量,已成为治疗严重关节病变的主要手段。目前应用较多的为膝关节置换术和髋关节置换术。

1. 膝关节置换术

(1)全膝置换术(total knee arthroplasty,TKA):TKA 是治疗终末期膝关节骨性关节炎的主要手段,对于各种原因引起的严重关节疼痛、畸形,影响日常生活,经保守治疗无效的患者,均可考虑全膝置换术。适应证包括严重骨性关节炎、严重类风湿关节炎和创伤性关节炎等。手术通过膝关节表面正中切口切除受损关节并使用人工关节部件替代,达到缓解疼痛症状、矫正下肢力线、恢复关节功能的目的。

(2)单髁置换术:对于只有内侧髁或外侧髁骨关节磨损较为严重的部位,进行单髁假体置换,从而避免进行全膝关节置换的手术。单髁置换术具有创伤小、恢复快等特点。但此类手术有严格的适应证,一般适用于单侧骨关节炎或者创伤性关节炎,对于明显的膝内翻、膝外翻畸形,或双侧磨损的骨关节炎患者,应选用 TKA 治疗。

2. 髋关节置换术 将人工假体,包含股骨部分和髋臼部分,利用骨水泥和螺丝钉固定在正常的骨质上,以取代病变的髋关节,重建患者髋关节的正常功能。骨关节炎是人工髋关节置换术的首选适应证,其他如股骨头坏死、股骨颈骨折、类风湿关节炎、创伤性关节炎、骨肿瘤、强直性脊柱炎等也是髋关节置换的适应证。

(三)骨折切开复位内固定

切开复位内固定是指切开并暴露骨折断端,将骨折复位并使用器械进行固定。

1. 手术指征 骨折端有肌肉、肌腱等软组织嵌入;发生在关节内的骨折;并发主要的神经血管损伤;难以手法复位的骨折;脊柱骨折合并脊髓损伤;骨折畸形愈合及骨折不愈合。

2. 内固定方法 目前多采取接骨板螺钉、髓内钉或外固定架等进行骨折的内固定治疗。

课堂互动

骨折什么情况下需要切开复位内固定？

（四）微创技术

1. 关节镜手术 关节镜目前已被广泛应用于诊断和治疗诸多关节疾患,如膝、髋、肩、踝等关节。关节镜系统包括内镜镜头、光纤及光源、成像系统等。

（1）膝关节镜:通过在膝关节建立工作和观察通道,以观察膝关节内半月板、韧带等损伤情况,并对损伤组织和结构进行清理、修复及重建。关节镜是一种检查方法,同时也是一种治疗方式,膝关节镜可以用于治疗骨性关节炎、滑膜炎、半月板损伤、关节内游离体、交叉韧带断裂等关节疾病。

（2）髋关节镜:用于检查及治疗股骨头坏死、创伤性髋关节炎、骨性关节炎、滑膜炎、盂唇损伤及游离体等髋关节疾病。

（3）肩关节镜:用于治疗肩袖损伤、游离体、肩关节炎、肩峰撞击综合征等肩关节疾病。

（4）肘关节镜:用于治疗肱骨外上髁炎、游离体、滑膜炎、剥脱性软骨炎、尺骨鹰嘴滑囊炎、关节强直等肘关节疾病。

（5）踝关节镜:用于治疗撞击综合征、距骨骨软骨损伤、滑膜炎等踝关节疾病,也可用于关节腔检查及清理。

2. 单通道脊柱内镜 脊柱内镜技术及器械发展迅速,近年来已广泛应用于脊柱疾病。相对于开放手术,内镜手术通过小切口进入椎管,在完成手术治疗的同时,减少对肌肉组织及脊柱稳定性的损伤,是目前创伤最小的脊柱外科手术技术,更符合微创化原则。

脊柱内镜系统包括内镜、光纤及光源、视频显示器等装置。内镜集合了光源、操作通道及灌洗通道,在生理盐水灌洗下进行手术操作,相对于开放手术或显微内镜手术拥有更清晰的视野。内镜主要用来照明和放大,拥有0°、15°和30°等倾斜角度的内镜镜头提供了更大的视野,可用来观察术区的边缘部位。脊柱内镜的手术器械包含软组织抓取器械,如髓核钳;骨质切除器械,如环锯、椎板钳、镜下骨凿;软组织消融器械,如用于止血、热凝的双极射频;动力器械,如搭配各种钻头的镜下磨钻、超声骨刀等。

内镜手术可在局部麻醉下进行,患者保持清醒的同时,能够对神经刺激做出反应,避免损伤脊髓及神经根。部分合并疾病较多、不能耐受全身麻醉的老年人也可应用脊柱内镜技术治疗疾病。

单通道脊柱内镜可用于多种脊柱疾患,如神经根型颈椎病、脊髓型颈椎病、颈椎管狭窄症、胸椎间盘突出症、胸椎管狭窄症、腰椎间盘突出症、腰椎椎间孔狭窄、侧隐窝狭窄等,在内镜下完成椎间盘摘除或全椎管减压。对于腰椎滑脱症可以行内镜下腰椎融合术联合经皮椎弓根螺钉技术,相对于开放手术来说创伤更小,保留了脊柱后方的棘突、肌肉及韧带等组织。

（1）颈椎:颈椎内镜手术分为前入路与后入路。前入路适用于单侧或双侧颈椎间盘突出症,后入路适用于后外侧突出的颈椎间盘突出症、神经根型颈椎病以及颈椎椎间孔狭窄症。而对于多节段颈椎病、颈椎节段不稳、畸形、肿瘤或感染等情况,不能使用颈椎内镜手术。

（2）胸椎:胸椎内镜手术分为侧入路与后入路。侧入路适用于后纵韧带骨化、胸椎间盘突出等,后入路适用于黄韧带骨化、黄韧带肥厚、关节突增生等。

（3）腰椎:腰椎内镜手术分为侧入路与后入路。侧入路:又称椎间孔入路,适用于椎间盘突出症、椎间孔狭窄等疾病;后入路:又称椎板间入路,适用于椎间盘突出症、椎管狭窄症等。此外还有内镜下融合手术,不同于传统的开放融合手术,内镜下融合手术在内镜下完成减压及植骨融合,通过经皮椎弓根螺钉内固定,具有更小的手术创伤。

3. 单侧双通道脊柱内镜　指在单侧使用双通道技术治疗脊柱疾病的内镜技术,分为观察通道和工作通道,相对于单通道脊柱内镜来说,本技术有更大的操作范围和灵活度,可以使用常规的关节镜和开放手术器械。

第六节　康　复　疗　法

一、练功疗法

练功疗法,又称功能锻炼,古称导引,是通过自身运动防治疾病、增进健康、促进肢体功能恢复的一种方法。

（一）分类

1. 徒手练功

（1）全身练功:指患者在医生指导下,进行全身各部位的锻炼,可促使气血运行,增强脏腑功能。全身功能锻炼不但可以防病治病,还能弥补方药之不及,促使患者迅速恢复劳动能力。常见形式有太极拳、八段锦、体操等。

（2）局部练功:指患者进行伤肢主动活动,促使功能尽快恢复,防止组织粘连、关节僵硬、肌肉萎缩的练功方法。如肩关节受伤,练习耸肩、上肢前后摆动、握拳等;下肢损伤,练习踝关节背伸、跖屈以及股四头肌舒缩、膝关节伸屈等。

2. 器械练功　即采用器械进行练功,主要是加强伤肢力量,或利用其杠杆作用,或用健侧带动患侧。如用大竹管搓滚舒筋及蹬车活动,以锻炼下肢各关节功能,搓转胡桃或小铁球等进行手指关节锻炼,肩关节练功可用滑车拉绳,等等。

（二）作用

1. 活血化瘀、消肿定痛　由于损伤后瘀血凝滞、络道不通导致疼痛、肿胀,局部与全身锻炼有活血化瘀的作用,通则不痛,可达到消肿定痛的目的。

2. 濡养筋络、通利关节　练功后血行通畅,化瘀生新,筋络得到濡养,关节滑利,伸屈自如。

3. 促进骨折愈合　在夹板固定下练功,不仅能保持良好的对位,而且还能改善气血之道不得宣通的状态,起祛瘀生新之效,有利于接骨续筋。

4. 防治筋肉萎缩　骨折或筋伤固定后,应积极进行练功,刺激肌肉神经,使筋伤快速修复,减轻或防止肌肉萎缩。

5. 避免关节粘连和骨质疏松　患肢长期固定而缺乏活动锻炼是关节粘连、僵硬及骨质疏松的主要原因,练功可以促使气血通畅,避免关节粘连、僵硬和骨质疏松。

6. 扶正祛邪　局部损伤可使全身气血虚损、营卫不固和脏腑不和,导致外邪乘虚侵袭。练功能调节机体功能,促使气血充盈,肝血肾精旺盛,筋骨强劲,关节滑利,有利于损伤和整个机体的恢复。

（三）注意事项

1. 制定合理的练功计划 应辨明病情，估计预后，在医护人员指导下选择适宜的练功方法及运动强度，因人因病而异，尤其骨折患者更应分期、分部位对待。

2. 注意练功动作的准确，充分了解练功的目的、意义及必要性 上肢练功的目的是恢复手的功能，凡上肢各部位损伤，均应注意手部指间关节、掌指关节的早期练功，特别要保护各关节灵活性，以防关节发生功能障碍。下肢练功的目的是恢复负重和行走功能，在机体的活动中，尤其需要依靠强大而有力的臀大肌、股四头肌和小腿三头肌，才能保持正常的行走。

3. 严格掌握循序渐进的原则 练功时动作应逐渐增加，次数由少到多，动作幅度由小到大，锻炼时间由短到长，防止加重损伤和出现偏差。

4. 定期随访，评定疗效，适时调整 定期随访以了解病情和功能恢复的快慢，随时调整练功内容和运动量，修订锻炼计划。

5. 注意保暖，避免外邪侵袭 练功应顺应四时气候的变化，随时节变化而增减衣物，寒冷季节要注意防寒保暖。

6. 锻炼为主，理疗为辅 练功过程中，对骨折、筋伤患者，可配合热敷、熏洗、搽擦、理疗等方法。

（四）各部位主要练功方法

1. 颈部练功

（1）前屈后伸法：坐位或站立位，吸气时颈部平稳缓慢后伸至最大限度，稍停留，呼气时颈部平稳缓慢前屈至下颌贴近胸骨柄上缘，稍停留。反复数次。

（2）左右侧屈法：坐位或站立位，吸气时头部平稳缓慢向左侧屈，稍停留，呼气时头部平稳缓慢还原至中立位，随后同法做右侧侧屈及回归动作。左右交替，反复数次。

（3）左右旋转法：坐位或站立位，吸气时头部平稳缓慢向左后上方尽量旋转，目视左后上方，稍作停留，呼气还原，随后同法做右后上方旋转及回归动作。头颈转动时身体不必向前伸出，左右交替，反复数次。

（4）颈椎环转法：坐位或站立位，头部做顺时针或逆时针方向回环活动，顺逆交替。反复数次。可放松颈部肌肉，调整颈椎小关节位置，但颈项部急性损伤者慎用（图4-52）。

2. 腰背部练功法

（1）按摩腰骶法：坐位或站立位，双下肢伸直，两手掌搓至发热后紧按腰眼，两手同时用力向下推摩至腰骶部，然后用力向上推回至背部（图4-53）。

（2）前屈后伸法：两足开立，与肩同宽，双下肢伸直，腰部尽量屈曲，稍停留，还原，然后尽量后伸，稍停留，还原。

（3）左右侧屈法：姿势同前，腰部做左侧屈，左手顺左下肢外侧尽量往下，稍停留，还原，再以同法右侧屈。

（4）腰部回旋法：姿势同前，腰部做左侧屈，双手拇指朝前叉腰，腰部做顺时针或逆时针方向旋转运动，动作缓慢，幅度由小到大，顺逆交替进行（图4-54）。

（5）转腰摸脚法：姿势同前，腰部左侧前屈并向左转动，右手指尖或手掌尽量触摸左脚背面或外侧缘，同时左臂伸直，自然向左后上方划弧，目视右手，稍停留，缓慢回归。同法，腰部向右侧前屈并向右转动。反复数次，可增强腰背部肌肉力量，防治腰腿疼痛。

（6）双手触足法：姿势同前，腰部屈曲，双手手指或手掌尽量触摸到地面或脚背，稍作停留，缓慢还原。反复数次，可增强腰背部肌肉力量，防治腰腿疼痛及腰部前屈功能受限。

（7）仰卧架桥法：仰卧，双肘、双髋及双膝屈曲，以头后枕部、双肘及双足跟五点为支撑，用力将腰部拱起，稍作停留还原，反复数次。经过一段时间锻炼后，可将双上肢交叉并置于

图 4-52 颈椎环转法　　　　图 4-53 按摩腰骶法　　　　图 4-54 腰部回旋法

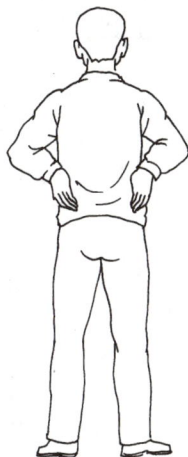

胸前,改为以头后枕部和双足跟三点为支撑,做拱腰锻炼。可增强腰、背及腹部肌肉力量,防治损伤、慢性劳损及风寒湿所致腰背部疼痛(图 4-55)。

(8)飞燕点水法:第一步:俯卧,头转向一侧,上身躯体保持不动,两腿交替向后做过伸动作;第二步:上身躯体保持不动,两腿同时向后做过伸动作;第三步:两腿不动,上身躯体向后背伸;第四步:进而以腹部为支点,上身与两腿同时向后背伸,还原。练习时保持自然呼吸,反复数

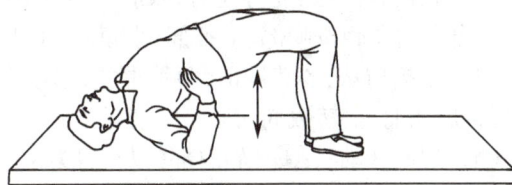

图 4-55 仰卧架桥法

次。此法为卧位腰背练功的基本动作,可锻炼腰背肌肉力量,防治腰肌慢性劳损、腰椎间盘损伤及胸腰椎骨折患者的腰痛后遗症(图 4-56)。

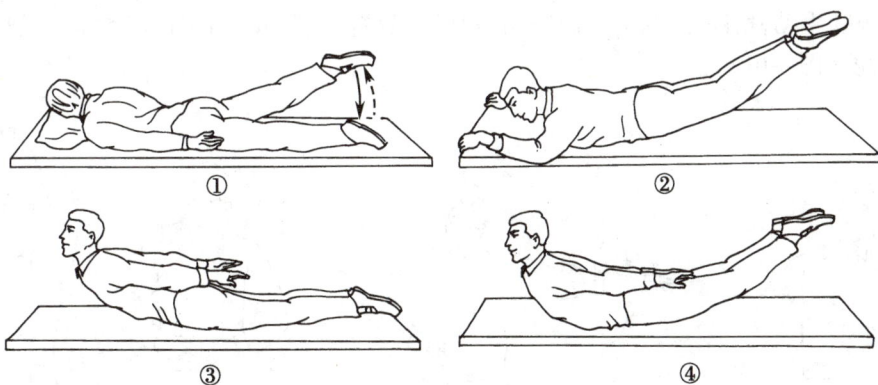

图 4-56 飞燕点水法

3. 上肢练功法

(1)上提下按法:两足开立,与肩同宽,双臂下垂,屈肘上提,两掌与前臂相平,掌心向下,提至胸前与肩平,随后两掌用力下按,至两臂伸直为度。上提时肩部用力,下按时手掌用力,动作平稳、缓慢、有力,呼吸自然均匀(图 4-57)。

(2)扩胸练习法:姿势同前,手指屈曲或握成虚拳置于颈前,肘斜向前,两掌心向外,双

手同时向左右用力分开,肘部用力向后运动,胸部尽量向外前挺出,稍停,还原。亦可双臂向前平行伸直,拳眼向上,或掌心向上、向下做上述动作(图4-58)。

图4-57　上提下按　　　　　　　　　　　　　图4-58　扩胸练习法

（3）按胸摇肩法:姿势同前,双肘屈曲,两手重叠,掌心向里置于胸部,眼稍向上看,自左向右或自右向左轻按胸部、上腹部、小腹部,上下左右回旋数周(图4-59)。

（4）小摇肩法:姿势同前,两手重叠,掌心向里置于胸部,眼稍向上看,肩关节先自前往后,再自后往前,摇转数周。

（5）肩部转动法:①环转肩部(以右肩为例):左手叉腰,右臂自然下垂,右臂自下向上、向前,再向后摇转数周,然后,右臂自下向上、向后,再向前摇转数周(图4-60)。②前后摆臂:弯腰,双手臂自然下垂,单臂前后来回摆动,亦可双臂同时前后来回摆动,即左臂自前下向后上,右臂由后上向前下,或左臂自后上向前下,右臂自前下向后上摆动。③双臂画圈:弯腰,右臂自前左下向前右上,再至后左下;左臂自后右上向后左下,再至前右上,双臂同时进行,亦可单独活动。

（6）双手托天法:两足开立,与肩同宽,两手手指交叉置于腹部,掌心向上,反掌上举,掌心向上,眼随手动,稍停,还原。由健肢用力帮助患肢向上举起,高度逐渐增高,以患肢疼痛能忍受为度(图4-61)。

图4-59　按胸摇肩法　　　　　　图4-60　肩部转动法　　　　　　图4-61　双手托天法

（7）双手举鼎法:两足开立,与肩同宽,屈肘,两手上举与肩平高,两掌心向上,如托重物,双臂用力上举,眼随手动,双掌举过头顶,腕部用力,两手逐渐下降,还原。上举时吸气,下降时呼气,手指用力,如做引体向上(图4-62)。

（8）弯肱拔剑法:两足开立,双臂自然下垂,右臂屈肘向上提起,掌心向前,前臂提过头顶,然后向右下落,抱住颈项,左臂同时屈肘,掌心向后,自背后上提,手背贴于腰后,右掌自头顶由前下垂,右臂垂直后再屈肘,掌心向后,自背后上提于后腰部,左掌同时自背后下垂,左臂垂直后再屈肘由前向上提起,掌心向前,提过头顶,然后向左下落,抱住颈项,头随手臂运动至头顶时仰头向上看,足跟微提起(图4-63)。

（9）背后拉肩法:姿势同前,双手置于背后,健侧之手握住患侧之手,由健侧之手拉患肢腕部,渐渐向上拉抬。

（10）手指爬墙法:面向或患侧身体向墙,两足开立,患侧肘关节微屈,五指张开扶在墙上,患侧手指徐徐向上爬行,使上肢尽量高举到最大限度,然后,再缓缓沿墙回到原处。

（11）手拉滑车法:将滑轮装置安装于距患者头顶1米左右高处,用绳子穿过滑轮,患者或立或坐于滑轮装置之下,双手持绳之两端,徐徐来回拉动绳索,以健肢带动患肢活动,幅度逐渐增大。

（12）屈肘提篮法:两足开立,双手下垂,右手握拳,前臂向上,用力、徐徐弯曲肘部,再用力、徐徐伸直还原,左手握拳做同样动作(图4-64)。

图4-62 双手举鼎法　　　图4-63 弯肱拔剑法　　　图4-64 屈肘提篮法

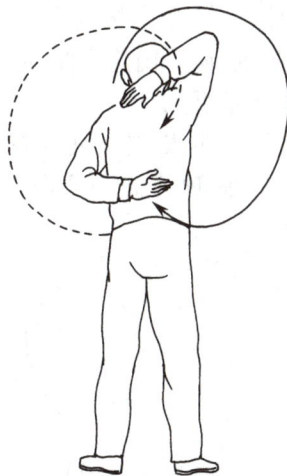

（13）旋肘拗腕法:两足开立,左手叉腰,右上肢屈肘上举,右手握拳,用力、缓慢做前臂旋前动作,随后用力、缓慢做前臂旋后动作,还原。改右手叉腰,左手做同样动作(图4-65)。

（14）前臂旋转法:站立位或坐位,屈肘,上臂贴于胸外侧,握拳,前臂用力、平缓做旋前、旋后动作,左右交替进行。

（15）背伸掌屈法:站立位或坐位,用力握拳,做腕背伸、掌屈活动,左右交替进行。

（16）上翘下勾法:两足开立,两臂向前平举,掌心向下,腕关节背伸至最大限度,成立掌姿势,随后逐渐下垂成勾手,动作应缓慢有力(图4-66)。

（17）青龙摆尾法:两足开立,两臂向前平举,掌心向下,两手分别向内、向外摆动,做外展内收动作(图4-67)。

图 4-65 旋肘拗腕法　　　　图 4-66 上翘下勾法　　　　图 4-67 青龙摆尾法

（18）抓空增力法：坐位或站立位，先将五指用力张开，再用力抓紧握拳。左右交替进行（图 4-68）。

（19）手滚圆球法：坐位或站立位，手握两个圆球，手指活动使圆球滚动或交换位置。

4. 下肢练功法

（1）左右压腿法：两足开立，比肩稍宽，两手叉腰，左腿屈曲下弯，右腿伸直，然后下蹲，还原。右腿屈曲下弯，左腿伸直，然后下蹲，还原。左右交替（图 4-69）。

（2）屈膝下蹲法：姿势同前，两手向前平伸，足跟轻提，足尖点地，再徐徐下蹲，使臀部尽可能触及足跟，然后，徐徐起立还原。

（3）半蹲转膝法：两足并立，脚跟并拢，两膝并紧，身向前俯，两膝微屈，两手按于膝上，目视前下方，两膝在水平方向上做顺、逆时针方向转动（图 4-70）。

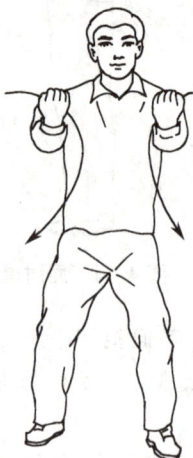

图 4-68 抓空增力法　　　　图 4-69 左右压腿法　　　　图 4-70 半蹲转膝法

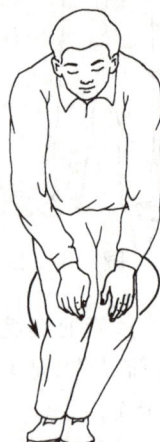

（4）凌空踢腿法：仰卧位，腿伸直，两手置于体侧，屈膝屈髋，同时踝关节极度背伸，然后向斜上方用力蹬足，并使足趾尽量前屈如抓物状，左右腿交替进行（图 4-71）。

（5）仰卧抬腿法：姿势同前，两手置于体侧，做直腿抬高动作（膝关节伸直），角度逐渐增大，左右腿交替进行。

（6）坐位抬腿法：坐于床沿或凳子上，两手置于体侧，支撑上半身，膝关节伸直，做直腿抬高动作，角度逐渐增大，停留时间逐渐增长，左右腿交替进行。

（7）侧卧外摆法：侧卧位，在上位腿伸直，用力做外展动作，还原。左右腿交替进行（图 4-72）。

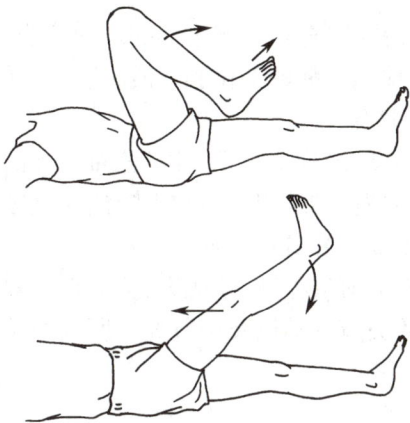

图 4-71　凌空踢腿法　　　　　　图 4-72　侧卧外摆法

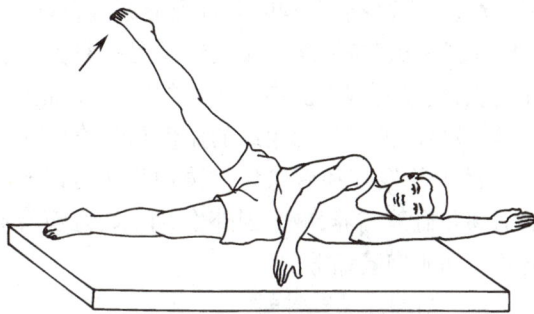

（8）四面摆踢法：两足并立，两手叉腰右腿提起，大腿平行，小腿下垂，再将小腿用力向前踢出，脚尖伸直，脚背绷紧，还原；右小腿再向后踢出，以足跟触及臀部为度，还原；右腿再向内横踢出，还原；右腿再向外横踢出，还原。左脚亦如此练习，左右交替（图 4-73）。

图 4-73　四面摆踢法

（9）搓滚舒筋法：练习者坐于凳上，患足蹬于竹筒或圆形木棒上，膝关节活动，使竹筒或圆形木棒在足底前、后来回滚动（图 4-74）。

（10）蹬车活动法：练习者坐于特制的练功车上，用脚尖踩踏练功车的脚踏板，并做模拟足踏自行车的动作。

（11）负重伸膝法：坐位，患肢足部负一小沙袋，缓慢伸直膝关节，再缓慢屈膝，重复多次。

二、物理疗法

物理疗法是利用各种物理因子（如电、磁、声、光、冷与热等）作用于机体，引起体内一系列生物学效应，从而调节、增

图 4-74　搓滚舒筋法

强或恢复人体生理功能,达到康复目的的一种疗法。

(一)物理疗法的作用

物理疗法对骨伤科疾病的治疗作用可概括为以下几种:

1. 抗炎 物理疗法可改善局部组织血液循环,消除组织水肿,促进血肿吸收,改善组织缺氧和营养状态,进而减轻炎症反应。

2. 镇痛 炎症刺激、缺血、代谢产物、致痛介质及精神因素等可产生疼痛。神经痛、肌肉痉挛性疼痛、肢体缺血性疼痛、炎症性疼痛等都可以根据疼痛的部位和性质,选用合适的物理疗法,以提高痛阈,消除各种致痛原因,从而起到镇痛作用。

3. 减少瘢痕和粘连 瘢痕组织是一种血液循环不良、结构不正常、神经分布错乱的修复性组织;粘连是因炎症渗出后组织纤维化而形成的病理性结缔组织。物理疗法通过减轻瘢痕组织水肿,改善局部组织的血供和营养,从而减少瘢痕和粘连的形成。

4. 减少并发症和后遗症 物理疗法可以改善局部的血液循环,使肌肉、关节得到较充分的活动和血液濡养,减少因外伤、手术、瘫痪等导致的关节制动以及关节炎症所致的关节功能障碍和肌肉萎缩等。

(二)物理疗法的种类

1. 电疗法 包括直流电疗法和低频、中频和高频脉冲电疗法。

(1)直流电疗法:指利用直流电直接治疗疾病或间接将药物离子导入人体治疗疾病的方法。直流电疗法具有镇静、止痛、消炎、促进神经再生和骨折愈合、调整神经系统和内脏功能、提高肌张力等作用。这一疗法将中药导入损伤局部,是骨伤科常用的电疗方法之一。

(2)低频脉冲电疗法:是指应用频率每秒低于 1 000Hz 的各种波形的脉冲电流治疗疾病的方法。低频电疗法具有促进神经系统功能恢复、调整内脏器官功能、镇痛、引起骨骼肌节律性收缩、防止失用性肌萎缩、训练肌肉做新的动作及改善局部血液循环的作用。

(3)中频脉冲电疗法:是指应用频率为 1 000Hz~100kHz 的正弦电流治疗疾病的方法。中频电疗法的主要作用为镇痛、促进局部血液循环与淋巴回流、锻炼骨骼肌与提高平滑肌紧张度、松解粘连与促进瘢痕组织的吸收。

(4)高频脉冲电疗法:是指应用频率为 100kHz 以上的高频电磁振荡电流治疗疾病的方法。高频电疗法包括长波疗法、中波疗法、短波疗法、超短波疗法、微波疗法、射频疗法等,其生理和治疗作用主要基于热效应和非热效应。热效应具有消炎、止痛作用;非热效应可使急性炎症的发展受到控制并逐渐吸收消散。

2. 光疗法 是指应用日光或人工光源治疗疾病的方法。现代应用的人工光源有可见光、红外线、紫外线和激光等,其中紫外线和红外线多用于消炎、镇痛。

(1)红外线:治疗作用主要为改善局部血液循环,缓解肌肉痉挛和镇痛,适用于较浅表组织的慢性劳损、扭伤和炎症等。红外线还有使表层组织干燥的作用,对于渗出严重的伤口与溃疡,能使渗出物在表皮结成防护性痂膜,制止渗出。治疗时一般照射在裸露的局部,温度以患者感到舒适为佳。

(2)紫外线:根据其波长可分 A、B、C 三波段。A 波段波长为 320~400nm,其生物作用弱,但可造成明显的色素沉着,能产生荧光反应,适用于过敏性佝偻病;B 波段波长为 280~320nm,能调节机体代谢,增强免疫,刺激组织再生和上皮愈合过程;C 波段波长为 180~280nm,对病毒和细菌具有明显的杀灭或抑制其生长繁殖的作用。因此,紫外线在临床上常用于杀菌、抗炎、镇痛和促进伤口愈合等。

3. 超声波疗法 超声波是一种机械弹性振动波,振动频率超过 20kHz,运用超声波可起到加速炎症的消散与损伤组织的修复及瘢痕组织的软化作用,低量与中等量的超声波还具有镇痛作用。

4. 温热疗法 是利用各种热源,将热传至机体而达到预防和治疗疾病目的的方法。常用的传热介质有醋、泥类、水、沙、蒸汽等。临床上常用的热疗法有温泉疗法、石蜡疗法、蒸汽浴疗法、沙浴疗法等。它们具有温热和机械的综合作用。中药热熨法亦是一种热疗法,除具有温热作用外,还具有药物的治疗作用。

5. 冷疗法 是应用比人体皮肤温度低的物理因子(冷水、冰块等)刺激来作为治疗和康复的一种手段。冷疗可减轻疼痛、降低肌张力及减轻炎症反应。患有周围血管疾患及皮肤感觉障碍者不宜做冷疗。

6. 磁疗法 是应用磁性材料或磁场作用于身体关节部位或穴位来治疗疾病的方法。其主要治疗作用是镇痛、消肿、消炎和镇静。

第七节 其 他 疗 法

一、针灸疗法

针灸疗法是以中医理论为指导,使用针刺或艾灸刺激人体穴位,以调整经络、气血、脏腑功能,从而达到防病治病目的的一种方法。临床可起到止痛、消肿、解痉等作用,对疾病造成的疼痛、肿胀、功能障碍等具有较好疗效。

常用的针法有毫针法、电针法、水针法和耳针法等,灸法有艾炷灸、艾条灸和温针灸等,在应用时应根据临床病证选择不同方法。针刺操作过程中应注意无菌操作,对胸、胁、背、腰等脏腑所居之处的穴位不宜直刺、深刺,以防损伤脏器。有继发性出血倾向和体表有开放式伤口的患者不宜针刺。

二、针刀疗法

针刀疗法,是指用针刀刺入病变部位进行治疗的微创手术疗法,具有操作简便、疗效确切、适应证广,患者痛苦小、花费少等特点。目前,该疗法已成为骨伤科治疗的一种常用方法。本法以痛为输,用针刀刺入病所,可以切开和剥离病变组织,具有剥离粘连、松解筋肉、疏通气血、解痉止痛等作用,治疗肌肉、筋膜、腱鞘、韧带、关节滑膜等软组织损伤方面的病证。

(一)适应证
1. 因筋膜粘连、挛缩导致的四肢、躯干等各部位的顽固性痛点或痛性结节、条索等。
2. 四肢骨关节附近因肌肉、韧带紧张或挛缩,牵拉应力过度引起的骨质增生。
3. 各部位腱鞘炎,尤其是狭窄性腱鞘炎。
4. 滑膜囊闭锁、滑液排泄障碍等造成各部位滑囊炎,而出现酸胀、疼痛和活动功能障碍者。
5. 外伤性肌痉挛和肌紧张(非脑性)者。
6. 各种骨伤疾病后遗症有筋腱挛缩、粘连等关节活动受限者。

(二)禁忌证
1. 有发热症状者。
2. 严重内脏疾病的发作期。

3. 施术部位有皮肤病或感染病灶者。

4. 施术部位有重要神经、血管经过而施术时无法避开者。

5. 高血压、糖尿病等未控制症状者。

6. 患有血友病或严重凝血功能障碍者。

7. 妇女妊娠期及年老体弱者。

（三）操作方法

1. 进针方法

（1）定点：确定病变部位和该处解剖结构，在进针部位做标记，局部消毒后铺无菌小孔巾。

（2）定向：使刀口线与大血管、神经及肌肉纤维走向平行，若肌纤维方向与神经、血管不平行，则以神经、血管走向为准，将刀口放在进针点上。

（3）加压分离：将放在进针点上的刀口稍加压力，使局部形成一个长形凹陷（注意不可刺破皮肤），可将神经、血管分离到刀刃两侧。

（4）刺入：继续加压感到刀口下有坚硬感时，表明刀口下皮肤已被推挤到接近骨骼，神经、血管已被分离，再稍加压即可穿过皮肤。

2. 操作方法

（1）纵行疏通剥离法：粘连发生于肌腱、韧带附着点时，将刀口线与肌腱、韧带走行方向平行刺入患处，在刀口到达接触骨面时，按刀口线方向疏通剥离，根据附着点的宽窄，分几条线疏剥。

（2）横行剥离法：当肌肉或韧带与骨骼发生粘连时，将刀口线与肌肉或韧带走行方向平行刺入患处，当刀口达到接触骨面时，做与肌肉或韧带走行方向垂直铲剥，当觉得针下有松动感时即可。

（3）切开剥离法：当肌肉之间，或肌肉、韧带之间互相粘连时，令刀口线与肌肉或韧带走行方向平行，刺入患处，将粘连和瘢痕切开。

（4）铲磨削平法：对骨刺长于关节边缘或骨干较大时，先将刀口线与骨刺竖轴线垂直，刺入患处，刀口达到接触骨刺后，再逐步将骨刺尖锐部削去磨平。

（5）瘢痕刮除法：对腱鞘壁、肌腹部或肌肉附着点处的瘢痕组织，先沿其纵轴切开数条口，再于切开处反复疏剥 2~3 次，当刀下有柔韧感时即可出针。

（6）通透剥离法：当肢体有较大范围的粘连板结时，可在板结处肌肉间隙及肌肉与其他组织的间隙处取数点进针，当刀口接触骨面时，除软组织在骨骼的附着点外，将其全部从骨面铲起，并尽可能将软组织之间的粘连疏剥开来，使粘连板结切开。

（7）切割肌纤维法：当肢体某处有部分肌紧张或痉挛引起顽固性疼痛、功能活动障碍时，将刀口线与肌纤维垂直，刺入患处，切断少量紧张或痉挛的肌纤维，往往可使症状立即缓解。

（四）注意事项

1. 严格掌握适应证、禁忌证。

2. 严格执行无菌操作规程，防止感染。

3. 注意防止晕针，尤其是对精神紧张或体弱患者。

4. 严防血管、神经及内脏损伤。

三、封闭疗法

封闭疗法是通过在某一特定部位或压痛点注射麻醉药和激素等药物来治疗骨伤疾患的

一种方法,具有抑制炎性渗出、改善局部营养、阻滞局部组织神经传导、松弛肌肉紧张和缓解疼痛等作用。

(一)常用封闭种类

1. 痛点封闭　一般在体表压痛最明显处注射,局部止痛效果较好。常用于肌腱、韧带附着点疼痛及肌筋膜痛等。注射时要求针头直接刺至痛点深层或骨膜上,局部有酸胀沉重感,可伴放射感,回抽无血时即可注入药液。如压痛范围较大,单点注射药液不能到达全部,可做多点或扇形注射。

2. 腱鞘内封闭　将药物注入腱鞘内,具有消炎镇痛、松解粘连等作用。常用于肱二头肌长头腱鞘炎、桡骨茎突狭窄性腱鞘炎、指屈肌腱腱鞘炎等。注射时针头应与皮肤呈30°,沿肌腱纵轴方向进入腱鞘壁与肌腱之间,即可推注药液。如注射部位准确,推注药液时阻力较小,且可见药液沿肌腱向远、近两端扩散,有时皮下可见直线样隆起。

3. 关节腔封闭　将药物直接注入关节腔内,具有消除关节内炎症、解除关节内粘连和缓解疼痛等作用。常用于关节滑膜炎、肩周炎等。

4. 穴位封闭　根据中医经络腧穴理论,按照针刺方法将药物注入穴位内,具有缓解疼痛、营养神经、减轻炎症等作用。骨伤疾病封闭常用的穴位有大椎、肾俞、合谷、环跳、足三里、阳陵泉、承山等。辨证选穴要准确,进针后有得气感则效果较好。

5. 硬膜外封闭　将药物注入椎管内硬膜外腔,具有减轻炎症反应、解除或减轻对神经根的压迫和刺激、缓解根性疼痛等作用。常用于腰椎间盘突出症、椎管狭窄等椎管内因素导致的腰腿疼痛性疾病。

6. 神经根封闭　将药物注射在神经根部,具有减轻炎症反应、缓解因神经根受压或刺激引起的疼痛等作用,用于各种神经根性疼痛疾病。封闭进针时要慢而稳,当患者有触电感,并向患肢放射,即达到神经根部位,回抽无血时,可适当向后退出少许,然后注入药液。注射时或注射后患者可有沿神经走向的胀、重、热等感觉。

(二)适应证

全身各部位的肌肉、韧带、筋膜、腱鞘、滑囊的急慢性损伤或退行性变,都适合应用封闭疗法,骨关节病亦可应用本法。有时也用于鉴别诊断。

(三)禁忌证

1. 结核病、化脓性炎症、高血压、溃疡病、恶性肿瘤等患者。

2. 封闭药物过敏者。

3. 体弱或全身情况不佳、有严重肝肾功能障碍者。

4. 患有严重的糖尿病、血友病、精神失常者。

5. 局部皮肤有擦伤、感染,或有皮肤病者。

(四)常用药物

1. 局部麻醉药

(1) 0.5%~1%利多卡因2~6ml,为局部麻醉首选药。

(2) 1%~2%普鲁卡因3~5ml,使用前必须做皮试,皮试阴性方可选用。

2. 类固醇类药物

(1) 倍他米松5~7mg,每周1次。

(2) 曲安奈德5~40mg,每周1次。

(3) 醋酸泼尼松龙12.5mg,每周1次。

(4) 地塞米松5~10mg,每周1~2次。

3. 其他药物

（1）中药制剂：如复方当归注射液、复方丹参注射液等。

（2）维生素类药物：如维生素 B_1 每次 50~100mg，维生素 B_{12} 每次 250~500μg。

（五）注意事项

1. 诊断明确，严格掌握适应证和禁忌证。

2. 要严格无菌操作，防止局部感染。

3. 注射部位要求准确，深浅适当，特别是胸背部要防止损伤内脏，严禁将药物直接注射在血管内。

4. 规范合理用药，选择好适当的药物和剂量。

5. 密切观察术后反应。

6. 封闭后要注意休息，限制负重或过多活动，否则病变会反复或加重。

四、关节穿刺术

关节穿刺术是以穿刺针刺入关节腔，达到吸出关节内容物，或注入药物或造影剂等目的的医疗技术，对于关节病的诊断和治疗具有双重意义。

（一）作用

1. 诊断需要　关节有病变时，常需吸出关节液做化验、细菌培养或细菌学检查，以明确诊断；或需行关节造影者，常在关节穿刺后注入造影对比剂，并摄片检查。

2. 治疗需要　主要用于治疗关节病变，常在关节液引流后，同时注入药物进行治疗。

（二）操作方法

1. 穿刺前准备　常规准备皮肤，操作必须在严格无菌条件下进行。依据病变部位和解剖结构标记穿刺点，术者及助手均戴帽子、口罩及手套，再常规消毒、铺巾。

2. 操作过程　注意在距离关节腔最近的皮肤表面处穿刺，切勿损伤周围重要器官、血管及神经。先在穿刺点注入利多卡因麻醉，再用备好的无菌注射器和 16~18 号针头刺入关节腔，进入关节腔时，术者有阻力消失的感觉，并可见关节内液体流入注射器。如关节内液体量较少而欲尽量吸出积液，可由助手按压关节周围，以使更多积液抽吸入针管内。吸完积液后，应迅速拔出针头。如欲行关节内药物治疗，则应在注入药物后，再拔出针头。

3. 标本处理　将穿刺所得材料，根据穿刺目的和需要妥善处理（涂片、固定、送培等），并送交实验室进一步检查。

4. 术后包扎　对渗出性积液或关节内积血，穿刺后应行无菌敷料加压包扎。

（三）穿刺途径

因关节不同，则穿刺途径各异。

1. 腕关节　在腕背侧进行，常用的进针点位于桡腕关节平面的第一、二指伸肌腱鞘之间，紧靠拇长伸肌腱跨越桡侧腕长伸肌腱交叉处；其他进针点分别位于第三、四伸肌腱鞘之间和第四、五伸肌腱鞘之间。

2. 肘关节　置肘关节于屈曲位，由肘后侧鹰嘴与肱骨外髁之间，或桡骨头与肱骨小头之间刺入。

3. 肩关节　穿刺途径可在肩关节前侧或后侧。因积液（脓）的波动在前方较明显，易触到，故最常取三角肌前缘穿刺途径穿刺吸引。

4. 髋关节　外侧穿刺途径：自大粗隆的最下方沿股骨颈方向向内上方刺入关节腔；前方穿刺途径：自腹股沟韧带的中点向下和向外侧各 2.5cm 处，即股动脉稍向外侧垂直刺入。

5. 膝关节　自髌骨外上角或内上角向下方刺入。如积液不多，穿刺前可将髌骨尽量推向穿刺的一侧,以便于确定髌骨和股骨髁的间隙。

6. 踝关节 从胫前肌与内踝之间,或趾长伸肌腱与外踝之间刺入。

五、关节引流术

化脓性关节炎经过穿刺抽液并注入抗菌药物治疗后,患者全身及局部情况仍不见好转,或关节液已成为稠厚的脓液,应及时行关节引流术。

(一)操作方法

1. 患者取仰卧或侧卧,常规消毒、铺巾,一般采用局部麻醉,亦可用臂丛、硬膜外阻滞麻醉或全麻。

2. 按一定手术入路进入关节腔,用大量生理盐水冲洗,去除脓液、纤维块和坏死脱落组织,注入抗生素,一期缝合滑膜和皮肤。

3. 若脓液黏稠,关节有明显破坏,关节囊外亦有炎症或脓肿时,可在关节切开后,放入橡皮条或软橡皮管引流。

4. 亦可用套管针做关节穿刺,套管针进入关节腔后拔出针芯,经套管插入直径约 3mm 的塑料或硅胶管,然后抽出套管,用丝线将引流管固定于穿刺孔皮缘。共置入两管,一根作滴入管,每日滴入抗生素液或无菌生理盐水 2 000~3 000ml;另一根用负压吸出,连接于持续吸引装置。

(二)引流部位及方法

1. 肩关节 常用前切口,即沿三角肌胸大肌间沟做长约 5cm 的弧形切口,切开关节囊。

2. 肘关节 于尺骨鹰嘴两侧做纵向切口约长 4~6cm,同时切开皮下组织和筋膜,再切开肱三头肌两侧腱膜,纵向切开关节囊进入关节腔。

3. 腕关节 在桡骨远端背侧之拇长、短伸肌腱之间,即"鼻烟窝"部位,做一纵向切口长约 5cm,同时切开皮下组织及筋膜,再纵行切开桡侧副韧带及关节囊,进入关节腔。

4. 髋关节 常取前侧切口。由髂前上棘稍下,沿缝匠肌与阔筋膜张肌之间向下,做长约 6~8cm 的切口,分别将两肌向内侧和外侧牵开,显露出股直肌并将其向内牵开,显露和切开关节囊。

5. 膝关节 在髌骨两侧各约 1cm 处做长约 4cm 的纵切口,切开皮肤、筋膜、关节囊和滑膜,进入关节腔。

6. 踝关节

(1)踝前内侧切开引流术:自胫前肌腱的内侧缘,经过踝关节,做 5~6cm 切口,勿切开胫前肌腱鞘,将该腱向外牵开,即显露出关节囊。

(2)踝前外侧切开引流术:自外踝前趾长伸肌腱外侧做 5~6cm 切口,向内侧牵开趾长伸肌腱,切开关节囊。有时为充分引流,可同时做踝前内侧与前外侧切开引流,各置入一条引流管,术后进行冲洗治疗。

(3)踝后内侧切开引流术:自内踝后跟腱内侧缘前做直切口长 6~7cm,沿切口切开皮下及筋膜,推开关节外脂肪,将趾长屈肌向前牵开,跟腱向后牵开,显出肿大之关节囊,做直切口。

(4)踝后外侧切开引流术:沿腓骨后侧跟腱前做 5~7cm 直切口,切开皮下及筋膜。勿损伤腓肠神经及小隐静脉,将关节外脂肪组织向后连同跟腱牵开,跗屈长肌向前牵开,显露关节囊,做直切口,敞开关节引流时,留置橡皮引流条。

（三）注意事项

1. 严格无菌操作。

2. 防止损伤重要组织。关节引流术切开的方向和部位，应从关节最表浅而直接的径路进入，这样做较容易抽出积液，又利于引流。

3. 切开后保持引流通畅。用肠线将滑膜与皮肤缝合数针，以利引流。

4. 术后用石膏托固定或皮肤牵引，保持关节功能位。在炎症得到控制的情况下，早期开始关节活动，以防关节粘连僵硬。

（易红赤　王轩　李西海　李星晨　王旭凯　袁普卫）

复习思考题

1. 正骨手法和复位手法有何不同？

2. 你认为中医疗法与固定疗法结合有哪些优势？

3. 临床上夹板固定可以替代石膏固定吗？

4. 骨牵引如何维持有效的牵引？

5. 中药外治法在治疗骨伤科疾病方面具有独特之处，我们如何将传统中药制剂推向国际化以发挥其重要作用？

6. 微创手术与传统手术相比，有哪些优势？

7. 贯彻动静结合、筋骨并重、内外兼治和医患合作的治疗原则，对骨折筋伤疾病的治疗有何重要意义？

8. 骨折筋伤后的功能锻炼对患者康复有何意义？

第五章

创伤急救

学习目标

了解骨骺损伤的概念与诊断;熟悉脂肪栓塞综合征、筋膜间隔区综合征、挤压综合征与骨骺损伤的治疗;掌握创伤急救技术,周围血管损伤、周围神经损伤、创伤性休克的治疗原则与方法。

第一节 创伤急救技术

创伤是指物理性、化学性或生物性等致伤因素造成机体组织结构的损害或引起功能障碍的一种损伤,亦称外伤。创伤急救是骨伤科学的重要组成部分,是提高伤员存活率、减少伤残的首要环节。创伤急救的目的是挽救伤者的生命,避免继发性损伤和防止伤口污染,减少痛苦,有效减少创伤的危害,创造运送条件,妥善、安全、及时地将患者转移到有救治条件的医疗机构。

创伤急救必须遵循"三先三后"原则,即先抢后救,先重后轻,先急后慢。快速、准确、全面地评估,对伤情的严重程度做出准确判断。若伤后出现呼吸、循环障碍,应立即实行创伤急救。呼吸障碍常见原因有上呼吸道梗阻、胸部损伤、颈髓损伤及膈疝等,循环障碍常见原因有失血性休克和心脏压塞等。

创伤急救人员应快速了解伤员的生命体征,对伤者的循环、意识、呼吸等一般情况做出准确判断。创伤急救人员通过检测伤者脉搏的频率、节律,以及测量血压和心脏听诊判断有无心搏骤停,通过观察伤者瞳孔变化、眼球运动及神经反射情况了解伤者的意识状况,通过观察伤者有无发绀,呼吸的频率、节律及进行肺部听诊等判断有无呼吸道梗阻、呼吸衰竭状况。创伤急救人员做出及时、准确、全面的现场评估和诊断后,针对随时有生命危险的危重伤者,应当在现场采取及时有效的抢救措施,保证伤者能够安全转移到有救治条件的医疗机构,从而获得后续诊疗。在处理复杂伤情时,应优先解除危及生命的情况,使病情得到初步控制,然后进行后续处理以稳定伤情,为转运和后续治疗创造条件。

现代创伤急救医学将复苏、通气、止血、包扎、固定、搬运称为现场创伤急救的六大技术。

一、复苏

复苏主要指"心肺复苏",即针对呼吸和循环骤停所采取的抢救措施。为了恢复患者自主呼吸和自主循环,以人工呼吸替代患者的自主呼吸,以心脏按压形成暂时的人工循环并诱发心脏的自主搏动。

广义的心肺复苏指的是心、肺、脑复苏,后期要针对脑复苏进行一系列康复抢救措施。

狭义的心肺复苏指的是徒手心肺复苏,就是常说的胸外按压、口对口人工呼吸等复苏手段。一旦发现患者出现呼吸心搏骤停,要求在最短时间内对患者进行心肺复苏,如果患者呼吸循环停止超过4~6分钟,可能引起大脑不可逆损伤,造成不良后果。

二、通气

呼吸道阻塞可以在很短时间内使伤员窒息死亡。因此,对存在呼吸道阻塞的伤员,必须迅速以最简单有效的方式予以通气。

首先使伤员仰卧,头后仰,迅速解开伤员身上妨碍呼吸的领带、衣领、紧身衣服、腰带等,及时清除口鼻咽喉中的血块、黏痰、呕吐物、义齿等异物,保持呼吸道通畅。对颅脑伤、下颌骨骨折及深度昏迷有舌后坠阻塞呼吸道的伤员,应抬起两侧下颌角,必要时可将舌拉出,用别针或丝线穿过舌尖固定于衣服上,同时将伤员置于侧卧位。对呼吸道阻塞有窒息危险的伤员,可插入口咽通气管或鼻咽通气管,或行环甲膜切开插管、气管内插管或气管切开插管。对呼吸骤停者,可行口对口,或经口咽通气管,或鼻咽通气管行人工呼吸。

三、止血

创伤出血是导致死亡的重要原因之一,因此对于创伤出血,必须要及时且有效地止血。急救常用的止血方法有指压法、加压包扎法、填塞法、止血带法、钳夹法和血管结扎法等。

(一)指压止血法

指压止血法为创伤急救止血的短暂应急措施,适用于头面部和四肢的动脉出血急救。若为主要动脉损伤、出血迅猛需立即控制者,可用手指或手掌压在出血动脉的近心端,将动脉压迫在深部骨面上,阻断血流达到临时迅速止血的目的。如头颈部大出血,可压迫一侧颈总动脉、颞动脉或上颌动脉;上肢出血,可根据伤部压迫腋动脉或肱动脉;下肢出血,可根据伤部压迫股动脉或腘动脉等。因主要动脉有侧支循环,故指压止血法效果有限且难以持久,不宜长时间使用,也不便于伤员的搬运和转送,只能作为止血的暂时应急措施。

(二)加压包扎止血法

加压包扎止血法是最为常用的止血方法,四肢周围血管的小动脉和静脉损伤出血大多可用此法止血。先将无菌纱布或敷料填塞或置于伤口,外加纱布或敷料垫压,再以绷带或三角巾加压包扎。包扎的压力要均匀,以能够止血而肢体远端仍有血供为度。使用绷带时要从肢体远端向近端包扎,包扎范围应足够大,以超出伤口2~3横指为宜。包扎后应将患肢抬高以增加静脉回流和减少出血,注意观察出血情况和肢体远侧循环,并迅速送至有条件的医院做进一步处理。

(三)填塞止血法

填塞止血法适用于颈部、臀部,其他大而深、难于加压包扎的伤口,以及实质性脏器的广泛渗血等。先用大量无菌纱布或敷料加压填塞于伤口,继用1~2层无菌纱布或敷料铺盖伤口,再加压包扎。一般术后3~5天开始慢慢取出填塞纱布,过早取出可能发生再出血,过晚则易引起感染。此法止血不够彻底,且可能增加感染机会。此外,在清创去除填塞物时,凝血块可能随填塞物被取出,导致又出现较大出血的情况。

(四)止血带止血法

止血带止血法适用于四肢大血管出血且加压包扎无法止血的伤口。常用的止血带有橡皮条(管)与气压止血带两种,紧急情况下也可使用三角巾、绷带等代替,但禁用细绳索或电线等。恰当使用止血带可挽救一些大出血伤员的生命,使用不当则可能带来严重的并发症,如肢体坏死、肾衰竭,甚至死亡。因此,要严格掌握其使用方法和注意事项。

1. 使用方法 首先确定使用止血带的部位,上肢缚于上臂上 1/3 处,下肢缚于大腿中上 1/3 处,距离伤口上方 10~15cm,前臂和小腿禁用止血带。然后在扎止血带的部位用 1~2 层软敷料垫好,将患肢抬高,尽量使静脉血回流。若用橡皮管止血,以左手拇、示、中指拿止血带头端,右手拉长另一端缠绕肢体 2 圈,松紧以不出血为度,将止血带末端放入左手示指、中指间拉回在肢体外侧固定;若用气压止血带,应先用驱血带驱血,再气压充气,要求压力适度达到有效止血。

2. 注意事项 使用止血带,以出血停止、远端无血管搏动为度。要标明止血带的时间,扎止血带的时间应越短越好。如需延长,应每隔 1~1.5 小时放松 1 次,待肢体组织有新鲜血液渗出后,再重新扎缚上,松开时伤口处要加压,以减少出血,若出血停止则不必重复使用。再次扎缚之前用无菌敷料压住伤口以免过多渗血。在解除止血带之前,要做好清创准备,备好止血器械之后再松止血带,以便迅速彻底止血。对失血较多者,应尽早输液、输血,防止休克和酸中毒等并发症的发生。严重挤压伤和远端肢体严重缺血者,慎用或忌用止血带。

(五)钳夹止血法

如有可能在伤口内用止血钳夹住出血的大血管断端,连同止血钳一起包扎在伤口内,迅速转送。切不可盲目钳夹以免损伤邻近神经或组织,影响修复。

(六)血管结扎法

无修复条件且需长途运送者,可初步清创后结扎血管断端,缝合皮肤,不上止血带,迅速转送。可减少感染机会,防止出血和出现长时间使用止血带的不良后果。

四、包扎

包扎可压迫止血,保护创面,固定创面敷料,减少污染,减轻疼痛,有利于搬运和转送。常用的包扎材料是绷带、三角巾等。包扎时动作要轻巧、准确、迅速,敷料要严密遮住伤口,绷带松紧适宜。包扎完毕应检查肢体远端血液循环是否正常,若完全阻断,应予放松,重新包扎。

在急救现场对颅脑伤口应将周围头发剃除或尽量剪短,并用生理盐水局部冲洗,以无菌纱布覆盖伤口并包扎。对开放性气胸应及时进行密封包扎,以改善呼吸。处理腹部开放性损伤时,如果有腹腔脏器膨出,切忌将污染的脏器纳入腹腔内,应先用无菌纱布覆盖,继而用纱布或毛巾做成环状保护圈(或用消毒碗)扣在膨出的脏器之上,再用三角巾或绷带包扎,避免脏器继续脱出、干燥或受压。开放性骨折外露的骨折端亦不应还纳,以免将污染物带入深部组织,应用消毒敷料或清洁布类进行严密的保护性包扎。

(一)常用的包扎方法

1. 绷带包扎法 是应用最普遍的一种伤口包扎法,包括环形包扎、螺旋形包扎、螺旋反折包扎、"8"字形包扎和回返包扎等。包扎要掌握"三点一走行",即绷带的起点、止点、着力点(多在伤处)和走行方向的顺序,确保既牢固又不太紧。

(1)环形包扎法:环绕肢体数圈包扎,每圈需重叠,用于胸腹和四肢等处小伤口及固定敷料。

(2)螺旋形包扎法:先环绕肢体数圈以固定始端,再斜向上环绕,后圈压住前圈的 1/2~2/3。适用于肢体周径变化不大的部位,如上臂和足部等。

(3)螺旋反折包扎法(图 5-1):先环绕肢体数圈以固定始端,再斜旋向上环绕,每圈反折 1 次,压住前圈的 1/2~2/3。适用于肢体周径变化较大的部位,如小腿和前臂等。

(4)"8"字形包扎法(图 5-2):先环绕肢体远端数圈以固定始端,再跨越关节一圈向上,一圈向下,每圈在中间和前圈交叉成"8"字形。适用于肢体关节部位的包扎。

（5）回返包扎法（图5-3）：多适用于头部、肢体末端或断肢部位包扎，用绷带多次来回反折，第一圈经常从中央开始，一左一右来回多次反折，直至全部包住伤口，用环形将所反折的各端包扎固定。

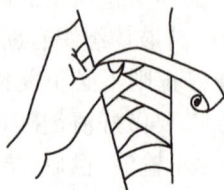

图5-1　螺旋反折包扎法　　　图5-2　"8"字形包扎法　　　图5-3　回返包扎法

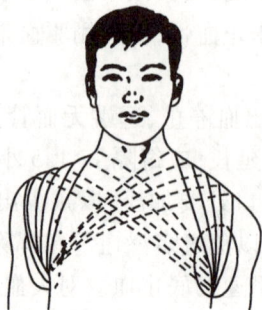

2. 三角巾包扎法　使用简单、方便、灵活，包扎面积大，效果好，操作快，适用于头面、胸腹、四肢等较大范围创伤的包扎，但不便加压，也不够牢固。使用时要求三角巾边要固定，角要拉紧，中心舒展，敷料贴体（图5-4、图5-5）。

图5-4　三角巾托臂包扎法　　　　　　图5-5　三角巾膝部包扎法

3. 多头带包扎法　多用于头面部较小的创面和胸、腹部的包扎。操作时，先将多头带中心对准覆盖好敷料的伤口，然后将两边的各个头分别拉向对侧打结。

4. 急救包包扎法　多用于头胸部开放性损伤。使用时拆开急救包，将包中备有的无菌敷料和压垫对准伤口盖住，再按三角巾包扎法将带系好。

5. 便捷材料包扎　就地取材，如毛巾、手绢、衣服等，利用最便捷的方法，采用最快的速度，对伤口或伤肢进行包扎。

（二）包扎的要求及注意事项

包扎动作要轻、快、准、牢，尽量不要在伤口上打结。包扎范围应超出伤口边缘5～10cm。松紧要适度，既要保证敷料固定和压迫止血，又不影响肢体血供。四肢包扎时，要露出指（趾）末端，以便随时观察肢端血液循环情况。遇有污染的外露骨折断端或腹内脏器，不可轻易回纳。若腹腔组织脱出，应先用干净的器皿保护后再包扎，不要将敷料直接包扎在脱出的组织上。

五、固定

现场急救中，临时固定一般用于骨关节损伤及较重的软组织损伤。固定可以限制受伤部位的活动范围，减轻痛苦，避免再损伤，并有利于防治休克和伤者搬运。

固定时应尽可能牵引伤肢和矫正畸形,将伤肢固定于适当位置,固定范围应包括骨折远端和近端2个关节。固定物多采用夹板、木棒及树枝等,如缺乏固定材料,可用自体固定法,如将上肢固定于胸壁,将受伤的下肢固定于健肢上。固定物与肢体之间要加衬垫,以防皮肤压伤。固定既要牢固又不可过紧,固定四肢时要露出指(趾)末端以便观察血液循环情况。开放性损伤应先止血、包扎,再固定。

六、搬运

伤员经初步处理后,需从现场送到救护站或医院进行治疗。正确的搬运可避免伤情加重。搬运方法多种多样,一般多采用徒手或担架搬运。徒手搬运包括扶行法、背负法、拖法、双人拉车式等。担架搬运方法:急救人员2~4人一组,将伤者水平托起,平稳放在担架上,脚在前,头在后,以便观察。抬担架的步调、行动要一致,平稳行进。向高处抬时,前面的人要放低担架,后面的人要抬高担架,向低处走时则相反,以使患者保持在水平状态。担架员应边走边观察伤员的生命体征,病情变化时应立即停下抢救,先放脚,后放头。

颅脑损伤者在搬运过程中,头部要加以固定,防止因晃动而加重伤情。

颌面伤者在搬运过程中,应采取健侧卧位或俯卧位,便于口内血液和分泌物流出,保持呼吸道通畅。

颈椎损伤在搬运过程中,应有专人牵引伤员头部,颈下须垫一小软垫,使头部与身体在同一水平位置,颈部两侧用沙袋固定或使用颈托,肩部略垫高,防止头部左右扭转和前屈、后伸。

疑有脊柱骨折的患者应尽量减少不必要的活动,以免引起或加重脊髓损伤。应由3~4人采取平卧式搬运法(图5-6),如人员不够可采取滚动式搬运法(图5-7)。如采用软担架则宜取俯卧位,以保持脊柱平直,禁止弯腰。

骨盆骨折的患者在搬运过程中,除包扎骨盆部外,臀部两侧也要用软垫或衣物垫好,并用布带将身体绑在担架上,以降低震动频率和减少疼痛。

开放性气胸患者,搬运过程中采取半卧位并斜向伤侧,同时要用敷料严密地堵塞伤口。

肢体离断的患者在搬运过程中,要注意离断肢体的保存。尽量采用干燥冷藏法(2~4℃)保存,即将断肢用清洁敷料包好,放入塑料袋中,再置于加盖的容器内,外周加冰块保存,断肢不能与冰块接触,防止冻伤,也不能用任何液体浸泡。

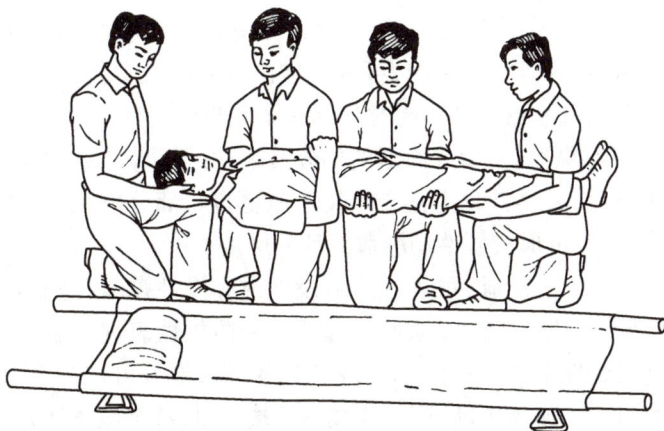

图5-6 平卧式搬运法

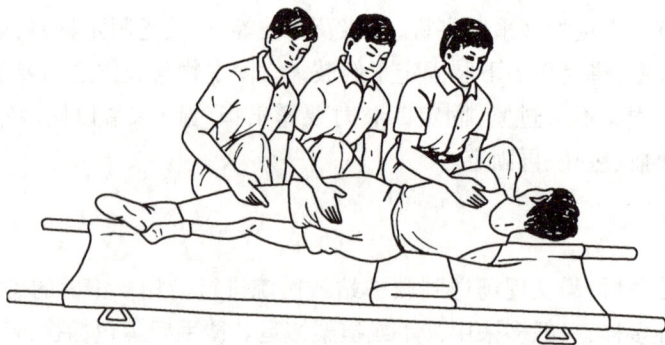

图 5-7 滚动式搬运法

第二节 周围血管损伤

周围血管损伤是指由创伤引起的血管断裂、破裂和血管受压、痉挛。无论平时或战时都较多见,常与四肢骨折脱位和神经损伤同时发生,周围血管损伤中动脉损伤多于静脉损伤,亦可见伴行的动静脉合并损伤和静脉的单独损伤。周围血管损伤常导致致命的大出血和肢体缺血性坏死或功能障碍。

一、病因病理

周围血管损伤可以分为开放性损伤和闭合性损伤两类。直接暴力和间接暴力均可导致周围血管损伤,但开放性损伤明显多于闭合性损伤。同时,需要判断是动脉还是静脉损伤。动脉开放性损伤可引起出血不止,导致休克,进而危及生命。动脉闭合性损伤无外出血,少有休克症状,多见于创伤后的四肢骨折和脱位,非常容易被遗漏。因此,对于四肢骨折和脱位病例,要注意伤肢远端血液循环,避免漏诊。周围血管损伤常见的病理类型有血管部分或完全断裂,血管痉挛,血管内膜损伤,血管受压,创伤性假性动脉瘤和动静脉瘘。

1. 血管断裂

(1) 完全断裂:四肢主要血管若完全断裂,多有大出血,可合并休克或肢体缺血性坏死。因血管壁平滑肌和弹力组织的作用,血管裂口收缩促使血栓形成,同时因为大出血或休克使血压下降,血栓较易形成,从而闭塞管腔,可减少出血或使出血自行停止。肢体缺血的程度取决于损伤的部位、范围、性质和程度,同时与侧支循环的建立有关。

(2) 部分断裂:可有纵形、横形或斜形的部分断裂,由于动脉收缩使裂口拉开扩大,不能自行闭合,常发生大出血,因此有时比完全断裂出血更多。部分出血可暂时性停止,但要警惕再次发生大出血。少数可形成假性动脉瘤或动静脉瘘。

2. 血管痉挛 多发生于动脉,可表现为节段性或弥漫性痉挛,是血管因拉伤或受骨折端、异物的压迫,以及寒冷或手术的刺激而引起的一种防御性表现。血管呈细条索状,血流受阻,甚则闭塞。通常情况下,痉挛可在 1~2 小时后缓解,部分可持续 24 小时以上,长时间血管痉挛常导致血栓形成,血流中断,可造成肢体远端缺血,甚至肢体坏死。

3. 血管内膜损伤 血管内膜挫裂伤或内膜与中层断裂,由于损伤刺激或内膜组织卷曲而引起血管痉挛或血栓形成。还可因血管壁变薄弱而发生创伤性动脉瘤,动脉内血栓脱落堵塞末梢血管。

4. 血管受压 因骨折、脱位、血肿、异物、夹板、包扎或止血带止血等引起。动脉严重受压可使血流完全中断,血管壁也因此受伤,引起血栓形成导致肢体远端缺血性坏死。

5. 创伤性假性动脉瘤和动静脉瘘 当动脉部分断裂加之出口狭小时,出血被局部组织张力所限而形成搏动性血肿,4~6周后血肿机化形成包囊,囊壁内面为新生血管内膜所覆盖,成为创伤性假性动脉瘤(图5-8),可压迫周围组织使远端血供减少。若伴行的动静脉同时在一个部分损伤,动脉血径直流向静脉而形成动静脉瘘(图5-9)。

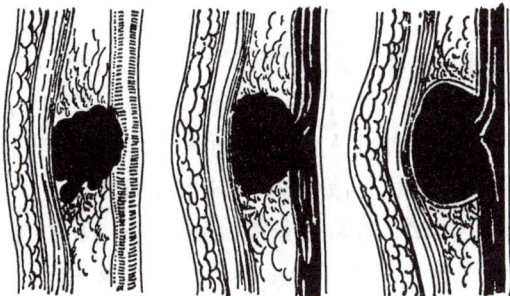

图5-8 创伤性假性动脉瘤

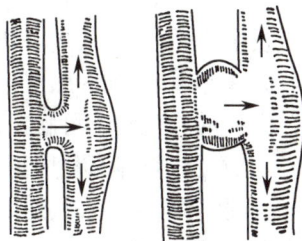

图5-9 创伤性动静脉瘘

二、诊断

周围血管损伤中最重要的是肢体主干动脉创伤。严重的血管创伤可导致患者迅速死亡或肢体坏死,为此必须快速做出诊断。周围血管创伤的主要诊断依据是外伤史和临床检查,并可以结合辅助检查,而早期诊断是关键。

周围血管开放性损伤,诊断相对容易。但在闭合性损伤中,如果怀疑有血管损伤时,应详细询问创伤性质、外力大小、作用力方向,结合受伤部位、主要症状,考虑血管有无损伤及损伤程度。例如要注意胸部降主动脉和腹部肠系膜动脉的疾驰减速伤,若救治不及时,常可导致伤员失血性休克和死亡。

1. 临床表现 肢体受伤时可产生疼痛,若合并血管损伤导致肢体缺血,可产生剧烈性疼痛;当肢体发生急性严重缺血时,皮肤感觉会很快减退或消失,肌肉无力并很快出现麻痹;还有可能出现出血、贫血及失血性休克情况;无论开放还是闭合性血管损伤,局部多有较大的血肿,若为开放性损伤,尚可伴有伤口难以控制的大出血,血管损伤后,肢体亦会很快肿胀起来,随着时间的拖延,如损伤没有得到处理、血液循环没有恢复,肢体肿胀会加剧;周围血管损伤,肢体远端血运发生障碍,如静脉损伤、静脉回流受阻、血流淤滞,皮肤明显发绀,随着时间延长则发绀加重;如是动脉受损,血液循环受阻,肢体远端皮肤苍白;由于血流中断或缓慢,皮温立即下降;动脉损伤后于相应动脉的远端不能触及动脉搏动。

2. 诊断要点

(1)病史:仔细询问外伤史,应注意创伤如骨折、脱位的情况,并了解是否伴有肢体发冷、皮肤苍白、麻木及感觉、运动障碍的症状。

(2)症状与体征

1)出血、低血压和休克:伤口若出血急促,血色鲜红,呈搏动性喷射状,为动脉出血;若出血呈暗红色,流出缓慢,为静脉出血。出血多少与创伤部位、程度、深浅有关。

2)皮肤颜色及温度改变:当肢体血液循环发生障碍时,患肢皮肤颜色会随之发生变化。

如动脉受阻,供血断绝,则皮肤呈苍白色。如血流减慢,则皮肤呈现发绀。若静脉回流受阻,血液瘀滞,则发绀加深。皮肤温度随局部血流速度改变,血流缓慢或停止时,皮温下降。但是仅仅对受伤侧肢体温度的改变进行测量,不能作为判断血液循环是否异常的根据。肢体的血液循环,特别是肢体末梢的血液循环,经常随环境温度或其他因素而变化,温度波动范围很大,必须与身体对称部位的皮温相对照,才有参考价值。若患侧较健侧低2℃以上,表示患侧血流已缓慢;若低4℃以上,则说明血液循环有严重障碍。

3)疼痛:肢体缺血可产生疼痛,急性缺血可发生剧烈疼痛。疼痛产生的主要原因可能是血液循环中断后,肢体远端缺血、缺氧所致。另外,也可以由于动脉突然创伤或受阻,刺激动脉壁的神经而产生疼痛。

4)肿胀:在血管闭合性损伤时,肿胀较常见。血管损伤可导致肢体肿胀,肢体肿胀可引起组织发生微循环障碍,进一步加重肢体缺血。前臂和小腿的肌肉,包在较厚韧的筋膜中,肿胀后无缓冲余地,如肿胀严重,持续时间较长,即使浅在的主要动脉(如桡动脉或胫前、后动脉)通畅,动脉搏动仍可触及,肌肉也可因缺血而坏死液化,发生缺血性肌挛缩。

5)感觉及运动障碍:周围神经末梢及肌肉组织,对缺血非常敏感,当肢体发生急性严重缺血时,皮肤感觉会很快减退或消失,肌肉发生麻痹。由于血液循环障碍而发生感觉消失及肌肉麻痹,表明组织缺血程度已十分严重。

6)血肿:可为进行性增大或搏动性血肿(动脉损伤),亦可为缓慢增大的非搏动性血肿(静脉损伤)。搏动性血肿多发生在血管闭合性损伤,动脉壁部分破裂或完全断裂,较多量的出血积存在肌肉和筋膜之间,动脉破口未闭合,血肿与动脉管腔相通,血肿随心脏搏动而搏动,并且常可听到血流杂音。血肿张力过大,可压迫伤肢侧支循环,进一步加重伤肢缺血。如伤肢能够存活,血肿又未及时处理,晚期可形成创伤性假性动脉瘤。

(3)辅助检查

1)X线检查:常规的X线片可以显示有无骨折、脱位、弹片异物,及其位置与大血管的关系。

2)动脉造影、数字减影血管造影(DSA)和CT血管成像(CTA):此三者对诊断帮助很大。当诊断和定位困难时,可做动脉造影。动脉造影可显示动脉断裂、多处伤、创伤性动脉瘤或动静脉瘘等。但对怀疑有动脉损伤的急性缺血病例,不必进行常规动脉造影,以免耽误急救时间,使病情加重。

3)多普勒血流检测、彩色多普勒血流图像、双功能超声扫描和超声波血流探测:对血管损伤的诊断有一定帮助。超声检查可观察伤肢血流量及动脉压力,为无创检查,但假阴性率较高。

三、治疗

周围血管损伤的处理首先重在快速诊断与及时止血,抗休克,抢救生命;其次是做好伤口的早期清创,正确修复损伤血管,尽早恢复肢体的血供,保全肢体,降低致残率;处理好骨关节和神经等并发性损伤,密切观察和防治感染、继发性出血和血栓形成等,最大限度地恢复肢体功能。

1. 急救止血

(1)加压包扎止血法:四肢血管损伤大多可用加压包扎法止血,止血效果良好。紧急情况下,无消毒敷料和设备时,可用指压止血法。使用止血带止血要注意记录时间,防止并发症。

(2)血管钳止血法和血管结扎法:在医院检查创伤时,如有明显的动脉出血,可用血管钳夹住出血的动脉,送手术室进一步处理,但要防止钳伤血管邻近的神经和正常血管。对无修复条件而需长途运送者,经初步清创后,结扎血管断端,疏松缝合皮肤,不用止血带,立即转运。

2. 休克和多发性损伤的处理　四肢血管损伤因严重出血常伴有低血压与休克而威胁伤员生命,故应首先止血和输血、输液,补充血容量与抗休克,纠正脱水和电解质紊乱,同时迅速处理危及生命的内脏伤和多发性损伤。

3. 清创与探查术　对于开放性血管损伤,创口清创后再进行损伤血管的清创、探查和修复。及时彻底的清创是防治感染与成功修复血管的基础及重要环节,应争取在 6~8 小时内清创完成。如果有如下探查术的指征,血管探查术应尽早进行。

（1）肢体远端动脉搏动消失,皮温下降,皮肤苍白或发绀,感觉麻木、肌肉瘫痪、屈曲挛缩、伤口剧痛。

（2）伤肢进行性肿胀,伴有血液循环障碍。

（3）伤口反复出血,骨折已整复,但缺血症状仍未消除者。

4. 血管痉挛的处理　预防为主,及时解除骨折断端与异物的压迫,用温盐水纱布覆盖创面,减少创伤、寒冷、干燥和暴露的刺激。无伤口而疑有动脉痉挛者,可试用利多卡因阻滞交感神经,也可口服或肌注盐酸罂粟碱。经上述处理仍无效者,应及早探查动脉。

5. 手术治疗　周围血管中动脉按重要程度可分为三类:①结扎后必将引起严重并发症的动脉,如主动脉、头臂干动脉、颈总动脉、肾动脉、髂总动脉、股动脉和腘动脉等,此类动脉必须要修复;②结扎后可能产生严重后果的动脉,如锁骨下动脉、腋动脉、肱动脉及大部分腹腔内的动脉等,此类动脉应力争修复而不能轻易结扎;③除上述以外的动脉,如单纯的尺或桡动脉、胫前或胫后动脉、腓动脉、颈外动脉和髂内动脉等,此类动脉若因条件所限可结扎。

周围血管损伤中的大静脉损伤,如股静脉和腘静脉,宜修复。同时妥善处理血管周围的组织损伤,如骨折、肌腱和神经断裂等。

血管损伤后,修复能否成功,不单纯取决于血管缝合技术的好坏,还包括损伤血管的清创是否理想,痉挛的血管是否得到有效缓解,缝合材料的质量如何,以及血管本身及周围组织的条件等。常见的修复方法如下:

（1）血管部分损伤修复术:适用于血管被锐器整齐切割不超过血管周径 1/2,无须扩创者。不适用于火器伤与需清创的锐器伤或挫伤。先用无创血管夹分别将受损血管两端夹住,再用肝素溶液冲洗血管腔,去除凝血块,切除少许不整齐边缘,根据管径大小选用 3-0 至 7-0 的血管缝合线做纵行或横行连续缝合,尽量不要缩小管径。

（2）血管裂口修复术:适用于伤口比较整齐清洁的锐器伤。如裂口较小,可用 5-0 或 7-0 的血管缝合线,间断或连续缝合裂口,缝合口应与血管长轴垂直。如裂口较大,直接缝合将导致管腔狭窄者,可取伤口附近自体小静脉一段,纵向切开制成片状,缝补在裂口上。

（3）血管端端吻合术:重要血管断裂,有条件的应努力行端端吻合,要求吻合处无张力。如血管缺损 2cm 左右,游离血管上下各一段即可。如长度仍不足,可屈曲关节克服不足和消除张力。吻合方法是用无创动脉夹夹住血管两断端,切除血管两端多余的外膜,用肝素溶液冲洗断端血管腔去除血栓,同时保持血管组织的湿润度。

（4）血管端侧吻合术:血管搭桥、血管移位吻合或带血管蒂游离组织移植,有时做端对侧血管吻合。准备做吻合的管壁口最好切成梭形,管端口切成马蹄形,以增加吻合口的口径。端对侧吻合时,两个血管的交角不宜过大。粗的血管可用连续缝合,细的血管应间断缝合。

（5）血管移植术:四肢较大血管缺损不能直接缝合时,可用移植法桥接血管。

1）自体静脉：是血管移植的首选材料。可供移植的有大隐静脉，口径 4~6mm，可切取长度约 50~60cm；头静脉，口径约 4mm，可切取长度 40~50cm；颈内静脉，口径约 18mm，可切取 8cm。自体静脉移植的优点是其符合生理要求，特别在关节附近可以耐受屈伸，移植后栓塞率低。自体静脉移植的缺点为耐受感染力较差，感染后容易破溃大出血。

2）同种异体血管：异体动、静脉在经深低温冷冻处理后进行血管移植可以成活，并且没有明显排异反应，通畅率也较高。

3）涤纶及聚四氟乙烯（PTFE）人工血管：可以制成不同口径及长度，适用于桥接较大口径的血管缺损。人工血管的优点是使用方便，粗细长短可任意选择。人工血管在周围组织缺血的情况下也具有耐受性，并且在组织感染时也不会造成破溃从而引发大出血，因此在软组织覆盖较差、创面污染较重、血管床条件不理想的情况下，可以选用人工血管。缺点是价格昂贵，容易形成血栓，对于直径小于 4mm 的血管不能采用。

（6）显微血管吻合术：血管吻合的质量直接影响血管修复的成败。较细的血管，特别是直径小于 3mm 的血管，均应在手术显微镜或放大镜下吻合。显微镜下手术，可以容易识别血管损伤情况，提高血管吻合质量，从而显著地增加血管吻合的成功率。

6. 术后处理　术后最常发生的主要问题有血容量不足、急性肾衰竭、伤肢血液循环障碍、伤口感染和继发性出血等。

（1）体位：保持伤肢与心脏处于同一水平面，不可过高或过低。如静脉回流不畅，可稍抬高。

（2）固定：为使血管吻合处无张力，以及免缝线裂开引起大出血或创伤性动脉瘤，术后可用石膏托固定患肢关节于半屈曲位 4~5 周。去除外固定后逐渐进行屈、伸关节功能锻炼。

（3）密切观察患者全身情况：包括温度、呼吸、脉搏、血压、神志和血尿常规检查，尤其有合并损伤者更应密切观察。积极防治急性肾衰竭，纠正水电解质紊乱，补充血容量。

（4）密切观察伤肢血液循环：术后 24 小时内密切观察患肢脉搏、皮肤温度、颜色、感觉、肌肉活动和毛细血管充盈时间等是否正常，每小时记录 1 次。如患肢远端皮肤苍白、皮温骤降、脉搏减弱或消失而肿胀不明显，多为动脉危象，应即行手术探查。如患肢肿胀与发绀明显，血液回流不良，抬高患肢而不能改善者，多为静脉危象，应即行手术探查。

（5）预防感染：感染可引起血管栓塞导致血管修复失败，还可引起继发性大出血而危及伤者生命，故应积极防治。具体方法是正确使用抗生素，认真处理伤口，保持引流通畅。

（6）预防血管痉挛：避免引起血管痉挛的不良因素如寒冷、吸烟、情绪紧张等。可用罂粟碱肌注以缓解血管痉挛。

（7）抗凝药物的使用：术后每天静脉输入低分子右旋糖酐 500ml，连续 3~5 天，降低血液的黏滞度。3~5 天后，根据情况再酌情使用抗血小板或抗凝药。血管修复的成功主要取决于血管缝合的质量，不宜术后立即使用全身抗凝剂，以免增加出血危险。

（8）避免继发性大出血：继发性大出血多发生在术后 1~2 周，是一种严重并发症，原因多为止血不良、感染、吻合处血管破裂、被修复血管裸露而受到引流物压迫坏死、动脉损伤漏诊或使用抗凝药物不当等。应立即清除血肿，止血，次要动脉宜结扎，重要动脉应争取修复。伤口感染严重或肌肉广泛坏死者需截肢。床旁应常备止血器具和敷料等。

7. 中医治疗

（1）寒滞经脉：表现为四肢怕冷，发凉，疼痛，麻木，遇冷后症状加重，遇暖减轻。肤色或为苍白，舌淡紫，苔薄白，脉沉紧或涩。当温经散寒、化瘀通络，用当归四逆汤与桃红四物汤合方化裁。

（2）瘀阻经脉：肢体肿胀刺痛，局部瘀血瘀斑和压痛明显，舌质青紫，脉弦紧或涩。当活血化瘀、通络止痛，用桃红四物汤与圣愈汤合方化裁。

（3）经脉瘀热：肢体灼热，疼痛，肤色或为紫暗，舌紫暗或有瘀斑，舌尖或红，苔薄黄，脉弦紧或濡。当清热化瘀，用四妙勇安汤与桃红四物汤合方化裁。

（4）湿阻经脉：肢体水肿、胀痛，抬高肢体症状可以减轻，舌淡紫，舌体胖大，苔白腻或厚腻，脉沉紧或濡。治以益气活血、利湿通络，用济生肾气丸与五苓散加减。

（5）伤口感染：按痈和附骨疽分三期"消""托""补"施治；继发性大出血，又当辨证施治，或益气止血，或清热化瘀止血等。

第三节　周围神经损伤

周围神经包括脊神经、脑神经和内脏神经。脊神经指的是与脊髓相连的周围神经部分，由 31 对成对分布的神经组成。脑神经是指与脑干和端脑相连的部分，由 12 对成对分布的神经组成。内脏神经是指分布于体腔内脏器、心血管和腺体组织的周围神经部分。

从功能上划分，周围神经系统可分为感觉神经和运动神经两大部分。周围神经由脊髓前根（运动神经）、后根（感觉神经）合并后，经椎间孔发出，是中枢神经系统和身体各部之间传导神经冲动的组织。包括感觉神经纤维、运动神经纤维和自主神经系统的传出及传入纤维。神经纤维由神经元突起和突起外膜组成，许多神经纤维集结成神经束。若干神经束组成神经束组，神经干由神经束组集合而成。周围神经干外面有神经外膜包裹。神经束外的结缔组织膜是神经束膜。神经束膜进入神经束内，分布于神经纤维之间，形成神经内膜。

周围神经损伤比较常见，常继发于四肢开放性损伤、骨折和暴力牵拉等。上肢神经损伤多于下肢，而上肢神经损伤中，桡神经损伤发生率居第一位，其次为尺神经损伤。周围神经损伤常并发于骨、关节、血管和肌肉肌腱等损伤，严重影响肢体运动及感觉功能。周围神经损伤早期处理恰当，大多可获得较好效果，神经的晚期修复也能获得一定疗效。

周围神经损伤属中医学"痿证"范畴，可归于"肉痿"类，又名"肢痿"。唐代蔺道人《仙授理伤续断秘方》载："打仆伤损，骨碎筋断，瘀血不散……筋痿力乏，左瘫右痪，手足缓弱。"指出了四肢瘫痪与损伤的关系。

一、病因病理

（一）周围神经损伤的原因及分类

1. 损伤原因　一般多见于肢体创伤，战时多为火器伤。根据受伤部位的皮肤或黏膜是否破损，可将周围神经损伤分为闭合性损伤和开放性损伤。

（1）开放性损伤

1）火器伤：枪弹伤或弹片伤，常合并开放性骨折，肌肉、肌腱与血管损伤，且伤口常被污染，多导致神经传导功能障碍、轴索中断，或晚期形成神经内瘢痕。

2）撕裂伤：由牵拉造成的神经边缘不整齐的断裂或一定程度的神经缺损，神经干完全断裂或部分断裂，伤口边缘多不整齐，软组织损伤较重。

3）切割伤：玻璃和刀具等利器切割伤，多见于手、腕或肘部等，大多边缘整齐，伤口污染不严重，损伤多为尺神经、正中神经和指神经等，应尽快清创，修复神经。

（2）闭合性损伤

1）牵拉伤：神经受到过度牵拉可造成神经功能障碍或轴索中断，甚至神经离断，如肩、肘、髋关节脱位与长骨骨折引起的神经被过度牵拉所致的损伤。

2）挤压伤：多为骨折断端、脱位的关节骨端压迫神经，或石膏和小夹板缚扎过紧、止血带缚扎过久压迫所致。

3）挫伤：最为常见，钝性暴力冲击神经所致，神经纤维及鞘膜完整，一般表现为不完全损伤，仅功能出现障碍，多数可自行恢复。

4）神经断裂：多由锐利的骨折断端切割造成，如肱骨中下段骨折和肱骨髁上骨折造成的桡神经或正中神经损伤。

2. 损伤分类

（1）神经断裂：多见于开放性损伤造成的完全性与不完全性断裂，前者表现为感觉与运动功能完全性丧失并发肌肉神经营养不良性改变，后者为不完全性丧失。

（2）轴索断裂：轴索断裂而鞘膜完好，但神经功能丧失，多见于挤压或牵拉损伤。当致伤因素解除后，受伤神经多在数月内完全恢复功能。

（3）神经失用：神经轴索和鞘膜完整，但神经传导功能障碍，可持续几小时至几个月，多因神经受压或外伤引起，预后良好，大多可以恢复。

（二）周围神经损伤的病理过程

周围神经损伤后，所支配的肌肉瘫痪，肌细胞逐渐萎缩，细胞间纤维细胞增生，运动终板变形，最后消失；其感觉神经分布区的各种感觉丧失，肌肉可出现营养不良性退变。神经纤维在一定条件下可以再生，如能及时良好缝合修复离断的神经，远期效果较好。

周围神经断裂后远端的神经轴索和髓鞘坏死碎裂，2~8周后被施万细胞消化及吞噬细胞吞噬而发生沃勒变性（Wallerian degeneration），施万鞘随之空虚塌陷；近端神经轴索和髓鞘只有一小段发生退变。以后神经膜细胞增生复原。神经修复术之后一段时间，近端神经轴索才开始以每日1~2mm的速度经施万管向远端长入，再生的神经纤维数由少到多，由细到粗，有髓鞘的再生髓鞘，无髓鞘的不再生髓鞘。神经如未修复，近端再生的神经纤维在断裂处与施万细胞及结缔组织形成假性神经瘤。

二、诊断

1. 临床表现

（1）臂丛神经损伤：主要表现为患侧上肢下垂，上臂内收，不能外展外旋，前臂内收伸直，不能旋前旋后或弯曲，肩胛、上臂和前臂外侧有一狭长的感觉障碍区。臂丛下部损伤表现为手部小肌肉全部萎缩而呈爪形，手部尺侧及前臂内侧有感觉缺失，有时出现霍纳综合征。

（2）腋神经损伤：主要表现为患侧肩关节外展幅度减小，三角肌区皮肤感觉障碍。三角肌肌萎缩，肩部失去圆形隆起的外观，肩峰突出，形成"方形肩"。

（3）肌皮神经损伤：主要表现为患侧无法进行正常的屈肘动作，前臂不能够旋后，还可能引起肱二头肌萎缩、肱二头肌肌腱反射减弱或者消失。肌皮神经受伤后肱二头肌、肱肌及前臂外侧的皮肤感觉障碍。

（4）正中神经损伤：主要表现为患侧第一、二、三指屈曲功能丧失；拇对掌运动丧失；大鱼际肌萎缩，出现"猿掌"畸形；示指、中指末节感觉消失。

（5）桡神经损伤：主要表现为患侧伸腕力消失，而"垂腕"为一典型病症；拇外展及指伸肌力消失；手背第一、二掌骨间感觉完全消失。

（6）尺神经损伤：主要表现为患侧第四和第五指的末节不能屈曲；骨间肌瘫痪，手指内收外展功能丧失；小鱼际萎缩变平；小指感觉完全消失。

（7）股神经损伤：主要表现为患侧股前肌群瘫痪，行走时抬腿困难，不能伸小腿。股前面及小腿内侧面皮肤感觉障碍。股四头肌萎缩，髌骨突出。膝反射消失。

（8）坐骨神经损伤：坐骨神经完全断伤时，临床表现与胫腓神经联合损伤类同。踝关节与趾关节无自主活动，足下垂而呈马蹄样畸形，踝关节可随患肢移动呈摇摆样运动。小腿肌肉萎缩，跟腱反射消失，膝关节屈曲力弱，伸膝正常。小腿皮肤感觉除内侧外，常因压迫皮神经代偿而仅表现为感觉减退。坐骨神经部分受伤时，股二头肌常麻痹，而半腱肌和半膜肌则很少受累。另外，小腿或足底常伴有跳痛、麻痛或灼痛。

（9）腓总神经损伤：垂足畸形，患者为了防止足趾拖于地面，步行时脚步高举，呈跨越步态；足和趾不能背伸，也不能外展外翻；足背及小趾前外侧感觉丧失。

2. 诊断要点

（1）病史：仔细询问外伤史，了解损伤的时间、原因及现场情况，判断损伤的性质与程度。应注意创伤如骨折、脱位的情况，并了解是否伴有肢体发冷、皮肤苍白、麻木及感觉、运动障碍的症状。

（2）症状与体征

1）感觉障碍：周围神经损伤后所支配的皮肤发生感觉障碍，检查各部位神经自主支配区的感觉变化，以便为神经损伤定位。临床检查注意痛觉、触觉、温觉和两点辨别觉的变化。由于各神经感觉分布区的边界有互相重叠现象，因此受伤后短时间内感觉障碍仅表现为感觉区域的略缩小，这是附近神经的替代作用，而非损伤神经的再生现象。深感觉为肌肉和骨关节的感觉，可检查手指或足趾的位置觉和用音叉检查骨突出部的震动觉。感觉障碍可用6级法来判断其程度。

2）运动障碍：神经损伤后所支配的肌肉瘫痪，该神经所支配的肌腱反射减弱或消失。通过检查肌肉瘫痪的程度和范围，可判断神经损伤的程度、范围和平面。肌力分为6个等级，通过肌力分级检查可了解运动障碍的程度。在检查肌肉功能时，要分辨协同肌的补偿功能或假象，不能单纯以关节活动为依据，避免漏诊或误诊。例如肱二头肌麻痹时，可有肱肌、肱桡肌、旋前圆肌和桡侧腕屈肌来屈肘；屈腕肌麻痹时，可有屈指肌和掌长肌来屈腕。

3）畸形：由于神经损伤，肌肉瘫痪而致特定畸形改变。如桡神经损伤后出现的垂腕垂指畸形，尺神经损伤后出现的"爪形手"畸形，正中神经损伤后出现的"猿手"畸形，腓总神经损伤后出现的足下垂畸形等。

4）腱反射的变化：神经受伤后，相关肌腱的反射即消失。如坐骨神经损伤后跟腱反射消失，上臂肌皮神经受伤后肱二头肌腱反射消失。

5）自主神经功能障碍：周围神经损伤后所支配的皮肤出现营养障碍，如无汗、干燥、灼热和发红等，晚期皮肤发凉，失去皱纹，变得平滑、少汗、干燥，毛发过多和指甲变形。可做出汗试验以判断交感神经是否损伤。方法是在伤肢上先涂以2%碘溶液，干后涂抹一层淀粉，然后用电灯烤，同时嘱患者饮热开水并适当运动，以使其出汗，若出汗区表面转变为蓝色，无汗区表面不变色，则表明无汗区有交感神经损伤。

6）Tinel征：是指叩击神经损伤的部位或其远侧，而出现其支配皮区的放电样麻痛感或蚁行感，检查结果即为阳性，代表神经再生的水平或神经损害的部位。临床上常以此推测神经再生的情况，Tinel征若停滞不前，说明神经纤维生长受阻；若远端反应敏感且越来越明显，表示神经生长良好。

（3）辅助检查

1）肌电图检查：神经断裂后，主动收缩肌肉的动作电位消失，2~4周后出现去神经纤颤电位。神经再生后，去神经纤颤电位消失，而表现为主动运动电位。该项检查可帮助周围神经损伤与脊髓前角细胞病变、肌肉病变和癔症等进行鉴别诊断,亦可帮助判断周围神经损伤的范围和程度,观察周围神经修复及功能恢复情况。

2) 诱发电位检查:目前临床上常用的有感觉神经动作电位(SNAP)、肌肉动作电位(MAP)和躯体感觉诱发电位(SEP)等,主要用于诊断神经损伤,评估神经再生、预后情况及指导神经损伤的治疗。

3) 神经传导速度检测:神经传导速度是研究神经在传递冲动过程中的生物电活动,分为感觉神经传导速度和运动神经传导速度。检测神经传导速度不仅对于神经损伤具有很大诊断价值,其对神经再生和预后的评估也有指导意义。

三、治疗

周围神经损伤的治疗目标是修复受损神经,恢复神经的连续性,最大限度恢复神经功能。可根据肢体和神经损伤的具体情况采用手术或非手术疗法。开放性损伤合并神经断裂,根据伤口情况,行一期神经修复或二期修复。肢体闭合性损伤合并神经损伤,大部分属于神经失用或轴索断裂,常无须手术治疗,多能自行恢复,少部分属于神经断裂,需手术治疗。

(一)非手术疗法

1. 妥善保护患肢　避免冻伤、烫伤与压伤及其他损伤等。

2. 复位解除骨折断端和关节骨端的压迫　凡因骨折脱位导致神经损伤,首先应整复骨折与脱位并加以固定,解除骨折断端和关节骨端对神经的压迫。未断裂的神经,在1~3个月逐渐恢复功能;如神经断裂或嵌入骨折断端或关节面之间,则应尽早手术探查处理。

3. 外固定　神经损伤合并肢体肌肉瘫痪,为避免拮抗肌将关节牵拉到畸形位引起的关节僵直,需用外固定器具等将患肢固定于功能位。如桡神经损伤引起的腕下垂,可用掌侧板或康复支具固定患腕于背伸位。

4. 手法治疗和功能锻炼　可保持肌张力,防治肌肉萎缩、肌纤维化、关节僵硬及关节畸形等。手法操作由肢体近端到远端,反复捏揉数遍,强度以肌肉感觉酸胀为宜,可涂搽活血酒;瘫痪较重者用弹筋法和穴位推拿法。上肢取肩井、肩髃、曲池、尺泽、手三里、内关和合谷等穴,下肢取环跳、承扶、殷门、血海、足三里、阳陵泉、阴陵泉、承山、三阴交、解溪和丘墟等穴,强刺激以得气为度。最后,在患肢上来回揉搓1~2遍结束。功能锻炼应着重练习患肢各关节的运动功能,待肌力逐步恢复,可训练抗阻力活动。

5. 药物治疗　损伤致经络气滞血瘀,筋脉失养。症见肢体瘫痪,张力减弱,感觉迟钝或消失,皮肤苍白湿冷,汗毛脱落,指甲脆裂,舌质紫暗或有瘀斑,脉弦涩。早期治宜活血化瘀,益气通络,用补阳还五汤加减。后期在此基础上重用补肝肾、强筋骨之药,外用骨科外洗方熏洗。

6. 针灸治疗　根据证候循经取穴配以督脉相应穴位,用强刺激手法或电针治疗。①正中神经损伤:取手厥阴心包经穴,如天泉、曲泽、郄门、间使、内关、大陵、劳宫、中冲等;②桡神经损伤:取手太阴肺经穴,如中府、侠白、尺泽、列缺、鱼际、少商等;③尺神经损伤:取手少阴心经穴,如少海、通里、阴郄、神门、少府、少冲等;④腓总神经损伤:取足少阳胆经穴和足阳明胃经穴,如阳陵泉、外丘、光明、悬钟、丘墟、足窍阴、足三里、丰隆、上巨虚、下巨虚、解溪、冲阳、内庭等;⑤胫神经损伤:取足太阳膀胱经穴和足太阴脾经穴,如委中、合阳、承筋、承山、阴陵泉、地机、三阴交、商丘、公孙、太白、隐白等。

(二)手术疗法

周围神经损伤修复的手术时机,原则上越早越好。神经损伤的修复可分为一期修复(伤后 6~8 小时内)、延迟一期修复(伤口愈合后 2 周内)、二期修复(伤后 1~3 个月)和晚期修复(伤后 6 个月以上)。根据神经损伤的性质和范围,二期修复术有神经缝合术、神经松解术、神经转移术、神经移植术和神经植入术等。

1. 神经缝合术 方法有神经外膜缝合术、神经束膜缝合术和神经束膜外膜联合缝合术。神经外膜缝合术主要用于周围神经近端损伤的缝合,以神经干和神经束断端的形态、神经干表面营养血管为标志,尽量精确缝合神经外膜,如臂丛神经和坐骨神经等。神经束膜缝合术是在显微镜下分离出两断端的神经束,然后将相对应的神经束膜缝合。为减少粘连,神经束的缝合平面相互错开,每束缝合 1~2 针。神经束膜缝合和神经束膜外膜联合缝合术主要用于周围神经远端损伤的缝合,如腕部正中神经与尺神经,腘部腓总神经和胫神经等。

2. 神经松解术 方法有神经外松解术和神经内松解术。神经外松解术能解除神经所受的直接压迫,游离和切除神经周围瘢痕组织。神经内松解术是在神经外松解术的基础上,切开或切除病变段神经外膜,分离神经束间粘连,切除束间瘢痕组织。

3. 神经转移术 并行的两根神经缺损严重而无法缝合者,可将其中一条不重要的神经或部分正常神经离断,将其近端转移到较重要的需要恢复肌肉功能的受损伤神经的远端,重建失神经支配的肌肉功能。

4. 神经移植术 适用于神经缺损超过 2~4cm 或超过该神经直径的 4 倍,用局部神经转移术、神经改道移位或屈曲关节等方法无法达到无张力缝合者,则需进行神经移植术。神经移植的方法有神经干移植、束间神经电缆式移植和带血管蒂神经移植术等。腓肠神经和桡神经浅支,是最常用的供区神经。

5. 神经植入术 当神经远端在进入肌肉处损伤,无法进行吻合时,则将神经近端分成若干神经束,植入肌肉组织内,通过重新长入原运动终板或再生新的运动终板,恢复神经的部分功能。将感觉神经近端植入皮肤下可恢复皮肤的感觉功能。

第四节 创伤性休克

创伤性休克是指因为机体遭受严重创伤,导致出血与体液渗出,使有效循环血量锐减,微循环灌注不足,引起器官缺血、缺氧和红细胞代谢障碍为主要表现的一种复杂的临床综合征。创伤性休克是严重创伤的常见并发症。

一、病因病理

创伤性休克与大出血、体液渗出、剧烈疼痛、恐惧、组织坏死分解产物的吸收和创伤感染等导致机体神经、循环、内分泌等生理功能紊乱的因素有关。

根据创伤后休克的病因大致可分为:①创伤性低血容量性休克;②创伤性心源性休克;③创伤性血管源性休克;④创伤性神经源性休克;⑤创伤后感染性休克。其中以创伤性低血容量性休克最为常见。

1. 失血 创伤导致出血引起血流灌注不足。正常成年人总血量占体重的 7%~8%,约 4 500~5 000ml。一般来讲,一次突然失血量不超过总血量的 15%(约 750ml)时,机体通过神经体液的调节,可代偿性地维持血压于正常范围,此时如能迅速有效地止血、输液或输血等,可防止休克的发生。如失血量达到总血量的 25%(约 1 250ml)时,由于大量失血,有效循环血量减少,微循环灌注不足,全身组织和器官出现氧代谢障碍,即发生轻度休克。当失血量达到总血量的 35%（约 1 750ml）时，即为中度休克；当失血量达到总血量的 45%（约 2 250ml）时，为重度休克。

2. 神经内分泌功能紊乱　严重创伤和伴随发生的症状，如疼痛、恐惧、焦虑与寒冷等，都将对中枢神经产生不良刺激，当这些刺激强烈而持续时，可扩散到皮质下中枢而影响神经内分泌功能，导致反射性血管舒缩功能紊乱，末梢循环障碍而发生休克，同时内分泌改变使血糖升高。末梢循环障碍还可致器官严重缺血缺氧，组织细胞变性坏死，引起器官功能不全，严重者可发生多器官衰竭，使休克加重。

3. 组织破坏　严重的挤压伤，可导致局部组织缺血和组织细胞坏死。当压力解除后，由于局部毛细血管破裂和通透性增高，可导致大量出血、血浆渗出和组织水肿，有效循环血量下降，局部组织缺血，细胞氧代谢障碍加重，组织细胞出现坏死，释放出酸性代谢产物和钾、磷等物质，可引起酸碱平衡和电解质紊乱。血管的通透性和舒缩功能遭到破坏，使血浆大量渗入组织间隙中，造成有效循环量进一步下降，导致休克的发生或加重休克程度。

4. 细菌毒素作用　由于创伤继发严重感染，细菌产生大量的内、外毒素。这些毒素进入血液循环，均可引起中毒反应。并通过血管舒缩中枢或内分泌系统，直接或间接地作用于周围血管，使周围血管阻力发生改变，小动脉和毛细血管循环障碍，有效循环血量减少，动脉压下降，导致脓毒症休克产生。另外，毒素还可直接损害组织，增加毛细血管的通透性，造成血浆丢失，使创伤性休克的程度加重。

休克病理过程可分为休克代偿期、休克失代偿期（代偿衰竭期）和休克晚期（严重期）三个阶段。如休克不能及时纠正，常可产生弥散性血管内凝血（DIC）现象，使微循环衰竭更加严重，预后亦差。

二、诊断

1. 临床表现　血压下降、面色苍白、出冷汗、脉搏频弱、尿量减少和神情淡漠等。

2. 诊断要点

（1）病史：创伤性休克有明显和较严重的外伤史，如撞击、高处坠落、机器绞伤、重物打击、挤压和火器伤等。休克的临床表现与其严重程度有关。

（2）症状与体征

1）意识与表情：轻度休克，患者表现为兴奋、烦躁、焦虑或激动。随着休克的加重，患者表现有表情淡漠或意识模糊到神志不清与昏迷等。

2）皮肤：面色苍白，口唇发绀，皮肤湿冷。严重时有瘀斑，四肢厥冷，表浅静脉不充盈，毛细血管充盈时间延长。

3）脉搏：脉率增快，常可超过 120 次/min。当出现心力衰竭时，脉搏变缓慢且微细欲绝。

4）血压：上肢收缩压<12.0kPa（90mmHg）且舒张压<8.0kPa（60mmHg）即认为发生了休克。在休克早期或代偿期，由于周围毛细血管收缩，血压波动不大。随着休克加重，收缩压降低，舒张压升高，脉压减小，脉搏增快。血压的变化要参照患者的基础血压而定，当血压下降超过基础血压的30%，脉压<30mmHg 时，要考虑休克的发生。

5）呼吸：休克患者常有呼吸困难和发绀。如出现代谢性酸中毒时，呼吸急促深快；严重代谢性酸中毒时，呼吸深而慢；发生呼吸衰竭或心力衰竭时，出现严重呼吸困难。

6）尿量：尿量是内脏血液灌注量的一个重要标志，尿量减少是休克早期的征象。若每小时尿量少于25ml，常提示肾脏血液灌注量不足，有休克存在。应留置尿管，连续观测尿量、比重、pH 值、电解质和蛋白等,预测休克的程度和发展。

(3) 辅助检查

1) 血红蛋白及血细胞比容测定:此两项指标升高,常提示血液浓缩,血容量不足。

2) 尿常规、比重和酸碱度测定:可反映肾脏功能情况,必要时可进一步做二氧化碳结合力及非蛋白氮的测定。

3) 电解质测定:可出现水钠代谢紊乱、钾异常及其他电解质紊乱。

4) 血小板计数、凝血酶原时间和纤维蛋白原含量测定:如三项均异常,则提示休克可能已进入 DIC 阶段。

5) 血儿茶酚胺和乳酸浓度测定:休克时其浓度均可升高,指标越高,预后越差。

6) 血气分析:动脉血氧分压降低至 30mmHg 时,组织进入无氧状态。另外,动脉血二氧化碳分压、静脉血气和 pH 值的测定与动脉血相对照,可表明组织对氧的利用情况,用于判断机体是否存在酸碱平衡失调和缺氧以及缺氧程度等。

7) 中心静脉压(CVP):CVP 正常值是 6~12cmH$_2$O,当出现休克与血容量不足时,中心静脉压可降低。测量 CVP 可以了解血流动力状态。但 CVP 在休克诊治中并不直接反映血容量,而是反映心脏对回心血量的泵出能力并提示静脉回流量是否不足。此外,CVP 对了解右心功能有一定作用,但不能确切反映左心功能。若要正确判断血容量情况和休克的程度,应结合血压、脉搏和每小时尿量测定等数据综合分析。

8) 心电图:心电图是目前最常用的非损伤性监测方法,休克时常因心肌缺氧而导致心律失常,严重缺氧时可出现局灶性心肌梗死,常表现为 QRS 波异常,ST 段降低和 T 波倒置。

三、治疗

创伤性休克救治原则是积极抢救生命与消除不利因素的影响,补充血容量与调整机体生理功能,防治创伤及其并发症,纠正体液电解质和酸碱度的紊乱。采取中西医结合的综合措施,提高救治的成功率。创伤性休克除按一般休克治疗原则救治外,还应注意以下几点:

1. 控制活动性出血 导致创伤性休克最主要的原因是活动性大出血,故首要任务是快速有效止血。

2. 处理创伤 伴开放性创伤的患者,经抗休克治疗病情稳定后,应尽快手术清创缝合,闭合伤口,防治感染,争取一期愈合。开放性创伤休克难以纠正者,应在积极抗休克的同时,进行手术清创缝合。对于骨折与脱位,要进行复位和适当的固定。对危及生命的张力性或开放性气胸与连枷胸等,应紧急处理。

3. 补充与恢复血容量 在止血的情况下,补充与恢复血容量是治疗创伤性休克的根本措施。此外,还应注意维持水电解质和酸碱平衡、恢复血管活性、抗感染与防治并发症等。

(1) 全血或红细胞混悬液:对创伤失血严重者,可改善贫血和组织缺氧。

(2) 血浆:提高有效循环量,维持胶体渗透压,如鲜血浆、干冻血浆、代血浆均可选用。

(3) 右旋糖酐:可提高血浆胶体渗透压。中分子右旋糖酐(平均分子量 70 000)输入后12 小时体内尚存 40%,为较理想的血浆增量剂。低分子右旋糖酐(分子量 20 000~40 000)排泄较快,4~6 小时内就失去增量作用,它能降低血液黏稠度,减少血管内阻力而改善循环,还能吸附于红细胞和血小板表面,防止凝集。

(4) 葡萄糖和晶体液:葡萄糖能供给热量,但不能单独大量使用,在紧急情况下,可先用50% 的葡萄糖 60~100ml 静脉注射,以暂时增强心肌收缩力和提高血压。晶体溶液供给电解质,如生理盐水、复方氯化钠或乳酸钠均可选用。

4. 血管收缩剂与舒张剂的应用　为解除血管痉挛,改善组织灌注与缺氧状况,使休克好转,可在补足血容量情况下应用血管扩张药,如异丙肾上腺素、多巴胺等。若血容量已补足,血管扩张药已用过,血压仍低,或无大血管出血,可暂时使用血管收缩剂,升高血压,如去甲肾上腺素、甲氧明、间羟胺等。

5. 纠正电解质和酸碱度的紊乱　由于休克引起的组织缺氧必然导致代谢性酸中毒,而酸中毒可加重休克和妨碍其他治疗,故纠正电解质和酸碱度的紊乱是治疗休克的主要方法之一。纠正酸中毒及高钾血症应根据实验室检查结果,适量应用碱性缓冲液及保钠排钾药物(如碳酸氢钠等)。

6. 防治并发症　心、脑、肺、肾等器官功能的衰竭和继发感染是休克的常见并发症,在治疗创伤性休克时应及早防治并发症。

7. 中医疗法

(1) 中药辨证施治:气脱宜补气固脱,急用独参汤;血脱宜补血益气固脱,用当归补血汤加减;亡阴宜益气养阴,用生脉饮加减;亡阳宜温阳固脱,用四逆汤和参附汤加减。

(2) 针灸:针灸可行气活血,通络止痛,回阳固脱,调整阴阳。常选用涌泉、足三里、血海、人中为主穴,内关、太冲、百会为配穴,昏迷则加十宣穴,呼吸困难则加素髎穴。

第五节　脂肪栓塞综合征

脂肪栓塞综合征是指人体严重创伤骨折或骨科手术后,骨髓腔内游离脂肪滴进入血液循环,在肺血管床内形成栓塞,引起一系列呼吸、循环系统的改变,病变以肺部为主,表现为呼吸困难、意识障碍、皮下及内脏瘀血和进行性低氧血症为主要特征的一组综合征,是创伤骨折后危及患者生命的严重并发症。

一、病因病理

脂肪栓塞综合征常发生于长骨或骨盆骨折后以及下肢关节置换术后,也偶见于烧伤、严重感染、代谢紊乱、酒精中毒、高空飞行、胸外心脏按压等。其发病机制以机械和化学的联合学说为目前所公认。

1. 机械学说　机体损伤处骨髓产生的游离脂肪在髓腔内压增高时进入破损的血管,因为脂肪滴进入血流和创伤后机体的应激反应,使血液流变学发生改变,如血小板、红细胞、白细胞和血脂质颗粒,均可聚集在脂肪滴表面。组织凝血活酶的释放,促发血管内凝血,纤维蛋白沉积,使脂肪滴体积增大不能通过毛细血管,而在肺血管床内形成脂肪栓塞,造成机械性阻塞。

2. 化学学说　创伤骨折后,机体应激反应释放大量儿茶酚胺,使肺及脂肪组织内的脂酶活力增加。脂肪在脂酶作用下发生水解,产生甘油及游离脂肪酸,过多的脂肪酸在肺内积聚,产生毒副作用,使肺内毛细血管通透性增加,发生肺间质水肿、肺泡出血、肺不张和纤维蛋白栓子形成等一系列肺部病理改变。

脂肪栓塞综合征的发生与创伤的严重程度有一定关系。创伤骨折越严重,脂肪栓塞发生率越高,症状也越严重,甚至可以栓塞全身各脏器,但肺、脑、肾栓塞在临床上较为重要。

中医学将脂肪栓塞综合征分为3型,即瘀阻肺络、瘀贯胸膈和瘀攻心肺。

二、诊断

1. 临床表现　通常分为暴发型、临床型（完全型或典型症候群型）、亚临床型（不完全型或部分症候群型）三个类型。

（1）暴发型：特点是损伤后早期出现脑部症状，迅速发生昏迷。创伤后的潜伏期很短，某些病例可能在入院时即已因脂肪栓塞而发生神志不清或昏迷。此类型的死亡率极高，仅有少数病例生前得到确诊，多数在尸检时才能作出诊断。

（2）临床型：即有典型的脂肪栓塞综合征的表现。一般在伤后有 1~2 天的潜伏期，可无任何症状。此后便会出现一系列症状，包括严重脑部症状，特别是谵妄、昏睡，甚至昏迷，有时还伴随其他神经系统症状和体征。呼吸系统症状为低氧血症，有呼吸困难，或呼吸次数增加，以及咳嗽、咳痰等症。体温迅速上升，心动过速以及腋部、上胸部或黏膜下有出血斑点。

（3）亚临床型：即有脂肪栓塞综合征的部分症状，症状一般轻微，此型临床最多见。按其症状表现又有以下四种情况：

1）无呼吸系统症状者：脑部症状较轻微，主要有发热、心动过速及皮肤出血点。

2）有呼吸系统症状而无脑及神经系统症状者：临床主要表现为呼吸困难、低氧血症、发热、心动过速及皮肤出血点。

3）无明显脑及呼吸系统症状者：主要表现为皮下出血点、发热及心动过速。

4）无皮肤黏膜出血点者：主要表现为发热、心动过速、脑部症状及呼吸困难。

2. 诊断要点

（1）主要诊断标准：呼吸系统症状和肺部 X 线多变的进行性肺部阴影改变，典型的肺部 X 线可见"暴风雪状"阴影；点状出血常见于头、颈及上胸等皮肤和黏膜部位；无颅脑外伤导致的神志不清或昏迷。

（2）次要诊断标准：血氧分压下降，低于 8kPa（60mmHg）以下；血红蛋白下降，低于 100g/L 以下。

（3）参考标准：心动过速，脉率快；发热或高热（38~40℃）；血小板突然减少；尿中有脂肪滴及少尿；血中有游离脂肪滴；红细胞沉降率增快（大于 70mm/h）；血清脂酶增加；血中游离脂肪酸增加。

在上述标准中主要标准有一项，而次要标准和参考标准有四项以上时可确定临床诊断。无主要诊断标准，只有一项次要诊断标准及四项以上参考标准者，可诊断为隐性脂肪栓塞综合征。

三、治疗

脂肪栓塞综合征轻者有自愈倾向。肺部病变明显的患者经呼吸系统支持疗法，绝大多数可以治愈。暴发型者，病情危笃，若不及时采取有效治疗，则死亡率较高。

1. 呼吸支持疗法

（1）亚临床型：可予以鼻管或面罩给氧，使氧分压维持在 9.33~10.67kPa 以上即可，创伤后 3~5 天以内应定期行血气分析和胸部 X 线检查。

（2）临床型：应迅速建立通畅气道，暂时性呼吸困难可先行气管内插管，病程长者应行气管切开。进行性呼吸困难、低氧血症患者应尽早应用机械辅助通气。

2. 药物疗法

（1）激素：可降低毛细血管通透性，减轻肺间质水肿，稳定肺泡表面活性物质。在有效的呼吸支持下，血氧分压仍不能维持在 8kPa 以上时，可应用激素。一般采用大剂量氢化可的松，每日 1.0~1.5g，连续用 2~3 天，停药后副作用小。

（2）抑肽酶（KIU）：可降低骨折创伤后一过性高脂血症，防治脂肪栓塞对毛细血管的毒副作用。抑制骨折血肿内激肽释放和组织蛋白分解，减慢脂肪滴进入血流的速度，并可对抗血管内高凝和纤溶活动。

（3）高渗葡萄糖：单纯高渗葡萄糖或葡萄糖加氨基酸，或葡萄糖加胰岛素，对降低儿茶酚胺的分泌，减少体内脂肪动员，缓解游离脂肪酸毒性均有一定效果。

（4）白蛋白：能与游离脂肪酸结合，使脂肪酸毒性降低，对肺脂肪栓塞有良好治疗作用。

（5）抗生素：可选用抗生素，预防感染。

（6）其他药物：低分子右旋糖酐可改善微循环、减轻组织水肿，并可扩容及增加血容量，具有良好的抗凝功能。肝素能抑制凝血机制，阿司匹林可防止血小板凝聚。

3. 辅助治疗

（1）脑缺氧的预防：为减少脑组织和全身耗氧量，降低颅内压，防止高温反应等作用，应给予头部降温（冰帽）或进行冬眠疗法。更重要的是纠正低氧血症。高浓度给氧能提高血氧饱和度，有效减轻肺水肿，改善肺功能。

（2）骨折的治疗：急救时，应根据实际情况选择夹板或石膏稳定固定。早期制动能减少骨折断端活动和组织的再损伤，减少脂肪栓塞综合征的发生率。对于多发伤合并长骨干骨折、不稳定骨盆骨折，或伴有严重软组织损伤的复杂开放或闭合性骨折患者，主张应用外固定架临时固定骨折，稳定骨折断端，避免骨折后脂肪滴因压力进入静脉血流中，引起脂肪栓塞综合征。

4. 中医疗法

（1）中药辨证施治：①瘀阻肺络者宜活血化瘀、化痰通络，用化痰通络汤。②瘀贯胸膈者宜豁痰醒神，用安宫牛黄丸合半夏白术天麻汤加减。③瘀攻心肺者宜醒神开窍，其中亡阴宜益气养阴，用生脉饮加减；亡阳宜温阳固脱，用四逆汤合参附汤加减。

（2）针灸：针灸可化瘀活血、通络化痰、调整阴阳。常选用涌泉、足三里、丰隆、血海、人中为主穴，内关、太冲、百会为配穴，昏迷则加十宣穴，呼吸困难则加素髎穴。

第六节 筋膜间隔区综合征

筋膜间隔区综合征是指各种原因导致的由骨、骨间膜、肌间隔和深筋膜形成的骨筋膜室内组织压升高，从而使血管受压，血液循环障碍，肌肉和神经供血不足，甚至缺血坏死，产生的一系列临床症状和体征，又称为骨-筋膜室综合征。

一、病因病理

1. 骨筋膜室容积减少 肢体骨折脱位后，石膏、夹板、胶布、绷带等固定包扎过紧过久；车祸，房屋或矿井倒塌，肢体被重物长时间挤压；昏迷或麻醉时，肢体长时间受自身体重压迫等，均可使筋膜间隔区容积变小，引起局部组织缺血而发生筋膜间隔区综合征。

2. 骨筋膜室内组织体积增大 闭合性骨折严重移位或形成巨大血肿，主干动脉损伤、痉挛、梗死和血栓形成，肢体挫伤，毒蛇或虫兽伤害，针刺或药物注射，剧烈体育运动或长途步行,均可使肢体内组织缺血、渗出、水肿,导致筋膜间隔区内压力升高。当筋膜间隔区内组织压升高并超过微循环灌注压,或长时间缺血、再灌注损伤时,引起血管通透性异常,导致血管周围渗出或水肿。如果组织内压升高造成的微循环损伤持续存在,则由缺氧造成的严重不可逆神经肌肉损伤将导致肌肉坏死和神经脱髓鞘。通常缺血30分钟,即发生神经功能异常;完全缺血4~12小时后,肢体发生永久性功能障碍,出现感觉异常、肌肉挛缩与运动丧失等表现(图5-10)。

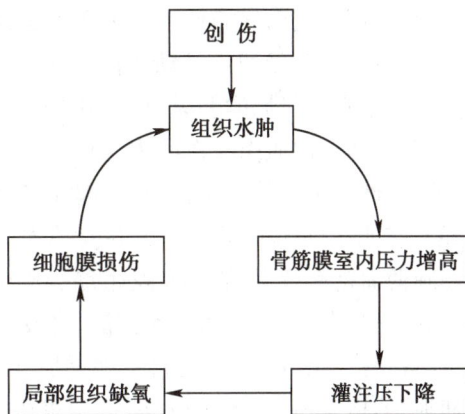

中医学认为损伤早期,血溢脉外,瘀积不散,瘀滞经络,气血不能循行敷布,受累部位筋肉失养,故患肢肿胀灼痛,压痛明显,屈伸无力,皮肤麻木,舌质青紫,脉紧涩;损伤后期,病久耗气伤血,肝肾亏虚,肝主筋,肝不荣筋,筋肉拘挛萎缩;肾主骨,肾亏则骨髓失充,骨质疏松,关节僵硬,舌质淡,脉沉细。

图 5-10 恶性循环导致筋膜间隔区综合征的发生

二、诊断

1. 临床表现

(1)局部表现

1)疼痛:疼痛是主要早期症状。疼痛剧烈,呈持续性、进行性加剧。此种疼痛与创伤不相称,剧痛可视为本病最早和唯一的主诉,应引起高度重视;非骨折部位的骨筋膜室远端按压仍有剧烈疼痛,提示骨筋膜室压力增高;肢体远端被动牵拉痛;晚期因神经功能丧失反而无疼痛。

2)皮温升高:局部皮肤略红,皮温稍高。

3)肿胀:早期不显著,但局部压痛重,可感到局部组织张力增高。

4)感觉异常:受累区域出现感觉过敏或迟钝,晚期感觉丧失。其中两点分辨觉的消失和轻触觉异常出现较早,较有诊断意义。

5)肌力变化:早期患肢肌力减弱,进而功能逐渐消失,被动屈伸患肢可引起受累肌肉剧痛。

6)患肢远端脉搏和毛细血管充盈时间变化:因动脉血压较高,故绝大多数伤者的患肢远端脉搏可扪及,毛细血管充盈时间仍属正常。但若任其发展,肌内压继续升高可至无脉。若属主干动静脉损伤引起的筋膜间隔区综合征,早期就不能扪及脉搏。

(2)全身表现:发热,口渴,心烦,尿黄,脉搏增快,血压下降等。本病症状体征可归纳为5"P"征,即疼痛或由疼痛转为无痛(painless);皮肤苍白(pallor);感觉异常(paresthesia);麻痹(paralysis);无脉(pulselessness)。

2. 诊断要点

(1)病史:有挤压伤、火器伤、止血带时间过长、严重四肢骨折、断肢再植后、石膏外固定、不适当的小夹板固定等病史。

(2)症状与体征

1)疼痛及活动障碍是主要症状。肢体损伤后一般均诉疼痛,但在筋膜间隙综合征早期,疼痛是进行性的,该肢体不因肢体固定或经处理而减轻疼痛,肌肉因缺血而疼痛加重,直至肌肉完全坏死之前疼痛持续加重而不缓解。由于该肌肉损伤肿胀,主动活动发生障碍。

2)肿胀、压痛及肌肉被动牵拉痛是本病重要体征。肢体肿胀是最早的体征,在前臂、小腿等处,由于有较坚韧的筋膜包绕,肿胀不甚严重,但皮肤肿胀明显,常起水疱。肌腹处明显压痛是筋膜间隙内肌肉缺血的重要体征。于肢体末端被动牵拉该肌,如前臂掌侧筋膜间隙综合征时,被动牵拉伸直手指,则引起屈指肌的严重疼痛。

3)在四肢创伤中,筋膜间隔区综合征可发生在任何部位,但上臂和大腿为单骨且肌肉厚,筋膜薄而富有弹性,故不易发生筋膜间隔区综合征。前臂和小腿有双骨及骨间膜,筋膜厚韧而缺乏弹性,肌肉肿胀不易扩散,易发生筋膜间隔区综合征。

前臂:有浅层屈肌、深层屈肌和伸肌 3 个骨筋膜室。发生在背侧时,局部压痛、组织紧张,伸拇、伸指无力,被动屈拇、屈指均可引起疼痛;发生在掌侧时,局部压痛、组织紧张,屈拇、屈指无力,被动伸拇或伸指可引起疼痛,尺神经与正中神经支配区域皮肤感觉异常。

小腿:有 4 个骨筋膜室。前侧间隔区压力增高时,小腿前侧压痛、组织紧张、时有红肿,趾伸肌及胫前肌无力,被动屈踝、屈趾引起疼痛,腓深神经支配区域皮肤感觉异常。外侧间隔区压力增高时,小腿外侧压痛、组织紧张,腓骨肌无力,内翻踝关节引起疼痛,腓深浅神经支配区的皮肤感觉异常。此间隙受压少见,应首先考虑腓总神经损伤。后侧浅部间隔区压力增高时,小腿后方肿胀及压痛,比目鱼肌及腓肠肌无力,背伸踝关节引起疼痛,呈僵直性马蹄足畸形。多因股动、静脉或腘动、静脉损伤,仅修复了动脉而没有修复静脉造成。后侧深部间隔区压力增高时,小腿远端内侧,跟腱与胫骨之间组织紧张,有压痛;趾屈肌及胫后肌无力,伸趾时引起疼痛,胫神经支配区域皮肤感觉异常。

(3)辅助检查

1)正常前臂筋膜间隔区组织压为 9mmHg,小腿为 15mmHg。如组织压超过 20～30mmHg 者,即须严密观察其变化。当舒张压与组织压的压差为 10～20mmHg 时,必须紧急彻底切开深筋膜,以充分减压。

2)影像学检查:超声多普勒检查血液循环是否受阻,可供临床诊断参考。

3)实验室检查:当筋膜间隔区内肌肉发生坏死时,白细胞总数和分类均升高,红细胞沉降率加快;严重时尿中有肌红蛋白,电解质紊乱,即出现高钾低钠等。

三、治疗

筋膜间隔区综合征的治疗原则是早诊早治,彻底减压,减小伤残率,避免并发症。

1. 改善血液循环　首先去除所有挤压患肢的物品,或外固定物如石膏、夹板、绷带等,应将患肢放置水平位,不可将其抬高,避免缺血加重。

2. 切开减压　早期彻底切开以使骨筋膜间隔区迅速减压,使毛细血管床再灌注从而改善局部血液循环,是防止肌肉和神经发生坏死及永久性功能损害的唯一有效办法。在时间上,越早效果越好,越晚则效果越差,如果肌肉完全坏死,肌挛缩将无法避免。彻底解压后,局部血液循环应迅速改善。若无改善,则可能是间隔区外主干动静脉有损伤,应扩大范围仔细检查,防止漏诊失治。

(1)切开位置:通常沿肢体纵轴方向做切口,深部筋膜切口应与皮肤切口一致或略长,以便充分减压。

(2)切口范围:应切开每一个受累的筋膜间隔区,否则达不到减压目的。

(3)切开后的处理与注意事项:①尽量彻底清除坏死组织,消灭感染病灶。切口开放,延迟闭合,远期通过减张缝合或植皮闭合伤口。②切口不可加压包扎,避免再度阻断血液循环。③切口创面可用凡士林纱布、生理盐水纱布或橡皮生肌膏加珍珠粉换药。④严格无菌操作,预防破伤风与气性坏疽。⑤注意观察伤口分泌物的颜色,必要时可将分泌物送细菌培养和药敏试验,以便选用适合的抗生素。

3. 其他治疗措施 除合理应用抗生素预防感染外,还可联合应用对症治疗药物,如甘露醇、呋塞米、维生素 C 及地塞米松等,这些药物具有脱水、消肿、降低骨筋膜室内压等作用。此外,高压氧也可作为一种辅助治疗方法。如出现肢体坏死,可考虑清除局部坏死组织,必要时可行截肢术。

4. 中医治疗

(1)中药治疗:按照中医辨证分型,筋膜间隔区综合征可应用下列方药治疗。①瘀滞经络:治宜活血化瘀、疏经通络。方用圣愈汤加减,手足麻木者去白芍,加赤芍、三七、橘络、木通;肿胀明显者加紫荆皮、泽兰;刺痛者加乳香、没药。②肝肾亏虚:治宜补肝益肾、滋阴清热。方用虎潜丸加减,阴虚者去干姜,加女贞子、菟丝子、鳖甲;阳虚者去知母、黄柏,酌加鹿角片、补骨脂、淫羊藿、巴戟天、附子、肉桂等。损伤后期,瘀阻经络,肢体麻木,筋肉拘挛萎缩,关节僵硬,应祛风除痹、舒筋活络,方用大活络丹、小活络丹等。若风寒乘虚入络,关节僵硬痹痛者,宜除风散寒、通利关节,方用蠲痹汤、宽筋散或独活寄生汤等。

外治可选用八仙逍遥汤、舒筋活血洗方熏洗患肢或用活血散外敷患肢。

(2)理筋手法:恢复期的筋膜间隔区综合征用理筋手法治疗效果较好。其步骤是先对前臂或小腿屈肌群从远端向近端,用摩、揉与推等手法,由浅入深,反复施治 5 分钟。然后逐一揉捏每个手指或足趾,被动牵拉伸指(趾),以患者略感疼痛为度,不可用暴力。继而推、摩、揉与屈伸腕或踝关节,幅度由小渐大,维持 3 分钟左右。在患部外循经点揉穴位,上肢可取曲池、少海、合谷、内关、外关等穴,下肢可取足三里、丰隆、委中、承山、血海等穴,最后以双手揉搓前臂或小腿,放松挛缩肌群。

(3)练功活动:上肢用健肢协助患肢做屈伸腕指关节、握拳与前臂旋转动作,下肢练习屈伸踝、趾关节与站立行走。

第七节 挤压综合征

挤压综合征是四肢或躯干肌肉丰厚部位,遭受重物长时间挤压,解除压迫后,发生的以肌红蛋白尿、高钾血症、酸中毒和氮质血症等为特点,以急性肾衰竭为主要表现的综合征。

一、病因病理

挤压综合征多见于灾害性事件致建筑物倒塌、交通事故等意外伤害造成的挤压伤,战时或发生地震时可成批出现。此外,偶见于昏迷与手术的患者,肢体长时间被自身体重压迫所致。挤压综合征的发生主要是肾缺血和肌肉组织坏死所产生对肾脏有害的物质导致急性肾功能障碍的发生。

1. 肌肉缺血坏死 持续的机械挤压力引起肌细胞和微血管损伤,低灌注导致肌细胞缺氧、水肿。如持续时间超过 2.5 小时,骨骼肌纤维便开始出现不可逆坏死。在解除外部压力后,由于肌肉受压缺血产生的类组胺物质可使毛细血管通透性增加,从而引发肌肉缺血性水肿,肌内压上升,肌肉血液循环发生障碍,形成缺血-水肿恶性循环,最后导致肌肉、神经发生缺血性坏死。

2. **急性肾损害** 由于肌肉缺血坏死,大量血浆渗出,造成低血容量性休克,肾血流量减少。休克和严重损伤诱发应激反应,释放亲血管活性物质,使肾脏微血管发生强而持久的痉挛收缩,致肾小管缺血甚至坏死。肌肉坏死产生大量肌红蛋白、肌酸、肌酐与钾、磷、镁离子等有害的代谢物质,同时肌肉缺血缺氧和酸中毒可使钾离子从细胞内大量逸出,导致血钾浓度迅速升高。外部压力解除后,有害的代谢物质进入体内血液循环,加重了创伤后机体的全身反应。在酸中毒和酸性尿状态下,大量的有害代谢物质沉积于肾小管,加重对肾脏的损害,最终导致急性肾功能衰竭的发生。

以上病理生理变化最终会导致低血容量休克、以高血钾为代表的电解质紊乱、代谢性酸中毒和恶性心律失常等急性后果,以及急性肾功能衰竭、凝血功能障碍、成人呼吸窘迫综合征和脓毒血症等远期并发症。

中医学认为挤压伤可引起人体内部气血、经络、脏腑功能紊乱。隋·巢元方《诸病源候论·压迮坠堕内损候》指出:"此为人卒被重物压迮,或从高坠下,致吐下血,此伤五内故也。"清·胡廷光《伤科汇纂·压迮伤》载:"压迮伤,意外所迫致也。或屋倒墙塌,或木断石落,压著手足,骨必折断,压迮身躯,人必昏迷。"

二、诊断

1. 临床表现

(1)局部表现:局部出现疼痛,肢体肿胀,皮肤有压痕,变硬,皮下瘀血,皮肤张力增加,在受压皮肤周围有水疱形成,检查肢体血液循环状态时,值得注意的是如果肢体远端脉搏不减弱,肌肉组织仍有发生缺血坏死的危险,要注意检查肢体的肌肉和神经功能,主动活动与被动牵拉时可引起疼痛,对判断受累的筋膜间隔区肌群有所帮助。

(2)全身表现:患者出现头目晕沉,食欲不振,面色无华,胸闷腹胀,大便秘结等症状,积瘀化热可表现发热,面赤,尿黄,舌红,苔黄腻,脉频数等,严重者心悸,气急,甚至发生面色苍白,四肢厥冷,汗出如油等脱证(休克)。

2. 诊断要点

(1)病史:有外伤史,详细了解受伤原因与方式、受压部位、范围与肿胀时间,伤后症状及诊治经过等。注意伤后尿量、尿色情况,有无"红棕色""深褐色"或"茶色"尿,成人每日尿量少于400ml为少尿,少于100ml为无尿。

(2)症状与体征

1)伤部压力解除后,受力最大的部位可有压痕,伤处疼痛与肿胀严重,伤部边缘出现红斑,受压处及周围皮肤有水疱,皮肤张力较高,皮肤感觉异常;伤肢远端血液循环障碍,远端动脉搏动明显减弱或消失,伤肢麻木或瘫痪。虽然有部分患者动脉搏动可能并不减弱,毛细血管充盈时间尚正常,但肌肉组织仍有缺血坏死的可能;伤肢肌肉与神经功能障碍,如主动与被动活动及牵拉时出现疼痛,应考虑为筋膜间隔区内肌群受累所致。

2)肌红蛋白血症与肌红蛋白尿:是诊断挤压综合征的一个重要依据。患者伤肢解除压力后,24小时内出现褐色尿或血尿,同时尿量减少,比重升高,应考虑是肌红蛋白尿。肌红蛋白在血与尿中的浓度,待伤肢减压后4~12小时达到高峰,以后逐渐下降,1~2天后恢复正常。

3)高钾血症:肌肉坏死,细胞内的钾大量进入循环,加之肾衰竭排钾困难,在少尿期血钾可每日上升2mmol/L,甚者24小时内升高至致命水平。高血钾同时伴有高血磷、高血镁及低血钙,可以加重血钾对心肌抑制和毒性作用,应连续监测。少尿期患者常死于高钾血症。

4）酸中毒及氮质血症：肌肉缺血坏死后，大量酸性代谢产物释出，使体液 pH 值降低，导致代谢性酸中毒。严重创伤后组织分解代谢旺盛，大量中间代谢产物集聚体内，非蛋白氮与尿素氮迅速升高，临床上可出现神志不清、呼吸深大、烦躁口渴、恶心等酸中毒与尿毒症的一系列表现。

5）休克：由于缺血再灌流可引起心、肺、肝、脑等器官的损伤，出现相应的功能障碍症状。少数患者早期可能不出现休克，或者休克期短暂未被发现。大多数患者由于挤压伤剧痛的刺激，组织被广泛破坏，血浆大量渗出，而迅速发生休克。

（3）辅助检查

1）血尿常规检查：可提示有代谢性酸中毒、高钾血症、肌红蛋白血症、肌红蛋白尿与肾功能损害。休克纠正后首次排尿呈褐色或棕红色，为酸性，尿量少，比重高，内含红细胞、血红蛋白、白蛋白、肌酸、肌酐和色素颗粒管型等。每日应记出入量，经常观测尿比重，尿比重低于 1.018 者，是诊断急性肾衰的主要指标之一。多尿期与恢复期尿比重仍低，尿常规可渐渐恢复正常。

2）血红蛋白、红细胞计数与血细胞比容：估计失血、血浆成分丢失、贫血或少尿期水潴留的程度。

3）血小板与出凝血时间：可提示机体出凝血、溶纤机制的异常。

4）谷草转氨酶和肌酸激酶测定：肌肉缺血坏死所释放酶的含量，可了解肌肉坏死程度及其消长规律。肌酸激酶大于 10 000U/L，有特异性诊断价值。

5）血钾、血镁、血肌红蛋白测定：可了解病情的严重程度。

三、治疗

挤压综合征是骨伤科的急危重症，一旦发生，死亡率较高，应做到早期诊断，积极救治，早期切开减压与防治肾衰。院前早期诊断和急救是降低患者死亡率及器官功能障碍发生率的关键。凡重压超过 1 小时者，均应按挤压综合征处理，密切注意其变化，积极防治并发症。

1. 现场急救处理

（1）医护人员迅速进入现场，尽早解除重物对伤员的压迫，避免或降低本病的发生。

（2）伤肢用凉水降温，禁止抬高伤肢，禁止按摩或热敷，防止再灌注损伤的发生。

（3）伤肢制动，减轻疼痛与减少坏死组织分解产物的吸收。

（4）伤肢有开放性伤口和活动性出血者应止血包扎，但避免使用加压包扎法和止血带。

（5）大剂量补液，首选静脉通道，静脉途径不可行时可考虑选择口服、鼻饲、骨髓输液及皮下输液等。补液方案需要个性化定制，推荐以大剂量的温热、等张、不含钾的晶体液。

2. 伤肢处理

（1）早期切开减压：切开可使筋膜间隔区内组织压下降，改善静脉回流，恢复动脉血供，防止或减轻挤压综合征的发生或加重。如肌肉已坏死，彻底清除坏死组织，同时引流，可防止坏死分解产物进入血液，减轻中毒症状，减少感染的发生或减轻感染程度。切开减压适应证：①有明显挤压伤史；②伤肢明显肿胀，局部张力高，质硬，有运动和感觉障碍者；③尿肌红蛋白试验阳性（包括无血尿时隐血阳性）或肉眼见有茶褐色尿。

切开后伤口用敷料包扎时，不能加压，如伤口渗液量多，应保证全身营养供给，防治低蛋白血症。

（2）截肢：适应证为：①伤肢无血供或严重血供障碍，即使保留肢体也确无功能；②全身中毒症状严重，经切开减压等处理仍不见症状缓解，已危及伤员生命；③伤肢并发特异性感染,如气性坏疽等。

3. 全身治疗

(1)补液治疗:早期大剂量补液是挤压综合征治疗的基础,通过补偿液体,改善微循环,稀释毒素及增加肾灌注来纠正休克,保护器官功能。补液在解除压迫前就应施行。对于老人、儿童、慢性重度营养不良及有心力衰竭等基础疾病者,需控制补液速度及总量,监测电解质、细胞代谢、心电图、血流动力学等指标,避免容量负荷过度。

(2)药物治疗:包括抗感染、镇痛、营养支持,及纠正电解质紊乱如高钾血症和低钙血症等。但需注意的是由于肾脏损伤的存在,肾毒性药物的使用尤要谨慎,如非甾体抗炎药(NSAIDs)应绝对禁用。

(3)血液净化治疗:挤压综合征院内救治的核心是血液净化。血液净化的主要方式有血液透析、腹膜透析或连续性血液净化等,需根据伤情相应选择。如伤员出现严重高钾血症、急性肾功能衰竭和体液超负荷,血液透析治疗是挽救生命的主要措施。挤压综合征急性肾衰竭时血尿素氮和钾离子上升速度较一般急性肾衰竭快。因此,应及早进行透析治疗,迅速清除体内过多的代谢产物,减少心血管并发症的发生,以免肾功能发生不可逆改变。

(4)其他治疗:纠正电解质紊乱和酸碱平衡,随时监测血钾、钠、氯和钙的浓度,严格控制使用含钾量高的药物和食物,不用长期库存血,发生酸中毒立即给予纠正。增进营养,给予高脂高糖低蛋白食物。

4. 中医治疗　中医从整体观念出发,辨证论治,"调节整体,改善局部",扶正固本,对于改善患者的局部症状和全身状况都具有积极作用。

(1)瘀阻下焦:伤后血溢脉外,恶血内留,阻隔下焦,腹中满胀,尿少黄赤,大便不通,舌红有瘀斑,苔黄腻,脉弦紧数。此型多见于发病初期。治宜化瘀通窍。方用桃红四物汤合皂角通关散加琥珀。

(2)水湿潴留:伤后患处气滞血瘀,气不行则津液不能敷布而为水湿。水湿潴留则小便不通,津不润肠则大便秘结,二便不通则腹胀满,津不上承故口干渴;湿困脾胃,中焦运化失常则苔厚腻,脉弦数或滑数。此型多见于肾衰少尿期。治宜化瘀利水,益气生津。方用大黄白茅根汤合五苓散加减。

(3)气阴两虚:患者长时间无尿或少尿,加之外伤、发热、纳差,致气阴两虚。肾气虚,固摄失司,故有尿多。尿多则进一步伤阴及气,而出现气短、乏力、盗汗、面色白、舌质红、无苔或少苔和脉虚细数等气阴两虚表现。此型多见于肾衰多尿期。治宜益气养阴,补益肾精。方用六味地黄汤合补中益气汤加减。

(4)气血不足:患者饮食与二便已基本正常,但肢体肌肉尚肿痛,面色苍白,全身乏力,舌质淡苔薄,脉细缓。此型多见于肾衰恢复期。治宜益气养血。方用八珍汤加鸡血藤、肉苁蓉、红花、木香。

第八节　骨骺损伤

骨骺损伤是小儿和青少年骨骼发育停止以前的一种特殊损伤。由于骨骺是人体骨骼纵向生长的部位,生长潜力大,部分骨骺损伤可引起骨骺早闭而影响骨骼发育,导致肢体短缩和关节畸形。由于不了解骨骺损伤的特点而临床多有误诊、漏诊。各类骨骺损伤的特点不同,在治疗方法的选择及治疗标准上也存在较大差异。骨骺损伤既不同于一般成人骨折,也不同于儿童四肢骨干骨折,具有鲜明特征。

一、病因病理

1. 骨骺和骺板的解剖生理特点

(1) 骨骺:骨骺位于长骨两端,在出生时为完全软骨结构,称为软骨骺。多在出生后数年内相继骨化,称为二级骨化中心,其中股骨远端的软骨骺在胚胎末期发生骨化,是人体骨化最早的软骨骺。各部位的骨骺二级骨化中心出现的时间不同,但又是恒定的。骨骺软骨自中心向外连续不断的成骨活动,使其不断增大,软骨细胞骨化的结果,使得骨骺中骨的成分持续增加,而软骨成分逐渐减少,至青春期后,整个骨骺仅关节面保留一薄层的关节软骨,其余部分均转化为骨组织。根据骨骺所在部位及生理功能,可将其分为压力性骨骺和牵拉性骨骺两种:①压力性骨骺在四肢关节部直接承受并向骨干传导应力,是四肢骨的纵向生长区;②牵拉性骨骺则多为肌肉或肌腱附着部,常因肌肉牵拉而撕脱损伤。

(2) 骺板:是位于骨骺二级骨化中心与长骨干骺端之间的软骨结构,在生长过程中由原始球形骺板逐渐变为扁平盘状骺板。在光镜下观察骺板的纵切面,从骨骺向干骺端依次可分为4个细胞层:①静止细胞层,是圆或椭圆形的小而密集、生长不活跃的幼稚软骨细胞;②增殖细胞层,是软骨生长活跃区,细胞大而扁平,顺长骨纵轴方向呈柱状排列,基质丰富,强度较好;③肥大细胞层,是软骨成熟区,由于软骨基质相对减少,强度减低;④软骨内骨化层,是软骨细胞崩解、软骨基质骨化区,标志着软骨的消亡和骨的新生,由于基质骨化而强度较高。由于肥大细胞层软骨基质少,强度最低,故为外伤性骨骺分离的恒定发生区域。将通过骺板的软骨细胞增殖与成骨活动产生的垂直骺板增长能力称为骺板的生长潜力,这种潜力在同一骨和各骨之间为一恒定比例,使骨骼发育得以相称进行。一般来说,骨化越早的骨骺其骺板生长潜力越大。在上肢,肩和腕部的骨骺生长潜力明显大于肘部,而在下肢则膝部生长潜力大于踝部,髋部最小。骺板的损伤可引起生长障碍或紊乱,表现为生长迟缓、生长停止、生长不对称或过度生长。

(3) 骨骺的血液供应:有两种血供方式营养骨骺。一种是血管经附着在骨骺上的软组织直接进入骨骺,而且进入的血管往往是数条,在骨骺分离时,血管不易损伤。另外一种是整个骨骺在关节内,为关节软骨所覆盖,血管通过紧贴骺板边缘的关节软骨进入骨骺,股骨头和桡骨头骨骺属于此类,一旦骨骺分离,血管常遭破坏,引起骨骺和骺板缺血。

(4) 骺板的血液供应:有两组供血系统,一组由骨骺动脉的分支穿过骺板进入增殖细胞层,为软骨提供营养,所以骨骺的血供破坏,可直接影响骺板增殖层细胞的增殖能力。另一组血供来源于干骺动脉,其终末支进入骺板的软骨内骨化层,可促进新骨沉积,有利于软骨内成骨过程的顺利完成,此组血管损伤可致软骨基质不能钙化。

2. 损伤机制和分型 骨骺损伤多为间接外力所致。跑跳中摔倒传达外力或成角作用力,使比关节囊和韧带强度更低的骺板首先断裂分离。由高处坠落时纵向外力挤压可致骺板压缩损伤。另外可因肌肉肌腱的过度牵拉,使其附着处的骺板发生撕脱性损伤。因生发层细胞被破坏常发生骨骺早期闭合或骺板早期骨化的骨桥生成,发生于一侧的骺板早闭可致关节成角畸形;骺板中央的骨桥形成,可牵拉骨骺中央形成鱼尾状畸形;而全骨骺早闭可致肢体短缩。由于干骺端松质骨强度较低,在骨骺损伤分离过程中常合并与其相连的干骺端松质骨骨折。

外力作用的方式不同,损伤的类型和程度也有较大差别,临床上通常分为6种类型。

Ⅰ型:骨折线通过骺板软骨成熟区的肥大细胞层,此层软骨强度最弱,新生儿肱骨两端全骺分离、感染或佝偻病继发的病理性骨骺分离多属此型损伤。

Ⅱ型：与Ⅰ型损伤近似，骨折线主要通过骺板软骨肥大细胞层，到达骺板边缘之前折向干骺端，分离的骨骺侧带有小块干骺端骨片，骨片侧为软组织铰链所在，肱骨近端骨骺分离多属于此型。

Ⅲ型：为关节内骨折，骨折线从关节面开始通过骨骺进入骺板软骨生长区与成熟区，然后90°转弯沿骺板肥大细胞层直达骺板边缘。此型损伤较少见，好发于胫骨两端骨骺。

Ⅳ型：亦为关节内骨折，骨折线开始于关节面，经骨骺、骺板全层和干骺端三部分，肱骨外髁骨折和内踝骨折多属此型损伤。此型骨折不稳定，复位不良容易发生并发症。

Ⅴ型：垂直挤压暴力引起的骺板软骨压缩骨折，好发于膝部和踝部骨骺，X线检查常无阳性发现，早期诊断困难，若与健侧对比可能发现骺板厚度减小。由于软骨生长层细胞严重破坏和来自骨骺的营养血管广泛损伤，常导致骺板生长功能丧失，提前闭合。

Ⅵ型：此为骺板软骨膜环或Ranvier软骨膜沟损伤，常见于踝部被草坪除草机损伤或股骨髁部韧带撕脱骨折，X线检查显示骺板边缘骨折或缺损，骨折常涉及邻近骨骺和干骺端，造成畸形。

二、诊断

1. 临床表现　外伤程度重者，患儿可表现为关节及其附近的肿胀、疼痛和功能障碍，移位明显者可出现肢体畸形，甚至伴有血运障碍或神经损伤表现。而在损伤较轻的患儿可仅仅表现为肢体不能持物或不能负重，局部肿胀和静止痛却不明显。

2. 诊断要点

（1）病史：由于压力性骨骺均位于四肢长骨的骨端，是构成关节的重要部分，任何外力作用均可造成其损伤。临床常见的损伤类型主要为摔伤后的传达暴力、成角暴力和肌肉的强力收缩所致，而由高处坠落伤的纵向挤压或如车祸直接挤压挫伤则相对少见。由于小儿叙述能力的限制，在表述受伤过程及症状时往往不能提供充分的信息，因此要从患儿家长、保育员或目击者处了解更多的有关受伤史、症状演变及处理方法等信息。

（2）症状与体征：儿童骨骺损伤的症状、体征与发病部位有关。因为各个部位的骨骺功能、受力特点、骨化时间等因素不同，因此出现的症状和体征也不同。如果是出现在踝关节或者膝关节等受力较大的关节，可能症状较明显，受伤后可能会出现局部肿胀、局部压痛、活动障碍等症状，还可能出现发热、贫血等情况。部分骨骺损伤可造成骺板早闭，引起骨骺生长障碍，产生肢体畸形和短缩。

（3）辅助检查：常规行正侧位X线摄片，必要时加照斜位及正常肢体作为对照。骨骺损伤的X线检查有以下特征。

1）化骨核小：骨骺在X线片上可显影的部分只是其骨化了的成分，即化骨核。当化骨核的位置发生变化就意味着骨骺发生了移位。由于化骨核周围包绕的较其大几倍的骺软骨是不显影的，因此X线片上所能看到的骨块影像要比实际"骨块"小。损伤时间距化骨核出现的时间越近，这种差别就越大。

2）干骺端骨折片：其干骺端出现三角形或片状骨折块，提示骨骺损伤，是Ⅱ型和Ⅳ型骨骺损伤的特征，也是引导作出诊断的重要线索。Ⅱ型损伤骨折片与骨膜相连，故移位较小。Ⅳ型损伤骨折片较长，骨膜断裂分离明显，故与干骺端分离较大。骨折片移位越大，说明损伤的骨骺移位越大，与其对应的关节骨端的相互关系也随之发生改变。

3）骺板宽度改变：当一侧骺板遭到纵向挤压时，其骺板宽度可被压缩而变窄；当骺板遭到牵拉外力或在成角的张力侧时,骺板可增宽分离;当一侧被挤压而对侧呈现张力时,两种情况可同时显现。

4）关节骨端与邻近骨干的相互关系:Ⅰ、Ⅱ型损伤其骨骺与干骺端分离,而与相对应的关节骨端的关系正常。Ⅲ、Ⅳ型损伤骨骺与干骺端和其相对应的关节骨端的关系均异常。Ⅴ型损伤只发生骺板厚度的改变,无其他关系异常。如果Ⅲ、Ⅳ型损伤同时合并关节脱位,则同时伴有形成关节的骨端及相邻骨干的相互关系异常。Ⅵ型损伤在骨骺部位有特殊外伤史,但早期诊断较为困难,一般在晚期才出现局部骨桥或骨疣形成。

5）应注意副骨化中心的存在:正常骨化中心附近出现另外的骨化中心,是一种解剖变异。其X线特点是边缘光滑、间隙对称、密度均匀,无骨皮质断裂。应注意结合病史及体征加以鉴别。

由于各部位骨骺功能、受力特点和骨化时间不同,因而发病年龄和损伤特点各异,有的损伤只出现于某一年龄段,有的损伤类型只发生在某一部位,了解这些规律对临床诊断很有帮助。

由于儿童骺板的强度远不及韧带和关节囊,当作用到关节部位的暴力尚不足以引起韧带及关节囊损伤时,却可能超过骺板所能耐受的程度,而发生骨骺损伤。因此,对于儿童关节部位的损伤应首先考虑到有骨骺损伤的可能性,而韧带断裂极为少见,关节脱位则更为罕见,作出任何小儿韧带损伤和脱位的诊断都应慎重。

由于骺软骨在X线片上不显影,其损伤移位多需通过骨化中心及干骺端等可显影部分的移位来"间接"印证,无移位的Ⅰ型骨骺损伤,X线检查更无异常发现,此时在生长板部位的压痛是至关重要的诊断依据。因此从某种意义上来讲,临床检查甚至比X线片所提供的诊断线索更要确切。凡是应用于成人的检查方法也同样适用于儿童。局限而固定的压痛、有移动性的骨块均说明有骨骺损伤。当关节成角或旋转扭力致骨骺分离,外力消失后又自动复位,或鉴别是韧带损伤断裂或骨骺损伤时,可在麻醉下小心地施加应力重复损伤过程,以观察关节间隙变化或骨骺移动表现,加以确诊。

三、治疗

1. 整复方法　整复骨折越早越好。Ⅰ、Ⅱ型损伤以闭合复位为主。复位手法须轻柔稳妥,避免加重损伤。损伤骨骺周围的软骨强度低,不能耐受挤压,粗暴的强力整复或手术中用器械撬压骺板复位等,均可造成医源性骨骺损伤。因此手法复位时,需要充分麻醉,使肌肉完全放松,重叠骨端得到完全牵开,使骨骺端在"不接触"的状态下得到整复。

2. 固定方法　可采用夹板或石膏固定,骨骺损伤愈合较快,约需3~4周即可,固定时间不宜过长,以避免关节僵硬。但Ⅳ型损伤骨折不稳定,易移位而影响愈合,故需摄X线片证实骨折已愈合后才能去除固定。固定去除后需加强关节功能锻炼,下肢应延后负重时间。

3. 手术治疗　个别不稳定骨折或因有软组织嵌入断端而复位失败者,需手术治疗。Ⅲ、Ⅳ型损伤要求解剖对位,使关节面光滑平整,防止肢体发育障碍,故需手术治疗。手术内固定时应注意选择细克氏针避开骺板插入,或尽量垂直骺板插入,切莫横向穿过骺板。

四、预防与康复

由于骨骺损伤可导致骨骼生长障碍,其发生时间早晚不一,所以骨骺损伤的患儿,应在2年内密切观察,每4个月拍片一次,以后1~2年拍片一次,直至骨骺成熟为止。应告知患儿家长保存好影像学资料、长期随访的重要性。

（孟宪宇）

ER-5-2

扫一扫,
测一测

复习思考题

1. 急诊临证发现患者有周围血管、神经损伤,该如何选择恰当的治疗方案?
2. 作为救援医疗队医生,你在地震灾害现场急救处理挤压综合征需要注意哪些事项?
3. 怎样快速诊断筋膜间隔区综合征? 需要注意什么问题?
4. 脂肪栓塞综合征的诊断标准有哪些?
5. 急诊救治创伤性休克,如何快速按病因分类?
6. 创伤急救必须遵循哪些原则? 现代创伤急救医学的技术有哪些?

ER-6-1

第六章 PPT

第六章

颈项部损伤

第一节　颞下颌关节脱位

颞下颌关节脱位即颞颌关节脱位,又名"失欠颊车"。颞下颌关节由颞骨的下颌窝与下颌骨的髁状突构成。下颌窝前方有一骨性突起,称关节结节,后方为骨性外耳道的前壁。其关节囊前部薄,后部较厚,外侧有颞下颌韧带加强。颞下颌关节脱位好发于年老体弱者,并易成为习惯性脱位。《医宗金鉴·正骨心法要旨》将下颌骨称为"颊车骨",认为其能够"承载诸齿,能咀食物,有运动之象,故名颊车"。而颞颌关节窝称为"两钓骨",又名"曲颊",即"上颊之合钳,曲如环形,以纳下牙车骨尾之钩者也"。"颊车骨……骨尾形如钩,上控于曲颊之环"与现代医学认为的颞下颌关节由颞骨的颞颌关节窝与下颌骨髁状突构成是相符合的。

一、病因病理

现代医学认为本病主要病因有三:张口过度、外伤暴力及杠杆作用。分述如下:

1. 张口过度　张口超过一定程度,关节出现一个暂时的不稳定状态,下颌骨的髁状突沿颞骨关节窝向前滑入关节结节下,进一步张口即张口过度时则髁状突可能越过关节结节滑至前方,导致单侧或双侧颞下颌关节脱位。

2. 外伤暴力　下颌遭受侧方暴力冲击时,关节囊侧壁韧带不能抗御该应力,使得髁状突脱出,则可形成单侧或双侧颞下颌关节脱位。

3. 杠杆作用　在单侧上下臼齿之间咬食较大硬物如核桃等,以硬物为杠杆支点,肌力拉动下髁状突滑出关节窝越过关节结节滑至前下方,此种机制多形成单侧颞下颌关节前脱位。

与此同时,《医宗金鉴·正骨心法要旨》提出,本病或因"打仆脱臼",或因"风湿袭入,钩环脱臼",此为外因。而年老体弱、肝肾亏虚、正气不固、筋弛骨痿等内在因素也同样是本病的重要病因。

二、诊断

1. 临床表现　颞颌关节脱位后,会出现口齿不清、吞咽困难、口半开状,不能自然主动张合,流涎不止等症状。

双侧脱位症状较单侧脱位表现更为严重,患者来诊常可见明显异常,尤其是双侧脱位患者,会以手托下颌来诊,下颌骨下垂,向前突出,咬肌痉挛,呈块状突起,面颊呈扁平状。

单侧前脱位患者口角㖞斜,下颌偏向健侧,健侧高于患侧,在患侧耳屏前方可触及下颌关节凹陷,颧弓下方可触及下颌髁状突。

2. 诊断要点

(1)病史:存在张口过度、咬合硬物,或暴力外伤史,或有习惯性颞颌关节脱位史。

(2)辅助检查:头颅侧位 X 线片可见下颌骨髁状突位于颞骨下颌关节窝外。张口过度、咬食硬物所致者,一般不需要 X 线检查;外力打击者须行 X 线检查排除髁状突骨折。

3. 鉴别诊断　本病需与下颌骨髁颈骨折相鉴别。下颌骨髁颈骨折患者中线偏向患侧(单侧骨折),或前牙呈开合状态(双侧骨折)。髁突颈部有明显压痛,皮下血肿,X 线片检查可证实。

三、治疗

本病以手法复位为主要治疗手段。

1. 手法复位

(1)口腔内复位法:分为双侧口腔内复位法和单侧口腔内复位法。

1)双侧口腔内复位法:由于清醒下口内复位可能会对术者手部造成一定外伤风险,所以需要充分的医患协作沟通。首先应向患者说明复位操作的具体过程,以取得患者配合,使其尽量放松,然后令患者坐在矮凳上,头靠墙。局部轻揉颞颌关节部位,以放松局部肌肉。为防复位时被患者咬伤,术者需将双手拇指裹上数层纱布,然后伸入患者口中,分别压在下颌两侧最后两颗磨牙上;其余四指在外托住下颌体。准备就绪后,术者两拇指用力向后下方按压;余四指托住下颌骨向前上方端托。复位成功时可感到一明显的弹响,此时迅速将两拇指滑向外侧,随即退出口腔外,以免被咬伤。

2)单侧口腔内复位法:患者坐位,术者位于患者旁侧,一手按住健侧耳屏前方,将头部抱住固定,健侧手可不用力,另一手拇指包缠数层纱布插入口腔,压在患侧下臼齿,其余 2~4 指托住下颌。操作时,2~4 指斜行上提,同时拇指用力向下推按,感觉到有滑动弹响声,即已复位。如一次复位不成功,可于双侧咬肌内注入 1% 利多卡因 2~5ml,使肌肉松弛后再行复位。

(2)口腔外复位法:本法适用于老年患者牙齿松动,或咬肌痉挛复位困难者。术者站在患者前方,双手拇指分别置于患者两侧下颌体部与下颌角前缘交界处,其余四指托住下颌体,然后双手拇指逐渐施力向下按压,余指同时用力将下颌向后方推送,听到滑入关节之响声,说明脱位已整复。此法常用于习惯性脱位的患者。

2. 固定方法　复位成功后,为保持复位位置,须托住患者下颌,维持闭口位,用四头带兜住患者下颌部,其余四头分别在头顶打结即可。固定时,绷带不宜过紧,维持可张口不超过 1cm 即可。绷带的力量应向上方,不能将下颌骨拉向后下方。初次脱位,固定时间为 1~2 周。习惯性颞下颌关节脱位固定时间为 4~8 周。其目的是维持复位后的位置,使被拉松、拉长的关节囊和韧带得到良好的修复,防止再脱位。

3. 药物治疗　初期应选用理气、活血、舒筋方剂,以促进气血运行、筋脉畅通,如活血止痛汤等;中后期应选用补气养血、益肝肾、壮筋骨的方剂,如壮筋养血汤、补肾壮筋汤等。

4. 练功活动　鼓励患者经常主动做咬合动作,以增强咀嚼肌力量。

5. 手术治疗　手法复位失败或反复脱位的患者需要手术治疗,可行切开复位术,并对关节囊进行紧缩修补。

四、预防与康复

新鲜脱位患者如及时复位,妥善固定,一般预后良好。每天进行数次叩齿动作,增强咬肌张力,从而维持并加强颞下颌关节的稳定。在固定期间,患者不应用力张口、大声讲话,宜吃软食乃至半流食,避免咀嚼硬食,四头带或绷带不宜捆扎过紧,应允许张口不超过1cm,但亦不宜过松,否则容易固定失败。

老年人因体质虚弱,咬肌及颞下颌韧带松弛,故易发生颞下颌关节脱位,且一旦发生脱位后,则又可由于修复不良而形成习惯性脱位。此外,青壮年患者亦可由于反复多次脱位而形成习惯性脱位,必须加以重视。

第二节　颈部扭伤

颈部扭伤是指各种暴力引起的颈部肌肉、韧带或小关节的急性损伤。多见于青壮年或体力劳动者。

一、病因病理

颈部扭伤大多是直接或间接外力作用于头部或颈部,导致颈部突然过度前屈、后伸或者旋转而引起。如急刹车时头颈部因惯性突然向前屈曲,或摔倒时头部着地导致颈部姿势突然变化等,突然的牵拉和旋转暴力导致颈椎前后方的肌肉强烈收缩,颈椎韧带、小关节过度牵拉引起颈部肌肉纤维撕裂或韧带、关节囊部分撕裂。

颈部后方肌肉主要包括斜方肌上段、头夹肌、胸锁乳突肌上段起止点,前方主要有胸锁乳突肌、颈阔肌等。其中,斜方肌上段、胸锁乳突肌和头夹肌容易受损;颈部棘突间的棘间韧带、棘上韧带受到突然屈曲的暴力可能导致韧带撕裂或断裂;颈椎关节突关节受到突然屈伸或旋转的暴力,也可能导致关节囊撕裂或小关节紊乱,甚至错位。如外力超过关节、肌肉、韧带承受范围,甚至可能出现颈椎骨折、脱位,颈椎间盘突出压迫脊髓或神经根。

中医学认为,颈部扭伤为外力作用于颈项部,导致颈部筋骨、经脉损伤,血溢于脉外,瘀血引起疼痛,一般痛有定处。

二、诊断

1. 临床表现　患者有明显外伤史,伤后出现颈部一侧疼痛,活动受限,头多偏向患侧,疼痛可向耳后部、枕部或肩背部放射,颈部活动时疼痛明显加重。

2. 诊断要点

(1)病史:有明显外伤史。

(2)症状与体征:伤后颈部疼痛、活动受限、肌肉紧张、压痛,体格检查可见颈部一侧或两侧肌肉紧张或痉挛,活动受限,因肌肉紧张痉挛,头一般偏向患侧。受损肌肉处可触及肿块或条索状硬结,有明显压痛,可能会有肿胀,肌肉撕裂严重时会有瘀血。如伴有神经根牵拉或挤压损伤,可出现肩部或上肢的麻木放射痛,因颈部活动受限,椎间孔挤压试验或臂丛神经牵拉试验一般无法完成。

(3)辅助检查:X线可作为常规检查,上颈椎张口位可用于观察寰枢关节有无半脱位,颈部扭伤一般X线无明显异常,或可见颈椎曲度改变,颈椎侧弯偏向一侧。CT可用于检查寰枢椎关节有无半脱位、颈椎关节有无不稳定。MRI对脊髓、神经和肌肉、韧带的观察要明显优于 X 线及 CT,可发现颈椎间盘有无突出、肌肉韧带有无撕裂或水肿。

3. 鉴别诊断

(1)落枕:由于风寒外邪侵袭项背,血凝气滞,经络不舒;或睡觉时颈部位置不当;或头部猛力扭转等原因引起的颈部一侧疼痛,颈部僵硬、肌肉痉挛紧张、活动受限。多在晨起后出现,可有夜间受寒病史,无明显外伤史。

(2)寰枢椎关节半脱位:成人多由外伤引起,颈部疼痛、活动受限,X 线颈椎开口位片示齿状突与寰椎两侧块间隙不相等,间隙差值大于 3mm;儿童因寰枢椎关节韧带相对松弛,口腔或咽喉部发生感染时,炎症因子浸润使得寰椎横韧带、关节囊充血、水肿引起韧带松弛,也可出现自发性寰枢椎关节半脱位。

三、治疗

本病大多表现为轻症,经休息后可自行缓解。症状较重者需对症治疗,颈部固定制动,配合药物、手法、针灸、物理疗法等进一步减轻疼痛,缓解肌肉紧张痉挛。

1. 固定与牵引治疗 可用颈托固定支撑颈部,让受损的肌肉、韧带、关节充分休息,自行修复。如肌肉紧张痉挛明显,可以枕颌带牵引,牵引重量一般为 2~5kg,每日 1 次,每次 20~30 分钟。

2. 药物治疗

(1)中医辨证论治:本病病机属气滞血瘀,治宜活血化瘀、行气止痛,可用活血止痛汤或活血舒筋汤加减;中成药可用云南白药、跌打丸、三七片等,也可外敷祛瘀止痛类膏药或搽剂等。

(2)西药:常用非甾体抗炎药(NSAIDs)。

3. 手法治疗 本手法有活血理气、通络止痛的作用,损伤较重者早期不宜施行。术者立于坐位患者背后,左手扶住患者额部,以右手拇指、示指、中指对握痉挛的颈肌做拿捏手法以放松肌肉,缓解疼痛,起始手法宜轻。再以右手拇、中指轮换点压风池、天柱、天宗,拿捏肩井等穴。继用右手拇指、示指在患侧做由上而下的按摩,可重复进行几次。

4. 针灸治疗 可选取风池、大椎、阿是穴,也可取合谷、悬钟、后溪等穴进行针灸治疗,一般用泻法。

5. 物理治疗 扭伤急性期内可予冷敷以减少局部出血,减轻疼痛和水肿反应,24~48 小时急性期过后,可行局部热敷、红外线治疗缓解症状。

四、预防与康复

颈部扭伤后,脊柱骨性结构和神经无实质性损伤,早期积极治疗一般不留有后遗症。根据损伤严重程度,可能需数日至两周才能痊愈,需配合休息、保暖,症状相对缓解后可做头颈部的轻柔俯仰、旋转动作,以活血和营,舒筋和络。避免剧烈运动、颈部过度屈伸、长时间伏案工作等,以减少后遗症发生。

第三节 颈椎骨折脱位

颈椎骨折脱位指发生在寰椎至第 7 颈椎的骨折脱位,分为上颈椎损伤(C_1~C_2)和下颈椎损伤(C_3~C_7)。颈椎骨折脱位大部分为高能量损伤,多见于交通伤及高空坠落伤,其中下颈椎损伤更为多见,有时会合并神经血管损伤。下颈椎骨折脱位合并脊髓损伤的发生率也较上颈椎损伤更为常见。

一、病因病理

颈椎具有较大的活动范围,灵活性高,但稳定性相对较弱,直接或间接暴力可导致连接各椎体的韧带结构遭到破坏,椎体之间发生错位,严重者可导致颈椎椎体、椎弓、关节突等不同部位的骨折。

损伤机制:

1. 直接暴力　多见于外力直接打击颈部或锐器直接作用于颈部,可能造成较严重的骨折脱位,同时常伴有严重的软组织和脊髓神经损伤。

2. 间接暴力　作用于头部或臀部的暴力,纵向传达到颈椎,或者前后等不同方向的牵拉力传达到颈部引起骨折脱位。主要有以下几种类型。

(1) 垂直压缩暴力:来自于头部或臀部与脊柱纵轴一致或平行外力引起的损伤,可致椎体或附件的压缩或爆裂骨折。

(2) 屈曲压缩暴力:颈椎在屈曲位承受来自于头顶方向的纵向暴力,引起椎体压缩样改变,严重者合并脱位及小关节交锁,这是颈椎骨折脱位中最常见的类型。

(3) 后伸压缩暴力:颈椎在后伸状态时承受来自于轴向分离的应力,引起椎体前方结构的过伸损伤和后方结构的压缩损伤。

(4) 侧向压缩暴力:颈椎在处于侧屈位时承受纵向传达的暴力,屈侧椎体会发生压缩性改变,可能伴有关节突损伤。

(5) 旋转压缩暴力:颈椎在旋转状态时承受纵向传达的暴力,可导致数种损伤机制并发,引起较为严重的骨折脱位和脊髓损伤。

临床中见到的颈椎骨折脱位可能是上述几种暴力形式共同作用的结果,其损伤也就更加复杂。

二、诊断

1. 临床表现　颈部疼痛、肌肉痉挛、活动受限、肿胀是颈椎骨折脱位的一般表现,下面结合不同的损伤部位和分类,分别描述具体的临床表现。

(1) 寰枢椎脱位:寰椎横韧带断裂会导致寰椎前脱位,齿状突骨折则可能导致寰椎向前或向后脱位,这种脱位常可并发严重的脊髓损伤,发生截瘫甚至死亡的可能性较大,即使最初症状不重的患者也要引起充分重视。患者主诉常有颈部的不稳感和疼痛,各方向的活动受限是最典型的症状,甚至张口活动也受限制。齿状突向一侧脱位时常伴有头颈部的倾斜,伴有脊髓损伤时可能出现吞咽困难及发音异常等。

(2) 寰椎骨折:骨折多发生于前后弓与侧块的连接处,骨折块向四周分离移位。如果不伴有寰椎上方或下方脱位,一般不会发生脊髓损伤。局限性的上颈部疼痛比较常见,颈部以旋转活动受限为主,部分患者会有颈椎无力感,有时可见患者用双手托起头部以减轻疼痛,约一半患者颈 2 神经根受压,出现枕大神经区域放射痛或感觉障碍。

(3) 齿状突骨折:齿状突位置特殊,容易因各种暴力形式引起骨折。主要表现为颈痛伴活动受限,局部压痛,并发脊髓损伤的机会较少,但如果伴有寰椎脱位则会出现脊髓受压症状。骨折无移位的患者临床症状不特异,有时容易延误诊断。

(4) 下颈椎骨折脱位:下颈椎骨折脱位指发生于颈 3~颈 7 的骨折脱位,主要以发生在颈 4~颈 6 节的骨折脱位最为常见。值得注意的是,此部位的骨折脱位中并发脊髓损伤的机会较多,应引起充分重视。颈部疼痛并伴有广泛和严重的肌肉痉挛,颈部常处于僵直位,活动困难。合并截瘫常提示有脊髓损伤,颈 4 平面以上的骨折脱位会影响生命中枢,出现呼吸困难甚至窒息。

2. 诊断要点

(1) 病史:颈椎骨折脱位一般都有比较明确的外伤史。

(2) 症状与体征:颈部疼痛及活动受限,脊髓损伤者则伴有不同程度的神经损伤症状,严重者出现截瘫。

(3) 辅助诊断:影像学是颈椎骨折脱位的重要检查方法。随着影像设备和技术的发展,在上颈椎的寰椎骨折、寰枢椎脱位、齿状突骨折等损伤中,CT 具有无可比拟的优势,不同层面的扫描可以清楚地显示骨折移位的方向及骨折线形态,三维重建图像可以将损伤的形式更加直观化。MR 对脊髓损伤的判断有一定提示作用,可以帮助发现一些隐匿骨折的存在。X 线检查可以整体评判颈椎骨折脱位,往往是颈部损伤患者首先要做的影像检查,但对于细化诊断,确定具体治疗方案则有一定的局限性。因此,在临床中需要根据情况灵活选用各种影像检查。

3. 鉴别诊断 本病主要与其他各类原发疾病引起的病理性骨折相鉴别。最常见的是颈椎结核、原发性或转移性肿瘤,这些原发病导致的骨折脱位一般无外伤史或仅有轻微的外力作用,同时伴有原发疾病特有的临床症状,结合病史和影像学检查可以做出鉴别。

三、治疗

1. 现场救护 现场对严重颈椎骨折脱位的评估和救治相当关键。首先应紧急评估有无生命危险:气道是否通畅;是否有呼吸;是否有脉搏;神志是否清醒;是否有局部大量出血等情况。对于有危及生命安全的情况,应立即解除危险因素:开放气道、保持呼吸道通畅,及时进行心肺复苏,对于有局部大出血的情况,应及时止血。

不恰当的搬运方式会加大不稳定骨折的移位,加重脊髓的损伤程度,甚至引起脊髓损伤平面的上升。紧急评估无生命危险时,对颈椎损伤患者的搬运需要有专人托住颈部并沿脊柱纵轴稍加牵引,使头颈部保持与躯体一致,有条件时可以使用颈椎固定器,严禁将患者头部屈曲或旋转。

2. 院内救治 尽快进行脊髓神经功能评估并完善影像学检查,尽早给予药物治疗、牵引复位固定,选择合适时机手术治疗等措施。

(1) 脊髓神经功能评价:包括运动功能、感觉功能及神经反射等。

(2) 完整的影像学检查:如颈椎 X 线、CT、MRI 等,检查应尽量全面、一次性完成,避免多次搬动患者造成新的损伤。检查完成后,应结合患者症状和体征尽早完成损伤情况评估。

(3) 西药治疗:对于伴随脊髓和神经损伤的颈椎骨折脱位患者,早期应足量使用激素及利尿剂等药物,以减轻脊髓水肿;使用营养神经药物,以修复损伤神经,促进神经再生。

(4) 牵引复位:及早解除对脊髓的压迫是保证脊髓功能恢复的首要措施。对颈椎骨折或骨折脱位,脊髓完全损伤或无损伤者,可考虑延迟复位;对脊髓不完全损伤者,应尽早完成复位。复位可在床旁或全麻下进行。枕颌带牵引适用于单纯骨折无移位者,牵引重量一般在 3~5kg。颅骨牵引是治疗颈椎骨折脱位的有效措施,初始重量根据损伤节段不同,为 3~15kg 不等,牵引方向随损伤机制及骨折类型变化。复位成功后,采用 3~4kg 重量维持牵引。头颈胸联合支架或头颈胸联合石膏,可有效维持复位后的位置,促进损伤修复。复位及牵引过程中,应随时检测生命体征,保持呼吸道通畅,观察神经功能变化情况。

(5) 手术治疗

1) 手术适应证:对于有颈椎不稳定骨折及脱位伴有关节交锁者;下颈椎骨折脱位牵引

治疗不能复位者;影像学检查有骨折块凸出至椎管内压迫脊髓及神经者;脊髓损伤平面不断上升,截瘫症状逐渐加重,提示椎管内有活动性出血者,均可考虑行手术治疗。

2）手术的选择:应根据损伤机制、骨折分型、当地医疗技术水平和设备条件等因素综合考虑。常见的手术方式:对于上颈椎损伤,应根据损伤的具体情况采用枕颈融合、寰枢椎关节植骨融合、齿状突内固定术等不同方式;下颈椎损伤中,椎体或椎间盘损伤一般选择前方入路,椎板、关节突及韧带损伤选择后方入路,损伤严重时可根据情况采用前后联合入路的手术方式。

（6）中医治疗:早期主要表现为局部疼痛、肿胀,治疗以行气活血,消肿止痛为原则,可运用复元活血汤进行治疗;中期肿痛虽消,但活动受限,治疗以活血和营,舒筋通络为原则,可运用舒筋活血汤进行治疗;后期则以补益肝肾,调养气血为原则,可运用六味地黄汤或八珍汤。

（7）其他治疗:高压氧治疗可以提高血浆内物理溶氧量,改善氧对组织的供应和储备,促进机体自我更新过程,增强细胞活力,修复损伤的组织。低温治疗可降低氧耗和组织代谢,同时可减轻脊髓水肿和炎症反应。

四、预防与康复

对于稳定性颈椎骨折或通过牵引能有效复位的颈椎骨折脱位患者,经过正规及时的治疗,预后良好。伴有脊髓损伤的颈椎骨折脱位,其恢复程度与脊髓原发损伤的程度密切相关。

日常生活中应注意颈椎的保护,乘坐或驾驶汽车时系好安全带,出现颈椎骨折脱位后应及时就医,明确诊断。长期卧床的患者,鼓励患者早期进行功能锻炼,以四肢末端为主,定期翻身拍背,防止压疮、下肢深静脉血栓、坠积性肺炎及尿路感染等并发症。骨折愈合后,要加强颈部功能锻炼,尽早进行功能康复训练。

ER-6-2

扫一扫,
测一测

（李　勃）

复习思考题

1. 简述颈部扭伤的临床表现。
2. 试述颈项部解剖特点与常见的损伤形式。

第七章

胸腰骨盆损伤

学习目标

了解胸腰骨盆损伤相关疾病的病因病理及预后康复;熟悉胸壁、胸腰椎体及骨盆的解剖知识,胸腰椎骨折脱位的损伤因素;掌握胸腰骨盆损伤相关疾病的病因病理、诊断与治疗方法。

胸壁由胸廓和骨性结构与胸固有肌、神经、血管、皮下组织、皮肤等软组织构成。胸廓由12块胸椎、1块胸骨和12对肋骨及椎间盘、韧带和关节等连接而成(图7-1)。胸廓具有参与呼吸运动、保护胸腔内脏器和支持的功能。12对肋骨由肋骨和位于各肋骨前端的肋软骨构成,肋骨为细长弓形状的扁骨,富有弹性。

脊柱由24块分离的椎骨、1块骶骨和1块尾骨及椎间盘、韧带和关节紧密连接而成,起到支持躯干和保护脊髓的作用。脊柱的运动在相邻两椎骨之间是有限的,但整个脊柱的活动范围较大,可做前屈、后伸、侧屈、旋转和环转运动。脊柱的4个生理弯曲起到增加脊柱弹性、减缓震荡的作用。

胸、腰椎均是由位于前方的短圆柱形椎体和后方板状的椎弓构成。每个椎体由表面较薄的皮质骨包被内部松质骨构成。椎体是椎骨承重的主要部分,承担80%的载荷。因此,治疗椎体骨折时,恢复椎体的高度和强度是治疗的主要目标。

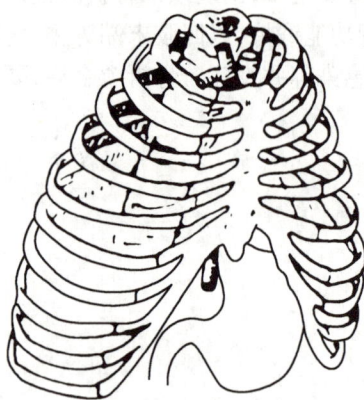

图7-1 胸廓骨性结构(前面观)

椎体后壁与椎弓共同围成椎孔,各椎孔上下相贯通,构成容纳脊髓的椎管,椎骨骨折脱位可损伤脊髓。相邻椎弓根切迹围成椎间孔,有脊神经通过。各椎体之间由椎间盘、韧带和关节突关节连接。椎体前方有宽而坚韧的前纵韧带,具有防止脊柱过度后伸和椎间盘向前脱出的作用。椎体后方和椎管前方有窄而坚韧的后纵韧带,有限制脊柱过度前屈和防止椎间盘向后脱出的作用。前、后纵韧带在椎体骨折时可以限制骨折块移位,复位时可以间接复位骨折。相邻椎板间的黄韧带、棘突间的棘间韧带、棘突尖间的棘上韧带、横突间韧带和关节突关节连接构成椎弓间连接。

脊髓位于由各椎孔贯通而成的椎管内。上端与延髓相连,下端在成人平第1腰椎体下缘,脊髓具有明显的节段性,分布到躯干和四肢的31对脊神经与脊髓相连。脊髓末端为变细的脊髓圆锥。腰、骶和尾段的脊神经根在椎管内垂直下行,与终丝共同组成的神经丛,称为马尾。

骨盆是由左右髋骨与骶、尾骨紧密连接而成的环状骨性结构(图7-2),对于盆腔内的脏

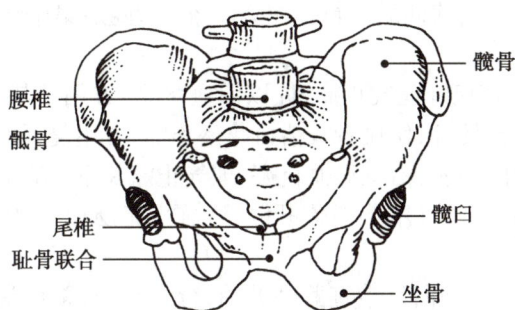

图 7-2　骨盆的结构

器和神经、血管等有重要的保护作用,是躯干与自由下肢骨之间的桥梁,起着传导重力和支持体重的作用。

第一节　胸壁软组织损伤

胸部肌肉、筋膜等胸壁软组织的损伤,称为胸壁软组织损伤。约占胸部损伤的 40% ~ 60%,本病常见于青壮年。

一、病因病理

胸壁软组织损伤主要由间接暴力和直接暴力所造成,分为屏伤和挫伤。胸部屏伤多是由于强力负重,搬物屏气所致,其病理机制为胸壁肌肉剧烈收缩而发生痉挛,甚至撕裂,局部软组织出血、水肿等。胸部挫伤多为跌打、碰撞、压轧等暴力直接作用于胸部所致。

二、诊断

1. 临床表现　患者伤后胸胁胀闷作痛,疼痛可放射到肩背部,咳嗽、深呼吸、运动上肢时加重。胸部屏伤者多感胸胁闷痛,疼痛走窜不定,压痛不明显或压痛范围广泛。胸部挫伤则压痛明显,局部微肿,部位固定不移,咳嗽、深呼吸、运动上肢时牵掣痛。

2. 诊断要点

（1）病史:多有胸部外伤史。

（2）症状与体征:典型症状为局限性疼痛,深呼吸、咳嗽时加剧。闭合性损伤可见胸壁皮肤瘀斑,局部血肿。开放性损伤可见胸壁伤口,伤口的类型因致伤物不同而表现各异。擦伤的伤口皮肤表面有擦痕,伴有组织液渗出,点状出血;挫裂伤的伤口边缘不整齐,周围组织挫伤较重;刺伤的伤口小而深,有时可见伤口内遗留的致伤物;切伤的伤口多呈直线状,边缘整齐,周围组织损伤较轻,出血较多;火器伤的伤口周围组织损伤较大,污染较重,致伤物可遗留在胸壁组织内。

（3）辅助检查:影像学检查排除骨折、血气胸等情况。

3. 鉴别诊断　本病应与肋骨骨折相鉴别。肋骨骨折胸廓挤压试验呈阳性,X 线片和 CT 检查可见骨折征象。胸部严重挫伤时要警惕胸骨骨折以及心、肺和膈肌的损伤。

三、治疗

1. 手法治疗　多应用于疼痛缓解期以消肿止痛,解除痉挛。胸部屏伤以摇拍手法为主,摇动患者患侧手臂并抖动数次,也可拍击背部数下。胸部挫伤以按摩手法为主,患者取卧位,术者用手掌沿肋间隙由前向后施行揉摩 2~3 分钟,随后集中于疼痛部位施行揉摩。

2. 药物治疗

(1) 内治法:伤气者宜疏肝理气止痛,佐以活血化瘀,方用柴胡疏肝散加减。气闷咳嗽不顺者,加瓜蒌、北杏仁、桔梗等;伤血者宜活血化瘀止痛,方用复元活血汤加减,痛甚者加延胡索、郁金、赤芍等;气血两伤者,治宜活血化瘀、理气止痛并重。胸胁陈伤者治宜行气破血,佐以调补气血,以气滞为主者,方用柴胡疏肝散、活血止痛汤加减;以血瘀为主者,方用三棱和伤汤加黄芪、党参。

(2) 外治法:局部疼痛瘀肿者,治宜散瘀退肿,行气止痛,常用消瘀止痛膏等;久伤隐痛或风寒湿痹者,治宜温经散寒,祛风止痛,常用万应膏等。

3. 针灸治疗　可取内关、公孙,配支沟等穴,用泻法。但陈伤者需用补法。

4. 封闭及理疗　胸壁挫伤的急性期,可用醋酸泼尼松龙 25mg 加 2% 利多卡因 4~6ml 对患处行封闭注射,需注意勿刺伤胸膜造成气胸。局部热敷和理疗也可促进恢复。

四、预防与康复

胸壁软组织损伤可分为急性期和缓解期。急性期应采取半卧位休息,并可选用胸带固定胸壁,减轻疼痛。缓解期鼓励患者多做扩胸及深呼吸动作,预防胸膜、筋膜等组织粘连,避免遗留胸痛。胸壁软组织损伤一般预后较好,但日常生活中应注意避免骤然用力屏气等活动,以免再次损伤。

第二节　肋 骨 骨 折

肋骨骨折在胸部损伤中最为常见,以成年人、老年人多见,儿童少见。成年后,肋骨弹性逐渐降低,骨折的可能性增加。老年人常因患骨质疏松症导致骨质松脆,轻微暴力就可导致肋骨骨折。恶性肿瘤转移灶的肋骨,易发生病理性骨折。

一、病因病理

1. 致伤机制

(1) 直接暴力(图 7-3):多由钝器打击、碰撞等直接作用于肋骨某处,该处肋骨被迫向胸廓内陷而发生骨折。如果骨折断端移位较大,可损伤胸膜和肺脏而导致气胸和血胸等。

(2) 间接暴力(图 7-4):如塌方、交通事故等外伤时胸部受到前后方对挤的间接暴力,

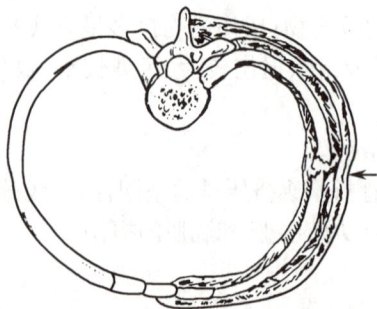

图 7-3　直接暴力

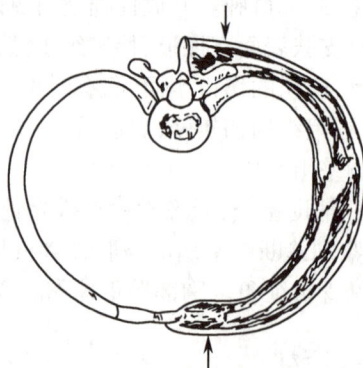

图 7-4　间接暴力

肋骨在腋中线附近向外过度弯曲而发生骨折。

（3）肌肉强烈收缩：老年人常因骨质疏松症，在轻微暴力下胸部肌肉急剧而强烈的收缩导致肋骨骨折，严重骨质疏松症的老年患者，无明显诱因也可导致肋骨骨折。

（4）病理性骨折：如骨肿瘤、骨结核等会使肋骨骨质遭受破坏，在轻微的暴力下就可发生骨折，甚至是自发骨折。这种骨折称为病理性骨折。

2. 临床分型　肋骨骨折可发生于一根或多根肋骨。其中一根肋骨一处骨折称为单处骨折，一根肋骨两处骨折称为双处骨折，多根肋骨两处以上骨折称为多根多处骨折。单处骨折，对呼吸运动影响较小，但多根多处肋骨骨折可使局部胸壁失去完整的肋骨支撑而软化，称为浮动胸壁即连枷胸（图7-5），产生反常呼吸运动，即吸气时胸腔负压增大，该处胸壁向内凹陷，呼气时因胸腔负压减低而向外凸出。

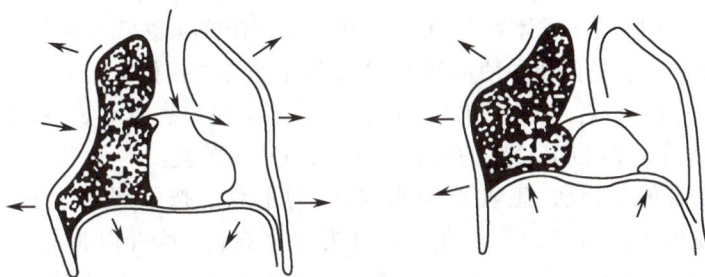

图7-5　连枷胸

二、诊断

1. 临床表现　肋骨骨折患者多有胸部挤压或撞击等外伤史，骨折处疼痛，在深呼吸、咳嗽和变换体位时疼痛加剧。疼痛常导致患者呼吸变浅，咳痰无力，易于发生肺不张和肺内感染。

2. 诊断要点

（1）病史：有胸部外伤史。

（2）症状与体征：伤处疼痛、肿胀，咳嗽、喷嚏、深呼吸及躯干转动时疼痛加重。查体时骨折处压痛明显，有时有畸形，偶尔可闻及骨擦音或有骨擦感。胸廓挤压试验阳性（图7-6）；多根肋骨多处骨折时出现反常呼吸，并发气胸、血胸时可见相应

1）气胸：若骨折端损伤胸膜、肺脏时，空气由胸壁伤口、肺或支气管的破裂口进入胸膜腔可造成气胸。可分为闭合性、开放性和张力性三种。并发闭合性气胸时，轻者可无症状，重者可出现胸闷、呼吸短促等呼吸困难症状；查体见患侧胸廓饱满，呼吸活动度降低，叩诊呈鼓音，呼吸音降低。并发开放性气胸时，患者出现明显的呼吸困难、口唇发绀、颈静脉怒张，伤侧胸壁可闻及空气进出胸膜腔的声音，气管移向健侧，患侧胸部叩诊呈鼓音，呼吸音消失。张力性气胸患者表现为严重呼吸困难、意识障碍、发绀，气管明显向健侧移位，皮下气肿多见，患侧胸廓饱满，叩诊呈鼓音，呼吸音消失。

2）血胸：若肋骨骨折伤及胸膜、肺脏或血管，使血液流入胸腔造成胸膜腔内积血，称为血胸，可与气胸并见。并发血胸的患者会出现不同程度的低血容量休克表现，并可出现肺受压

图7-6　胸廓挤压试验

萎陷所致的呼吸困难,查体见肋间隙饱满,气管移向健侧,患侧叩诊呈实音,听诊呼吸音减弱或消失。

(3)辅助检查:胸部 X 线片可以明确肋骨骨折及移位情况,同时有助于气胸、血胸等并发症的诊断,但肋软骨骨折 X 线并不显示异常征象,主要依靠临床检查。少量血胸等可以通过 CT 检查获得诊断。

3. 鉴别诊断 肋骨骨折主要与胸壁挫伤相鉴别:胸廓挤压试验与 X 线检查是重要的鉴别手段,X 线片、CT 可了解胸膜腔内积气、积血、肺萎陷程度及纵隔移位情况。

三、治疗

单处肋骨骨折,因有肋间肌固定和胸廓的支持,多无明显移位且比较稳定,一般不需整复。对于有明显错位的肋骨骨折,要进行整复固定。本病治疗的基本原则是镇痛与防治呼吸系统感染。合并内脏损伤或休克者,要采取相应治疗措施挽救患者生命。

1. 手法整复 手法复位切忌使用暴力,以免发生医源性损伤。

(1)立位复位法:患者与术者相对靠墙站立,术者双足踏患者双足,双手通过患者腋下。交叉抱于背后,然后双手扛起肩部,使患者挺胸,骨折自然整复。

(2)坐位或卧位复位法:患者正坐或仰卧,助手双手按于患者上腹部,嘱患者用力吸气至最大限度再用力咳嗽,同时助手用力按压上腹部,术者以拇指下压突起的骨折端,即可复位。若为凹陷骨折,在患者咳嗽时,术者双手对挤患部两侧,使下陷的骨折复位。

2. 固定 固定胸廓是为了减少呼吸等运动时肋骨断端的移位,减轻疼痛。多根多处骨折出现反常呼吸的患者,肺通气功能受到严重影响,需要立即进行复位和固定,恢复胸廓的完整性,消除反常呼吸运动。

(1)胶布固定法:患者正坐,双上肢上举,深呼气,在呼气末屏气,使胸围缩至最小,用宽约 7~10cm 长胶布,从健侧肩胛中线绕过患侧直至健侧锁骨中线,下一条覆盖前一条的上缘,相互重叠 1/3~1/2,呈"叠瓦状"自后向前、自下向上进行固定,固定范围包括骨折上下邻近肋骨,对胶布过敏者严禁使用。

(2)宽绷带或胸带固定法:适用于胶布过敏的患者和老年人,及患有呼吸系统基础疾病并影响呼吸功能者。嘱患者深呼气,然后用宽绷带、弹力胸带或多头带固定骨折肋骨周围的胸廓,固定时间为 3~4 周。

(3)肋骨牵引法:适用于因多根多处骨折造成浮动胸壁的患者。在伤侧胸壁放置牵引支架,局部麻醉下用无菌铺巾钳抓持浮动胸壁中央一段游离段肋骨,并固定于牵引架上,或系上牵引绳进行滑动牵引,牵引重量 1~2kg,牵引时间约 2 周(图 7-7)。

3. 肋间神经阻滞术 肋骨骨折疼痛剧烈,影响呼吸。如果口服药镇痛效果不佳,可使用利多卡因进行肋间神经阻滞。

4. 药物治疗

(1)内治法:初期治宜活血化瘀、理气止痛。伤气为主者,宜理气止痛,并佐以活血化瘀,可选用柴胡疏肝散、金铃子散加减;气逆咳喘者可加瓜蒌皮、杏仁、枳壳;伤血为主者,宜活

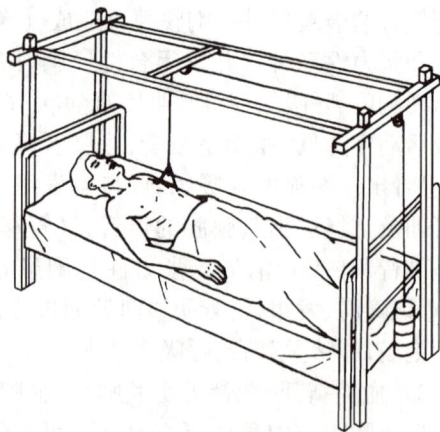

图 7-7 肋骨牵引固定

血化瘀,并可佐以理气止痛,可选用复元活血汤、血府逐瘀汤加减;气血两伤者,宜活血化瘀和理气止痛并重,可用顺气活血汤加减,加用黄芩、桔梗、杏仁等宣肺排痰。中期宜补气养血、接骨续筋,可选用接骨丹和接骨紫金丹等。后期胸胁隐隐作痛或陈伤者,应化瘀和伤、行气止痛,可选用三棱和伤汤、黎洞丸等;如气血虚弱者可用八珍汤加减。

在治疗中,如果患者痰液黏稠,难以咳出,可行盐酸氨溴索雾化吸入或静脉注射,以降低痰液黏度,使痰液易于咳出;合并肺内感染患者,应进行痰细菌培养加药敏试验,应用敏感抗生素控制感染。

（2）外治法:早期选用消肿止痛膏,中期选用接骨续筋膏,后期可用海桐皮汤熏洗。

5. 手术治疗

（1）手术适应证:胸壁塌陷,造成呼吸窘迫进行性加重者;胸壁无塌陷,但有明显胸廓畸变者;胸腔闭式引流术不能控制的血气胸患者,危及生命;凝固性血胸者;浮动胸壁（连枷胸）出现反常呼吸运动,导致呼吸困难者;合并气管、食管、纵隔、心脏以及肝脾等脏器损伤,具有开胸探查指征者。

（2）手术的选择:肋骨骨折根据不同情况,可选用钢丝或记忆合金接骨板等进行内固定。

6. 血气胸治疗

（1）闭合性气胸:少量气胸（肺萎陷≤30%）,胸膜腔内积气可在1~2周内自行吸收,无须处理;大量气胸（肺萎陷>30%）,需行胸膜腔穿刺,抽出积气,并行闭式胸膜腔引流。

（2）开放性气胸:急救处理要点是封闭伤口,将开放性气胸立即转变为闭合性气胸,赢得挽救生命的时间,迅速转运到医院。急救时可用无菌厚纱布或凡士林纱布填塞伤口,加压包扎,暂时阻止胸腔与外界空气相通。再进行抗休克、清创缝合和做闭式胸膜腔引流。

（3）张力性气胸:可迅速致死,急救时应用粗针头在第2~3肋间穿刺胸膜腔减压,并用一带孔的橡胶指套扎于针头尾端,作为活瓣或单向通气装置,进一步可安装闭式胸膜腔引流。

（4）血胸:非进行性血胸可行胸膜腔穿刺术或胸腔闭式引流（图7-8）。胸膜腔穿刺术每次抽吸量不超过1 500ml。进行性血胸应行手术探查。气、血胸均要应用敏感抗生素预防感染。

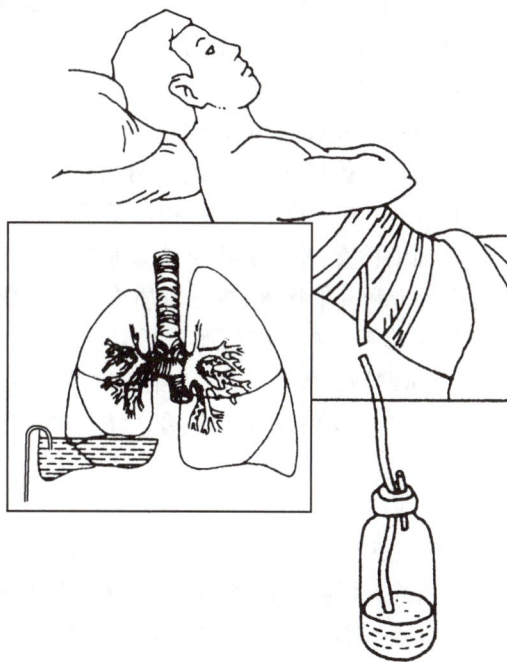

图7-8 胸腔闭式引流

四、预防与康复

肋骨骨折一般预后良好。少数患者因吸烟、原有肺部疾病或卧床等原因可能会继发肺部感染,应注意抗感染治疗,鼓励患者咳嗽、排痰。肋骨骨折患者治疗期间应禁烟,忌食辛辣刺激之品,以免因咳嗽咳痰增加疼痛。老年人要积极治疗骨质疏松症等基础疾病,日常生活中,注意加强保护和锻炼,降低骨折的发生率和减轻损伤程度。

第三节　腰部扭挫伤

腰部扭挫伤是指腰部肌肉、筋膜、韧带及关节突关节等部位的急性损伤,多由突然遭受间接外力所致,俗称闪腰、岔气。多发于青壮年和体力劳动者,男性多于女性,发生率约是女性的 3 倍。急性腰部扭挫伤,若处理不及时或治疗不当,可使症状长期迁延不愈,变成慢性疾病。

一、病因病理

腰部扭挫伤的发病机制:因弯腰转身时突然扭闪,或因体位姿势不正确,或因弯腰提取重物用力过猛,致使腰部肌肉强烈收缩,引起腰部肌肉、筋膜、韧带及关节突关节等部位过度牵拉、扭转甚至撕裂,及关节错缝,造成组织撕裂出血,血离经脉,发为瘀血,瘀血内停,则气机受阻,不通则痛,从而引起腰部剧烈疼痛,活动功能障碍。

二、诊断

1. 临床表现　腰部疼痛与功能障碍,受伤时腰部可有电击感、组织撕裂感等,伤后会立即出现剧痛,严重者甚至倒下不能翻身;深呼吸、转动体位等均可诱发腰痛或加剧疼痛;部分患者伴有一侧或两侧臀部及大腿的放射痛;部分患者不能指出明确的疼痛部位;腰部活动受限,体位变动困难,立行时常用手托扶腰部。

2. 诊断要点

（1）病史:一般都有明确的外伤史。

（2）症状与体征:腰部一侧或两侧剧烈疼痛,活动受限,不能翻身、坐立和行走,常保持一定强迫姿势以减少疼痛;腰肌和臀肌痉挛,或可触及条索状硬块,损伤部位有明显压痛点。

（3）辅助检查:X 线摄片可能显示腰椎生理弯曲的改变或侧弯畸形,可以通过 X 线片检查排除骨折和其他疾病,排除骨质损伤及病变。

3. 鉴别诊断　本病应与严重的棘上韧带、棘间韧带断裂,棘突骨折、关节突骨折、横突骨折、椎体压缩性骨折相鉴别,除拍正位 X 线片以外,必要时让患者腰椎屈曲位拍摄侧位和斜位 X 线片,以显示上述病理改变。不易鉴别时,应行 CT、MRI 等检查以进一步明确鉴别。

三、治疗

1. 手法治疗　腰部扭挫伤者,可运用揉按、捏拿腰肌及压腰扳腿、揉摩舒筋等手法。对椎间骨节错缝或滑膜嵌顿者,需应用特定手法解除滑膜嵌顿,纠正关节紊乱。

（1）俯卧位扳压法:患者取俯卧位,术者用两手从胸背部至腰骶部的两侧,自上而下轻轻揉按,持续 3~5 分钟,以缓解腰肌紧张和痉挛。然后按压揉摩阿是穴、腰阳关、命门、肾俞等穴,以镇静止痛。最后,术者用一手压住腰部痛点,另一手托住患侧大腿,摇晃拔伸数次后,用力做反向扳动。如腰两侧俱痛者,可将两腿同时向背侧扳动。

（2）斜扳法:患者侧卧,患侧下肢在上,屈髋屈膝各 90°,健肢伸直,腰部放松。术者面对患者,两手分别扳推患者的肩前部及臀上部,先轻轻使腰部扭转数次,然后两手交错扳推,待感到旋转有明显阻力时,再突然施加一个增大旋转幅度的扳推动作,此时常可闻及"咔嗒"声。

（3）坐位旋转复位法:患者坐于方凳上,腰部放松,两足分开与肩同宽。以向右侧旋转为例,助手面对患者站立,用两腿夹住患者大腿,双手按住大腿根部,以稳定患者坐姿。术者坐于(或弯腰立于)患者右后侧,右手自患者右腋下穿过,绕至颈后,以手掌扶住其颈项,左手拇指向左顶推偏歪的棘突,然后先使患者腰椎慢慢前屈至一特定角度(拇指下有棘突活动感),右手用力将腰椎向右侧屈旋转,左手拇指同时用力顶推棘突,常可闻及一"咔嗒"声和感到拇指下有棘突跳动感,提示复位成功。最后使患者恢复正坐,术者用拇、示指自上而下理顺棘上韧带及腰肌。

2. 药物治疗

(1) 内服药:气滞血瘀证治宜活血化瘀、消肿止痛,扭伤者侧重于行气止痛;气滞络阻证治宜理气通络、和营止痛;血瘀气阻证治宜行气消瘀。后期以补益肝肾、强壮筋骨为主。疼痛剧烈者可应用非甾体抗炎药止痛。

(2) 外用药:局部瘀肿热痛者,可用双柏散、消炎散外敷,如无瘀肿仅有疼痛者,则用伤科膏药、伤湿止痛膏等外贴,外搽红花油、正骨水等,亦可配合中药热熨患处。

3. 封闭治疗　痛点局限者,可用醋酸泼尼松龙 25mg 加 2% 利多卡因 4~6ml 对患处进行封闭注射。

4. 针灸治疗　常取阿是穴、肾俞、大肠俞、腰阳关、委中、承山等,予强刺激,留针 3~5 分钟。并可在腰部、骶部等痛点加拔火罐。

5. 固定方法　扭伤初期宜卧硬床休息,或佩戴腰围固定,以减轻疼痛,缓解肌肉痉挛,防止持续损伤。中后期起床下地活动时应予腰围固定保护。

6. 练功疗法　扭伤后期宜做腰部后伸、左右侧屈、左右回旋、飞燕点水等各种练功活动锻炼,以促进气血循行,防止粘连,增强肌力。

四、预防与康复

腰部扭挫伤一般预后良好,但如治疗不及时或治疗不当,可导致慢性腰痛。早期急性疼痛期宜卧硬床休息 2~3 周,以减轻疼痛、缓解肌肉痉挛、防止继续损伤,并配合各种治疗。后期疼痛缓解后,佩戴腰围保护,同时加强腰部功能锻炼,有助于腰部扭挫伤康复。

第四节　胸腰椎骨折脱位

胸腰椎骨折脱位是骨科临床常见疾病,解剖上胸腰段脊柱($T_{11} \sim L_2$)处于后凸胸曲和前凸腰曲之间,同时也是运动范围较小的胸椎和运动范围较大的腰椎的移行部,应力较为集中,故发生率较其他节段更高。

一、病因病理

造成胸腰椎损伤的常见暴力有屈曲、压缩、侧屈、屈曲旋转、屈曲分离、平移以及伸展分离等 7 种形式。Denis 提出的胸腰椎三柱理论将胸腰椎分成前、中、后三柱(图 7-9)。前柱包括椎体的前 2/3、椎间盘的前部和前纵韧带,中柱包括椎体的后 1/3、椎间盘的后部和后纵韧带,后柱包括椎弓(椎弓根、关节突、椎板、棘突)和后部韧带复合物(棘上韧带、棘间韧带、关节囊和黄韧带)。损伤仅累及单柱,脊柱是稳定的。累及两柱以上为不稳定型骨折脱位。三柱理论重视韧带和椎间盘的损伤,有利于认识脊柱损伤后稳定性的改变,并为确定脊柱损伤的治疗方案提供了依据。

既往胸腰椎骨折分型主要侧重于对骨折形态的描述,而这对指导临床治疗和判断预后缺少实质性意义。Vaccaro 等人认为损伤机制、后方韧带复合体的完整性和神经损伤的情况与胸腰椎骨折治疗方案的选择及预后关系密切。为此,Vaccaro 等提出了胸腰椎损伤分型和

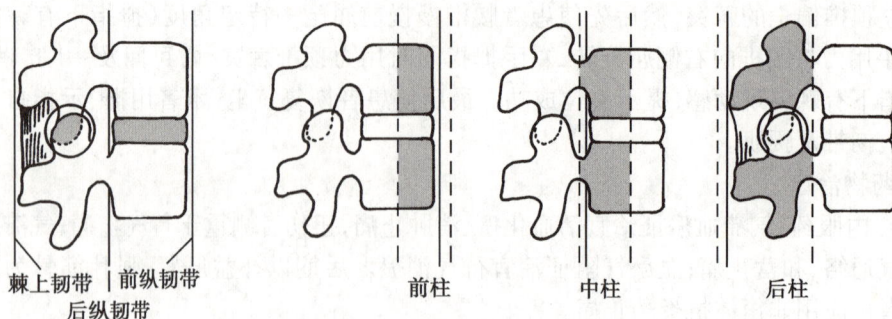

棘上韧带　前纵韧带　　　　　前柱　　　　中柱　　　　后柱
后纵韧带

图 7-9　Denis 胸腰椎三柱理论

严重程度评分（thoracolumbar injury classification and severity score），即 TLICS 评分系统（表7-1）。TLICS 评分大于等于 5 分者建议手术治疗；小于等于 3 分者建议非手术治疗；等于 4分者既可手术，也可非手术治疗。

表 7-1　TLICS 评分

骨折特点	分数	骨折特点	分数
损伤形态		损伤形态	3
压缩（爆裂）	1（+1）	**神经损伤情况**	
平移/旋转	3	无损伤	0
分离	4	神经根损伤	2
后方韧带复合体完整性		脊髓/圆锥损伤，完全性	2
无损伤	0	脊髓/圆锥损伤，不完全性	3
可疑/不确定	2	马尾神经损伤	3

二、诊断

1. 临床表现　受伤部位疼痛与活动有关，轻者可以双手扶腰挺直行走，损伤严重的患者不能正常坐位，甚至出现休克。受损部位可见肿胀、瘀斑；伤后躯干以及双下肢感觉麻木、无力，或者刀割样疼痛，大小便功能障碍（无法自行排便或者二便失禁），严重者可有双下肢感觉运动完全消失。如有合并损伤者，可表现为腹痛，呼吸困难，休克，意识丧失等。

2. 诊断要点

（1）病史：除老年椎体压缩性骨折以外，胸腰椎骨折脱位均与较为严重的外伤有关。

（2）症状与体征：胸腰背部疼痛，肿胀，活动受限，椎旁肌可有保护性肌痉挛，按压或叩击伤椎的棘突时，疼痛加重。屈曲型损伤棘突间距可增宽，损伤部位棘突可有后凸畸形。如果椎体侧方压缩，可有轻度的侧弯畸形。如果有脊髓神经损伤则出现损伤平面以下肢体麻木，活动无力，感觉迟钝或消失，排便无力，尿潴留或大小便失禁等情况。

（3）辅助检查

1）X 线检查：对确定胸腰椎损伤的部位、类型和程度均有重要价值。正位片可见椎体高度变扁，左右横径增宽；侧位可见椎体楔形改变，脊柱后凸畸形，椎体后上缘骨折块向后上方移位，处于椎间孔水平。

2）CT 检查：能提供椎体椎管矢状径的情况、脊髓受压程度和血肿大小，对于爆裂性骨折及其骨折块进入椎管的诊断很有意义，是胸腰椎损伤的最佳辅助检查手段，为临床实施急诊手术提供依据。

3）MRI 检查:能较清楚地显示椎管内软组织的病理损害程度,在观察脊髓损伤的程度和范围上较 CT 优越,可为判断伤情是否有手术价值及对损伤的预后提供有力的依据。

4）肌电图与诱发电位检查:有助于评估患者后期的神经功能。

3. 鉴别诊断

(1) 腰部扭挫伤:扭伤多因突然遭受间接暴力致腰肌筋膜、韧带和小关节错缝;挫伤多为直接暴力所致,使肌肉挫伤,血脉破损,筋膜损伤,引起瘀血肿胀、疼痛、活动受限等。X 线、CT 检查显示脊柱椎体结构不改变。

(2) 慢性腰肌劳损:多有腰部急性损伤迁延或腰部慢性劳损病史。X 线、CT 检查显示脊柱结构未明显改变。

三、治疗

1. 急救和搬运　在搬运过程中,要使脊柱保持平直,避免屈曲和扭转。可采用二人或多人同在患者一侧,动作一致地平托头、颈、躯干的平卧式搬运法,或用滚动的方法,将患者移到有厚垫的木板担架或硬床板上。如用帆布担架抬运屈曲型骨折患者时,在保证不影响呼吸的前提下,应采用俯卧位。切忌用被单提拉四角,或一人抬肩、一人抬腿的搬运法,因其可使骨折的脊柱移位,加重脊髓损伤。

2. 整复与固定　非手术复位与固定主要适用于屈曲压缩型骨折。屈曲压缩型骨折时,椎体前方宽而坚韧的前纵韧带往往保持完整,但发生褶皱。通过整复,加大胸腰椎背伸,前纵韧带恢复其紧张状态,牢固附着于其纤维上的椎体前部骨质,随即复位,可恢复其压缩前的高度和外形。古代医书记载了多种复位方法,但目前以垫枕复位法和功能锻炼复位法最为常用,两法配合使用效果更好。

(1) 垫枕复位法:适用于伤后 1 周以内的胸腰段骨折($T_{11} \sim L_2$)。患者仰卧于硬板床上,伤椎棘突处垫一高 $5 \sim 10cm$ 的软垫,软垫逐渐增高,使脊柱处于过伸位,不仅使椎体高度得以恢复,而且关节突关节的关系也能得到恢复或改善。在逐渐增高软垫的过程中,如患者疼痛难以忍受,在排除腹腔内脏器损伤的前提下,可应用吗啡等中枢性镇痛剂。

(2) 功能锻炼复位法:适用于椎体压缩小于1/2者。患者仰卧于硬板床上,一般伤后 1 周内采用五点支撑法进行练功,伤后 2~3 周内逐步过渡到三点支撑法,再逐步过渡到四点支撑法以增强腰背肌肌力,此时练功难度较大,应注意安全,防止意外受伤。也可于俯卧位采用飞燕点水法进行练功。练功应尽早进行,如受伤超过 1 周,由于血肿机化,前纵韧带挛缩,复位效果不良,应鼓励患者主动练功。

胸腰椎骨折脱位整复后,应予以恰当的固定。总原则是稳定性骨折多采用卧床休息、石膏或支具固定的方式进行治疗。不稳定的胸腰椎骨折或伴有脊髓损伤者,需行手术治疗。稳定的胸腰椎屈曲压缩型骨折在复位后须卧硬板床 3~4 周,积极配合腰背肌功能锻炼。用支具进行固定,固定时间一般在 3 个月左右。

3. 药物治疗

(1) 中药:早期局部肿胀,疼痛剧烈,胃纳不佳,大便秘结,苔薄白,脉弦紧。证属气滞血瘀,治宜行气活血,消肿止痛。内服复元活血汤或膈下逐瘀汤,外敷消瘀膏或消肿散。兼有少腹胀满、小便不利者,证属瘀血阻滞、膀胱气化失调,治宜活血化瘀、行气利水,用膈下逐瘀汤合五苓散。若局部持续疼痛,腹满胀痛,大便秘结,苔黄厚腻,脉弦有力,证属血瘀气滞,腑气不通,治宜攻下逐瘀,方用桃核承气汤或大成汤加减。中期肿痛虽消而未尽,仍活动受限,舌暗红,苔薄白,脉弦缓。证属瘀血未尽,筋骨未复,治宜活血和营,接骨续筋。复元通气散加当归调之。后期腰酸腿软,四肢无力,活动后隐隐作痛,舌淡苔白,脉虚细,证属肝肾不足、气血两虚,治宜补益肝肾,调养气血。方用六味地黄汤、八珍汤或壮腰健肾汤加减。

（2）西药:首先可以采用大剂量激素冲击治疗来促进受伤的脊髓或马尾神经功能恢复。待患者一般情况稳定后,即应早期行手术治疗。

4. 手术

（1）手术适应证:椎体骨折压缩大于 1/2;椎管占位大于 1/3;椎管椎体骨折合并脊髓神经损伤;出现下肢神经症状,例如肌力减退、大小便失禁等;骨折合并脱位;椎体骨折后脊柱失稳症状严重;有严重的骨质疏松症,椎体骨折保守治疗无效,应考虑行椎体成形术。

（2）手术的选择:根据骨折的分类、影像学所示椎管占位情况、椎体后方韧带复合结构的完整性、患者的神经功能状态等方面选择手术方式。通常采取前路减压、后路手术及前后路联合手术或微创手术。

后路骨折主要行复位、椎弓根钉内固定术（经皮椎弓根螺钉内固定术）/后路椎管减压、骨折复位、椎弓根螺钉内固定植骨融合术（含椎间 CAGE 融合术、髂骨移植/钛网植骨融合、PLIF/TLIF）;前路手术主要行病椎次全切除、减压,钛网植骨或自体骨植骨。椎体成形术（percutaneous vertebroplasty, PVP）和椎体后凸成形术（percutaneous kyphoplasty, PKP）是目前治疗胸腰椎严重骨质疏松性压缩性骨折应用最广泛的手术方案。

PVP 和 PKP 采用经皮微创穿刺技术,将骨水泥注入骨折椎体内,能够迅速缓解疼痛,增强病椎的强度和刚度,防止椎体进一步塌陷和畸形。通过球囊扩张,PKP 可以使椎体骨折得到较大程度的复位,从而使压缩椎体丢失的高度得到部分或完全恢复。此外,球囊取出后在椎体内形成的空腔有利于骨水泥在低压力状态下注入椎体,从而有效降低骨水泥渗漏率。

四、预防与康复

不伴有脊髓损伤的胸腰椎骨折,一般预后多良好;合并脊髓损伤的患者多不同程度留有残疾。骨折整复和手术后,应鼓励患者早期进行四肢和腰背肌锻炼,通过练功活动,不仅可以达到复位与治疗目的,而且能促进血肿吸收,减轻局部水肿,预防肌肉萎缩,增强腰背肌肌力,保持脊柱稳定。同时,应预防骨质疏松,避免或减少后期慢性腰痛。

附：脊髓损伤

脊髓损伤（spinal cord injury）是脊柱骨折脱位的严重并发症,由于椎体的位移或碎骨片突入于椎管内,使脊髓或马尾神经产生不同程度的损伤。胸腰段损伤使下肢的感觉与运动产生障碍,称为截瘫;而颈段脊髓损伤后,双上肢也有神经功能障碍,称为四肢瘫痪。本病预后差,可造成终身残疾,甚至危及生命。

一、病因病理

（一）病因

脊髓损伤多因脊椎骨折脱位造成,可导致脊髓断裂及脊髓缺血坏死;或脊髓静脉回流受阻,造成脊髓内压增高而水肿,均可造成脊髓损伤。此外,如患者伤前即有椎间盘突出或椎管狭窄等退行性变,再次遭受轻微外伤亦可造成外伤性截瘫。火器损伤亦可造成外伤性截瘫,但较少见。

（二）分类与病理

1. 根据脊髓损伤的病理分型

（1）脊髓震荡:系脊髓的功能性损害,无器质性改变。伤后早期表现为完全或不完全截瘫,故早期需与脊髓实质性损伤相鉴别,脊髓震荡24小时内开始恢复,且在3~6周内完全恢复。

(2) 脊髓受压:外在性压迫多由突入椎管的移位椎体、碎骨块、椎间盘等组织直接压迫脊髓;内在性压迫如脊髓内部出血或水肿使软脊膜内压力增高,软脊膜紧张。无论外在或内在性因素均可使受损的脊髓组织进一步缺血、缺氧,使残余的神经组织坏死、液化,最终导致瘢痕组织形成。

(3) 脊髓挫裂伤:多继发于脊柱骨折脱位。因系钝性损伤,故损伤范围比较广泛,所引起的截瘫也比较严重。挫裂伤可在硬膜、脊髓和脊髓血管发生一系列的病理改变,轻者为出血和水肿,重者则可为脊髓不全或完全断裂、毁损。损伤后期可出现囊性变或萎缩。

(4) 马尾损伤:腰2以下骨折脱位可累及马尾神经,较脊髓损伤少见。部分或全部马尾神经被挫伤、横断、撕裂,硬脊膜常同时损伤。表现为下肢的感觉、运动和反射功能不同程度丧失。大小便及性功能也可能同时受累。

脊髓休克是脊髓实质性损伤的早期表现。损伤以下的脊髓功能处于抑制状态,表现为暂时性迟缓瘫痪(软瘫),断面以下脊髓所支配的运动、感觉和反射功能均完全丧失。脊髓休克是暂时现象,损伤不久可逐渐恢复,一般可持续1~6周,但也可持续数月。恢复过程中,最早出现的是球海绵体反射和肛门反射,并从尾端向头端方向恢复。

脊髓圆锥和马尾神经损伤时,由于马尾等神经纤维抵御创伤的能力大于脊髓圆锥,所以,脊髓圆锥完全损伤时,马尾神经可以完全或部分损伤,甚至保持完整。临床上表现为二便功能丧失,肛门反射、球海绵体反射消失,但下肢运动、感觉等功能和反射不同程度存在。

2. 根据脊髓损伤的程度分型 临床一般分为完全性脊髓损伤、不完全性脊髓损伤和圆锥马尾损伤等类型。但近年来无放射影像脊柱骨折脱位表现的脊髓损伤、上升性脊髓缺血损伤等少见类型逐渐为人们所认识。

3. 根据脊髓损伤平面分型 可分为四肢瘫与截瘫。损伤在颈膨大或其以上者,上肢与下肢均瘫痪,称为四肢瘫;损伤在颈膨大以下者,则仅出现下肢瘫痪,称截瘫。

二、诊断

1. 临床表现 不同平面的脊髓损伤,临床表现也不同,常会出现损伤平面以下的运动、感觉和括约肌功能障碍,损伤部位疼痛,骨折部位椎体、棘突压痛和局部肿胀。严重骨折和脱位后可伴有后凸畸形,最终导致截瘫或四肢瘫。

(1) 颈髓损伤:多是颈椎骨折脱位的并发症。颈髓损伤出现四肢瘫,但下颈髓($C_{4~8}$)损伤时,上肢可保留损伤平面以上的感觉和运动功能。由于支配膈肌的膈神经是由$C_{3~5}$脊髓节段的分支组成,因此上颈髓($C_{1~4}$)完全性损伤,膈肌、肋间肌和腹肌等呼吸肌全部瘫痪,伤者呼吸困难,如无人工辅助呼吸,在受伤现场多已窒息死亡。下颈髓损伤,胸式呼吸消失,腹式呼吸变浅。

(2) 胸髓损伤:表现为截瘫。下肢肌张力增高,跟、膝腱反射亢进,病理征阳性。损伤平面以下感觉、运动和二便功能丧失。腹壁反射、提睾反射及缩肛反射等浅反射引不出。

(3) 腰髓损伤:下肢感觉、运动和大小便功能障碍。多表现为下肢肌张力降低、腱反射减弱或消失,病理征引不出的软瘫表现。

(4) 脊髓圆锥和马尾神经损伤:仅有脊髓圆锥损伤时,大小便失禁和性功能障碍,会阴部皮肤呈马鞍状感觉功能障碍,但下肢运动、感觉功能正常。第2腰椎以下骨折脱位只合并马尾神经损伤。

2. 诊断要点

（1）病史：脊髓损伤是脊柱骨折或脱位造成的，多由交通事故和高处坠落伤所致，小儿脊柱活动度过大、枪伤、切割伤、刺伤也会导致脊髓损伤。

（2）症状与体征：脊髓损伤后，在损伤平面以下的运动、感觉、反射及括约肌和自主神经功能受到损害。脊髓损伤水平的判断以脊髓损伤后保持正常脊髓功能最低脊髓节段（感觉和运动）的水平来确定。如果两者水平不在同一平面，则以两者中节段高的水平为准。必须强调的是，检查时切忌将患者任意翻动，以防加重损伤。

1）感觉障碍：损伤平面以下的痛觉、温度觉、震动觉、触觉、两点分辨觉及本体觉消失。参照脊神经皮节分布的 28 个皮区关键点，可判断脊髓损伤平面（表7-2）。

表7-2 脊髓感觉水平皮肤标志

神经节段	皮肤标志	神经节段	皮肤标志
颈2	枕骨粗隆	胸8	第八肋间
颈3	锁骨上窝	胸9	第九肋间
颈4	肩锁关节的顶部	胸10	第十肋间
颈5	肘前窝外侧面	胸11	第十一肋间
颈6	拇指	胸12	腹股沟韧带中部
颈7	中指	腰1	胸12至腰2之间的上1/2处
颈8	小指	腰2	大腿前中部
胸1	肘前窝内侧面	腰3	股骨内髁
胸2	腋窝	腰4	内踝
胸3	第三肋间	腰5	足背第三跖趾关节
胸4	第四肋间	骶1	足跟外侧
胸5	第五肋间	骶2	腘窝中点
胸6	第六肋间（剑突水平）	骶3	坐骨结节
胸7	第七肋间	骶4～5	肛门周围

2）运动障碍：休克期过后脊髓若为横断伤，则表现为痉挛性瘫痪，出现肌张力增高、腱反射亢进、髌阵挛、踝阵挛及病理反射等上运动神经元性瘫痪体征。脊髓损伤后，运动水平的确定，以保持运动功能（肌力3级以上）的最低脊神经肌肉节段的肌节标志为准。常见的脊髓运动水平肌肉标志如下（表7-3）。

表7-3 脊髓运动水平肌肉标志

神经节段	运动水平肌节标志	神经节段	运动水平肌节标志
颈3～4	膈肌、三角肌	腰2	屈髋肌（髂腰肌）
颈5	屈肘肌（肱二头肌、肱肌）	腰3	伸膝肌（股四头肌）
颈6	伸腕肌（桡侧腕伸肌）	腰4	踝背伸肌（胫骨前肌）
颈7	伸肘肌（肱三头肌）	腰5	背伸肌（趾长伸肌）
颈8	手固有肌（中指屈指肌）	骶1	小腿三角肌、肛门括约肌
胸1	小指外展肌		

3）括约肌功能障碍：脊髓休克期表现为尿潴留，系膀胱逼尿肌麻痹形成无张力性膀胱所致。休克期过后，若脊髓损伤在骶髓平面以上，可形成自动反射膀胱，残余尿少于100ml，但不能随意排尿。若脊髓损伤平面在圆锥部。骶髓或骶髓神经根损伤时，则出现尿失禁，膀胱的排空需通过增加腹压（用力挤压腹部）或借助导尿排尽尿液。大便可出现便秘或失禁。

4）反射异常：脊髓损伤后，各种生理反射均可出现异常改变，减弱、消失或亢进。脊髓受到损害时出现的各种异常反射称为病理反射，其常与相应肢体的腱反射亢进同时出现，是上运动神经元损害的确切证据。在四肢瘫痪时，如果出现上运动神经元损害，则霍夫曼（Hoffmann）征为阳性；在下肢瘫痪时，巴宾斯基（Babinski）征阳性时提示上运动神经元损害。

5）其他表现：高位脊髓损伤者，可出现发热反应，多因全身的散热反应失调所致，亦与中枢反射、代谢产物的刺激及炎症反应等有关。此外，损伤严重者，尚可出现全身创伤性反应。

6）脊髓损伤严重度分级：可作为脊髓损伤的自然转归和治疗前后对照的观察指标，依据脊髓损伤的临床表现进行分级，目前较常用的是美国脊髓损伤协会（ASIA）分级（表7-4）。

表7-4　ASIA功能分级

级别	损伤程度	功能
A	完全损伤	损伤平面以下无任何感觉、运动功能保留
B	不完全损伤	损伤平面以下，包括腰骶段感觉存在，但无运动功能
C	不完全损伤	损伤平面以下有运动功能，一半以上关键肌肉肌力小于3级
D	不完全损伤	损伤平面以下有运动功能，一半以上关键肌肉肌力大于或等于3级
E	正常	感觉和运动功能正常

（3）辅助检查：X线检查应常规摄脊柱正侧位片，必要时拍摄斜位片。CT检查有利于判定移位骨块侵入椎管程度和发现突入椎管的骨块和椎间盘。MRI可显示脊髓损伤早期的水肿、出血，并可显示脊髓损伤的各种病理变化，如脊髓受压、脊髓横断、脊髓不完全性损伤、脊髓萎缩或囊性变等，对判定脊髓损伤状况极有价值。躯体感觉诱发电位是测定躯体感觉系统（以脊髓后索为主）传导功能的检测方法，对判定脊髓损伤程度有一定帮助。

3. 鉴别诊断

（1）脊椎结核：早期仅有轻微腰背疼痛，随着病变发展有低热、盗汗、疲乏、消瘦、食欲减退，局部疼痛及放射痛，姿态异常，脊柱畸形，有寒性脓肿，晚期可压迫脊髓引起瘫痪。X线检查颈椎和腰椎前凸消失，胸椎呈后凸畸形，椎体破坏有空洞或死骨，椎间隙狭窄，有脓肿阴影，椎弓有结核时，椎弓模糊或消失。

（2）脊椎肿瘤：骨肿瘤早期全身症状一般不明显。恶性肿瘤后期出现全身衰弱，食欲不振，形体消瘦，精神萎靡，神疲乏力，面色苍白，甚至形如枯槁。X线初步检查后，可进一步完善MRI、PET-CT及肿瘤专科检查，影像学表现是诊断的重要依据。

三、治疗

脊髓损伤的治疗原则：①尽早治疗，在伤后6小时内脊髓白质未破坏前进行治疗，以提高恢复机会；②整复骨折脱位，解除其对脊髓的压迫并且稳定脊柱，避免再次损伤脊髓；③积极运用药物及冷疗治疗脊髓损伤；④预防及治疗并发症，如早期呼吸道感染与晚期泌尿系统或压疮感染；⑤功能重建与康复，通过矫形术予以重建或改善四肢功能。

1. 急救与搬运　脊柱、脊髓损伤有时合并严重的颅脑损伤、胸部或腹部脏器损伤、四肢血管损伤，危及伤员生命安全时应首先抢救。凡疑有脊柱骨折者，应谨慎搬运。对颈椎损伤的患者,要有专人扶托下颌和枕骨,沿纵轴略加牵引力,使颈部保持中立位,患者置木板上后用沙袋或折好的衣物放在头颈两侧,防止头部转动,并保持呼吸道通畅。

2. 药物疗法

（1）中药:外伤性截瘫的早期,多为瘀血阻滞,经络不通,宜活血祛瘀、疏通督脉,兼以壮筋续骨;中期因督伤络阻,多属脾肾阳虚,宜补肾壮阳、温经通络;后期血虚风动,呈痉挛性瘫痪,宜养血柔肝、镇痉息风。气血两虚者,应予以补益之品;若肝肾亏损,宜壮阳补肾、强筋壮骨。

（2）西药:对受伤在 8 小时以内者,甲泼尼龙冲击是一种可选的治疗手段。按每千克体重 30mg 剂量一次给药,15 分钟静脉注射完毕,休息 45 分钟,在以后 23 小时内以 5.4mg/（kg·h）剂量持续静脉滴注。

3. 手术治疗　手术只能解除对脊髓的压迫和恢复脊柱的稳定性,目前还无法使损伤的脊髓恢复功能。手术的途径和方式视骨折类型和致压物的部位而定。

手术的指征是:①脊柱骨折脱位有关节突交锁者;②脊柱骨折复位不满意,或仍有脊柱不稳定因素存在者;③影像学显示有碎骨片突入椎管内压迫脊髓者;④截瘫平面不断上升,提示椎管内有活动性出血者。

四、预防与康复

脊髓横断损伤,应早期稳定脊柱,预防并发症,并进行康复。不完全性脊髓损伤者通过脊髓彻底减压、稳定手术,截瘫可获得完全或部分改善。

功能锻炼是调动患者主观能动性以战胜截瘫的一项重要措施。练功活动可促进全身气血流通,加强新陈代谢,提高机体抵抗力;防治坠积性肺炎、压疮、尿路感染等并发症;增强肌力,为恢复肢体功能与下地活动作准备。可配合按摩、针灸、理疗。早期正确的指导和帮助截瘫患者进行功能训练,进行心理康复,调动患者主观能动性,增强克服困难的意志,使之尽快适应出院后的生活及工作是截瘫患者康复的主要内容。

第五节　骨盆骨折

骨盆为环形结构,是由两侧的髂骨、耻骨、坐骨经 Y 形软骨融合而成的两块髋骨和一块骶尾骨,经前方耻骨联合和后方的骶髂关节构成的坚固骨环。躯干的重量经骨盆传递至下肢,骨盆还起着支持脊柱的作用。在直立位时,重力线经骶髂关节、髂骨体至两侧髋关节,为骶股弓;坐位时,重力线经骶髂关节、髂骨体、坐骨支至两侧坐骨结节,为骶坐弓。另有两个联结副弓,一个副弓经耻骨上支与耻骨联合至双侧髋关节,以连接骶股弓和另一个副弓;另一个副弓经坐骨升支与耻骨联合至双侧坐骨结节连接骶坐弓（图 7-10）。骨盆骨折时,往往

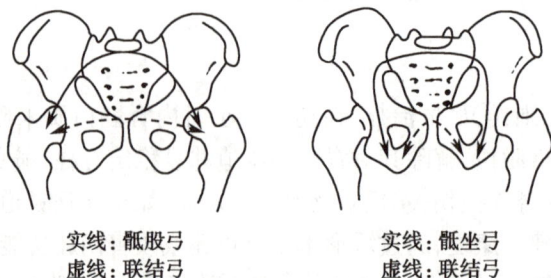

实线:骶股弓　　　　　实线:骶坐弓
虚线:联结弓　　　　　虚线:联结弓

图 7-10　骨盆的力传递线

先折断副弓;主弓断裂时,往往副弓先折断。骨盆边缘有许多肌肉和韧带附着,特别是韧带结构对维护骨盆结构稳定性起着重要作用,在骨盆的底部,更有坚强的骶结节韧带和骶棘韧带。骨盆保护着盆腔内脏器,骨盆骨折时,可能损伤盆腔内脏器及血管神经。

一、病因病理

骨盆骨折(pelvic fracture)多为高能量直接暴力,如交通事故、高处坠落、房屋倒塌等导致骨盆部被直接撞击砸压或碾压;少数为肌肉强烈收缩导致肌肉附着点撕脱骨折。

骨盆骨折主要依据骨折部位、骨折的稳定性及暴力的方向进行分类。

1. 按骨折的部位分类

(1)骨盆边缘撕脱性骨折:肌肉猛烈收缩造成骨盆边缘肌附着点撕脱性骨折,骨盆环整体结构和稳定性不受影响,多见于青少年运动损伤。常见的有髂前上棘撕脱骨折、髂前下棘撕脱骨折和坐骨结节撕脱骨折。

(2)髂骨翼骨折:多为侧方挤压暴力所致,移位多不明显,可为粉碎性。单纯的髂骨翼骨折不影响骨盆环的稳定。

(3)骶尾骨骨折

1)骶骨骨折:Dennis 将骶骨分成三个区:Ⅰ区,骶骨孔外侧的骶骨翼部;Ⅱ区,为骶孔处;Ⅲ区,骶骨孔内侧的骶管区。骶骨骨折可能引起腰骶神经根与马尾神经的损伤。

2)尾骨骨折:多由跌倒时腰骶部着地所致,常伴骶骨末端骨折,一般移位不明显。

(4)骨盆环骨折:骨盆环的单处骨折较为少见,多为双处骨折。包括:①双侧耻骨上、下支骨折;②一侧耻骨上、下支骨折合并耻骨联合分离;③耻骨上、下支骨折合并骶髂关节脱位;④耻骨上、下支骨折合并髂骨骨折;⑤髂骨骨折合并骶髂关节脱位;⑥耻骨联合分离合并骶髂关节脱位。骶髂关节脱位主要以向后脱位较为常见,偶见前脱位,即髂骨脱位至骶骨前方,多见于儿童。多为高能量暴力所致,如交通伤、高坠伤,常伴骨盆变形,并发症多见。

2. 按骨盆环的稳定性分类 Tile 分型基于骨盆稳定性,将其分为三型(表7-5)。

表 7-5 骨盆骨折 Tile 分型

分型	亚型
A 型: 稳定型(后环完整)	A1: 撕脱损伤
	A2: 稳定的髂骨翼或前弓骨折
	A3: 骶尾骨横形骨折
B 型: 部分稳定型(旋转不稳定,但垂直稳定;后环不完全损伤)	B1: "开书样"损伤(外旋)
	B2: 侧方压缩损伤(内旋)
	B2-1: 同侧前方或后方损伤
	B2-2: 对侧(桶柄状)损伤
	B3: 双侧损伤
C 型: 旋转、垂直均不稳定(后环完全损伤)	C1: 单侧损伤
	C1-1: 髂骨骨折
	C1-2: 骶髂关节骨折脱位
	C1-3: 骶骨骨折
	C2: 双侧,一侧为 B 型,一侧为 C 型
	C3: 双侧 C 型损伤

3. 按暴力的方向分类　Young 和 Burgess 基于损伤机制将骨盆骨折分为四型。

（1）侧方挤压损伤（lateral compression，LC 骨折）：侧方挤压力量使骨盆的前后部结构及骨盆底部韧带发生一系列损伤，约占骨盆骨折的 38.2%。

（2）前后挤压损伤（antero-posterior compression，APC 骨折）：约占 52.4%，通常是由来自前方的暴力造成的。

（3）垂直剪切损伤（vertical shear，VS 骨折）：约占 5.8%，通常为高处坠落伤。前方的耻骨联合分离或耻骨支垂直骨折，骶结节韧带和骶棘韧带均断裂，后方的骶髂关节完全脱位或髂骨、骶骨的垂直骨折，半个骨盆可以向前上方或后上方移位。

（4）混合暴力损伤（combined mechanical，CM 骨折）：约占 3.6%，如 LC/VS，或 LC/APC。以 LC/APCⅢ型骨折与 VS 骨折最为严重，并发症也多见。

二、诊断

1. 临床表现　骨盆骨折常导致失血性休克，出现皮肤苍白、意识模糊、心率加快、尿量减少以至于无尿等休克的临床表现。局部有疼痛、肿胀、皮肤擦伤、皮下瘀斑表现。在髂嵴、髂前上棘、耻骨联合、坐骨支、骶尾骨和骶髂关节等处可有压痛和叩击痛。撕脱性骨折，可在髂前上、下棘或坐骨结节等处触及移位的骨折块。

2. 诊断要点

（1）病史：年轻患者外伤史多较严重，即使轻微骨折也需要较大的暴力，如从高处摔下、被重物挤压、车辆撞击等。而年龄较大的患者骨质疏松，较小的外力即可导致骨盆骨折。

（2）症状与体征：患处局部肿胀、皮肤擦伤或皮下瘀血，会阴部瘀斑常提示耻骨和坐骨骨折，可能出现骨盆畸形，如一侧骨盆上移致下肢不等长；局部压痛，并可能触及移位的骨折断端，如耻骨联合分离，可扪及分离的间隙，同时常有下列体征：

1）骨盆分离挤压试验阳性：双手交叉按压双侧髂嵴，骨盆前环因骨折产生分离，若出现疼痛为骨盆分离试验阳性。双手挤压双侧髂嵴，若疼痛则为骨盆挤压试验阳性。

2）测量胸骨剑突与两侧髂前上棘的距离，骨盆向上移位的一侧长度短。

3）测量脐孔与两侧内踝之间的距离，骨盆骨折移位者不对称。

（3）辅助检查：影像学检查包括拍摄骨盆正位片、骨盆入口位片、骨盆出口位片、骨盆CT 及 CT 三维重建、螺旋 CT 三维重建等。

1）骨盆正位片：可显示骨盆全貌，明确骨折部位、骨折类型及其移位情况，还可提示可能的并发症，对疑有骨盆骨折者应常规拍摄全骨盆正位 X 线片以防漏诊。

2）骨盆入口位片：入口位片有助于显示骨盆的前后移位、侧方挤压损伤造成的髂骨翼内旋及前后挤压型损伤造成的髂骨翼外旋，同时对判断骶骨压缩骨折或骶骨翼骨折也有帮助（图 7-11）。

3）骨盆出口位片：出口位片是真正的骶骨正位片，有助于显示骨盆的上移（图 7-12）。

4）骨盆 CT 及 CT 三维重建：CT 可以详细显示骨盆断层资料，显示微小损伤较 X 线可靠，有助于评估骶髂关节骨间韧带结构损伤程度，判断骶骨骨折和骨盆的稳定性，同时也有助于了解有无髋臼骨折。很多接近前柱的耻骨支骨折容易合并髋臼骨折。

5）螺旋 CT 三维重建：可得到清晰逼真的三维立体图像，并可将图像任意旋转，对判断骨盆骨折的类型和决定治疗方案具有重要的指导意义。

本病根据外伤史、症状及骨盆骨折体征，结合影像学检查，不难做出诊断。诊断时必须注意下列问题：①观察患者生命体征，特别是血压变化情况，以判断是否有失血性休克；②了解伤后大、小便情况，有无腹膜刺激症状，以了解盆腔脏器是否破裂；③检查下肢运动、感觉、

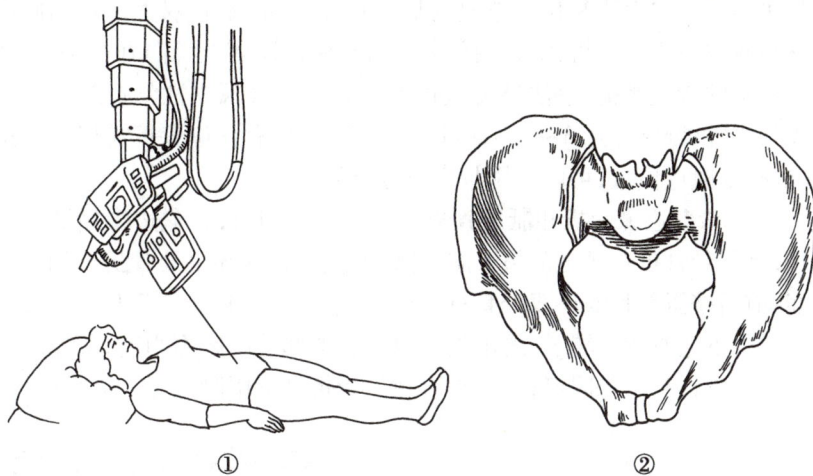

图 7-11　骨盆入口位片

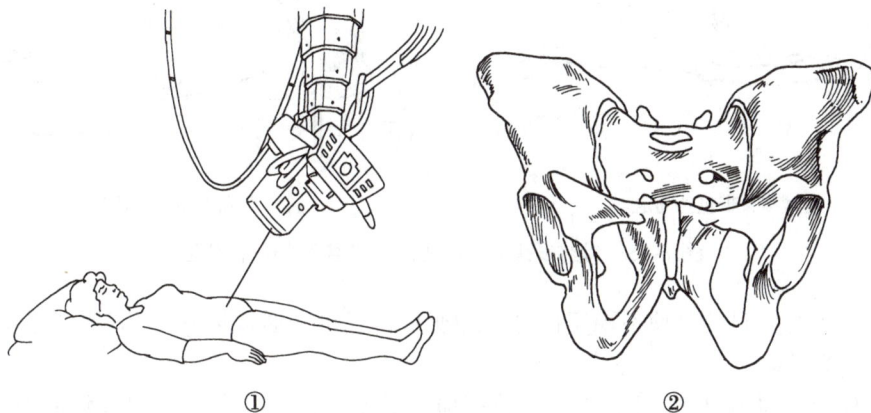

图 7-12　骨盆出口位片

反射,确定是否合并神经损伤,一旦确诊,应及时采取措施处理。

3. 鉴别诊断　需要鉴别能够引起髋部疼痛的疾病,常见的比如股骨颈、股骨转子间骨折及髋臼骨折,由于疼痛的部位主要在髋部,所以和骨盆骨折比较难鉴别。骨盆的挤压分离试验一般也可能是阳性,所以体征上不易鉴别,需要通过 X 线片和 CT 才能确认。骨盆骨折可合并失血性休克及腹膜后血肿、尿道或膀胱损伤、直肠或肛管损伤、神经损伤、腹部脏器损伤、女性阴道及子宫损伤。

三、治疗

1. 早期救治　骨盆骨折往往合并多脏器损伤,病死率较高,要防治休克等危及生命的并发症。对疑有骨盆骨折或休克征象的患者应尽量减少搬动,急救时注意正确搬运。急救主要包括大出血的处理和其他可能危及生命的全身或局部损伤的处理。对内出血患者在药物止血的同时,迅速补充血容量,抗休克治疗,必要时手术探查。

2. 牵引疗法　大多数骨盆骨折可应用牵引疗法进行治疗。牵引重量一般应为体重的 1/7~1/5,骨折复位满意后,维持重量 6 周左右,牵引应持续直至骨折临床愈合,时间需 8~10 周。不宜过早去除牵引或减轻重量,以免骨折再移位。

3. 手法整复　不影响骨盆环稳定的耻骨支、坐骨支和髂骨翼骨折需卧床 2~3 周,有移位的尾骨骨折可用肛门内手法复位。整复前后挤压型骨折,术者双手从两侧向中心对挤髂骨翼,使之复位;侧方挤压型骨折,术者两手分别置于两侧髂前上棘向外推按,分离骨盆使之复位。对于不稳定的骨盆骨折,手法整复应慎重。骨盆边缘孤立性骨折及骨盆环单处无移位骨折一般无须整复,卧床休息3~4周即可。骨盆环双处有移位骨折需根据骨折类型区别对待,采用手法整复时应慎重,可以采用骨牵引逐步复位。

4. 固定方法　骨盆边缘骨折和骶尾骨骨折卧床休息即可;骨盆边缘撕脱骨折采取相应肌肉放松体位,骶尾骨骨折在骶尾部垫气圈以减轻疼痛;骨盆环单处骨折可用多头带环形固定以减轻疼痛;前后挤压型骨盆环双处骨折可用骨盆兜悬吊固定(图7-13),骨盆兜由厚帆布制成,上达髂骨翼,下达股骨大转子,悬吊重量以患者臀部抬离床面为度,其原理为依靠挤压合拢骨盆的力量使骨折复位与固定;纵向垂直剪切骨折可采用股骨髁上牵引进行固定。

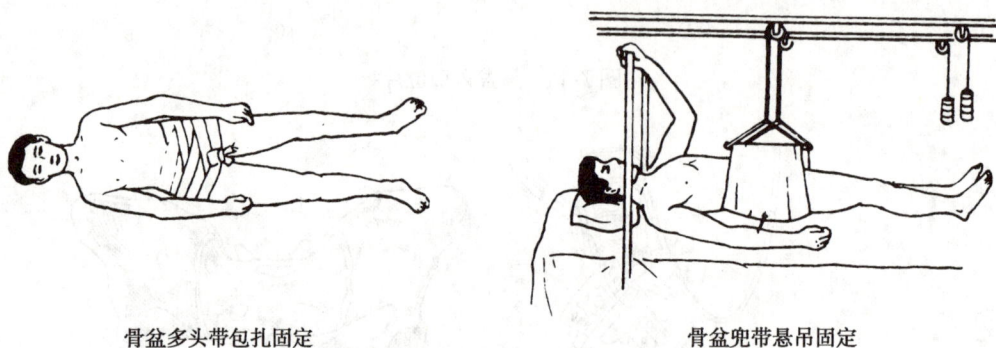

骨盆多头带包扎固定　　　　　　　　骨盆兜带悬吊固定

图 7-13　骨盆多头带包扎固定和骨盆兜带悬吊固定

5. 手术治疗　目的是使不稳定性骨折迅速获得稳定。通常情况下,需要严格掌握手术的适应证及禁忌证。

(1) 外固定器固定:外固定是骨盆骨折损伤重要的治疗手段,作为临时固定以稳定骨盆,减少出血,有利于休克的复苏。外固定支架适用于 Tile B 型及旋转不稳定型骨折,如分离型(开书型)与压缩型损伤,外固定复位可以联合手法复位,以调整外固定支架。固定 6 周,佩戴外固定架可移动躯干,稳定后可下地活动,使用外固定架仍需要注意针孔部位的感染,其仍有可能导致骨髓感染,出现骨髓炎。

骨盆外固定器主要有前方外固定架和骨盆夹。前后挤压暴力的"开书样"损伤,一侧或两侧的髂骨翼外旋、耻骨联合分离者,可用骨盆外固定器固定。应用时在无菌和局部麻醉下操作,在每一侧髂嵴前部的髂骨内外板之间钻入两枚或两枚以上固定针,借助固定针手法复位后,以各型固定夹和连接杆形成梯形框架结构将骨盆固定。垂直剪切暴力损伤导致骨盆后方不稳定,比如骶髂关节脱位,骶骨纵形骨折移位,应用骨盆夹外固定。将两枚固定针分别固定在两侧骶髂关节处的髂骨外板上,收紧骨盆夹使骨盆的后方闭合。外固定器的应用能有效降低骨盆容量,对符合其适应证的患者早期复苏有很大帮助,一般固定 6~8 周。

(2) 内固定:内固定手术的目的不仅是为了固定,更重要的是解剖复位。适应证:对于旋转不稳定但垂直稳定(Tile B)的骨折伴有耻骨联合分离大于 2.5cm,耻骨支骨折伴有大于 2cm 移位,或其他旋转不稳定的骨盆骨折伴有下肢不等长大于 1.5cm 者,或不能接受的骨盆旋转畸形均宜手术复位和稳定,骶髂关节脱位>1cm,髂骨、骶骨骨折移位明显,均应手术复位。髂前上棘撕脱骨折移位明显,闭合复位不理想者,可手术切开复位、螺钉内固定。髂骨翼骨折分离移位影响骨盆环稳定者,可予手术切开复位钢板螺钉内固定。开书样损伤耻骨联合分离大于 2.5cm 者,在耻骨联合上方用一块四孔钢板固定,即可恢复稳定性。侧方挤压损伤,耻骨上支移位突入会阴部,可采用小的横行切口,将骨折复位后以螺钉或小钢板内固定。骶髂关节骨折脱位,若闭合复位不良需手术治疗。骶髂关节脱位或骨折脱位可在髂嵴上做切口经前方显露,进行复位、钢板内固定。骶髂关节周围的髂骨骨折、骶骨骨折可在髂骨后嵴的内或外侧切口经后方显露,螺钉或钢板固定。骶髂关节脱位可单独应用螺钉固定,切开或经皮穿钉。螺钉穿过骶髂关节能提供很好的固定。穿钉的位置一定要准确,穿钉过程中要透视检查(骨盆入口位、出口位、骨盆侧位),避免螺钉进入椎管损伤马尾神经,或穿入第 1 骶孔损伤神经根。

骨盆骨折脱位微创手术是骨盆损伤治疗的发展趋势,能明显减少手术并发症的发生,并降低死亡率。导航技术的应用提高了微创手术的成功率。骶 1 椎弓根轴位 X 线投照和置钉方法提高了骶髂螺钉置入的安全性。

四、预防与康复

骨折早期尽量减少不必要的搬动,避免骨折断端的异常活动。如骨盆骨折合并其他脏器损伤时,必须密切观察生命体征、意识情况、表情、皮肤黏膜等,如有异常及时对症处理。功能锻炼应根据患者的总体情况由被动运动过渡到主动运动,范围由小到大、由浅到深、由单关节到多关节,由床上到床下,先易后难、循序渐进、逐步适应。骨牵引患者也应尽早开始局部按摩。骨盆兜悬吊牵引者,吊带要保持平衡,以防压疮,吊带离床面约 5cm,并要保证吊带的宽度、长度适宜。下肢牵引者,一般是双下肢同时牵引,置双下肢于外展位。长期卧床的患者要加强护理,避免发生压疮。

(许和贵)

ER-7-2

扫一扫,
测一测

复习思考题

1. 肋骨骨折的发生部位及严重程度与损伤暴力之间有何关系?

2. 胸腰椎骨折为何要行 X 线、CT、MRI 检查? 三者分别有哪些优势?

3. 为什么高龄女性患者易造成胸腰椎骨折?

4. 为什么说处理骨盆骨折要把抢救患者生命放在第一位,应如何处理?

5. 脊柱损伤后,应如何现场急救搬运?

◇◇◇ **第八章** ◇◇◇

上 肢 损 伤

第一节　肩、上臂部损伤

一、肩关节脱位

　　肩关节脱位,亦称盂肱关节脱位,古称"肩胛骨出""肩膊骨出臼"或"肩骨脱臼"。肩部关节由盂肱关节、肩锁关节、胸锁关节及肩胛胸壁关节组成,盂肱关节即狭义的肩关节,是人体中活动范围最大的关节。肩部的前屈、后伸、内收、外展、上举、旋转等活动主要由盂肱关节来完成,它也是由肱骨头与肩胛骨关节盂构成的杵臼关节,头大盂小,肱骨头和关节盂两者的关节面之比约为3:1。肱骨头仅有一小部分与关节盂接触,周围关节囊较松弛,这样使盂肱关节具有较大的活动度,但这也是导致关节稳定性较差的原因。维持关节稳定的结构包括由纤维软骨构成的盂唇,关节囊、喙肩韧带、喙肱韧带、盂肱韧带和周围的肌肉肌腱等。肩关节结构的损伤和功能丧失,会破坏关节的相对稳定而致关节脱位。肩关节是全身关节脱位中最常见的部位之一,其中前脱位最常见,多发生于青壮年,男性多于女性。

（一）病因病理

　　1. 直接暴力　暴力直接作用于肩关节引起。常见于人体向后跌倒时,以肩部触地,或因来自后方的暴力,造成肱骨头向前脱位。也有少数情况为肩关节前侧受到暴力打击,造成肩关节向后脱位。

　　2. 间接暴力　可分为传达暴力与杠杆作用力两种,临床最多见。

　　（1）传达暴力:患者向侧方跌倒时手掌撑地,上肢处于外展、外旋位,暴力由手掌沿肱骨纵轴向上传至肱骨头（图8-1）,使肱骨头冲破较薄弱的肩关节囊前壁,向前滑出至喙突下间隙,形成喙突下脱位,较为常见。若暴力继续向上传达,肱骨头被推至锁骨下部,即锁骨下脱位;若暴力再继续向内传达,

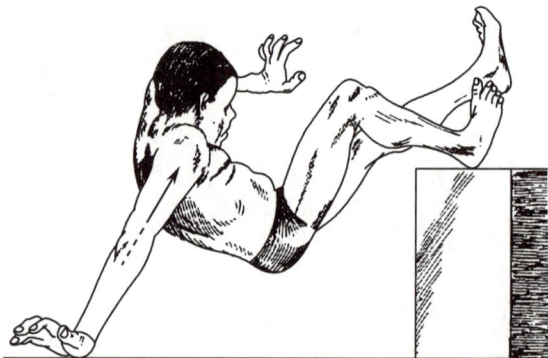

图8-1　传达暴力

笔记栏

肱骨头可能撞及胸壁,由肋间隙或造成肋骨骨折后,进入胸腔,形成胸腔内脱位,较为罕见。

(2)杠杆作用力:当暴力使上臂过度上举时,肱骨颈或肱骨大结节抵触于肩峰,以此为杠杆支点,使肱骨头向盂下滑脱,形成盂下脱位,然后在胸大肌等肌肉的牵拉下,肱骨头可滑至肩前,形成喙突下脱位。

肩关节脱位,根据脱位的时间长短和脱位次数的多少可分为新鲜性、陈旧性和习惯性脱位。根据脱位后肱骨头所在的位置,又可分为前脱位、后脱位两种。前脱位又可分为盂下、喙突下、锁骨下及胸腔内脱位,其中以喙突下脱位最多见,后脱位较少见(图8-2)。

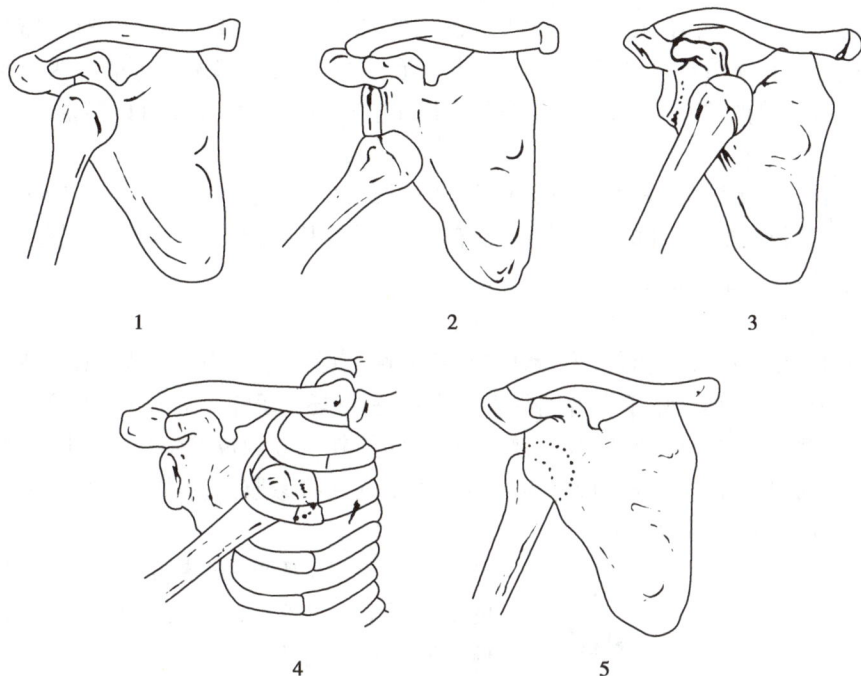

图8-2 肩关节脱位的类型
1. 喙突下脱位;2. 盂下脱位;3. 锁骨下脱位;4. 胸腔内脱位;5. 后脱位

(二)诊断

1. 临床表现　一般损伤后局部疼痛、肿胀,肩部畸形及活动受限。若伴有骨折,则疼痛、肿胀更甚,或有瘀斑。新鲜前脱位患者常以健侧手托患侧前臂,头部向患侧倾斜,肩部失去正常圆钝平滑的曲线轮廓,形成"方肩"畸形。伤臂弹性固定于肩关节外展20°~30°位,触诊肩峰下空虚,可在喙突下、腋窝内或锁骨下扪及肱骨头,搭肩试验(Dugas征)阳性。陈旧性肩关节脱位患者以往有外伤史,患侧三角肌萎缩,"方肩"畸形更加明显,在盂下、喙突下或锁骨下可摸到肱骨头,肩关节各方向运动均有不同程度的受限,搭肩试验和直尺试验阳性。习惯性肩关节脱位患者有多次脱位病史,多发生于20~40岁,脱位时,疼痛多不剧烈,但肩关节活动仍有障碍,久而可导致肩部周围肌肉发生萎缩,当肩关节外展、外旋和后伸时,可以诱发再脱位,小于20岁的患者发生一次脱位后,再发肩关节脱位的概率非常高。X线摄片检查,拍摄肩关节前后位,上臂60°~70°内旋位或上臂50°~70°外旋位,可明确肱骨头后侧是否有缺损。值得注意的是肩关节后脱位的X线表现不明显,容易漏诊。

2. 诊断要点

(1)病史:有外伤史。

(2)症状与体征:肩部局部肿胀疼痛,患者常以健侧手托患侧前臂,紧贴于胸壁,以减轻肩部活动引起的疼痛,患肩往往因失去圆形膨隆外形,肩峰显著突出,形成典型的"方肩"畸形。检查时,肩峰下有空虚感,在正常位置不能扪及肱骨头,若旋转肱骨干时,可在腋窝或喙突下或锁骨下扪及肱骨头。伤臂处于20°~30°外展位,并呈弹性固定。搭肩试验及直尺试验阳性。测量肩峰到肱骨外上髁长度时,患肢短于健肢(但盂下脱位,则长于健肢)。

(3)辅助检查:肩关节正位和穿胸侧位X线片可明确脱位方向、移位程度及是否合并骨折等,肩关节脱位常合并肱骨大结节骨折,少数可合并肩袖损伤、肱二头肌长头肌腱滑脱、肱骨外科颈骨折及血管、神经损伤等,但老年人合并肩袖损伤的十分常见。临床应注意检查,切勿漏诊,必要时进一步做CT或MRI以明确并发损伤。

3. 鉴别诊断 本病需与肱骨近端骨折进行鉴别。二者均有肩部的剧烈疼痛和肩关节功能明显受限。但肱骨近端骨折一般肩部外形无明显改变,局部瘀斑可能更为显著。而肩关节脱位常有明显的关节畸形,有时伴有弹性固定。通过症状及X线可以鉴别。

(三)治疗

对于新鲜肩关节脱位,采用手法复位及适当固定。合并肱骨大结节骨折、腋神经及血管受压,往往可随脱位整复,骨折亦随之复位,神经、血管受压解除;对于陈旧性脱位,先试行手法复位,失败后考虑手术治疗。

1. 整复方法

(1)拔伸托入法:患者坐位,术者站在患肩外侧,以两手拇指压其肩峰,其余4指由腋窝内托住肱骨干。第一助手站于患者健侧肩后,两手斜形环抱固定患者,第二助手一手握患侧肘部,一手握腕上部,外展外旋患肢,由轻而重地向前外下方做拔伸牵引,与此同时,术者插入腋窝的手将肱骨头向外上方用力托起,第二助手逐渐将患肢向内收、内旋,直至肱骨头有回纳感觉,复位即完成(图8-3)。

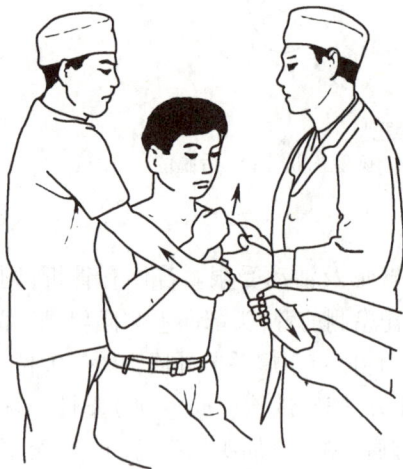

图8-3 拔伸托入法

(2)手牵足蹬法:患者仰卧于床上,用拳头大的棉垫置于患侧腋下,以保护软组织。术者立于患侧,两手握住患肢腕部,并用近于患侧的一足抵于患者腋窝内,即右侧脱位术者用右足,左侧用左足,在肩关节外旋、稍外展位沿患肢纵轴方向用力缓慢拔伸,继而徐徐将患肢内收、内旋,将肱骨头回纳于关节盂内。当有入臼声时,复位即告成功(图8-4)。因为操作简便,一人即可完成,临床中此法更为常用。

(3)椅背复位法:患者坐在靠背椅上,将患肢放在椅背外侧,腋肋紧靠椅背,将棉垫置于腋部,保护腋下血管、神经,一助手扶住患者和椅背,术者握住患肢,先外展、外旋牵引,再逐渐内收,并将患肢下垂,然后内旋屈肘,即可复位成功。此法是应用椅背作为杠杆支点整复肩关节脱位的方法,适用于肌力较弱的肩关节脱位者。

(4)悬吊复位法:患者俯卧于床,患肢悬垂于床旁,在患肢腕部悬挂2~5kg重物,持续牵引15分钟左右,多可自动复位,适用于年老体弱患者。

(5)陈旧性脱位的复位处理:脱位在3个月以内,年轻体壮,脱位的关节仍有一定活动范围,X线片显示无骨质疏松和关节内、外骨化者可试行手法复位。复位前,应先行患侧肩关节推拿按摩或尺骨鹰嘴牵引1~2周,以松解周围组织的粘连、挛缩、瘢痕;如脱位时间短,关节活动障碍轻亦可直接复位。复位在全麻下进行,先行肩部按摩和做轻轻的摇摆活动,以

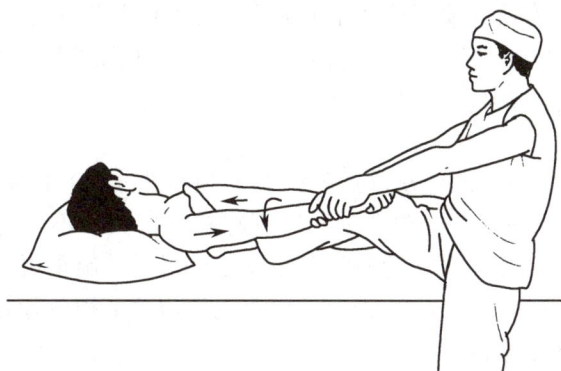

图 8-4 手牵足蹬法

解除粘连,缓解肌肉痉挛,便于复位。复位操作可采用蹬顶或杠杆复位法。复位后处理与新鲜脱位者相同。必须注意,操作切忌粗暴,以免发生骨折和腋部神经、血管损伤。

2. 固定方法 采用胸壁绷带固定法(图 8-5),将患侧上臂保持在内收、内旋位,肘关节屈曲 60°~90°,前臂依附胸前,用纱布棉垫放于腋下和上臂内侧,用绷带将上臂固定于胸壁,然后用三角巾悬吊患肢于胸前,固定 2~3 周。

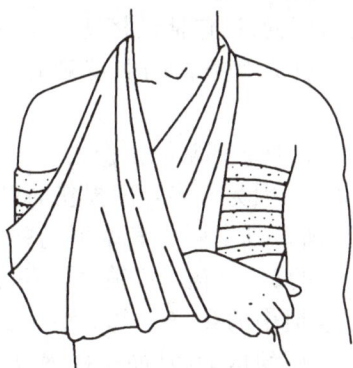

图 8-5 肩关节脱位固定

3. 练功活动 固定后即鼓励患者做手腕屈伸及手指抓握训练,新鲜脱位 1 周后去除胸壁处绷带,保留三角巾悬吊前臂,或健侧手托起患侧肘关节,开始练习肩关节前屈、后伸活动;2 周后去除三角巾,逐渐开始做关节各个方向主动练功锻炼,如左右开弓、双手托天、手拉滑车、手指爬墙等。

4. 药物治疗 新鲜脱位,早期宜活血祛瘀、消肿止痛,内服可选用舒筋活血汤、活血止痛汤等,外敷活血散或消肿止痛膏。中期肿痛减轻,宜舒筋活血、强壮筋骨,可选用内服壮筋养血汤、补肾壮筋汤等,外敷舒筋活络膏。后期体质虚弱者,可内服八珍汤、补中益气汤等。外洗方可选用苏木煎、上肢损伤洗方等,煎水熏洗患处,促进肩关节功能恢复。陈旧性脱位,应予温养气血、软坚散结之剂。习惯性脱位,应着重补肝肾、壮筋骨,内服可选用补肾壮筋汤、健步虎潜丸等。对合并骨折者,按骨折三期辨证用药。有合并神经损伤者,应加强祛风通络,用地龙、僵蚕、全蝎等。有合并血管损伤者,应加强活血祛瘀通络,可合用当归四逆汤加减。

5. 手术治疗 绝大多数新鲜肩关节脱位,手法整复多能成功,极少数需要行切开复位。对于年老患者不必强求手术复位,应鼓励患者加强肩部活动,尽可能恢复肩关节功能。习惯性脱位,手术治疗的目的在于增强关节囊前壁和盂唇重建,以控制肩关节的外旋活动,增加肩关节稳定性,防止再脱位,但术后仍有 10%~20% 患者复发。

(1)手术适应证:脱位合并神经、血管损伤,临床症状明显,手法整复后症状未得到缓解者;合并肱二头肌长头肌腱滑脱,多次手法整复未能取得成功者;合并肱骨外科颈骨折,经手法整复未能取得成功者;合并关节盂大块骨折,日后将影响关节稳定者;合并大结节骨折,骨折块嵌夹于肱骨头与关节盂之间,阻碍复位者。陈旧性肩关节脱位手法整复失败者,对于青壮年患者可考虑手术复位。

(2)手术的选择:前方关节囊紧缩缝合术;盂唇重建加冈下肌或小圆肌堵塞术;切开或

镜下 Latarjet 术。另外,有研究发现接受非手术治疗的年轻患者中,有 90% 发生肩关节不稳,而接受手术治疗的患者只有 12%。所以有观点认为在以往无肩关节脱位病史,患者后期活动量大的年轻患者,使用关节镜治疗是有益的。

(四) 预防与康复

急性肩关节前脱位患者,大部分功能恢复良好,但是部分人有再脱位风险。部分存在持续肩部症状的患者,通常均存在主观感觉和客观存在的肩关节不稳定,同时伴有肩关节疼痛。体格检查进行肩关节活动时患者通常存在脱位恐惧感。出现再脱位的危险因素包括:年龄小于 40 岁、癫痫疾病、Hill-Sachs 损伤。由于近年肩关节镜诊疗技术的进步,部分肩关节脱位复发患者可通过手术治疗。

复位后最好在患肢腋下放软枕,上臂保持在外展外旋 30° 位置,利于关节囊修复,可以减少今后再脱位的概率。除上述练功活动外,应尽量配合按摩、推拿、针灸、理疗等,以防肩关节周围组织粘连和挛缩,加快肩关节功能恢复。但是,在固定期间,必须禁止上臂过度外旋活动,以免影响软组织修复。固定去除后,禁止做强力的被动牵拉活动,以免造成软组织损伤及并发骨化性肌炎。陈旧性脱位,固定期间应加强肩部按摩、理疗。

二、肩锁关节脱位

肩锁关节是由肩峰与锁骨外端构成的一个平面关节,由完整的关节囊、肩锁韧带、三角肌、斜方肌和喙锁韧带等维持关节的稳定(图 8-6)。特别是喙锁韧带,包括锥状韧带和斜方韧带,可以防止锁骨上移,对稳定肩锁关节有着重要作用。当肩部承受暴力时,喙锁韧带断裂,使锁骨至肩峰处分离,向后向上移位,称为肩锁关节脱位。

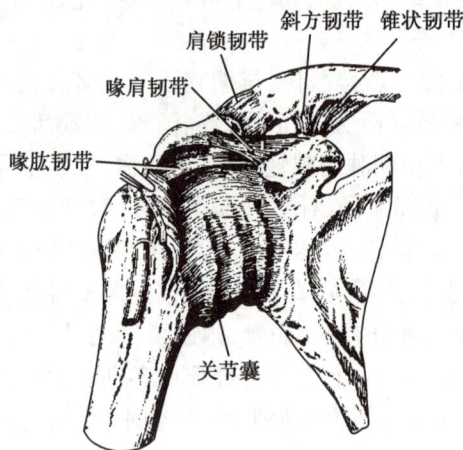

图 8-6 肩锁关节周围结构

肩锁关节脱位是肩部常见损伤之一,约占肩部损伤的 12%。因为许多轻度损伤的患者没有寻求医治,所以其实际发病率可能更高。男性发病是女性的 5~10 倍。肩锁关节不完全损伤大约是完全损伤的 2 倍。主要发生在具有高能量损伤性质的运动中,如橄榄球、足球等,在交通损伤中也较常见。

(一) 病因病理

肩锁关节脱位多由直接暴力所致。当肩关节处于外展、内旋位时,外力直接作用肩部,由上向下冲击肩峰造成。间接暴力所致者,多由上肢向下过度牵拉引起。

半脱位时仅肩锁关节囊和肩锁韧带撕裂。锁骨外侧端由于喙锁韧带的限制作用,仅有轻度地向上移位。全脱位时,喙锁韧带亦撕裂,锁骨与肩峰完全分离,并显著向上移位,严重影响上肢功能。

1. Tossy 分型 分为 3 级。

Ⅰ级:肩锁关节损伤;Ⅱ级:肩锁关节半脱位(有关节囊、肩锁韧带、喙锁韧带损伤);Ⅲ级:肩锁韧带与喙锁韧带全断裂,肩锁关节全脱位。

2. Rockwood 分型 目前多采用改良的肩锁关节损伤 Rockwood 分型(图 8-7)。

Ⅰ型:肩锁韧带挫伤,肩锁关节、喙锁韧带、三角肌及斜方肌均完整。

Ⅱ型:肩锁韧带断裂,肩锁关节增宽(与正常肩关节相比可以是轻微的垂直分离),喙锁韧带挫伤,三角肌和斜方肌完整。

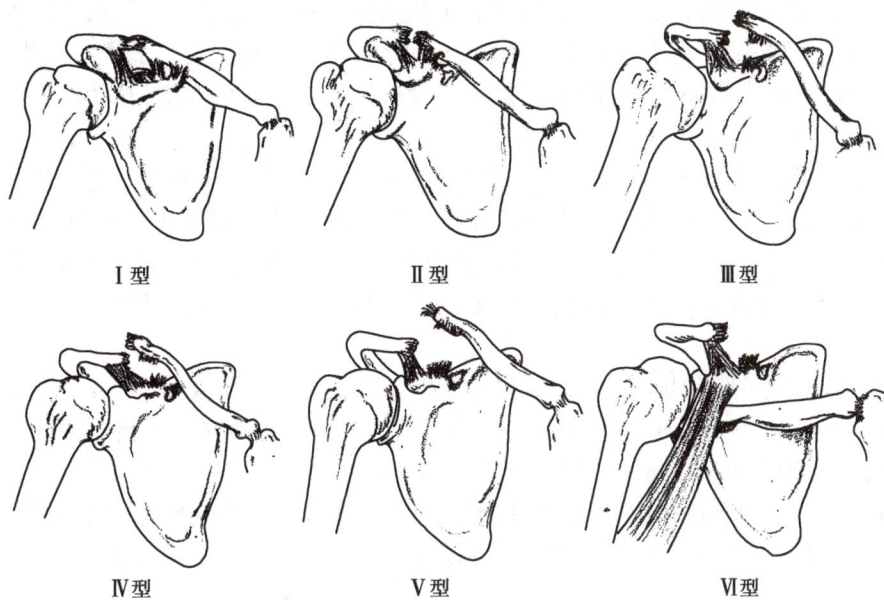

图 8-7　肩锁关节脱位 Rockwood 分型

Ⅲ型:肩锁韧带断裂,肩锁关节脱位和肩部整体向下移位,喙锁韧带断裂,喙锁间隙比正常肩关节增大 25%~100%,三角肌和斜方肌通常从锁骨的远端分离。

Ⅳ型:喙锁韧带完全断裂,肩锁关节脱位和锁骨在解剖学上向后移位进入或穿过斜方肌,三角肌和斜方肌从锁骨的远端分离。

Ⅴ型:肩锁韧带断裂,喙锁韧带断裂,喙锁间隙移位大于 100%,三角肌和斜方肌通常从锁骨的远侧 1/2 分离。

Ⅵ型:肩锁韧带断裂,锁骨向肩峰下或喙突下移位,肩峰下型喙锁韧带完整,喙突下型喙锁韧带断裂,三角肌和斜方肌通常从锁骨的远端分离。

（二）诊断

1. 临床表现　伤后局部疼痛、压痛、肿胀。半脱位者,锁骨外侧端向上移位,肩峰与锁骨不在同一水平面上,可触及高低不平的肩锁关节。双侧对比,被动活动时患侧锁骨外侧端活动范围增加,肩关节功能障碍。全脱位者,锁骨外侧端隆起,畸形明显,患侧上肢外展、上举活动困难。检查时,肩锁关节处可摸到一凹陷沟,局部按压有明显弹跳征,如按琴键。

2. 诊断要点

（1）病史:有外伤史。

（2）症状与体征:肩部局部肿胀疼痛,伤肢外展上举活动困难,锁骨外端高起,双侧对比明显,肩锁关节处可摸到一凹陷,可触到肩锁关节松动,上下活动范围增加。当托起肘关节,并将锁骨下压时畸形可消失,去除对抗力时畸形再现,即按琴征阳性。

（3）辅助检查:肩锁关节脱位患者可做左右肩关节前后位 X 线片对照,如患者站立,双手分别提约 5kg 重物摄片,肩峰与锁骨距离增大即为脱位。射线向上呈 10°~15°位拍摄X 片,可更明确肩峰与锁骨远端间距离。做 CT 检查可以更好地显示锁骨移位情况。损伤后期,部分病例伴有肩锁关节慢性疼痛及不适,其原因并不十分清楚。在一些有症状的陈旧性肩锁关节脱位患者中,从 X 片上往往可看到锁骨远端骨吸收及囊性变。

3. 鉴别诊断

（1）肩关节前脱位:受伤机制与本病相近,临床均表现为肩部肿痛、活动受限。但肩关节前脱位的体征有方肩畸形,可扪及异位的肱骨头,肩关节弹性固定。

（2）肱骨外科颈骨折：受伤机制、临床症状及体征均相似，但肱骨外科颈骨折肿胀及瘀斑较明显，胸肋部外侧上端环形压痛，可有异常活动，X线片见骨折线位于肱骨外科颈。

（3）肩峰骨折：两者均为肩部肿痛，但肩峰骨折压痛点位于肩峰部，被动外展时可有一定的活动度，X线片可见肩峰处存在骨折线。

（4）锁骨骨折：本病与锁骨骨折，尤其是锁骨中、外1/3处骨折容易混淆。两者均有疼痛、肿胀、活动受限。锁骨骨折在锁骨处可有骨擦感，锁骨可有明显台阶现象，X线可明确诊断。肩锁关节脱位患者锁骨外端高于肩峰，甚至形成梯状畸形，向下牵拉上肢时，骨外端隆起更明显；向下按压骨外端可回复，松手后又隆起；X线片显示肩锁关节脱位。

（三）治疗

肩锁关节脱位的治疗思路建立在脱位的分型基础上。手法整复较容易，但维持其对位困难。对于Rockwood分型Ⅰ～Ⅲ型目前多主张非手术治疗，Ⅲ型非手术治疗失败后可采用手术治疗；对于Rockwood分型Ⅳ型及以上者建议采用手术治疗。

1. 手法复位　患者取坐位，患侧肘关节屈曲90°，操作者一只手将肘关节向上托，另一只手将锁骨外侧端向下压，肩锁关节即可得到复位。

2. 固定

（1）胶布固定法：复位后，屈肘90°，将高低纸压垫置于肩锁关节前上方，另取3个棉垫，分别置于肩锁关节、肘关节背侧及腋窝部，然后用3～5cm的宽胶布，自患侧胸锁关节下，经锁骨上窝斜向肩锁关节处，顺上臂向下绕过肘关节背侧反折，沿上臂向上，再经过肩锁关节处，拉向同侧肩胛下角内侧固定（图8-8），亦可取另一条宽胶布重复固定1次。固定时，术者两手始终保持纵向挤压力，助手将胶布拉紧固定。

（2）"∞"字绷带固定法：临床上有传统斜"∞"字绷带固定和双"∞"字绷带固定两种。

（3）各式肩肘腋带法外固定法：如Kenny-Howard固定带固定法。

（4）其他固定方式：目的是压迫锁骨远端向下，推动肘部向上，以使脱位复位，并维持之，直至破损的关节囊及肩锁韧带愈合。固定时间为5～6周。

3. 辨证施治　初期肩部肿胀、疼痛，宜活血祛瘀、消肿镇痛，以舒筋活血汤内服；中期肿痛减轻，宜舒筋活血，强壮筋骨，以壮筋养血汤内服；后期症状消失，宜补肝肾、舒筋活络，以补肾壮筋汤加减内服。损伤后期，关节功能障碍者，以海桐皮汤熏洗，可配合按摩推拿治疗。

图8-8　肩锁关节脱位固定法

4. 手术治疗

（1）手术适应证：对有症状的陈旧性半脱位及Ⅲ型损伤患者，尤其是肩锁关节移位超过2cm者，可选择手术治疗。

（2）手术的选择：多采用手术切开复位内固定。如克氏针张力带、锁骨钩钢板、强力线或锚钉等，以加强或重建喙锁韧带。近年全肩关节镜下的肩锁关节复位内固定术取得了很好疗效。陈旧性肩锁关节脱位，若仅有脱位，无明显功能障碍和症状者，则无须治疗。有明显疼痛及功能障碍者，则需考虑手术治疗。

（四）预防与康复

肩锁关节脱位是临床常见损伤，全脱位的治疗要达到良好效果较为困难。目前临床常用的手术及非手术治疗方法都存在不利因素，因此要选择合适的治疗方式。

手术治疗适合于重度脱位患者,其最大优势是手术方式的多样性及急性期护理较方便,但其缺点是有一定失败率,需二次手术取出内固定物。手术治疗后由于其固定的稳定性不足或设计缺陷,术后满意率差别也很大。

非手术治疗适合于中轻度脱位患者,或因条件限制不能手术者,或手术后失败,通过非手术外固定保护可补救的病例。非手术治疗的优势在于固定方式的多样性。其缺点是对重度脱位效果欠佳,并且急性期护理不便,患者的依从性与效果密切相关。

固定期间应做腕指关节活动,固定5~6周开始主动活动肩关节。先做肩关节的前屈后伸活动,逐渐做外旋、内旋、外展及上举等动作,如上提下按、双手托天、前俯分掌等。活动范围由小到大,用力逐渐加强,切不可用粗暴的被动手法活动。

三、锁骨骨折

锁骨是外形呈"⌒"形的细长管状骨,位于胸廓顶部的前方,可在皮下触及全长,桥架于胸骨与肩峰之间,是肩胛带与躯干间的唯一骨性联系。锁骨又称锁子骨,《医宗金鉴·正骨心法要旨》说:"锁子骨,经名拄骨,横卧于两肩缺盆之外,其两端外接肩解。"锁骨内侧段前凸,附着有胸锁乳突肌和胸大肌,并在内侧与胸骨组成胸锁关节,外侧段后凸,附着有三角肌和斜方肌,并在外侧与肩峰形成肩锁关节。其后下方有臂丛神经及锁骨下血管经过。锁骨中1/3为内外两端移行交接部位,正处于两个相反弧形凸起的交汇处,直径最小,是锁骨的力学薄弱点,故骨折多发生在中1/3处(图8-9)。锁骨骨折临床较为常见,多发于儿童及青少年。

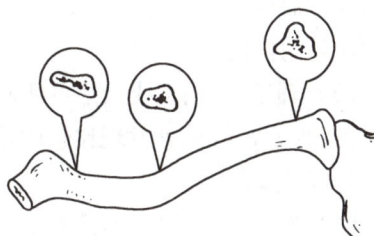

图8-9 锁骨不同部位的横切面形态

(一)病因病理

1. **直接暴力** 暴力直接作用于锁骨而引起,例如从前方打击、撞击锁骨,或摔倒时肩部直接着地,造成锁骨中1/3与第一肋骨撞击,从而造成锁骨中1/3骨折,因暴力作用点不同,多为横断或粉碎性骨折。

2. **间接暴力** 间接暴力主要为跌倒时手掌或肩部外侧着地,外力经肩锁关节传至锁骨而发生骨折,以短斜形或横形骨折多见。

3. 非外伤原因也可造成锁骨骨折。锁骨本身病理改变时,在轻微的外力作用下即可发生骨折,如锁骨骨髓炎、良性及恶性肿瘤放射治疗后、颈部淋巴结清除术后,也可发生锁骨应力骨折。

图8-10 锁骨骨折的典型移位

新生儿锁骨骨折的常见原因是产伤;幼儿锁骨骨折主要是从高处坠落,多为青枝骨折,骨折往往向上成角;成人锁骨骨折多由间接外力引起,主要是接触性竞技运动和高能量交通外伤引起,同时合并多处损伤。

根据骨折部位,临床上将锁骨骨折分为内1/3、中1/3和外1/3骨折。中1/3骨折患者,骨折内侧段因胸锁乳突肌的牵拉向后上方移位,外侧段因上肢重力及三角肌牵拉向前下方移位(图8-10)。外1/3骨折患者,除非合并喙锁韧带断裂,一般骨折端多无明显移位。若锁骨骨折的骨折断端向后下方移位时,可压迫或刺伤臂丛神经或锁骨下血管,甚至刺破胸膜或肺尖,造成血管、神经损伤,或血胸、气胸,临床极为罕见,如骨折断端向上向前刺破皮肤,可造成开放性骨折,也较为少见。

（二）诊断

1. 临床表现　锁骨骨折处疼痛、肿胀、畸形、压痛明显,肩关节活动受限,患侧上肢外展、上举受限,有移位者断端常有隆起畸形。患者常有特殊体位,患侧肩部下坠并向前、内倾斜,上臂贴近胸壁,常用健手托住患肢肘部,以减轻上肢重量牵拉而引起的疼痛,头部向患侧倾斜,下颌偏向健侧,以缓解因胸锁乳突肌牵拉引起的疼痛。若骨折移位严重,损伤臂丛神经或锁骨下血管时,可表现为患肢麻木、感觉和反射减退,患肢血液循环障碍,桡动脉搏动减弱或消失。

2. 诊断要点

（1）病史:一般有明确的外伤史。

（2）症状与体征:患处局部疼痛、肿胀,甚至有皮下瘀斑;两侧锁骨不对称,断端可触及骨擦感及锁骨的异常活动。幼儿患者锁骨处皮下脂肪丰厚,不易触及,尤其是青枝骨折,临床表现不明显,容易漏诊。但通过被动活动患肢时,如上提其手肘或腋下托起时,患儿会因疼痛加重而啼哭,常可提示诊断。注意患肢是否有皮肤感觉障碍和血液循环障碍,以排除神经和血管的损伤。

（3）辅助检查:X线摄片可明确骨折的移位方向和程度,确定骨折类型。但累及关节面的骨折,通过X线检查发现比较困难,必要时可结合CT检查明确骨折。

3. 鉴别诊断

（1）肩锁关节脱位:肩锁关节脱位患者锁骨外端高于肩峰,甚至形成梯状畸形,向下牵拉上肢时,骨外端隆起更明显;向下按压骨外端可回复,松手后又隆起;X线片显示肩锁关节脱位,儿童及青少年患者的锁骨外端骨折与肩锁关节分离有时通过X线片也难以鉴别,可做CT检查明确诊断。

（2）先天性锁骨假关节:胚胎发育中的锁骨有两个骨化中心,如果未正常融合就会形成先天性锁骨假关节。多在右侧锁骨中外1/3交界处出现假关节活动和包块,一般无临床症状和功能障碍,长期随访对锁骨的发育无明显影响。

（三）治疗

新生儿及婴儿锁骨骨折,由于骨折愈合快,一般不需特殊固定,儿童的青枝骨折及无移位骨折可以三角巾悬吊患肢保护,限制患肢活动2~3周,少年或成人轻度移位者需要复位,常用"∞"字绷带固定4~6周。开放性骨折或合并血管神经损伤时应切开复位内固定。

1. 手法治疗　患者正坐凳上,挺胸抬头,双手叉腰,术者在背后一足踏于凳缘上,将膝部顶住患者背部正中,双手握其两肩外侧,向背部后侧徐徐牵引,使患者挺胸、肩部后伸,以矫正骨折端重叠移位。如仍有侧方移位,术者以两手的拇指、示指、中指分别捏住两骨折端,一手将骨折内侧段向前下方扳拉,另一手将骨折外侧段向后上方推按,使之复位(图8-11)。

2. 固定方法　复位后,先在两侧腋下各置一块厚棉垫,用绷带从患者背部经患侧肩上、前方绕过腋下至肩后,横过背部,经对侧肩上、前方绕过腋下,横回背部至患

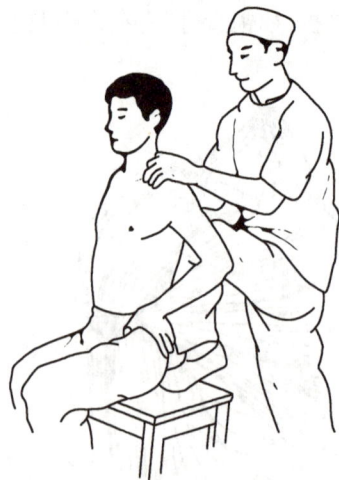

图8-11　锁骨骨折膝顶复位手法

166

笔记栏

侧肩上、前方,如此反复包绕8~12层,包扎后,用三角巾悬吊患肢于胸前,即为"∞"字绷带固定法(图8-12),固定4~6周。亦可用双圈固定法或锁骨固定带固定(图8-13)。

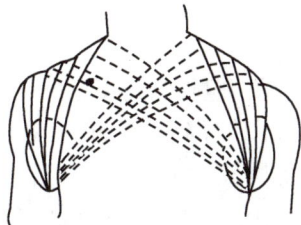

图8-12 "∞"字绷带固定法   图8-13 双圈固定法

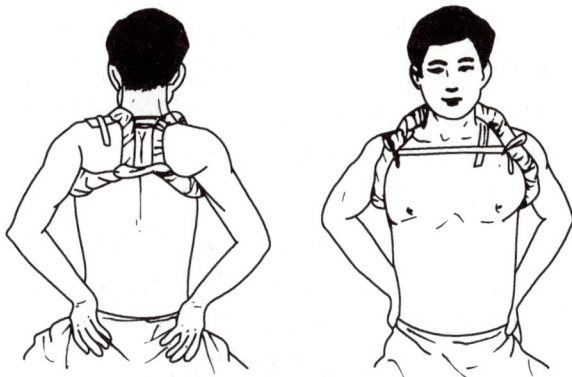

3. 药物治疗 初期治以活血祛瘀、消肿止痛,可内服桃红四物汤、活血止痛汤,外敷消瘀止痛膏或双柏散;中期宜接骨续筋,可内服新伤续断汤、续骨活血汤等,外敷接骨续筋药膏;后期着重养气血、补肝肾、壮筋骨,可内服六味地黄丸、补肾壮筋汤,外敷坚骨壮筋类膏药或海桐皮汤熏洗。

4. 手术治疗 尽管对于大部分锁骨骨折,非手术方法具有很高的治愈率。但当出现绝对手术指征时,应及早进行手术治疗,手术延迟超过2~3周可能会增加骨折复位的难度,同时严重移位、高度粉碎、短缩大于2cm的患者,采用保守治疗的疗效相对较差,这时手术固定被认为可达到更好的临床效果。同时可以减少保守治疗的痛苦。

(1)手术适应证:开放性骨折;粉碎性骨折;合并有锁骨下神经、血管损伤;合并同侧肩胛颈骨折,形成漂浮肩;外1/3骨折移位明显合并喙锁韧带损伤;锁骨畸形愈合或不愈合而合并有症状者。

(2)手术的选择:对于锁骨骨折,采用切开复位内固定术应慎重,术中注意减少医源性创伤和骨膜的剥离范围,可采用螺丝钉内固定、接骨钢板内固定、记忆合金环抱器固定等。骨折不愈合者,可行内固定加植骨术。

(四)预防与康复

锁骨骨折经过及时治疗,大多预后良好。骨折不愈合的情况较为少见。据统计,非手术治疗骨折不愈合率仅为0.1%~0.8%,而手术治疗骨折不愈合率为3.7%。锁骨骨折不愈合如不引起临床症状,不需特殊治疗。有明显症状时,可采用手术治疗。少数患者骨折后期由于骨折端后缘大量骨痂形成,肋锁间隙变窄,引起血管和臂丛神经受压症状,会出现胸廓出口综合征的临床表现,严重时应行手术治疗。

复位固定后,应嘱患者站立时尽量保持挺胸,睡眠时需平卧,肩胛间可垫高以保持双肩后仰,有利于维持骨折复位。固定期间要定期检查骨折对位情况,防止骨折再移位,同时观察有无上肢神经或血管受压症状或绷带松动,随时调整绷带松紧度。骨折尚未愈合者,禁止做抬举肩臂动作,以免产生剪力而影响骨折愈合。早期可做手指抓握、腕及肘关节屈伸活动,中期可加做肩后伸扩胸等活动,后期逐渐增加肩部各种活动,如肩部的外展和旋转,防止肩关节粘连。对于老年患者,尤应注意加强练功活动。骨折尚未愈合者,禁止做抬举肩臂动作,以免产生剪力而影响骨折愈合。

四、肱骨外科颈骨折

肱骨外科颈位于解剖颈下方2~3cm处,是肱骨大、小结节移行至肱骨干的交界处,也是松质骨和密质骨交界处,生物力学上属应力薄弱点,此处易发生骨折。而肱骨解剖颈相对较短,骨折相对较罕见。肱骨外科颈内侧有腋神经向后进入三角肌内,因腋窝内有臂丛神经、腋动静脉通过,严重移位骨折时可合并神经血管损伤。肱骨外科颈骨折在临床中较为常见,多见于老年人,女性发病率高。

(一)病因病理

1. **直接暴力**　暴力直接作用于肩关节而引起,可引起裂缝骨折,但临床较少见。

2. **间接暴力**　患者跌倒时手掌或肘部着地,暴力通过肱骨干传导到肱骨近端,在外科颈部位集中而引起骨折,若上臂在外展位则为外展型骨折,若上臂在内收位则为内收型骨折。肱骨外科颈骨折后,受肌肉牵拉引起移位。骨折近段受冈上、冈下肌牵拉而外展与外旋移位;骨折远端受胸大肌、背阔肌、大圆肌、肱二头肌和肱三角肌牵拉向前内上方移位。如果所受暴力大,骨折严重移位,可损伤腋神经和臂丛神经,以及腋窝处动、静脉。间接暴力较为多见。

肱骨外科颈骨折临床常有以下五种类型(图8-14)。

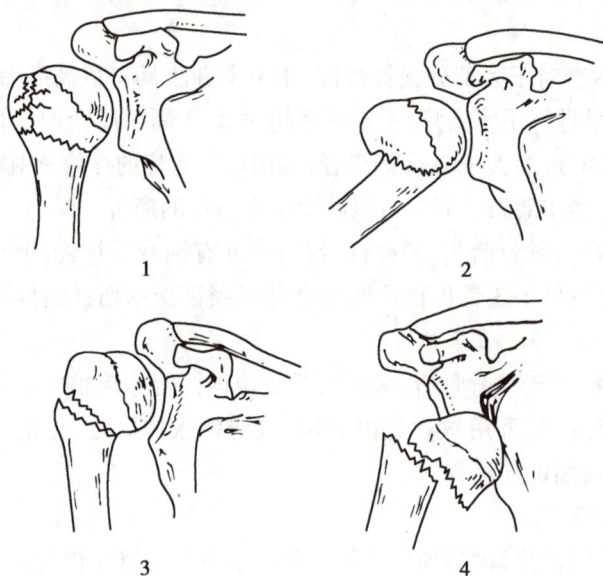

图8-14　肱骨外科颈骨折
1. 裂缝骨折;2. 外展型骨折;3. 内收型骨折;4. 骨折合并脱位

(1)裂缝骨折:直接暴力打击肩部外侧,或肩部着地跌倒遭到撞击,造成大结节骨裂与外科颈骨折,骨折多系骨膜下,多无移位。

(2)外展型骨折:受外展传达暴力所致。断端外侧嵌插而内侧分离,多向前、内侧突起成角。有时远端向内侧移位,常伴有肱骨大结节撕脱骨折。

(3)内收型骨折:受内收传达暴力所致。断端外侧分离而内侧嵌插,向外侧突起成角。

(4)嵌插骨折:受传达暴力所致。暴力较小或上臂外展内收不明显,断端互相嵌插。

(5)肱骨外科颈骨折合并肩关节脱位:受外展外旋传达暴力所致。若暴力继续作用于肱骨头,可引起前下方脱位,有时肱骨头受喙突、肩盂或关节囊的阻滞得不到整复,关节面向内下,骨折面向外上,位于远端内侧。在腋下可摸及肱骨头,但无弹性固定的体征,临床较少见,若处理不当,常容易造成患肢严重的功能障碍。

肱骨外科颈骨折是接近关节的骨折,周围肌肉比较发达,肩关节的关节囊和韧带比较松弛,骨折后容易发生软组织粘连,也可影响结节间沟的平滑。中年以上患者,易并发肱二头肌长头肌腱炎、冈上肌腱炎或肩关节周围炎。

(二)诊断

1. 临床表现　伤后肩部剧烈疼痛、肿胀明显,局部肿胀有时波及整个肩部及上臂,肩关节功能活动障碍。肱骨上端局部环形压痛和纵向叩痛,可触及畸形、骨擦音和异常活动。

2. 诊断要点

(1) 病史:患者有明显外伤史。

(2) 症状与体征:患肩部剧烈疼痛,肿胀明显,局部环形压痛和纵向叩击痛,肩关节活动功能障碍。有移位骨折可触及畸形、骨擦音和异常活动。外展型骨折肩部饱满,上臂内侧可见散在瘀斑。肩部下方稍呈凹陷,不呈现方肩畸形,在腋下肱骨近段内侧能摸到移位的骨折端或向内成角的移位骨端。内收型骨折肩部前侧有瘀斑,在上臂上段外侧可摸到突起的骨折远端和成角畸形,上臂呈内收畸形。肱骨外科颈骨折合并肩关节脱位,肩部肿胀严重,青紫瘀斑也较严重,肩峰下凹陷,可见方肩畸形,上臂上段外侧可摸到突起的骨折远端,在腋下可摸及肱骨头,但无弹性固定的体征。

(3) 辅助检查:X线正位、穿胸侧位或外展侧位片可明确骨折的移位方向和程度,确定骨折的分型,现在常通过 CT 进行三维重建以确定骨折移位情况。

3. 鉴别诊断　肩关节前脱位多为间接暴力致肩盂关节关系改变。伤肢肿胀、疼痛、方肩畸形,肩关节呈弹性固定。多伴有肱骨大结节骨折,如不治疗,会引起肩关节功能丧失。

(三)治疗

对无移位的裂缝骨折或嵌插骨折,可用三角巾悬吊患肢 1~2 周,3 周后开始肩部活动。有移位骨折需进行手法复位。若合并血管神经损伤者则选用手术治疗。

1. 手法治疗　患者坐位或卧位,一助手用布带绕过腋窝向上提拉,屈肘 90°,前臂中立位,另一助手握其肘部,沿肱骨纵轴方向向下牵引,纠正短缩移位(图 8-15),然后根据不同类型再采用不同的复位方法。

(1) 外展型骨折:术者双手握骨折部,两拇指按于骨折近端的外侧,其他各指环抱骨折远端的内侧向外端提,助手同时在牵引下内收其上臂即可复位(图 8-16)。

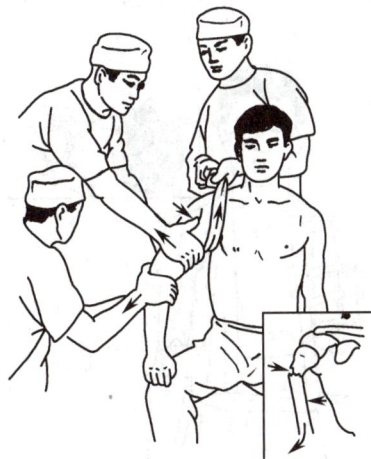

图 8-15　纵轴牵引

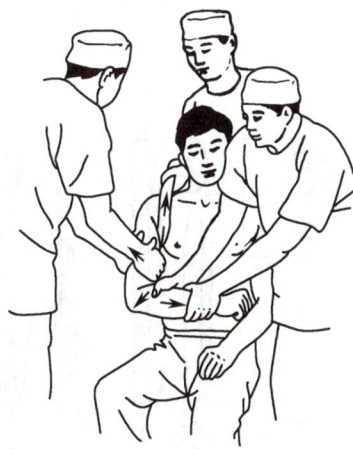

图 8-16　外展型骨折整复手法

（2）内收型骨折:术者两拇指压住骨折部向内推,其他四指使远端外展,助手在牵引下将上臂外展即可复位。如成角畸形过大,还可继续将上臂上举过头顶;此时术者立于患者前外侧,用两拇指推挤远端,其他四指挤按成角突出处,如有骨擦感,断端相互抵触,则表示成角畸形矫正(图8-17)。

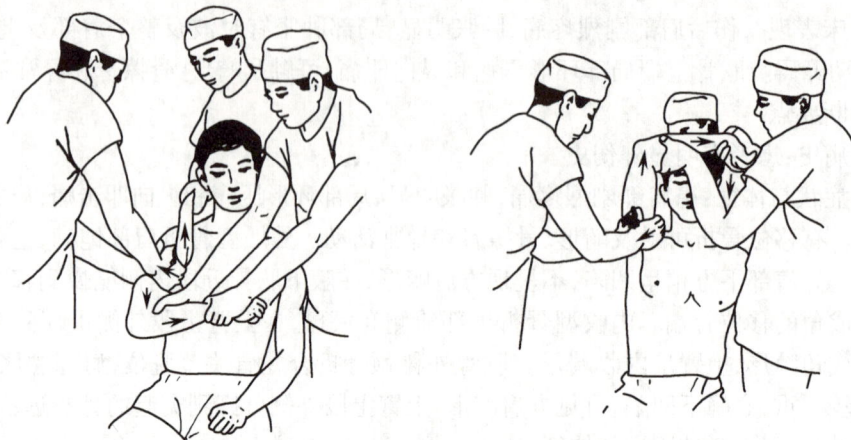

图8-17 内收型骨折整复手法

（3）合并肩关节脱位者:有些可先整复骨折,然后用手法推送肱骨头;亦可先持续牵引,使肩盂间隙加大,纳入肱骨头,然后整复骨折。

2. 固定方法

（1）夹板规格:长夹板三块,下达肘部,上端超过肩部,夹板上端有固定环,防止夹板向下滑脱,以便做超关节固定。短夹板一块,由腋窝下达肱骨内上髁以上,夹板的一端用棉花包裹,即成蘑菇头样大头垫夹板。

（2）固定方法:在助手持续牵引下,将棉垫3~4个放置于骨折部周围,短夹板放在内侧,若为内收型骨折,大头垫应放在肱骨内上髁的上部;若为外展型骨折,大头垫应顶住腋窝部,并在成角突起处放一平垫(图8-18),三块长夹板分别放在上臂前、后、外侧,用三条扎带将夹板捆紧,然后用长布带绕过对侧腋下用棉花垫好打结(图8-19)。内收型骨折固定患肩外展位,外展型骨折固定患肩内收位。固定时间为4~6周。对移位明显的内收型骨折,除夹板固定外,尚可配合皮肤牵引3周,肩关节置于外展前屈位,其角度视移位程度而定。

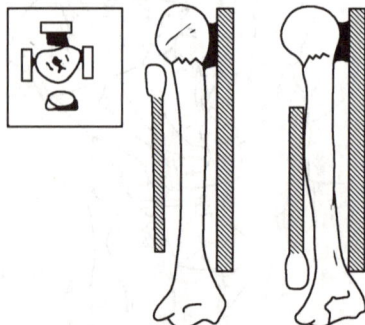

图8-18 加垫部位

图8-19 夹板固定方式

3. **练功活动**　初期让患者进行手指抓握,屈伸肘、腕关节,收缩上肢肌肉等活动,3周后练习肩关节各方向活动,活动范围应循序渐进。一般在4周左右即可解除外固定。后期应配合中药熏洗,以促进肩关节功能恢复。练功活动对老年患者尤为重要。

4. **药物治疗**　按照骨折三期辨证原则治疗。

5. **手术治疗**

(1)手术适应证:肱骨外科颈骨折严重移位且手法复位失败,或陈旧性骨折,或有软组织嵌顿,以及骨折合并脱位、血管神经损伤者。

(2)手术的选择:应切开复位内固定治疗,可选用钢针或钢板等进行内固定。对于复位后不稳定,外固定不易维持的患者可采用经皮克氏针或螺丝钉内固定术,这种方法大大减小了对骨膜的剥离,保护了肱骨头的血供,减小骨折再次移位的风险,可早期进行患肢功能锻炼。

(四)预防与康复

外展型骨折应使肩关节保持在内收位,不可做肩外展抬举动作,尤其在固定早期更应注意这一点,以免骨折再移位。对内收型骨折,在固定早期则应维持在外展位,勿使患肢做内收动作。老年患者外伤后肩周围软组织已有损伤,固定时间过长可引起肩关节周围软组织粘连,并容易导致肩周炎,因此护理时要注意鼓励和协助患者进行肩部功能锻炼。儿童患者,骨折端有轻度向前约30°向内10°的成角,多不影响肩关节功能。若为儿童肱骨头骺板损伤,日后生长发育中可能导致迟发性畸形。肱骨外科颈骨折合并肩关节脱位或青壮年骨折移位严重者,必须尽快行手法复位、小夹板固定治疗,并且脱位必须得到纠正,否则严重影响肩关节的活动功能。当骨折脱位不能得到有效纠正时,应该考虑手术治疗。肱骨外科颈骨折临床上发生不愈合者极少见,如骨折端有软组织嵌入,或不稳定骨折固定不牢固,可导致骨折不愈合。

骨折早期整复固定后,伤肢肿痛较甚,先练习五指用力伸展,再用力握拳,腕关节背伸掌屈。随着肿胀消退,疼痛减轻,1周后可做耸肩运动,患者以健手托着患肢肘部做上下范围的耸肩练习,并继续进行握拳、伸屈腕关节。2~3周内使伤肢自然下垂,身体略前倾,做小范围的画圈活动,早期运动范围可较小,随着肿痛消减,运动量应逐渐加大。

五、肱骨干骨折

肱骨干骨折是指肱骨外科颈以下1cm至肱骨内外侧髁上2~3cm处的骨折,中医亦称"折肱"。按发生部位可分上1/3、中1/3、下1/3骨折。肱骨干是一长管状的密质骨。在形态上,肱骨干上部较粗,略向前外侧凸起,横切面为圆柱形,自中1/3以下逐渐变细,呈三棱形。下1/3渐成扁平状,并稍向前倾。肱骨干中1/3以下为形态发生改变处,力学上是薄弱点,故临床上肱骨干骨折多好发于中1/3及中下1/3交界处,下1/3次之,上1/3最少。肱骨干中下1/3交界处后外侧的桡神经沟是肱骨干的重要骨性标志。桡神经穿出腋窝后,绕肱骨干紧贴肱骨干中段后方的桡神经沟,肱深动脉也从桡神经沟经过。故肱骨干中下1/3骨折或复位容易发生桡神经或血管损伤。临床上肱骨干骨折很常见,多见于青壮年。

(一)病因病理

1. **直接暴力**　由于肱骨干上1/3、中1/3骨质较为坚硬,骨折常因直接暴力所致,如打击伤、挤压伤、碰撞伤或火器伤等,多导致横断或粉碎性骨折,严重时可造成开放性骨折。

2. **间接暴力**　暴力通过传导作用于肱骨干而造成肱骨干骨折。如跌倒时手或肘着地、投掷较重物品及角力掰手腕等。肱骨干下1/3较为薄弱,故骨折多见于肱骨干中下1/3,多为斜形或螺旋形骨折。

肱骨干骨折多由较大的外伤暴力所造成;肱骨干周围有许多肌肉附着,由于肩部和上臂肌群的牵拉、外力方向及骨折部位的不同等因素影响,不同平面的骨折会发生不同方向的移位。①肱骨上 1/3 骨折:骨折发生在三角肌的止点以上时,骨折近段因受胸大肌、大圆肌和背阔肌等的牵拉作用,多向前、向内移位,远段受三角肌、喙肱肌、肱二头肌和肱三头肌的牵拉而向上、向外移位(图 8-20);②肱骨中 1/3 骨折:骨折近端因三角肌和喙肱肌的牵拉而向外、向前移位,远端因肱三头肌及肱二头肌的牵拉而向上移位(图 8-21);③肱骨下 1/3 骨折:骨折断端的移位方向,受外力的方向、前臂及肘关节位置而有所不同。骨折成角方向往往与暴力方向有关,多为成角、内旋移位。

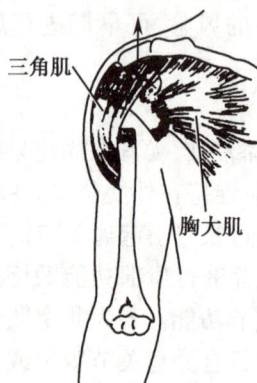

图 8-20 骨折位置在三角肌止点以上　　图 8-21 骨折位置在三角肌止点以下

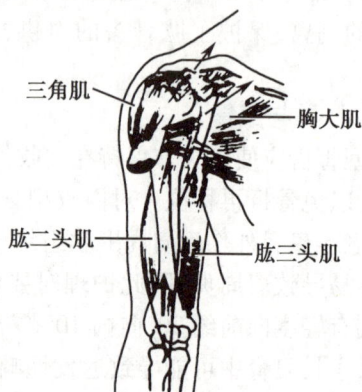

（二）诊断

1. 临床表现　伤后患肢有明显疼痛、肿胀、功能障碍。骨折伴有移位时,可触及移位的骨折端,患肢有短缩、成角或旋转畸形,并伴有异常活动、骨擦音且可扪及骨擦感。如骨折合并桡神经损伤,可出现垂腕、拇指不能外展、掌指关节不能伸直、虎口背侧区域感觉减退或消失。如合并肱动脉损伤,可出现桡动脉搏动减弱,远端血供障碍的临床表现。

2. 诊断要点

（1）病史:有明确的外伤史。

（2）症状与体征:患肢有明显疼痛、肿胀、功能障碍,骨折处有明显环形压痛,有纵向叩击痛,局部可见瘀血瘀斑。骨折伴有移位时,可触及移位的骨折端,患肢有短缩、成角或旋转畸形,并伴有异常活动、骨擦音且可扪及骨擦感。如骨折合并桡神经损伤,可出现典型的垂腕和伸拇及伸掌指关节功能丧失。

（3）辅助检查:上臂正侧位 X 线片可明确骨折部位、移位方向和程度,确定骨折分型。若怀疑桡神经损伤时可行肌电图检查。检查肱动脉情况时应对比双侧桡动脉搏动、患肢远端皮肤温度及甲床充盈等情况,必要时可做血管造影检查。怀疑病理性骨折时可行 MRI、CT 检查。

3. 鉴别诊断　无移位的肱骨干骨折应与上臂扭挫伤相鉴别,两者均有上臂疼痛、肿胀、活动受限,但扭挫伤压痛部位相对局限,有牵拉痛,无环形压痛及纵向叩击痛,无畸形、骨擦音及异常活动。X 线检查可明确鉴别。

（三）治疗

无移位的肱骨干骨折可采用小夹板固定法治疗。对有明显移位的骨折,应及早进行手法整复和小夹板固定,骨折发生后的 1~4 小时最佳。对有严重软组织损伤者,则先予以适当的固定,抬高患肢,观察肢端血供,然后视其肿胀消退情况,方予手法整复骨折。对螺旋形、粉碎性骨折及骨折面背靠背移位者,应在麻醉下行手法整复。对闭合骨折合并桡神经损伤者,可先行手法复位、夹板固定,密切观察2~3个月,多数患者可逐渐恢复,若神经损伤仍未有恢复的迹象,可考虑手术探查。对粉碎性不稳定骨折,或复位后难以固定的多段性骨折,可使用外固定支架进行固定。对严重的开放性骨折及合并神经、血管损伤者应进行手术探查。对骨不连、骨折端有软组织嵌入者,也可考虑手术治疗。

治疗肱骨干骨折时,如过度牵引,或体质虚、肌力弱的患者,合并上肢重量悬垂作用,在固定期间可逐渐发生分离移位。如处理不及时或不恰当,则可致骨折迟缓愈合甚至不愈合。因此,在治疗过程中,必须注意防止产生继发的骨折断端分离移位。

1. 药物治疗　按中医骨伤三期辨证施治。

2. 手法治疗　患者坐位或平卧位。一助手双手握住患肢的腋窝及肩部,也可用布带绕过腋窝向上提拉。另一助手握持伤肢的肘部,将患肢手腕搭在自己的前臂,于中立位向下,沿上臂纵轴对抗牵引,一般牵引力不宜过大,否则易引起断端分离移位。待重叠移位完全矫正后,根据骨折不同部位的移位情况进行整复。

（1）肱骨上1/3骨折的复位法:在维持牵引下,医者立于患肢外后方,用两手拇指压住骨折远段的外侧,其余四指抱住骨折近段的内侧,把骨折远段向内推,骨折近段向外提,用力点放在骨折远段,使骨折部轻微向内成角,与骨折近段靠拢,然后把力的重点转向骨折近段并向外提拉,通过推提的作用力使骨折复位(图8-22)。

（2）肱骨中1/3骨折的复位法:在维持牵引下,医者立于患肢的外侧,以两拇指抵住骨折近端外侧挤按向内,其余四指环握远端内侧向外端提,纠正移位后,术者双手固定骨折部,助手逐渐放松牵引,使断端互相接触,轻度摇摆骨折远端或从前后内外以两手掌相对挤压骨折处,可感到断端摩擦音逐渐减小,直至消失,骨折处平直,表示基本复位(图8-23)。

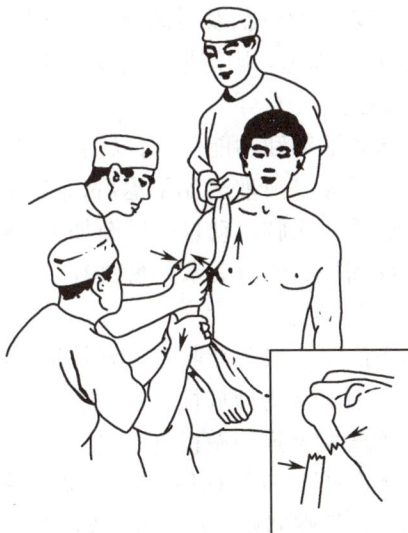

图8-22　上1/3骨折复位法　　　　图8-23　中1/3骨折复位法

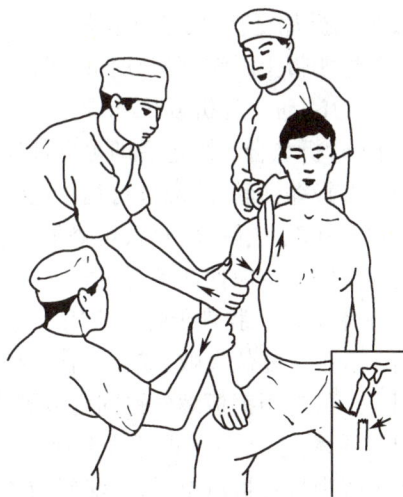

（3）肱骨下1/3骨折的复位法:在维持牵引下,医者一只手固定骨折的近段,另一只手拿住骨折的远段,在助手的协同下先矫正骨折旋转移位,助手把骨折远段向后旋,医者把骨折近段向前旋转,待旋转移位纠正后,再由医者用两手掌在骨折的前后方用力挤压、靠拢,使骨折面紧密接触。骨折端如有分离移位,由两位助手分别固定骨折的远、近段,使伤肢保持正常的轴线,术者用手固定骨折端,嘱咐远近段助手沿伤肢纵轴对向用力,做短促、阵发、反复的碰撞,使骨折面能紧密接触。

3. 固定方法 对于肱骨干骨折,可采用小夹板固定方法,若存在肱骨干骨折伴有严重软组织损伤,或骨折不稳定,小夹板固定难以维持骨折对位者,则可采用外固定支架固定。

肱骨干骨折使用前后内外四块夹板,不同分型的固定方法不同。上 1/3 骨折要超肩关节,中 1/3 骨折不超过肩关节及肘关节(图 8-24),下 1/3 骨折要超肘关节(图 8-25)。解剖复位时,可在骨折部的前后方放一大固定垫;若存在轻度侧方移位,可用固定垫在骨折端两点加压;若存在轻度成角,可采用三点加垫法纠正。若存在碎骨片无法复位时,可采用固定垫将其逐渐压回,但应注意避免过度压迫皮肤导致坏死。固定后应检查前夹板下端,防止压迫肘窝。在桡神经沟部位不可放固定垫,以防桡神经受压损伤。

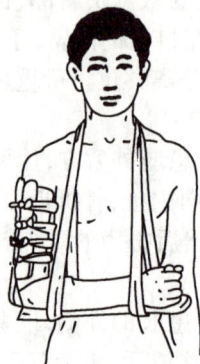

图 8-24 中 1/3 骨折固定 图 8-25 下 1/3 骨折固定

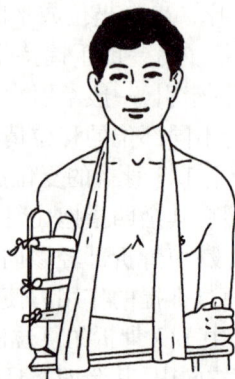

固定后肘关节屈曲 90°,以木托板或三角巾将前臂置于中立位,悬吊在胸前。固定时间成人约 6~8 周,儿童约 3~5 周。在此期间密切观察患肢血运情况,及时调整夹板的松紧度。定期做 X 线摄片复查,见骨折端有足够骨痂生长才能解除固定。固定期间若发现断端分离,应使用弹性绷带上下缠绕肩、肘部,纵向挤压使断端接近。

4. 练功活动 骨折复位和固定后,立即进行适当的活动和功能锻炼,以促进伤肢血液循环,利于骨折愈合。固定后即可做伸屈指、掌、腕关节活动。肿胀开始消退后,患肢上臂肌肉应用力做舒缩活动,逐渐进行肩、肘关节活动。骨折后期伤肢运动量应逐渐加大,若达骨折临床愈合标准,去除夹板后,可做肩、肘关节综合活动锻炼,如肩关节外展、内收、旋转、上举等活动及肘关节屈伸活动,使肩、肘关节活动功能早日恢复。

5. 手术治疗 肱骨干骨折应用闭合复位夹板固定治疗一般都能收到良好效果,骨折愈合率高。若手法复位失败,或骨折合并桡神经、肱动脉损伤,或为开放性骨折,应手术切开复位内固定。可选用钢板螺丝钉固定或髓内钉固定,对血管神经损伤做相应处理。

(1) 手术适应证:严重开放性骨折;开放性骨折合并血管、神经损伤;多节段骨折或粉碎性骨折不能维持骨折对位者;手法复位不满意的骨折;骨折端间嵌入软组织;或肱骨干中下 1/3 骨折伴有肘关节内骨折;骨折不愈合者;病理性骨折。

(2) 手术的选择:对严重开放性骨折,应早期行清创及骨折内固定;对于开放性骨折合并血管、神经损伤,需要手术探查的患者,可行手术清创,骨折复位内固定及神经血管的修复术;多节段骨折或粉碎性骨折不能维持骨折对位者,可采用外固定支架或带锁髓内针固定;对手法复位不满意的骨折,或骨折端间嵌入软组织,或肱骨干中下 1/3 骨折伴有肘关节内骨折时,也应行切开复位内固定术;骨折不愈合者,应先将硬化的骨折端和嵌夹在骨折断端的软组织清除,凿通骨髓腔,行植骨内固定术。术中应注意尽量减少骨膜剥离和保护营养血管,避免破坏血液供应,影响骨折愈合;对于病理性骨折也可采用手术治疗。

（四）预防与康复

一般预后良好。骨折经过满意的复位，合理而有效的固定，以及配合中药的辨证用药和合理的功能锻炼，多能使骨折愈合良好，肢体功能恢复。即使整复后仍然存在轻度的成角及侧方移位，或有轻度重叠畸形，骨折愈合后亦不致造成肢体功能障碍。夹板固定患者，2周内应经常调节扎带松紧度，以免发生再移位；加强两骨折端在纵轴上的挤压力，防止断端分离，保持骨折部位相对稳定。若发现断端分离时，术者可一手按肩，一手按肘部，沿纵轴轻轻挤压，或使用触碰手法使骨断端接触，并适当延长木托板悬吊时间，直到分离消失、骨折愈合为止。手、前臂肿胀时，可嘱患者每日自行轻柔按摩手和前臂。

应尽早进行功能锻炼，伤肢固定时间过长且缺乏功能锻炼会导致肢体肌肉萎缩和邻近关节僵硬。且骨折后期可能产生外伤性肩周炎或创伤性关节炎，从而影响肢体功能恢复。

第二节 肘、前臂部损伤

一、肘关节脱位

肘关节由肱骨下端、桡骨头和尺骨近端组成，包括肱尺关节、肱桡关节和近端尺桡关节，三个关节共在一个关节囊内。肘关节脱位临床较常见，多发于青壮年患者，儿童与老年人则较少见。

（一）病因病理

肘关节脱位按尺桡骨近端的移位方向有前脱位和后脱位两大类，前脱位多伴有尺骨鹰嘴骨折，临床少见，后脱位较为常见。

1. 后脱位　患者跌倒时，手掌撑地，肘关节过伸，鹰嘴尖端急骤撞击鹰嘴窝，产生一杠杆作用力，致使肱骨下端突破肘关节囊前壁，同时撕裂止于尺骨冠突的肱肌附着点，而向前下移位；尺桡骨上段同时滑向后上方形成后脱位（图8-26）。由于暴力方向的不同，肘关节后脱位可同时伴有桡侧或尺侧脱位。如发生侧后方脱位，易并发内上髁撕脱骨折。

2. 前脱位　患者跌倒时，肘关节屈曲位，肘尖着地，暴力造成尺骨鹰嘴骨折，进而将尺骨上部及桡骨头推至肱骨下端前方，形成肘关节前脱位（图8-27）。

（二）诊断

1. 临床表现　肘关节后脱位患者伤后肘关节疼痛、肿胀、活动功能障碍。肘关节弹性固定于轻度屈曲位，外观呈靴形畸形（图8-28），患者常用健手托住伤肢前臂。肘窝饱满，前后径增宽，上臂与前臂比例失常，从前面观前臂变短。肘后鹰嘴突异常后凸，肘后上方空虚、凹陷，肘后三角骨性标志的关系发生改变。肘前可触摸到肱骨下端，尺骨鹰嘴与桡骨小头可在肘后触及。

肘关节前脱位患者肘关节一般处于过伸位，肘关节屈曲受限，呈弹性固定，肘前隆起，可触到突出的骨端，常伴有尺骨鹰嘴的骨折。

2. 诊断要点

（1）病史：有外伤史。

（2）症状与体征：患处肘关节肿痛，关节置于半屈曲状，伸屈活动受限。如肘后脱位，则肘后方空虚，鹰嘴部向后明显突出；侧方脱位，肘部呈现肘内翻或外翻畸形。肘窝部充盈饱满。肱骨内、外髁及鹰嘴构成的倒等腰三角形关系改变。肘关节脱位时，应注意血管、神经损伤的有关症状及体征。

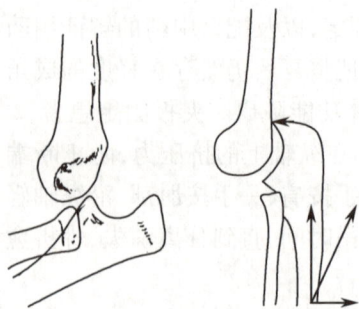

图 8-26 肘关节后脱位　　　　图 8-27 肘关节前脱位　　　　图 8-28 肘关节脱位
靴形畸形

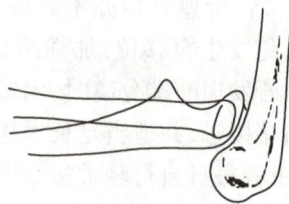

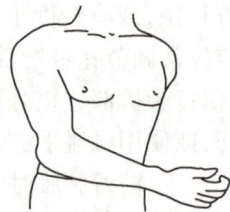

（3）辅助检查:X 线检查可确定诊断,是判断关节脱位类型和合并骨折及移位状况的重要依据。CT 及三维重建对判断病情、确认诊断及手术方式具有重要作用。

3. 鉴别诊断

（1）肱骨髁上骨折:有时也会出现肘部肿胀、疼痛,活动受限,但一般不会有弹性固定,且肱骨内、外上髁与鹰嘴的相对位置不变,肘后三角关系如常,结合 X 线表现,可与肘关节脱位相鉴别。

（2）肱骨内、外髁骨折:局部压痛明显,关节活动受限。有时可触及肱骨内、外髁骨折片,结合 X 线摄片可与肘关节脱位相鉴别。

（三）治疗

新鲜的肘关节后脱位以手法整复为主,一般均可获得成功,合并内上髁、尺骨鹰嘴等部位骨折者视具体情况,可分别采用手法复位外固定或切开复位内固定。前脱位多合并尺骨鹰嘴骨折,应考虑手术治疗。

1. 药物治疗　按脱位三期辨证论治。早期重在活血化瘀,消肿止痛。肿胀严重、血运障碍者加用三七、丹参,并重用利水消肿药物,如白茅根、木通之类;合并神经损伤者,应加用行气活血、通经活络之品。

2. 手法治疗　单纯性脱位,就诊及时者,不用麻醉亦可复位;复位困难者可选用臂丛麻醉。若存在侧方移位,应先用横挤手法予以整复。

拔伸屈肘法:患者坐位,助手站于患者背侧,双手握患肢上臂。术者站在患者前面,双手握住患肢腕部,置前臂于旋后位,与助手相对牵引 3~5 分钟后,术者一手握腕部保持牵拉,另一手拇指抵住肱骨远端向后推按,其余四指置于鹰嘴处,向前端提,并缓慢地将肘关节屈曲,若闻及入白声,则说明复位成功(图 8-29)。复位成功后,肘关节主、被动活动及肘后三角关系正常。如肘关节后脱位合并骨折,应先整复脱位,再整复骨折。一般情况下,当脱位整

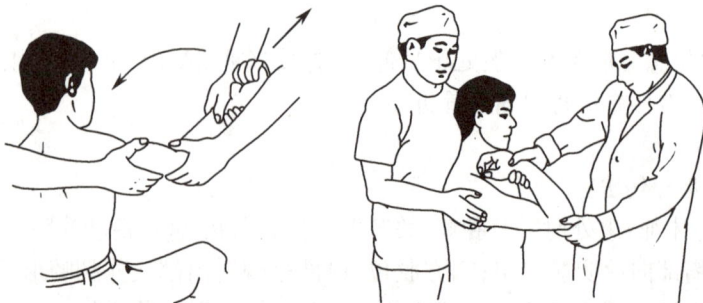

图 8-29 肘关节复位

复后,骨折亦随之复位。如果骨折片未复位,再采用相应手法整复骨折。

3. **固定方法**　用三角巾悬吊前臂或肘后石膏固定于屈肘 90°位 1~2 周。合并骨折时,骨折局部可用压垫和夹板或石膏托固定,固定时间 3~4 周。手术治疗者,应视具体病情调整石膏固定时间。

4. **手术治疗**　青壮年陈旧性脱位,应考虑手术治疗。合并肱骨内上髁骨折者,如手法复位失败,亦应切开复位,直视下复位后行螺钉或克氏针内固定。新鲜性肘关节前脱位合并尺骨鹰嘴骨折,肘关节后脱位合并神经、血管损伤而手法整复失败者,应考虑手术切开复位,并对骨折予以相应的固定处理。

(1) 手术适应证:青壮年陈旧性肘关节脱位,不宜试行闭合复位者;肘关节脱位合并肱骨内上髁撕脱骨折,当肘关节脱位复位,而肱骨内上髁仍未能复位时,应施行手术将内上髁加以复位或内固定;肘关节脱位合并肘部严重损伤,如尺骨鹰嘴骨折并有分离移位,或合并神经、血管损伤而经闭合复位失败者。

(2) 手术的选择:肘关节脱位合并肱骨内上髁撕脱骨折,可行手术切开,在直视下复位,并行螺钉或克氏针内固定;肘关节脱位合并肘部严重损伤者,需切开探查骨折内固定及韧带修复术。

(四)预防与康复

解除固定后开始主动屈伸肘关节,严禁粗暴的被动活动,以防止骨化性肌炎发生。一般 2~3 个月后,肘关节功能可恢复正常。陈旧性脱位及合并骨折患者,因局部组织粘连及术后固定时间相对较长,故关节康复较困难。可在中药外用熏洗的配合下,加强肘关节功能锻炼,否则肘关节残留功能障碍的可能性大。

二、桡骨小头半脱位

桡骨小头半脱位是临床颇为常见的肘部损伤,俗称"牵拉肘"。因小儿此处的发育尚未完成,容易受外力作用发生脱位,故桡骨小头半脱位多发于 5 岁以下的幼儿。

(一)病因病理

受伤原因多为患儿在肘关节伸直位时,腕部受到纵向牵拉所致,如穿衣或跌倒后,患儿前臂于旋前位被人用力向上提拉,即可造成桡骨小头半脱位。本病的损伤机制,一般认为由于幼儿桡骨头发育不全,桡骨头与桡骨颈的直径几乎等粗,环状韧带松弛。当肘关节在伸直位突然受到牵拉,肱桡关节间隙加大,关节内负压骤增,关节囊和环状韧带被吸入肱桡关节间隙,桡骨头被环状韧带卡住,不能回归原位,形成桡骨小头半脱位。但亦有学者认为由于桡骨头的后外侧较平,当前臂处于旋前位被牵拉时,部分环状韧带紧张,以致滑越桡骨头而产生桡骨小头半脱位。总之,桡骨小头的解剖特点、关节囊松弛、受伤时前臂的体位及关节腔内负压增大、外力作用等是引起桡骨小头半脱位的主要因素。

(二)诊断

1. **临床表现**　伤后患儿因疼痛而啼哭,并拒绝使用患肢,也怕别人触碰;肘关节呈半屈曲位,不肯屈肘、举臂;前臂旋前,不敢旋后;桡骨头处有压痛,局部无明显肿胀。

2. **诊断要点**

(1) 病史:患者为幼儿,同时有明确的牵拉史。

(2) 症状与体征:患儿患侧肘部疼痛,患肘不能屈伸,前臂处于旋前位不敢旋后,拒绝持物,拒绝别人触摸。检查所见体征很少,无明显肿胀和畸形,肘关节略屈曲,桡骨头处有压痛。

(3) 辅助检查:桡骨小头半脱位 X 线检查无异常。

3. **鉴别诊断**　临床上可与肱骨外上髁撕脱骨折相鉴别,两者疼痛部位类似,也会出现肘关节活动受限。由于幼儿不能自诉,陪同者亦不一定了解病史,必要时可拍摄 X 线明确诊断。

(三)治疗

1. 药物治疗　一般不需要药物治疗,严重者可按脱位三期辨证论治。

2. 手法治疗　嘱家长抱患儿正坐,术者一手置于桡骨头外侧,另一手握其腕上部,逐渐将前臂旋后,一般在旋后过程中即可复位。若不能复位者,以置于肘部手的拇指按压桡骨头,另一手稍加牵引至肘关节伸直旋后位,然后屈曲肘关节,一般均能复位成功。复位成功时,拇指下可感到桡骨头的滑动或闻及轻微的弹响音。复位后,患儿多能在数分钟内停止哭闹,并能使用患肢上举取物,此即桡骨小头半脱位复位成功的标志。

3. 固定方法　复位后,一般不需要制动,可用经腕吊带或三角巾悬吊前臂 2~3 天。

(四)预防与康复

桡骨小头半脱位复位后,一般不需特殊处理,但需嘱家属近期内避免用力牵拉患肢,以免发生再脱位,甚至形成习惯性脱位。对反复多次脱位者,亦不需特殊处理,一般在桡骨头发育趋于成熟后,即不会再发生牵拉性半脱位。

三、肱骨髁上骨折

肱骨髁上骨折是指肱骨内外髁上方 2~3cm 处的骨折。肱骨下端较扁薄,后有鹰嘴窝,前有冠状窝,两窝之间仅为一层极薄的骨片,两髁稍前屈,并与肱骨纵轴形成向前 30°~50° 的前倾角(图 8-30)。前臂完全旋后,肘关节伸直时,上臂与前臂纵轴呈 10°~15° 外翻携带角(图 8-31)。肱骨髁上骨折多见于儿童,男性多于女性。

(一)病因病理

1. 病因　多为间接暴力所致,患者摔倒时躯干重力与地面反作用力交于髁上部,进而导致肱骨髁上骨折,由于残余暴力及肌肉牵拉力使骨折发生前后、侧方及重叠移位。由于跌倒时手撑地而固定,身体躯干和上臂之间相对旋转,加之前臂肌肉牵拉等作用,从而产生旋转移位,根据暴力形成和受伤机制不同,可分为伸直型、屈曲型和粉碎型三种。

2. 分型

(1)伸直型:此型在临床上最为多见,占 90% 以上。跌倒时肘关节在半屈曲位或伸直位,手先触地,暴力经前臂传达至肱骨远端,骨折远端向后移位,近端向前移位,骨折线由前下斜向后上方。严重移位时,骨折近端常易刺伤肱前肌肉、正中神经和肱动脉。跌倒时除了接受前后暴力外还可能伴有侧方暴力,按移位情况又分尺偏型和桡偏型(图 8-32)。

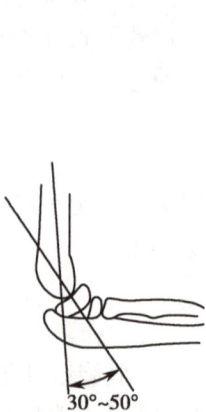

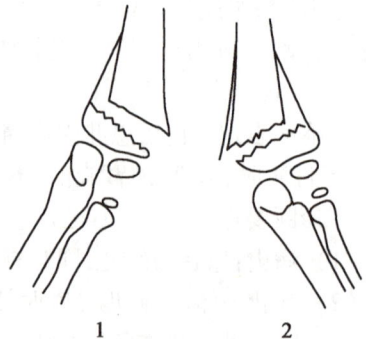

图 8-30　肱骨内外髁前倾角　　　图 8-31　携带角　　　图 8-32　肱骨髁上骨折侧方移位类型
1. 尺偏型;2. 桡偏型

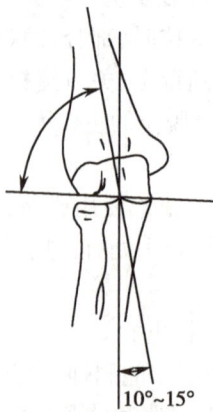

（2）屈曲型：较少见。常由于肘关节处于屈曲位跌倒，外力从后下方向前上方撞击尺骨鹰嘴，鹰嘴撞击肱骨髁部，髁上部发生骨折。骨折远端向前移位，近端向后移位，骨折线方向常为前上方斜向后下方，与伸直型相反（图8-33）。

（3）粉碎型：多见于成年人。此型骨折多属骨间骨折，尺骨半月切迹向骨远端劈裂成内外髁两部分，可分为T形和Y形，或粉碎型。

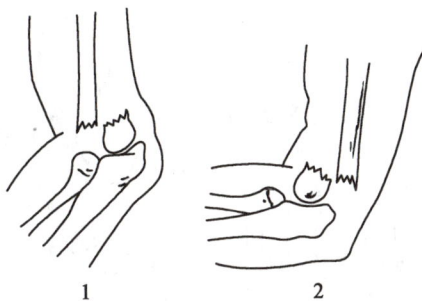

图8-33 肱骨髁上骨折类型
1. 伸直型；2. 屈曲型

（二）诊断

1. 临床表现 无移位骨折者，肘部疼痛肿胀，肘关节周围可见瘀斑、青紫，肱骨髁上有环形压痛，肘关节功能障碍。有移位骨折者，肘部疼痛肿胀较明显，严重者出现张力性水疱，肱骨髁上部可触及骨擦音和异常活动，但肘后三角（肘关节屈曲时肱骨内外髁与鹰嘴构成的等腰三角形）关系正常，伸直型肱骨髁上骨折肘后突起呈"靴形"，肘前可扪及突出的骨折近端。屈曲型肱骨髁上骨折肘关节屈曲，肘后呈半圆形，可扪及突出的骨折近端。

2. 诊断要点

（1）病史：有明确的外伤史。

（2）症状与体征：无移位骨折者，肘部可有肿胀、疼痛，肱骨髁上处有压痛，功能障碍。骨折有移位时，肘部肿胀、疼痛较明显，甚至出现张力性水疱，伸直型肱骨髁上骨折者肘后突起呈"靴形"，屈曲型肱骨髁上骨折者肘后呈半圆形，但肘后肱骨内、外髁和鹰嘴三点关系仍保持正常。临床中应注意骨折移位严重时，可能合并神经、血管损伤。若患肢血液循环障碍伴有剧痛、麻痹、苍白、桡动脉搏动消失等征象，是缺血性挛缩的表现，易导致患肢功能丧失。

（3）辅助检查：肘关节正侧位X线片可显示骨折的类型和移位方向，但应注意与肱骨远端全骨骺分离相区别。微细骨折需要扫描CT以明确诊断。

3. 鉴别诊断

（1）肘关节后脱位：同样出现"靴形"肘畸形。儿童罕见，其肘后三角关系改变，检查时可扪及弹性固定，合并内上髁骨折可闻及骨擦音，X线片可鉴别。

（2）肱骨髁间骨折：临床表现相似，多发于中老年人，局部肿痛程度严重，X线片可鉴别。

（三）治疗

无移位的青枝骨折、裂缝骨折，或有轻度前后成角但无侧方移位的骨折可不必整复。患肢于肘关节屈曲90°位，用颈腕带悬吊2~3周。有移位骨折应手法整复及固定治疗。

1. 药物治疗 按照骨折三期辨证原则进行药物治疗。

2. 手法治疗 该骨折复位要求较高，复位时应注意矫正尺偏移位，防止形成肘内翻畸形。

（1）伸直型：患者仰卧位，一助手固定上臂，另一助手握住前臂远端及腕部并使掌心向前，以矫正骨折远端旋转，顺势拔伸牵引3~5分钟。如没有尺偏或桡偏，术者双拇指抵于鹰嘴后侧向前推，余指环抱骨折近端前侧向后提拉，并嘱助手在牵引下徐徐屈曲肘关节，常可感到骨折复位时的骨擦感；如为尺偏型，术者一手握住骨折近端向内推，另一手握住骨折远端及肘部向外扳，先矫正骨折远端的尺偏移位，然后矫正前后移位；如为桡偏型，不必刻意整复骨折远端桡偏移位，只需上下对抗牵引，即可利用携带角自动矫正桡偏移位，然后按前法矫正前后移位（图8-34）。

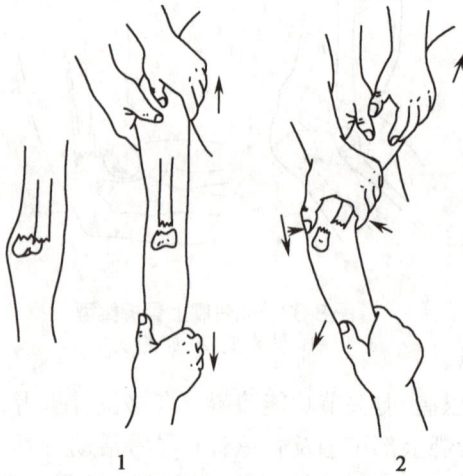

图 8-34 伸直型肱骨髁上骨折复位方法

（2）屈曲型：牵引同伸直型，术者双拇指抵于骨折远端前侧肘窝向后压，余指交叉环握骨折端后侧向前托，交叉用力，让骨折端向前成角并对位后，助手在牵引下使肘关节屈曲90°。

3. 固定方法

（1）夹板固定：夹板长度应上达三角肌中部水平，内外侧夹板下达或超过肘关节，前侧夹板下至肘横纹，后侧夹板远端向前弧形弯曲。伸直型固定肘关节于屈曲90°~110°位约3周，尺偏型可在骨折近端外侧及远端内侧分别加塔形垫（图8-35）；屈曲型固定肘关节于屈曲40°~60°位约2周，以后逐渐将肘关节伸直至90°位固定1~2周。夹缚后用颈腕带悬吊。

（2）石膏固定：骨折轻度移位或青枝骨折，可于屈肘90°位石膏托固定；移位严重者，复位后用石膏前后托固定。固定时注意观察患肢末端血液循环情况。

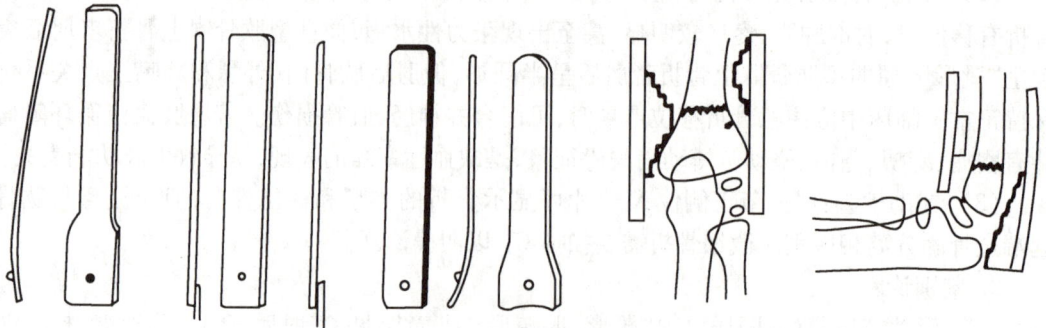

图 8-35 伸直型肱骨髁上骨折夹板固定法

4. 手术治疗 肱骨髁上骨折一般不需要手术治疗，但对于骨折后出现缺血性痉挛、合并肘关节内翻畸形、陈旧性肱骨髁上骨折前后移位过大影响肘关节功能活动者，应考虑手术治疗。可考虑在做探查术的同时，直视下复位并以克氏针交叉内固定。对陈旧性骨折合并肘内翻畸形者，应行截骨矫正术。

（1）手术适应证：肱骨髁上骨折手法复位失败，特别是伸直型尺偏移位者；肱骨髁上骨折并发肱动脉或正中神经损伤者；肱骨髁上骨折已2周，有肘内翻畸形，不能用手法复位或鹰嘴牵引复位者。

（2）手术的选择：闭合复位经皮克氏针内固定，或切开复位克氏针内固定。

（四）预防与康复

整复固定后要定期调整外固定物松紧度，密切观察患肢血液循环、感觉和运动状况。另外，伸直型肱骨髁上骨折在换药、调整松紧度或拍X线片时都不可使患肘伸直，否则容易引起骨折再移位；屈曲型肱骨髁上骨折早期不可做屈肘动作，应定期拍X线片检查复位情况，有移位者应尽早纠正。本病远期容易并发肘内翻畸形，在治疗时需加以注意，如严重影响功能，可做截骨矫形术。

整复固定后即可开始功能锻炼,在肘关节、肩关节不活动的前提下做握拳、腕关节屈伸活动,中、后期可加大运动力度。屈曲型肱骨髁上骨折患者不能做过多伸展活动,粉碎型肱骨髁上骨折患者应1周后在固定的情况下开始练习肘关节屈伸活动,肘关节活动受限者严禁暴力被动活动。

四、肱骨髁间骨折

肱骨髁间骨折是肘部较严重的关节内骨折,临床多见于成人,尤其是中老年人。

(一)病因病理

肱骨髁间骨折受伤机制与肱骨髁上骨折相似,临床分为伸直内翻型和屈曲内翻型两类。伸直型损伤的机制为患者跌倒时手掌着地,暴力上传,导致肱骨髁上骨折,与此同时尺骨半月切迹向后上冲击滑车沟,将肱骨劈成两半,并移向后上方。屈曲型损伤的机制为受伤时肘后部着地,尺骨鹰嘴向前上方冲击滑车沟,在造成肱骨髁上骨折的同时,将肱骨髁劈裂并推向前上。

肱骨近端多向前或后移位,也可向下移位,插入分离或旋转的两髁骨折片之间,严重者可形成开放性骨折。

按骨折移位程度,一般将髁间骨折分为4度,临床上以Ⅱ度骨折多见。

(二)诊断

1. 临床表现 伤后患肘疼痛,肿胀明显,可伴有广泛瘀斑,肘关节活动受限。

2. 诊断要点

(1)病史:患者有明确的外伤史。

(2)症状与体征:伤后肘部剧烈疼痛,压痛广泛,肿胀明显。检查时可见肘关节于轻度屈曲位,常呈内翻后突畸形,局部压痛明显,可扪及骨擦感及异常活动,肘后三角关系改变。

(3)辅助检查:肘关节正侧位X线片可显示骨折的类型和移位方向。伸直内翻型损伤者,两髁被纵行劈为两半,髁上骨折为横形或V形,与髁间的骨折线相连则整个骨折线常呈T形或Y形;屈曲内翻型损伤者,其内上方常有一蝶形三角骨折片,此时骨折线呈"+"形,肱骨髁多向尺侧偏移,近折端向桡侧移位,两髁骨折片向两侧有不同程度的分离和旋转移位。侧位片上可见肱骨髁近端向后上或前上移位。

3. 鉴别诊断 与肱骨髁上骨折鉴别。

(三)治疗

临床治疗应根据骨折类型,移位程度,患者年龄、体质等因素选择不同的治法。对Ⅰ度及Ⅱ度骨折患者,可采用手法复位及夹板固定治疗;Ⅲ度及Ⅳ度骨折,肘部肿胀较甚者,应配合尺骨鹰嘴牵引;老年人粉碎骨折,关节面严重破坏者,可采用颈腕带悬吊,早期功能活动的方法;对青年人新鲜开放性骨折以及Ⅲ度、Ⅳ度骨折手法整复固定失败者,应采用手术治疗。

1. 药物治疗 按照骨折三期辨证原则进行药物治疗。

2. 手法治疗 患者仰卧,肩关节外展70°~80°,肘关节屈曲45°左右。两助手运用牵引手法纠正重叠移位。术者双掌分别置于内外髁上部,向中心推挤,纠正两髁的分离及旋转移位。然后以横向挤压纠正尺偏或桡偏移位。最后在维持牵引及抱髁力量的同时,使用端提屈肘手法纠正前后移位。

3. 固定方法 夹板的规格、放置及包扎方法均与肱骨髁上骨折相同。骨折复位不够理想者,可配合尺骨鹰嘴牵引。压垫放置的方法是在内、外上髁的稍上方各置一塔形垫;骨折分离旋转移位明显者,可在内、外上髁处分别放一空心垫以控制骨折块的旋转分离。伸直型骨折应将肘关节固定于屈曲90°位4~6周;屈曲型骨折,先于肘伸直或轻度屈曲位固定2~3周,再于肘关节功能位固定2~3周。如骨折局部肿胀严重,不宜夹板固定者,可应用石膏固定。

4. 手术治疗　对严重骨折,保守治疗无效者,开放性骨折或伴血管神经损伤者,应切开复位,用克氏针或空心钉内固定,并检查血管、神经。受全身及局部条件限制,不适合内固定手术治疗者,可考虑应用外固定器治疗。

（四）预防与康复

肱骨髁间骨折属关节内骨折,因此功能锻炼应贯穿于骨折治疗的整个过程。强调早期功能锻炼,骨折固定后,即可开始做屈伸指、腕关节及握拳运动。在尺骨鹰嘴牵引下,固定 3~5 天后即可进行肘关节的主动活动,活动范围可由小至大,2~3 周内可逐步增加至 45°~60°。解除固定后,可配合熏洗药物和轻手法按摩进行功能锻炼,但切忌强力被动活动。老年人严重粉碎性骨折可采用早期主动锻炼疗法,肘关节悬吊于屈曲 120°位,数天后开始主动活动肘关节,并每 3~4 天放松一次颈腕带,直至肘关节功能位,时间 6 周左右。手术治疗者,应强调内固定牢固可靠,术后尽量不用外固定以利于早期活动。

五、肱骨内上髁骨折

肱骨内上髁骨折是一种常见的肘部损伤,多见于 18 岁以下的儿童和青少年。

（一）病因病理

肱骨内上髁骨折多由间接暴力所致。跌倒受伤者居多,亦可因掰腕或投掷等动作造成。受伤时,肘关节处于伸直（或轻屈）及过度外展位,肘内侧受外翻应力作用,肱骨内上髁因前臂屈肌群骤然收缩牵拉而被撕脱。由于骨折块的移位使内侧副韧带的正常张力丧失,破坏了维持肘关节稳定的重要因素,致肘关节内侧间隙被拉开而出现短暂的负压,或发生肘关节侧后方脱位,撕脱的内上髁骨块被夹在关节内侧或完全嵌入关节内。根据骨折块移位程度一般可分为四度。内上髁移位的程度,实际上标志着肘关节内侧结构（包括尺神经）被牵拉的程度。

Ⅰ度:裂纹骨折或仅有轻度移位,其部分骨膜尚未完全断离。

Ⅱ度:骨折块有分离和旋转移位,但骨折块仍位于肘关节间隙的水平面以上。

Ⅲ度:骨折块有旋转移位,且进入肘关节间隙。这是由于肘关节遭受强大的外翻暴力使肘关节内侧关节囊等软组织广泛撕裂,肘关节腔内侧有间隙张开,致使撕脱的内上髁被带进其内,并有旋转移位。且被肱骨滑车和尺骨半月切迹关节面紧紧夹住。

Ⅳ度:骨折块有旋转移位并有肘关节向桡侧脱位,骨折块的骨折面朝向滑车。

（二）诊断

1. 临床表现　伤后患肘呈半屈位,肘内侧疼痛、肿胀及皮下瘀斑,正常内上髁的轮廓消失。肘关节活动受限,前臂旋前、屈腕、屈指无力。分离移位者,如局部弥漫性肿胀不十分明显,有时可扪及骨擦感或活动的骨折块。

2. 诊断要点

（1）病史:患者多有较明显的跌倒受伤史,或因掰腕或投掷运动损伤。

（2）症状与体征:伤后肘关节呈半屈伸位,肘关节功能障碍,肘内侧和内上髁周围软组织肿胀,或有较大血肿形成。骨折块有分离时,可扪到活动骨块。Ⅰ度、Ⅱ度骨折时仅有肘内侧牵拉性疼痛,关节活动轻度障碍;Ⅲ度骨折时肘关节屈伸明显障碍;Ⅳ度骨折时,肘关节明显畸形,肿胀较严重,肘后三点关系不正常。常合并尺神经损伤,可出现手指尺侧发麻及屈曲无力。

（3）辅助检查:除肘关节正、侧位 X 线摄片外,尚应根据伤情拍摄特殊体位像及健侧肘关节正侧位片,必要时酌情行 CT 检查。

3. 鉴别诊断　要与肱骨内上髁骨骺相鉴别,肱骨内上髁骨骺在6~10岁时出现,18岁左右闭合,但亦有不闭合者,应注意与骨折鉴别。

（三）治疗

1. 药物治疗　按照骨折三期辨证原则进行药物治疗。

2. 手法治疗　Ⅰ度骨折不用手法复位,仅将肘关节用石膏固定于90°位2~3周即可;Ⅱ度骨折,患者仰卧或坐位,患肢屈肘45°,前臂旋前,腕关节屈曲,以松弛前臂屈肌群和旋前圆肌,术者以拇、示指将内上髁骨折块(骨骺)向后上"挤按",使之复位,并力求推回原位;Ⅲ度骨折,应使肘外翻,扩大其内侧间隙,强力背伸患肢手指及腕关节,利用前臂屈肌群紧张,将骨折块拉出,再按Ⅱ度骨折处理;Ⅳ度骨折整复方法同肘关节后脱位,使其转化为Ⅱ度骨折后,按Ⅱ度骨折处理。整复后应及时进行X线复查,应常规检查尺神经有无损伤。

3. 固定方法　骨折复位后,应用超肘夹板将肘关节固定于屈曲90°位,前臂中立位。先在内侧夹板粘一半月形合骨垫,其缺口朝向后上方,以兜住骨折块,使其不致向前下方移位。固定时间一般为3~4周。

4. 手术治疗　对于手法复位失败,有尺神经损伤症状者,特别是Ⅲ度骨折,或同时合并其他骨折(骨骺损伤)者,以及延误治疗的陈旧损伤,应采取切开复位内固定手术治疗。

（1）手术适应证:肱骨内上髁骨折手法复位失败者;合并尺神经损伤者;合并骨骺损伤者。

（2）手术的选择:经皮克氏针固定,或者切开复位克氏针、螺钉固定。

（四）预防与康复

肱骨内上髁骨折块较小,受前臂屈肌影响活动性大,固定过程中易移位,应加强随诊观察,及时调整外固定。否则,骨折畸形愈合如造成尺神经沟不平,严重者可并发迟发性尺神经损伤。固定期间如肱骨内上髁部疼痛剧烈时,应检查有无压疮,并及时对症处理。骨折愈合过程中,应循序渐进地进行功能锻炼,复位固定后1周内,仅做轻微的手指屈伸活动和肩关节功能锻炼。2周内可逐渐加强手指屈伸活动,并开始腕关节的活动,但忌用力握拳及前臂旋转活动。2周后可将前、后侧夹板前臂段剪去,逐渐进行肘关节的伸屈旋转活动。3~4周后拆除外固定,配合中药熏洗,并进一步加强肩、肘、腕关节的功能活动。

六、肱骨外髁骨折

肱骨外髁骨折在临床较为常见,可发生于成人和儿童,临床以儿童多见。儿童肘关节由6个骨骺,即肱骨下端4个骨骺(图8-36)、桡骨头骨骺和鹰嘴骨骺组成。儿童型肱骨外髁骨折亦称为肱骨外髁骨骺骨折或肱骨小头骨骺分离,多发生在5~10岁的儿童。

（一）病因病理

肱骨外髁骨折多由间接暴力所致,跌倒时手部先着地,肘关节处于外展位或内收位均可引起肱骨外髁骨折。外髁骨折后,由于前臂伸肌群的牵拉,骨折块可发生翻转移位,有的甚至可达180°,根据骨折块的移位情况可分为无移位骨折、轻度移位骨折和翻转移位骨折三种(图8-37)。

（二）诊断

1. 临床表现　伤后肘关节出现疼痛肿胀,以肘外侧为主。严重者可波及整个肘关节,肘外侧出现皮下瘀斑,分离移位时,

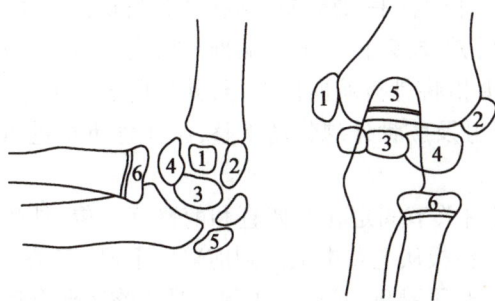

图8-36　肘关节各骨骺

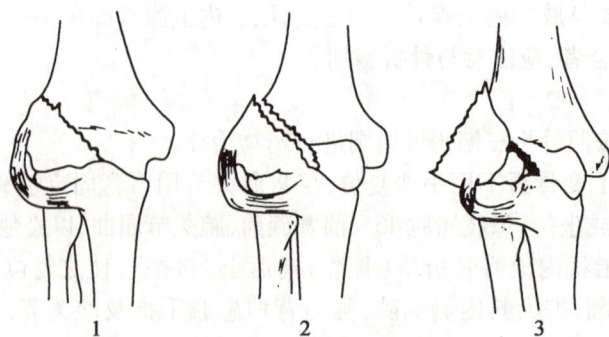

图 8-37 肱骨外髁骨折的分类

在肘外侧可摸到活动的骨折块或闻及骨擦感,肘关节活动障碍。晚期可出现骨不连接、进行性肘外翻和牵拉性尺神经麻痹。

2. 诊断要点

（1）病史:患者多有跌仆受伤史。

（2）症状与体征:患肘疼痛肿胀,以肘外侧为中心明显肿胀疼痛、局部压痛,肘关节活动功能障碍,移位型骨折者可能触到骨擦音及活动骨块。可发生肘外翻畸形,肘部增宽,肘后三点关系改变,肘关节活动丧失。被动活动时疼痛加重,旋转功能一般不受限。

（3）辅助检查:X线片显示肱骨小头的骨折线多超过化骨核的1/2,或不通过小头化骨核,而通过肱骨小头与滑车间沟的软骨在干骺端处有一骨折线。骨折块可向外侧移位。在年幼患者,大部分骨折块属于软骨性,仅骨化中心才在 X 线片上显影,以致常被误认为仅是一块小骨片的轻微骨折,甚至被漏诊。事实上,骨折块是相当大的一块,几乎等于肱骨下端的一半,属关节内骨折。在 X 线诊断中必须要摆好正确的投照位置进行拍摄,运用熟练的解剖关系,严格要求,客观仔细,全面分析,正确诊断。若处理不恰当,往往会引起肢体严重的畸形和功能障碍。

3. 鉴别诊断　对于儿童肱骨外髁骨折应有足够的重视,凡疑似病例应认真触摸并摄片检查,并仔细观察 X 线片上的任何异常变化,才能防止漏诊和误诊。临床中应与肱骨髁上骨折和肱骨下端全骨骺分离相鉴别。

（三）治疗

1. 药物治疗　按照骨折三期辨证原则进行药物治疗。

2. 手法治疗　无明显移位的肱骨外髁骨折,仅屈肘 90°、前臂悬吊胸前即可。有移位的骨折,要求解剖复位,最好争取在软组织肿胀之前,在适当的麻醉下,予以手法整复。复位时可先用拇指指腹轻柔按摩骨折部,仔细摸认骨折块的滑车端和骨折面,辨清移位的方向及翻转、旋转程度。然后,术者左手握患者腕部,置肘关节于屈曲 45°前臂旋后位,加大肘内翻,使关节腔外侧间隙增宽,腕背伸以使伸肌群松弛。并以右手示指或中指扣住骨折块的滑车端,拇指扣住肱骨外上髁端,先将骨折块稍平行向后方推移,再将滑车端推向后内下方,把肱骨外上髁推向外上方以矫正旋转移位,然后用右拇指将骨折块向内挤压,并将肘关节伸直、内收、外展以矫正残余移位。若复位已成功,则可触及肱骨外髁骨嵴平整,压住骨折块进行肘关节伸屈活动良好,且无响声。

3. 固定方法　有移位骨折闭合整复后,将肘关节固定在肘伸直和前臂旋后位,外髁处放固定垫,尺侧肘关节上、下各放一固定垫,四块夹板从上臂中上段到前臂中下段,四条布带缚扎。使肘关节伸直而稍外翻位固定 2 周,以后改屈肘 90°位固定 1 周。骨折临床愈合后解除固定。

4. 手术治疗　对于肱骨外髁翻转移位骨折复位不成功及陈旧骨折,应切开复位。儿童或陈旧骨折可用两枚克氏针平行或交叉固定,亦可用螺钉固定。

（1）手术适应证:肱骨外髁骨折移位严重难以复位者;陈旧性骨折者;有合并神经损伤者。

（2）手术的选择:切开复位克氏针内固定,亦可用螺钉固定。

（四）预防与康复

无论手法复位或手术复位,均应力争在1周内解剖复位。1周后,逐渐加大指、掌、腕关节的活动范围。解除固定后,开始进行肘关节屈曲、前臂旋转和腕手的功能活动。

七、尺骨鹰嘴骨折

尺骨鹰嘴位于肘关节后方,肘关节屈曲时,可在后侧皮下触及明显的骨性突起,因其外形似老鹰的嘴,故而命名。尺骨鹰嘴参与肱尺关节的形成,是肘关节的重要组成部分。尺骨鹰嘴与前方的尺骨冠状突构成半月切迹,此切迹与肱骨滑车构成关节,即肱尺关节,是肘关节屈伸的枢纽。肱三头肌腱附着于鹰嘴后上部,表面为深筋膜,称"鹰嘴支持带"。肱骨内上髁的后侧光滑,有一纵形浅沟,称为尺神经沟。尺骨鹰嘴骨折时,可造成沟内尺神经损伤。尺骨鹰嘴主要由松质骨构成,是外力经肘部传递的着力点之一,所以尺骨鹰嘴骨折临床较为常见,多发生在成年人,儿童为青枝骨折。

（一）病因病理

多为间接暴力所致,跌倒时手掌着地,肘关节处于半伸位,重力及反作用力集中于尺骨半月切迹,同时肱三头肌强烈收缩,则发生尺骨鹰嘴撕脱骨折,骨折近端被肱三头肌牵拉而向上移位（图8-38）。直接暴力亦可造成尺骨鹰嘴骨折,如肘后部受直接打击,或跌倒时肘后着地而使鹰嘴受直接撞击,常发生粉碎骨折,但多数无明显移位。严重骨折脱位或粉碎性骨折时,可造成开放性损伤或尺神经损伤。

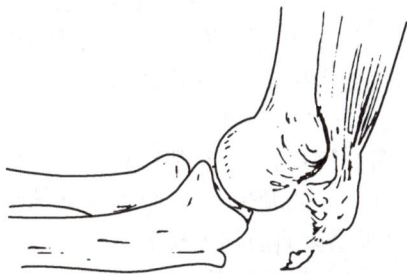

图8-38　尺骨鹰嘴骨折移位

（二）诊断

1. 临床表现　患肘关节局部肿胀、疼痛、压痛均较明显,肘关节屈伸活动障碍,以伸肘障碍为主。分离移位时,主动伸肘功能丧失,可在局部扪及鹰嘴骨折片上移和明显的骨折间隙或骨擦感。

（1）病史:一般有明确的外伤史。

（2）症状与体征:患处局部压痛,轻度移位者可触及骨擦感,移位明显者,肿胀较甚,鹰嘴两侧凹陷处隆起。可扪及骨折间隙凹陷及异常活动的骨块。肘关节不能主动伸直或对抗重力,表明肱三头肌的伸肘功能丧失,伸肌装置的连续性中断,严重粉碎骨折或伴有脱位者可见肘后皮肤挫伤或裂伤而形成开放性骨折。少数患者甚至合并尺神经损伤,可查及前臂尺侧和手部尺神经支配区的麻痹症状。

（3）辅助检查:常规肘关节侧位X线检查可明确骨折的部位、类型及移位方向。但累及关节面的骨折,为进一步明确骨折形态及合并损伤,可行CT或MRI检查。

2. 鉴别诊断　本病可与鹰嘴骨骺和成人骨骺线未闭合相鉴别。鹰嘴骨骺8~11岁出现,14岁骨骺线闭合。成人骨骺线未闭合者多为双侧,女性较多见。对骨折诊断有怀疑时,加摄健侧X线片对照,有助于明确诊断。

（三）治疗

无移位骨折或老年人粉碎性骨折移位不显著者，不必手法整复。有分离移位者，则必须进行手法整复，手法整复不成功者，可行手术切开复位内固定，恢复关节面的平整性和肘关节正常的屈伸功能。

1. **药物治疗** 按骨折三期辨证用药原则进行治疗。

2. **手法治疗** 先做肘关节穿刺，将关节腔内的积血抽吸干净。患者坐位或卧位，前臂旋后，肘关节轻屈（30°~45°），助手握患肢前臂，术者站在患肢近端外侧，以双手拇指分别按住近端骨块之两侧，推挤其近端向远端靠拢，两示指与两中指使肘关节徐徐伸直，即可复位。

3. **固定方法** 无移位骨折、已施行内固定者或肱三头肌成形术者，可将肘关节屈曲20°~60°位固定3周；有移位骨折在手法整复后，在尺骨鹰嘴上端用抱骨垫固定，其缺口朝下以顶压骨折片，防止其向近端再移位。然后在前、后侧用两块超肘夹板，将肘关节固定于屈曲0°~20°位2~3周，以后根据骨折愈合情况再逐渐改为屈肘90°位，固定1~2周。

4. **手术治疗** 手法整复不满意者或外固定不能维持对位的关节内骨折，可切开复位用丝线或钢丝缝合固定，也可行张力带或钢板固定，修补肱三头肌肌腱。移位明显的粉碎骨折，可考虑将骨碎片切除，行肱三头肌成形术。

尽管对于大部分尺骨鹰嘴骨折，保守治疗具有很高的治愈率，但对有移位的横断或斜形骨折，应尽量采用切开复位内固定治疗，以便肘关节进行早期功能锻炼，以最大程度地恢复肘关节的正常功能。

（1）手术适应证：骨折断端发生明显移位者；手法复位失败者。

（2）手术的选择：可采用松质骨螺钉内固定、克氏针加钢丝张力带内固定、拉力螺钉张力带固定和接骨钢板内固定等。

（四）预防与康复

复位固定后，应经常检查骨折对位情况，防止骨折发生再移位，同时观察有无神经或血管受压症状或绷带松动，根据实际情况随时调整绷带的松紧度，既不能绑得过紧，也不宜过松，过紧会阻碍肢体远端的血运，过松则起不到固定作用。

伴有骨折移位者在康复初期可做腕、指关节的屈伸活动，中后期逐渐增加肘部的练功活动，如肘部主动屈伸，并逐渐加大活动范围，但切记不能以暴力进行被动屈肘。粉碎骨折伴关节面不整者，应采用磨合法进行功能锻炼，在骨折碎片被稳妥固定情况下，初期可做60°以内小幅度的肘关节屈伸活动，中后期在解除外固定后可加大肘关节的活动幅度。对于老年患者，尤应注意加强练功活动。

八、桡骨头颈部骨折

桡骨头颈部位于前臂的外侧上部，桡骨头颈部骨折包括桡骨头、颈骨折及桡骨头骨骺分离。桡骨头近侧关节面呈浅凹状，与肱骨小头关节面形成肱桡关节，该关节的主要功能是协助桡尺近侧关节的运动，防止桡骨头的脱位。桡骨头的环状关节面与尺骨的桡骨切迹形成桡尺近侧关节，控制桡骨头在环状韧带与尺骨的桡骨切迹共同形成的圆弧内做旋前、旋后运动。桡骨头颈部骨折临床上易被漏诊或误诊，若未能及时治疗，将造成前臂旋转功能障碍或引起创伤性关节炎。桡骨头颈部骨折多见于少年儿童，青壮年亦可发生。

（一）病因病理

多由间接暴力所致。跌倒时手掌先着地，肘关节处于伸直和前臂旋前位，暴力经骨干上传至桡骨头，躯体重力经上臂下达至肱骨小头，由于携带角的存在，暴力交集于肘部时，常引起肘部过度外翻，使桡骨头颈部受挤压而发生骨折，儿童则发生桡骨头骨骺分离或青枝骨折。根据桡骨头颈部骨折的发生部位、程度和移位情况，可分为青枝骨折、裂缝骨折、劈裂骨折、嵌插骨折、倾斜骨折、粉碎性骨折（图8-39）。

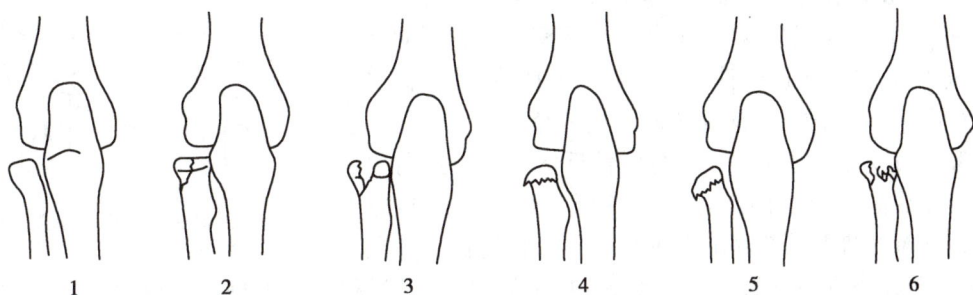

图 8-39　桡骨头颈部骨折分类
1. 青枝骨折；2. 裂缝骨折；3. 劈裂骨折；4. 嵌插骨折；5. 倾斜骨折；6. 粉碎性骨折

（二）诊断

1. **临床表现**　肘外侧桡骨头部肿胀，肘后外侧凹陷消失或膨出，若关节腔内积血较多时，肘关节明显肿胀，尤以肱三头肌腱与鹰嘴相接触部的两侧最明显。肘外侧桡骨头部常有疼痛，压痛明显，肘关节屈曲运动时疼痛可加剧，前臂旋转运动时疼痛更剧烈，还可伴有桡神经损伤。

2. **诊断要点**

（1）病史：一般有明确的外伤史。

（2）症状与体征：患处局部疼痛、肿胀，肘关节屈伸功能障碍，前臂旋转功能受限，以旋后运动受限明显。若仅造成单纯桡骨头无移位或轻微移位骨折时，临床症状轻，体征少，容易漏诊。如合并伴有肘关节脱位，则肘部会有明显畸形，肘窝部饱满，前臂外观变短，尺骨鹰嘴后突，肘后部空虚和凹陷，出现肘后三角关系破坏的表现。

（3）辅助检查：肘关节正侧位 X 线片可明确骨折类型及移位程度，但 5 岁以下儿童因骨骺尚未出现，只要临床表现符合，即可诊断，不必完全依赖 X 线片。

3. **鉴别诊断**　本病应与桡骨小头半脱位相鉴别，桡骨小头半脱位多由于手腕和前臂被牵拉所致，结合患者局部是否肿胀及肿胀程度，必要时拍摄肘关节正侧位 X 线片可明确诊断。

（三）治疗

桡骨头颈部骨折的治疗原则为恢复正常解剖结构关系，对无移位裂纹骨折、骨折断端移位<1mm 的患者，采用石膏托固定或夹板固定即可。对有关节面倾斜度<30°的嵌插骨折者、骨折断端移位在 1~2mm 以内的塌陷骨折，可行手法复位后固定；对有明显移位性骨折或手法整复不成功者，则应施行手术切开复位内固定或钢针撬拨法整复。

1. **药物治疗**　早期的治疗原则是活血祛瘀、消肿止痛，如损伤处瘀肿严重，可在复位后给予消瘀定痛膏、双柏膏外敷；在中后期主要采用中药熏洗，可不用内服药物。儿童患者骨折愈合迅速，一般不需用药。

2. **手法治疗**　患者取坐位或卧位，术者整复前先用手指在桡骨头外侧进行触摸，准确地摸出移位的桡骨头。复位时，助手紧握固定住患肢上臂，术者一手牵引前臂，在肘关节伸直内收位来回旋转，另一手拇指把桡骨头向上、向内侧按挤，使之复位（图 8-40）。

若手法整复不成功，则可使用钢针撬拨复位法，即患处局部皮肤消毒，铺巾，在肘后窝进

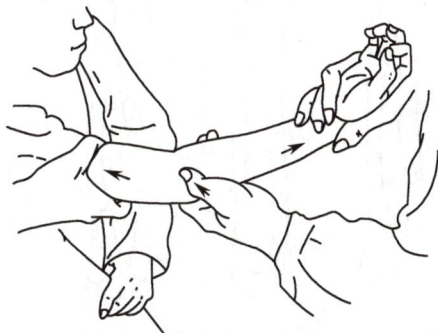

图 8-40　桡骨头颈部骨折推挤复位

行穿刺,抽吸关节内的积血后,再注入一定量的麻药以减轻疼痛,然后在 X 线透视下,术者用不锈钢针自骨骺的外后方刺入,针尖直接顶住骨骺,向内、上方撬拨,使骨折块复位(图 8-41)。撬拨时应注意避开桡神经。

3. 固定方法　复位后,各类型骨折均应将患侧肘关节固定于屈曲 90°位,固定时间 3~4 周。石膏固定方法:首先用石膏托将肘关节固定于屈曲 90°位,前臂保持中立

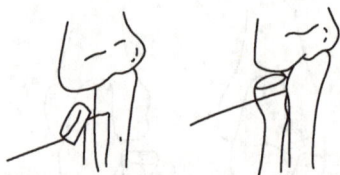

图 8-41　桡骨头颈部骨折撬拨复位

位,并注意在桡骨头外侧加压塑形,3~4 周后拆除石膏进行功能锻炼。夹板固定方法:首先在桡骨头颈部放置一葫芦垫,使之呈弧形压于桡骨头外侧,并用胶布固定,然后用 4 块超肘夹板将肘关节固定于屈曲 90°位,前臂保持旋前位,固定 3~4 周。

4. 手术治疗　移位严重,手法整复不成功者,应行切开复位细钢针内固定。如成年人的粉碎、塌陷、嵌插骨折,关节面倾斜度在 30°以上者,可做桡骨头切除术,但 14 岁以下的儿童不宜做桡骨头切除术,恐引起发育畸形。

(1) 手术适应证:手法复位失败者;移位的非粉碎性骨折,伴有旋转障碍,关节面骨折累及>30°的桡骨头、移位>2mm 者;成人桡骨头粉碎性骨折,碎片明显分离或塌陷骨折累及关节面 2/3 以上者;合并有感染或其他保守治疗失败者。

(2) 手术的选择:对于桡骨头颈部骨折,采用切开复位内固定术时,应注意术中避开和保护桡神经。可行细克氏针、空心螺钉内固定,桡骨头切除、桡骨头置换等。

(四) 预防与康复

复位固定后,要注意观察患肢的血运情况,定期检查石膏、夹板固定情况及绑扎松紧度,术后要注意检查患者的腕部和手指感觉及活动情况,以便了解是否损伤桡神经深支。

初期可做手指、腕关节的屈伸活动,并可用力握拳,行肩关节外展和旋转活动,但禁止进行前臂的旋转及肘关节屈伸活动;中后期可逐渐活动肘关节,待解除外固定后重点练习前臂的旋转活动,并酌情配合外用熏洗药物。

九、尺桡骨干双骨折

前臂骨由尺骨、桡骨组成,是支持连接上臂和手部的中间结构。尺骨近端粗而远端细,参与构成肘关节。桡骨近端细而远端粗,参与构成腕关节。尺骨是前臂的轴心,桡骨沿尺骨旋转,自旋后位至旋前位可达 150°。前臂骨间膜为致密的纤维膜,附着于两骨嵴间,对稳定尺桡骨和维持前臂旋转功能起重要作用。尺桡骨干双骨折是常见的前臂损伤之一,多见于儿童或青壮年。因桡骨的中、下 1/3 肌肉附着较少,且中、下 1/3 交界处桡骨的生理弧度较大,骨折多发生于前臂中 1/3 和下 1/3 部。

(一) 病因病理

直接、传达或扭转暴力均可造成尺桡骨干双骨折(图 8-42)。

1. 直接暴力　多由于重物压砸或撞击,使尺桡骨在同一平面形成横形、粉碎性或多段骨折,常合并严重的软组织损伤。

2. 传达暴力　多为跌倒时手掌着地,暴力通过腕关节沿桡骨向上传导,致桡骨中上段骨折,若残余暴力比较强大,则通过骨间膜向内下方传导,引

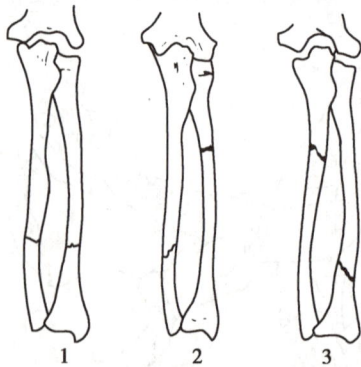

图 8-42　不同外力所致尺桡骨干双骨折
1. 直接暴力;2. 传达暴力;3. 扭转暴力

起低位尺骨斜形骨折。如发生双骨折,骨折线常不在同一水平,桡骨骨折线高,多为横形;尺骨骨折线低,多为短斜形。儿童骨折暴力沿尺桡双骨传递,导致青枝骨折或中 1/3 尺桡骨双骨折。

3. 扭转暴力 跌倒时手掌着地同时前臂发生旋转,或机器绞伤,导致不同面的尺桡骨螺旋形骨折,斜形或多段骨折。多为高位尺骨骨折和低位桡骨骨折。

（二）诊断

1. 临床表现 局部肿胀、疼痛、压痛均较明显,前臂功能丧失,特别是旋转功能。完全骨折时多有成角畸形、骨擦音和异常活动,但儿童青枝骨折仅有成角畸形。若骨折后出现患肢疼痛剧烈、肿胀严重,手指麻木发凉,皮肤发绀,被动活动时手指疼痛加重,应考虑为前臂筋膜间隔区综合征。

2. 诊断要点

（1）病史:一般有明确的外伤史。

（2）症状与体征:伤处局部肿胀、疼痛,前臂旋转功能障碍,骨折处多出现成角畸形,局部压痛明显,可触及骨擦音(感)和异常活动。青枝骨折仅有轻度成角畸形。对于儿童不完全骨折,由于局部肿胀疼痛、畸形不明显,故容易漏诊。

（3）辅助检查:X 线片可显示骨折部位及移位情况。摄片时应包括肘关节和腕关节,除确定骨折类型和移位方向外,还可排除有无桡尺近侧、远侧关节脱位。

3. 鉴别诊断 尺桡骨干双骨折根据患者症状、X 线片可明确骨折类型,但需明确有无尺桡近侧关节、尺桡远侧关节脱位。儿童不完全骨折常常局部肿胀、疼痛症状不明显,应仔细阅片,防止漏诊。

（三）治疗

尺桡骨干双骨折可发生多种移位,如重叠、成角、旋转及侧方移位等。若治疗不当可发生尺、桡骨交叉愈合,影响前臂旋转功能。因此治疗的目标除了良好的对位、对线以外,特别应注意防止畸形愈合和恢复前臂的正常旋转功能。开放性骨折、多段骨折或手法复位失败者可考虑行开放复位内固定治疗。

1. 药物治疗 按骨折三期辨证用药,若尺骨下 1/3 骨折愈合迟缓时,要着重补肝肾、壮筋骨以促进其愈合,若后期前臂旋转活动仍有受限者,应加强中药熏洗。

2. 手法治疗 患者取仰卧位,肩关节外展 90°,肘关节屈曲 90°,尺桡骨干双骨折位于上 1/3 部位时,取前臂旋后位牵引,骨折位于中或下 1/3 部位时取前臂中立位牵引,由两助手做拔伸牵引,矫正重叠、旋转及成角畸形。对于尺桡骨骨折位于上 1/3 者,宜先整复尺骨;骨折位于中 1/3 者,宜先整复稳定性相对较好的骨干,骨折位于下 1/3 者,则先整复桡骨;若前臂肌肉比较发达,加之骨折后出血肿胀,虽经牵引后重叠未完全纠正者,可用折顶手法加以复位;若斜形骨折或锯齿形骨折有背向侧方移位者,应用回旋手法进行复位;若尺、桡骨骨折断端互相靠拢时,可用挤捏分骨手法,术者用两手拇指和示、中、环三指分置骨折部的掌、背侧,用力将尺、桡骨间隙分到最大限度,使骨间膜恢复其紧张度,向中间靠拢的尺、桡骨断端向尺、桡侧各自分离。

3. 固定方法 复位后,先在掌、背侧两骨之间各放置分骨垫 1 个,再放好其他固定垫;若骨折原有成角畸形,则采用三点加压法。各垫放置妥当后,依次放掌、背、桡、尺侧夹板;掌侧板由肘横纹至腕横纹,背侧板由鹰嘴至腕关节或掌指关节,桡侧板由桡骨头至桡骨茎突,尺侧板自肱骨内上髁下达第 5 掌骨基底部,掌背两侧夹板要比尺桡两侧夹板宽,夹板间距离约 1cm。缚扎后,再用 3~4 条布带绑扎,外用绷带固定于屈曲 90°位,三角巾悬吊,前臂原则上放置在中立位,固定时间成人 6~8 周,儿童 3~4 周。

4. 手术治疗 尺桡骨干双骨折手法复位失败,或多段骨折、斜形骨折或螺旋形、粉碎性骨折等不稳定骨折,或骨折合并神经、血管、肌腱损伤者,应切开复位内固定,可选用钢板或髓内钉等进行固定。

(1)手术适应证:合并有神经、肌腱、血管损伤;手法复位失败;同侧肢体伴有多发损伤;开放性骨折伤后时间短,伤口污染不重;多发性骨折;骨折不愈合或畸形愈合严重影响前臂功能者。

(2)手术的选择:可采用钢板内固定、髓内钉内固定。髓内钉一般适用于多段骨折的固定,也可采用桡骨骨折钢板固定加上尺骨骨折髓内钉固定的混合固定方式。手术应选用两个切口以避免尺桡骨骨性交叉连接的危险。局部骨质缺损,可取髂骨做植骨,避免出现骨不连等并发症。

(四)预防与康复

复位固定后,应注意患肢远端血运情况,及时调整夹板松紧度,防止发生骨-筋膜室综合征,肿胀严重者可适当轻柔按摩患侧手部,若固定后患肢疼痛加剧,肿胀严重,手指麻木发凉,皮肤发绀,则应及时解除外固定。在固定期间,应使前臂维持在中立位,防止骨折再移位,要鼓励和正确指导患者做适当的练功活动。

初期应鼓励患者做手指的屈伸和握拳活动以及上肢肌肉的舒缩活动。中期做肩、肘关节活动,如小云手等,并逐渐增大活动范围,但不宜做前臂的旋转活动。后期在拆除外固定后,可在中药外用熏洗的配合下,做前臂旋转活动的练习,以恢复前臂的旋转功能。对于老年患者,尤应注意加强练功活动。

十、尺骨上 1/3 骨折合并桡骨头脱位

尺骨上 1/3 骨折合并桡骨头脱位又称孟氏骨折。尺桡近侧关节由桡骨环状关节面、尺骨桡切迹构成。尺骨桡切迹前后缘有环状韧带约束桡骨头,对维持桡尺近侧关节的稳定性具有重要作用。前臂旋转活动时,桡骨头在尺骨桡切迹里旋转。尺骨上 1/3 骨折合并桡骨头脱位损伤组织结构广泛,主要包括尺骨骨折、桡骨头脱位和环状韧带损伤,该损伤可见于各个年龄,但以儿童和少年多见。

(一)病因病理

直接暴力和间接暴力均能引起尺骨上 1/3 骨折合并桡骨头脱位,而以间接暴力所致者为多。根据暴力方向及移位情况,临床上可分为以下 4 种类型(图 8-43)。

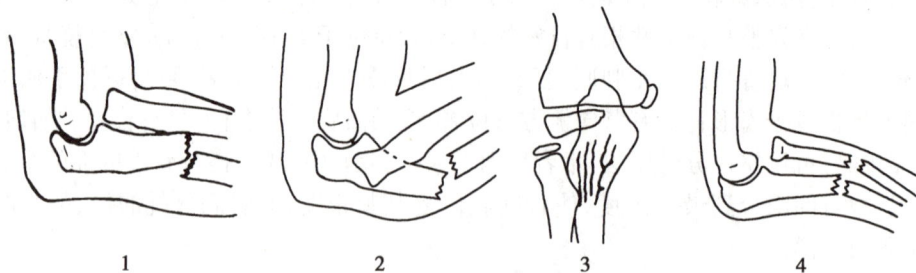

图 8-43 尺骨上 1/3 骨折合并桡骨头脱位类型
1. 伸直型;2. 屈曲型;3. 内收型;4. 特殊型

1. 伸直型 临床上比较常见,多发生于儿童。跌倒时,肘关节处于伸直或过伸位,前臂旋后掌心触地,传达暴力由掌心通过尺、桡骨传向前上方,先造成尺骨斜形骨折,继而迫使桡骨头冲破或滑出环状韧带,向前外方脱出,骨折断端随之突向掌侧及桡侧。

2. 屈曲型　常见于成人。跌倒时,前臂旋前,手掌着地,肘关节处于屈曲位,传达暴力由掌心传向上后方,先造成尺骨横断或短斜形骨折,并向背侧、桡侧成角,桡骨头向后外方滑脱。

3. 内收型　多见于幼儿。跌倒时身体倾向患侧,手掌着地,肘关节处于内收位,传达暴力由掌心传向上外方,造成尺骨冠状突下方骨折并向桡侧成角,桡骨头向外侧脱出。

4. 特殊型　多见于成人,临床上少见,为尺桡骨干中上 1/3 骨折合并桡骨头向前脱位,其受伤机制与伸直型大致相同,但暴力较大。

（二）诊断

1. 临床表现　局部肿胀、疼痛、压痛均较明显。肘关节前外或后外侧可触及脱位的桡骨小头,移位明显者可见尺桡骨上段畸形,被动旋转前臂时有明显疼痛。若骨折移位严重并伴有桡神经深支损伤时,可表现出腕、手指感觉和运动功能障碍。

2. 诊断要点

（1）病史:一般有明确的外伤史。

（2）症状与体征:伤后肘部及前臂肿胀,疼痛,前臂旋转功能及肘关节伸屈功能障碍。移位明显者,可见尺骨成角畸形。肘关节前外或后外侧可扪及脱位的桡骨头。在骨折和脱位处压痛阳性,被动旋转前臂时有锐痛,并可引出骨擦音及假关节活动。检查时应注意腕和手指的感觉及运动功能,以便确定有无合并桡神经损伤。

（3）辅助检查:X 线检查必须包括肘、腕关节,以免遗漏尺桡近侧、远侧关节脱位的诊断。儿童必要时可摄健侧 X 线片以便对照。

3. 鉴别诊断　本病应与单纯的尺骨骨折相鉴别。临床上,单纯的尺骨骨折比较少见,凡是尺骨上 1/3 骨折有明显成角或重叠移位者,均应注意有无桡骨头脱位,X 线上应观察桡骨头纵轴的延伸线应通过肱骨小头中央,或拍摄健侧 X 线片以便对照。

（三）治疗

新鲜的尺骨上 1/3 骨折合并桡骨头脱位绝大多数可采用手法复位,前臂超肘关节夹板固定。若合并有桡神经损伤者,亦可采用手法进行整复,桡骨头脱位整复后,桡神经多在 3 个月内自行恢复。手法复位失败或陈旧性骨折,可采用切开复位内固定。

1. 药物治疗　按中医骨折三期辨证用药原则进行治疗。

2. 手法治疗　复位原则为先整复桡骨头脱位,再整复尺骨骨折,但如果尺骨骨折为稳定性骨折,尤其出现尺骨背向移位抵住桡骨,以及由于变位的骨间膜的牵拉使桡骨小头难以复位时,则应先整复尺骨骨折。

患者取仰卧位,肩关节外展 70°～90°,两助手分别紧握上臂下端和腕关节,顺势拔伸牵引 2～3 分钟,矫正重叠移位。

对于伸直型骨折者,应将患肢前臂置于中立位,术者两拇指放在桡骨头外侧和前侧,向尺侧、背侧按挤,同时令远端助手将肘关节徐徐屈曲至 90°,使桡骨头复位,然后术者捏住骨折断端进行分骨,在骨折处向掌侧加大成角,再逐渐向背侧按压,使尺骨复位。

对于屈曲型骨折者,应将患肢肘关节轻屈 60°左右,前臂置于旋前位,术者两拇指放在桡骨头的外侧、背侧,向内侧、掌侧挤按,同时嘱远端助手将肘关节徐徐伸直至 0°位,使桡骨头复位,然后向背侧加大成角,再逐渐向掌侧挤按,使尺骨复位。

对于内收型骨折者,助手在拔伸牵引的同时,使患肢肘关节伸直,前臂置于旋后位,术者拇指放在桡骨头外侧,向内侧推按桡骨头,使桡骨头复位,尺骨向桡侧成角亦随之矫正。

对于特殊型骨折者,宜先做桡骨头脱位的整复手法,同内收型。待桡骨头复位后,术者再用手捏住复位的桡骨头临时固定,然后利用牵引、分骨、反折、按捺等手法使之复位。

3. 固定方法　复位后,先以尺骨骨折线为中心,在前臂的掌侧与背侧各放置一分骨垫。

平垫放置于伸直型骨折的掌侧,屈曲型骨折的背侧以及尺骨尺侧的上、下端。葫芦垫放置于伸直型骨折桡骨头的前外侧、屈曲型骨折的后外侧、内收型骨折的外侧,用胶布固定。然后在前臂掌、背侧与桡、尺侧分别放上长度适宜的夹板,用3~4条布带捆绑。伸直型和内收型骨折应将肘关节固定于屈肘90°位4~5周;屈曲型骨折将肘关节固定于伸直位2~3周后,再改为肘关节屈曲90°位固定2周。

4. 手术治疗　手法整复失败者,应早期切开整复,选用髓内钉或钢板内固定。对陈旧性骨折畸形愈合者,成人可行桡骨头切除术,儿童则须切开整复,将桡骨头整复、环状韧带重建、尺骨再折断复位内固定。

(1) 手术适应证:手法复位失败者;特殊性骨折者;陈旧性骨折者;尺骨畸形严重,肘关节屈伸功能严重受限及前臂旋转障碍者。

(2) 手术的选择:可采用钢板或髓内钉固定尺骨,并同期修复环状韧带;骨间膜有损伤,伴有粉碎性骨折且无法重建的桡骨头骨折,则需行桡骨头置换,以免桡骨头的近端移位。

(四)预防与康复

复位固定后,应注意观察患肢远端血运情况,及时调节夹板的松紧度。嘱患者卧床休息时应抬高患肢,以利肿胀消退,要经常检查夹板固定的松紧度,注意压垫是否移动,且应防止压疮。定期X线复查,了解骨折对位及愈合情况,如有移位应及时纠正。

初期可做指掌关节的屈伸和握拳活动,切记叮嘱患者不要过早活动肘关节,禁止做前臂的旋转活动。待3周骨折初步稳定后,可逐步增加肘关节的伸屈活动,但前臂应始终保持中立位,以防造成骨折迟缓愈合或不愈合。后期待临床愈合拆除夹板固定后,应加强肘部的屈伸活动,并进行前臂的旋转活动锻炼。

十一、桡骨下 1/3 骨折合并下尺桡关节脱位

桡骨下 1/3 骨折合并下尺桡关节脱位是一种复合损伤,又称盖氏骨折(图 8-44)。下尺桡关节由桡骨尺切迹与尺骨头环状关节面及尺骨茎突根部的关节盘构成。三角纤维软骨的尖端附着在尺骨茎突,三角形的底边则附着在桡骨下端尺切迹边缘,前后与关节滑膜连贯。下尺桡关节的稳定,主要由三角纤维软骨与腕尺侧副韧带维持。前臂旋转时,桡骨尺切迹则围绕着尺骨小头旋转,若三角纤维软骨、腕尺侧副韧带或尺骨茎突被撕裂,则容易造成下尺桡关节脱位。桡骨下 1/3 骨折合并下尺桡关节脱位多见于成人,儿童少见。

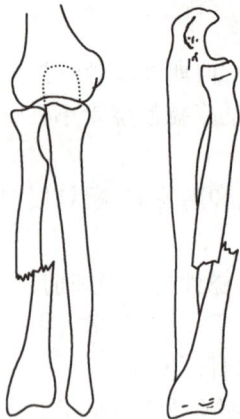

图 8-44　盖氏骨折

(一)病因病理

直接暴力和间接暴力均可引起,以间接暴力所致者多见。间接暴力多为向前跌倒,暴力通过桡腕关节向上传达至桡骨下 1/3 处而发生骨折,多为短斜或螺旋骨折,骨折远端向上移位并可向掌侧或背侧移位,同时三角纤维软骨及腕尺侧副韧带被撕裂或尺骨茎突被撕脱,造成下尺桡关节脱位。直接暴力较为少见,多为重物打击或机器绞伤所致,桡骨多为横断或粉碎骨折,桡骨远端常因旋前方肌牵拉而向尺侧移位,还可同时合并尺骨下 1/3 骨折。幼儿可为青枝骨折,下尺桡关节脱位有时不明显,常发生尺骨远端骨骺分离。

根据骨折的稳定程度及移位方向,临床可分为三种类型。

1. 稳定型　桡骨远端青枝骨折合并尺骨头骨骺分离,多见于儿童。此型损伤较轻,易于整复。

笔记栏

2. **不稳定型** 桡骨下 1/3 短斜、螺旋或粉碎性骨折,下尺桡关节脱位明显。多为跌倒时手掌撑地致伤,前臂旋前位致伤时桡骨骨折远端向背侧移位,前臂旋后位致伤时桡骨骨折远端向掌侧移位,临床上以掌侧移位者多见。此型最常见,多见于成人。

3. **特殊型** 桡、尺骨干双骨折伴下尺桡关节脱位,常为开放性骨折。多为机器绞轧伤所致,损伤重,除尺桡韧带、三角纤维软骨断裂外,骨间膜多有严重损伤。

(二) 诊断

1. **临床表现** 伤后前臂及腕部肿胀、疼痛,前臂活动受限。桡骨下 1/3 部向掌侧或背侧成角畸形,尺骨小头向尺侧、背侧突起,腕关节呈桡偏畸形。

2. **诊断要点**

(1) 病史:一般有明确的外伤史。

(2) 症状与体征:患肢前臂及腕部皮下瘀斑,局部肿胀、疼痛,可见短缩、成角畸形。检查时桡骨下 1/3 压痛及纵轴叩击痛明显,有异常活动和骨擦音,下尺桡关节松弛并有挤压痛。

(3) 辅助检查:前臂正侧位 X 线片应包括腕、肘关节,以观察是否有下尺桡关节脱位和合并尺骨茎突骨折,以及确定骨折的类型和移位情况。X 线正位片上,下尺桡关节间隙变宽,成人若超过 2mm,儿童若超过 4mm,则为下尺桡关节分离。侧位片上,若尺桡骨干发生交叉,尺骨头向背侧移位,则为下尺桡关节脱位。

3. **鉴别诊断** 本病应与桡骨干骨折进行鉴别。二者损伤的机制不同,前者检查时有前臂旋转活动障碍,X 线正位片显示下尺桡关节的间隙变宽,侧位片显示尺桡骨干发生交叉,提示有下尺桡关节脱位。桡骨干骨折无下尺桡关节脱位的表现。

(三) 治疗

对桡骨下 1/3 骨折合并下尺桡关节脱位的治疗,要力求达到解剖复位或接近解剖复位,以防止前臂的旋转功能丧失。对于此种骨折在牵引下复位并不困难,但维持闭合复位的位置却颇为困难。稳定型骨折按儿童尺桡骨远端骨折处理,尺骨骨骺滑脱必须矫正。特殊型骨折按尺桡骨双骨折处理,对尺骨仅有弯曲无骨折者,须先将尺骨的弯曲畸形矫正,桡骨骨折及下尺桡关节脱位才能一起复位。尺骨弯曲畸形不能矫正,或整复固定失败者,则切开复位内固定。

1. **药物治疗** 按骨折三期辨证用药,解除固定后加强中药熏洗。

2. **手法治疗** 复位原则一般为先整复桡骨骨折,再整复下尺桡关节脱位。患者取平卧位,患侧肩部外展 90°,肘关节屈曲 90°,前臂保持中立位,令一助手紧握患肢上臂,令一名助手握持手部,相对用力行拔伸牵引 3~5 分钟,纠正重叠移位和下尺桡关节的上下错位。然后用分骨挤捏手法推挤骨折远端或近端,分别纠正桡骨远折端向尺侧或桡侧的移位,在此基础之上,再用提按手法纠正向掌侧或背侧的移位。如果桡骨远折端向尺侧掌侧移位时,一手做分骨,另一手拇指按近折端向掌侧,示、中、环三指提远折段向背侧,使之对位;如果桡骨远折端向尺侧背侧移位时,一手做分骨,另一手拇指按远折端向掌侧,示、中、环三指提近折端向背侧,使之对位;最后术者用一手捏住整复的桡骨断端,一手扣紧下尺桡关节使之复位(图 8-45)。

3. **固定方法** 复位后,在维持牵引和分骨的情况下,捏住骨折部,在掌、背侧各放一个分骨垫。桡骨远侧骨折端向尺侧移位者,分骨垫放置在骨折线远侧占 2/3,近侧占 1/3,用手捏住掌、背侧分骨垫,各用 2 条胶带固定。根据骨折远端移位方向,加用小平垫。然后再放置掌、背侧夹板,用手捏住,再放置桡、尺侧夹板,桡侧夹板下端稍超过腕关节,限制手的桡偏,尺侧夹板下端不超腕关节,以利于手的尺偏,借紧张的腕桡侧副韧带牵拉桡骨远折段向桡侧,克服其尺偏倾向。桡骨远侧骨折端向桡侧移位者,分骨垫应置于骨折线近侧,桡侧夹

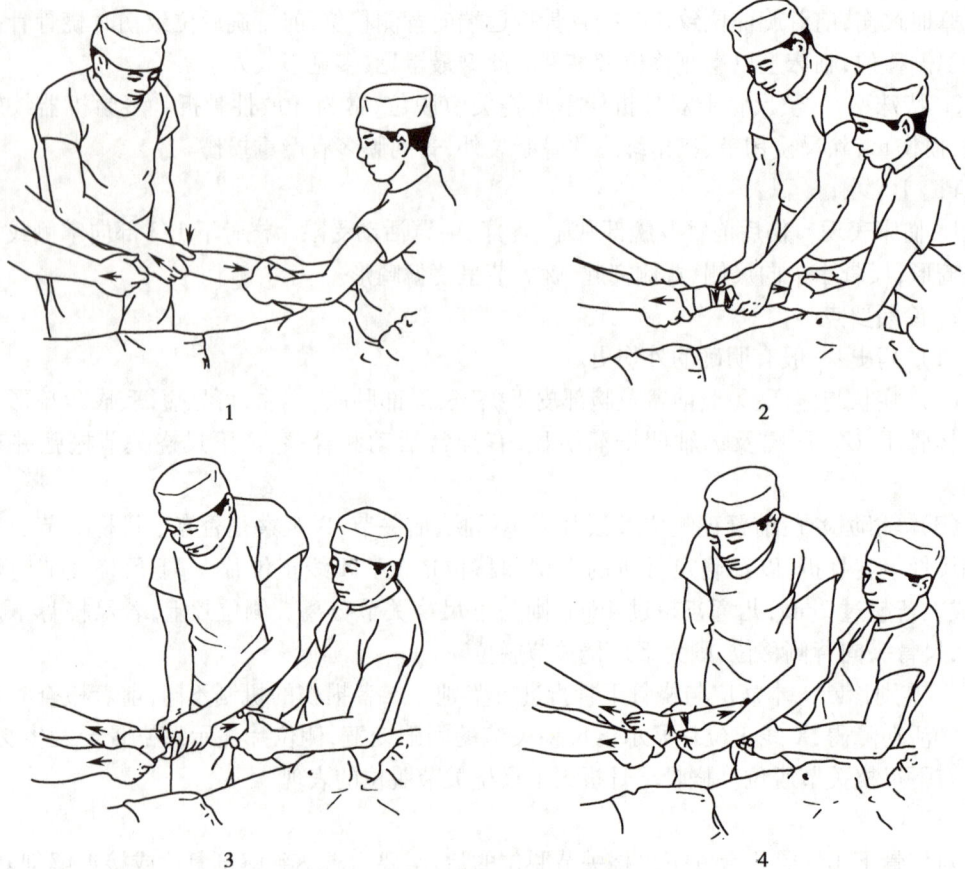

图 8-45 盖氏骨折整复方法
1. 矫正远端掌侧移位;2. 矫正远端背侧移位;3. 整复下尺桡关节脱位;4. 扣紧下尺桡关节

板平腕关节,尺侧夹板长度应超过腕关节达第 5 掌骨颈部,以限制手的尺偏,利于骨折对位(图 8-46)。固定夹板放置好后,用 4 条布带捆绑,将肘关节三角巾悬吊固定于屈肘 90°位。成人固定时间为 6 周,儿童则为 4 周。

4. **手术治疗** 桡骨下 1/3 骨折合并下尺桡关节脱位必须得到较好的复位,才能维持前臂良好的旋转功能,避免下尺桡关节紊乱。如果手法复位失败,应采用手术切开复位内固定治疗,可以选用髓内钉或钢板固定。

(1)手术适应证:骨折端嵌入软组织、手法复位失败或固定不稳者;桡骨骨折畸形愈合或桡骨骨折不愈合,影响前臂旋转功能者。

(2)手术的选择:可采用钢板螺钉内固定。下尺桡关节复位后不稳定,且尺骨茎突没有骨折者,则需要修复三角纤维软骨复合体,然后用克氏针临时固定下尺桡关节。下尺桡关节复位伴有尺骨茎突骨折,则可用小的拉力螺钉或张力带固定尺骨茎突。

(四)预防与康复

复位固定后,由于青枝型和稳定型骨折能较好地保证骨折固定的位置,故功能恢复良好,不稳定型骨折在复位与固定后极易发生再移位,因此 3 周内必须严密加以观察,要经常检查夹板和分骨垫的位置是否合适,发现位置发生偏移应及时进行调整。

初期可做手指的屈伸活动,以减轻患肢肿胀,并可使两骨折端紧密接触而增加稳定性,严禁做前臂的旋转活动及腕关节的伸屈活动。中期可进行肩关节的活动和肘关节的伸屈活动。后期在解除固定后,可进行前臂的旋转活动和腕关节的伸屈旋转锻炼。

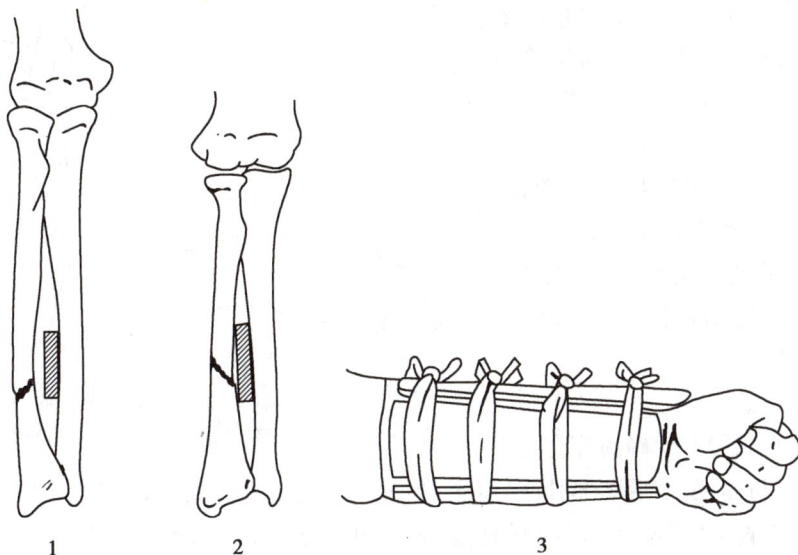

图 8-46 盖氏骨折夹板固定法
1. 骨折端向尺侧移位时分骨垫放置方法;2. 骨折端向桡侧移位时分骨
垫放置方法;3. 固定外形

十二、桡骨远端骨折

桡骨远端骨折是指桡骨远端关节面以上 2~3cm 范围内的骨折。桡骨远端对腕关节的功能至关重要,它与腕骨构成桡腕关节,在尺侧与尺骨远端形成下尺桡关节。其背侧边缘长于掌侧,关节面向掌侧倾斜 10°~15°。桡骨远端外侧的茎突,较其内侧长 1~1.5cm,其关节面向尺侧倾斜 20°~25°(图 8-47)。这些关系在骨折时常被破坏,在整复时应尽可能恢复正常解剖。桡骨远端骨折是腕部最常见的骨折,多见于老年患者,大多数为低能量暴力所致的骨质疏松性骨折,青少年患者多为青枝骨折。

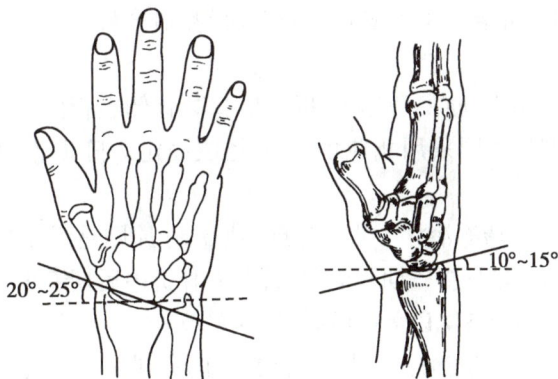

图 8-47 腕关节的尺偏角与掌倾角

(一)病因病理

多为间接暴力所致,跌倒时,躯干向下的重力与地面向上的反作用力交集于桡骨远端而发生骨折。骨折是否有移位与暴力的大小有关。根据受伤姿势和骨折移位的不同,可分为伸直型和屈曲型桡骨远端骨折。

1. 伸直型 又称科利斯(Colles)骨折,此型最多见。跌倒时,手掌着地,腕关节呈背伸位,肘部伸直前臂旋前,暴力引起桡骨远端骨折。暴力较轻时,骨折嵌插而无明显移位。暴力较大时,骨折远端向桡侧和背侧移位,桡骨下端关节面向背侧倾斜。损伤严重时,常合并下尺桡关节脱位及尺骨茎突骨折。

2. 屈曲型 又称史密斯(Smith)骨折。跌倒时,手背着地,腕关节急剧掌屈所致,远侧骨折端向掌侧及桡侧移位。骨折平面同伸直型骨折,但移位方向相反,此类骨折较少见。

直接暴力造成的骨折为粉碎型,老人、青壮年、儿童均可发生。当桡骨远端骨骺未融合时可发生骨骺分离。

（二）诊断

1. 临床表现　患处局部肿胀、疼痛、压痛明显,手腕功能部分或完全丧失。骨折远端向背侧移位时,可见"餐叉样"畸形;向桡侧移位时,呈"枪刺样"畸形(图 8-48)。

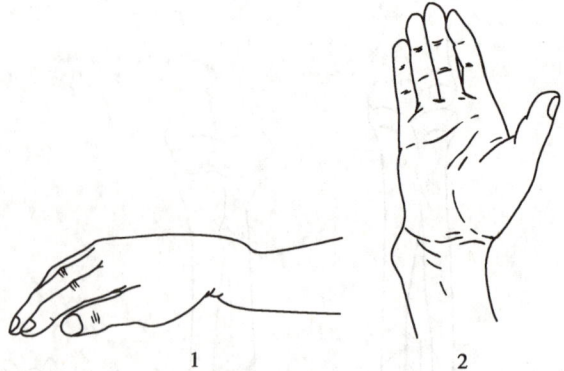

2. 诊断要点

（1）病史:一般有明确的外伤史。

图 8-48　桡骨远端骨折畸形
1. "餐叉样"畸形;2. "枪刺样"畸形

（2）症状与体征:伤后腕部肿胀、疼痛,腕关节功能明显障碍。伸直型骨折侧位观时腕部及手掌形成"餐叉样"畸形,正面观时呈"枪刺样"畸形。屈曲型骨折腕关节近端背侧突起,而远端掌侧饱满,并伴有腕桡偏现象。患侧手指呈被动屈曲位。短缩移位时可触及上移的桡骨茎突,无移位或不完全骨折时肿胀多不明显,腕部周围环状压痛和纵轴叩击痛,腕关节处可触及骨擦感。

（3）辅助检查:常规腕关节 X 线检查可明确骨折的部位、类型及移位方向。但累及关节面的骨折,可结合 CT 检查明确骨折类型。

3. 鉴别诊断　本病应与腕部软组织扭伤相鉴别,桡骨远端骨折无移位或不完全骨折时,肿胀多不明显,仅觉局部疼痛和压痛,可有环状压痛和纵轴压痛,腕和指运动不便,握力减弱,可结合 X 线或 CT 检查进行鉴别诊断。

（三）治疗

无移位或不完全骨折,仅用掌、背侧夹板固定 2~3 周即可;有移位的骨折需根据骨折类型的不同采用相应的方法复位固定。陈旧性骨折畸形愈合者,可行切开复位钢板内固定。

1. 药物治疗　儿童骨折早期治疗原则是活血祛瘀、消肿止痛,中后期可不用内服药物。中年人按骨折三期辨证用药,老人骨折中后期着重养气血、壮筋骨、补肝肾。解除固定后,均应用中药熏洗以舒筋活络,通利关节。

2. 手法治疗　根据骨折类型的不同采用不同的复位手法。对于伸直型骨折,患者取正坐位,前臂中立,屈肘 90°。令一助手握住患肢上臂,术者用两手拇指并列置于骨折远端的背侧,余指置于腕掌部,扣紧大小鱼际肌,逆移位方向持续摇摆牵引 2~3 分钟,感到(或听到)骨擦音,待骨折重叠、嵌插已牵开时,将远端旋前 10°~15°,猛力牵抖并迅速尺偏掌屈,骨折即可复位(图 8-49)。对于屈曲型骨折,患者取正坐位或卧位,患肢前臂旋前,手掌向下。术者用一手紧握前臂下段,另一手握紧腕部,两手相对用力沿原来移位方向持续拔伸牵引 3~5分钟,待嵌入或重叠移位矫正后,将握前臂的拇指置于骨折远端桡侧向尺侧按捺,同时将腕关节尺偏,以矫正其向桡侧移位,然后将拇指置于近端背侧用力向下按压,示指于骨折远端掌侧用力向上端提,同时将患腕背伸,使之复位。

3. 固定方法　复位后,伸直型骨折在骨折远端背侧和近端掌侧各放置一平垫,然后放上夹板,桡侧及背侧夹板下端应超过腕关节,夹板上端达前臂中、上 1/3,固定腕关节于轻度屈曲位,限制手腕的桡偏和背伸活动;屈曲型骨折在骨折远端的掌侧和近端的背侧各放置一平垫,桡、掌侧夹板下端超过腕关节,固定腕关节于轻度背伸位,限制桡偏和掌屈活动。夹板

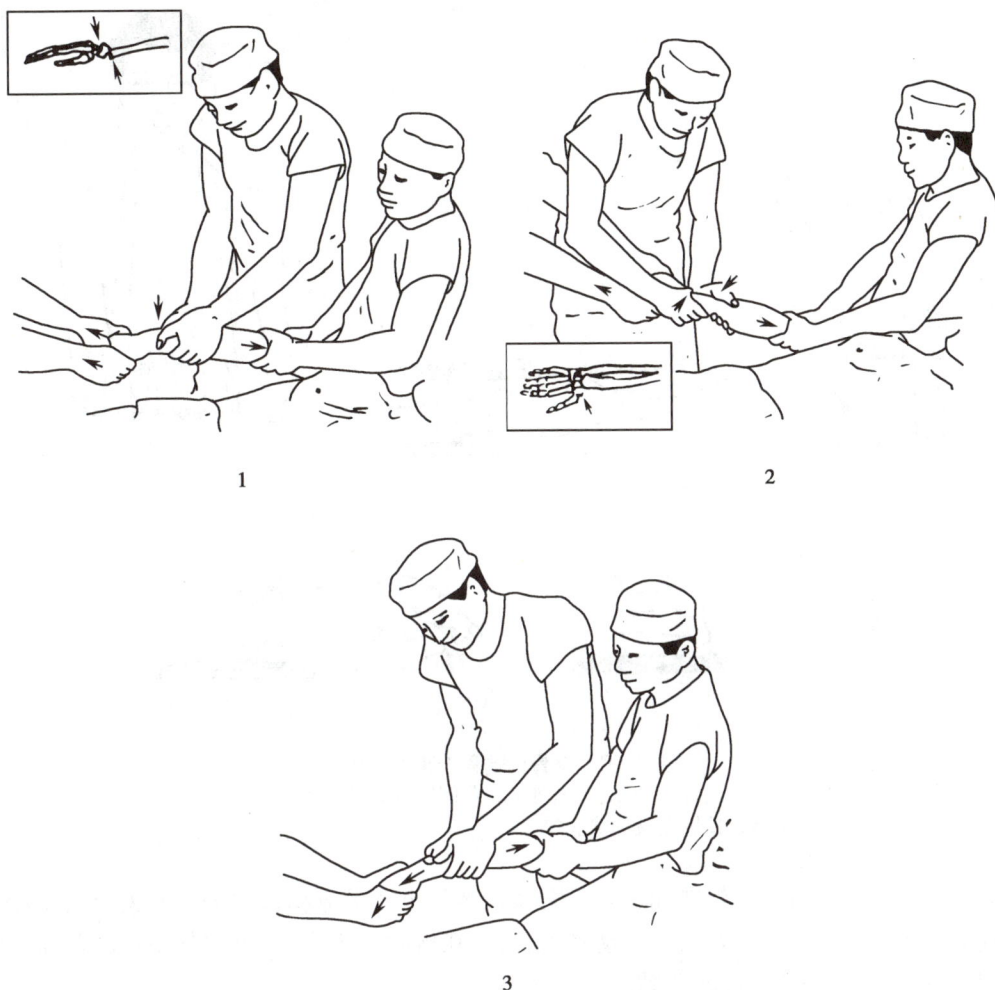

图 8-49 伸直型桡骨远端骨折整复方法
1. 矫正重叠移位；2. 矫正桡、背侧移位；3. 舒筋

固定好后用 3~4 条布带捆绑，最后将前臂悬挂胸前，保持固定 4~6 周（图 8-50）。

4. **手术治疗** 桡骨远端伸直型和屈曲型骨折，绝大多数采用手法复位加夹板固定治疗能够获得满意效果，患肢功能一般无明显障碍。若复位固定失败，可采用经皮穿针固定或切开复位钢板螺钉固定治疗。若粉碎性骨折，复位后不稳定且夹板固定困难者，可采用闭合复位经皮穿针固定或切开复位钢板螺丝钉固定。

（1）手术适应证：闭合手法整复失败者；复位后稳定性极差者；关节面移位大或伴有关节面压缩塌陷者；伴有神经功能损伤者；陈旧性骨折畸形愈合者。

（2）手术的选择：可采用经皮克氏针固定、外固定支架固定、接骨钢板内固定等，骨缺损及粉碎骨折区域可采用自身松质骨、异体骨、人工骨等植骨填充。

（四）预防与康复

复位固定后，应注意观察患肢远端的血运情况，随时调整夹板松紧度；嘱患者将患肢保持中立位或旋后 15°，纠正骨折的再移位倾向；伸直型骨折固定期间应避免腕关节桡偏与背伸活动。粉碎性骨折者，骨折线通过关节面，对位不良者容易遗留腕关节功能障碍，或导致创伤性关节炎，故要求正确对位，并加强患者肢体功能锻炼，以避免后遗症发生。

初期可做掌指关节和指间关节的屈伸活动，如握拳肌肉静力收缩等，并进行患肢肩、肘

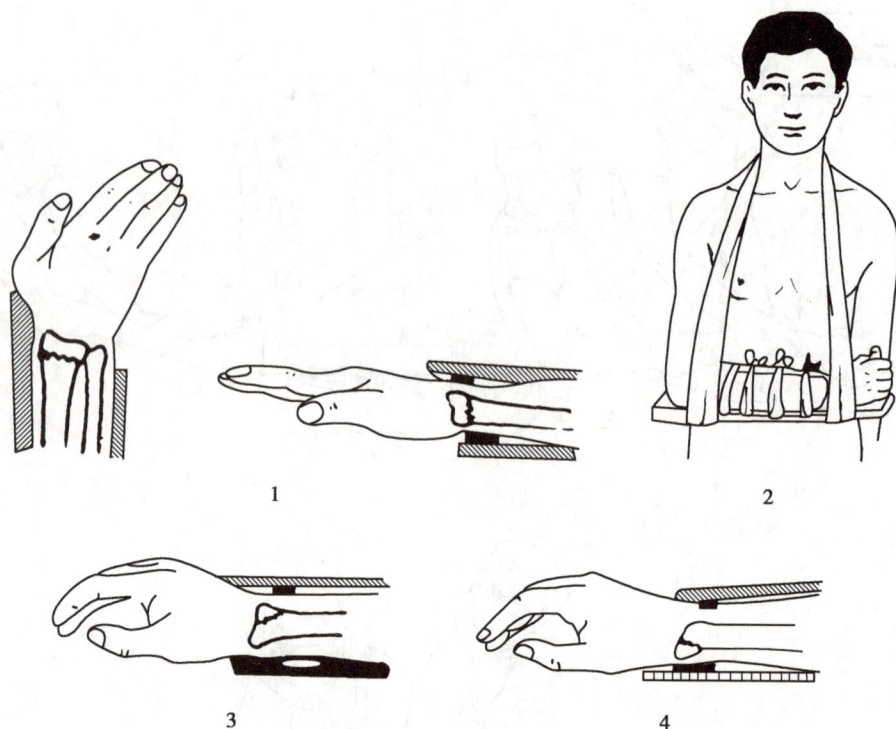

图 8-50　桡骨远端骨折夹板固定
1. 固定垫放置位置；2. 固定后外观；3. 背侧缘劈裂骨折夹板加垫固定；
4. 掌侧缘劈裂骨折夹板加垫固定

关节的活动锻炼,如肩部的外展和旋转。尤其是老年患者更应积极地进行肩关节的功能活动,防止因肩关节粘连而导致功能活动受限,后期在解除外固定后,可在外用熏洗药物的配合下做腕关节屈伸和前臂旋转活动。

第三节　腕、手部损伤

一、月骨脱位

月骨脱位是指月骨本身脱离与桡骨和其他腕骨的正常毗邻关系。月骨侧面呈半月形,掌侧宽大,而背侧细小。远端凹陷,与头状骨、钩骨构成关节；近端凸出,与桡骨远端尺侧及三角纤维软骨复合体构成桡月关节；内侧平坦,与三角骨构成月三角骨间关节；外侧与舟骨近端尺侧相对,构成舟月骨关节。营养血管通过月骨与桡骨远端的桡月背侧、掌侧韧带进入月骨,维持其正常的血液供应。月骨脱位是腕骨脱位中常见的脱位之一。

（一）病因病理

月骨脱位多因间接暴力所致。掌侧脱位多见,背侧脱位极少见,其原因与月骨特殊的解剖学形态有关。跌倒时手掌着地,腕部处于极度背伸位,人体重力与自下而上的地面反作用力使月骨受到桡骨远端与头状骨的挤压,桡骨远端与头状骨之间的掌侧间隙增宽,月骨向掌侧前倾而被挤出关节缝,月骨与头状骨、桡骨远端的关系失常,月骨位于头状骨之前,凹面向掌侧翻转脱出,形成月骨前脱位。月骨脱位根据损伤程度分为三种类型(图 8-51)。

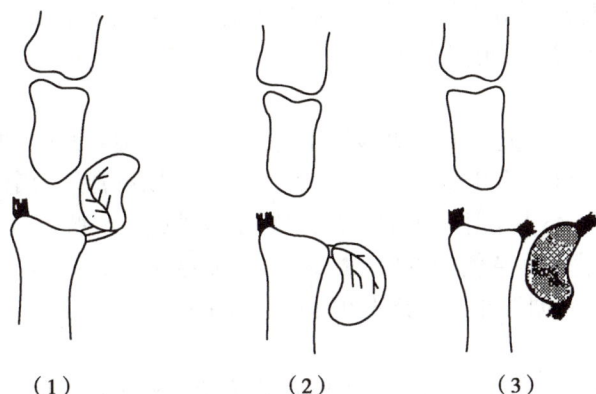

图 8-51　月骨脱位的类型

1. 月骨向掌侧旋转 90°,桡月背侧韧带断裂或月骨后角发生撕脱骨折,桡月掌侧韧带未断,月骨血供尚存,月骨一般不发生坏死。

2. 月骨向掌侧旋转大于 90°,甚至可达 270°,桡月背侧韧带断裂,桡月掌侧韧带扭曲,月骨血运受到一定障碍,部分病例可发生月骨缺血性坏死。

3. 月骨向掌侧旋转 90°,并向掌侧移位。桡月掌侧韧带和桡月背侧韧带均已断裂。月骨血运完全破坏而极易发生缺血性坏死。

（二）诊断

1. 临床表现　伤后腕部肿痛,局部隆起,压痛明显,腕关节活动受限。

2. 诊断要点

（1）病史:有明确的外伤史。

（2）症状与体征:患侧腕部疼痛、肿胀并伴有功能障碍,由于脱位的月骨压迫屈指肌腱使之张力加大,腕关节呈屈曲位,不能背伸,中指不能完全伸直,握拳时第 3 掌骨明显塌陷、短缩。若月骨压迫正中神经,可有桡侧三指半的刺痛麻木或感觉障碍。

（3）辅助检查:腕关节正侧位 X 线片可显示脱位的程度,CT 平扫及三维重建可明确月骨脱位方向。

3. 鉴别诊断　临床上应与其他腕部脱位,如月骨周围脱位、经舟骨-月骨脱位等鉴别。

（三）治疗

对于新鲜脱位,手法整复一般均能复位。少数复位失败者,可用钢针撬拨复位。开放性脱位则在处理软组织损伤的同时直视下复位。对于陈旧性脱位时间不长者,应在麻醉下,先进行充分松解,以分离粘连、缓解挛缩后再进行手法闭合整复。若不能成功,应行手术治疗。

1. 药物治疗　按中医骨伤三期辨证原则用药。

2. 手法治疗　患者在臂丛麻醉下,取坐位或仰卧位。一助手握住前臂,另一助手握住患手,将患侧肘关节屈曲 90°,腕部极度背伸,进行对抗拔伸牵引,使掌侧关节间隙张开。术者两手四指握住腕背部,两拇指尖推压月骨凹面向背侧,迫使月骨进入桡骨与头状骨间隙,同时嘱牵手的助手逐渐将腕关节掌屈,此时若有入臼感,且患手中指可以伸直,则表明复位成功(图 8-52)。

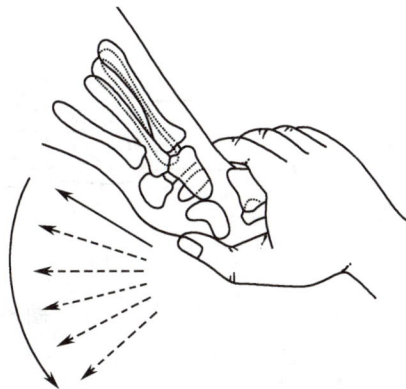

图 8-52　月骨脱位复位手法

3. 固定方法 复位后,用塑形夹板或石膏托将腕关节固定于掌屈 30°~40° 位 3 周,或固定于掌屈 1 周后改为中立位,再固定 2 周。

4. 手术治疗

(1) 手术适应证:闭合复位不成功、陈旧性脱位、有正中神经嵌压、肌腱断裂者。

(2) 手术的选择:可采用针拨复位、切开复位,术后并以石膏外固定。关节若有不稳定,应加做舟骨、大多角骨、小多角骨间关节融合,以矫正舟骨旋转半脱位,恢复正常的负荷传导及运动功能。若发现桡月掌背侧韧带均已断裂,月骨血运完全丧失,考虑后期会产生缺血性坏死,或陈旧性脱位合并创伤性关节炎的可行月骨切除术。

(四) 预防与康复

整复固定后,早期功能锻炼应避免过度腕背伸活动。外固定期间须注意患者手指的活动、感觉及血运情况。解除固定后,应循序渐进地行腕背伸功能锻炼,防止再脱位。

二、掌指关节脱位

掌指关节是由各掌骨头与其相应的近节指骨基底构成。掌指关节脱位是指它们之间的关系失常,近节指骨基底部脱离掌指关节而移位的一类疾病。掌指关节为球窝关节,能做屈、伸、内收、外展及环绕活动,但不能做回旋运动。掌指关节的内外侧、掌侧及背侧均有韧带,加强了关节的稳定性。掌指关节脱位以拇指掌指关节脱位较常见,其次发生于示指的相对较多,第 3~5 掌指关节脱位少见。

(一) 病因病理

掌指关节脱位多由关节过伸时遭受外来暴力所致,如打球时手指触球不当,斗殴、劳动时戳伤等。受伤时掌指关节极度背伸,外力继续作用于近节指骨,使其近节指骨基底部向背侧移位,掌骨头穿破掌侧关节囊而向掌侧脱出,故掌指关节脱位,多为背侧脱位,以拇指掌指关节脱位多见(图 8-53)。此时,掌侧关节囊纤维软骨板随指骨移向掌骨头的背侧,隔开了掌骨头与近节指骨基底,掌骨头掌侧也常被掌浅横韧带卡住,屈指肌腱被推向掌骨头尺侧,蚓状肌脱向桡侧。对于拇掌关节脱位,可能出现的嵌卡有几种情况:①掌侧关节囊纵行撕裂,卡住掌骨颈;②掌板、拇掌指关节处的籽骨嵌在关节面之间;③拇长屈肌腱夹在指骨基底与掌骨头之间。一般尺、桡侧的侧副韧带不断裂,但如果外力偏向一侧,或受伤严重则造成一侧或双侧的侧副韧带断裂,形成侧方脱位,或伴有撕脱骨折。因此,按脱位的方向可分为背侧脱位和侧方脱位,按脱位的性质分一般性脱位和嵌顿性脱位。

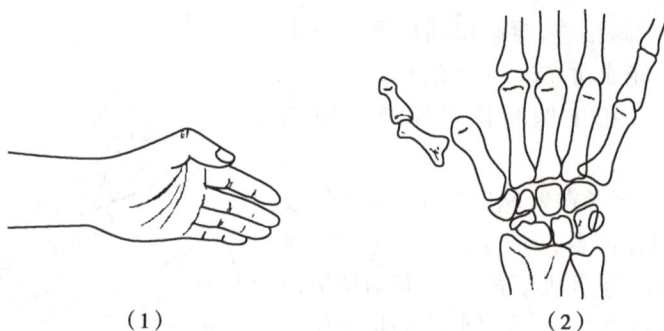

(1)　　　　　　　　　　(2)

图 8-53　拇掌指关节脱位

(二) 诊断

1. 临床表现 掌指关节部肿胀,疼痛,功能丧失,局部有压痛。

2. 诊断要点

（1）病史：有外伤史。

（2）症状与体征：患处掌指关节肿胀，疼痛，功能障碍，局部有压痛，有掌指关节过度背伸、指间关节屈曲畸形，在掌横纹处可触及高突的掌骨头，掌指关节呈弹性固定。若侧副韧带断裂，则有异常侧方活动。

（3）辅助检查：手部正侧位或斜位 X 线片、CT 检查结果可显示脱位的部位和方向，以及是否并发骨折。

3. 鉴别诊断 本病在临床上应与掌骨骨折及关节软组织挫伤进行鉴别。直接暴力与间接暴力均可造成掌骨骨折，常见第 1 掌骨基底部骨折及第 5 掌骨掌骨颈骨折。根据受伤史、临床表现、X 线检查、CT 检查可作出诊断鉴别。

（三）治疗

一般行手法复位外固定治疗。对于嵌卡性脱位者，可在麻醉下，先试行手法复位，若手法复位失败者则行手术治疗。

1. 药物治疗 早期应活血化瘀、消肿止痛，可内服活血止痛汤、肢伤一方等。解除外固定后，外搽舒筋水，并可配合中药熏洗，如海桐皮汤等。

2. 手法治疗 患者取坐位，术者一手的拇指、示指捏持患指的近节指骨，在过伸位顺势牵引，同时另一手握住腕背部，并用拇指将指骨基底向掌侧推按，两手配合，逐渐将患指的掌指关节屈曲，使其复位（图 8-54）。对于嵌顿性脱位者，有时越是牵引，被嵌顿的软组织越是紧张，而难以复位（扣孔效应）；此时，应充分麻醉，屈曲腕及指间关节，以使屈肌腱放松，将向背侧脱位的近节指骨基底向远端及掌侧推按，同时屈曲掌指关节，有时复位可以成功。

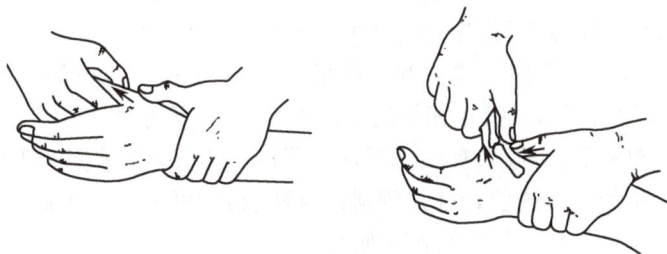

图 8-54 拇掌指关节脱位整复方法

3. 固定方法 整复后，用石膏条或绷带卷置于手掌心，将掌指关节固定于屈曲位、拇指对掌功能位 3 周。

4. 手术治疗 对于手法复位失败的嵌顿性脱位者；合并骨折，且骨折片明显分离移位、旋转或嵌入关节间隙，导致手法复位失败者；陈旧性脱位者，需切开复位。一般多采用掌指关节的掌侧切口，自远侧掌横纹横行切开，注意勿损伤移位的血管神经束，切断掌浅横韧带，显露向掌侧脱位的掌骨头，暴露关节，自掌板与掌深横韧带相连间的撕裂的小裂口处纵向切开，解除掌板等嵌顿，予以关节复位。术后用背侧石膏托固定掌指关节功能位 3 周。对于复位后不能维持者，需要加用细克氏针内固定。若合并侧副韧带断裂者，则需手术修补侧副韧带。

（四）预防与康复

整复固定后，应注意防止患指关节的过伸。早期应积极锻炼患指以外的手指关节功能，解除外固定后，患指的掌指关节、指间关节的功能锻炼应主动与被动互相结合，循序渐进，不要强力扳伸，防止关节损伤，出现肿胀、出血、粘连和创伤性关节炎等。

三、指间关节脱位

指间关节是由手指各节指骨的滑车与中、远节指骨基底部构成,指间关节属于屈戌关节,仅能做屈、伸运动,关节囊的两侧有侧副韧带加强。指间关节脱位较为多见,近侧指间关节和远侧指间关节均可发生。

(一)病因病理

由于直接暴力或间接暴力的作用,使关节极度过伸、扭转或侧方挤压而造成关节囊破裂甚至侧副韧带撕裂而引起指间关节脱位。脱位的方向大多为远节指骨向背侧移位,或侧向移位,掌侧脱位罕见。严重者伴有指骨基底部撕脱骨折。

(二)诊断

1. 临床表现 伤后手指肿胀、疼痛、功能障碍。

2. 诊断要点

(1)病史:有外伤史。

(2)症状与体征:患指肿胀、疼痛、功能障碍,局部压痛,手指呈背伸或侧偏畸形,有弹性固定。若指间关节脱位伴侧副韧带断裂,则有异常侧方活动。

(3)辅助检查:手部正侧位、斜位 X 线片以及 CT 检查可显示脱位的部位和方向,以及是否并发骨折。

3. 鉴别诊断 指间关节脱位应与关节扭伤及指骨骨折鉴别,可通过查体、X 线、CT 检查等做出诊断。

(三)治疗

1. 药物治疗 早期应活血化瘀、消肿止痛,可内服活血止痛汤、肢伤一方等。解除外固定后,外擦舒筋水,并可配合中药熏洗,如海桐皮汤等。

2. 手法治疗 术者一手握住脱位的近侧指骨,另一手捏住脱位的远端即远侧指骨,顺势适当牵引,再轻度用力屈曲或扳正侧偏的手指关节,脱位即可复位。

3. 固定方法 整复后,以胶布粘贴或石膏条等将手指指间关节固定于屈曲位 3 周。

4. 手术治疗 指间关节脱位若合并侧副韧带断裂者,可采取手术修补侧副韧带。对于陈旧性脱位可行关节融合术或人工关节置换术。

(四)预防与康复

指间关节脱位早期应重视患指以外手指的功能锻炼。去除固定后,可做患指的掌指关节和指间关节的主动伸屈活动,活动范围由小到大,循序渐进。

指间关节脱位往往伴有关节囊及侧副韧带损伤,修复缓慢,恢复期长,常遗留关节粗大、僵硬、屈伸受限等症状。因此,要及时处理,切忌反复手法复位及粗暴推拿按摩,避免发生关节强直及活动受限等。

四、腕舟骨骨折

腕舟骨是近排腕骨中最长、最大的一块,其状如舟,分为结节、腰部和体部三部分。其远端超过近排腕骨,而平远排头状骨的中部,其腰部相当于两排腕骨间关节的平面。腕舟骨表面大部分为关节软骨所覆盖,仅背侧的一小部分及掌侧舟骨结节处有韧带附着,为营养血管进入的孔道,腕舟骨腰部骨折时,近侧骨折块易发生缺血性坏死。腕舟骨是腕部常见的骨折之一,仅次于桡骨远端骨折,占手部骨折的 10%,多发生于青壮年,儿童罕见(小儿腕舟骨尚未骨化)。腕舟骨骨折延迟愈合、不愈合率和缺血坏死发生率远高于其他腕骨,可引起腕关节创伤性关节炎,导致腕关节功能障碍。

（一）病因病理

多为间接暴力所致。跌倒时,手臂前伸手掌着地,人体重量及地面的反作用力致腕关节处于极度桡偏背伸,舟骨受其生物力学影响同样处于极度背伸位,由于桡骨远端及桡舟头韧带限制,其近极的可移动范围极小,而远极由于大小多角骨、头状骨的影响向背侧移位,两者作用的结果导致舟骨掌侧发生分离和断裂,随着应力的进一步加大,造成舟骨的完全断裂,而舟骨结节部的骨折常与腕关节尺偏和直接暴力作用有关。

腕舟骨严重的粉碎性骨折常由于直接暴力引起,如碾压、压榨或绞伤等。

由于腕骨间接触紧密,没有肌肉和强大的韧带附着,故舟骨骨折很少发生移位。根据骨折部位不同可分为三种类型(图 8-55)。

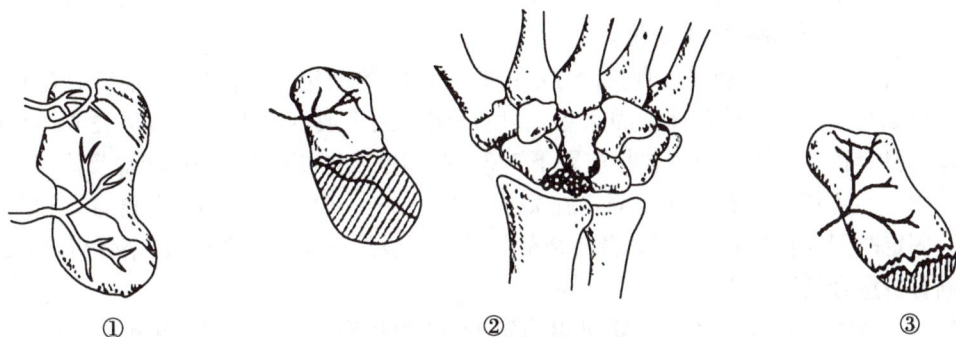

图 8-55 腕舟骨骨折按部位分类
①舟骨结节骨折;②腰部骨折;③近端骨折

1. 舟骨结节骨折 即舟骨远端骨折,在舟骨骨折中最少见。因有关节囊及韧带附着,多为撕脱骨折。结节处有滋养血管进入,供血至远侧 1/4~1/3 的舟骨,一般骨折愈合较快。

2. 腰部骨折 即舟骨中段骨折,在舟骨骨折中最多见。腰部近侧骨折,血供有一定破坏,加之骨折后,断端剪切力大,难以稳定,故很容易发生骨折迟缓愈合和不愈合,甚至发生缺血性坏死。腰部远侧的骨折存在较好的血运,一般均可愈合。

3. 近端骨折 舟骨近端发生骨折时,由腰部入骨的逆行血管随之断裂,近侧骨折块血液供应大部分丧失,故近侧骨折块多数发生骨折不愈合或缺血性坏死。

（二）诊断

1. 临床表现 伤后腕桡背侧疼痛,腕关节活动受限。鼻烟窝部肿胀。

2. 诊断要点

（1）病史:有外伤史。

（2）症状与体征:伤后局部轻度疼痛,腕关节活动功能障碍。鼻烟窝部位肿胀、压痛明显,将腕关节桡倾,屈曲拇指、示指和中指,沿第1、2 掌骨的纵轴叩击痛阳性。

（3）辅助检查:腕关节正侧位及尺偏斜位(舟骨位)X 线片摄影检查最为常用,可明确骨折的部位、类型。CT 平扫及三维重建可清楚地显示骨折特征。对于早期断端无分离移位或有嵌插的隐匿性腕舟骨骨折,MRI 更具有诊断意义,且可以检测腕舟骨骨折后舟骨近极骨质活性状况,以及预测术后舟骨愈合情况。

3. 鉴别诊断

（1）腕舟骨骨折应与腕关节软组织损伤相鉴别,两者都伴有局部的疼痛、肿胀,CT、MRI等检查可明确诊断。

（2）陈旧性腕舟骨骨折应与先天性双舟骨区别。先天性双舟骨 X 线片上两骨块之间界线清楚,整齐光滑,骨结构正常,多为双侧。所以必要时可拍摄健侧 X 线片做对照,CT 及

MRI 检查可帮助诊断。

（三）治疗

腕舟骨骨折若无明显移位，或移位较小，不需要整复。新鲜骨折明显移位可采用闭合复位外固定，以塑形夹板或前臂管型石膏固定。

1. **药物治疗** 初期宜活血祛瘀、消肿止痛，可内服活血止痛汤，外敷消瘀止痛药膏；中期宜接骨续筋，可内服新伤续断汤，外敷接骨续筋药膏；后期宜养气血、补肝肾、壮筋骨，可内服补肾壮筋汤或肢伤三方。骨折迟缓愈合者，应重用接骨续筋药，如地鳖虫、骨碎补、自然铜等。解除固定后，可选用伤科熏洗汤局部熏洗治疗。

2. **手法治疗** 若有移位时，患者取坐位，前臂轻度旋前位，术者一手握患侧腕上，另一手拇指置于阳溪穴处，其余四指环握拇指，在牵引下使患腕关节尺偏，然后以拇指向掌侧、尺侧按压移位的骨折远端，即可复位。

3. **固定方法** 新鲜腕舟骨骨折治疗的关键是可靠的固定。复位后，以前臂管型石膏固定。在鼻烟窝部位处放棉花球做固定垫，然后用塑形夹板或纸壳夹板固定腕关节伸直而略向尺偏、拇指对掌位，固定范围包括前臂下 1/3、腕、拇掌及拇指指间关节，新鲜及陈旧性骨折均可采用。亦可用短臂石膏管型固定腕关节于背伸 25°~30°、尺偏 10°、拇指对掌和前臂中立位。固定时间应根据骨折情况而定，结节部骨折一般约 6 周均可愈合，其余骨折 8~12 周，并根据骨折愈合情况适当延长。

4. **手术治疗** 腕舟骨骨折固定难以稳定者，可切开采用空心钉、Herbert 螺钉等进行内固定。粉碎性骨折或有背向成角移位者，掌侧皮质多有缺损。切开复位时需先做植骨矫正畸形，然后再穿针或钉固定。

骨折长时间不愈合且有明显症状，以及发生缺血性坏死者，可根据患者的年龄、工作性质、临床症状及手舟骨的病理变化，而采用不同的手术方法。对于年轻患者，骨折端有轻度硬化，舟骨腰部骨折，时间已超过 3 个月，仍无愈合征象，但未并发创伤性关节炎者可考虑行自体骨植骨术；舟骨腰部骨折，近侧骨折端发生缺血坏死，已有创伤性关节炎形成，腕桡偏时，因桡骨茎突阻挡而发生剧烈疼痛者，可行单纯桡骨茎突切除；舟骨近端骨折块发生缺血坏死，腕关节疼痛，但无创伤性关节炎发生时，可行近端骨折块切除术；手舟骨骨折不愈合，关节活动受限，腕关节疼痛，且有严重创伤性关节炎者，可行腕关节融合术。

（四）预防与康复

腕舟骨骨折易被漏诊或误诊，对于腕部损伤应仔细检查。固定期间应观察手部血液循环，禁做桡偏活动，注意固定体位的维持，以防骨折再移位。腕舟骨骨折很容易发生延缓愈合或不愈合，在治疗过程中，根据骨折愈合情况决定固定拆除的时间，避免过早解除固定，影响治疗效果。

五、掌骨骨折

掌骨有 5 块，并列成排，按其解剖部位可分为头、颈、干和基底部。第 1 掌骨短而粗，活动度大，骨折多发于基底部；第 2、3 掌骨长而细，且较突出，握拳击物时，外力多落在第 2、3 掌骨上，故易发生骨折。第 4、5 掌骨短而细，其中第 5 掌骨最易受直接暴力而骨折，而当其受间接暴力时可致掌骨颈骨折。掌骨骨折常发于第 1 掌骨，多见于成年人，儿童较少见。

（一）病因病理

直接暴力与间接暴力均可造成掌骨骨折。临床常见以下几种骨折：

1. **第 1 掌骨基底部骨折** 多由间接暴力所致，骨折远端受拇长屈肌、拇短屈肌与拇指内收肌的牵拉，近端受拇长展肌的牵拉，骨折断端总是向桡背侧突起成角。

根据骨折形态及骨折线是否侵入关节分为关节外骨折和关节内骨折:关节外骨折为 Winterstein 骨折;关节内骨折又根据骨折线的多少以及是否脱位可划分为两型,即 Bennett 骨折和 Rolando 骨折。

Bennett 骨折即单一骨折线合并第一腕掌关节脱位,多由间接暴力所致,骨折线呈斜形经过第一掌腕关节面,第 1 掌骨基底部内侧的三角形骨块,因有掌侧韧带相连,仍留在原位,而骨折远端从大多角骨关节面上脱位至背侧及桡侧。临床上较为常见(图 8-56)。Rolando 骨折指第 1 掌骨基底的 T 形或 Y 形粉碎性骨折,但不伴有第一腕掌关节脱位。

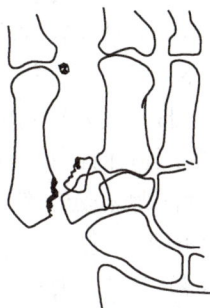

2. 掌骨颈骨折　由间接暴力或直接暴力所致。但以握拳时掌骨头受到冲击的传达暴力所致者为多见。第 5 掌骨因其易暴露和受打击,故最多见,第 2、3 掌骨次之。骨折后断端受骨间肌与蚓状肌的牵拉,而向背侧突起成角,掌骨头向掌侧屈转;又因手背伸肌腱牵拉,导致近节指骨向背侧脱位,掌指关节过伸,手指越伸直,畸形越明显。

图 8-56　Bennett 骨折

3. 掌骨干骨折　可为单根骨折或多根骨折。直接暴力所致者,多为横断或粉碎性骨折。扭转及传达暴力引起者,多为斜形或螺旋形骨折。骨折后受骨间肌与屈指肌的牵拉,而向背侧突起成角及侧方移位,单根的掌骨骨折移位较轻,多根骨折则移位明显,且对骨间肌的损伤也比较严重。

（二）诊断

1. 临床表现　伤后局部肿胀疼痛,功能障碍,有明显压痛,纵轴挤压或叩击掌骨头则疼痛加剧。

2. 诊断要点

（1）病史:有明确外伤史。

（2）症状与体征:骨折局部肿胀,功能障碍,有时伴有明显成角畸形。局部压痛明显,纵压或叩击掌、指骨头则疼痛加剧,如有重叠移位,则该掌、指骨呈短缩、成角畸形。第 1 掌骨基底部骨折或骨折脱位时,拇指不能做屈伸活动,握力减弱。掌骨颈和掌骨干骨折可有骨擦音。

（3）辅助检查:手掌正位与斜位 X 线片可明确骨折部位和移位情况并作出诊断。因侧位片 2~4 掌骨互相重叠,容易漏诊,可行 CT 扫描、三维重建帮助诊断。

3. 鉴别诊断　可与掌指关节脱位相鉴别,掌指关节脱位可见局部肿痛,活动功能障碍,弹性固定在过伸位,可扪及脱位的掌骨头;X 线片见掌、指关节脱位而无三角形骨块,可与掌骨骨折加以鉴别。

（三）治疗

掌骨骨折的治疗,应根据骨折部位、骨折成角、移位、内在稳定性、相关组织损伤及患者的功能恢复要求等因素而决定适当的固定方法。正确复位和合理有效的固定,才能避免手部的功能障碍。

1. 药物治疗　初期宜活血祛瘀、消肿止痛,可内服七厘散;中期宜和营生新,接骨续损,可内服驳骨丹;后期宜补肝肾、壮筋骨,可内服虎潜丸。解除夹板固定后,可选用上肢损伤洗方或海桐皮汤熏洗。

2. 手法治疗

（1）第 1 掌骨基底部骨折:术者一手握患腕,拇指置于第 1 掌骨基底部的突起处,一手握患侧拇指,将拇指置于掌指关节屈曲位。先将拇指向远侧与桡侧牵引,再将第 1 掌骨头向桡侧与背侧推扳,同时以拇指用力向掌侧与尺侧按顶骨折处,以矫正向桡侧与背侧的突起成角。

(2)第1掌骨基底部骨折脱位:整复手法同掌骨基底部骨折,但应注意使拇指外展而不要将第1掌骨外展,否则反而会加重掌骨内收,脱位难以整复。

(3)掌骨颈骨折:整复时,术者一手握手掌,手指捏持骨折近段,另一手握患指,在牵引下先屈曲掌指关节至90°位,使掌指关节两侧的侧副韧带紧张,移位的掌骨头受近节指骨基底部的压迫而推向背侧。同时另一手的拇指由背侧向掌侧推挤骨折近端,骨折即可复位。骨折片向背侧成角,错误地将掌指关节固定于过伸位,此时侧副韧带松弛,掌骨头仍向掌侧屈转而不能整复。

(4)掌骨干骨折:整复时,助手握持腕部,术者一手持患指,另一手施行手法。在牵引下,拇指压迫其手背成角畸形处,矫正其背侧突起成角,然后用示指与拇指由掌侧及背侧夹挤骨折部两侧骨间隙,矫正侧方移位。

3. 固定方法 第1掌骨基底部骨折整复后,先将一小平垫放置于第1掌骨基底部的桡背侧,相当于骨折部,防止背侧成角。另一平垫放于第1掌骨头的掌侧,防止掌骨因屈指肌的收缩向掌侧屈曲。用胶布固定好平垫。然后用弓形夹板放在前臂桡侧和第1掌骨的桡背侧,使夹板成角部位正对腕关节,用三条宽胶布在夹板的前臂、腕部和第1掌指关节部位环绕固定,保持第1掌骨在外展位,拇指屈曲对掌位固定。固定时间4周。

第1掌骨基底部骨折脱位固定方法同第1掌骨基底部骨折,如固定仍不稳定,可采用局部加压短臂石膏管型外固定的同时加用拇指牵引,在石膏上包一粗铁丝,于拇指的两侧粘一条2cm×10cm胶布做皮肤牵引,或做拇指远节指骨牵引。固定时间3~4周。

掌骨颈骨折整复后,用直角竹片或铝片放在手背及近节指骨的背面,用胶布固定好,保持掌指关节于90°屈曲位,而后用绷带包扎。固定时间4周(图8-57)。

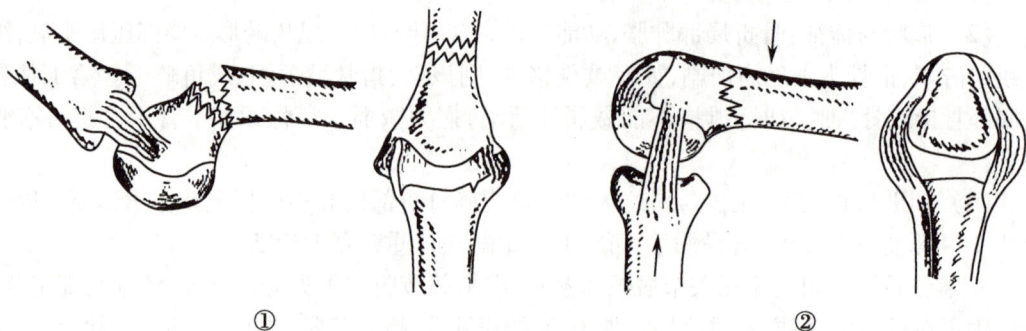

①　　②

图8-57 掌骨颈骨折手法复位

掌骨干骨折整复后,在骨折部背侧两骨之间各放置一个分骨垫以胶布固定,根据骨折成角方向,将小毡垫放在骨折的背侧或掌侧用胶布固定,最后在掌侧与背侧各放一块夹板,厚2~3mm,以胶布固定,外加绷带包扎,固定时间4周。

对于斜形、粉碎、短缩较多的不稳定骨折,需做患指远节指骨骨牵引(图8-58)。

4. 手术治疗 第1掌骨基底部轻度成角的陈旧骨折,对拇指功能影响不大可不做处理。如成角过大,虎口过小,可行第1掌骨基底部楔形截骨术。第1掌骨基底部骨折脱位,整复容易,主要困难是复位后不易保持。对于难以固定者,可在复位满意后,采用经皮克氏针内固定。若内侧骨折块较小,可将克氏针钻入第1掌骨底,穿过关节固定在大多角骨上。如果闭合复位不满意,则可切开复位克氏针内固定(图8-59)。

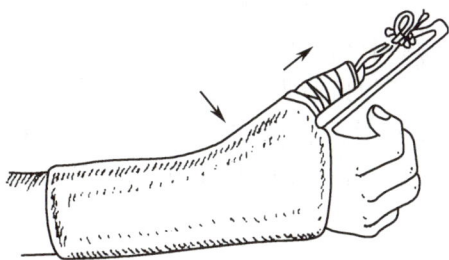

图 8-58 第 1 掌骨基底部骨折脱位的石膏固定与拇指牵引

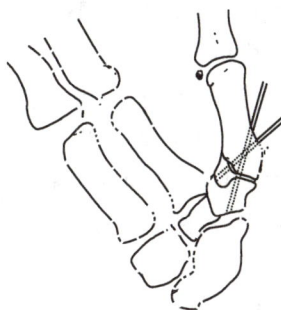

图 8-59 Bennett 骨折复位克氏针内固定

掌骨干多根骨折或复位后不稳定者,可用克氏针斜形固定或微型钢板螺丝钉内固定,也可以用外固定支架固定。

(四) 预防与康复

掌骨骨折复位固定后,要注意夹板或石膏固定的松紧度,第 1 掌骨基底部骨折或脱位,弓形夹板固定时第 1 掌骨基底部的固定垫不宜过厚,掌骨干骨折夹板固定时背侧的分骨垫不宜过厚过硬,以免引起皮肤压迫溃疡。在 3~4 周内,第 1 掌骨各类骨折不能做腕掌关节内收活动,掌骨颈骨折不能做伸指活动,第 3~5 掌骨干骨折不能做用力的伸指握拳活动。一般在第 4 周骨折临床愈合后,可解除外固定,逐步加强手指和腕关节的功能锻炼活动,应以主动活动为主,禁止做粗暴的被动扳拉。

六、指骨骨折

手上共有 14 块指骨,其中拇指有近节指骨和远节指骨,余四指有近节指骨、中节指骨和远节指骨,在这些部位上发生的骨折则称为指骨骨折。近节及中节指骨背面光滑,被伸肌腱膜扩张部所覆盖;掌面凹陷,构成骨纤维鞘的一部分。当指骨发生骨折时,骨折端受附着肌腱牵拉影响骨折移位而造成畸形愈合,或造成关节囊挛缩,或骨折端与邻近肌腱相粘连而导致关节功能障碍,进而对手的功能产生不良影响。一般近节指骨骨折多见,可单发或多发于成年人。

(一) 病因病理

指骨骨折多由间接暴力所致,常为多发性,易致开放性骨折。按骨折类型分为横断、斜形、螺旋、粉碎或波及关节的骨折。按骨折部位分为近节、中节或远节指骨骨折。

1. 近节指骨骨折 以近节指骨干最易发生骨折。骨折近端受骨间肌与蚓状肌牵拉,骨折远端受伸肌腱牵拉,易造成骨折端向掌侧突起成角(图 8-60)。

近节指骨颈骨折后,骨折端亦向掌侧突起成角,由于伸肌腱中央部的牵拉,远折端可向背侧翻转达 90°,使远端的背侧与近端的断面相对,从而阻止骨折的整复(图 8-61)。

2. 中节指骨骨折 中节指骨骨折因发生部位不同,而产生不同的移位。如发生在屈指浅肌腱止点的近侧,近折端受指背腱膜中间腱的牵拉,远折端受屈指浅肌腱的牵拉,骨折端

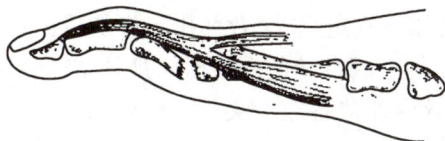

图 8-60 近节指骨干骨折移位

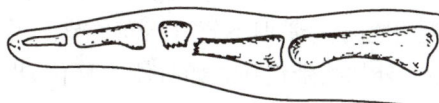

图 8-61 近节指骨颈骨折移位

向背侧成角。如发生在屈指浅肌腱止点的远侧，近折端因屈指浅肌腱的牵拉移向掌侧，骨折端向掌侧成角。

3. 远节指骨骨折　由于直接暴力引起的远节指骨粉碎性骨折合并软组织挫裂伤，并形成开放性伤口者较为多见。因远节指骨基底部背侧为指伸肌腱的止点，手指伸直时指端受间接暴力弯曲，此时伸指肌腱的骤然牵拉引起撕脱性骨折。如在接球时，指端被球撞击所致的远节指骨基底部背侧撕脱性骨折。骨折后末节手指屈曲，无法伸直，呈典型的锤状指畸形。

（二）诊断

1. 临床表现　伤后除明显疼痛、肿胀、压痛和活动功能受限外，可见明显畸形。

2. 诊断要点

（1）病史：有外伤史。

（2）症状与体征：由于指骨均浅居皮下，较易扪及骨擦感，且骨折后有明显肿胀、疼痛及手指屈伸功能的受限。近节、中节指骨骨折有明显移位时，可有成角畸形，远节指骨基底部背侧撕脱骨折有锤状指畸形。

（3）辅助检查：手指正、侧位与斜位 X 线片可明确骨折部位和移位情况。

3. 鉴别诊断　一般来说，指骨骨折确诊不难，其鉴别诊断需考虑以下疾病：病理性骨折和手部感染，包括软组织感染和骨髓炎。

（三）治疗

指骨骨折的治疗必须正确整复对位，尽量做到解剖复位，不能有成角、旋转、重叠移位畸形，以免妨碍肌腱的正常滑动，导致手指不同程度的功能障碍。闭合性骨折可手法复位、夹板固定，开放性骨折应及时清创处理。复位后手指应固定在功能位，在充分固定保证愈合的基础上，尽可能早期活动，以恢复手指功能。

1. 药物治疗　按照骨折三期辨证原则进行药物治疗。

2. 手法治疗

（1）近节指骨骨干骨折整复时，术者一手拇指及示指捏住骨折近端，另一手四指握住骨折远端，在牵引下屈曲指关节，同时用拇指由断端掌侧向背侧挤压骨折部，使成角矫正。如有侧方移位，可在牵引下左右移动，或用屈骨折远端之手的拇指和示指分别捏住骨折处的内外侧进行捏挤，使其复位。指骨颈骨折整复时，应加大畸形，用反折手法，先将骨折远端呈90°向背侧牵引，然后迅速屈曲手指，屈曲时应将近端的掌侧顶向背侧，即可复位。

（2）中节指骨骨折整复时，术者一手拇指及示指捏住骨折近端固定患指，另一手拇指和示指扣住患指末节，先拔伸牵引，然后用该手的拇指和示指捏住骨折处的内外侧进行捏挤，矫正侧方移位，再将拇指和示指改为捏住骨折处的掌背侧进行提按，以矫正掌背侧移位。

（3）远节指骨末端粗隆及骨干骨折整复时，可在牵引下进行，术者用拇指和示指在骨折处内外和掌背侧进行捏挤，以矫正侧方移位和掌背侧移位。远节指骨基底部背侧撕脱骨折整复时，将近侧指间关节屈曲成90°、远侧指间关节过伸，便可使指骨基底部向被撕脱的骨片靠近。

3. 固定方法

（1）近节指骨骨折整复后，在骨折掌侧成角处加一固定垫，掌背侧用夹板加以固定，夹板长度相当于指骨但不超过指间关节。再令患者指握一绷带卷使手指屈向舟骨结节后用胶布固定，外加绷带包扎。如有侧方移位，也可在指骨内外侧各放一夹板。固定时间3~4周（图8-62）。

（2）中节指骨骨折部位在屈指浅肌腱止点远侧的固定方法同近节指骨骨折；骨折部位

在屈指浅肌腱止点近侧,虽然手指在伸直位固定较稳定,但时间不宜太长,以免造成关节侧副韧带挛缩及关节僵硬。

（3）远节指骨末端或骨干骨折整复后,可用塑形竹片夹板或铝板固定于功能位。如为远节指骨基底部背侧撕脱骨折,则应固定在患指近侧指间关节屈曲90°、远侧指间关节过伸位。固定时间4~6周。

4. 手术治疗　中节或近节指骨斜形不稳定骨折或外固定不成功者,可选择两根克氏针交叉固定或微型钢板固定。中节指骨骨折部位在屈指浅肌腱止点近侧,为避免手指在伸直位固定过久,影响关节功能,也可选择克氏针内固定。远节指骨基底部背侧撕脱骨折,手法整复不成功,或就诊较晚失去闭合复位机会,则可考虑手术治疗。如撕脱骨折块较大,可用细克氏针将骨折块固定到原位。如撕脱骨折块较小,可用骨锚缝合固定。

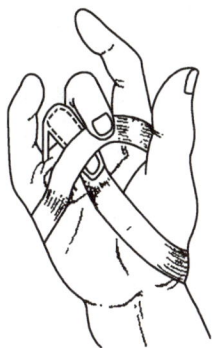

图 8-62　近节指骨骨折整复后固定方法

（四）预防与康复

整复固定后,抬高患肢,以利肿胀消退。在不影响患指固定的情况下,其余手指需经常活动。骨折愈合后,患指应尽早进行功能锻炼,以免造成关节僵硬。除骨折部位在屈指浅肌腱止点近侧的中节指骨骨折外,患指应固定在功能位,不能将手指完全伸直位固定,以免造成关节囊和侧副韧带挛缩及关节僵硬,引起关节功能障碍。

（况君　刘洪波　李宁　李浩）

复习思考题

1. 当患者出现肩关节脱位,如何为患者选择合适的治疗方案?
2. 生活中有哪些运动容易引起肩锁关节脱位,其发生机制是什么?
3. 如果你是一位骨科医生,当接诊一名开放性锁骨骨折患者时,应如何选择治疗方案?
4. 肱骨外科颈骨折外展及内收型该如何选用外固定支具?
5. 试述肱骨干骨折的诊断思路。

◆◆◆ 第九章 ◆◆◆

下 肢 损 伤

> **学习目标**
>
> 　　了解下肢各部位损伤疾病的定义；熟悉下肢各部位损伤的病因及分类；掌握下肢各部位损伤的诊断、鉴别诊断、治疗原则以及常见治疗方法。

第一节　髋、大腿部损伤

一、髋关节脱位

　　髋关节由股骨头与髋臼构成，是典型的杵臼关节。股骨头是髋关节杵臼结构中的凸出部分，方向朝上、内、前，有一凹陷，称股骨头凹，有圆韧带附着。股骨头的关节软骨，厚薄不一，中内侧面最厚，周边部最薄。与髋臼相比，股骨头的关节面较大，以增加髋关节的活动范围。髋臼位于骨盆两侧，由髂骨、坐骨和耻骨三部分组成。髋臼向前下方开口，中央为髋臼窝，内衬半月形软骨，内下方软骨缺如，形成髋臼切迹，由髋臼横韧带连接，髋臼缘及横韧带周围有关节盂唇软骨，使髋臼变深，可容纳股骨头的 2/3，与股骨头紧密贴合，以防脱位。

　　髋关节囊起于髋臼边缘，在关节前面止于粗隆间线，后面止于股骨颈中外 1/3 交界处。关节囊厚而坚韧，由浅层的纵行纤维和深层的横行纤维构成。关节囊外有 3 组韧带加强：①髂股韧带：位于髋关节囊的前、上方，是人体强有力的韧带之一，起于髂前下棘，向外下分为两束，向下呈"人"字形，分别止于粗隆间线的上部及下部，两束韧带之间，为髋关节前侧的薄弱区。其作用是加强关节囊，限制髋关节内收、过伸。②耻股韧带：位于髋关节囊的下方，较薄，其作用是限制髋关节过度外展和外旋。③坐股韧带：较薄，位于髋关节囊的后方，其作用是限制髋关节的外展、内旋（图 9-1）。

　　髋关节脱位是指股骨头与髋臼所构成的关节发生分离移位的一种损伤。髋关节的结构相对稳定，非强大暴力不能造成脱位，所以髋关节脱位多见于活动能力强的青壮年。

（一）病因病理

　　髋关节脱位多为高能量间接暴力损伤所致，往往合并其他部位损伤。根据髋关节脱位后股骨头所处位置，一般将其分为前、后及中心脱位三种类型（图 9-2）。脱位后股骨头位于 Nelaton 线（髂前上棘与坐骨结节连线）之前者为前脱位；位于该线之后者为后脱位；股骨头被挤向中线，冲破髋臼而进入骨盆者为中心脱位。三种类型中以后脱位最为常见。这种损伤应按急诊处理，复位越早效果越好。

　　1. 后脱位　多由强大暴力而致。当髋关节屈曲 90° 时，过度内收内旋股骨干，股骨颈前缘紧抵髋臼前缘支点，暴力来自膝部向骨盆或沿股骨干方向向后，可使股骨头冲破关节囊而

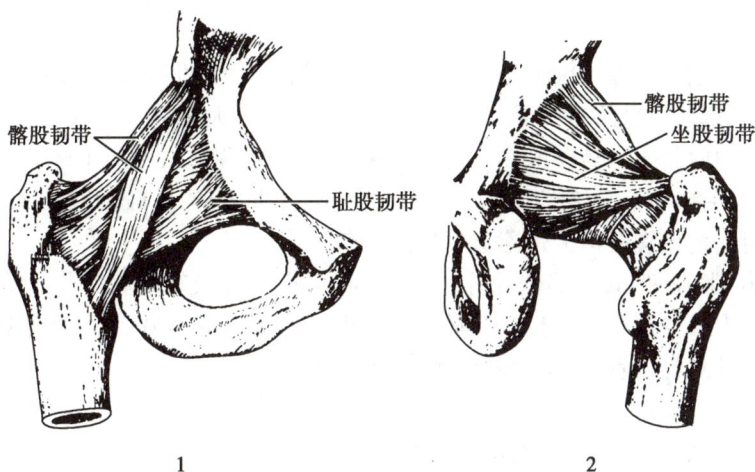

图 9-1 髋关节及其韧带
1. 前面观；2. 后面观

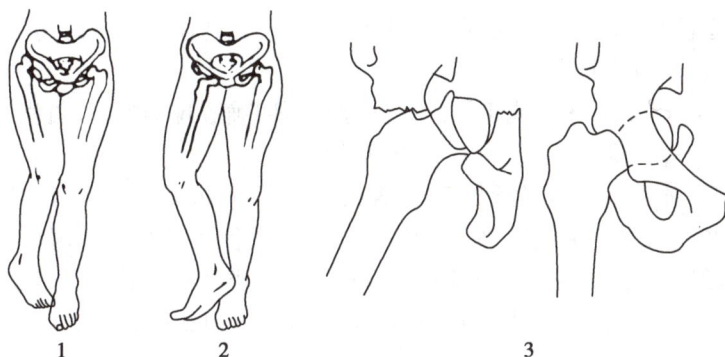

图 9-2 髋关节脱位
1. 髋关节后脱位；2. 髋关节前脱位；3. 髋关节中心性脱位

脱出髋臼，从而形成股骨头向后脱位。若下肢内收较少，股骨头撞击髋臼后缘，可合并髋臼后唇撕裂骨折，或股骨颈骨折，撞击或牵拉坐骨神经而产生神经损伤，继而出现患肢相应的运动、感觉障碍。

2. 前脱位 临床较少见，当髋关节因外力极度外展、外旋时，膝部暴力由前向后，大粗隆顶部与髋臼上缘形成支点，股骨头因受杠杆作用经髂股韧带和耻股韧带间破口处脱向前下方形成前脱位。脱位后，若股骨头停留在耻骨支水平，则为耻骨部脱位，可引起股动、静脉受压，出现下肢血液循环障碍；若股骨头停留在闭孔，则成为闭孔脱位，可压迫闭孔神经，而出现大腿内收肌群瘫痪和大腿内侧皮肤感觉障碍。

3. 中心性脱位 多由传达暴力所致，如砸伤、侧方挤压暴力等。当暴力作用于大粗隆外侧时，膝前方受暴力打击，可传达到股骨头而冲击髋臼底部，引起臼底骨折。当暴力继续作用，股骨头可连同髋臼的骨折块一同向盆腔内移位形成中心性脱位；或当髋关节在轻度外展位，顺股骨纵轴加以冲击外力，也可引起中心性脱位。中心性脱位必然引起髋臼骨折，骨折可成块状或粉碎性。中心性脱位时，关节软骨损伤一般较严重，而关节囊及韧带损伤则相对较轻。严重脱位时，股骨头从髋臼骨折的底部穿入骨盆，股骨头、颈部被髋臼骨折片夹住，造成复位困难。中心性脱位损伤如果较重，可伴有盆腔脏器损伤和休克的发生。

（二）诊断

1. 临床表现

（1）后脱位：患髋疼痛，下肢功能丧失，仰卧困难；主动活动障碍，被动活动时，出现疼痛加重及保护性痉挛。患肢屈曲内收、内旋畸形，下肢缩短，大粗隆向后上移位，臀部明显隆起，可摸到脱位的股骨头。若髂股韧带同时断裂（少见），则患肢短缩、外旋。

（2）前脱位：患髋疼痛，功能障碍，呈外展、外旋、屈曲畸形，并较健肢长；髋部外侧平坦，臀部凹陷，在闭孔前或腹股沟韧带附近可扪及股骨头。

（3）中心性脱位：股骨头移位轻者，仅有局部疼痛、肿胀及轻度髋关节活动障碍，无特殊肢体畸形；股骨头移位严重者，患肢可有短缩，大粗隆内移甚至不易扪及，阔筋膜张肌及髂胫束松弛；若伴有骨盆骨折者，可有血肿形成，患侧下腹部压痛。

2. 诊断要点

（1）病史：髋关节脱位有明显的外伤史。

（2）症状与体征：后脱位者患侧臀部膨隆肿胀，大粗隆上移，髋臼前方空虚，可在髂坐线后上方扪及股骨头。外观髋、膝关节轻度屈曲，呈内收内旋畸形，粘膝征阳性；前脱位时，可在髂坐线的前方，即闭孔或耻骨上支处扪及股骨头，患肢髋关节轻度屈曲，呈外展外旋畸形，粘膝征阴性；中心性脱位轻者畸形不明显，重者下肢短缩，且伴有大粗隆内移消失。做肛门指诊可扪及脱至盆腔内的股骨头。

（3）辅助检查：髋关节正位或正侧位 X 线检查可明确脱位类型、移位程度，以及是否合并骨折等。必要时进一步行 CT 或 MRI 检查，避免漏诊、误诊。

3. 鉴别诊断 本病可与股骨颈骨折、股骨粗隆间骨折、股骨干骨折等鉴别，各病均有明确的外伤史，患髋周围疼痛、肿胀。典型的脱位可见患侧髋关节呈弹性固定，而骨折可触及骨擦音、异常活动等；X 线检查一般能够明确诊断及损伤类型。但若髋关节脱位合并股骨干骨折时，由于骨折处的疼痛、肿胀及畸形掩盖了髋关节脱位，临床容易漏诊。

（三）治疗

新鲜髋关节脱位，在治疗上一般以手法复位为主，若合并髋臼或股骨头骨折者，亦应即刻整复，以防对股骨头进一步损伤。陈旧性髋关节脱位，力争手法复位，若有困难，可考虑手术治疗。脱位合并股骨干骨折，先整复脱位，再整复骨折。

1. 药物治疗 初期宜活血祛瘀、行气止痛，内服活血止痛汤、肢伤一方等，外用药可选用活血散；中期宜理气活血、调理脾胃，兼补肝肾，以四物汤加续断、五加皮、牛膝、陈皮、茯苓等；后期补气血、养肝肾、壮筋骨、利关节，内服健步虎潜丸或补肾壮筋汤，外用海桐皮汤熏洗。

2. 手法治疗

（1）后脱位复位方法

1）屈髋拔伸法：患者仰卧于床面或地垫上，助手以两手按压髂前上棘以固定骨盆，术者面向患者，弯腰站立，骑跨于患肢上，用双前臂、肘窝扣在患肢腘窝部，使其屈髋、屈膝各 90°。先在内旋、内收位顺势拔伸，然后沿股骨干长轴向上拔伸牵引，使股骨头接近关节囊裂口，略将患肢旋转，促使股骨头滑入髋臼，当听到入臼声后，再将患肢伸直，即可复位（图 9-3）。此法简

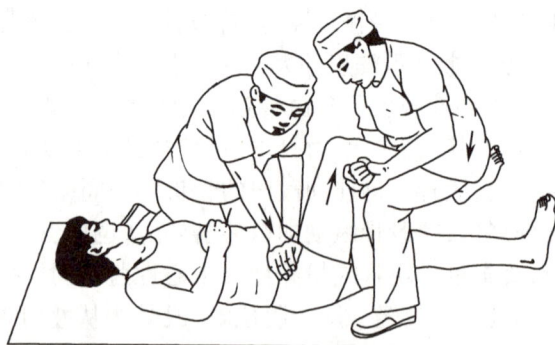

图 9-3　后脱位屈髋拔伸法

单、安全,较常用。

2) 回旋法:患者仰卧于床面或地垫上,助手以两手按压髂前上棘以固定骨盆,术者立于患侧,一手握住患肢踝部,另一手以肘窝提托患肢腘窝部,在沿股骨干长轴向上拔伸牵引的基础上,将大腿内收、内旋,髋关节极度屈曲,使膝部贴近对侧髂前上棘和腹壁,维持牵引下,然后将患肢外展、外旋、伸直。在此过程中听到入臼声,复位即告成功。因为此法的屈曲、外展、外旋、伸直是一连续动作,形状恰似一个问号"?"(左侧)或反问号"⸮"(右侧),故亦称"画问号"复位法(图9-4)。

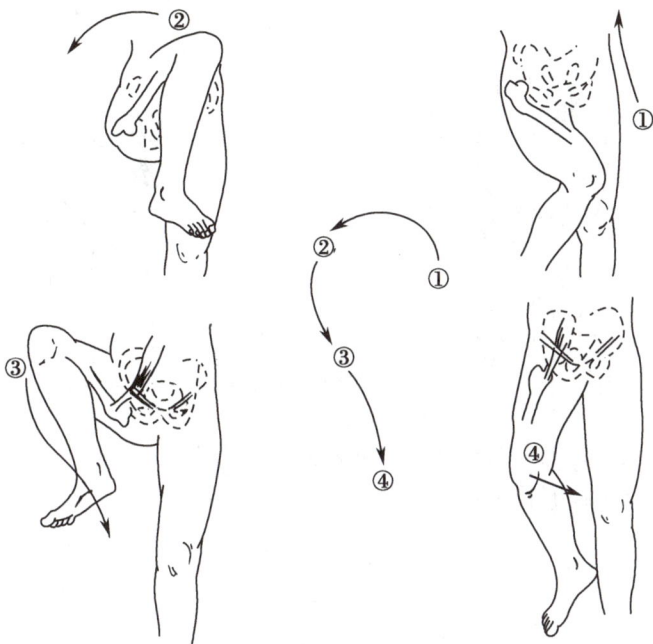

图9-4 后脱位回旋法

3) 俯卧下垂法:患者俯卧位,下肢离开床面,屈髋屈膝90°,助手用双手固定骨盆,术者一手握其踝关节上方,使屈膝90°,利用患肢的重量向下牵引,另一手向下按压小腿近侧后方沿股骨干长轴牵引,术者在牵引过程中,可轻旋患侧大腿,使其复位。

(2) 前脱位复位方法

1) 屈髋拔伸法:患者仰卧于床面或地垫上,一助手以两手按压髂前上棘以固定骨盆,另一助手将患肢微屈膝,并在髋关节外展、外旋位渐渐向上拔伸至屈髋90°;术者双手环抱大腿根部,将大腿根部向后外方按压,可使股骨头回纳髋臼内(图9-5)。

2) 反回旋法:其操作步骤与后脱位相反,先将髋关节外展、外旋,然后屈髋、屈膝,再内收、内旋,最后伸直下肢(图9-6)。

(3) 中心性脱位复位方法

1) 拔伸扳拉法:患者仰卧,一助手握患肢踝部,使足中立,髋关节外展约30°,在此位置下拔伸旋转,另一助手把患者腋窝行反向牵引。术者立于患侧,先用宽布带绕过患侧大腿根部,一手推骨盆向健侧,

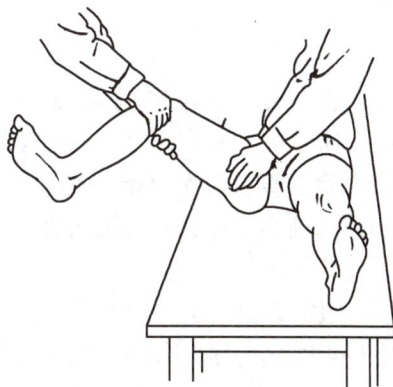

图9-5 前脱位屈髋拔伸法

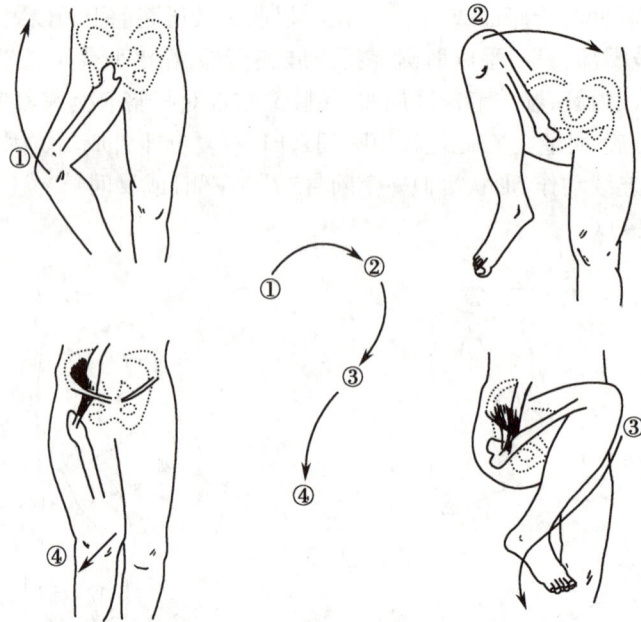

图 9-6 前脱位反回旋法

另一手抓住绕大腿根部之布带向外拔拉,可将内移之股骨头拉出。触摸大粗隆,与健侧相比,两侧对称即为复位成功(图 9-7)。

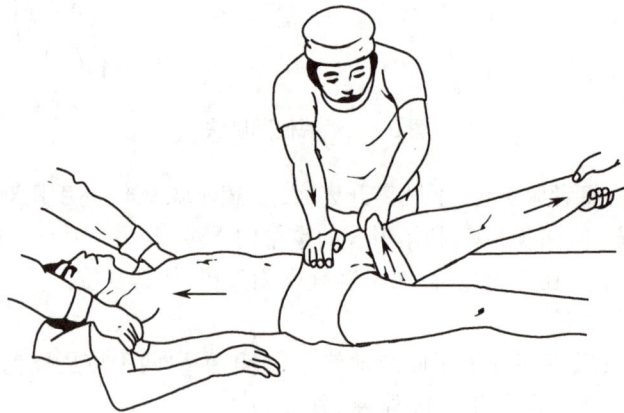

图 9-7 拔伸扳拉法

2)持续牵引复位法:患者仰卧位,患侧用股骨髁上牵引,重量为 8～12kg,可逐步复位。若复位不成功,可在大粗隆部前后位用骨圆针贯穿,或在大粗隆部钻入一带环螺丝钉,做侧方牵引,牵引重量为 5～7kg。在向下、向外两个分力同时作用下,可将股骨头牵出。经床边X线摄片,确实已将股骨头拉出复位后,减轻髁上及侧方牵引重量至维持量,继续牵引 8～10周。

3. 固定方法　单纯髋关节后脱位的患者手法复位后,可用皮肤牵引固定,于轻度外展位置 3～4周,牵引重量为 5～7kg。前脱位应将患肢固定于内收内旋位,方法及固定时间同后脱位。中心性脱位牵引 6～8周,牵引重量为 4～6kg,要待髋臼骨折愈合后才可考虑解除牵引。

4. 手术治疗

（1）手术适应证：髋关节脱位合并大块臼缘骨折，妨碍手法复位者；中心性脱位，骨折块夹住股骨头难以脱出者；有坐骨神经、闭孔神经及股动、静脉受压，手法复位不能解除压迫者；陈旧性脱位超过2~3个月，估计手法复位有困难者。

（2）手术的选择：主要是以切开复位为主。

（四）预防与康复

股骨头缺血性坏死是髋关节脱位常见的晚期并发症。中心性脱位如髋臼骨折复位不良或关节软骨面受损严重，后期发生创伤性关节炎可能性大。早期复位可缩短股骨头血液循环受损时间，是预防股骨头缺血性坏死的最有效方法。髋关节脱位患者一般2~3个月内患肢不允许完全负重，以免缺血的股骨头受压而塌陷，脱位后每隔2个月摄髋部X线检查1次，大约在1年或以上证明股骨头血运供给良好，无股骨头缺血性坏死情况，方可离拐，逐渐恢复正常活动。

固定期间应行股四头肌及踝关节锻炼，解除固定后，可先在床上做屈髋、屈膝及内收、外展、内旋、外旋活动，随后可扶拐下地不负重行走。3个月后，经X线检查，未见股骨头缺血性坏死征象，可逐步下地活动及行走。中心性脱位在牵引下早期活动髋关节，而负重锻炼则应相对推后，以减少创伤性关节炎及缺血性坏死的发生。

二、股骨颈骨折

股骨颈骨折是指股骨头下至股骨颈基底部的骨折。股骨干与股骨颈轴线相交形成一个角度称内倾角，又称颈干角，正常值为110°~140°。颈干角随年龄的增加而减小，儿童平均为151°，而成人男性为132°，女性为127°。颈干角小于110°时称为髋内翻，此时股骨颈承受的剪应力增加；颈干角大于140°时称为髋外翻，此时股骨颈承受的压应力增加。颈干角存在的生理意义为股骨干更偏向骨盆外侧，以适应髋关节较大的活动范围。股骨颈的中轴线与股骨内、外髁中点间的连线不在同一冠状面上，股骨颈向前倾斜形成一个角度，称前倾角或扭转角，正常为12°~15°。在治疗股骨颈骨折时，必须注意保持正常的颈干角和前倾角。

股骨头、颈部的血运主要来自三个途径（图9-8）：①关节囊的小动脉来源于旋股内侧动脉、旋股外侧动脉、臀下动脉和闭孔动脉的吻合部到关节囊附着部，分为髋外动脉、上干骺端动脉和下干骺端动脉，进入股骨颈，供应股骨颈和大部分股骨头的血运；②股骨干滋养动脉仅达股骨颈基底部，小部分与关节囊的小动脉有吻合支；③圆韧带的小动脉较细，仅供应股骨头内下部分的血运，与关节囊小动脉之间有吻合支。此三条血管均比较细小，且股骨头的

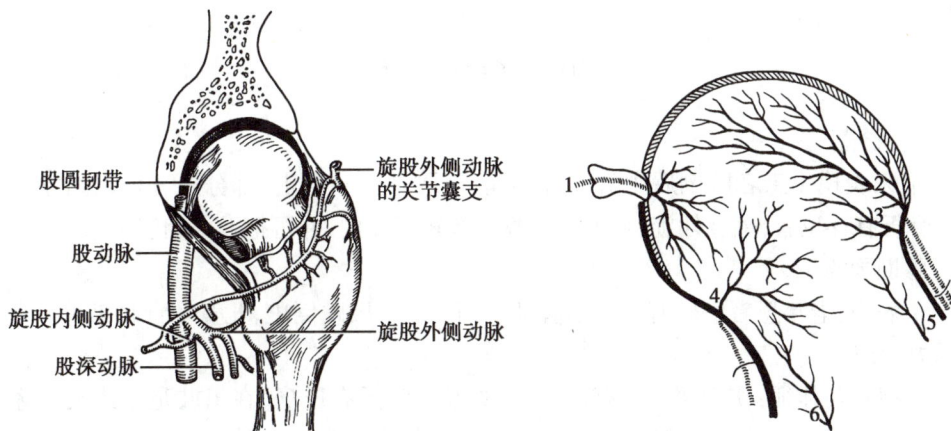

股圆韧带　　旋股外侧动脉的关节囊支
股动脉
旋股内侧动脉　　旋股外侧动脉
股深动脉

图9-8　股骨头的血液供应

血液供应主要依靠关节囊和圆韧带的血管,故股骨头、颈的血运较差,易发生骨折不愈合和股骨头缺血性坏死。股骨颈骨折常发生于老年人,女性略多于男性。

（一）病因病理

股骨颈骨折是髋部骨折中最常见的骨折,约占髋部骨折的48%~54%,占全身骨折的3.6%。由于股骨颈部细小,处于松质骨和密质骨交界处,负重量大,同时老年人肝肾不足,筋骨衰弱,易发骨质疏松,即使受轻微的外力,如平地滑倒,髋关节旋转内收,臀部着地,便可引起股骨颈骨折。青壮年、儿童发生股骨颈骨折较少见,若发生本骨折,必因遭受强大暴力所致,如车祸、高处坠落等。此种股骨颈骨折患者,常合并有其他骨折,甚至内脏损伤。股骨颈骨折按部位不同,可分为头下型、头颈型、经颈型和基底型四种。①股骨颈骨折头下型临床比较多见,骨折线正位于股骨头下方,股骨颈完全处在远折段。②头颈型临床上多见,骨折线走行位于股骨头下和股骨颈之间,最常见的形式是骨折面的外上端位于头下,内下端位于股骨颈,下端比较尖锐,形如鸟嘴状。此型承受剪应力最大,非常不稳定。③经颈型骨折的骨折面完全通过股骨颈,但此型在临床非常少见。④股骨颈骨折基底型少见,容易与股骨粗隆间骨折混淆,需仔细读片、认真鉴别。

头下型、头颈型、经颈型的骨折线在关节囊内,故称囊内骨折;基底部骨折因骨折线的后部在关节囊外,故又称囊外骨折。移位多的囊内骨折,股骨头脱离了来自关节囊及股骨干的血液供应,以致骨折近端缺血,不但骨折难以愈合,而且容易发生股骨头缺血性坏死。股骨颈的骨折线越高,越易破坏颈部的血液供应,因而骨折不愈合、股骨头缺血性坏死的发生率就越高。基底型骨折因骨折线部分在关节囊外,而且一般移位不多,除由股骨干髓腔来的滋养血管的血供断绝外,由关节囊提供的血运大多完整无损,骨折近端血液供应良好,因此骨折不愈合和股骨头缺血性坏死的发生率较低。

目前应用较广泛的还有Garden分类法,将股骨颈骨折分为不完全骨折(Garden Ⅰ型)、无移位骨折(Garden Ⅱ型)、轻度移位骨折(Garden Ⅲ型)、完全移位骨折(Garden Ⅳ型)四种类型(图9-9)。该分类法有助于指导治疗和判断预后。

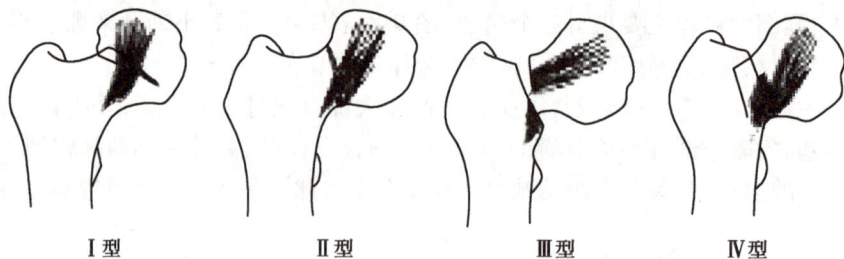

Ⅰ型　　Ⅱ型　　Ⅲ型　　Ⅳ型

图9-9 Garden分型

（二）诊断

1. 临床表现　患者跌倒后主诉髋部疼痛,不敢站立和行走,部分患者可以站立行走或跛行。骨折有移位者,患肢外旋、短缩,髋、膝关节轻度屈曲,并可扪及大粗隆上移。

2. 诊断要点

（1）病史:老年患者一般有明确的髋部外伤史或下肢跌倒史,儿童及青壮年骨折则多为强大暴力所伤。

（2）症状与体征:伤后髋部除有疼痛外,腹股沟附近有压痛,在患肢足跟或大粗隆部有叩击痛。局部可有轻度肿胀,但囊内骨折由于有关节囊包裹,局部血液供应较差,其外为厚层肌肉,故肿胀瘀斑常不明显,患髋功能障碍,不能站立行走,但有部分嵌入骨折仍可短时站立或跛行。对这些患者要特别注意,不要因遗漏诊断而使无移位的稳定骨折变为有移位的不稳定骨折。

（3）辅助检查:髋关节正轴位 X 线检查可明确骨折部位、类型和移位情况。根据受伤史、临床表现和 X 线检查可作出诊断。有些无移位的骨折患者,其 X 线检查未能显示骨折,而临床仍有怀疑者,有条件者可行三维重建 CT 或 MRI 检查,能够作出明确诊断;也可嘱患者卧床休息,1~2 周后再行 X 线检查复查,若有骨折则此时骨折线清晰可见。

3. 鉴别诊断　本病应与股骨粗隆间骨折鉴别。二者均是中老年人常见的骨折,都存在患肢短缩、外旋畸形。股骨颈骨折患者髋部肿胀瘀斑少见,压痛点在腹股沟中点,囊内骨折愈合较难。股骨粗隆间骨折患者髋部肿胀瘀斑多见,压痛点多在大粗隆处,预后良好。由于骨折线的位置不同,X 线或 CT 检查可以明确诊断。

（三）治疗

按照骨折的时间、类型和患者全身情况等决定治疗方案。新鲜无移位骨折或嵌插骨折不需要复位,但患肢应制动;移位骨折应尽早给予复位和固定;陈旧性股骨颈骨折可采用髋关节重建术或改变下肢负重力线的截骨术,以促进骨折愈合或改善功能。

1. 药物治疗　早期宜活血化瘀,消肿止痛,方用桃红四物汤加减;中期宜舒筋活络,补养气血,方用舒筋活血汤加减;后期宜补益肝肾,强壮筋骨,方用壮筋养血汤加减。同时对于老年患者,要充分考虑到骨质疏松的治疗。

2. 手法治疗

（1）屈髋屈膝法:患者仰卧,助手固定骨盆,术者握其腘窝,并使膝、髋均屈曲90°,向上牵引,纠正缩短畸形。然后内旋外展髋关节并伸直下肢,以纠正成角畸形,并使骨折面紧密接触。复位后可做手掌试验,如患肢外旋畸形消失,表示已复位(图9-10)。

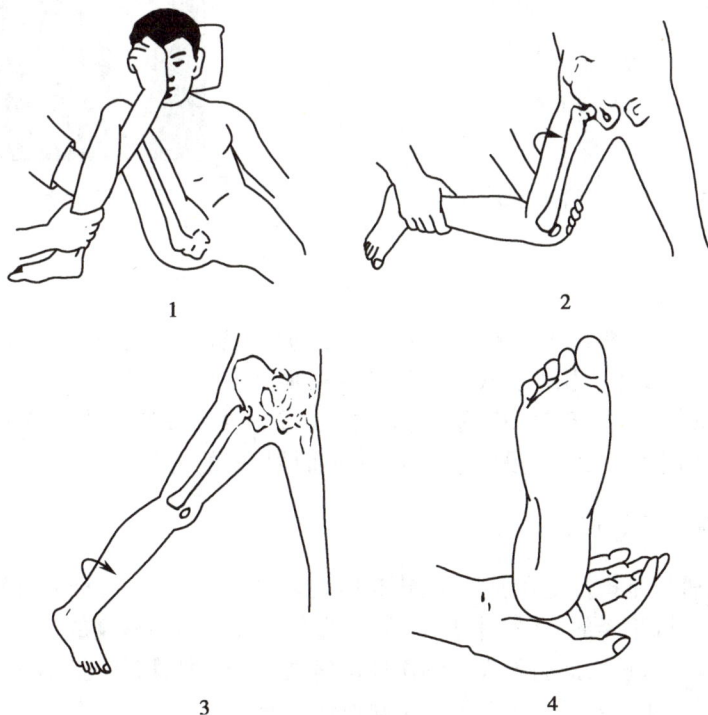

图 9-10　屈髋屈膝法
1. 膝、髋屈曲 90°,沿股骨干纵轴向上牵引;2. 内旋、外展患肢;3. 保持内旋外展,将下肢伸直;4. 骨折复位后,下肢不外旋

（2）牵引复位法：为了减轻对软组织的损伤，保护股骨头的血运，临床多采用骨牵引逐步复位法。若骨折无移位、无嵌插，则不需复位，保持患肢制动即可。若经骨牵引1周左右仍未复位，可采用上述手法整复残余的轻度移位。

3. 固定方法　无移位或嵌插型骨折，可让患者卧床休息，将患肢置于外展、膝关节轻度屈曲、足中立位。为防止患肢外旋，患足可穿"丁"字鞋固定，亦可用轻重量的皮肤牵引固定6~8周。在固定期间应嘱咐患者做到"三不"：不盘腿，不侧卧，不下地负重。

4. 手术治疗

（1）手术适应证：对于无移位股骨颈骨折，由于有再移位的风险，一般在患者全身状态允许的情况下，可选择手术治疗；闭合复位无法达到可以接受的解剖复位者；内固定可能愈合不好的患者，如头下型骨折，Garden Ⅲ、Ⅳ型骨折，高龄或骨质疏松明显的骨折，以及陈旧性骨折、骨折不愈合、股骨头缺血性坏死等。

（2）手术的选择：三枚松质骨螺钉或空心钉内固定（图9-11），或滑动髋螺钉经皮或开放内固定；人工全髋或半髋关节置换术等（图9-12）。

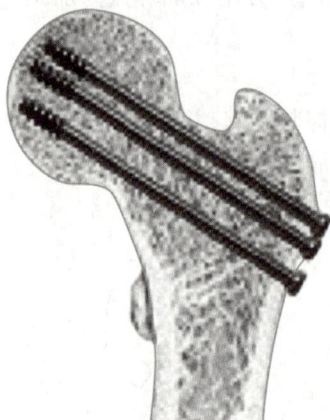

图9-11　多枚空心钉加压螺钉内固定术

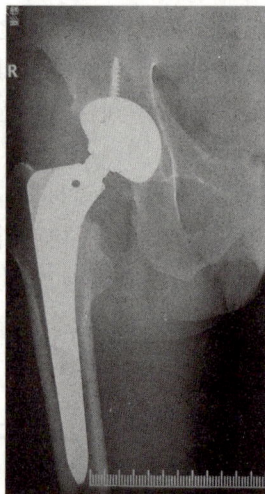

图9-12　人工全髋关节置换术

（四）预防与康复

固定期间应注意预防长期卧床的并发症，加强护理，防止压疮，并经常按胸、叩背，鼓励患者咳嗽排痰，以防发生坠积性肺炎。伤后数天疼痛减轻后，应行患肢屈伸活动，但要防止盘腿、侧卧及负重行走。对于骨质疏松者，大约需6个月才可逐渐过渡到负重活动。骨折愈合后应定期做MRI检查，观察有无发生股骨头缺血性坏死的情况。

三、股骨粗隆间骨折

股骨粗隆间骨折是指发生在股骨大、小粗隆之间部位的骨折，又称股骨转子间骨折，属于关节囊外骨折。因粗隆部主要由松质骨构成，老年人存在不同程度的骨质疏松，故多为粉碎性骨折，是对老年人健康威胁最大的创伤性疾病之一。与股骨颈骨折不同，粗隆间骨折部位血运丰富，很少发生骨折不愈合及股骨头缺血性坏死。

（一）病因病理

引发股骨粗隆间骨折的原因可分为直接暴力和间接暴力两大类。根据骨折线的方向和位置，临床上可分为三型：顺粗隆间型、反粗隆间型和粗隆下型（图9-13）。

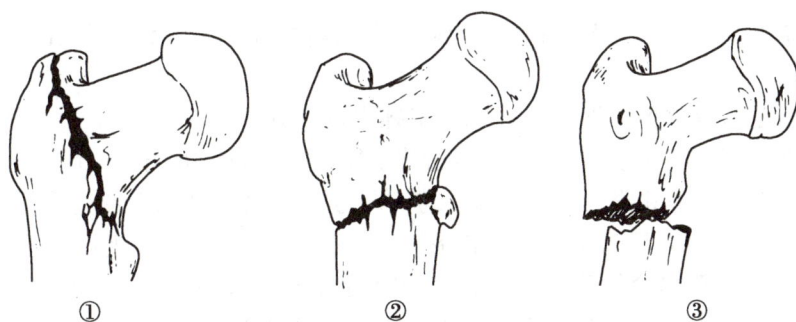

图 9-13　粗隆间骨折的类型
①顺粗隆间骨折;②反粗隆间骨折;③粗隆下骨折

1. 顺粗隆间骨折　骨折线自大粗隆顶点开始,斜向内下方行走,达小粗隆部。根据暴力的情况不同,小粗隆或保持完整或成为游离骨片,但股骨上端内侧的骨支柱保持完整,骨的支撑作用较好,髋内翻不严重,移位较少,远端因下肢重量而轻度外旋。在粉碎型顺粗隆间骨折中,小粗隆变为游离骨块,大粗隆及其内侧骨支柱亦破碎,髋内翻严重,远端明显上移,患肢呈外旋短缩畸形。

2. 反粗隆间骨折　骨折线自大粗隆下方斜向内上方行走,达小粗隆上方。骨折线的走向与粗隆间线或粗隆间嵴大致垂直。骨折近端因外展肌与外旋肌的收缩而外展、外旋,远端因内收肌与髂腰肌的牵引而向内、向上移位。

3. 粗隆下骨折　骨折线经过大小粗隆的下方。

其中,顺粗隆间粉碎性骨折、反粗隆间骨折及粗隆下骨折,均属不稳定骨折。

目前常用的分型方法还有 Evans 分型,该分型考虑到骨折后的初始稳定性以及复位后的稳定与否,因而直至目前仍被广泛应用。Evans 认为稳定性的关键在于后内侧骨皮质的连续性是否存在或复位后能否恢复。该分型主要分为顺粗隆间线的 I 型,反粗隆间线的 II 型。其中 I 型又分为四个亚型,除 I a、I b 型外,其余均为不稳定骨折。

(二)诊断

1. 临床表现　伤后髋部疼痛、肿胀,严重者甚至出现髋外侧皮下瘀斑。患肢功能丧失,不能站立行走。

2. 诊断要点

(1)病史:患者多为高龄老人,平均年龄高于股骨颈骨折,青壮年少见。外伤史常较轻微。

(2)症状与体征:伤后髋部疼痛、肿胀明显,患者不能站立或行走,患肢明显短缩、内收、外旋畸形。查体时可见大粗隆在 Nelaton 线上方;无移位骨折或嵌插骨折则可无畸形,甚至能够负重,要避免漏诊。大粗隆间压痛、纵向叩击痛均为阳性。

(3)辅助检查:髋关节正轴位 X 线检查可明确骨折的部位、类型和移位情况。

3. 鉴别诊断　本病应与股骨颈骨折鉴别。

(三)治疗

股骨粗隆间骨折治疗的关键是稳定骨折和防止发生髋内翻畸形。

1. 药物治疗　根据骨折三期辨证用药,早期尤应注意采用活血化瘀、消肿止痛之品,对年老体衰气血虚弱者,不宜重用桃仁、红花之类,宜用三七、丹参等活血止痛之品,使瘀去而又不伤新血。后期宜补气血、壮筋骨,可内服八珍汤、健步虎潜丸等。局部瘀肿明显者,可外敷消肿止痛膏,肿胀消退后,则外敷接骨续筋药膏。

2. **手法治疗**　无移位骨折无须整复,有移位骨折应采用手法(与股骨颈骨折同)整复,亦可先行骨牵引,待3~4天缩短畸形矫正后,用手法将患肢外展内旋,以矫正髋内翻和外旋畸形。

3. **固定方法**　无移位的骨折采用"丁"字鞋固定。有移位的骨折应采用持续牵引与外展夹板固定结合,牵引重量为6~8kg,固定患肢于外展中立位6~8周。

4. **手术治疗**　股骨粗隆间骨折好发于老年人,因老年患者骨质疏松症严重且多合并心脑血管等内科系统疾病,长期卧床等保守治疗方式易引起压疮、泌尿系感染、肺部感染、血栓形成、关节挛缩和畸形愈合等并发症。因此,在无手术禁忌证的情况下,应尽早采取手术治疗使骨折稳定复位,恢复患者肢体功能,使患者早期开始功能锻炼并减少相关并发症。

(1) 手术适应证:如果闭合复位不能达到满意复位时,需要进行经皮撬拨复位或切开复位。部分粗隆间骨折患者,因年老不宜长期卧床,或经手法复位而不理想者,可选择手术切开复位内固定治疗。

(2) 手术的选择:包括髓外固定术、髓内固定术、人工髋关节置换术、外固定架固定术等方式。

(四) 预防与康复

粗隆部血运良好,极少出现骨折不愈合,但若整复不良或负重过早常会造成髋内翻畸形,影响负重和行走。早期护理重点在于预防心力衰竭、脑血管意外及肺梗死,故应及时观察生命体征的变化。患肢保持在外展位,防止内收和外旋,有助于维持筋骨中和。在牵引期间,应防止老年患者泌尿系感染、压疮、坠积性肺炎、下肢深静脉血栓形成、自身基础疾病加重等并发症。保持病房空气流通,鼓励患者深呼吸,并经常拍背,进行骶尾部按摩等。

四、股骨干骨折

股骨干骨折是指股骨粗隆下2~5cm至股骨髁上2~5cm之间的股骨骨折。股骨干骨折多见于儿童及青壮年,男性多于女性。

(一) 病因病理

股骨干骨折多数由强大的直接暴力所致,如打击、重物挤压、车辆碰撞等,多引起粉碎性或横形骨折;少数由间接暴力所致,如杠杆作用、扭转作用、高处跌落等,多引起斜形或螺旋形骨折。儿童的股骨干骨折可能为不完全或青枝骨折。成人股骨干骨折出血较多,可能出现休克。骨折移位的方向受外力、患肢自身重力及肌肉牵拉等因素的影响,往往出现典型移位。

1. **股骨干上1/3骨折**　骨折近端因受髂腰肌、臀中肌、臀小肌,以及其他外旋肌群的牵拉,表现为屈曲、外展、外旋移位,远端受内收肌群作用则向后、向上、向内移位(图9-14①)。

2. **股骨干中1/3骨折**　骨折端除有重叠畸形外,无一定移位规律,移位方向依暴力而定。但多数骨折近端呈外展屈曲倾向,远端受内收肌的作用向内上方移位。无重叠畸形的骨折,因受内收肌收缩的影响有向外成角畸形(图9-14②)。

3. **股骨干下1/3骨折**　因受膝后方关节囊及腓肠肌的牵拉,骨折远端往往向后移位。严重者,骨折端有损伤腘动、静脉及坐骨神经的危险(9-14③)。

(二) 诊断

1. **临床表现**　伤后患肢局部肿胀、疼痛明显,功能丧失。骨折移位明显者,可出现短缩、成角和旋转畸形。

2. **诊断要点**

(1) 病史:股骨干骨折患者多有明显的外伤史,致伤暴力多较强大。

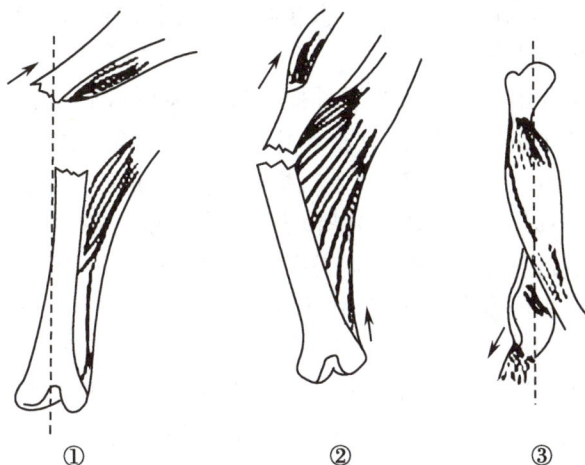

图 9-14 股骨干骨折移位方向

（2）症状与体征：伤后骨折局部肿胀及疼痛明显，功能丧失。骨折移位明显者，可出现患肢短缩、成角和旋转畸形。触诊时除压痛外，可扪及骨擦音和异常活动，严重移位的股骨下 1/3 骨折，若在腘窝部出现巨大血肿，小腿感觉和运动障碍，足背动脉、胫后动脉搏动减弱或消失，末梢血液循环障碍，应考虑有血管、神经损伤。损伤严重者，要警惕合并外伤性休克、挤压综合征和脂肪栓塞综合征的发生。

（3）辅助检查：X 线检查可显示骨折的部位和移位情况。

根据受伤史、临床表现和 X 线检查明确诊断。诊查时应注意，导致股骨干骨折的暴力多较严重或复杂，因此，应注意防止漏诊多发性损伤和并发症。如骨折后剧痛及出血量多，易伴发休克，故应注意观察患者的面色、脉搏、呼吸、血压等生命体征；对下 1/3 骨折应常规检查患肢远端的感觉和血运，以防漏诊血管损伤；严重挤压伤、粉碎性骨折或多段骨折的患者，还有并发脂肪栓塞综合征的可能，临床应密切观察。此外，轻微外力造成的骨折，应考虑到病理性骨折的可能。

3. 鉴别诊断　股骨干骨折需要鉴别是病理性骨折还是非典型性骨折。股骨干的骨肿瘤容易引起骨强度下降，导致病理性骨折的发生。

（三）治疗

治疗股骨干骨折，应注意患者全身情况，积极防治外伤性休克，重视对骨折的急救处理，应用简单而有效的方法给予临时固定，立即送至医院治疗。治疗采用非手术疗法，多能获得良好效果。但因大腿的解剖特点是肌肉丰厚，拉力较强，骨折移位的倾向力大，在采用手法复位、夹板固定的同时需配合短期的持续牵引治疗。必要时，还需行切开复位内固定手术治疗。

1. 药物治疗　按骨折治疗三期辨证用药，早期可服桃红四物汤加减，中期服新伤续断汤、接骨丹，后期服健步虎潜丸。

2. 手法治疗　一般应在麻醉下进行。患者取仰卧位，一助手固定骨盆，另一助手用双手握小腿上段，顺势拔伸，并徐徐将患肢屈髋屈膝各 90°，沿股骨纵轴方向用力牵引，矫正重叠移位后，再按骨折的不同部位分别采用下列手法：

（1）股骨上 1/3 骨折：将患肢外展，并略加外旋，然后术者一手握近端向后挤按，另一手握住远端由后向前端提。

（2）股骨中 1/3 骨折：将患肢外展，术者以手自骨断端的外侧向内挤按，然后以双手在骨断端前、后、内、外夹挤。

（3）股骨下 1/3 骨折：在维持牵引下，患肢膝关节徐徐屈曲，术者以紧挤在腘窝内的双手做支点将骨折远端向近端推。

对于成年人或较大年龄儿童的股骨干骨折，特别是对粉碎骨折、斜形骨折或螺旋骨折，多采用较大重量的骨骼牵引逐渐复位，只要牵引方向和牵引重量合适，往往能自动得到良好的对位，无须进行手法复位。3~5 天后经 X 线摄片，骨折畸形已纠正，可逐步减轻牵引重量。若为横断骨折仍有侧方移位者，可施行端提和挤按手法以矫正侧方移位；粉碎骨折可用四面挤按手法，使碎片互相接近；斜形骨折如两斜面为背向移位时，可用回旋手法使远端由前或由后绕过对面。粉碎骨折因愈合较慢，牵引时间可适当延长。

3. 固定方法

（1）夹板固定：骨折复位后，在维持牵引下，根据上、中、下不同部位放置压垫，防止骨折的成角和再移位。股骨干上 1/3 骨折，应将压垫放在近端的前侧和外侧；股骨干中 1/3 骨折，把压垫放在骨折线的外侧和前侧；股骨干下 1/3 骨折，把压垫放在骨折近端的前侧。再按照大腿的长度放置 4 块夹板，后侧夹板上应放置一较长的塔形垫，以保持股骨正常的生理弧度，然后用 4 条布带捆扎固定（图 9-15）。

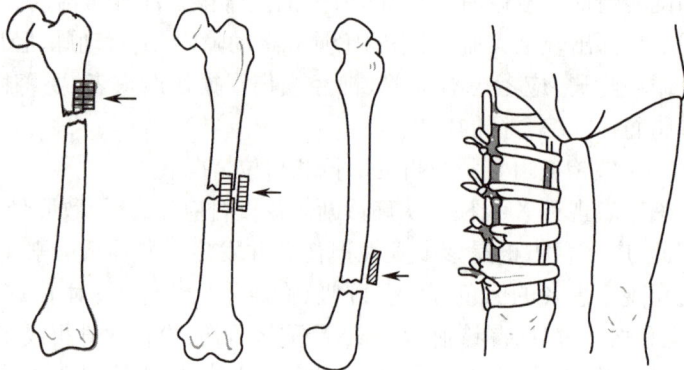

图 9-15　加垫方法和夹板固定外观

（2）持续牵引：由于大腿部肌肉丰厚，肌力强大，加之下肢杠杆力量强，对骨折施行手法复位夹板固定术后，仍有可能使已复位的骨折端发生成角甚至侧方移位。因此，还应按照患者年龄、性别、肌力的强弱，采用持续皮肤牵引或骨牵引，才能维持复位后的良好位置。

股骨干骨折常用的持续牵引方法有以下几种：

1）垂直悬吊皮肤牵引：适用于 3 岁以内的儿童。此法是把患肢和健肢同时用皮肤牵引向上悬吊，用重量悬起，以臀部离开床面一拳之距为宜，依靠体重做对抗牵引（图 9-16）。如果臀部接触床面，说明牵引重量不够，要重新调整重量，使臀部离开床面。牵引期间要注意双下肢血液循环情况。此法患儿能很快适应，对治疗和护理都比较方便。一般牵引 3~4 周后，骨折均可获得良好愈合。

2）皮肤牵引：适用于小儿或年老体弱者。用胶布贴于患肢内、外两侧，再用绷带裹住，将患肢放置在牵引架上。4~8 岁的患儿牵引重量为 2~3kg，时间为 3~4 周；成人为 1/12~1/7 体重，一般以不超过 5kg 为宜，时间为 8~10 周。用皮肤牵引时，应

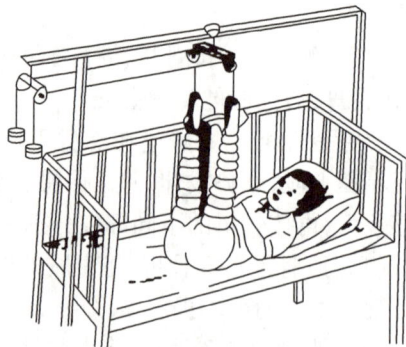

图 9-16　垂直悬吊皮肤牵引

经常检查,以防胶布滑落而失去牵引作用。

3) 骨骼牵引:较大儿童及成人采用骨骼牵引,按部位不同,可采用股骨髁上牵引、股骨髁牵引或胫骨结节牵引。骨牵引现在一般作为骨折早期的临时固定方法,有足够的力量作用于肢体使骨折复位,通常使用胫骨结节骨牵引或股骨髁上骨牵引,股骨髁上骨牵引比胫骨结节骨牵引对骨折端提供更为直接的纵向牵拉,但在骨折愈合后膝关节僵直的发生率较高。虽然现在股骨干骨折临床多采用手术治疗,但术前也多采取牵引进行临时固定。

(3) 外固定器固定:适用于股骨干各段、各种类型的骨折,对开放性骨折、伤口感染需定期换药者尤其适用,由于大腿部肌肉力量强大,一般选用环形或半环形的支架。

4. 手术治疗

(1) 手术适应证:严重开放性骨折早期就诊者;合并有神经血管损伤,需手术探查及修复者;多发性损伤,同一肢体或其他部位有多处骨折者;骨折断端间嵌夹有软组织者。

(2) 手术的选择:常用的手术方法有钢板内固定和髓内针固定两大类,手术治疗存在可能发生感染、骨痂生长慢、股四头肌粘连、骨折愈合时间偏长等缺点,所以必须严格掌握手术适应证。

（四）预防与康复

较大儿童、成人患者的功能锻炼应从复位后第 2 天起,开始练习股四头肌收缩及踝关节、跖趾关节屈伸活动,如小腿及足出现肿胀可适当按摩。从第 3 周开始,直坐床上,用健足蹬床,以两手扶床练习抬臀,使身体离开床面,以达到使髋、膝关节开始活动的目的。从第 5 周开始,两手扶吊杆,健足踩在床上支撑,收腹、抬臀,臀部完全离床,使身体、大腿与小腿成一平线以加大髋、膝关节活动范围。经照片或透视,骨折端无移位,可从第 7 周开始扶床架练习站立。解除固定后,对上 1/3 骨折加用外展夹板,以防止内收成角,在床上活动 1 周即可扶双拐下地,做患肢不负重的步行锻炼。当骨折端有连续性骨痂时,患肢可循序渐进地增加负重。经观察证实骨折端稳定,可改用单拐。1~2 周后再弃拐行走。此时再行 X 线检查,若骨折没有重新移位,且愈合较好,方可解除夹板固定。

手术治疗的患者前 4 周康复锻炼同上。术后 1 个月扶双拐下地,进行患侧不负重的功能训练。术后 2~3 个月拍片复查,确认股骨愈合情况,若骨骼愈合良好,可以扶单拐行部分负重训练。术后 6 个月骨折愈合良好后,可以下地进行下肢肌力训练、灵活性功能训练。

第二节　膝、小腿部损伤

一、膝关节脱位

膝关节属屈戌关节,是人体结构最复杂的关节,膝关节的骨性稳定性较差,其稳定性主要是靠关节囊、内外侧副韧带、十字交叉韧带及半月板间接加强。膝关节脱位临床上较少见,好发于青壮年。

（一）病因病理

膝关节脱位是由强大的直接暴力或间接暴力引起,以直接暴力居多。根据脱位后胫骨近端所处位置,可分为前脱位、后脱位、内侧脱位、外侧脱位和旋转脱位(图 9-17)。根据股骨髁及胫骨髁完全分离或部分分离,可分为完全脱位和部分脱位。其中,前脱位最常见,内、外侧及旋转脱位较少见。

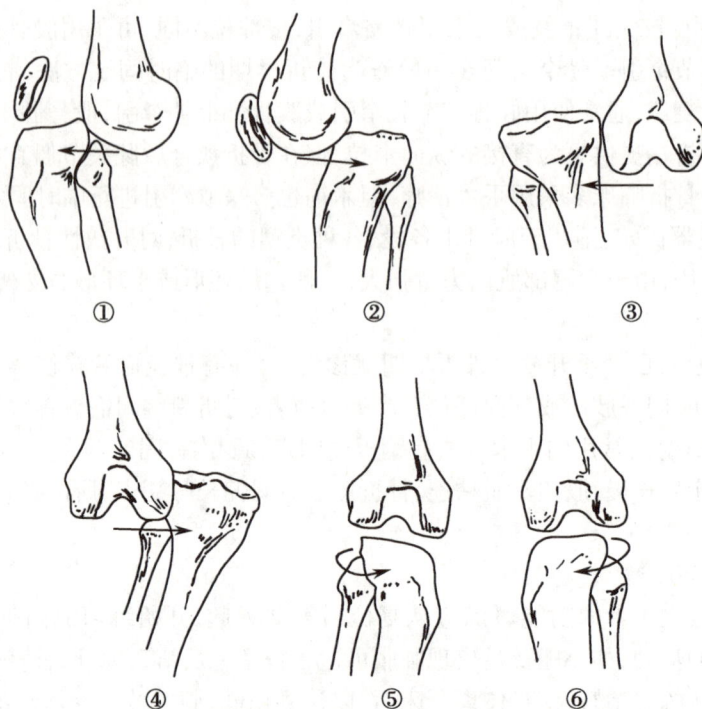

图 9-17 膝关节脱位的类型
①前脱位;②后脱位;③外侧脱位;④内侧脱位;⑤⑥旋转脱位

1. 前脱位　暴力从前方向后方直接作用股骨下端或从后方向前方直接作用于胫骨上端,使股骨髁关节面沿胫骨平台向后移位,突破关节囊后侧,发生膝关节前脱位。多伴有后关节囊撕裂、前后交叉韧带断裂或腘动静脉损伤。

2. 后脱位　暴力从前方向后方作用于胫骨上端,使胫骨平台向后脱出,形成膝关节后脱位。这类脱位较为少见,但损伤极其严重。脱位后,以合并腘窝血管和腓总神经损伤最为多见,也可合并前后交叉韧带、胫侧副韧带断裂损伤,甚至发生肌腱断裂或髌骨骨折。

3. 内、外侧脱位　膝关节受到来自侧方的暴力,或间接暴力传达到膝关节,引起膝关节过度内翻或外翻,造成关节囊侧方及韧带断裂而形成侧方脱位。外侧脱位较多见,内侧脱位甚少,常合并交叉韧带、侧副韧带断裂,内侧脱位可合并腓总神经损伤。

4. 旋转脱位　多发生在膝关节微屈、小腿固定时,股骨发生旋转,迫使膝关节承受扭转应力而发生膝关节旋转脱位,根据位置不同分为前内、前外、后内、后外四种类型,一般移位幅度小,较少合并腘窝血管和腓总神经损伤。

（二）诊断

1. 临床表现　伤后膝关节压痛明显、肿胀,功能障碍。不全脱位者,由于胫骨平台与股骨髁之间不易交锁形成弹性固定,因而常能自行复位而无明显畸形。完全脱位时,弹性固定明显,且存在不同程度和类型的畸形。前脱位者,膝关节微屈,髌骨前侧凹陷,皮肤形成横形皱襞,腘窝部饱满,可触及突起于后方的股骨髁部,于髌腱两侧触及向前移位的胫骨平台前缘,外观呈台阶状变形;后脱位者,膝关节前后径增大,膝关节处于过伸位,胫骨上端下陷,并局部出现皱襞,腘窝处可触及胫骨平台后缘高突处,于髌腱两侧可触及向前突起的股骨髁部;侧方脱位者,则有明显的侧方异常活动,于膝关节侧方可触及突起的胫骨平台边缘;旋转脱位者,膝部出现明显畸形,患侧小腿呈内旋或外旋畸形,膝内侧关节间隙处出现皮肤凹陷及皱襞,腘窝部后外侧可触及骨性突起。

2. 诊断要点

（1）病史：患者有膝关节外伤暴力史。

（2）症状与体征：伤后膝关节剧烈肿痛、功能活动异常。膝关节畸形，下肢短缩，弹性固定，在患膝的前后或侧方可摸到脱出的胫骨近端与股骨远端。合并交叉韧带断裂时，抽屉试验阳性；合并内、外侧副韧带断裂时，侧向应力试验阳性。

（3）辅助检查：膝关节正侧位 X 线检查可确诊，若要明确骨折范围可进一步行 CT 检查。

3. 鉴别诊断　本病应与髌骨脱位、股骨髁骨折相鉴别。

（1）髌骨脱位：髌骨脱位与膝关节脱位均表现为膝部疼痛，肿胀，活动受限，但脱位位置不同。髌骨脱位为髌骨完全脱出股骨髁间沟之外，辨明位置即可鉴别两种脱位。

（2）股骨髁骨折：股骨髁骨折患者膝部肿胀，疼痛严重，腘窝部有青紫、瘀斑，膝关节功能障碍，可触及骨擦音，X 线检查可以鉴别。

（三）治疗

膝关节脱位确诊后应立即在麻醉下行手法复位。血管损伤者，多可随复位自动恢复；腓总神经受损者，多因过度牵拉性损伤，恢复困难，容易遗留永久性神经功能障碍；韧带损伤可择期行韧带的重建或修复术。

1. 药物治疗　初期以活血化瘀、消肿止痛为主，可服用跌打丸等，外敷活血止痛膏。中期宜通经活络舒筋，可服用丹栀逍遥散加独活、牛膝、续断、木瓜等。神经损伤后期，宜益气通络、祛风壮筋，可服用黄芪桂枝五物汤加续断、牛膝、全蝎、僵蚕。

2. 手法治疗　整复宜在腰麻或硬膜外麻醉下进行，患者取仰卧位，近端助手双手握住患侧大腿下方，远端助手握住踝部进行对抗牵引，保持膝关节半屈伸位置，术者用双手按脱位的相反方向推挤或提拖股骨下端与胫骨上端，如有入臼声，畸形消失，则复位。复位后，将膝关节轻柔屈伸数次，检查关节间是否完全吻合，并可理顺被卷入关节间的关节囊、韧带及移位的半月板。一般均不主张直接按压胫骨近端复位，以免加重损伤。复位后还应检查膝关节脱位是否已完全整复，检查胫前、后动脉搏动情况，肢端的皮肤颜色和温度。如关节已复位，但足背动脉经短时间观察后仍不恢复搏动，则应考虑腘部血管损伤。

3. 固定方法　前、后及旋转脱位复位后应以长腿石膏托或前后石膏夹固定，保持患膝屈曲 20°~30°位，腘窝部应加软垫，并严密观察患肢远端的血液循环。侧方脱位复位后，宜用内、外侧长石膏夹或长夹板固定。于脱出部位和上下两端各加一块棉垫以保持三点加压，将患膝固定于内翻位或外翻位。固定时间一般为 6~8 周。

4. 手术治疗　对不能闭合复位者，应及时切开复位。如合并韧带损伤应同时修复，以恢复关节的稳定性。此外，外侧脱位者应注意同时整复胫骨内侧平台骨折并行内固定。

（四）预防与康复

膝关节脱位因修复时间长，故易产生关节僵硬，早期不宜做膝关节屈伸活动，如有膝关节明显不稳，应尽早行韧带重建或修补手术，预防后期创伤性关节炎的发生。膝关节康复可做股四头肌收缩及髋、踝关节主动活动。解除固定后，练习关节屈伸活动，待股四头肌及腘绳肌肌力恢复后方可负重行走。

二、髌骨脱位

髌骨脱位是指髌骨完全脱出股骨髁间沟之外，髌骨体一般滑移到股骨外髁的外侧。半脱位的髌骨没有完全脱离股骨髁间沟，仅髌骨嵴脱离股骨髁间沟底部向外移位，髌骨外缘一般滑出股骨外髁边缘之外。本病多见于青少年。

（一）病因病理

按发病机制，髌骨脱位可分为外伤性脱位和习惯性脱位。按脱位时髌骨所在的位置，分为外侧脱位、内侧脱位、向上脱位、关节内脱位及轴向旋转脱位；按髌骨脱位的性质，可分为急性脱位和复发性脱位。髌骨脱位往往不是单一的因素，而是相互交错的因素所引起的，例如先天性股骨外侧髁发育不良，既是习惯性脱位的因素，又是轻微外伤导致外伤性脱位的因素。

1. 外伤性脱位　当膝关节屈曲位跌倒时，髌骨内侧缘遭受向外的直接暴力冲击，或膝关节处在外翻位跌倒时，股四头肌扩张部内侧软组织发生撕裂，可发生髌骨外侧脱位；当膝关节处于伸直位，突然在髌骨内侧遭到强力外旋暴力时，髌骨可滑过股骨外髁，而产生髌骨外侧脱位。

2. 习惯性脱位　引起习惯性髌骨脱位的因素是多方面的，能够造成膝关节 Q 角角度增加的剪力，均可使髌骨与股骨髁间窝不对应，失去稳定性而脱位。

（1）先天性骨或软组织发育缺陷：①髌骨发育异常：如翼状髌骨、高位髌骨、髌骨发育不全等；②髌骨周围软组织异常：如髌骨外侧支持带先天性挛缩、髌骨内侧支持带先天性缺如或松弛、股内侧肌先天性发育不良、股外侧肌先天性挛缩、髂胫束止点（止点在髌骨外缘）异常、髌腱止点异常等。

（2）创伤后愈合不良：常见的是急性髌骨脱位复位不良、软组织修复不良、固定时间不足，有的是膝关节手术内侧切口、髌内侧支持带修复不良等。

（3）各种骨病后遗症：脊髓灰质炎后遗症、佝偻病及骨质软化症引起的严重膝外翻，化脓性或结核性膝关节炎后遗症等。

（二）诊断

1. 临床表现　外伤性脱位患者伤后局部肿痛，活动受限；习惯性脱位和复发性脱位者，脱位时伴有疼痛和肿胀。习惯性脱位手法强行限制髌骨脱位时，会出现膝关节屈曲受限。

2. 诊断要点

（1）病史：外伤性脱位患者多有较明显的外伤史；习惯性脱位和复发性脱位者有反复发作病史，或可检查出先天性或损伤性病理改变。

（2）症状与体征：检查时可见膝前平坦，髌骨倾斜向外，膝关节呈轻度屈曲位，不能伸直，膝关节内侧压痛明显。

（3）辅助检查：X 线正侧位片可清楚显示脱位类型及程度，X 线轴位片可能发现股骨外髁低平、滑车凹部变浅等变化。结合查体、CT 及 MRI 检查，可进一步明确类型和严重程度。

3. 鉴别诊断　本病应与髌骨骨折相鉴别。髌骨骨折为关节内骨折，膝关节疼痛、肿胀及活动异常，严重时可见局部瘀斑；髌骨脱位仅为髌骨完全脱出股骨髁间沟之外，没有骨折表现。根据患者病史、临床表现及 X 线检查可明确诊断。

（三）治疗

外伤性髌骨脱位，一般以手法整复为主；习惯性脱位，则视其具体情况做矫正伸膝装置力线手术。

1. 药物治疗　早期应以活血祛瘀为主，佐以行气止痛，内服可选用桃红四物汤、活血止痛汤、肢伤一方等，外敷双柏散、消肿止痛膏。中期宜和营生新、舒筋活络，内服可选用壮筋养血汤、肢伤二方等，外用接骨续筋膏、舒筋活络药膏。后期应养气血、补肝肾、壮筋骨，内服可选用补肾壮筋汤、虎潜丸等，外治以熏洗为主，可选用下肢损伤洗方、五加皮汤、海桐皮汤等。

2. 手法复位　单纯新鲜的髌骨脱位，手法整复比较容易，一般不需要麻醉，也不需要助手。术者一手扶踝,一手持膝上,使膝关节牵拉伸直或后伸,髌骨可自动弹回复位,如不能弹回,可略施力于髌骨外缘,同时使膝关节过伸,髌骨被推向内侧,即可复位。如仍有困难,考虑为髌骨嵌夹于股骨外髁部,可请助手协助,助手略屈曲膝关节,术者以两拇指将髌骨向外推移,松解嵌夹处,立即让助手伸直膝关节,术者同时施力于髌骨外缘,向内侧推挤,即可复位。

3. 固定方法　手法整复后可用长夹板固定 3~4 周,手术切开复位后,要采用石膏固定,固定时间依据手术的性质而定,仅软组织修复者,固定 4~5 周,有骨折内固定者,应固定 5~6 周。

4. 手术治疗　外伤性脱位,有严重的股四头肌扩张部或股内侧肌撕裂及股四头肌腱、髌韧带断裂等,均应做手术修补。习惯性脱位,则以矫正伸膝装置力线为主,如股内侧肌髌前移植术,胫骨结节髌腱附着部内移及内侧关节囊紧缩术。膝畸形者骨骺闭合后行截骨矫正术或股骨外髁垫高术。

（四）预防与康复

对于髌骨脱位的预防,主要是针对外伤性脱位而言,应尽量避免外伤发生。

髌骨脱位治疗时,在保持外固定作用的基础上,固定期间即可开始膝关节功能锻炼,特别需要加强膝内侧肌肉、韧带的锻炼,以防发生再脱位。在软组织充分愈合的基础上,要加强股四头肌锻炼。解除固定后,应以外用中药熏洗、按摩以及屈伸关节锻炼,可减少膝关节疼痛、关节僵硬、患肢无力等后遗症。但要防止过早负重,用力伸膝或下蹲,以防修复不良而发生再脱位。

三、股骨髁上骨折

股骨髁上骨折是指发生于股骨下端腓肠肌起始点上 2~4cm 范围内的骨折。多见于青壮年。

（一）病因病理

股骨髁上骨折大多由间接暴力所致,亦可因直接暴力打击导致骨折。若膝关节强直、失用性骨质疏松,同样容易因外力而发生股骨髁上骨折。

股骨髁上骨折可分为屈曲型和伸直型两种。临床上以屈曲型骨折多见,其骨折线呈斜形或横断,由后上斜向前下方,骨折远端因受腓肠肌牵拉与关节囊的收缩向后移位,易压迫或损伤腘动、静脉与神经。伸直型骨折远端向前移位,骨折线从前上斜向后下。

（二）诊断

1. 临床表现　伤后骨折局部肿胀疼痛,股骨髁上部压痛及叩击痛,膝关节功能障碍。

2. 诊断要点

（1）病史:有明确外伤史。

（2）症状与体征:患者伤后大腿下段及膝部严重肿胀,患肢短缩、压痛明显及功能障碍。屈曲型骨折者,在膝前外上方可扪及骨折近侧断端明显突起,而在膝后可摸到骨折远侧断端。伸直型骨折者因骨折端相互重叠,不易扪及骨折端,但患处前后径增大。严重移位的骨折,在腘窝部伴有巨大血肿,且胫后动脉、足背动脉脉搏减弱或消失时,应考虑为腘动脉损伤。伴有小腿后 1/3、足背外侧 1/3 及足底皮肤感觉明显减弱或消失时,应充分考虑到胫神经损伤的可能性。

（3）辅助检查:X 线检查可明确诊断并清晰显示骨折的类型及移位情况,但累及关节面的骨折,X 线检查难以发现,必要时可结合 CT 检查;有软组织损伤,尤其是涉及神经血管损伤者,可辅以磁共振或血管造影检查。

3. 鉴别诊断　本病应与股骨干下 1/3 骨折相鉴别。股骨干下 1/3 骨折时,患肢疼痛剧烈、动则加剧,骨折远端受腓肠肌牵拉向后倾斜。根据外伤史、X 线及 CT 检查可以鉴别。

（三）治疗

对于青枝骨折或无移位骨折,应将膝关节内的积血抽吸干净,用夹板固定;有移位骨折可采用手法复位并进行骨牵引维持。

1. 药物治疗　初期治以活血祛瘀、消肿止痛,可内服活血止痛汤,外敷消瘀止痛膏;中期宜接骨续筋,可内服续骨活血汤,外敷接骨续筋药膏;后期着重养气血、补肝肾、壮筋骨,可内服六味地黄丸,外敷壮骨强筋类膏药。

2. 手法治疗

（1）手法复位:患者取仰卧位,一助手固定骨盆,另一助手用双手握小腿上段,顺势拔伸,并徐徐将患肢屈髋 90°,屈膝 90°,沿股骨纵轴方向用力牵引,以端提等手法矫正重叠、侧方移位后,在维持牵引下,以推挤在腘窝内的两手做支点,将骨折远端向近端推压对位(图 9-18)。

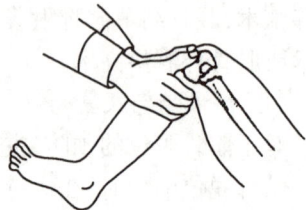

（2）骨牵引复位:有移位的屈曲型骨折,可采用股骨髁或胫骨结节牵引。在牵引时应使膝关节处于轻度外旋位,以使骨折远端能更确切地与骨折近端对位(图 9-19、图 9-20)。骨牵引后配合手法整复即可复位,整复时要注意保护腘窝神经、血管,用力不宜过猛;复位困难者,可加大牵引重量后再整复。

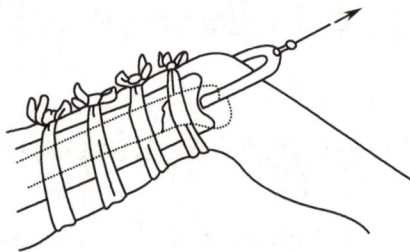

图 9-18　股骨髁上骨折整复方法

图 9-19　股骨髁上骨折骨牵引复位（屈曲型）

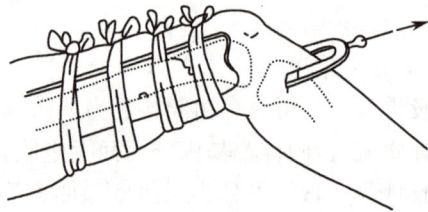

图 9-20　股骨髁上骨折骨牵引复位（伸直型）

3. 固定方法

（1）夹板固定:前侧板下端至髌骨上缘,后侧板的下缘至腘窝中部,两侧板超膝关节固定,小腿部的固定方法与小腿骨折相同,膝上和膝下均以 4 根布带绑扎固定。将患肢膝关节屈曲于 70°～90°位固定。

（2）石膏外固定:用长腿石膏管型屈膝 20°固定,固定 6 周后开始练习膝关节活动。

4. 手术治疗　对于严重移位、不稳定或关节内移位的骨折,若用上述方法仍不能复位,或合并神经血管损伤者,可考虑手术切开复位内固定。

（四）预防与康复

股骨髁上骨折因靠近膝关节,故骨折愈合后常遗留膝关节主动或被动伸屈功能的部分障碍,故解除固定后应用中药熏洗并结合理筋按摩,以加强膝关节功能康复。

对于因股四头肌粘连而出现的膝关节屈伸功能障碍,在骨折愈合稳定的前提下,及早进行膝关节屈伸锻炼,或行 CPM 辅助功能恢复。

四、股骨髁部骨折

股骨髁部骨折为关节内骨折,包括双髁(髁间)骨折和单髁骨折。股骨髁后方为腘窝,有腘动脉、腘静脉、胫神经及腓总神经等重要结构。股骨髁周围有关节囊、韧带、肌肉及肌腱附着,因此股骨髁部骨折,可并发腘动脉、神经及其周围软组织的广泛损伤;同时易发生骨块分离而不产生塌陷,出现 T 或 Y 形骨折。

(一)病因病理

股骨髁部骨折主要为股骨轴向暴力,合并内、外翻或旋转暴力所造成。该类骨折往往由高能量暴力引起。

1. 髁间骨折　股骨髁间骨折大多由间接暴力造成,临床上可分为屈曲型和伸直型两类。

(1)屈曲型骨折:患者自高处坠落受伤,屈膝位足或膝部直接着地,首先造成屈曲型股骨髁上骨折;暴力继续作用,导致内外髁骨块向两侧分离(或旋转)移位,形成 T 形或 Y 形骨折。受肌肉牵拉骨折远端向后上移位,近端向前下移位。

(2)伸直型骨折:高处坠下时膝关节受到过伸暴力,造成髁上骨折,使骨折远端向前移位,近折端插于远端并劈开,造成远折端被劈开并向前上移位,近折端向后下移位。股骨内、外髁亦可向两侧分离移位。

2. 单髁骨折　临床较为少见。直接暴力或间接暴力均可引起单髁骨折,以后者多见。患者膝伸直位自高处坠下,暴力向上传导,对股骨髁产生强大的冲击力。正常膝关节存在轻度外翻,故易因膝外翻暴力而造成外髁骨折,分离的股骨髁被推向上移位,形成膝外翻畸形。单髁骨折多为劈裂骨折,其骨折线为近矢状面纵向斜形,骨折块向后上移位。

(二)诊断

1. 临床表现　伤后患膝关节侧肿胀、局部疼痛及功能障碍,腘窝部有青紫及瘀斑,患肢不能站立、行走。根据不同类型可有不同的肢体畸形。

2. 诊断要点

(1)病史:患者有明确的自高处坠落、局部碾压等外伤史。

(2)症状与体征:髁间骨折检查时可见患肢短缩,膝关节呈半屈曲位,膝部横径及前后径增大明显,股骨内外髁部压痛明显,并可触及骨擦音。单髁骨折则见膝关节外翻或内翻畸形,内髁或外髁压痛明显,并可触及骨擦音及异常活动。膝关节内出血者,浮髌试验阳性。合并膝关节韧带、半月板损伤者,注意检查腘窝有无血肿,足背、胫前动脉的搏动,以便确定是否合并腘动脉及神经损伤。

(3)辅助检查:通过膝正、侧位 X 片,可明确诊断,并可确定骨折分型。若怀疑有腘动脉损伤,可行血管 B 超检查或血管造影;CT 检查有助于诊断骨折粉碎程度和关节面涉及程度,必要时,还可进行 MRI 检查以明确组织、神经等损伤情况。

3. 鉴别诊断　本病应与股骨髁上骨折相鉴别。通过外伤史、临床症状及膝关节正侧位 X 线检查可确定诊断。

(三)治疗

股骨髁部骨折属关节内骨折,故治疗时必须达到良好对位,手法复位常较困难,多需切开复位内固定,以保证关节面光滑完整,同时配合有效固定、早期功能锻炼,才能有效地恢复关节功能,防止发生创伤性关节炎。

1. 药物治疗　初期治以活血祛瘀、消肿止痛,可内服活血止痛类药物治疗;中期宜接骨续筋,可内服续骨活血汤,外敷接骨续筋药膏;后期着重养气血、补肝肾、壮筋骨,可内服养筋壮骨类药物,外敷坚骨壮筋类膏药。

2. **手法治疗** 患者取仰卧位,屈膝 30°～50°。两助手分别握持大腿中上段和小腿中下段,但暂不做牵引。术者两手环抱股骨内外髁,向中心挤压,纠正内外髁分离移位,与此同时令两助手施行适度力量的牵引,以纠正重叠移位。在牵引下维持两髁位置,然后采用整复股骨髁上骨折手法纠正骨折前后移位。复位后,术者用两手维持复位位置,令远端助手屈伸膝关节数次,使关节面恢复平整。对于单髁骨折移位不明显者,可直接采用挤压手法复位。如移位显著,手法复位不成功者,应考虑采用手术治疗。股骨髁间骨折手法复位的牵引力不能过大,以免加重损伤或引起髁旋转分离。

3. **固定方法**

(1) **无移位骨折**:将膝关节内的积血抽吸干净后,采用超膝关节夹板或石膏托固定即可。将患肢膝关节屈曲于 70°～90°位固定。

(2) **移位骨折**:经持续牵引而配合手法复位者,所用固定夹板,其两侧板的下端呈叉状,置于冰钳或骨圆针上。6～8周后解除牵引,改用超膝关节夹板固定,直至骨折愈合。

4. **手术治疗**

(1) **手术适应证**:股骨髁部骨折如骨折块移位大,或骨折碎片进入关节内,手法复位失败或陈旧性骨折者;骨折粉碎程度严重或已并发创伤性关节炎者。

(2) **手术的方式**:包括螺钉、髁支持钢板、动力髁螺钉(DCS)或微创固定系统(LISS)内固定,关节融合术或关节置换术。

(四) 预防与康复

股骨髁部骨折的康复旨在恢复膝关节功能,动静结合原则应贯穿于整个治疗过程,早期功能锻炼在治疗中显得尤为重要。骨折复位固定后,即应做股四头肌收缩,及踝关节、跖趾关节、趾间关节的屈伸活动。功能锻炼切勿用暴力。活动应循序渐进,范围逐渐扩大。如 X 线检查显示已骨性愈合,方可逐步负重下地行走。

五、髌骨骨折

髌骨骨折为关节内骨折,多见于 30～50 岁成年人。髌骨是人体最大的籽骨,呈三角形,底边在下、尖端在上,后面被有软骨。股四头肌腱连接髌骨上部,并跨过其前面,移行于髌韧带止于胫骨结节。

(一) 病因病理

髌骨骨折由直接暴力、间接暴力及联合暴力所致,其中以间接暴力多见(图 9-21)。

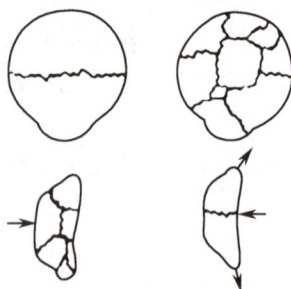

图 9-21 髌骨骨折移位情况

1. **间接暴力** 间接暴力所致者,膝关节处于半屈曲位跌倒,为了避免倒地,股四头肌强力收缩,髌骨与股骨滑车顶点密切接触成为支点,髌骨受到肌肉强力牵拉而骨折,骨折线多呈横形。髌骨两旁的股四头肌筋膜和关节囊破裂,两骨折块分离移位,伸膝装置受到破坏,关节囊及股四头肌腱膜一般不完整。骨折线大多通过中下 1/3,呈现上段骨折块大、下段小且多粉碎的特点。上 1/3 部或横过髌骨中部骨折者比较少见。

2. **直接暴力** 直接暴力打击、碰撞等可引起髌骨骨折。此类骨折多为粉碎性或呈星形。髌骨两侧的股四头肌筋膜及关节囊一般尚完整,故骨折块移位较少,对伸膝功能影响较小。

(二) 诊断

1. **临床表现** 伤后膝部疼痛、乏力,膝关节伸直功能障碍。髌骨骨折系关节内骨折,故

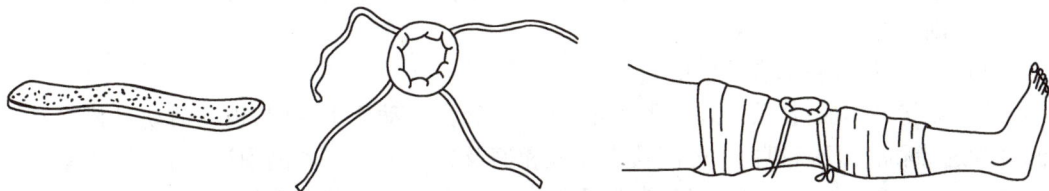

膝关节内有大量积血,肿胀严重,血肿迅速渗于皮下疏松结缔组织中,形成局部瘀斑。

2. 诊断要点

（1）病史:患者多有明显外伤史。

（2）症状与体征:患膝肿胀、疼痛,活动受限,由于髌骨位置表浅,可触及骨折端,移位明显时,其上下骨折端间可触及一凹沟,有时可触及骨擦音。

（3）辅助检查:X 线检查可显示骨折的类型和移位情况,如为纵裂或边缘骨折,需拍摄轴位片,自髌骨的纵轴方向投照可显示骨折线,故临床上怀疑有髌骨骨折的患者,一般应常规拍摄侧位和轴位片。必要时可结合 CT 检查进一步明确骨折情况。

3. 鉴别诊断 本病应与膝关节半月板损伤、侧副韧带损伤相鉴别。膝关节半月板损伤患者有膝部外伤或劳累史,膝关节疼痛、肿胀,行走中及膝关节伸屈活动时有弹响、交锁和关节滑落感,检查时做回旋挤压试验及研磨试验是诊断的关键步骤。影像学检查中,X 线检查对半月板损伤与骨折有鉴别诊断意义,MRI 检查或膝关节镜可确诊损伤。侧副韧带损伤患者有外伤史,膝关节内侧或外侧副韧带处疼痛、肿胀及活动受限,侧向试验及抽屉试验等检查可明确侧副韧带及交叉韧带是否损伤;X 线检查可显示韧带损伤侧关节间隙增宽。

（三）治疗

髌骨骨折的治疗,要求恢复伸膝装置功能并保持关节面的完整光滑,防止创伤性关节炎和膝关节粘连。无移位的髌骨骨折,髌骨后关节面完整者,无须手法整复,仅需用后侧托板或石膏托固定 3~4 周即可;横断骨折若移位在 1cm 以内者,可采用手法整复,抱膝圈固定膝关节于伸直位;如移位较大,手法整复有困难者,可采用手术治疗。若骨折端有软组织嵌入者则需切开复位内固定。

1. 药物治疗 髌骨骨折早期瘀肿非常明显,应重用活血祛瘀、利水消肿药物,中期应用接骨续筋、通利关节之品,后期服补肝肾、壮筋骨的药物,解除固定后应用中药熏洗。

2. 手法治疗 移位骨折的骨折块分离间隙在 1cm 之内者可用手法复位。复位时先将膝关节内积血抽吸干净,注入 1% 普鲁卡因 5~10ml,进行局部麻醉。伤肢置于伸直位,术者一手推挤髌骨下缘,另一手拇、示两指将髌骨近折端向下用力推挤,使骨折块靠拢即可复位。然后术者用一手固定髌骨,另一手沿髌骨边缘触摸,检查是否平整。必要时,可令助手轻轻屈伸膝关节,使髌骨后关节面恢复平整。

3. 固定方法 无移位骨折,其关节面仍保持光滑完整,筋膜扩张部及关节囊亦无损伤者,在患肢后侧（由臀横纹至足跟部）用单夹板固定膝关节于伸直位,亦可用长腿石膏托或石膏管型固定患肢于伸直位 4~6 周。有轻度分离移位的骨折经手法整复后可采用抱膝圈固定（图 9-22）或弹性抱膝兜固定（图 9-23）,后侧用长夹板将膝关节固定在伸直位 4 周。

4. 手术治疗 适用于骨折移位超过 1cm 的患者。常用方法有闭合穿针加压固定法或抓髌器复位固定法等。对难以整复固定的上、下极粉碎性骨折,可做髌骨部分切除术。

图 9-22 抱膝圈固定

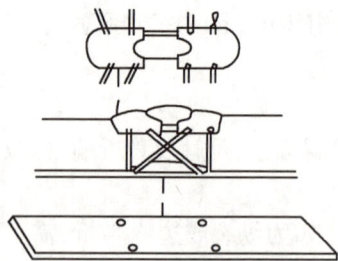

图9-23 弹性抱膝兜固定

（四）预防与康复

髌骨的血供较为丰富，髌骨大面积坏死很少发生，但髌骨损伤严重或过多切除髌骨两侧时，可发生髌骨坏死。髌骨骨折后确实有效的固定和早期的康复训练，亦是决定骨折预后的关键因素。骨折初期应抬高患肢，进行踝关节及跖趾关节活动。经1~2周肿胀消退后，可保持伸膝位下地扶拐行走。骨折愈合解除外固定后，逐步锻炼股四头肌舒缩和膝关节屈伸活动，从而维持筋骨中和。若为闭合穿针加压固定和抓髌器复位固定，均可进行早期功能锻炼。

六、胫骨平台骨折

胫骨平台骨折又称胫骨髁骨折，青壮年多见，好发于外髁，属于关节内骨折，是膝关节创伤中最常见的骨折之一，多见于高能量损伤，且多伴有不同程度的软组织损伤。

（一）病因病理

胫骨平台骨折可由直接暴力或间接暴力引起。

1. 内、外翻暴力　膝关节受到内、外翻暴力时，胫骨平台与股骨髁直接碰撞挤压，导致胫骨平台劈裂或塌陷。膝关节处于屈曲位时，暴力常引起后方平台骨折，骨折线多沿冠状面分布，后方或斜后方关节面出现劈裂、倾倒；膝关节处于伸直位时，暴力则常引起相应平台矢状面上的劈裂及塌陷。

2. 轴向压缩暴力　胫骨平台受到股骨髁轴向的直接撞击，往往引起双侧胫骨平台骨折，骨折线可呈现T形或Y形。当膝关节处于屈曲位时，暴力可造成胫骨平台后方骨折；膝关节过伸时，则常引起胫骨平台前方压缩性骨折。

3. 扭转暴力　扭转暴力常伴随内外翻及轴向暴力作用于膝关节，引起胫骨平台骨折伴膝关节脱位，是引起膝关节脱位的关键因素。

4. 间接暴力　当膝关节处于严重的内外翻、过度屈伸位置时，可出现撕脱性骨折。

胫骨平台骨折的分型方法比较多，目前应用最为广泛的是Schatzker分型方法。Ⅰ型：胫骨平台楔形骨折（常见于年轻人）；Ⅱ型：胫骨外侧平台楔形骨折并平台负重区程度不同的压缩性骨折，压缩部位可以是前侧、中部、后侧或全部；Ⅲ型：胫骨外侧平台关节面中心区压缩性骨折，不伴有楔形骨折，压缩范围可以是中央部或整个平台；Ⅳ型：胫骨内侧平台骨折，多见于高龄骨质疏松者；Ⅴ型：由轴向压缩应力所造成的双侧胫骨平台的楔形骨折；Ⅵ型：复杂骨折，显著特点是骨折块分离，牵引后骨折块分离更加明显。

（二）诊断

1. 临床表现　伤后膝部明显瘀肿、疼痛、活动障碍，可有膝关节内外翻畸形。若有积血渗入关节腔及其周围的肌肉、筋膜和皮下组织中，可造成膝关节和小腿上段严重肿胀，出现张力性水疱和皮下瘀斑。严重移位骨折常伴有膝关节外翻或内翻畸形、异常侧向活动。

2. 诊断要点

（1）病史：患者膝部有外伤史。

（2）症状与体征：伤后患膝肿胀、疼痛、活动障碍，主动活动受限，被动活动时膝关节疼痛，胫骨近端和膝部压痛明显，可闻及骨擦音和扪及异常活动。若侧副韧带撕裂，则膝关节侧方应力试验阳性。皮肤软组织肿胀明显合并水疱者，应注意检查筋膜间隙张力、末梢动脉及下肢神经功能情况，排除有无筋膜间室综合征。

（3）辅助检查：X线正侧位片可确定骨折类型，应力位片可确定膝外、内翻畸形；必要时可行膝关节 CT 检查;疑伴有韧带损伤者,可酌情选用 MRI 检查。

3. 鉴别诊断 严重的胫骨平台骨折,可合并膝关节侧副韧带损伤和半月板损伤。侧副韧带撕裂者膝关节不稳,侧副韧带损伤试验阳性;交叉韧带损伤者抽屉试验阳性,Lachman 试验阳性;若半月板撕裂或移位则膝关节交锁,回旋挤压试验阳性,MRI 和关节镜检查均可确诊。

（三）治疗

无移位性骨折,可以固定膝关节于功能位 4~5 周;关节面压缩或移位小于 5mm 可以施行手法整复、牵引治疗,力求恢复胫骨关节面的平整和下肢正常的生理轴线,以防止创伤性关节炎的发生。

1. 药物治疗 初期可采用活血化瘀、消肿止痛的药物,外用消肿止痛膏;中期可采用和营止痛、接骨续损、滋补肝肾、舒筋通络的药物;后期可用苏木或透骨草外洗。

2. 手法整复 患者仰卧位,患膝关节伸直。整复外侧平台骨折步骤:两助手分别握住患肢大腿和髁上部做拔伸牵引,远端助手一手握小腿中下段内侧,另一手握膝内侧,同时用力使膝关节内翻;在膝关节外侧间隙增大后,术者双手拇指推挤骨折片向内上方,使之复位。整复内侧平台骨折与之相反。如双髁劈裂骨折,可在第一步基础上行胫骨下端或跟骨牵引,然后术者用抱髁法,双手掌根部按于胫骨上端内、外髁部中心推挤复位。

3. 牵引复位 皮肤牵引:适用于不耐受手术或整复患者,血糖控制不佳的糖尿病患者,部分 I 型、V 型骨折患者(皮肤必须完好)。骨牵引:适用于不愿意手术或皮肤条件难以支持外固定支架和手术治疗的患者,糖尿病患者,部分 I 型、V 型骨折患者。

4. 固定方法 用超膝关节小夹板固定或石膏托外固定。骨折无移位和轻度移位者(移位小于 1cm)将膝关节固定于 10°~15°,4~6 周后可用双拐做不负重行走。去除石膏外固定,使用膝支具,鼓励患者积极进行膝关节功能锻炼。过早负重容易引起关节面塌陷及下肢力线不稳。

5. 手术治疗 手术目标是恢复膝关节面平整,恢复下肢力线、重建膝关节稳定,避免创伤性关节炎的发生。保守治疗效果不佳,建议切开复位内固定。若合并韧带断裂,宜做韧带修复术或二期做韧带重建术。

（1）手术适应证:严重移位骨折,关节面塌陷超过 2mm,合并膝关节韧带损伤,手法无法复位者,或伴有血管、神经损伤者。

（2）手术的选择:单髁或双髁劈裂骨折,可用骨螺钉或钢板内固定;较小的劈裂骨折,可用骨螺钉内固定;粉碎多块骨折,可用多枚螺钉不同方向内固定。压缩性骨折撬拨复位,骨缺损处以松质骨充填,支撑钢板内固定;合并韧带、半月板损伤者,除处理骨折外,还要根据损伤情况加以韧带修复;严重损坏,无法修复,可行膝关节融合术或人工膝关节置换术。

（四）预防与康复

胫骨平台骨折属于关节内骨折,既不易整复,又难以固定,因此应指导患者早期进行功能锻炼和晚期负重锻炼,维持筋骨中和,以免发生关节不稳、膝关节僵硬及创伤性关节炎。骨牵引、穿针固定和手术治疗要注意预防感染。早期适当做肌肉和关节功能锻炼,术后第 1 天即可开始股四头肌等长收缩等功能锻炼,推荐在膝关节铰链式康复支具保护下活动,根据患者耐受情况逐渐增加膝关节活动范围。解除固定后,进一步进行功能锻炼,CPM 机帮助下肢功能恢复。6 周后经检查骨折牢固愈合,方可下地练习负重,应注意负重过早可造成胫骨平台重新塌陷。

七、膝关节侧副韧带损伤

膝关节两侧各有坚强的副韧带附着,副韧带是维持膝关节稳定的主要支柱。内侧副韧带起于股骨内髁结节,下止于胫骨内髁的内侧面,分深浅两层,上窄下宽呈扇形,其深部纤维与关节囊及内侧半月板相连,内侧副韧带具有限制膝关节外翻和外旋的作用。外侧副韧带起于股骨外髁结节,下止于腓骨头,为束状纤维束,外侧副韧带具有限制膝关节内翻的作用。

（一）病因病理

膝关节侧副韧带位于膝关节两侧,膝关节过度内翻或外翻均可致侧副韧带损伤,损伤类型包括拉伤、撕裂或断裂等,常见于剧烈对抗的运动,如足球、篮球、橄榄球等,此类运动中膝关节容易受到强大的外来冲击或重压,若为强大的旋转暴力,内侧副韧带完全断裂的同时易合并内侧半月板和前交叉韧带损伤,称之为膝关节损伤三联征。严重时还可伴有关节囊撕裂和撕脱骨折。

（二）诊断

1. 临床表现　膝关节内侧副韧带损伤常有膝关节内侧疼痛、肿胀,常在小腿外翻时加重;韧带部分撕裂者,疼痛、肿胀、瘀斑和功能受限不明显;韧带完全断裂则可见膝关节内侧肿痛、瘀斑明显,外翻疼痛伴膝关节失稳,关节功能严重受限。膝关节外侧副韧带损伤常发生于止点处,多伴有腓骨小头撕脱骨折。膝外侧局限性疼痛明显,局部可有肿胀、压痛,关节功能受限。

2. 诊断要点

（1）病史:患者多有膝关节突然旋转扭伤史。

（2）症状与体征:外伤后关节疼痛,活动受限,患侧副韧带压痛,侧方挤压试验阳性。

（3）辅助检查:X线检查无异常,如伴有撕脱性骨折时,X线平片可显示因韧带牵拉造成的撕脱骨折块;可结合MRI检查,通过观察韧带的形状、信号以及连续性的变化进行诊断和鉴别诊断。

3. 鉴别诊断

（1）膝关节半月板损伤:两者在受伤姿势及早期临床表现基本相同,容易混淆或同时损伤,应注意鉴别。半月板受伤早期可伴有侧翻应力时疼痛,但应力方向及发生疼痛部位与侧副韧带不同,并且关节无明显松动。急性期后,膝关节半月板损伤出现负重时疼痛,活动伴弹响、交锁;而侧副韧带损伤则表现在行走、负重时失稳,内、外翻试验阳性。膝关节磁共振可以鉴别。

（2）膝关节交叉韧带损伤:膝关节交叉韧带损伤时,也表现为关节肿痛、松动、活动受限。但交叉韧带受伤后,膝关节局部无压痛、瘀斑,抽屉试验及Lachman试验为阳性;而侧副韧带损伤可出现肿胀、瘀斑,局部压痛明显,内、外翻应力试验为阳性。膝关节磁共振可以鉴别。

（3）腓总神经损伤:如果有足下垂及小腿外侧皮肤浅感觉减退或消失时,说明有腓总神经损伤。

（三）治疗

膝关节侧副韧带损伤的治疗应力争准确诊断,早期处理。牵拉伤以外固定及药物治疗即可;损伤较重不完全断裂者,关节内积血、积液明显,可用超膝夹板或石膏将患膝固定于轻度屈膝10°～15°位3～4周,同时配合药物疗法;完全断裂者应手术治疗,同时关节镜探查关节内是否合并损伤,及是否合并腓总神经损伤。术后置膝关节于功能位,石膏或支具固定4～6周。

1. 药物治疗　初期宜活血消肿、祛瘀止痛,内服桃红四物汤加减,后期治以温经活血、壮筋活络,内服小活络丹。配合外用药,早期局部瘀肿明显,可予活血化瘀药物外敷;中、后期关节屈伸不利,可予通筋活络中药煎水外洗。

2. 手法治疗　患者仰卧,伤肢微屈稍外旋,用一薄枕垫于腘窝处。根据"以痛为输"原则及内外侧副韧带损伤情况选取穴位,内侧副韧带损伤可加用血海、阴陵泉、三阴交,外侧副韧带损伤,可加用阳陵泉、足三里、膝阳关。

根据患者病程长短及扭伤情况决定手法轻重。病程短、局部肿痛重者手法宜轻柔,在患处进行按揉,并配合摩擦手法,以达到活血化瘀、消肿的目的,随着病情好转,可逐步加大手法的力量;病程长、局部肿痛轻者,手法适当重一些。

3. 固定　侧副韧带有部分断裂者,可用石膏托或超膝关节夹板固定于膝关节功能位3~4周。

4. 手术治疗　适用于受伤早期未进行良好的固定治疗,后期出现关节失稳者。完全断裂者,宜早期手术治疗。

（1）手术适应证:侧副韧带完全断裂,同时出现明显的膝关节不稳者;合并膝关节多韧带损伤,或合并膝关节半月板损伤者。

（2）手术的选择:包括韧带修补和韧带重建两种方法。韧带修补适用于部分断裂;韧带重建多用于韧带完全断裂及多韧带损伤。

（四）预防与康复

固定期间,应做股四头肌等张练习,4~6周解除固定后,应在不负重下练习膝关节屈伸活动,以促进功能恢复。避免下肢过度或持久外展,患膝关节应限制内、外翻动作。

八、膝关节交叉韧带损伤

膝关节交叉韧带又称十字韧带,包括前交叉韧带和后交叉韧带两种,是膝关节重要的稳定结构。前交叉韧带位于膝关节腔内,起于股骨外侧髁内侧面的半圆形凹陷处,呈扇形斜向前下方,止于胫骨髁间隆起的前方,与外侧半月板的前角相连,主要作用是稳定膝关节,以限制胫骨平台过度前移,避免膝关节过伸;后交叉韧带起自股骨内侧髁的外侧面,向后内侧止于胫骨平台髁间窝后下方1cm处,并与外侧半月板后半角相连结。由于后交叉韧带的位置靠近膝关节旋转轴,且其强度是前交叉韧带的两倍,故后交叉韧带是膝关节的主要稳定因素。前交叉韧带和后交叉韧带与半月板紧密相连,通过其他韧带连接构成"8"字结构,在肌肉的共同作用下保持膝关节的规律运动。当膝关节遇到较大暴力时极易损伤交叉韧带,致使膝关节屈伸不利,甚则导致关节肿胀,活动受限。

（一）病因病理

膝关节交叉韧带损伤多为膝关节强力过伸、强力外展或受到外力打击所致,从而引发膝关节疼痛及活动功能障碍。交叉韧带断裂多发生于体部,当膝关节遭受强大暴力时,前、后交叉韧带可同时断裂,并伴有膝后关节囊破裂、胫骨隆突撕脱骨折和外侧半月板损伤。当膝关节处于伸直位时,暴力撞击大腿前方,使股骨向后移位,胫骨相对向前移位,造成前交叉韧带损伤,可伴有胫骨隆突撕脱骨折;当膝关节处于屈曲位时,暴力撞击小腿上端的前方时,可使胫骨向后移位,造成后交叉韧带损伤。前、后交叉韧带损伤发生率较高,若不及时治疗则严重影响患者膝关节功能及生活质量,甚则导致关节退变。

（二）诊断

1. 临床表现　膝关节交叉韧带损伤时患者自感膝部剧烈疼痛,多有撕裂感,同时伴膝关节肿胀,关节内有积血,活动受限,膝关节呈半屈曲状态,关节松弛,失去原有的稳定性,膝关节间隙可有压痛,患膝不能单腿撑地。

2. 诊断要点

（1）病史:患者常有明显的外伤史。

（2）症状与体征：患膝关节疼痛和肿胀，膝关节间隙压痛明显，膝关节一般呈半屈曲状态，功能活动障碍，抽屉试验阳性。

（3）辅助检查：X线检查常发现胫骨髁间隆突撕脱骨折及胫骨移位。MRI可见不同程度断裂或移位，韧带有中断且连续性发生改变。

膝关节交叉韧带断裂多为复合损伤的一部分，其常合并内侧副韧带、半月板损伤等。查体时抽屉试验、Lachman征是诊断交叉韧带损伤的重要方法。

3. 鉴别诊断

（1）膝关节半月板损伤：半月板损伤和交叉韧带损伤早期均可伴有应力时膝关节肿胀疼痛，活动受限。半月板损伤多位于膝后内或后外侧，以内、外侧关节间隙及半月板边缘为压痛点，可出现负重时疼痛，活动伴弹响、交锁，麦氏征阳性和研磨试验阳性；交叉韧带损伤则表现为行走、负重时失稳，Lachman试验、抽屉试验阳性。

（2）胫骨平台骨折：两者均表现为患膝肿胀、疼痛、活动受限，而胫骨平台骨折可扪及骨擦音，因关节内积血可有浮髌试验阳性；膝关节交叉韧带损伤抽屉试验阳性，必要时可做MRI检查以区别诊断。

（3）膝关节侧副韧带损伤：两者均可出现膝关节肿胀、松动、活动受限，但膝关节侧副韧带损伤局部压痛明显、有瘀斑，外翻时疼痛剧烈，内、外翻应力试验阳性。交叉韧带损伤，膝关节间隙压痛明显，抽屉试验和Lachman试验阳性，必要时通过MRI检查可以明确鉴别。

（三）治疗

损伤急性期主要为消除肿痛，同时进行患肢固定以最大限度恢复患者功能，减少并发症。损伤严重者，则需行手术治疗。

1. 药物治疗　急性期宜活血化瘀、消肿止痛，可给予内服桃红四物汤加减，外敷消瘀止痛膏；后期治宜补养肝肾、舒筋活络，内服健步虎潜丸，外用熨风散热敷，四肢外洗方外洗。

2. 固定方法　膝关节交叉韧带不完全断裂者，可选择非手术治疗。将患膝用石膏或支具于屈膝20°~30°固定6~8周，使韧带处于松弛状态，以便修复重建。

3. 手法治疗　适用于损伤后期，在膝部和股四头肌部做按摩推拿手法，并帮助膝关节做屈伸锻炼，以改善膝关节的活动度。

4. 手术治疗　对于膝关节交叉韧带完全断裂或伴有半月板、侧副韧带损伤患者，需采用手术治疗，以确保膝关节稳定装置的恢复。

（1）手术适应证：交叉韧带完全断裂，影响膝关节功能者；前交叉韧带断裂合并内侧副韧带、后交叉韧带、外侧副韧带损伤，膝关节有明显前外侧或前内侧旋转不稳或出现内、外翻异常活动者；韧带止点撕脱骨折有明显移位时；伴有半月板撕裂者。

（2）手术的选择：前交叉韧带损伤可选用关节镜下前交叉韧带重建手术；后交叉韧带损伤伴股骨、胫骨止点撕脱骨折者，可行骨折块的复位内固定，恢复韧带张力，对于韧带实质部断裂可选用关节镜下后交叉韧带重建手术。

（四）预后与康复

在日常生活或运动中应注意对膝关节的保护，运动后及时进行拉伸和放松。患膝易发生关节面退行性变、肌肉萎缩、半月板损伤及创伤性关节炎等并发症，故正确选择治疗方法和进行功能锻炼是交叉韧带损伤康复的关键措施。

早期患者需在专业医师指导下进行股四头肌舒缩锻炼，防止肌肉萎缩。解除固定后，加以膝关节屈曲练习，并逐步练习扶拐行走；后期也可适当进行膝部及股四头肌部的手法治疗，以帮助改善膝关节伸屈功能及活动度，同时防止肌肉萎缩。

九、膝关节半月板损伤

膝关节半月板是位于股骨髁及胫骨平台之间的半月状纤维软骨,边缘厚、中间薄,主要由胶原蛋白组成,其主要纤维沿着半月板的长度呈纵向分布,少量纤维在表面呈辐射状分布。半月板可大致分为前角、体部和后角。内侧半月板呈 C 形,前角附着于髁间前区,后角较厚,附着于髁间后区。外侧半月板近似 O 形,其前角附着于胫骨髁间隆起的前方,在前交叉韧带附着点之前,并有膝横韧带与内侧半月板前角相连。

半月板的功能主要是承载并转移负荷,其楔形结构弥补了股骨髁与胫骨平台平面的不一致性,增大了接触面积,能有效地分散负荷,有利于缓冲、吸收震荡,减少摩擦,保护关节软骨,还具有润滑关节,参与协调膝关节运动,维持膝关节稳定的作用。

（一）病因病理

膝关节半月板位于胫骨平台的关节面上,当膝关节从伸到屈运动时,胫股关节间隙的接触点后移,半月板也随之后移并能起到限制股骨髁过度后移的作用。若膝部处于半屈曲位,股骨髁受到骤然性外力而内旋牵拉或外旋伸直,可致半月板破裂。此外,当膝关节半月板有退行性变、囊肿形成或先天性异常存在时,亦导致半月板容易受到损伤。

膝关节半月板常见的损伤是撕裂,根据其撕裂的位置、类型、病因学及其他因素,大致可分为纵形撕裂、水平撕裂、斜形撕裂、放射状撕裂、舌瓣状撕裂等。

（二）诊断

1. 临床表现　急性发病者,伤后膝关节疼痛剧烈,局部肿胀;慢性期主要症状是膝关节活动痛,行走及膝关节伸屈活动时有弹响、交锁和关节滑落感,膝关节间隙前方、侧方或后方有压痛点,屈伸功能障碍,后期出现股四头肌萎缩。

2. 诊断要点

（1）病史:患者多有明确的膝部外伤或劳损史,特别是膝关节突然旋转的损伤。

（2）症状与体征:膝关节有剧痛,走路可伴有弹响声,不能自动伸直,关节肿胀,膝关节间隙处有压痛,研磨试验和回旋挤压试验阳性。

（3）辅助检查:X 线平片对半月板损伤诊断意义不大,但有鉴别诊断意义,可以排除骨折、骨关节退行性改变、关节内游离体等其他病变。MRI 或膝关节镜检查对确定诊断,排除其他合并损伤,具有决定意义。

3. 鉴别诊断

（1）半月板囊肿:以外侧多见,局部肿胀,有持续疼痛,在膝关节间隙处可触及肿块,屈膝时较突出,伸膝后消失或变小。

（2）膝关节滑膜炎:以膝关节肿胀为主要临床表现,常由于过多的体育运动或运动前活动不充分引起滑膜激惹,有时伴有滑液渗出,但不会有"交锁"现象发生。

（三）治疗

在半月板损伤的诊疗中,首选非手术保守治疗,根据损伤程度,适时进行手术治疗,术中尽量保留半月板组织,创造膝关节恢复环境。

1. 药物治疗　早期治宜消肿止痛,内服桃红四物汤加减,可配合局部外敷活血散,局部红肿者可外敷金黄散、清营退肿膏。后期治宜温经、通络、止痛,内服健步虎潜丸或补肾壮筋汤,可配合用海桐皮汤熏洗患膝。

2. 手法治疗　患者仰卧,放松患肢,术者一手捏住膝部,拇指轻轻揉按痛点,另一手握住踝部,徐徐屈伸膝关节,并轻轻内外旋转小腿,直至交锁症状消失。以后每日在患膝上下以揉、搓手法按摩 1~2 次,每次 15 分钟,以局部温热舒适为宜。股四头肌、小腿近端外侧,可每日做 1 次局部按摩。

3. 固定治疗　急性损伤期可用超关节夹板或石膏托固定于屈膝 10°位,以限制膝部活动,并禁止下地负重,3~5 天后,待肿痛稍减,可做股四头肌锻炼,以免发生肌肉萎缩。3~4 周后解除固定,适当进行膝关节的屈伸活动及步行锻炼。

4. 手术治疗　对于通过非手术治疗效果不佳或情况严重者,应及时采用膝关节半月板切除手术,以免引发创伤性膝关节炎。随着对半月板认识的不断深入,治疗的着手点不再局限于膝关节,开始将下肢力线作为常规的考量指标,以制定更科学合理的治疗策略。

(1)手术适应证:非手术治疗效果不佳或情况严重者;膝关节反复发生交锁、疼痛严重者。

(2)手术的选择:根据半月板损伤类型,可行半月板成形、修补、部分切除、移植等手术。

(四)预防与康复

日常活动中应避免过劳或长时间加压于膝部,做好膝关节体能的康复训练,运动前应充分做好准备活动,防止运动时关节间的突然摩擦和碰撞,运动后及时做拉伸放松等恢复性措施。

若患者实施手术治疗,应在术后 1 周进行股四头肌舒缩的修复锻炼,以防膝部肌肉萎缩;在固定期间嘱患者多做股四头肌锻炼,有助于患者康复,促进关节积液的吸收。去除固定后,可指导患者行膝关节屈伸活动和步行锻炼。根据患者具体情况,配合理疗、固定、练功及中药治疗等。

十、胫腓骨干骨折

胫腓骨是长管状骨中最常发生骨折的部位,约占全身骨折的 10%,其中胫腓骨干骨折最多,胫骨骨折次之,单纯腓骨骨折最少。多见 10 岁以下的儿童及青壮年。

胫骨干中上段横截面呈三角形,下 1/3 处横截面呈四方形。中下 1/3 交界处比较细,为骨折好发部位。胫骨前侧仅有皮肤覆盖,骨折时断端容易穿破皮肤,形成开放性骨折。腓总神经绕行于腓骨头下外侧缘,腓骨上端骨折时易损伤腓总神经。

(一)病因病理

直接和间接暴力均可导致胫腓骨骨折。直接暴力多由重物打击、压砸等造成,多为横形、粉碎性骨折,胫腓骨双骨折时骨折线通常在同一平面,软组织损伤严重。如为开放性损伤,常造成血管、神经等软组织损伤。间接暴力骨折多因高处跌落、扭转和滑倒所致,骨折线多呈斜形或螺旋形,胫腓骨双骨折时,骨折线通常不在同一平面,腓骨的骨折线较胫骨高,局部软组织损伤相对较轻,创口较小且隐秘,污染较轻,不易发生感染。

影响骨折移位的因素主要是暴力方向、肌肉的收缩、小腿和足部的重力。可以出现重叠、成角或旋转畸形。胫腓骨干骨折后易出现骨-筋膜室综合征。胫骨上端骨折后可损伤贴近胫骨下行的胫前、胫后动脉。胫骨的营养血管由胫骨干上 1/3 的后方进入,而且胫骨中、下段缺乏肌肉附着,故胫骨中下段骨折后,易发生骨折迟缓愈合或不愈合。

(二)诊断

1. 临床表现　患肢疼痛剧烈、肿胀,功能活动障碍。严重者会出现成角、侧移、短缩或外旋畸形,骨折局部压痛明显,且多可触及骨擦音和异常活动。

2. 诊断要点

(1)病史:患者多有重物撞击或从高处跌下、强力扭转等外伤史。

(2)症状与体征:伤后患肢疼痛、肿胀、畸形等。胫骨的位置表浅,局部症状明显,注意检查下肢的血运、皮肤感觉等,以及是否存在小腿骨-筋膜室综合征等。

（3）辅助检查：X 线检查可见胫腓骨干骨折的典型表现。应做胫腓骨全长 X 线正侧位检查，可明确骨折部位、类型、移位情况。

胫腓骨骨折并发症较多，对胫腓骨上端骨折，应常规检查远端血运情况及皮肤感觉等，间接暴力所致由内向外的开放创口，较小而隐蔽，诊断时应防止漏诊。对严重损伤如多发性、开放性骨折，早期应注意并发休克。复位固定后，须注意远端血运及神经功能，防止发生骨-筋膜室综合征。对腓骨头颈部骨折，应注意并发腓总神经损伤，常规检查足趾活动及皮肤感觉。

3. 鉴别诊断　胫腓骨骨干骨折需注意鉴别病理性骨折，其中包含骨纤维瘤。骨纤维瘤分为骨化性纤维瘤、非骨化性纤维瘤两种。骨化性纤维瘤是由纤维组织和骨组织构成的良性肿瘤，易漏诊。

胫腓骨骨折还要注意有无重要血管神经的损伤。当胫骨上端骨折时，尤其要注意有无胫前动脉、胫后动脉以及腓总神经的损伤。还要注意小腿软组织的肿胀程度，有无剧烈疼痛等小腿骨-筋膜室综合征的表现。但单纯腓骨骨折、裂纹骨折及小儿青枝骨折则压痛可不甚明显，须仔细检查。

（三）治疗

胫腓骨干骨折治疗多以恢复小腿长度与负重功能为主，同时对骨折端成角和旋转移位予以纠正，避免影响下肢负重和关节炎的产生。

无移位骨折可行夹板固定至骨折愈合；较稳定的横形骨折，行手法复位后夹板固定；不稳定的斜形、螺旋形、粉碎性骨折，可手法复位夹板固定加跟骨牵引；开放性骨折应彻底清创，尽快闭合创口。

1. 药物治疗　复位后或骨折无移位的患者，需按骨折三期辨证施治。早期以气滞血瘀为主，可采用桃红四物汤加减，活血化瘀、理气止痛；中期骨折处疼痛减轻，肿胀消退，但患者筋骨未坚，仍有瘀血未尽，可采用续骨活血汤加减，接骨续筋、祛瘀活血；后期患者筋骨虽续，但肝肾已虚，可采用补肾壮筋汤加减，补益肝肾。

2. 手法治疗　患者仰卧位，患肢髋、膝各屈曲 30°~45°，近端助手双手抱握患肢的膝关节上部，远端助手两手分别握患肢前足和足跟部，顺势做对抗牵引。牵引下，术者双手抱握骨折远端，令远端助手配合，将骨折远端向内旋转，以纠正外旋移位；然后，术者双手环抱远端后侧，令近端助手维持牵引的同时，用力向后按压骨折近端，术者用力向前端提骨折远端以纠正前后侧移位。对骨折处存在内、外侧方移位者，术者可双手掌相对用力挤压骨折处，使之复位。最后，对横断、锯齿形等骨折，应使用嵌插手法，术者双手抱握骨折部，以稳定骨折断端。然后令助手握拳纵向叩击足跟部，使断端嵌合紧密。骨折整复完成后，触摸胫骨前嵴及内侧面，检查骨折是否对合良好。

胫腓骨骨折后，若残留有成角畸形，可导致膝、踝关节面一侧过度负重；若残留旋转移位，会导致膝、踝关节炎的发生。因此在复位和固定中，需避免这些情况。

3. 固定方法　包括夹板固定和石膏固定两种方法。夹板固定适用于斜形骨折及横断骨折未达解剖复位者，通常胫腓骨干骨折用 5 块夹板固定，内、外、后侧各 1 块，前侧 2 块，根据骨折断端移位倾向及残余移位面放置适当的压力垫，放好压力垫后，再根据骨折部位选择合适夹板。石膏固定适用于无移位的横形、斜形骨折，有旋转移位倾向行 U 形石膏固定，以控制旋转移位；对于稳定性较差的骨折需用管型石膏固定，下 1/3 骨折可用短腿石膏管型，中、上段骨折则选用长腿石膏管型。

4. 手术治疗　胫腓骨干骨折早期的手术治疗及固定，对于恢复下肢功能和负重具有重要意义，特别是有明显移位的骨折可立即行手术治疗。

（1）手术适应证：发生严重的移位者或伴有粉碎性骨折者，需进行手术治疗恢复胫骨功能。

（2）手术的选择：手法复位失败或合并血管、神经损伤伴严重软组织损伤者，可行切开复位内固定，选用经皮微创接骨板内固定或髓内钉固定，开放性骨折可选用外固定支架治疗。

（四）预防与康复

骨折复位固定后，即可开始股四头肌静力舒缩及踝关节屈伸活动；稳定性骨折2周后进行抬腿及屈膝活动，3周后扶双拐无负重下地，行跟骨牵引者，可在床上做抬臀活动。去除牵引后，在床上锻炼1周方可下地扶拐活动。

第三节　踝、足部损伤

一、踝部骨折脱位

踝部骨折是日常生活中最常见的关节内骨折，约占全身骨折的3.92%，在骨折的同时，常伴有关节脱位及韧带损伤，青壮年最易发生。

踝关节由胫、腓骨下端和距骨组成。胫骨下端内侧向下的骨突称为内踝；胫骨下端后缘也稍向下突出，称为后踝；腓骨下端的突出部分是构成踝关节的重要部分，称为外踝。内、外、后三踝构成踝穴，距骨位于踝穴内。距骨分体、颈、头三部，有六个关节面，距骨体前宽后窄，其上面的鞍状关节面与胫骨下端的凹状关节面相接，其两侧面与内、外踝的关节面正好嵌合成屈戌关节，故当踝关节做背伸运动时，距骨体之宽部进入踝穴，腓骨外踝稍向外后侧分开，而踝穴较跖屈时能增宽1.5～2mm，以容纳距骨体。胫腓骨下端之间被坚强而有弹性的下胫腓韧带连接在一起。当下胫腓韧带紧张时，关节面之间紧贴，关节稳定，不容易扭伤，但暴力太猛仍可造成骨折。踝关节处于跖屈位时，下胫腓韧带松弛，关节不稳定，容易发生扭伤。踝关节的关节囊前后松弛，两侧较紧，以利踝关节的伸屈活动。踝关节内、外侧副韧带比较坚强，内侧为三角韧带，分深浅两层；外侧为跟腓及距腓前、后韧带。

（一）病因病理

踝关节可因外力作用的方向、大小和肢体受伤时所处的不同位置，发生不同类型的骨折、不同程度的韧带损伤和不同方向的关节脱位。直接暴力如挤压等亦可引起踝部骨折、脱位。踝部损伤原因复杂，类型较多，韧带损伤、骨折、脱位可单独发生，亦可同时发生。根据受伤姿势可有内翻、外翻、外旋、纵向挤压、侧方挤压、跖屈和背伸等多种暴力。其中，内翻、外翻、外旋又按其损伤程度分为三度。以内翻暴力多见。

1. 内翻骨折　多为由高处坠地，足底外缘着地，使足强力内翻；或步行在平路上，足底内侧踏在凸处，使足突然内翻；或足于固定位，小腿内下部受暴力撞击，足被迫内翻等，均可造成此类骨折。根据暴力大小，可出现轻重不同的3种情况。内翻暴力作用于踝部，首先引起外侧韧带损伤或断裂，或在外踝尖端、中部或基底部被撕脱，或平齐关节横断，骨折片向内错位。因外侧韧带较弱，撕脱外踝的情况较少见。若内翻暴力继续作用，则外侧韧带被撕裂，使距骨强力内翻，撞击内踝将其折断，骨折线多为斜形。典型的内翻骨折，是自内踝基底部向内上而呈垂直折断，此为常见的内翻型单踝骨折。若暴力不缓解，则可使外踝骨折，并使距骨向内侧倾斜或移位而形成双踝骨折。若内翻暴力作用时，踝关节处于跖屈足内收位，则造成内、外踝骨折，同时可伴有距骨后移位。外力继续作用，距骨向内后移位撞击后踝，进而发生后踝骨折伴有距骨向后脱位。上述这3种情况,即形成所谓的一二三度骨折。

2. 外翻骨折　由高处坠下时足底内侧缘着地,或足于固定位,外力撞击小腿外下侧,使踝关节强力外翻引起。根据外力强弱,也可出现轻重不同的3种情况。当外翻暴力作用于踝关节内侧时,易出现内踝撕脱;若外翻暴力继续作用,则外踝受距骨外侧的撞击,而出现斜形骨折,并出现距骨向外移位;若外翻力继续作用而引起下胫腓关节分离,继而引起腓骨下段骨折,距骨可随同向外侧移位,偶尔可引起胫骨后缘骨折,形成三踝骨折,距骨随同向后移位。

3. 外旋骨折　暴力使足过度外展外旋,或足在固定情况下而小腿强力内旋,形成足的外展外旋,均可发生此型骨折。根据外力大小,可发生下述几种不同损伤。当足强力外展外旋时,外踝受距骨外侧面的冲击,若下胫腓韧带首先断裂,则下胫腓联合以上和腓骨干下1/3细弱部发生斜形或螺旋形骨折,个别可高达颈部骨折,骨折线由前下斜向后上,无移位时仅在侧位X线照片上才能看到,若下胫腓韧带未断裂,则可发生外踝由内下斜向外上,经过或不经过下胫腓联合的外踝基底部骨折。若外力继续作用,则距骨向外倾斜,内踝被三角韧带撕脱或三角韧带被撕裂,形成双踝骨折。外力继续作用时,因三角韧带的牵拉力消失,则距骨随腓骨向外后旋转移位时,胫骨后缘被撞击而形成三踝骨折,而距骨随后踝折块向后移位。

4. 纵向挤压骨折　由高处坠下,足底着地,体重沿下肢纵轴向下传导与地面反作用力相交会而引起。若踝关节处于直角位时,则胫骨下端关节面受距骨撞击,可被压缩,严重时可发生粉碎性骨折或T形、Y形骨折,外踝亦往往呈横断或粉碎骨折。若由高处坠下时踝关节处于背伸或跖屈位,则胫骨关节面的前或后缘受距骨体的冲击而发生骨折,骨折片大小不一,有的可占关节面的1/3~1/2,距骨也随骨折片向后上或前上移位。

5. 侧向挤压骨折　踝关节一侧受直接暴力打击而另一侧挤于硬物上,或踝关节被挤夹于重物之间,所造成的两踝骨折,多为粉碎性,骨折移位多不大,但常合并严重的软组织损伤而形成开放性骨折。

6. 强力伸、屈引起的胫骨下关节面前缘骨折　此型骨折可由伸、屈两种相反外力引起。当由高处坠下,踝关节背伸位足跟着地时,胫骨关节面前唇受距骨上面的撞击而发生大块骨折,腓骨也可随之骨折,距骨可随骨折块向前上移位,此类损伤还可能伴有腰椎和跟骨的压缩骨折,应注意检查,以防漏诊;踝关节强力跖屈位引起者,如足球运动员,足强力跖屈踢球时,胫骨关节面前缘可被踝关节前侧关节囊撕脱而发生骨折。

7. 踝部骨骺移位和损伤　此类损伤为旋转外力引起,多发于儿童骨骺未闭合前。儿童期胫骨下端骨骺线为一薄弱点,当踝关节遭受和成年人相同的外力时,即可引起胫骨下端骨骺连同干骺端一三角形骨片向不同方向移位,腓骨在其下段细弱部发生骨折。这类骨折是在关节外,胫距关节多正常,骨骺也未受挤压,较成年人踝关节骨折预后要好。但儿童的内翻性扭伤,胫骨下端内侧骨骺常受挤压而引起发育障碍,逐步发生踝关节内翻畸形。

另外,目前临床上还有基于影像学的Denis-Weber分型方法和基于病理学的Lauge-Hansen分型方法。

（二）诊断

1. 临床表现　伤后踝关节出现疼痛,局部肿胀、压痛、皮下瘀血,可及骨擦感,患肢不能负重行走,踝关节功能障碍。肿胀严重者,可出现张力性水疱;如有脱位,可出现踝关节畸形。

2. 诊断要点

（1）病史:有明显的外伤史,可为扭伤、重物压伤、车辆碾伤、高处坠落等。

（2）症状与体征：伤后局部疼痛、瘀肿、压痛和翻转畸形，功能障碍，可扪及骨擦音。外翻骨折时出现足外翻畸形，内翻骨折时出现足内翻畸形，距骨脱位时，随不同脱位方向可扪及脱出的距骨，并有踝关节横径增大。

（3）辅助检查：常规行踝关节正、侧位片，以明确骨折脱位的程度和损伤类型。必要时行三维重建 CT 及踝关节 MRI 检查，以清晰显示骨皮质断裂及骨小梁走行情况，便于临床医师及时处置。

根据外伤史、临床症状、体征及 X 线片检查不难作出诊断，但外旋骨折因骨折线可达腓骨颈水平，临床应仔细查体，避免漏诊。

3. 鉴别诊断　本病需与踝部扭伤及跖骨骨折进行鉴别，三者均有足踝部的剧烈疼痛和踝关节功能明显受限。但踝关节扭伤后，患者外踝前下方或下方有疼痛、肿胀，急性期可有瘀斑。这时做足内翻的动作会加重疼痛，做足外翻则可无疼痛。跖骨骨折受伤后足部疼痛、肿胀、皮下瘀斑，足部短缩畸形，不能行走，检查可发现骨折部局限性压痛，有纵向叩击痛，前足的正位、侧位及斜位 X 线片可准确判断骨折部位、类型和移位情况。

（三）治疗

踝关节是屈戌关节，其关节面比髋、膝关节面小，但其负重要求却比较高。因此，骨折后解剖复位至关重要，必须恢复踝穴的正常解剖关系，踝关节负重面必须与小腿纵轴线垂直，其轮廓应尽可能光滑，可采取闭合手法复位或切开复位内固定等治疗方法。

1. 药物治疗　按骨折三期用药原则治疗。早期局部瘀血较重，宜使用活血化瘀药物；中期可口服接骨丹，以接骨续筋、和营止痛；后期可服用伸筋丹，外用熏洗药以舒筋活络。

2. 手法治疗　施行复位手法时，按暴力作用相反的方向进行复位和固定。采用腰麻或坐骨神经阻滞麻醉。患者平卧，屈膝 90°，一助手站于患肢外侧，用肘部套住患肢腘窝，另一手抱于膝部向上牵拉。另一助手站于患肢远端，一手握前足，一手托足跟，行纵向牵引，并使足略跖屈，循原来骨折移位方向徐徐牵引。牵引不可用力过猛，以防加重韧带损伤。内翻骨折使踝部外翻，外翻骨折使踝部内翻。无内、外翻畸形时，即两踝各向内、外侧方移位者，则垂直牵引。如有下胫腓关节分离者，可在内、外踝部加以对向合挤。待重叠及后上移位的骨折复位后，术者用拇指由骨折线分别向上、下轻轻推挤内、外两踝，以解脱嵌入骨折裂隙内的韧带或骨膜。尤其是内踝中部骨折，多有内侧韧带嵌入，阻碍复位，影响骨折愈合。

（1）纠正旋转、内外翻：在矫正内、外翻畸形前，先矫正旋转畸形，一般情况下，内、外翻均合并内、外旋。牵引足部的助手将足内旋或外旋并同时改变牵引方向，外翻骨折者由外翻牵引逐渐改为内翻；内翻骨折者牵引方向由内翻逐渐改为外翻，同时术者两手在踝关节上、下方对向挤压，促使骨折复位。

（2）纠正前后移：后踝骨折合并距骨后脱位，术者可用一手握胫骨下段向后，另一手握前足向前提，并徐徐将踝关节背伸，利用紧张的关节囊将后踝拉下，使向后脱位的距骨回到正常位置。当踝关节背伸到 90°时，向前张口的内踝亦大多数随之复位。如仍有裂口，可用拇指由内踝的后下方向前上推挤，使骨折满意对位。

（3）三踝骨折：若后踝骨折线不超过关节面 1/3 者，可用手法复位。整复时，在内、外踝骨折复位成功的基础上，捆好两侧夹板，然后一助手用力夹挤已捆好的两侧夹板，术者一手握胫骨下端向后推，一手握足向前拉，并徐徐背伸，使向后脱位的距骨回到正常位置，透视检查满意后，捆上踝关节活动夹板。若后踝骨折超过胫骨下关节面 1/3 时，在内、外踝骨折手法复位成功的基础上，可采用长袜套悬吊牵引，袜套上达大腿根部，下端超出脚尖 20cm，用绳扎紧下端，上端则用胶布粘好，固定做悬吊滑动牵引，利用肢体重量，可使后踝骨折逐渐复位。

3. 固定方法　复位后，先在内、外两踝的上方放一塔形垫，下方各放一梯形垫，或放置一空心垫，防止夹板直接压在两踝骨突处。用五块夹板进行固定，其中内、外、后方夹板其长度均上至小腿上 1/3,下平足跟,前内侧及前外侧夹板较窄,其长度上起胫骨结节,下至踝关节上方,夹板必须塑形,使内翻骨折固定在外翻位,外翻骨折固定在内翻位。固定位置适可而止,注意勿矫枉过正。放好夹板后,先捆扎小腿三道绑带,然后捆远端足底的一道。最后可加用踝关节活动夹板(铝制或木制),将踝关节固定于 90°位置 4~6 周。兼有胫骨前唇骨折者,则固定在跖屈位;有后唇骨折者,则固定在稍背伸位。固定后抬高小腿,屈膝 45°~60°,最后 1 周透视 1~2 次,经 2 次透视,如果骨折断端对位对线良好,则一般不再移位。

4. 手术治疗

(1)手术适应证:手法复位失败者;内翻型骨折内踝骨折块较大,波及胫骨下关节面 1/2 以上者;外翻外旋型内踝撕脱骨折,尤其内踝有软组织嵌入者;胫骨下关节面前缘大骨折块;后踝骨折手法复位失败者;三踝骨折;陈旧性骨折,继发创伤性关节炎,影响踝关节功能者。

(2)手术的选择:内踝撕脱骨折用螺丝钉固定即可,如螺丝钉达不到固定要求,可用克氏针与钢丝行"8"字张力带加压固定;外踝骨折可用螺丝钉固定,如腓骨骨折面高于下胫腓联合及骨折面呈斜形者,可用钢板或加压钢板固定;后踝骨折波及胫骨下端关节面的 1/4 或 1/3,手法复位较为困难且不稳定,一般应开放复位螺丝钉内固定;下胫腓联合分离可用螺丝钉横形固定下胫腓关节,或应用弹性固定方式微创固定,以避免下胫腓螺钉断裂及二次手术取出(图 9-24、图 9-25)。

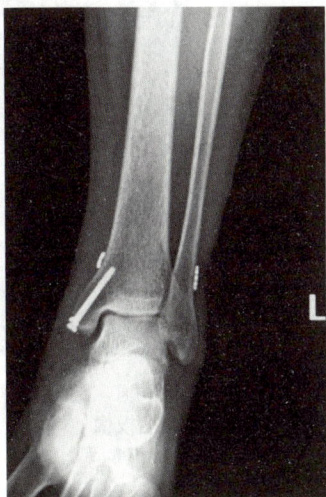

图 9-24 下胫腓弹性固定踝关节正位片

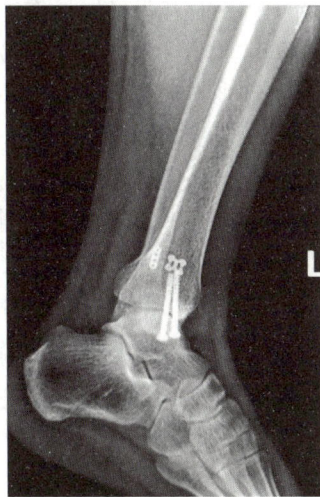

图 9-25 下胫腓弹性固定踝关节侧位片

(四)预防与康复

一般骨折整复固定后,即可自我锻炼踝背伸蹬腿和踝背伸膝关节伸屈、抬举等活动。骨折愈合去除固定后,可行摇足旋转、斜坡练步、站立屈膝背伸和下蹲背伸等踝关节自主锻炼。踝关节强直较甚者,可用捏揉通络、摇摆松筋、牵趾抖动等手法理筋通络,并可采用推足背伸、按压跖屈、牵拉旋转、牵趾伸屈等手法,以加快关节功能恢复。

二、跟腱损伤

跟腱由腓肠肌与比目鱼肌的肌腱合成,是人体最强有力的肌腱之一,止于跟骨结节,能使踝关节做跖屈运动。跟腱有一个丰富的腱膜血液循环网,其淋巴管道和血供相似,但在跟腱止点上方 2~6cm 处的一段血液供应极差。跟腱的完全性断裂临床并不多见,然而一旦损伤,则严重影响功能,多发生于 20~40 岁男性。

（一）病因病理

跟腱损伤的病因有直接暴力和间接暴力两种。直接暴力伤多为刀、铲、斧等锐器的直接切割伤，多数造成跟腱开放性断裂伤。皮肤与跟腱的断裂都位于同一水平，断裂口较整齐，腱膜也多同时受损伤；间接暴力伤是指踝关节极度背伸时再突然蹬地发力，使跟腱受到强力牵拉所致。此种情况多见于演员、运动员。有些学者认为多由于跟腱本身存在病理改变，如职业性运动损伤造成的小血管断裂、肌腱营养不良、退行性改变、跟腱钙化等，再受到骤然猛力牵拉，如从高处跳下前足着地、剧烈奔跑等均可造成跟腱受过度牵拉产生部分，甚至完全性跟腱断裂。断端可参差不齐，一般损伤在跟腱的附着点以上 2~3cm 处，腱包膜可以完整。

直接与间接暴力的联合损伤多是跟腱处于紧张状态时，跟腱部位受到垂直方向的重物砸伤，加之三头肌的突然猛力收缩造成跟腱断裂。局部皮肤挫伤较严重，周围血肿较大，跟腱断端亦可参差不齐。较常见于产业工人。

（二）诊断

1. 临床表现　跟腱断裂时可有断裂声，跟腱部疼痛、肿胀、压痛、皮下瘀斑。足跖屈无力，活动受限，跛行。

2. 诊断要点

（1）病史：一般有明确的外伤史。

（2）症状与体征：开放性损伤易于诊断，肉眼可见到跟腱部断裂。闭合性损伤局部有明显肿胀、疼痛，跖屈无力，不能踮脚站立，走路跛行，外观可见跟腱部失去原有形态而凹陷。局部有压痛，断裂处可摸到凹陷，肌腹上移，嘱患者跖屈踝关节，已看不到肌腹的收缩反应。跟腱完全断裂时，跖屈功能基本全部丧失，部分断裂时，跖屈功能部分丧失。

（3）辅助检查：X 线片可排除跟骨结节部的撕脱性骨折。超声检查具有花费较少、迅速、重复性好，非侵入性等优点，可以帮助医师判断跟腱断端间隙，当踝关节跖屈跟腱断端间隙较小时，为选择非手术治疗提供了依据。但超声检查对检查者有一定技术要求，且不易区分全部还是部分跟腱断裂。MRI 检查对软组织有较好的分辨率，但价格昂贵，一般不作为常规检查（图 9-26~图 9-28）。

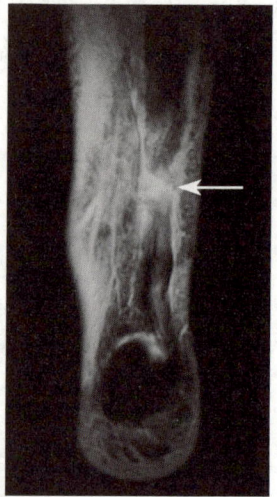

图 9-26　跟腱断裂冠状位 T_2 加权像

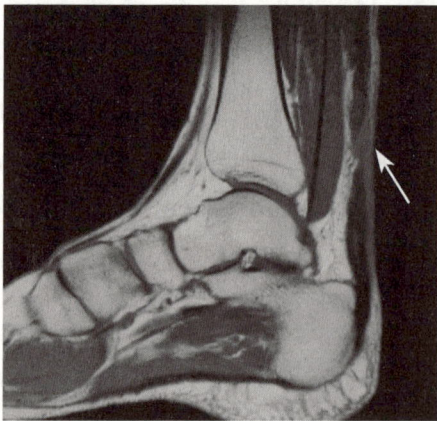

图 9-27　跟腱断裂矢状位 T_1 加权像

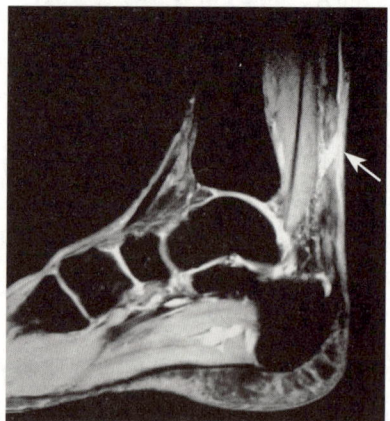

图 9-28　跟腱断裂矢状位 T_2 加权脂肪抑制序列

3. 鉴别诊断 本病需与跖肌腱断裂、腓骨长短肌腱内外侧头断裂进行鉴别。在临床诊断中,以上三种损伤大部分患者在受伤时都有小腿后方受到打击或"中弹"样感觉,伤后均有提踵困难。但跖肌腱断裂、腓骨长短肌腱内外侧头断裂一般不发生小腿部大范围的皮下血肿,压痛点位置一般较高,且位于小腿外侧,Thompson 试验多呈阴性。腓骨长短肌腱内外侧头损伤后,一般常出现明显的皮下出血或局部血肿,压痛点位置较其他两种损伤高,多在膝关节下方的小腿内、外侧,疼痛明显较前两者严重;其完全断裂时局部也可有凹陷,触之有空虚感。Thompson 试验可介于阴性与阳性之间,但跟骨结节无明显下移。

（三）治疗

1. 药物治疗 内服药早期宜活血化瘀、消肿止痛,可服用七厘散、三七散等药物;中期宜接骨续筋;后期宜补益肝肾,可服用六味地黄丸、壮筋续骨丹等药物进行治疗。外用药可选用海桐皮汤外洗治疗。

2. 固定治疗 跟腱部分撕裂损伤者,可用夹板或石膏托将踝关节固定于跖屈位 3~4 周。跟腱修补缝合术后,应用管型石膏将膝关节屈曲 30°、踝关节跖屈 30°位固定 4~6 周。

3. 手术治疗

（1）手术适应证:适用于跟腱完全性断裂损伤或开放性断裂损伤。

（2）手术的选择:直接缝合适用于新鲜的闭合损伤或开放损伤,切开或经皮闭式缝合。如果跟腱缺损较大,不能直接缝合者,可行跟腱近端 V 形延长后再缝合。缝合后加用筋膜和肌腱修补适用于陈旧性跟腱断裂的修复,如使用腓肠肌筋膜翻转加强或用跖肌腱加固。用筋膜、肌腱或其他生物材料替代加强适用于跟腱缺损较大的患者,如使用阔筋膜、腓肠肌筋膜瓣、腓骨短肌腱、异体跟腱等材料重建跟腱。

（四）预防与康复

因跟腱损伤多为运动损伤,故运动前要做好热身活动;增加柔韧度练习以加强肌肉和肌腱的伸展性;防止积累性损伤,应根据个人的身体条件、年龄、协调性等选择相应的运动方式,对于存在慢性跟腱病变患者应积极对症治疗;掌握合理的运动技巧,避免脚的过度背伸活动,跳跃运动时应双脚同时落地以使双侧跟腱均匀地分担作用力;注意合理饮食,避免含激素成分较高的食物。

跟腱损伤经正规的非手术治疗以及积极有效的手术治疗均可取得较好效果,但也需防止并发症的发生,如再断裂、跖屈力弱、踝关节僵硬、伤口愈合不良等,因此跟腱损伤拆除外固定后的负重康复过程应在康复医生的指导下逐步进行,方可取得最佳疗效。

三、距骨骨折脱位

足骨由 28 块骨组成,其中包括跗骨 7 块,跖骨 5 块,趾骨 14 块,固定籽骨 2 块,由韧带和肌肉相连,构成三个足弓,即内侧纵弓、外侧纵弓和跖骨间的横弓。足弓有负重、推进行走与吸收震荡的功能。距骨是足弓的顶,上接胫骨下端,下连跟骨与足舟状骨。距骨分头、颈、体三部,有 6 个关节面,仅颈部覆有骨膜,为主要营养血管进出部。距骨骨质几乎被软骨关节面所包围,其血液供应主要来自从距骨颈前外侧进入的足背动脉关节支;从胫距关节和距跟骨间韧带所供血运有限,当距骨骨折有移位或距骨脱位后容易发生缺血性坏死。距骨无肌肉附着,骨折或脱位不易发生继发性移位。

（一）病因病理

1. 距骨骨折 多由足部突然强力跖屈,或由高处跌下时踝关节强力背伸外翻,或汽车驾驶员刹车时用力过度所致。前者多为距骨后突被跟骨冲击而折断,多为小块骨折,骨折片向后、向上,一般移位不多;后者较常见,按骨折线分为颈部、体部或颈体间骨折。距骨表面3/5为软骨面,故发生骨折时,骨折线多经关节面,发生创伤性关节炎的机会较多。距骨的主要血液供应由距骨颈部进入,当距骨颈骨折时,来自足背的血液供应常受损害,以致距骨体易发生缺血性坏死。

2. 距骨脱位 多由足跖屈、内翻位受伤所致,如从高处坠下或跳下时,足部着地不平衡,暴力不同,产生的结果亦不同。

(1) 距下关节脱位:当足轻度跖屈,强力内翻时遭受暴力,若下胫腓韧带未断裂而距跟骨间韧带、距跟外侧韧带及跟舟韧带等撕裂,则跟骨与跗骨向内移位,距骨仍留于踝穴内,形成距下关节脱位或跟-距-舟状骨脱位。因附着于第一跖骨的胫前肌腱随同脱位的足部内移,距骨失去肌腱及其他足骨的支持而呈下垂位。足部诸骨可同时向前移位。

(2) 距骨全脱位:当足处于内翻、内收及跖屈时,强大的内翻暴力使距下关节韧带撕裂的同时,将踝关节外侧副韧带一同撕裂。距骨除与其他跗骨分离外,亦自踝穴中脱出,即踝关节向内侧脱位合并距下关节脱位。距骨周围的韧带均断裂。足在最大内翻位时,使距骨从其垂直轴上旋转90°,以致距骨头指向内侧;并可顺其长轴再旋转90°,使其下关节面指向后侧。待暴力消失后,足回到中立位,而脱位的距骨仍保持旋转位,使距骨体处于外踝之前;距骨颈则在内侧,与跟骨相接的关节面指向后侧,与胫骨相关节处则位于皮下。此种类型脱位,往往使局部皮肤撕裂,露出距骨关节面或外踝骨端。即使皮肤未撕裂,距骨突出处的皮肤亦较紧张,可使皮肤受压坏死。

(二) 诊断

1. 临床表现 伤后出现足踝部疼痛、肿胀、皮下瘀血,患肢不能负重行走,踝关节屈伸功能障碍。肿胀严重者,可出现张力性水疱;若距骨体后脱位,可在踝后、内侧有突出畸形,并可扪及突出的骨块块;若距下关节脱位,伤后踝部及足背肿胀,足背外侧皮肤绷紧发亮,足背剧烈疼痛,足呈内翻、内旋畸形,并可有向内移位及足下垂。若距骨全脱位后距骨体位于外踝前方,踝、足明显肿胀,剧痛,踝关节活动功能障碍。前足呈内旋、内翻畸形。

2. 诊断要点

(1) 病史:患者有明确的外伤史。

(2) 症状与体征:距骨骨折患者伤后踝关节下部肿胀、疼痛,不能站立和负重行走,踝关节内后部肿胀严重,局部有明显突起,趾多有屈曲挛缩,足外翻、外展。可在内踝后部触及骨性突起,局部皮色可出现苍白缺血或发绀;若距下关节脱位,患者伤后足呈内翻、内旋畸形,并呈弹性固定,合并距骨内侧或足舟状骨外侧撞击性骨折时,可有骨擦音及明显瘀斑;若距骨全脱位,踝、足明显肿胀,疼痛,踝关节活动功能障碍,外踝前方可扪及距骨体,突出部皮肤紧张,踝穴空虚,并有弹性固定。开放性脱位可在踝部前方见露出的距骨体或外踝骨端。

(3) 辅助检查:踝关节与跗骨正侧位 X 线片可明确骨折的移位、类型以及有无合并其他骨折脱位。临床上在未摄片检查之前应注意与踝部骨折脱位或跟骨骨折进行鉴别,特别是合并踝部骨折者,更应注意鉴别。

3. 鉴别诊断 本病需与踝关节扭伤相鉴别。二者损伤机制较为相近,均由足部强力内翻或外翻引起。踝关节扭伤多可导致韧带损伤,临床上外侧韧带损伤较为常见,其临床表现为踝外侧疼痛,肿胀,走路跛行;有时可见皮下瘀血;外侧韧带部位有压痛;使足内翻时,引起外侧韧带部位疼痛加剧。因单纯踝关节扭伤多无骨折脱位,故 X 线照片检查可予以鉴别。

(三) 治疗

无移位的距骨颈骨折、距骨体骨折用超踝关节夹板固定5~6周。有移位的距骨骨折必须予以整复,尤其注意整复骨折体侧段与跟骨的轻度半脱位。若手法复位成功,则用夹板固定6~8周,配合练功活动、中药治疗。若手法复位不满意,则施行切开复位内固定术。陈旧性距骨骨折发生畸形愈合合并创伤性关节炎时,应施行胫距、距跟关节融合术。距骨骨折应常规定期做 X 线片检查,注意是否发生缺血性骨坏死,一旦在固定期间,X 线片发现距骨有密度增高但尚未塌陷变形时,应严禁患肢负重,并延长固定时间,直至新骨爬行替代完成方可负重。若距骨已塌陷变形,则应施行关节融合术。

距骨脱位要及时整复,以免皮肤受压坏死。复位以手法为主,可在腰麻或硬膜外麻醉下进行。若因距骨头被周围肌腱阻挡,难以复位,或开放性损伤时,应及时行切开复位。

1. 药物治疗

(1) 距骨颈骨折后,距骨体易发生缺血性坏死,故中、后期应重用补气血、养肝肾、壮筋骨药物,以促进骨折愈合。解除外固定后,应加强中药熏洗,促进踝关节功能恢复。

(2) 距骨脱位内服药治疗,早期以活血祛瘀、消肿止痛为主,中期舒筋活络为主,后期补肝肾、利关节。也可用海桐皮汤熏洗以利关节活动。

2. 手法治疗

(1) 单纯距骨颈骨折:患肢屈髋90°,助手把住小腿,术者一手握前足使之完全跖屈,另一手握小腿下段后侧向前推,继而使跖屈之足轻度外翻,并再向下、向后推压,另一手拇指则下移于距骨头前上向后压迫而复位,这样可使距骨头与距骨体两骨折块对合,并同时整复距下关节脱位。

(2) 合并距骨体后脱位:应先将踝关节极度背伸,稍向外翻,以解除载距突与距骨体的交锁,并将距骨体向前上方推压,使其复入踝穴,然后用拇指向前顶住距骨体,稍跖屈踝关节,使两骨折块对合。

(3) 距骨后唇骨折伴距骨前脱位:先将踝关节跖屈内翻,用拇指压住距骨体的外上方,用力向内后方将其推入踝穴。距骨脱位复位后,往往其后唇骨折亦随之复位。

(4) 距下关节脱位:助手托起小腿,术者一手握足跟,另一手握前足,先在跖屈、内翻位对抗牵引并加大跖屈、内翻畸形,然后将足外旋、外翻、背伸,即可复位。

(5) 距骨全脱位:一助手用布带套住大腿,另一助手一手握足跟部,一手握前足,顺跖屈内翻位做对抗牵引。尽量增大胫跟间隙。在将足强力内翻的同时,术者以两拇指用力向内、后推挤距骨后部(体部),同时,将距骨沿其纵轴旋转即可复位。

3. 固定方法

(1) 距骨颈骨折整复后,应用石膏固定踝关节于跖屈稍外翻位8周;距骨后唇骨折伴有距骨前脱位者,应固定在踝关节功能位4~6周;若施行切开复位内固定或关节融合术,应固定3个月。距骨骨折,一般应在骨折完全愈合后才可负重行走。

(2) 距下关节脱位,用短腿石膏靴固定于足稍外翻、背伸90°位8周。距骨全脱位,用短腿石膏靴固定于足背伸90°中立位最少3个月,直至 X 线照片检查未见距骨缺血性坏死。

4. 手术治疗

(1) 手术适应证:距骨颈骨折合并移位或脱位,手法复位失败或复位后位置不稳定者;距骨体、距骨头粉碎性骨折并移位,踝关节及距跟关节面均破坏者;距骨突骨折,骨折块较大并且移位明显或累及距骨关节面重要部位者。

(2) 手术的选择:距骨体粉碎性骨折不仅易引起距骨体的缺血性坏死,更易造成创伤性关节炎,因此可于早期行融合术。开放性骨折如发现周围韧带及关节囊大部分或全部撕裂者,提示无菌性坏死概率高,亦应行融合术。手法复位失败者多系错位严重的骨折,此时软组织的损伤亦多较严重,易引起距骨的缺血性坏死,可行胫距融合术及跟距关节融合术等。

(四)预防与康复

距骨骨折固定期间不宜早期负重。复位固定2~3周即应扶拐下床活动,虽不能负重,但有利于患者全身情况恢复和减轻精神负担。解除固定后应施行局部按摩,配合踝关节屈伸、内翻、外翻活动锻炼,并开始扶拐不负重步行锻炼。若骨折愈合后,有缺血坏死征象者,虽不宜负重,可加强非负重下的踝、足关节功能活动。

距骨脱位复位固定后,垫高患肢,以利消肿,并应主动做股四头肌功能锻炼及练习肌肉收缩,以加速肿胀消退及促进肢端血液循环。6周后,可拄双拐不负重下地活动。在解除外固定前,一定要做X线检查,见距骨无发生缺血性坏死,才能解除外固定。解除外固定后,应积极做背伸、外翻功能锻炼,促进踝关节早日恢复功能。做内翻、内旋练习时,要适度、逐步、稳定,防止韧带的重新撕裂。

四、跟骨骨折

跟骨骨折在临床上较为多见,以从事高空作业的青壮年为多。跟骨骨折后主要波及跟距关节,由此引起创伤性距下关节炎。

跟骨是最大的跗骨,呈不规则长方形,前部窄小,后部宽大,上面有三个关节面,后关节面最大,中关节面位于载距突上,有时与前关节面相连。这些关节面分别与距骨底面的关节面形成关节,称为跟距关节。跟骨前端有一关节面,与骰骨形成关节,成为足纵弓之外侧部分。跟骨内侧有一隆起,名为载距突,支持距骨颈,也是跟舟韧带的附着处。跟舟韧带很坚强,支持距骨头。跟骨结节上缘与跟距关节面形成30°~45°的结节关节角,称为跟骨结节关节角(Bohler角),是跟距关节的一个重要标志。跟骨骨折时,Bohler角减小,甚至成为负角,不仅易引起跟距关节炎,而且影响小腿的肌力及步态。跟骨不仅是小腿三头肌的延长力臂,满足人体向前推进的需要,而且是构成足弓的重要部分,使足部更富有弹性,以缓冲震荡。因此,跟骨骨折时,应充分恢复其本身的正常位置及与距下关节的关系,以免影响上述功能。

(一)病因病理

由高处坠下,足跟着地是跟骨骨折的最常见原因。由于坠地时,足部常不能平衡着地,故可导致不同部位的骨折。

根据骨折线在侧、轴位X线片上的表现,可分为不波及跟距关节面和波及跟距关节面骨折两类。前者预后较好,后者预后较差。

1. 不波及跟距关节面的骨折

(1)跟骨结节纵形骨折:从高处坠下,跟骨在足外翻位时,结节底部触地引起。骨骺未闭合前,结节部触地,则造成跟骨结节骨骺分离。

(2)跟骨结节横形骨折:又名"鸟嘴形"骨折,是跟骨撕脱性骨折的一种。撕脱骨块小,可不影响或较少影响跟腱功能;骨折块较大且向上倾斜移位时,则严重影响跟腱功能。

(3)载距突骨折:由于足处于内翻位,载距突受距骨内侧下方的冲击所致,一般较少见。

(4)跟骨前突部骨折:由前足强力扭转所致,极少见。

(5)接近跟距关节的骨折:为跟骨体骨折,骨折线斜行,从正面观骨折线由内后斜向外前,但不通过跟距外侧关节面,可有跟骨体增宽及跟骨结节角减小。

2. 波及跟距关节面的骨折

(1)跟骨外侧跟距关节面塌陷:与接近跟距关节的骨折相似,只是骨折线通过跟距关节外侧,亦因重力使跟骨外侧跟距关节面塌陷。因关节面塌陷严重而关节面粉碎,跟骨结节上移和跟骨体增宽。

（2）跟骨全部跟距关节面塌陷骨折:此型最常见,跟骨体部因受挤压完全粉碎下陷,跟骨体增宽,跟距关节面中心塌陷,跟骨结节上移,体部外翻,跟骨前端亦可能骨折,骨折线波及跟骰关节。

（二）诊断

1. 临床表现 伤后出现足跟部疼痛、肿胀、皮下瘀斑、足底扁平及局部畸形,不能行走。

2. 诊断要点

（1）病史:跟骨骨折有明显外伤史。多有高处坠下致伤史。

（2）症状与体征:足跟肿胀、疼痛剧烈和压痛,明显皮下瘀斑,骨折严重者可呈足底扁平、增宽或外翻畸形。检查足跟部有局限性压痛,跟骨横径较健侧增宽。

（3）辅助检查:X线检查可明确骨折诊断及分类,其中侧位片对识别骨折线、关节面塌陷及骨片旋转程度有一定帮助;轴位片能清晰显示距下关节面的载距突解剖形态及内外侧壁骨折移位情况,以及跟骨结节、跟骨体部内外翻及移位情况。冠状面 CT 及三维 CT 成像可显示关节面骨折线数量和移位情况,对于指导手法复位、撬拨方向、深度有重要意义。

从高处坠下,如足跟部先着地,或继而臀部着地,脊柱前屈,暴力沿脊柱传递,还可引起脊柱压缩性骨折、颅底骨折及颅脑损伤。所以诊断跟骨骨折时,应常规询问和检查脊柱和颅脑情况,以防漏诊和误诊。

3. 鉴别诊断 本病需与跟骨的骨挫伤相鉴别。二者损伤机制较为相近,均由纵向冲击暴力所致。骨挫伤主要为病变区出血、水肿和微小骨小梁断裂,X线片常无异常改变,属于比较隐匿的骨损伤,容易漏诊误诊。MRI 是检测骨髓水肿最敏感的影像方法,可显示早期和轻微的骨髓水肿,对于骨挫伤的确诊有非常大的帮助。

（三）治疗

总的原则是恢复跟骨结节角,尽量恢复跟距关节面平整,矫正跟骨体增宽。无移位骨折或移位不多又未影响跟骨结节角、未波及跟距关节面及跟骨体增宽不明显者,早期采用活血祛瘀、凉血活血的中药外敷,局部制动,扶拐不负重行走 3~4 周即可。有移位骨折需考虑手法整复或手术治疗。

1. 药物治疗 早期瘀血、肿胀较重,宜使用活血化瘀药物;中期可口服接骨丹,以接骨续筋、和营止痛;后期可服用伸筋丹,外用熏洗药以舒筋活络,有利于患肢康复。

2. 手法治疗 整复最好在伤后 24~48 小时内在腰麻下进行,且越早越好,否则可能因局部肿胀严重或张力性水疱而使手法复位难以进行。

（1）不波及跟距关节面的骨折:跟骨结节纵形骨折,若移位不大,可不整复。跟骨结节骨骺分离,骨折片明显上移,若不整复,则日后跟骨底不平,影响行走和站立。整复时,仰卧位,屈膝 90°,两助手分别握住小腿及前足,并使足呈跖屈位。常规无菌操作下,用细钢针穿过结节中部,安装好牵引弓后,术者手拉牵引弓向后牵引,先松解骨折面的交锁,然后向下牵拉直至骨折片复位为止。术后屈膝约 30°,跖屈位长腿管型石膏固定 4 周,可将细钢针包在石膏管内,4 周后拔出钢针,更换短腿石膏靴,再固定 4 周。跟骨结节横形骨折,骨折块小或骨折块大而无移位者,不需整复,仅用短腿石膏托将足固定于跖屈位 4 周。

（2）接近跟距关节面的骨折:跟骨结节上移且结节关节角变小、跟骨体增宽,都必须整复。整复时,平卧,屈膝 90°,一助手握住小腿,另一助手握前足,呈极度跖屈,术者两手交叉于足跟底部,用两掌之鱼际叩挤跟骨内外两侧,纠正跟骨体增宽,同时尽量向下牵拉以恢复正常之结节关节角,在叩挤跟骨体的同时,可夹住跟骨体左右摇摆,以松解交锁,直至骨擦音逐渐消失。若结节关节角难以纠正,可参照跟骨结节骨骺分离的方法进行处理,用细钢针牵引复位,但细钢针应穿在结节的后上方。

(3)波及跟距关节面的骨折:处理方法与接近跟距关节面的骨折基本相同。关节面塌陷、粉碎者,如为老人或移位不多,可不做复位,仅抬高患肢1~2周,用中药外敷,5~6周后逐渐负重。对于关节面塌陷、粉碎而移位较多者,可用手掌叩挤足跟,尽量纠正跟骨体增宽,并尽可能纠正结节关节角。手法宜稳、细,在尽量摇晃足跟时,顺带用力向下,先纠正结节关节角;或先纠正跟骨体增宽,再纠正结节关节角。

3. 固定方法 无移位骨折一般不做固定;载距突骨折、跟骨前端骨折仅用石膏托固定患足于中立位4~6周。对于影响跟骨结节关节角的骨折,可用夹板固定:跟骨两侧各置一棒形纸垫,用小腿两侧弧形夹板做超踝关节固定,前面用一弓形夹板维持患足于跖屈位,小腿后侧弓形板下端抵于跟骨结节上缘,足底放一平足垫。一般固定6~8周,此种固定适用于跟骨结节横形骨折、接近跟距关节面的骨折及波及跟距关节而未用钢针固定者。

4. 手术治疗 跟骨骨折后局部软组织会出现肿胀、水疱等其他情况,应等伤后1~2周消肿后手术,早期可给予外固定架或石膏临时固定。手术方式取决于患者的全身情况及骨折局部情况。

(1)手术适应证:跟骨体骨折有较严重的压缩、移位、短缩和增宽畸形者;骨折虽无移位但骨折块较大者;陈旧骨折或经保守治疗疗效不佳者;跟骨结节的"鸟嘴形"骨折。

(2)手术的选择:波及跟距关节面,关节面塌陷而不粉碎者,可用髂骨取骨植骨或异体骨、人工骨等充填塌陷部分。如跟骨结节横断骨折,骨折块翻转者,应早期做切开复位钢板螺丝钉或交叉克氏针内固定,以恢复关节面的完整,减少创伤性关节炎的发生。陈旧性骨折或跟骨严重粉碎性骨折,切开后关节面难以解剖复位者,可做跟距关节或三关节融合术。

(四)预防与康复

骨折整复固定后,即应开始前足和趾的伸屈活动,特别是跖屈锻炼,对恢复和维持足的纵弓有重要意义。无移位骨折患者,应早期做无痛范围内的踝关节活动,并可行原地蹬瓶锻炼,使跟骨得以在模造中愈合,以利弧形足弓的恢复。去除固定后,应加强踝关节的各项自主锻炼和按摩治疗,以促进关节功能的恢复。波及关节面骨折且关节面塌陷、粉碎移位明显者,2周后不负重下地活动,利用夹板固定期间行足部活动,通过关节的自行模造作用恢复部分关节功能。

五、跗跖关节脱位

跗跖关节是由第1~3跖骨与第1~3楔骨及第4、5跖骨与骰骨组成的关节。其中第1跖骨与第1楔骨所组成的关节,其关节腔独立,活动性较大,其余部分相互连通,仅可做轻微滑动。第1、3楔骨较长而第2楔骨较短,第2跖骨嵌入第1、3楔骨之间而使第2跖楔关节较深、较稳,第2跖骨基底部背侧较跖侧长,所以一般只向背侧而不向跖侧脱出。除第1、2跖骨外,跖骨之间均有横韧带(骨间韧带)相连,在第1楔骨、第2跖骨之间的楔跖内侧韧带是跗跖关节最主要的韧带之一。跗跖关节是足横弓的重要组成部分,其位置相当于足内、外侧缘中点画一连线,即足背的中部横断面。损伤后若恢复不完全,必然影响足的功能。第1、2跖骨基底部分离脱位,可影响足背动脉,及因扭转暴力影响胫后动脉,均可导致前足缺血性坏死。临床上,以第1跖骨向内脱位,第2~5跖骨向外、向背侧脱出最为多见,两者可单独发生,亦可同时发生。直接暴力打击、碾压等多导致开放性骨折脱位。

（一）病因病理

患者从高处坠下，前足着地，并遭受扭转暴力，5个跖骨可以连同一体向外、上或下方脱位，也可出现第1跖骨向内侧脱位，其余4个跖骨向外侧脱位。由于足背动脉终支自第1、2跖骨间穿至足底，故在跗跖关节脱位时，足背动脉易受损伤；因牵拉可引起胫后血管痉挛和主要跖血管的血栓形成，这时前足血供受阻，如不及时复位，将引起前足坏死。开放性骨折多由重物直接砸压于足前部或车轮碾轧前足时发生，在造成脱位的同时，可伴有严重的足背软组织损伤及其他跗骨与跖骨骨折，关节多为半脱位。

（二）诊断

1. 临床表现　患足肿胀，足跗部可见青紫、瘀斑，功能障碍，明显压痛。

2. 诊断要点

（1）病史：患者有明确外伤史，如从高处坠下，前足着地，并遭受扭转暴力。

（2）症状与体征：患足肿胀、疼痛、功能丧失，足部畸形，常呈弹性固定。两足对比，患足稍缩短、横径增宽，足背可触及翘起的跖骨基底。开放性骨折脱位者软组织损伤严重，可有骨端外露或骨擦音，有血管损伤时前足变冷、苍白。

（3）辅助检查：足部正、斜位X线检查可判断是第2~5跖骨外侧脱位，还是第1跖骨内侧脱位合并基底部骨折，进而明确诊断分型。

3. 鉴别诊断　本病需与跖骨骨折相鉴别。二者均有局部疼痛、肿胀、活动受限表现，脱位有足趾短缩、足横径增宽畸形；而骨折局部有深压痛及环形压痛，可触及骨擦音，并有异常活动，X线片可以鉴别。

（三）治疗

跗跖关节脱位，可包括一个或多个跖骨脱出。由于各跖骨基底参差不齐，脱位后需要及时准确复位，以免肿胀加剧而加大复位难度，并可防止发生血液循环障碍。

1. 药物治疗　可参照距骨骨折脱位。

2. 手法治疗　手法复位应在腰麻或硬膜外麻醉下进行。患者仰卧，膝屈曲90°，一助手握踝部，另一助手握前足做对抗牵引，术者站于患侧，按脱位类型从相反方向，用手直接推压跖骨基底部使之复位。如第1跖骨向内，第2~5跖骨向外，则用两手掌对向挤压，将脱位分离的跖骨推向原位。另一种复位方法是一助手握踝部，另一助手牵引足趾向远端拔伸，术者用拇指逐个推挤跖骨基底部使之复位。有时，由于足部伸肌腱或软组织嵌入跗跖关节之间，做上述复位手法后仍未复位时，可用解脱手法，即术者一手握患者小腿下段或踝关节做固定，另一手捏紧足背部，按顺时针或逆时针方向，在牵引下行大幅度旋转，使嵌入的软组织解脱，再按以上手法即可复位。

3. 固定方法　跗跖关节脱位整复后容易再移位。因此，必须做有效的外固定。复位后，移位倾向不大者，可用一直角足底后腿托板，连脚固定踝关节背伸90°中立位。足弓处加厚棉垫托顶，以维持足弓，在足背或足两侧脱出跖骨头处加压力垫，上面加一大小与足背相等的弧形纸板（纸板两边要达足底托板），用绷带加压将纸板连足底托板一并包扎固定3~4周。或用短腿石膏后托，塑形后上覆以硬纸板。固定后抬高患肢，以利消肿。跗跖关节脱位，因局部肿胀严重，压力较大，一般不主张用短腿石膏靴固定，以免因压力太大而引起足坏死。

4. 手术治疗　新鲜跗跖关节脱位整复时，可能因骨碎片或软组织嵌入关节间隙而妨碍复位，可做切开复位。

（1）手术适应证：新鲜跗跖关节脱位移位明显者；距跖骨角超过15°者；脱位伴有不稳

定的完全韧带损伤者。

（2）手术的选择：复位后用细钢针经第1、第5跖骨穿入第1楔骨及骰骨固定。如手法复位后，仍有较大移位倾向，亦可用此法固定。严重的软组织挫伤或开放性骨折脱位，可在清创缝合时，同时将关节复位，用1~2枚钢针，将跖骨固定在相应的跗骨上。术后石膏托固定6~8周。陈旧性脱位者，如为单一关节脱位，在相应的跖骨基底部背侧作为中点，行切开复位，复位后用细钢针逆行固定。若脱位达到四个跖骨以上，在足背部相当于跖骨基底部做弧形横切口，彻底去除关节间隙中的瘢痕组织，直至关节软骨面（但切不可损伤），试行复位。成功后，用细钢针固定2~3个跖骨在相应的跗骨上。做内固定后，以短腿石膏托固定6~8周。

（四）预防与康复

整复固定后，即在固定下行踝背伸、跖屈动作，早期不宜做旋转及内、外翻锻炼。4~6周后，逐步练习不负重行走。8周后，可穿配有纵弓垫的皮靴做行走锻炼。并发骨折者行走时间应推迟，直至X线照片证实骨折愈合后才可行走。

六、跖骨骨折

跖骨为圆柱形的小管状骨，并列于前足。由内向外依次为第1~5跖骨，每一跖骨可分为基底、干、颈、头4部分。5根跖骨并列构成足的横弓。第1、5跖骨头参与构成足的纵弓，又是足弓三点持重的前两个负重点。第1~3跖骨基底部，分别与第1~3楔骨相接，第4、5跖骨基底部与骰骨相接，共同构成微动的跗跖关节。第1~5跖骨头分别与第1~5趾骨近节骨基底相接，构成跖趾关节。第1跖骨较粗大，与内侧的楔骨、舟骨和距骨构成足的柱状部，第1跖楔关节是柱状部的重要组成部分，它既可传导行走时的重力，又对稳定整个跗跖关节起一定作用；第2~5跖骨为足的片状部，有保持行走时足的平衡和稳定作用。第2跖楔关节是由第2跖骨底向后深入3个楔骨前面的凹形区内相互紧密交锁而成，第2跖楔关节的这种结构，使第2跖骨基底与跗骨有了坚固的结合，成为跗跖关节的重要稳定因素。这也是跗跖关节脱位容易伴发第2跖骨基底部骨折的重要原因。跖骨骨折多见于成年男性，是足部常见的骨折之一。由于其互相联系紧密，除疲劳骨折和第5跖骨基底部骨折外，单独骨折的机会较少。治疗时应注意恢复和保持足弓的解剖形状，以便获得足的良好负重功能。

（一）病因病理

跖骨骨折病因可分为直接暴力、间接暴力和长途行走引起的积累性力。骨折部位有基底部、干部和颈部。骨折线呈横断、斜形或粉碎形。因跖骨间互相支持，骨折移位多不明显，有时可向跖侧成角或远、近端重叠移位。严重的跖骨骨折可导致足部筋膜间隔区综合征，要密切观察病情。

1. 直接暴力 重物砸伤、车轮碾压足背等引起，多为开放性、粉碎性。骨折多发生在干部，很少单个跖骨发生，可合并其他足骨骨折。骨折多发生在2~4跖骨，因局部皮肤血运差，易发生感染或坏死。

2. 间接暴力 以第5跖骨基底部骨折多见。因足内翻扭伤时，附着于其上的腓骨短肌或第三腓骨肌的猛烈收缩引起，一般骨折无移位或移位不多。

3. 累积性力 因长途行军或缺乏训练的人参加长跑所致。多发于长途行军的士兵。好发于第2、3跖骨颈部，其中尤以第2跖骨多见。主要是由于肌肉疲劳过度，足弓下陷，第2、3跖骨头负重增加，共振的累积超过骨皮质及骨小梁的负担能力，逐渐发生骨折，但一般骨折处不至于完全离断,同时骨膜产生新骨,此类骨折又叫疲劳骨折。

（二）诊断

1. 临床表现　外伤导致的跖骨骨折常表现为局部肿胀、瘀斑,骨折处压痛,行走受限。跖骨应力骨折的临床表现主要为局部痛、压痛、疲劳无力感、继续行走受限等症状。

2. 诊断要点

（1）病史:有外伤史或长途步行史。

（2）症状与体征:伤后局部疼痛、肿胀、压痛、纵轴叩击痛,功能活动障碍。疲劳骨折最初为前足痛,劳累后加剧,休息后稍减,2~3周后在局部可摸到有骨性隆凸。

（3）辅助检查:X线检查早期常为阴性,2~3周后跖骨颈出现球形骨痂,骨折线不清晰。第5跖骨基底部骨折常单独存在,在儿童应与正常骨骺线区别。疲劳骨折临床少见,且病史常不明确,容易误诊或漏诊。

3. 鉴别诊断　本病需与第5跖骨基底骨化核相鉴别。X线片即可明确诊断,其鉴别要点是骨化核边缘光滑柔和,两端钝圆,四周有皮质包绕;而骨折块边缘锐利,有的不规则呈锯齿状,骨折处皮质中断。

（三）治疗

1. 药物治疗　初期肿胀严重者,宜用活血祛瘀,渗利消肿之法,若为开放性骨折,出血较多而有烦躁、口渴、脉细数等,宜用益气生津之法;全身情况稳定后,宜用生血四物汤加减。中期肿胀消减后,可服生血四物汤加减;2周肿胀消退后,宜用活血接骨续筋之法。后期若骨折愈合去固定后,虚肿不消,或稍下垂即肿而发绀,或下床后肿而皮肤光亮菲薄,酸楚困痛,久而不愈者,除加强功能锻炼外,宜用益气滋肾、强筋壮骨之法,方用补中益气汤加减。

2. 手法治疗　在适当麻醉下,先牵引骨折部对应足趾,以矫正成角畸形及重叠移位,同时用另一手的拇指从足底部推压远折端向背侧,使其复位,如仍残留有侧方移位,在保持牵引下,从跖骨之间用拇、示二指,以夹挤分骨法迫使其复位。跖骨骨折上下重叠移位或向足底突起成角必须纠正,否则会妨碍将来足的行走功能,侧方移位时行走功能影响较少。

3. 固定方法　可用硬纸板或夹板固定,一般呈弧形,以适应足背及足底形状,在跖骨骨间放置分骨垫,上方再放置固定垫,然后取胶布筒,剪成足背样大小,上下各放置一个,加压包扎即可。或将托板放在足底,在放好分骨垫及压力垫后,加压包扎,一般固定4~6周。

4. 手术治疗　开放性骨折可在清创时开放复位,细钢针内固定;术后石膏托外固定4~6周。对于陈旧性跖骨颈骨折,因跖骨头向足底移位而影响走路时,可施行跖骨头切除术。

（四）预防与康复

骨折整复固定后,即可做膝关节伸屈活动。肿胀消退后,可扶拐下床,做患足不着地活动。去除固定后,做摇足旋转和跖屈提跟锻炼,特别应加强足和趾的跖屈锻炼,增强足的屈肌力量,恢复和维持足的纵弓形态,并可做原地蹬瓶活动以增强对足弓的模造。除自主锻炼外,还可做足的摇摆松筋、牵趾抖动等各项理筋手法和按压跖屈、推足背伸、牵拉旋足、牵趾伸屈等手法。

七、跖趾关节及趾间关节脱位

跖趾关节脱位是指跖骨头与近节趾骨构成的关节发生分离。临床上以第一跖趾关节向背脱位多见。近节趾骨与远节趾骨间关节为滑车关节,可做屈伸而无侧向活动。近侧较远侧活动大,脱位以踇趾多见,该脱位是指近、远节趾骨间关节因外伤所致关系紊乱,临床少见。

（一）病因病理

跖趾关节脱位多因奔走急迫时，足趾踢硬物或踢足球时姿势不对引起。由于第 1 跖骨较长，蹈趾仅有两节，踢碰硬物时常先着力，外力迫使跖趾关节过伸，近节趾骨基底部冲破关节囊背侧而向跖骨头背侧脱出，有时可冲破足背部皮肤成为开放脱位。

趾间关节脱位多由于顶碰趾端，使末节趾骨近端脱于近节趾骨背侧，或近节趾骨间关节形成脱位。

（二）诊断

1. 临床表现　局部肿胀、疼痛较剧，患足不敢触地，足趾过度背伸、短缩，关节屈曲，第 1 跖骨头在足底突出，蹈趾近节趾骨基底部在背侧突出，关节呈弹性固定。严重者跖趾关节呈直角，或有皮肤破裂，露出近节趾骨基底部。

2. 诊断要点

（1）病史：有明显外伤史，如踢碰硬物史。

（2）症状与体征：患趾肿胀、疼痛，功能障碍，跖趾关节背伸，趾间关节屈曲，跖骨头向跖侧突出。患趾缩短、畸形，呈弹性固定，姿势不能改变。侧方脱位多见于第 2~5 跖趾关节，患足足趾歪向一侧，其他症状同背侧脱位，但患趾背伸不明显，仅显短缩，多不稳定。

（3）辅助检查：X 线正、斜位片检查，可明确诊断及移位方向，并了解是否合并骨折。

3. 鉴别诊断　本病需与趾骨骨折相鉴别。二者均有局部疼痛、肿胀、活动受限之表现，跖趾关节及趾间关节脱位足趾短缩，趾间关节前后径增大畸形；而趾骨骨折局部有深压痛及环形压痛，可触及骨擦音，并有异常活动，X 线照片可以鉴别。

（三）治疗

1. 药物治疗　早期肿胀疼痛，内服舒筋活血汤，外敷消肿散；中后期内服补肾壮筋汤或健步虎潜丸，配合海桐皮汤熏洗治疗。

2. 手法治疗

（1）跖趾关节脱位复位时，一助手固定踝关节，术者一手持跖骨，另一手持患趾，或用布带提牵患趾。先将患趾背伸，扩大畸形牵拉，并同时推趾骨基底部向跖骨头远端，持跖骨远端的拇指推跖骨头向背侧。当患趾基底部滑到跖骨头远端时，在维持牵拉的情况下，将患趾由跖趾关节背伸位转向跖屈位，即可复位。

（2）趾间关节脱位复位时，术者一手握踝部或前足，一手捏紧足趾远端，水平牵引拔伸即可复位。

3. 固定方法　跖趾关节脱位整复后，用绷带包扎患处数圈，再以夹板或压舌板固定跖趾关节伸直位 2~3 周。趾间关节脱位一般不须固定，随着肿痛减轻而功能活动亦逐渐恢复。

4. 手术治疗

（1）手术适应证：脱位手法复位失败者；开放性脱位者；陈旧性脱位者。

（2）手术的选择

1）跖趾关节脱位：开放性脱位可在清创的同时，直视下复位；如手法复位失败，尤其是由于扣眼式嵌顿，必须切开分离背侧关节囊及足底韧带才能复位者，需手术切开复位。开放性脱位若伤口小，可先整复脱位，再缝合伤口；若伤口大且合并骨折，可在清创时开放复位，对骨折块整复内固定，再缝合伤口，术后石膏托外固定 4 周。

2）趾间关节脱位：对于手法复位失败或陈旧性脱位者可采用手术治疗，取患趾侧方切口显露脱位关节后,消除瘢痕组织,复位后克氏针贯穿固定。

(四)预防与康复

跖趾关节脱位早期做踝关节屈伸活动;1周后肿胀消退,可扶拐以足跟负重行走;4周后可去除外固定,逐步练习负重行走。趾间关节脱位去除外固定后,做主动屈伸趾间关节活动。

八、趾骨骨折

趾骨与手指骨近似,除踇趾为两节外,其余足趾均为三节。除末节外,每节趾骨都有远近两个关节面,与相应的跖骨头或趾骨头相连接,构成跖趾或趾间关节。末节趾骨远端无关节面,有甲粗隆。其中踇趾较粗大,碰撞、压砸等外力引起骨折机会较多。第一跖趾关节的跖侧面,有内、外两个小籽骨,直接外力挤压时,可引起骨折疼痛,甚至经久不愈。

(一)病因病理

趾骨骨折较为多见,尤以踇趾骨折为多。趾骨骨折,多为直接暴力引起。如重物坠落压砸,或急迫奔走,趾端碰撞于硬物等,均可引起趾骨骨折。

(二)诊断

1. 临床表现　伤后患趾肿胀、疼痛、活动受限,伤趾甲下可有紫黑瘀斑,局部有明显压痛,足趾纵向推挤疼痛明显。踇趾的籽骨骨折,在跖趾关节底面有明显挤压痛。

2. 诊断要点

(1)病史:有明显外伤史。

(2)症状与体征:患趾畸形、肿胀、压痛,纵向叩击痛阳性,骨擦音明显。

(3)辅助检查:足的正位、侧位及斜位 X 片,可诊断骨折的部位、类型、移位情况。当足部发生隐匿性骨折及多处骨折时,可行 CT 图像重建,能更清晰地显示骨折的移位情况和骨折线。

3. 鉴别诊断　本病需与病理性骨折进行鉴别。在患者原有疾病而导致骨骼异常的情况下,轻微外力便可造成骨折,此现象发生较为频繁,需严格观察和诊断,避免漏诊和误诊。在 X 线片检查时,还应注意与儿童的正常骨骺相区别。

(三)治疗

1. 药物治疗　同跖骨骨折。

2. 手法治疗　趾骨骨折多无移位或移位不大,一般无须整复。若有移位,可用牵拉捏挤法复位,即助手固定踝部,术者一手拇、示两指捏持患趾末端牵拉,另一手拇、示两指于患趾两侧上下捏挤,即可复位。若有向跖侧成角突起移位者,可用牵拉捏挤屈曲法复位,即助手固定患足,术者一手拇指顺置患趾背侧,示指横置患趾跖侧两骨折端,两指夹持顺势牵拉,另一手拇、示两指于患趾两侧捏挤矫正侧方移位后,在牵拉下示指向上顶压与拇指相对夹挤的同时,将足趾跖屈,即可复位。

3. 固定方法　无移位或轻度移位的骨折通过捏挤手法复位后,用胶布与相邻足趾缠绕固定。若为向跖侧成角突起错位者,复位后,在患趾跖侧加以横置的小纱布卷,再用上述的邻趾法固定。4~6 周骨折愈合后去除外固定,趾骨骨折只要愈合,即使有些畸形,对功能影响也不大,故不必强求解剖对位。

(四)预防与康复

同跖骨骨折。

(王上增　王卫国　郝琦　王一品)

ER-9-2

扫一扫,
测一测

复习思考题

1. 为什么股骨颈骨折后易出现股骨头坏死？
2. 股骨髁上骨折患者应遵循什么治疗原则？
3. 粗隆间骨折与股骨颈骨折有什么区别？
4. 膝关节侧副韧带损伤与膝关节交叉韧带损伤有何不同？
5. 为什么距骨骨折易发生缺血性坏死？

第十章

颈肩臂腕痛

ER-10-1

第十章PPT

学习目标

了解颈肩臂腕痛常见疾病的定义;熟悉颈肩臂腕痛常见疾病的病因病理及分类;掌握颈肩臂腕痛常见疾病的诊断、鉴别诊断、治疗原则以及常见治疗方法。

第一节 颈 椎 病

颈椎病是指颈椎间盘退行性变及其继发的病理改变,刺激或压迫神经根、脊髓、椎动脉或交感神经,进而产生相应临床症状的颈椎退行性疾病。本病多见于中老年人,目前有年轻化的趋势。

一、病因病理

颈椎位于颅骨和胸椎之间,活动度较大,又需保持头颈部平衡,故易发生劳损及退变。颈椎间盘退变和颈项部肌肉慢性累积性损伤,继发关节稳定性降低,在异常应力反复或持续作用下,可引起颈椎间盘突出,或继发颈椎骨质增生、韧带肥厚和颈椎管狭窄等,皆可压迫或刺激脊神经根、脊髓、交感神经和椎动脉,从而出现一系列临床症状和体征(图10-1、图10-2)。颈椎病的常见基本类型有颈型、神经根型、脊髓型、椎动脉型、交感神经型和混合型。

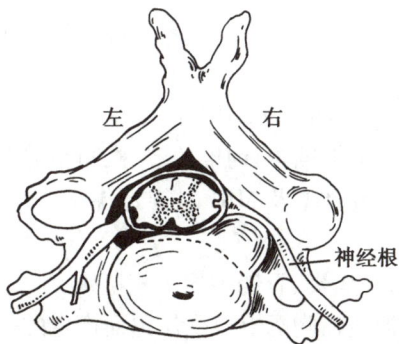

左　右　神经根

图 10-1　神经根受压

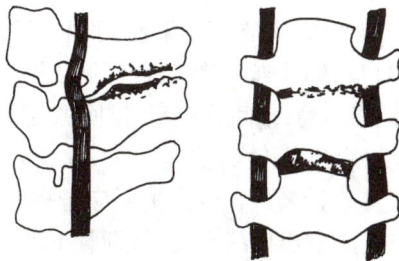

图 10-2　椎动脉受压迂曲

中医学认为本病多由内因和外因共同引起,但以内因为主。人到中年,出现肝肾不足,筋骨失养,易引起椎间盘、骨关节、韧带退变,加之长期颈部姿势不良,或风、寒、湿邪入侵或急性外伤,可造成颈椎病的发生。

二、诊断

1. 临床表现

（1）颈型颈椎病：最常见的症状为颈肩部的僵硬和疼痛，遇劳累、阴雨天可加重。颈项肌肉僵硬，颈部活动受限，颈椎棘突或棘突旁、肩部压痛。

（2）神经根型颈椎病：颈肩部疼痛，轻者酸痛，重者灼痛或电击样痛，一侧或两侧上肢放射性麻痛；病程久者上肢沉重，酸软无力，持物易坠落；颈后伸、咳嗽、喷嚏可使疼痛加重。

（3）脊髓型颈椎病：早期患者出现一侧或两侧步态的改变，如迈步不灵活，下肢发紧，麻木，疼痛，无力，易绊倒，踩棉花感，手部肌肉无力，发抖，活动不灵活，晚期可出现四肢瘫痪，二便潴留或失禁。

（4）椎动脉型颈椎病：主要表现为头痛、头晕、目眩，甚至猝倒，有恶心、呕吐、心悸、胸闷等症状，部分患者可伴有耳鸣、耳聋，视物不清，复视等。

（5）交感神经型颈椎病：常与其他类型的颈椎病同时发生。表现为头痛，偏头痛，头晕，视物模糊，心跳过快或过缓，胸闷，多汗或无汗，手指发绀，皮温下降，怕冷或怕热等症状。

（6）混合型：上述两种及以上类型同时存在。

2. 诊断要点

（1）病史：本病多为慢性发病，有急慢性外伤史，或有先天性颈椎畸形，多见于中老年人、长期低头工作者。

（2）症状与体征

1）颈型颈椎病的疼痛和压痛部位基本局限在颈项部，颈椎棘突或棘突旁、肩部压痛。

2）神经根型颈椎病有颈、肩背疼痛，上肢麻木及放射性疼痛，颈部活动受限，可有上肢肌力减弱和肌肉萎缩，臂丛神经牵拉试验、颈椎间孔挤压试验等阳性，受压神经根相应分布区出现感觉减退，肌力减弱，腱反射异常。颈5~6椎间隙病变时，刺激颈6神经根引起患侧拇指或拇、示指感觉减退；颈6~7椎间隙病变时，刺激颈7神经根引起患侧示、中指感觉减退。

3）脊髓型颈椎病可发现颈部活动受限不明显，上肢动作欠灵活，四肢肌张力可增高，腱反射亢进，出现病理反射，可见霍夫曼征、巴宾斯基征、踝阵挛、髌阵挛阳性。

4）椎动脉型颈椎病有头痛头晕，颈后伸或侧弯时眩晕加重，甚至猝倒等表现，转头试验阳性。

5）交感神经型颈椎病有头晕、心慌、视力下降、头痛或偏头痛、汗多、心律失常、血压升高或下降等表现。

6）混合型颈椎病可有上述两种及以上类型同时存在的症状和体征。

（3）辅助检查：X线检查可见颈椎生理曲度改变，颈椎椎体、钩椎关节、椎间小关节骨质增生，椎间不稳，椎间孔狭窄，椎间隙变窄，项韧带钙化等；CT及MRI对椎管狭窄、脊髓受压等情况的诊断有较大意义。

3. 鉴别诊断　颈椎病主要应与胸廓出口综合征、肩周炎、脊髓肿瘤等相鉴别。

（1）胸廓出口综合征：指锁骨下动、静脉和臂丛神经在胸廓上口受压迫而产生的一系列症状。臂丛神经压迫症状多见，主要症状是颈肩部疼痛和麻木感，可累及前臂和手，部分患者累及前胸部和肩周区域，出现假性心绞痛症状。动脉受压症状包括上肢和手部皮肤冷、疼痛、无力或易于疲劳，疼痛呈弥漫性，静脉阻塞较为少见。尺神经传导速度测定速度减慢，可予选择性血管造影检查。

（2）肩周炎：好发于50岁左右人群，以肩部广泛的疼痛和主、被动功能障碍为特征，肩部疼痛以夜间为甚,常因天气变化及劳累而诱发,肩关节主动及被动活动受限,以外展、外旋、后伸受限明显,出现典型的"耸肩"现象,肩部肌肉萎缩,肩前、后、外侧均有压痛。X 线片多无明显异常,病程久者可见骨质疏松。

(3) 脊髓肿瘤:是指生长于脊髓及与脊髓相近的组织(包括神经根、硬脊膜、血管等)的原发、继发肿瘤。早期可出现神经根性刺激症状,表现为电灼、针刺、刀割或牵拉样疼痛,夜间痛及平卧痛是脊髓肿瘤的特殊症状,脊髓受压表现为受压平面以下运动、感觉、括约肌功能障碍。MRI 可清晰显示病变范围、特点,增强扫描可直接观察肿瘤形态、部位、大小及与脊髓的关系。

此外,颈椎病还需与腕管综合征、脊髓空洞症、肌筋膜炎、肩袖损伤、脑血管病变、冠状动脉供血不足等相鉴别。

三、治疗

本病多因长时间低头工作而产生,治愈后,特殊人群易复发。治疗可采用药物、手法、牵引、针灸等方法,少部分患者经长期保守治疗无效,可考虑手术治疗。手法治疗和颈椎牵引是治疗本病较为有效的措施。

1. 药物治疗

(1) 中药:需根据具体证候辨证施治。

1)风寒湿阻型:颈肩疼痛,上肢麻痛,以痛为主,颈部僵硬,关节屈伸不利,恶寒畏风,得热痛减,遇寒痛增。舌淡红,苔薄白,脉弦紧。治宜祛风散寒,除湿通络,方用桂枝附子汤加减。

2)气滞血瘀型:颈肩部刺痛,痛处固定,上肢疼痛、麻木,面色黧黑。舌质暗,脉弦。治宜活血化瘀,理气通络,方用活血止痛汤加减。

3)痰湿阻络型:颈肩疼痛,头晕目眩,头重如裹,四肢麻木不仁,纳呆,心悸,胸闷。舌暗红,苔厚腻,脉弦滑。治宜化痰行瘀,蠲痹通络,方用温胆汤加减。

4)气血亏虚型:颈肩疼痛,上肢麻痛,头晕目眩,伴有面色苍白,四肢倦怠,气短懒言,心悸怔忡,食欲减退。舌质淡,苔薄白,脉细虚。治宜补益气血,通络止痛,方用八珍汤加减。

5)肝肾不足型:颈肩疼痛,头痛,眩晕,耳鸣耳聋,失眠多梦,肢体麻木,面红目赤。舌红少津,脉弦细。治宜补益肝肾,通络止痛,方用六味地黄汤加减。

(2) 西药:可使用非甾体抗炎药、肌肉松弛药对症治疗。

2. 手法治疗　先在颈、肩、背部用一指禅、滚法或按揉法等舒筋活血、通络止痛,再根据病变节段,选择相对应的整骨手法治疗,如俯卧位旋转扳法、坐位旋提扳法、仰卧位拔伸整复手法和坐位定位定向扳法等。对于神经根型颈椎病患者,可采用颈椎旋转手法,以调整颈椎小关节,改善神经走行通道。此类手法宜轻柔,避免粗暴猛烈地旋转颈部,以免发生损伤,若使用不当有一定危险,故宜慎用。脊髓型颈椎病患者,手法风险较大,应谨慎使用,旋转手法应禁用。

3. 牵引治疗　采用枕颌布托牵引,此疗法可以缓解肌肉痉挛,使椎间隙增宽,减轻椎间盘变性,及骨质增生对神经、血管的纵向挤压和刺激,从而缓解临床症状。隔日或每日 1 次,每次 30 分钟,10 次为一个疗程。

4. 针灸治疗　急性期急则治标,局部施以强刺激;慢性期缓则治本,配合施以灸法。多采用普通针刺、电针、穴位注射等疗法,处方以颈椎局部选穴、阿是穴及远端循经辨证取穴为主,常选用风池、肩井、天宗、肩贞、颈夹脊、阿是穴等为主穴。

5. 封闭治疗　疼痛局部固定、范围较小者,可用 1% 利多卡因 2～3ml 加泼尼松龙

12. 5mg 或曲安奈德 5mg 做痛点封闭,每周 1 次,一般不超过 3 次。

6. 练功疗法　主要做颈部的前屈后伸、左右侧屈及旋转等活动,通过自主活动增强颈部肌肉力量和韧带弹性。对于脊髓型和椎动脉型颈椎病患者,做侧屈及旋转动作要慎重。

7. 手术治疗　经长期保守治疗无效者,可考虑行手术治疗。手术目的主要是解除由于椎间盘突出、骨赘形成或韧带钙化等所致的对脊髓、神经根或血管的严重压迫,以及重建颈椎的稳定性。

（1）手术适应证:经长期严格的保守治疗无效,脊髓型颈椎病病情日益加重者;神经根型颈椎病症状严重、影响患者生活和工作,或者出现肌肉运动障碍者;反复发作的其他各型颈椎病。

（2）手术的选择:手术术式可分为两类,颈前路和颈后路;其类型又可细分为开放性手术和微创手术。其中,开放手术包括:①前路椎间盘切除,椎体间植骨融合术,主要适用于脊髓型和神经根型颈椎病;②侧方减压和椎体间融合术,主要适用于椎动脉型和神经根型颈椎病;③后路椎板成形扩大椎管术,主要适用于前路手术效果不佳,多节段椎管狭窄者。微创手术包括椎间孔镜技术、经皮激光椎间盘减压、射频消融、经皮切吸等。

8. 其他　针刀、理疗等治疗方法,根据各自适应证和患者接受情况选择运用。

四、预防与康复

避免长时间低头劳作和屈颈斜枕、半躺看书等;颈部需防风寒湿邪侵入,同时保暖;睡眠时应保持头颈部处于一条直线,枕枕头时颈部稍高于头部,避免颈部悬空;开车、乘车注意系好安全带或扶好扶手,防止急刹车致颈部"挥鞭样损伤",乘车、体育锻炼时做好自我保护,避免头颈部受伤。

急性期用颈围或颈托固定颈部,避免进行功能锻炼,防止症状加重;康复期可间断佩戴颈托,进行项臂争力、翘首望月、仰首观天等锻炼;康复后要保持颈部肌肉的强度和耐力,应坚持做耸肩、扩胸、颈部的保健"米字操"等锻炼,以预防复发;针对眩晕患者,保健"米字操"、回头望月等转头动作慎用;各种锻炼动作要缓慢,以不引起疼痛和疲劳为度,要持之以恒、循序渐进、量力而行。

第二节　肩　周　炎

肩周炎是指肩关节囊及其周围韧带、肌腱及滑膜等肩关节周围软组织发生慢性无菌性炎症,从而引起的以肩部广泛疼痛和主、被动功能障碍为特征的一种疾病。其病名较多,又称"露肩风""冻结肩"和"五十肩"等。本病具有自愈倾向,女性多于男性,右肩多于左肩。

本病在中医典籍中又被称为"肩凝风""肩凝症""锁肩风"等,属中医学"痹证""筋痹"范畴,如按病变部位分类,本病又称为"肩痹病"。一般认为本病是由人体正气不足、外来邪气或长期劳损合而所致,以标本同治为治则。

一、病因病理

肩周炎可分为原发性和继发性,原发性的病因目前尚未明确,发病原因较复杂,一般认为与患者内分泌紊乱、慢性劳损、外伤、环境、肩关节退行性改变等密切相关。原发性多为无明显诱因下出现肩关节囊滑膜的炎症和纤维化,继而肩关节周围韧带、肌腱等软组织发生慢性无菌性炎症,从而导致肩关节疼痛,活动受限。而继发性多与肩关节周围组织的病损如冈上肌腱炎、肱二头肌肌腱炎、肩峰下滑囊炎、肩袖损伤、肩部创伤、肩部长期固定等因素有关。该病特征性病理表现为肩关节囊挛缩、关节囊滑膜慢性炎症和纤维化改变。

原发性肩周炎的病理过程可分为三期：①急性期：病变主要位于关节囊。肩关节造影显示关节囊紧缩，囊下皱褶互相粘连而消失。②粘连期：此期滑膜充血、增厚，关节囊严重挛缩，组织缺乏弹性，关节软骨间、肩周软组织广泛粘连，使得关节腔容积减小，造成关节活动严重受限。③缓解期：关节内炎症逐渐消退，疼痛逐步缓解，肩关节功能逐渐恢复。

中医学认为本病为中老年人肝肾亏虚，气血不足，筋肉失于濡养，加之肩部外伤劳损、外感风寒湿邪或因伤长期固定，易致肩部筋脉痹阻不通，致气血凝滞，筋结肩凝，肩关节疼痛活动不利，久则气血运行不畅，筋肉失养，致肩部肌肉萎缩。外伤劳损、外感风寒湿邪为其外因，肝肾亏虚、气血不足、血不荣筋为其内因。

二、诊断

1. 临床表现　本病发病缓慢，严重的肩部疼痛（夜间尤甚）、活动受限为两大特有症状，肩关节主动和被动活动均受限。

本病初期症状较为轻微，仅感肩部酸痛，随着时间推移，疼痛加重，可为钝痛、刀割样痛，每遇阴天及劳累后症状加重，夜间疼痛较甚，影响睡眠。疼痛可向颈背部、前臂或手部放射。肩关节各方向活动受限，以外展、外旋、后伸功能受限为明显，如不能穿衣、梳头等，重者出现典型的"耸肩"现象。因外伤诱发者，疼痛较重，肩关节功能迟迟不能恢复。检查肩部无明显肿胀，肩关节前、外、后侧广泛压痛。久病患者，患侧肩部肌肉萎缩，尤以三角肌最为明显。

本病为自限性疾病，病程大多为数月，部分患者可长达两年左右。根据不同病理过程，可将本症分为急性期、粘连期、缓解期。

（1）急性期：主要表现为肩部疼痛，肩关节活动受限，活动受限是由疼痛引起的肌肉、韧带、关节囊痉挛所致，但肩关节本身尚有较大活动度。此期病程约为 1 个月，亦可延续 2~3 个月。

（2）粘连期：肩部疼痛症状明显减轻，因肩关节囊及周围软组织广泛粘连，活动严重受限，肩关节做外展及前屈运动时，肩胛骨随之摆动而出现"耸肩"现象。此期病程需要 3~6 个月。

（3）缓解期：为本病的功能恢复期。疼痛缓解，肩部肌肉萎缩，肩关节挛缩、粘连逐渐消除而恢复正常功能。首先是外旋活动逐渐恢复，继之为外展和内旋等功能恢复。此期病程约需 6 个月。

2. 诊断要点

（1）病史：本病病程较长，呈慢性发病，多由外伤、慢性劳损或外感风寒原因引起。

（2）症状与体征：肩部疼痛以夜间为甚，常因天气变化及劳累而诱发，肩关节主动及被动活动受限，以外展、外旋、后伸受限明显，不能脱衣、梳头等，出现典型的"耸肩"现象，肩部肌肉萎缩，肩前、后、外侧均有压痛。

（3）辅助检查：X 线片一般无异常，但对鉴别诊断有意义，部分患者可见骨质疏松、冈上肌腱钙化或大结节处有密度增高阴影。MRI 可见肩关节周围软组织、关节囊、盂唇、肩袖、喙肩弓等信号异常。MRI 观察腋窝关节囊厚度诊断肩周炎是临床常用手段，有学者将关节囊厚度超过 4mm 作为 MRI 诊断粘连性关节囊炎的重要标准。

3. 鉴别诊断　肩周炎应与神经根型颈椎病、肩袖损伤、肱二头肌长头肌腱炎等相鉴别。

（1）神经根型颈椎病：患者颈部疼痛，可引起肩部疼痛及上肢放射痛，肩关节活动正常，椎间孔挤压试验、臂丛牵拉试验阳性。颈椎 X 线片示颈椎退变，椎间隙狭窄，生理弧度改变，

MRI 检查示椎间盘突出,有神经根压迫表现。肩周炎可自愈,而颈椎病往往呈进行性加重。

（2）肩袖损伤:以冈上肌腱损伤最为常见,肩袖完全断裂时,局部疼痛并可向前臂放射,肩关节外展功能障碍,被动活动无障碍,Jobe 试验和落臂试验阳性。肩袖部分撕裂时,患者仍能外展上臂,但有 60°～120°疼痛弧。肩部 X 线检查多未见明显异常,部分患者可有明显骨质增生,MRI 可发现肩袖肌腱的变性及形态改变。

（3）肱二头肌长头肌腱炎:肩关节前方疼痛,肩关节外展、后伸、旋转活动时加重,结节间沟处压痛明显,肱二头肌抗阻力试验阳性,肩部 X 线示无明确骨关节结构改变,MRI 检查可发现 T_2 像上肱二头肌长头肌腱高信号改变。

三、治疗

本病多能自愈,预后良好,但易复发。治疗原则为急性期缓解疼痛,预防功能障碍;粘连期改善功能;缓解期加强功能锻炼,消除残余症状。以手法治疗为主,配合药物、针灸、运动、理疗等方法,经长期保守治疗无效者,可考虑手术治疗。手法及练功在本病的治疗和恢复过程中有重要意义。

1. 药物治疗

（1）中药:依据本病的中医分型进行辨证施治。

1）风寒湿阻型:肩部窜痛,遇风寒痛增,得温痛缓,畏风恶寒,或肩部有沉重感,肩部活动受限,舌质淡,苔薄白或腻,脉弦滑或弦紧。治宜祛风散寒,除湿通络,方用蠲痹汤加减。

2）血瘀型:肩部肿胀,疼痛拒按,以夜间为甚,舌暗或有瘀斑,苔白或薄黄,脉弦或细涩。治宜活血祛瘀,行气止痛,方用身痛逐瘀汤加减。

3）气血亏虚型:肩部酸痛,劳累后疼痛加重,伴头晕目眩,气短懒言,心悸失眠,面色少华,四肢乏力,舌淡少苔或苔白,脉细弱或沉。治宜补气养血,舒筋通络,方用黄芪桂枝五物汤加减。

4）肝肾不足型:肩部酸痛,劳累后疼痛加重,伴腰膝酸软,头晕目眩,盗汗,口燥咽干,渴欲饮水,舌质红,少苔,脉细数。治宜补益肝肾,通络止痛,方用六味地黄汤加减。

（2）西药:可使用非甾体抗炎药、肌肉松弛药对症治疗。

2. 手法治疗　先以手法松解粘连,再进行被动关节运动。术者先用㨰法、揉法、拿捏法作用于肩前、肩后和肩外侧,用右手拇、示、中三指对捏三角肌肌束,做垂直于肌纤维走行方向的拨法,再拨动痛点附近的肌肉使其充分放松;然后进行肩部的牵拉、抖动和旋转活动;最后再进行被动外展、上举、内收、前屈、后伸等活动,以解除肌腱粘连(图 10-3)。手法治疗时会引起不同程度的疼痛,注意用力要适度,以患者能忍受为度。

若经上述治疗肩关节功能仍无改善者,可在臂丛麻醉或全麻下进行手法松解。方法是先进行肩内、外旋转,然后慢慢外展肩关节,整个过程中可感受到肩关节粘连撕开感。活动范围应由小到大,反复多次进行,直至肩关节达到正常活动范围,手法必须轻柔,切忌用暴力,防止因暴力活动而造成肩部骨折或脱位。术后第 2 日即开始肩部活动练习,预后较好。对严重骨质疏松症及高龄患者应慎用。

3. 针灸治疗　主要以局部穴位为主,配合循经远端取穴。主穴可选取肩前、肩髎、肩髃、臑俞、曲池、外关、合谷等穴,也可根据"以痛为输"的原则进行取穴,结合艾灸,隔日或每日 1 次。

4. 封闭治疗　经过药物治疗后,疼痛仍较重者也可用 1% 利多卡因 2～3ml 加泼尼松龙 12.5mg 或曲安奈德 5mg 做痛点封闭,每周 1 次,一般不超过 3 次。

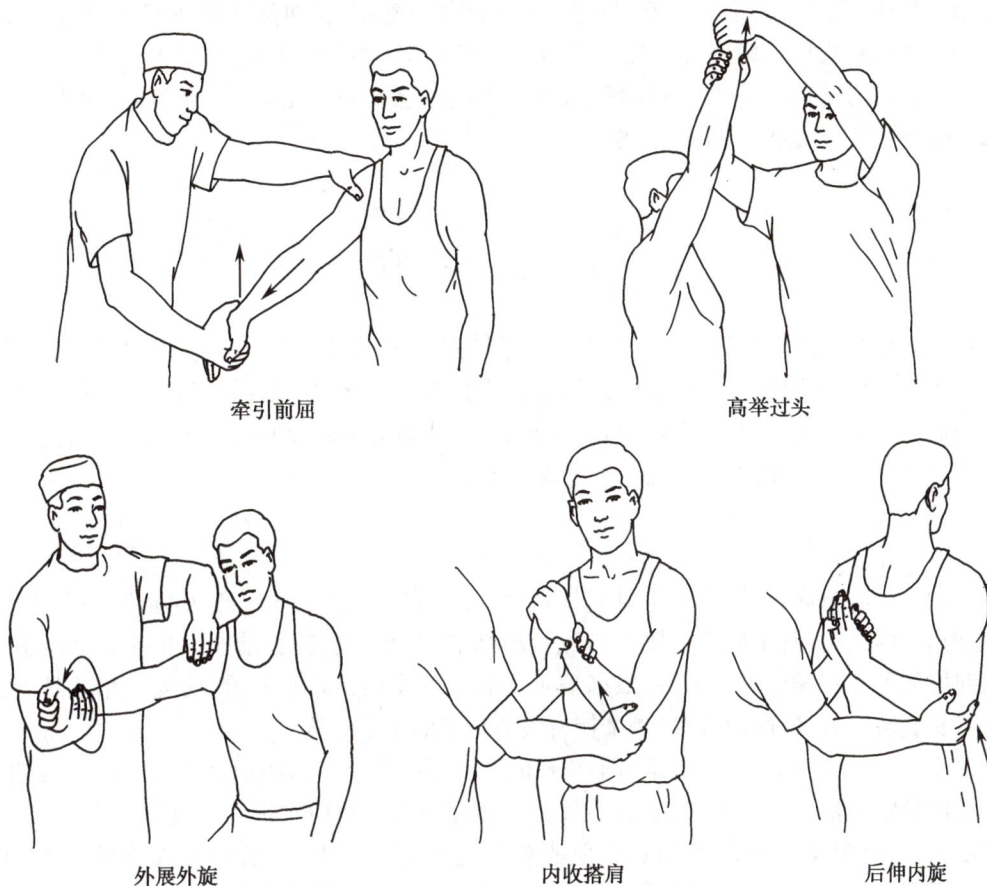

牵引前屈　　　　　　　　　　　　　　　　高举过头

外展外旋　　　　　　　　　　内收搭肩　　　　　　　　　　后伸内旋

图 10-3　肩周炎手法治疗

5. 练功疗法　是治疗过程中不可缺少的重要步骤,急性期患者肩关节的活动受限主要是由疼痛和肌肉痉挛引起,此时可进行患肢的外展、上举、内旋、外旋等活动,但以能忍受疼痛为度;粘连期,患者可在早晚反复做外展、上举、内旋、外旋、前屈、后伸、环转等活动,如"内外运旋""叉手托上""手拉滑车""手指爬墙"等动作。锻炼必须量力而行,循序渐进,持之以恒,如操之过急,则有损无益。

6. 物理治疗　可采用超短波、磁疗、热疗、电疗、蜡疗等,以减轻疼痛,促进关节功能恢复。对于老年患者,不可长期电疗,以防软组织弹性降低,反而有碍恢复。

7. 手术治疗　经长期保守治疗无效者,可考虑行肩关节镜下手术治疗,手术目的是松解粘连、消除炎症、改善功能。

(1)手术适应证:至少 3~6 个月的正规保守治疗无效,肩关节周围疼痛明显,活动受限,严重影响日常生活,或同时伴有肩袖及盂唇损伤、退变。

(2)手术的选择:目前主要采用关节镜行关节清理术。

四、预防与康复

患者要防止寒冷潮湿刺激,避免露肩吹风,掌握正确的肩关节活动方法,避免肩关节过度劳累,适当减少肩关节活动时间,尽量避免和减少肩关节的外伤和反复的应力刺激,适当行肩关节功能锻炼,防止肩周炎发生。若肩关节外伤,要防止病情演变成肩周炎,外伤后要在医生指导下及时行肩关节功能锻炼,防止周围软组织粘连。

急性期以疼痛为主,肩关节被动活动尚有较大范围,应减轻持重,减少肩关节活动;慢性期关节已粘连,关节被动活动功能严重障碍,肩部肌肉萎缩,要加强功能锻炼,以增强肩关节周围肌肉和肌腱强度。肩周炎病程长、疗效慢、痛苦大、功能恢复不全,患者应劳逸结合,疼痛严重者必要时采取一些固定和镇痛措施。要鼓励患者树立信心,配合治疗,加强自主锻炼,以增进疗效、缩短病程、加速痊愈。

第三节　肩　袖　损　伤

肩袖损伤是指肩袖肌腱在止点附近发生撕裂后出现肩部疼痛,以肩外展功能障碍为主的一种疾病。肩袖损伤在临床上比较常见,多为长期劳损导致肩袖退变所致,少数为急性外伤所引起。本病多见于中老年人,投掷、棒球、羽毛球等运动员和搬运工等发病率较高,急性损伤者多为青少年。女性多于男性,右肩多于左肩。

一、病因病理

肩袖是由起自肩胛骨,覆盖于肩关节前、上、后方的冈上肌、冈下肌、小圆肌、肩胛下肌肌腱共同组成的结构,其中肩胛下肌止于肱骨小结节,其余三肌腱自前至后抵止于大结节上,四肌肌腱如袖套一样包裹肱骨头,故名肩袖。肩袖的作用是悬吊肱骨,协助三角肌外展,维持肱骨头旋转中心、传递力量等,是维持肩关节稳定的重要结构。

退变、撞击、血供不足、外伤是肩袖损伤的主要原因。患者因职业因素,使肩关节长期在活动范围极限的情况下用力,造成肩袖反复、过度磨损,导致肌腱退行性变。由于解剖结构的原因,肩袖组织长期遭受肩峰、喙肩韧带撞击,造成磨损,同时肱骨内旋或外旋中立位时,肩袖易受到肱骨头的挤压造成局部相对缺血。在此基础上,肩部的过度牵拉或扭转等轻微外伤,或感受风寒湿邪均可引起肩袖的撕裂。青少年肩袖撕裂多由急性外伤造成,多为跌倒时手外展着地,或手持重物,肩关节突然外展上举或扭伤而引起。在肩袖中尤以冈上肌腱薄弱,容易发生破裂。肩袖损伤根据断裂程度,可分为部分断裂和完全断裂两类。

本病属中医"筋痹""肩痹病"范畴。一般认为,本病为中老年人肝肾亏虚,筋肉失于濡养,加之肩部外伤劳损、外感风寒湿邪,易致肩部筋脉痹阻不通,致气血凝滞,肩关节疼痛,活动功能障碍。劳损外伤、外感风寒湿邪为其外因,肝肾亏虚、筋肉失养为其内因。

二、诊断

1. 临床表现　伤后患肩疼痛,肩关节活动明显受限。

2. 诊断要点

（1）病史:本病多在肩袖退变的基础上,由轻微外伤或感受风寒湿邪诱发引起。

（2）症状与体征:伤后肩部疼痛,疼痛部位以肩顶部为主,可向前臂放射,疼痛严重者,往往夜间加剧,甚至影响睡眠。肩袖完全断裂者,肩关节外展功能障碍,Jobe 试验、落臂试验等阳性;肩袖部分撕裂者,患者仍能外展上臂,但有 60°～120°疼痛弧。肩峰下、大结节处、结节间沟、肩前方等处压痛,冈上肌、冈下肌、三角肌等萎缩明显。

（3）辅助检查:X 线片一般无异常,部分患者肩峰前外侧缘及大结节处有明显骨质增生。MRI 可以帮助确定肌腱的损伤部位、肌腱撕裂范围,尤其是磁共振造影检查可以清晰显示肩袖的部分撕裂,对诊断具有较高价值。

3. 鉴别诊断　肩袖损伤应与肩周炎、神经根型颈椎病、肱二头肌长头肌腱断裂等相鉴别。

（1）肩周炎：好发于 50 岁左右人群，以肩部广泛疼痛和主被动功能障碍为特征。疼痛以夜间为甚，常因天气变化及劳累而诱发，肩关节主动及被动活动受限，以外展、外旋、后伸受限明显，肩部肌肉萎缩、多处压痛。X 线片多为阴性。肩周炎患者肩关节主被动功能均障碍，明显有别于肩袖损伤。

（2）神经根型颈椎病：患者感颈部疼痛，可引起肩部疼痛及上肢放射痛，肩关节活动正常，椎间孔挤压试验、臂丛牵拉试验阳性。颈椎 X 线摄片检查，可有颈椎退变，椎间隙狭窄，生理弧度改变，MRI 检查可显示椎间盘突出，有神经根压迫表现。肩袖损伤出现患肩的主动活动受限，可鉴别。

（3）肱二头肌长头肌腱断裂：患者肩关节前方疼痛，结节间沟处压痛明显，肘部屈曲无力或力量减弱，肱二头肌抗阻力试验阳性，肩部 X 线检查提示无明确骨关节结构改变，MRI 检查可明确断裂及断裂程度。

三、治疗

对于部分断裂的肩袖损伤多采用保守治疗，若保守治疗效果不佳和完全断裂者，应予手术治疗。

1. 药物治疗

（1）中药治疗：依据本病的中医分型辨证施治。

1）气滞血瘀型：损伤早期，肩部肿胀，疼痛拒按，痛点固定，夜间痛剧，活动障碍，舌暗或有瘀斑，苔白，脉弦或沉涩。治宜活血祛瘀，消肿止痛，方用活血止痛汤加减。

2）肝肾亏虚型：损伤日久，肩部酸痛乏力，活动受限，肌肉萎缩，舌淡，薄白，脉细数。治宜补益肝肾，强壮筋骨，方用补肾壮筋汤加减。

3）血不荣筋型：损伤日久，肩部酸痛，活动乏力，肌萎筋缓，面色少华，舌淡少苔，脉细。治宜补血荣筋，方用当归鸡血藤汤加减。

局部外用药物亦有较好效果，早期可外敷消瘀止痛膏药，中后期可用擦剂或损伤洗剂熏洗。

（2）西药：可使用非甾体抗炎药对症治疗。

2. 手法治疗　急性期患者慎用手法治疗；慢性期患者，可在肩关节及周围肌肉处予以滚法、揉法、拿捏法、拨法、牵抖法等手法治疗，并进行适当的肩关节被动活动，以恢复关节功能。

3. 固定　肩袖部分断裂者或肩袖手术后，应予外展支架固定，固定于外展、前屈、外旋位，固定时间是 4~6 周。解除固定后应进行适当的手法治疗和功能锻炼，以免造成肩关节功能障碍。

4. 针灸治疗　通经活络，舒筋止痛，以局部穴位为主，配合循经远端取穴。主穴可选取肩前、肩髎、肩髃、臑俞、外关、合谷等穴，也可根据"以痛为输"原则取穴，结合艾灸，隔日或每日 1 次。

5. 封闭治疗　疼痛较重者可用 1% 利多卡因 2~3ml 加泼尼松龙 12.5mg 或曲安奈德 5mg 做痛点封闭，每周 1 次，一般不超过 3 次。

6. 练功疗法　固定期间进行耸肩、扩胸、握拳和腕部功能锻炼。解除固定后，积极进行主被动功能锻炼，练习外展、前屈、上举、内外旋活动，应循序渐进，避免操之过急，产生不必要的损伤。

7. 物理治疗　可采用冲击波、超短波、热疗、中药离子导入等方法，以减轻疼痛，促进关节功能恢复，其中冲击波治疗效果较为理想。

8. 手术治疗

（1）手术适应证：肩袖完全断裂、部分断裂经 4~6 周保守治疗效果不佳者。

（2）手术的选择：肩关节镜肩袖修补术。

四、预防与康复

经常从事肩部活动的人员，要注意变换姿势和体位，避免长时间反复某一动作，减少劳作时间，以免肩部劳损。需注意肩部保暖，避免感受风寒湿邪入侵。投掷、棒球、羽毛球等运动员在训练和比赛前，应充分做好准备活动，避免损伤。

损伤初期不宜进行肩部外展活动，解除固定后积极进行主被动功能锻炼，以主动活动为主，锻炼应循序渐进，避免操之过急。3 个月内应避免提举重物和攀爬等动作。

第四节 肩峰下撞击综合征

肩峰下撞击综合征是以肩关节前方或前外侧疼痛为主要症状的一种疾患。本病多发生于 40 岁以上患者，往往起病较急。

一、病因病理

肩峰下撞击综合征多为退行性病变，退变、创伤、血供不足、慢性撞击等是本病的主要病因。可分为原发性撞击和继发性撞击。原发性撞击是指手臂在 60°~120° 之间上举时，肩袖尤其是冈上肌腱会和肩峰前缘发生撞击，反复撞击就会造成肩袖损伤；继发性撞击是指肩关节不稳或因过度张力，无法维持肱骨头被下压的稳定功能，以致肱骨头上移而撞击到肩峰。

中医学认为本病多因为中老年人肝肾亏虚，气血不足，筋骨失健，风寒湿邪乘虚侵袭，痹阻经脉，导致肩关节疼痛、活动不利。

二、诊断

1. 临床表现 本病主要表现为肩峰下疼痛，以肩关节过度前屈或肩关节前屈 90° 时极度内旋疼痛明显。前者是由冈上肌与肩峰前外缘撞击造成，后者是由大结节与肩峰前外缘撞击造成。典型的肩峰下撞击引起的疼痛多发生在肩关节前方或前外侧。不适感通常在反复或过头动作后加重，并且普遍有夜间痛。

2. 诊断要点

（1）病史：本病多有长期过肩活动史或偶有外伤史。

（2）症状与体征：患肩前、外侧疼痛，可牵及前臂部，肩前屈、外展 60°~120° 时疼痛加重，肩峰前外缘压痛，疼痛弧征、Neer 征及 Hawkins 征阳性；如合并肩袖损伤，则表现为进行性加重的肩关节疼痛且夜间加剧，力弱，肩关节主动活动受限大于被动活动受限。

（3）辅助检查：X 线片是首选的检查手段，可见肱骨大结节及相应肩峰下有骨硬化或骨刺形成。除了传统的肩部正侧位 X 线片，最有帮助的就是肩胛骨的侧位像，以及肩关节正面的 30° 向下投射影像。两者均可清晰显示肩峰的骨骼构造以及骨刺向前下方突出的情形。MRI 是本病最敏感的检查方法，可以鉴别肩峰下滑囊炎和肩袖损伤的范围和程度，发现不同程度的骨髓水肿及关节内积液。

3. 鉴别诊断 肩峰下撞击综合征应与肩袖损伤、肱二头肌长头肌腱炎等相鉴别。

（1）肩袖损伤：以冈上肌腱损伤或炎症最常见，多继发于肩峰下撞击综合征，肩部夜间疼痛更为明显，肌腱断裂者出现抬肩无力，可向前臂放射，痛点以肩前、外侧为主，其余方向活动受限不明显，而且被动活动无障碍，疼痛弧试验、Jobe 试验、落臂试验等阳性，封闭试验后外展抗阻疼痛缓解。MRI 是区别肩峰下撞击综合征与肩袖损伤最主要的手段，MRI 可发现肩袖肌腱的变性及形态改变。

（2）肱二头肌长头肌腱炎：患者肩前部疼痛，外展、后伸、外旋加重，结节间沟处压痛明显，肱二头肌抗阻力试验阳性，MRI 可发现 T_2 像上肱二头肌长头肌腱高信号改变。

三、治疗

大多数肩峰下撞击综合征患者可进行非手术治疗，通过系统的康复训练，可获得满意疗效。经长期保守治疗无效者，可考虑手术治疗。

1. 药物治疗　同肩周炎。

2. 手法治疗　松解粘连、舒筋活络，多采用理筋手法，急性期以轻手法为主。

3. 针灸治疗　取穴原则及治疗方法同肩周炎。

4. 运动疗法　运动疗法是治疗过程中不可缺少的重要步骤，要在医生指导下积极进行自主功能锻炼。须酌情而行，循序渐进，持之以恒，久之可见效果；否则，操之过急，有损无益。

5. 物理治疗　可采用超短波、磁疗、热疗等，以减轻疼痛，促进恢复。

6. 封闭治疗　疼痛较重者也可用复方倍他米松注射液 0.5～1ml，加 1%～2% 利多卡因 2ml 做痛点封闭。

7. 手术治疗

（1）手术适应证：确诊为原发性肩峰下撞击综合征者；疼痛经保守治疗无效者；有肩袖撕裂需要缝合者。

（2）手术的选择：主要行肩峰下减压，切除肩峰前外侧角的增生骨刺，同时行肩峰下滑囊清理。在整个过程中，截骨面应该平滑，且要防止三角肌在止点处被剥离。同时，术中要仔细探查有无肩袖损伤，若有则一并处理。

四、预防与康复

肩峰下撞击综合征要及时治疗，防止迁延不愈，必要时可采取手术治疗。中老年患者及体质虚弱者，要避免过多进行上肢过头运动，防止寒冷潮湿刺激，适当行肩关节功能锻炼，以预防本病的发生。通过系统治疗，大多数患者可获得满意疗效。

第五节　肱二头肌长头肌腱炎

肱二头肌长头肌腱炎是指肱二头肌长头肌腱在肩关节活动时长期遭受磨损而发生退变、粘连，使肌腱滑动功能发生障碍的病变。本病好发于 40 岁以上患者。

一、病因病理

本病可因外伤或慢性劳损而引发，由于肩关节受急性外伤或上臂用力不当，造成肱二头肌长头肌腱充血、水肿，甚至发生粘连而形成本病；肘关节过度屈伸活动，使肱二头肌长头肌腱在结节间沟的骨质上反复摩擦，致使腱鞘水肿、增厚而发生本病。

本病属于中医学"筋伤"范畴。中医认为,肩前部为手太阴经筋、络筋所聚,凡扭捩撞挫,伤及肩髃;或慢性积劳,致使血瘀凝聚,气滞不通而为肿痛;或风寒湿邪客于肩髃之筋,寒主收引,湿性重着,气血痹阻,筋失濡养,筋挛拘急,发为本病。

二、诊断

1. 临床表现　患肩前部疼痛,肱骨结节间沟处酸胀痛,昼轻夜重。疼痛可向上臂及前臂放射,活动后疼痛加重,患肢为减轻疼痛常保持在体侧垂直位或内旋位。主动或被动牵拉肱二头肌长头肌腱时均可产生疼痛。

2. 诊断要点

（1）病史:有外伤史。

（2）症状与体征:以局部压痛和肩关节活动障碍为主,在肱骨结节间沟、肱二头肌长头肌腱有压痛,少数患者可触及条索状物,肩关节活动早期可无明显障碍,后期肩关节前屈、外展、外旋及肘关节屈伸活动受限。肱二头肌收缩时,常能触及轻微的摩擦感。肩关节内旋试验和肱二头肌抗阻力试验阳性。

（3）辅助检查:X线片可辅助诊断,肩关节正位 X 片检查可排除骨性病变。疑似本病时应常规拍肱骨结节间沟切线位 X 线片,部分患者可见结节间沟变窄、变浅,沟底或沟边有骨赘形成。

3. 鉴别诊断　本病应与肱二头肌短头肌腱损伤、肩周炎、肩峰下滑囊炎等相鉴别。

（1）肱二头肌短头肌腱损伤:肩前偏于内侧部疼痛,喙突附近有明显疼痛及压痛点。临床以肩关节前屈、后伸、外展、外旋时,诱发喙突部疼痛为主要特征。

（2）肩周炎:多无明显外伤史。疼痛范围较广泛,可在肩关节前侧、外侧及后上侧触及疼痛。肩关节的功能障碍主要表现在外展、上举、后伸时活动受限。

（3）肩峰下滑囊炎:多无明显外伤史。肩关节前外侧邻近三角肌止点部位疼痛,肩峰前下部有明显的深压痛,严重者可触及球形囊性物。肩关节外展活动受限。

三、治疗

急性损伤应以活血化瘀、消肿止痛为主;慢性损伤应以活血通经、松解粘连为主。经长期保守治疗无效者,可考虑手术治疗。

1. 药物治疗

（1）中药治疗:急性期宜活血祛瘀、舒筋止痛,可服活络效灵丹、芍药甘草汤等,外敷双柏散、三色敷药等;慢性期宜补益肝肾、活络止痛,可服大、小活络丹,三痹汤,桂枝汤等,配合上肢损伤洗方、海桐皮汤局部熏洗等。

（2）西药治疗:外用、口服常规非甾体抗炎药可减轻疼痛,如双氯芬酸二乙胺乳胶剂等。

2. 手法治疗　急性期患肢宜制动休息、冰敷,三角巾将前臂固定于胸前,3 天后去除固定,做理筋手法。患者端坐,患肩外展约 60°,术者以拇指取与肱二头肌长头肌腱纵轴垂直方向轻柔左右弹拨,然后顺其肌腱走行方向做纵行理筋、点按,继用掌根在患肩由上而下按摩。

3. 封闭治疗　局部封闭效果良好,应直接注射到肱二头肌腱鞘内,每周 1 次,共 2~3次,疼痛一旦缓解,即应开始肩关节活动锻炼,以防止肩周炎的发生。

4. 针灸治疗　常用针灸穴位包括肩内陵、肩髎、肩髃、肩贞、天宗、手三里、曲池、阿是穴等。

5. 物理疗法 局部理疗或热敷有助于炎症消退。

6. 手术治疗 手术目的是消除炎症、改善功能。

（1）手术适应证：经半年以上保守治疗无效者。

（2）手术的选择：将肩关节囊内肿大之肌腱切除或切断，在原处将肱二头肌长头肌腱固定在肱骨上端，这对于非肩部撞击症患者，效果是满意的。对于因肩峰下撞击所致肱二头肌长头腱鞘炎，若将长头肌腱固定于结节间沟，则因丧失其对肱骨头上移的阻挡作用，使肩峰下撞击更趋严重。正确的方法是将长头肌腱固定在结节间沟或移至喙突上，同时行前肩峰成形术，以消除肩部撞击病因。

四、预防与康复

避免过度使用肩关节，注意保暖，防止肩部受寒，疼痛较重的患者可用三角巾悬吊前臂保护肩关节，在不加重症状的前提下，应适度进行肩关节锻炼。

第六节　肱骨外上髁炎

肱骨外上髁炎是以肱骨外上髁局限性疼痛，影响伸腕和前臂旋转功能为特征的慢性劳损性疾病，又称"网球肘"。本病多见于网球、羽毛球运动员，家庭主妇、砖瓦工、木工等长期反复用力做肘部、腕部活动者。

一、病因病理

肱骨外上髁是前臂伸肌群浅层（桡侧腕长伸肌、桡侧腕短伸肌、指伸肌、小指伸肌和尺侧腕伸肌）和深层旋后肌的起点，由于腕肘部长期频繁活动，前臂伸肌群起点反复受到牵拉刺激，造成起点的肌腱变性、退化、撕裂和局部的慢性炎症，可出现局部的滑膜增厚、滑囊炎、肱骨外上髁骨膜炎等病理变化，亦可出现支配伸肌神经分支的神经炎，或桡骨头环状韧带退行性变等，其局部多有充血、水肿或渗出、粘连等反应。

中医学认为本病的发生除了长期腕、肘部反复用力劳损外，还与患者体质虚弱、气血不足、肝肾亏虚，致筋骨失于濡养有一定关系。腕、肘部劳损为其外因，肝肾亏虚、筋骨失养为其内因。

二、诊断

1. 临床表现 患者无明显外伤史，起病缓慢。初始表现为做某一动作时肘外侧疼痛，休息后缓解，以后疼痛逐渐加重，做拧毛巾、提重物、扫地等动作时疼痛较为明显，甚至有突然"失力"现象。部分患者在肘部劳累、阴雨天疼痛加重。因患肢在屈肘、前臂旋后位时疼痛常缓解，故患者多取这种姿势。

2. 诊断要点

（1）病史：本病起病缓慢，多见于肘部、腕部长期反复用力者。

（2）症状与体征：肘外侧疼痛，疼痛逐渐加重。以肱骨外上髁处压痛明显，可向上臂、前臂放射，肘关节屈伸活动正常，腕伸肌紧张试验阳性。

（3）辅助检查：X线片多为阴性，部分患者可见在肱骨外上髁处钙化阴影或骨膜反应。

3. 鉴别诊断 肱骨外上髁炎应与肱骨内上髁炎、肘关节骨化性肌炎、神经根型颈椎病等相鉴别。

（1）肱骨内上髁炎：病变在肱骨内上髁,局部疼痛,压痛在肱骨内上髁,抗阻力屈腕时疼痛明显,屈肌紧张试验阳性,与肱骨外上髁炎不难鉴别。

（2）肘关节骨化性肌炎：本病有明确的肘部外伤史,肘部疼痛,疼痛范围比较广泛,肘关节活动功能严重障碍,局部有肿块,X 线检查可见局部有骨化阴影。

（3）神经根型颈椎病：患者感颈部疼痛,可引起一侧或两侧肢体放射痛,但麻木与颈神经根的节段性分布相一致,肘关节活动正常,椎间孔挤压或分离试验、臂丛牵拉试验阳性,肘部无明显压痛点。颈椎 X 线片可有颈椎退变、椎间隙狭窄、生理曲度改变,MRI 可显示椎间盘突出,有神经根压迫表现。

三、治疗

本病因长期反复用力做肘部、腕部活动而产生,治愈后,特殊工作人群易复发。治疗可采用手法、药物、针灸、针刀、理疗、封闭等方法,极少数经长期保守治疗无效者可考虑手术治疗。针刀治疗是本病的特色疗法。

1. 药物治疗

（1）中药治疗：依据本病的中医分型辨证施治。

1）风寒阻络型：肘部疼痛,遇寒加重,得温则舒,屈伸不利,舌暗红,苔薄白或腻,脉沉缓或沉涩。治宜祛风散寒,温经通络,方用舒筋汤加减。

2）气滞血瘀型：肘部胀痛或刺痛,持续不解,屈伸不利,舌暗红或有瘀点,苔薄白,脉涩或沉涩。治宜活血祛瘀,行气止痛,方用活血舒筋汤加减。

3）气血亏虚型：肘外侧酸痛反复发作,提物无力,肘外侧压痛,喜按喜揉,伴少气懒言,面色苍白,舌淡苔白,脉沉细。治宜益气养血,舒筋通络,方用补肾活血汤加减。

局部外敷药物或中药熏洗亦有一定效果。

（2）西药治疗：口服、外用非甾体抗炎药可减轻疼痛。

2. 手法治疗　患者坐位,术者采用弹拨、分筋、按揉、屈伸等手法治疗,以达缓解痉挛、活络止痛之效。术者先用拇指在肱骨外上髁及前臂桡侧痛点处做弹拨、分筋治疗;再在曲池、肩井、手三里、合谷穴按揉,然后从前臂外侧开始经肘部向肩部做轻柔回旋揉动,重点揉动肘关节。最后,术者一手握其肱骨下端,另一手握其腕部做轻度的前臂旋转活动,拔伸肘关节并做肘关节屈伸活动(图 10-4)。

3. 针灸治疗　主要以痛点和局部取穴为主,配合循经远端取穴。主穴选取阿是穴、曲池、肩井、手三里、合谷等穴,可结合温针灸、电针治疗,或采用阿是穴隔姜灸,隔日 1 次。亦可用梅花针叩打患处,再加火罐治疗,3~4 天 1 次。

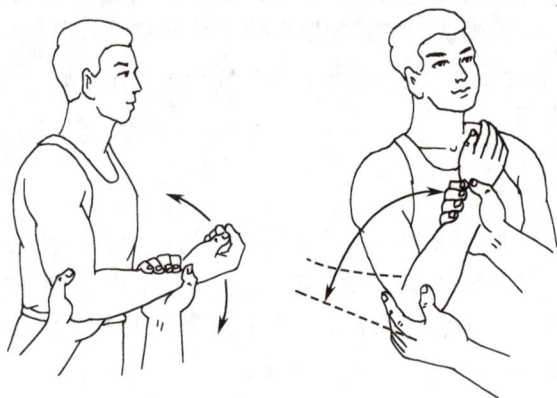

图 10-4　肱骨外上髁炎手法治疗

4. 封闭治疗　用 1% 利多卡因 2~3ml 加泼尼松龙 12.5mg 或曲安奈德 5mg 做痛点封闭,每周 1 次,一般不超过 3 次。

5. 针刀治疗　局部麻醉后从痛点进针,垂直刺入,直达肱桡关节滑囊和骨面,做局部疏通剥离后出针刀,术后压迫针孔,无菌纱布或创可贴覆盖,做肘关节屈伸活动数次。

6. 物理治疗 可采用超短波、冲击波、磁疗、电疗、蜡疗、中药离子导入等,以减轻疼痛,促进炎症吸收,恢复关节功能。

7. 手术治疗 如果是肱骨外上髁炎晚期或顽固性肱骨外上髁炎,经过长期保守治疗无效,可以考虑手术治疗,以清除不健康组织,改善或重建局部血液循环,促进组织修复。

(1) 手术适应证:经过正规保守治疗半年至 1 年后症状仍然严重,影响生活和工作者。

(2) 手术的选择:包括微创关节镜手术和创伤较小的开放性手术。

四、预防与康复

肱骨外上髁炎是由于腕肘部长期频繁活动,前臂伸肌群起点反复受到牵拉刺激而引起。因此,从事反复伸屈腕肘关节工作的人群,应注意劳逸结合,适度进行有针对性的锻炼,尽量避免前臂过度劳累,长期体力活动较少的人,应注意避免突然的腕肘部过度活动。

发生肱骨外上髁炎后,应注意休息,停止使用肘部、腕部力量的动作,若患者疼痛明显,可用三角巾等悬吊固定,待疼痛缓解后及时解除固定,并逐渐进行肘关节功能锻炼,但要避免前臂伸肌群起点受到明显牵拉的动作。患者治愈后,仍要防止肘部吹风、着凉,避免过劳,以免复发。

第七节 肘管综合征

肘管综合征是尺神经在肘部受到卡压所产生的以环指、小指疼痛、麻木、活动受限为主要表现的病症。

一、病因病理

肘管是由肱骨内上髁、尺骨鹰嘴和附着在其上的尺侧腕屈肌腱弓共同构成的骨纤维性管道,前、后、外侧壁均为骨性,内侧壁为由致密结缔组织构成的弓状韧带,缺乏伸展性,尺神经伴尺侧副动脉通过肘管,从肱骨后面至前臂屈侧,随着肘关节的屈伸活动,该纤维膜弓的松紧也相应变化,肘管的容积大小随肘关节的屈伸而改变,伸肘时松弛,肘管增大,屈肘时紧张,肘管变小。任何使肘管容积绝对或相对减小的因素均可引起尺神经的卡压,产生相应症状。常见原因如下:肘外翻、尺神经半脱位、肱骨内上髁骨折、创伤性骨化、长期屈肘工作、枕肘睡眠等。

肘管综合征按发病部位属于中医学"肘痹""肘痛"范畴,按病因病机与"筋痹""肌痹"类似。本病系由肘部外伤、劳损,或外感风寒湿邪致使局部气血瘀滞、经络阻滞、筋失所养;或中老年患者体虚久病、骨折后气虚血瘀,血不荣筋而发病。

二、诊断

1. 临床表现 肘部刺痛,可向近、远端放射,环指、小指有麻木和刺痛感。轻度患者可只有疼痛症状,严重者可有感觉减退或消失。还可有手部乏力、握力减退、肌肉萎缩、活动不灵活等症状。在做手工尤其是屈肘活动时,上述症状加重。

2. 诊断要点

(1) 病史:体力劳动者多见,慢性发病且较隐匿。

(2) 症状与体征:肘内侧疼痛,环指尺侧、小指及手背尺侧麻木,手部握力减退,手部骨间肌及小鱼际肌萎缩;尺神经支配区域感觉、运动障碍,可出现爪形手畸形,夹纸试验、Tinel

征、Froment 征阳性。

（3）辅助检查：X 线示局部有移位骨块或异常骨化等。神经电生理检查可示尺神经传导速度减慢，潜伏期延长；骨间肌及小鱼际肌可出现失神经电位。

3. 鉴别诊断　本病主要需与神经根型颈椎病、胸廓出口综合征、神经鞘膜瘤等进行鉴别。

（1）神经根型颈椎病：可出现小指和环指感觉异常，手内在肌肌力减弱等症状，但此类病变常伴有颈部疼痛和活动受限。颈椎 X 线、CT 以及 MRI 检查亦有助于鉴别诊断。

（2）胸廓出口综合征：本病也有手部尺侧感觉异常和手内在肌肌力减退等表现，而前臂内侧感觉异常是鉴别胸廓出口综合征的典型体征。深呼吸试验、肩外展试验、屈肘试验等有助于鉴别诊断。

（3）神经鞘膜瘤：肘部尺神经鞘膜瘤与肘管综合征临床表现相似，检查时多可扪及节段性增粗的尺神经，Tinel 征阳性，而无肘部骨关节病变。有时鉴别困难，需在手术中或经病理检查来明确诊断。

三、治疗

肘管综合征治疗目的是去除病因、解除神经卡压、松解神经粘连、减轻神经水肿。初期多采用非手术治疗，以针灸、封闭等治疗为主，配合药物、理疗等。

1. 药物治疗

（1）中药治疗：根据具体证候辨证施治。

1）风寒痹阻型：肘内侧部疼痛，环、小指麻木，遇寒加重，得温痛缓，舌苔薄白或白滑，脉弦紧或浮紧。治宜祛风散寒、温经通络，方用舒筋汤加减。

2）气虚血瘀型：肘内侧部酸痛，环、小指麻木不仁，屈伸无力，并见少气懒言，面色苍白，舌淡苔暗，脉弦细。治宜益气养血、活血通络，方用黄芪桂枝五物汤加减。

局部外敷药物或中药熏洗亦有一定效果。

（2）西药治疗：口服、外用非甾体抗炎药可减轻疼痛。

2. 针灸治疗　按手太阳小肠经走行取穴。常选取小海、支正、腕骨、养老、后溪、中渚、阳池等，局部阿是穴配合治疗，强刺激，每日 1 次。

3. 固定疗法　对于症状较重者，可将肘关节暂时制动于伸肘位 3~4 周，其目的在于减少尺神经刺激。

4. 封闭治疗　用 1%~2% 利多卡因 3~5ml 加泼尼松龙 12.5mg 于肘管内注射，可达到减轻神经水肿、松解神经粘连、促进神经恢复的作用。

5. 物理治疗　可采用中药离子导入、超短波、磁疗、红外线照射等方法，以促进炎症吸收、改善局部血液循环、缓解神经粘连及水肿。

6. 手术治疗

（1）手术适应证：适用于症状较重、经非手术治疗 4~6 周无效，或有手内在肌萎缩的患者。

（2）手术的选择：可选择应用局部减压（如肘管切开减压术和内上髁切除术）和神经前置术（包括皮下前置术、肌间前置术、肌下前置术等）。

四、预防与康复

本病重在预防，伤后应调整臂部姿势，防止肘关节长时间过度屈曲，避免枕肘睡眠，佩戴护肘。手内在肌萎缩明显、神经内纤维变性或症状持续时间长的患者预后较差。

第八节 腕管综合征

腕管综合征是指由于腕管内容积减小或压力增高,使正中神经在管内受压而形成的以手指麻痛乏力为主要表现的综合征。本病好发于中年人,以女性多见,常单侧发病。

一、病因病理

腕管有四壁:前壁为腕横韧带,后壁为头状骨、舟状骨、小多角骨及覆盖于其上的韧带,桡侧壁为舟骨结节和大多角骨结节,尺侧壁为豌豆骨、钩骨钩突及其韧带。腕管内通过的组织有拇长屈肌腱、指浅屈肌腱、指深屈肌腱及正中神经,它们排列得十分紧密,且构成腕管的组织坚韧,凡导致腕管容积减小或内容物增多均可造成腕管内压力增大,从而引发腕管综合征。

1. 腕管内压力增大 手和腕部长期反复用力活动可使手腕发生慢性损伤,在掌指和腕部活动中,尤其是握拳屈腕时,指屈肌腱和正中神经长期与腕横韧带来回摩擦,引起肌腱、滑膜和神经的慢性损伤。肌腱、滑膜水肿使管腔内压力增高,致使正中神经受压。此外,风湿性和类风湿疾病,产后或更年期内分泌功能紊乱,以及结缔组织疾病等,亦可诱发正中神经受到卡压。

2. 腕管容积减小 腕部的创伤,如月骨脱位、桡骨远端骨折畸形愈合等均可使腕管内腔缩小,腕横韧带增厚亦可使腕管容积减小,从而压迫正中神经。

3. 腕管内容物增多 如腕管内的腱鞘囊肿、脂肪瘤等可引起腕管内容物增多,造成腕管相对狭窄,使正中神经受压。

二、诊断

1. 临床表现 主要表现为腕以下正中神经支配区域内的感觉、运动功能障碍。患肢桡侧3个半手指麻木、刺痛或烧灼样痛、肿胀感。亦有患者自诉疼痛向肘、肩部放射。患手握力减弱,拇指外展、对掌无力,握物、端物时,偶有突然失手的情况。疼痛多在夜间、晨起或劳累后出现或加重,活动或甩手后症状减轻。寒冷季节患指可有发冷、发绀等改变。病程长者大鱼际萎缩,出汗减少,皮肤干燥脱屑。

2. 诊断要点

(1) 病史:患者多有患腕关节劳损或外伤史。

(2) 症状与体征:正中神经分布区的皮肤感觉迟钝,但感觉完全丧失者很少见。拇短展肌肌力减弱、萎缩,甚至完全麻痹。屈腕压迫试验、垂腕试验、叩诊试验、脉带试验和出汗试验阳性。

(3) 辅助检查:肌电图可见大鱼际肌出现神经变性,可协助诊断。X线片用于合并骨性关节炎、陈旧性桡骨远端骨折脱位或腕骨骨折脱位患者,以供治疗中参考。

3. 鉴别诊断 本病需与颈椎病、多发性神经炎等疾病鉴别。

(1) 颈椎病:主要表现为根性痛,前臂也有痛觉减退区,麻木区不单在手指,并且运动、腱反射也出现某一神经根受压的变化,同时有颈部的症状和体征。

(2) 多发性神经炎:症状并不局限在正中神经,桡、尺神经也常受累,常为双侧性,呈手套状感觉麻木区。

三、治疗

本病的治疗目的是解除神经压迫、扩大腕管容积、减轻腕管压力。以手法治疗为主,配合药物、针灸、练功、封闭治疗,必要时行手术治疗。

1. 药物治疗

(1) 中药治疗:根据具体证候辨证施治。

1) 阳虚寒凝型:腕部疼痛,拇、示、中指麻木,患手喜温恶寒,伴手指冰冷、发绀,舌淡胖、苔白滑,脉沉迟。治宜温经散寒、养血通脉,方用当归四逆汤加减。

2) 气滞血瘀型:腕部刺痛,痛处固定,拇、示、中指麻木不仁,指端活动不便,或伴有大鱼际肌萎缩,舌淡苔暗,脉弦。治宜行气活血、祛瘀通络,方用身痛逐瘀汤加减。

亦可外贴活血化瘀、温经散寒类膏药,并用八仙逍遥汤熏洗患手。

(2) 西药:可口服、外用非甾体抗炎药以减轻疼痛。

2. 制动及固定 发病初期症状明显者,用石膏托或夹板固定腕部于轻度背伸位 1~2 周。

3. 手法治疗 运用理筋手法,先按压、揉摩外关、阳溪、鱼际、合谷、劳宫及痛点,然后将患手在轻度拔伸下,缓缓旋转、屈伸腕关节数次。术者左手握住腕上,右手拇、示二指捏住患手拇指末节,向远心端迅速拔伸,以发生弹响为佳,依次拔伸第 2~4 指。以上手法可每日做1 次,注意不宜过重过多施用手法。

4. 针灸治疗 取阳溪、外关、合谷、劳宫等穴,得气后留针 15 分钟,每日或隔日 1 次。

5. 练功活动 练习手指、腕关节的屈伸及前臂旋转活动,防止失用性肌萎缩和粘连。

6. 封闭治疗 以醋酸曲安奈德注射液 10mg(或 1ml)加 2% 盐酸利多卡因 40mg(或2ml),做腕管内注射封闭。每周注射 1 次,3 次为 1 个疗程。注射时,由掌侧腕横纹近端、掌长肌腱与桡侧屈腕肌腱之间刺入,斜向远端,深达腕管内。

7. 手术治疗 对于症状严重的患者,经非手术治疗无效时,可考虑行腕横韧带切开减压松解术。

四、预防与康复

对腕部的创伤要及时、正确地处理,尤其是腕部的骨折、脱位,要求对位良好,以保证腕管的正常形状。对腕管综合征患者,施行手法后要固定腕部,可将前臂及手腕部悬吊,也可用纸壳夹板固定,不宜做热疗,以免加重病情。待症状消失后,练习手指、腕关节的屈伸及前臂旋转活动,防止失用性肌萎缩和粘连。经非手术治疗无效者应尽快手术治疗,防止正中神经长时间严重受压而变性。

第九节　桡骨茎突狭窄性腱鞘炎

桡骨茎突狭窄性腱鞘炎是指拇长展肌腱和拇短伸肌腱在桡骨茎突部位的纤维腱鞘内过度摩擦或反复损伤,以致该部位发生无菌性炎症,引起腱鞘管壁增厚、粘连或狭窄而出现的症状。临床主要表现为桡骨茎突处疼痛、压痛及关节活动受限。本病好发于从事频繁腕及掌指活动者,女性多于男性,右手多于左手。

一、病因病理

拇长展肌及拇短伸肌的肌腱在桡骨茎突部共同的纤维骨性鞘管内通过,肌腱出鞘管后向远端折成一定角度,分别止于第 1 掌骨及拇指近节指骨基底。当拇指及腕活动过度频繁,日久劳损,即可使腱鞘发生损伤性炎症,造成肌腱滑膜炎和纤维管充血、水肿,进而使鞘壁增厚、管腔变窄,肌腱局部变粗,肌腱在管腔内滑动困难而产生相应的临床症状。

本病属于中医学"筋痹"范畴,病性为本虚标实。多因劳损伤及经筋,或寒湿侵及筋络,气血运行不畅,不通则痛;或体弱血虚,血不荣筋,不荣则痛。

二、诊断

1. 临床表现　本病多发病缓慢,逐渐加重,以经常手工操作的中年女性为多见。腕部桡侧疼痛,提物乏力,做提壶倒水、扫地等伴有腕尺偏的动作可使疼痛加剧。疼痛严重者可放射至全手,甚至夜不能寐。桡骨茎突部可微有肿胀,病程长者可有隆起或结节,桡骨茎突远端压痛,有时于桡骨茎突部可触及摩擦音。

2. 诊断要点

(1) 病史:该病多见于中年手工操作者,女性多见,起病缓慢,也可突发。

(2) 症状与体征:患者桡骨茎突处局限性疼痛,可向手及前臂放射,拇指无力,伸拇受限,伸拇及腕尺偏时症状加重;桡骨茎突处可触及结节,似骨性隆起,有明显压痛。握拳尺偏试验阳性。

(3) 辅助检查:必要时可行 X 片或彩超检查,明确有无骨异常或滑膜炎。

3. 鉴别诊断　本病需与下列疾病鉴别:

(1) 舟骨骨折:有明显的外伤史,鼻烟窝压痛。

(2) 腕部软组织损伤:有明确外伤史,经过充分休息和治疗后可痊愈,无反复发作病史。

(3) 腕管综合征:除拇指疼痛、活动受限外,还导致正中神经支配区感觉减退及示、中指功能障碍。

三、治疗

急性期疼痛严重者,可先固定以制动,待病情缓解后再采用手法、封闭、针刀、药物等方法治疗,对病程较长、影响工作和生活,经非手术治疗效果不佳者,可考虑手术治疗。针刀治疗是本病的特色疗法。

1. 药物治疗

(1) 中药治疗:根据具体证候辨证施治。

1) 气滞血瘀型:患处刺痛、肿胀,痛处固定,可扪及结节,患指屈伸不利,动则痛甚,可有弹响声或交锁,舌质紫暗、有瘀斑,苔薄白,脉涩。治宜化瘀通络,蠲痹止痛,方用身痛逐瘀汤加减。

2) 寒湿痹阻型:局部冷痛,遇寒加重,得温痛减,患指屈伸不利,有弹响声或交锁,舌质淡,苔薄白,脉细或沉细。治宜祛风散寒,除湿通络,方用蠲痹汤加减。外用海桐皮汤熏洗。

(2) 西药:可口服、外用非甾体抗炎药以减轻疼痛。

2. 手法治疗　以右手为例。患者坐位或仰卧位,术者先用左手拇指置于桡骨茎突部按摩、揉捏数分钟,再用右手示指及中指夹持患肢拇指,向下牵引,并向尺侧极度屈曲;然后,术者用左手拇指捏紧桡骨茎突部,用力推压挤按,同时右手用力将患者腕部掌屈,再伸展,反复3~4次。每日 1 次。

3. 封闭治疗　以醋酸曲安奈德注射液 10mg(或 1ml)加 2% 盐酸利多卡因 40mg(或2ml)行鞘管内注射,每周 1 次,3 次为 1 个疗程。

4. 针刀治疗　用小针刀于桡骨茎突远端肌腱出口处刺入,与肌腱平行进入腱鞘,将腱鞘纵行切开。注意勿伤及桡动脉和神经支,亦不可倾斜刀身,以免损伤肌腱。

5. 针灸治疗　取阿是穴,配外关、阳溪、合谷,毫针泻法。

6. 物理治疗　电疗、磁疗、超声波等可改善血液循环,减轻局部炎性水肿及组织缺氧,缓解疼痛。近年来体外冲击波治疗该病疗效确切。

7. 手术治疗　病程较长、鞘管壁较厚、局部隆起较高、反复发作、经上述保守治疗无效者,应手术切除部分腱鞘。

四、预防与康复

本病有反复发作倾向,需注意预防。平时尽量避免手腕部活动过大,减少局部受寒。疼痛者,可固定腕关节于桡偏位 3~4 周。

第十节　指屈肌腱狭窄性腱鞘炎

指屈肌腱狭窄性腱鞘炎是以患者手指屈伸时发生扳机样动作或弹响为主要症状的疾病,故又称"扳机指"或"弹响指"。本病多见于妇女及手工操作者,以拇指、示指和中指受累较为多见,最常见于拇指,起病较为缓慢。

一、病因病理

指屈肌腱包括拇长屈肌腱、指浅屈肌腱和指深屈肌腱,它们被包裹在骨性纤维鞘管内。手指屈伸活动频繁,使指屈肌腱与骨性纤维管反复摩擦、挤压,致骨性纤维管发生局部充血、水肿,继之纤维管变性,管腔狭窄,指屈肌腱受压变细,两端膨大。当做屈指动作时,肌腱膨大的部分通过狭窄的腱鞘时受阻,使屈曲受限,用力屈伸时会出现扳机样的弹跳动作,并伴有弹响。

中医学将本病归为"筋伤"范畴。当局部劳作过度,积劳伤筋,或感受寒凉,气血凝滞,气血不能濡养经筋而发病。

二、诊断

1. 临床表现　患者有掌部疼痛,晨起、受寒或活动时加重。患指屈伸受限,屈伸时出现扳机样弹跳动作和弹响,甚至屈曲后不能自主伸直,需健手帮助伸直。患指掌骨头处可摸到一结节状物,手指屈伸时可感到结节状物滑动,压痛明显。

2. 诊断要点　根据患者病史、临床症状、体征即可诊断。

三、治疗

本病以手法治疗为主,可配合药物、针刀等治疗。必要时行松解术。

1. 药物治疗　同桡骨茎突狭窄性腱鞘炎。

2. 手法治疗　患者先主动屈曲指间关节,术者左手托住患侧手腕,右手拇指在结节部做按揉弹拨、横向推动、纵向拨筋等动作,最后握住患指末节向远端迅速拉开,再伸直指间关节,重复上述动作 3~5 次。每日或隔日做 1 次。

3. 封闭治疗　早期或症状较轻者,以醋酸曲安奈德注射液 5mg(或 0.5ml)加 2% 盐酸利多卡因 20mg(或 1ml)行鞘管内注射,每周 1 次,一般症状可以缓解。

4. 针刀治疗　经非手术治疗无效或反复发作、腱鞘已有狭窄者,用小针刀做切割治疗,行腱鞘松解术。局部麻醉后,用小针刀平行于肌腱方向刺入结节部,沿肌腱走行方向做上下切割,不要向两侧偏斜,以免损伤指神经。如弹响已消失,手指活动恢复正常,则表示已切开腱鞘。

5. 针灸治疗　主穴取阿是穴。配穴：手厥阴经筋证配大陵、内关；手少阳、手阳明经筋证配外关、阳池、合谷；手太阴经筋证配鱼际、太渊。毫针泻法，可配合电针、温针灸、艾灸等。

6. 手术治疗　对经上述方法治疗无效者，可行腱鞘切开术。在掌横纹处做切口，以血管钳分离直达腱鞘，避免损伤指血管神经束。将腱鞘纵形切开 2cm，去除部分腱鞘，松解肌腱粘连，并嘱患者活动手指，直至弹响消失。

四、预防与康复

平时尽量避免手部单一、长时间的动作，防止过劳，少用凉水，减少局部刺激。发病时间短、疼痛严重的患者要充分休息，施用手法要适当，而对晚期硬结明显者则尽量不用手法，以免适得其反。经常握持硬物工作者应戴手套保护。

（卢建华　张君涛）

ER-10-2

扫一扫，
测一测

复习思考题

1. 脊髓型颈椎病为什么要与脊髓肿瘤相鉴别？

2. 肩峰下撞击综合征与肩袖损伤的发生有哪些相关性？

3. 从解剖层面分析肘管综合征与其症状的关系。

4. 为确诊腕管综合征，除"桡侧 3 个半手指麻木疼痛"症状外，还需做什么检查？

◆◆◆ 第十一章 ◆◆◆

腰臀腿足痛

第一节　腰椎间盘突出症

腰椎间盘突出症(lumbar disc herniation,LDH)是指腰椎间盘纤维环破裂、髓核突出,刺激和/或压迫神经根所产生的一系列症状和体征。本病好发于20~40岁的青壮年,总体上男性多于女性,突出部位多发生于腰4~腰5、腰5~骶1椎间隙,其发病率还与职业特点、生活方式、社会心理因素、外伤史及受寒凉史等有关。近年来,腰椎间盘突出症的发病率呈逐步上升趋势,严重影响患者生活质量,甚者导致其工作和劳动能力丧失。

一、病因病理

椎间盘退变是本病发生发展的重要内因,外伤是其重要的外因之一。随着年龄的增长,椎间盘的结构出现不同程度的退行性改变,尤以纤维环和髓核内含水量的不断降低,致椎间盘高度降低,椎间隙变窄。此后,在外力作用下,纤维环进一步由里向外产生裂痕,使得变性的髓核由纤维环的裂痕或薄弱处突出。突出的髓核和碎裂的纤维环组织进入椎管,压迫脊髓圆锥、脊神经根或马尾神经,引起神经支配区的相关症状。

根据腰椎间盘突出的程度及病理变化,可将其分为4型。

1. 膨出型　纤维环完整,髓核在压力的作用下向椎管内呈均匀性隆起。此种类型在临床中较为常见,多数患者可无明显症状或伴有轻度腰部疼痛。

2. 突出型　纤维环内部破裂,外部完整,髓核通过破裂处向椎管突出,并形成明显的局限性凸起,此种类型常常因压迫神经根或脊髓而产生临床症状。

3. 脱出型　纤维环完全破裂,突出的髓核穿过破裂的纤维环,位于后纵韧带下,髓核可位于神经根外侧、内侧或椎管前方正中处。

4. 游离型　椎间盘髓核穿过完全破裂的纤维环和后纵韧带,游离于椎管内,甚至位于硬膜内蛛网膜下腔,压迫马尾神经或神经根。

本病属于中医学"腰痛"或"痹证"范畴,具有本虚标实的临床特点。其病因病机在于肝肾不足,筋骨不健,或感受风寒湿邪,经络痹阻,气滞血瘀,不通则痛。病延日久,气血亏虚,瘀滞凝结而缠绵难愈。

二、诊断

1. 临床表现

（1）腰痛：腰椎间盘突出症的患者绝大多数有腰痛。腰痛可出现于下肢疼痛之前，也可出现在下肢疼痛之后，或同时出现腰腿疼痛。

（2）放射痛：腰椎间盘突出多发生在腰 4 腰 5 和腰 5 骶 1 椎间隙，可导致放射性疼痛，放射至臀部、大腿后侧、小腿后侧至足跟或小腿外侧至足背。放射痛症状多发生在一侧肢体，少数可表现为双侧下肢症状。在高位腰椎间盘突出时（腰 2 腰 3 和腰 3 腰 4），可压迫相应上腰段神经根引起大腿前内侧或腹股沟区疼痛。

（3）马尾综合征：可出现鞍区麻木、大小便障碍。急性发病症状严重时，需要尽早手术解除神经压迫。

2. 诊断要点

（1）病史：本病首发症状可因咳嗽、打喷嚏、伸懒腰、用力排便诱发，常常在突然扭腰或者弯腰搬重物时加重。

（2）症状与体征：除了腰痛和放射痛等症状外，还具有以下体征：

1）腰部活动受限：常见前屈受限，严重者亦可出现各个方向活动受限。常伴有腰椎生理前凸减少、消失，部分患者腰肌痉挛处于强迫体位。

2）脊柱侧凸：侧凸方向与髓核突出部位相关。如髓核突出在神经根肩部时，则凸向患侧，当髓核突出在神经根腋部时，则凸向健侧。

3）压痛：病变节段的棘突间隙常有压痛，患侧棘突旁压迫时可诱发坐骨神经痛。

4）神经系统检查：可出现感觉障碍、肌力下降及反射异常。

感觉障碍：受累神经根所支配区域的皮肤感觉异常，早期多为皮肤过敏，渐而出现麻木、刺痛及触觉减退。腰 4 神经根受累者，膝关节内侧、小腿前内侧感觉异常；腰 5 神经根受累者，小腿前外侧、足背前内侧感觉异常；骶 1 神经根受累者，小腿后外侧、足外侧及足底感觉异常。马尾神经受累者，表现为马鞍区麻木。

肌力减退或肌萎缩：受累神经根支配的肌肉可有不同程度的肌力下降，病程长者可出现肌萎缩。腰 4 神经根受累者，伸膝、踝背伸肌力减退；腰 5 神经根受累者，踇趾背伸力下降；骶 1 神经根受累者，足跖屈力减退。

反射异常：患侧相应腱反射减弱或消失。腰 4 神经根受累，多见膝腱反射减弱或消失；骶 1 神经根受累，多见跟腱反射减弱或消失。马尾神经受累，可见肛门括约肌张力下降、肛门反射减弱。

5）特殊体征：直腿抬高试验及加强试验、屈颈试验、仰卧挺腹试验阳性。

（3）辅助检查

1）X 线检查：为腰痛患者的常规检查。腰椎 X 线可见腰椎生理前凸减小或消失，椎间隙变窄，部分患者可见腰椎侧凸、后凸、骨质增生等表现。X 线检查还可以鉴别腰椎其他疾病，如腰椎结核、肿瘤、腰椎滑脱等。

2）CT 检查：可直接显示椎间盘突出的位置、大小、形状及其与周围结构的关系，判断硬膜囊、神经根受压程度。尤其在显示椎间盘钙化、骨质增生及椎管骨性狭窄等方面有明显优势。

3）MRI 检查：MRI 对软组织的分辨率较 CT 高，对腰椎间盘突出症的诊断价值较大。可清楚地显示椎间盘退变、突出状态，以及硬膜囊、神经根受压程度，还可显示硬膜外脂肪增减以及黄韧带增厚等情况。

4）椎管造影：可显示硬膜囊受压程度，间接诊断椎间盘突出症，属于有创检查，已逐步被 CT 和 MRI 所取代。在 MRI 检查有禁忌（如幽闭症、体内安装心脏起搏器等）或手术后金属内固定物影响 MRI 检查时，可协助判断硬膜囊和神经根受压程度。

5）肌电图：可以判断突出髓核对受累神经根所支配肌群的影响程度。

3. 鉴别诊断

（1）急性腰扭伤：有明显的腰部受伤史，以腰痛及活动受限为主。临床检查可见腰部肌肉痉挛，局部压痛，腰部活动受限，直腿抬高试验阴性，无下肢感觉障碍及肌力下降。X 线检查可见生理前凸减小或伴有轻度侧弯等，CT、MRI 检查多无明显腰椎间盘突出。休息或保守治疗后疼痛可缓解。

（2）腰椎管狭窄症：多为中老年患者，病程较长，其临床特点可概括为：间歇性跛行，症状重而体征轻，弯腰疼痛较轻、腰后伸疼痛加重。X 线检查可见到椎体边缘骨质增生，关节硬化。CT 及 MRI 检查可见黄韧带肥厚、椎管狭窄，神经根及硬膜囊受压。

（3）椎弓峡部裂和腰椎滑脱：表现为腰痛，较重时可伴有坐骨神经痛，多数发生在腰4、腰 5 椎，滑脱严重时棘突可见台阶样表现。X 线片或 CT 可显示椎弓峡部裂隙及椎体移位。

（4）腰椎结核：有结核病史或接触史。早期腰痛轻，随着腰痛加重可出现坐骨神经痛。常有午后低热、乏力盗汗等全身症状，红细胞沉降率增快。X 线片显示骨破坏，受累椎间隙变窄，病灶旁有寒性脓肿阴影；MRI 具有早期诊断价值，在炎症浸润阶段即可显示异常信号，但主要用于观察脊髓有无受压和变性。实验室检查，结核杆菌抗体、T-SPOT 阳性。病灶穿刺活检有利于明确诊断。

（5）椎管内肿瘤：慢性发病，呈进行性加重，受累神经根支配区麻木，常见下肢麻木自远端向近端发展，MRI 检查可资鉴别。

三、治疗

对于神经损害较轻的腰椎间盘突出症患者首选保守治疗，包括卧床休息、牵引治疗、针灸推拿、封闭疗法、药物治疗以及功能锻炼等，一般需要 6~12 周，约 80%~90% 的患者可获得良好效果，而对神经损害较重或非手术治疗失败的患者建议手术治疗。

1. 卧床休息 一般以 1~3 周为宜。卧床休息可以减缓体重对椎间盘的压力，有利于因髓核突出所导致的非特异性炎症反应吸收和消散，减轻或消除对神经根的刺激或压迫。在不增加疼痛的情况下，卧床时适当做下肢功能锻炼，配合物理治疗可促进患者腰腿痛症状改善。

2. 牵引治疗 其原理主要是通过牵引加大椎间隙和关节突关节间隙，使椎间孔增大、椎管容积扩大，降低盘内压力，促使髓核回纳，以减轻神经根压迫，缓解临床症状。牵引治疗能够短期内缓解坐骨神经痛症状，但对腰背痛症状改善多不明显。此治疗方式应在专业人士指导下进行，避免大重量、长时间牵引。

3. 手法治疗 通过改善突出椎间盘组织与神经根的位置关系，加强气血循行，促使神经根炎性水肿的吸收，从而减轻对神经根的压迫，消除神经根炎症，以实现缓解症状的目的。适用于首次发作、病程较短，或病程虽长但症状较轻者，通常对青壮年患者更为适用。治疗上，以疏经通络、解痉止痛、理筋整复为治则，常用按、揉、拔伸、弹拨、扳、运动关节等手法。

（1）循经按揉法：患者取俯卧位，术者先以大鱼际或掌根沿脊柱两侧膀胱经自上而下数次放松竖脊肌，力度适中，侧重腰部肌肉的放松，施术 3~5 分钟；再以双手叠掌，掌根自胸腰椎督脉向下逐次移动按压,依次对患者腰部、患侧臀部及下肢后外侧施术,以患者能耐受为度,时间 3~5 分钟。

（2）腰椎拔伸法:患者取俯卧位,双手抓住床头。助手固定其肩部。施术者站于其足端,以双手分别握住其两个踝关节,两臂伸直,身体后仰,拔伸患者的腰部;也可三人配合,助手分别固定腋下及握住患者双踝,并做拔伸牵引,在牵引下骤然向上抖动时,施术者用力下压掌根。

（3）腰部斜扳法:患者取侧卧位,患肢屈髋屈膝在上,健肢自然伸直在下。施术者面向患者腹侧,以一肘或手抵住其肩,另一肘或手抵于臀部。两肘或两手同时协调发力,先做小幅度地旋转放松腰部,然后双肘或双手反方向用力并逐渐加大患者腰部的旋转角度,至最大限度时,瞬间用力,加大旋转角度,常可听到"咔嗒"的弹响声。

（4）腰部后伸扳法:患者俯卧位,双下肢并拢。施术者一手按压于患者腰部,另一手臂托住其两膝关节上方,并缓缓上抬,使患者腰部后伸;当后伸至最大限度时,两手瞬间用力,做一个增大幅度的下按腰部与上抬下肢的相反方向的用力扳动。

上述手法可根据病情需要及患者的具体情况辨证选用。若患者腰椎间盘突出合并明显骨质病变如骨折、重度腰椎滑脱、腰椎不稳定等,不宜使用推拿手法;对中央型突出者,或骨质疏松,或骨质增生明显,或病程长、既往推拿效果欠佳者,不宜采用以上手法。

4. 针灸治疗　施术时要辨证论治,以循经取穴、局部取穴为主,通经止痛为法。本病常与肾经、膀胱经及督脉相关性大,因此以肾俞、大肠俞、委中、阿是穴为主穴,若患者坐骨神经痛明显,可加腰夹脊、秩边、环跳、阳陵泉等穴;若患者寒湿偏重,可配命门、腰阳关;若血瘀较重,可配血海、三阴交、膈俞;若患者肾虚,可配大钟。常患侧取穴,毫针平刺,依证选择补法、泻法、平补平泻法等,留针 15~20 分钟,以患者能忍受为度,可配合电针、三棱针点刺放血、灸法或红外线照射加强疗效。每日或隔日 1 次,10 日为 1 个疗程。

5. 封闭疗法　具有镇痛、消炎、保护神经系统的作用。常用方式有痛点封闭、神经根封闭、硬膜外封闭、骶管封闭。局部痛点封闭选用醋酸泼尼松龙（2ml）加 2% 利多卡因（或普鲁卡因）4ml。硬膜外封闭（包括骶管封闭）选用地塞米松磷酸钠注射液 5mg+2% 利多卡因 2ml +生理盐水 17ml,改善炎性水肿、促进血液循环,以阻断疼痛的神经传导,使患者临床症状减轻或消失。

6. 药物治疗

（1）中药治疗

1）气血瘀滞型:多有腰部扭伤史,急性发作,腰腿疼痛剧烈,痛如刀割,痛有定处,痛处拒按,并向下肢放射,胸腹胀满,大便难行。舌淡红,偶有瘀斑,苔薄黄,脉涩或弦细。治宜活血化瘀、通痹止痛,方用膈下逐瘀汤加减。

2）痰湿阻络型:可见下肢沉重、酸麻胀痛,反复发作,缠绵不愈。舌胖大,边有齿痕,苔白厚或腻,脉沉弦涩或濡滑。治宜通阳利湿、理气豁痰,方用大活络丹加减。

3）风寒湿痹型:慢性发病,多因宿伤或劳损感受风寒湿邪,遇寒湿痛甚,遇热则舒。腰痛转侧不灵,痛引下肢。舌淡,苔白,脉沉紧。治宜祛风散寒、行痹止痛,方用蠲痹汤、独活寄生汤加减或当归四逆汤加减。

4）肝肾亏虚型:病程较长,腰痛时轻时重,伴下肢酸软乏力,患肢肌肉萎缩,纳差。偏阳虚者面色苍白,手足不温,少气懒言,腰腿发凉。男性有阳痿、早泄症状,女性带下清稀,舌质淡,脉沉细。偏阴虚者,咽干口渴,面色潮红,倦怠乏力,心烦失眠,多梦或有遗精,妇女带下色黄味臭,舌红少苔,脉弦细数,治宜补养肝肾、宣痹活络,方用六味地黄丸加减。肾阳虚者应温补肾阳,方用青娥丸或右归丸加减。肾阴虚者应滋补肾阴,方用左归丸加减。

（2）西药治疗：急性期疼痛症状严重者，可用地塞米松与甘露醇静脉滴注治疗。常用口服药有：①非甾体抗炎药，如醋氯芬酸钠缓释片、塞来昔布胶囊、依托考昔片等；②中枢性肌肉松弛药，如乙哌立松、氯唑沙宗等；③神经营养药，如维生素 B_1、甲钴胺等；④阿片类药物，如羟考酮、芬太尼等。

7. 物理疗法　腰椎间盘突出症的恢复期宜采用理疗以促进腰背功能恢复，目的在于进一步改善周围组织血液循环，促进神经根炎性水肿吸收，缓解肌肉痉挛，促进功能恢复。常用短波、超短波电疗法，间动电流疗法，传导热疗法等。对于神经根粘连者可用超声波、中频中药离子导入或碘离子导入疗法。

8. 手术治疗

（1）手术适应证：①病史超过 6~12 周，经过系统保守治疗无效，或保守治疗过程中症状持续加重或反复发作；②疼痛剧烈，或处于强迫体位，影响工作或生活；③出现神经损伤，表现为肌肉瘫痪症状；④马尾神经损害症状，出现鞍区麻木、大小便功能障碍者。

（2）手术的选择：①传统开放手术：包括半椎板或全椎板切除髓核摘除术、椎板开窗髓核摘除术。②微创髓核摘除术：包括微创椎间盘镜（MED）下髓核切除术及经皮内镜下髓核摘除术等。由于经皮内镜下髓核摘除术具有创伤小、出血少、恢复快的效果，目前在临床上应用越来越广泛。

四、预防与康复

腰椎间盘突出症经过规范治疗后预后良好，配合积极合理的功能锻炼，可促进功能康复。对于保守治疗的患者，注意腰部局部保暖，避免着凉，在可耐受范围维持日常活动，在康复医师指导下进行核心肌群的训练，以增强腰椎稳定性。对于采取手术治疗的患者，需在手术医师指导下进行康复锻炼。术后 1 个月内建议佩戴腰围，术后 4~6 周内避免负重、长时间弯腰及深蹲。

第二节　腰椎管狭窄症

腰椎管狭窄症（lumbar spinal stenosis，LSS）是指原发或继发因素造成腰椎中央椎管、侧隐窝或椎间孔狭窄，导致神经根和/或马尾神经受压迫所产生的一系列症状。本病多见于 40~60 岁中老年人，发病缓慢，病程较长，男性多于女性，体力劳动者较多见。

一、病因病理

腰椎椎管狭窄常由黄韧带肥厚，关节突关节增生、内聚，椎体后缘骨赘，后纵韧带肥厚或骨化，并可能伴有椎间盘突出、腰椎滑脱等造成腰腿麻痛等症状。其病理机制为上述因素导致椎管容积减少，神经根或马尾神经受压；椎管内压力增加，静脉回流障碍造成椎管内神经缺血；血液循环障碍引起组织充血和水肿，产生无菌性炎症。综合因素导致神经根或马尾神经产生临床症状。临床上以退行性变引起的腰椎管狭窄最为常见。

根据解剖特点，可将本病分为 3 型。①中央椎管狭窄：又称椎管中矢状径狭窄，当矢状径小于 10mm 时称为绝对狭窄，10~13mm 为相对狭窄。②侧隐窝狭窄：侧隐窝为椎管向侧方延伸的狭窄间隙，侧隐窝前后径通常在 5mm 以上，前后径小于 3mm 为狭窄。③椎间孔狭窄：椎间孔为神经根出口处，与侧隐窝共同构成神经根管。小关节至椎体后缘的垂直距离小于 3mm 为绝对狭窄。但由于中央型椎管狭窄常伴有侧隐窝狭窄，故临床上不以单纯的解剖学角度进行分型。

本病属于中医学"腰腿痛"范畴。内因多为肝肾不足、肾气亏虚,外因为反复外伤致瘀血阻络、风寒湿邪入侵痹阻经络、慢性劳损致营卫不调等,致使腰腿痛缠绵难愈。本病为本虚标实证。

二、诊断

1. 临床表现　患者常出现腰痛伴有单侧或双侧下肢疼痛、麻木或无力。行走或站立时症状易加重,坐位前屈或平卧时症状减轻或消失。马尾神经源性间歇性跛行为腰椎管狭窄症的特征性症状,是诊断本病重要的临床依据。患者表现为步行一段距离(通常为几十米至几百米)后出现单侧或双侧下肢疼痛、麻木、无力,越走症状越重,休息或下蹲后症状缓解,继续行走又再次出现类似症状,如此反复发作。

2. 诊断要点

(1) 病史:本病多见于 40~60 岁中老年人,体力劳动者多见。

(2) 症状与体征:本病主要表现为腰痛、下肢痛和马尾神经源性间歇性跛行。临床上常有腰部后伸时症状加重,前屈时症状减轻或消失,主诉症状较多而体征较少等特点。腰椎生理前凸减少或表现为轻度后凸畸形。脊柱后伸时症状加重,前屈时症状减轻或消失。这种现象可能是腰椎后伸时,椎间盘突出加重及黄韧带皱褶突入椎管,进一步压迫马尾神经或神经根,导致腰腿痛症状加重;脊柱前屈位时椎间盘在椎管内突出减少,黄韧带伸展,椎管内容积增宽致使症状减缓或消失。椎管狭窄严重者,可压迫马尾神经而影响二便,出现尿频、尿急、排尿困难或性功能障碍,甚至造成下肢不完全性截瘫。

(3) 辅助检查

1) X 线检查:在腰椎正侧位 X 线片上,可见腰椎生理曲度改变,通常表现为生理前凸减小或消失,椎间隙狭窄、关节突增生内聚、椎体边缘骨赘等,部分病例可出现腰椎后凸或侧弯畸形。动力位片上可显示椎体不稳,双斜位片可明确是否伴有椎弓峡部裂。

2) CT 检查:可清楚显示骨性结构,对椎管形态、椎体后缘骨赘、椎间盘钙化、关节突关节增生内聚,及侧隐窝狭窄等均可清楚显示。除此之外,CT 还能显示椎间盘突出的程度、范围,以及黄韧带肥厚程度等。

3) MRI 检查:较 CT 可以更清楚地显示椎间盘突出情况、硬膜囊及受压迫程度,还可显示黄韧带的肥厚程度、硬膜外脂肪等,是目前检查腰椎管狭窄症最常用的方法。

4) 椎管造影:可显示硬膜囊的整体形态,椎管狭窄时硬膜囊表现为不同程度的充盈缺损。多节段狭窄者可表现为锯齿状或藕节状充盈压迹。由于椎管造影属于有创检查,已逐步被 CT 和 MRI 取代。在 MRI 检查有禁忌或者手术后金属内固定物影响 MRI 检查时,可协助诊断硬膜囊和神经根受压程度。

长期慢性腰腿部疼痛不适,反复发作,表现为间歇性跛行,具有症状重、体征轻等特点。结合病史、症状、体征与影像学等检查可做出诊断。但诊断本病时应遵循以下原则:①临床表现是诊断的基础,没有临床症状或体征,仅根据辅助影像学结果并无诊断意义;②须根据临床表现选择适当的辅助检查方法,以做出精确的定位、定性和定量诊断;③辅助检查结果必须和临床症状、体征一致才有诊断意义。

3. 鉴别诊断

(1) 腰椎间盘突出症:两病均有腰痛及下肢放射痛症状。腰椎间盘突出症神经根性症状较重,体征明显,直腿抬高试验及加强试验阳性。腰椎管狭窄症多表现为症状重、体征较轻,间歇性跛行,直腿抬高试验及加强试验阳性。腰椎间盘突出症 CT 和 MRI 检查可见椎间盘明显突出、脱出或游离。腰椎管狭窄症椎间盘多为膨出而非突出,并伴有关节突关节增生、内聚,黄韧带肥厚,椎体后缘骨赘。

（2）腰椎滑脱与椎弓峡部裂:表现为腰痛,较重时可伴有坐骨神经痛,多数发生在腰4、腰5椎体,滑脱严重时棘突可见阶梯样表现。X线片或CT可显示椎弓峡部裂隙或椎体移位。

（3）脊髓型颈椎病:与腰椎管狭窄症均有间歇性跛行表现。但脊髓型颈椎病多为四肢或躯干以下麻木,表现为下肢重坠感、躯干束带感和行走踩棉感,腱反射亢进,病理征阳性。腰椎管狭窄症表现为下肢疼痛、麻木、无力,腱反射减弱,病理征阴性。

（4）下肢血管性疾病:亦可有间歇性跛行表现,往往是单侧肢体受累,活动后小腿或足部肌肉胀痛,肤温降低,足背动脉搏动减弱或消失,患肢通常表现为袜套样感觉障碍。有些患者可出现行走后小腿肿胀,需抬高患肢方可缓解疼痛及消肿。

（5）椎管内肿瘤:慢性发病,呈进行性加重,受累神经根支配区麻木,常见下肢麻木自远端向近端发展,增强MRI检查可鉴别。

（6）骶髂关节致密性骨炎:与腰椎管狭窄症均可表现为慢性腰骶部疼痛,但本病多见于中青年女性,疼痛发作时伴腰骶部僵硬,骶髂关节叩击痛阳性,4字试验阳性,X线或CT可见髂骨沿骶髂关节中下部有明显骨硬化区,不侵犯骶髂关节面,无关节狭窄表现。

三、治疗

腰椎管狭窄症病因复杂,其临床表现和体征因人而异,应根据病程长短,区分轻重缓急,针对患者的具体情况选择治疗方法。对于症状较轻者首选非手术治疗,对于马尾神经损害、跛行进行性加重、反复发作以及非手术疗法无效者需接受手术治疗。

1. 手法治疗　手法可以放松紧张的腰部肌肉,松解粘连的神经根,扩大椎管的有效空间,促进无菌性炎症的吸收消散,从而达到减轻或缓解疼痛、麻木等主要症状的治疗目的。常用手法有:

（1）拔伸抖腰法:患者俯卧位,两助手分别握患者两侧腋下部及两足踝部,同时做持续拔伸牵引,两助手做对抗牵引,在牵引下,一助手提起患者踝部先轻轻上下抖动数次,然后突然将患者快速抖动。

（2）屈髋牵伸法:患者仰卧位,患侧屈膝屈髋,术者立于患侧旁,以一手握住患肢踝关节前侧,另一手托住小腿后侧,在患者髋、膝部放松的情况下,术者双手配合做正、反方向旋转髋关节活动3~5次,然后用力牵拉患侧髋、膝关节于伸直位,并加以抖动。

（3）直腿抬高屈踝法:在患侧位于直腿抬高的基础上,术者一手分别使踝关节置于内旋或外旋位,另一手用力背屈踝部2~3次。必要时对侧亦以同样方法进行操作。

（4）伸膝蹬空法:患者俯卧位,术者以一手臂托扶小腿,一手放于膝上保护膝部。令患者屈髋屈膝,术者患者配合,使小腿在向上提拔的力量下做伸膝动作,幅度由小到大,以患者能忍受为度。

上述手法可根据病情需要及患者的具体情况辨证选用。治疗时手法操作应柔和,避免使用暴力和蛮力;患者宜卧硬板床休息,戴腰围固定,并注意腰部保暖,尽量避免弯腰动作。病情好转后,适当进行腰背肌肉功能锻炼,促进康复。

2. 药物治疗

（1）中药治疗

1）气虚血瘀型:可见面色少华,神疲无力,腰痛不耐久坐且遇劳加重,疼痛日久缠绵,下肢麻木,舌质瘀紫,脉涩。治宜益气养血,活血化瘀,方用补阳还五汤加减。

2）风寒湿痹型：可见腰部冷痛，拘急不舒，遇冷加重，得热痛减，受阴雨天气影响明显，静卧时腰痛不减，舌苔白腻，脉沉紧。治宜温阳补血，散寒通滞，方用阳和汤加减。

3）肾精亏虚型：可见腰膝酸软，下肢麻木乏力，劳累后加重，休息可缓解，舌淡苔薄白，脉沉细。治宜温补肾精，祛邪解凝，方用补肾壮筋汤加减。

（2）西药治疗：同腰椎间盘突出症。

3. 针灸治疗　施针时要辨证论治，以循经取穴、局部取穴为主，疏经活络、通痹止痛为法，常针刺阿是穴、腰夹脊、腰阳关、秩边、委中、承山、八髎等。患侧取穴，毫针平刺，留针15~20分钟，以患者能忍受为度，可配合走罐、电针、灸法或红外线照射、脉冲治疗仪加强疗效。每日或隔日 1 次，10 日为 1 个疗程。

4. 物理治疗　可采用中药濕渍、红外线透热或经皮电刺激治疗等方式，达到舒筋活络、活血化瘀的目的，从而减轻临床症状。

5. 封闭治疗　包括椎旁软组织、神经根、骶管及硬膜外封闭，药物注射至病变部位，抑制炎症因子对局部组织的刺激，从而缓解疼痛，改善症状。

6. 手术治疗　原则为减压，既要切除致压物，扩大椎管和椎间孔容积，又要兼顾腰椎稳定性，提高患者生活质量。

（1）手术适应证：保守治疗无效，疼痛严重影响行动或睡眠者；伴明显的间歇性跛行，影像学检查有硬膜囊或神经根受压严重者。

（2）手术的选择：手术方式包括开放性腰椎板切除椎管扩大减压术、经微创管道下腰椎管减压术及经皮内镜下腰椎管减压术等。如合并黄韧带肥厚、椎间盘突出一并切除。如合并腰椎不稳定、退变性脊椎滑脱，或手术广泛减压导致医源性不稳者，宜同时行腰椎融合术。近年来随着经皮内镜手术（包括单通道全脊柱内镜及双通道内镜手术）的兴起，可针对不同狭窄部位进行靶向减压，具有创伤小、出血少、恢复快等特点，在临床上的应用越来越广泛。

四、预防与康复

腰椎管狭窄症患者平日需要进行功能性康复锻炼，常见的锻炼方式有"五点支撑""拱桥式""平板支撑""直腿抬高""飞燕式"等，通过增强腰腹部肌力，达到辅助性治疗目的。对于手术治疗的康复阶段，术前康复训练有助于增加腰背肌毛细血管灌注、改善血液循环，以缓解疼痛、增加肌力。术后康复应尽早让患者行下肢肌肉等长收缩训练及直腿抬高训练，可增加腰椎稳定性，促进周围组织修复及血液循环，达到缓解症状、减轻椎间压力、减少尿潴留及便秘发生率，提高手术疗效的效果。

第三节　腰肌劳损

腰肌劳损是指腰骶部肌肉、筋膜、韧带甚至骨膜等的慢性损伤，引起局部慢性无菌性炎症，以腰骶部持续性隐痛、反复发作、劳累后症状加重为主要表现的疾病，是临床腰痛常见原因之一。

一、病因病理

本病多为急性腰扭伤的后遗症及累积性慢性损伤所致。

1. 急性腰扭伤　急性腰部损伤后，局部肌肉、筋膜、韧带、关节囊等组织出血、水肿、炎症细胞浸润，若没有得到及时有效的治疗，转变为慢性病变，形成局部慢性无菌性炎症，引起腰痛症状发生。

2. 慢性腰部损伤　腰部日积月累的劳作,可引起不断出现的局部小的纤维损伤、出血、渗出,也可形成局部慢性无菌性炎症,甚至产生组织粘连和瘢痕形成。

3. 脊柱外伤　脊柱外伤后伴随韧带损伤和脊柱稳定性破坏,脊柱的内在平衡系统受到影响,引起肌肉、筋膜等外在平衡系统失调,进而导致腰部软组织耐疲劳能力下降,较正常脊柱更易出现腰肌劳损。

4. 局部结构缺陷　先天性脊柱畸形如隐形脊柱裂、脊髓灰质炎遗留下肢畸形和腰骶角异常等,较易产生腰肌劳损。

本病属于中医学"肾虚腰痛"或"风湿痹证"范畴。

二、诊断

1. 临床表现　临床上多以无明显诱因的腰背部或腰骶部疼痛为主诉,疼痛性质为隐痛、酸痛、胀痛、钝痛,呈间歇性,严重者可出现持续性疼痛。疼痛常在劳累后加重,休息时减轻。以拳头叩击腰部时可缓解疼痛。腰部喜暖畏寒,遇寒冷及潮湿环境时症状明显加重,得热症状可缓解。

2. 诊断要点

(1) 病史:多有长期从事体力劳动史或长时间保持固定姿势工作史,部分患者因急性腰肌损伤失治所致。

(2) 症状与体征:腰背部或腰骶部酸疼乏力,症状常在劳累、寒冷潮湿刺激后加重,在休息、遇热时缓解。在腰背部一侧或两侧,常可触及竖脊肌紧张、痉挛,收缩时可见肌肉明显隆起;腰背部常可触及压痛,压痛点较为广泛,常在肌肉的起止点或在神经肌肉结合点,包括竖脊肌中外侧缘、腰骶部棘突旁或棘突间、腰椎横突、髂嵴等处,叩击腰部压痛点可有舒适感;在腰背部压痛点处常可出现向下肢方向的放射痛,但一般不会超过腘窝,且直腿抬高试验及加强试验为阴性。

(3) 辅助检查:影像学一般无实质性异常改变,少数患者腰椎 X 线检查示腰椎骨质增生,或出现移行椎、隐形脊柱裂等腰骶部先天性变异。CT、MRI 检查可排除腰骶椎的器质性病变。实验室检查结果一般也正常。

3. 鉴别诊断

(1) 臀上皮神经损伤:在髂后上棘的外上方可触及痛点、条索状硬结,即臀上、臀中皮神经支配区,有时压痛可向臀部及大腿后侧放射,但一般不超过腘窝。

(2) 腰椎间盘突出症:具有典型的腰痛伴下肢放射性疼痛,放射痛一般超过腘窝到达小腿、足部,咳嗽、打喷嚏等增加腹压动作症状加重,直腿抬高试验及加强试验阳性,影像学检查可明确诊断。

(3) 骨质疏松性胸腰椎压缩骨折:多见于严重骨质疏松症的老年患者,多数有不同程度的外伤史,主要症状为腰背部疼痛,可伴有下肢麻木、感觉异常等神经症状,体格检查时腰背部有深压痛,叩击压痛部位症状常加重。X 线片可见椎体有不同程度的楔形变化等压缩骨折特征。

三、治疗

1. 药物治疗

(1) 中药治疗:依据本病的中医分型辨证施治。

1) 气滞血瘀型:腰背部刺痛,痛处固定、拒按,腰部俯仰、转侧不利;舌质暗,苔白,脉弦,治宜行气活血、化瘀止痛,方用身痛逐瘀汤加减。

2）风寒湿阻型:腰背部冷痛、重着,静卧不减,遇寒加重、得温则舒;舌质淡红,苔薄白、脉浮紧,治宜祛风除湿、温经散寒、通络止痛,方用独活寄生汤加减。

3）湿热阻络型:腰背部疼痛有热感,遇闷热天气加重,活动后减轻,尿赤,舌苔黄腻,脉濡数,治宜清热化湿、通络止痛,方用二妙散加减。

4）肝肾不足型:腰膝酸软,劳累后加重,卧则减轻,喜按喜揉,缠绵不愈,反复发作。偏于肾阳不足者,同时有肾阳虚症状,治宜温补肾阳,方用肾气丸、补肾活血汤加减;偏于肾阴不足者,同时有肾阴虚症状,治宜滋补肾阴,方用六味地黄丸、知柏地黄丸加减。

（2）西药治疗:常用的口服药有:①非甾体抗炎药,如醋氯芬酸钠缓释片、塞来昔布胶囊、依托考昔片等;②中枢性肌肉松弛药,如乙哌立松等。

2. 手法治疗　是腰肌劳损的重要治疗手段,具有舒筋活血、松解粘连、缓急止痛的作用,通过改善局部血液循环,促进局部无菌性炎症物质吸收、消散,加速病变组织修复和功能康复。

常用腧穴包括阿是穴及肾俞、志室、大肠俞、腰阳关、阳陵泉、委中、昆仑等,主要手法有循经㨰法、推法、腰背按揉法、点按法、捏拿法、弹拨法、卧位斜扳法等。对于腰肌无力者,重点在腰背及臀部施用㨰法、揉法;对于腰部肌紧张、痉挛者,重点多用揉法、推法;对于压痛点明显者,术者在痛点处用拇指反复揉按,而对于竖脊肌压痛点,术者用拇指自竖脊肌痛点的内侧上方向外侧下方用力推挤,从头侧直至髂后上棘,反复操作,再用掌揉法缓解刺激。总之,根据患者年龄、体质、症状特点及耐受程度,灵活掌握手法刺激强度和作用时间。

3. 针灸　以针刺局部阿是穴、华佗夹脊穴、肾俞、志室、大肠俞、腰阳关、委中、昆仑等穴为主,用补法或平补平泻,也可配以灸法或拔火罐。

4. 封闭治疗　对于腰骶部有明显疼痛并且痛点固定的患者,可使用醋酸泼尼松龙25mg或曲安奈德注射液20~30mg加1%利多卡因5~10ml,做痛点封闭。醋酸泼尼松龙每周1次,曲安奈德2~3周1次,可连续封闭2次。

5. 针刀治疗　在腰背部筋膜的压痛点区域,仔细触摸条索状物及硬结部位,按压最敏感的痛处作为治疗点(每次选择3~4点)。无菌条件下,经治疗点处进刀,由浅入深,首先松解浅层筋膜,然后直达治疗点行不同方向松解。对于骨骼上的治疗点,应深达骨面。经过治疗后未痊愈者,5~7天后可重复一次。

6. 固定　腰肌劳损症状严重者,可适当卧床休息,在工作中必要时可佩戴腰围以保护腰部,但休息时应解除,以免出现失用性肌萎缩,导致腰椎稳定性进一步下降。

7. 练功　腰肌劳损患者应积极进行腰部功能锻炼,重点在于腰背肌的锻炼,以改善腰背部血液循环,增加腰背肌力量,恢复韧带弹性,加强脊柱稳定性。常用的练功方法包括"五点支撑""三点支撑""飞燕点水""平板支撑"等,练功时应循序渐进,逐渐增加强度、难度和练功时间,并注意避免汗出当风。

8. 物理治疗　可选用红外线、中药离子导入、超短波、热蜡浴等疗法。

9. 手术治疗

（1）手术适应证:经上述治疗无明显效果,或典型的严重病例,如疼痛剧烈、下肢肌无力和肌萎缩、行走或站立时间不断缩短,影响日常生活者。

（2）手术的选择:常用的手术方式有全椎板切除术、次椎板切除术、椎板间扩大开窗术、全椎板截骨后移术、侧方旋转再植成形术等。

四、预防与康复

该病治疗,病程长、显效慢,症状易于复发。因此,要强调"防重于治"和"综合治疗",平

笔记栏

时养成良好的工作、生活用腰习惯,改善工作条件,注重劳逸结合。同时避免风寒湿邪侵袭,节制房事,坚持腰背肌锻炼,增强体质。

第四节 第三腰椎横突综合征

第三腰椎横突综合征是指因第三腰椎横突周围组织损伤导致慢性腰痛,并出现以第三腰椎横突处明显压痛为主要特征的一种疾病。部分患者邻近神经受到激惹,可出现腰臀部及下肢疼痛。本病多见于青壮年,尤其是体力劳动者。

一、病因病理

腰椎横突是腰背筋膜的附着点,第三腰椎位于腰椎中心,活动度较大,其横突在所有腰椎横突中最长,附着的肌肉也多,是腰方肌、腰大肌的主要起点,并且有背阔肌、腹横肌的深层筋膜附着。因此,第三腰椎横突是腰部肌肉收缩运动的一个重要支点,受力最大,易在肌肉筋膜附着处产生损伤,相较其他腰椎横突更易产生劳损。

长期弯腰活动以及腰部强力扭转,均可造成第三腰椎横突附着处组织的急慢性损伤,进而出现局部肌肉、筋膜或滑液囊的充血、水肿、渗出等,形成无菌性炎症,日久第三腰椎横突周围出现以肌肉、筋膜、滑液囊等的粘连、组织增生为主的慢性炎症变化,这是本病迁延难愈的主要原因。

臀上皮神经发自第1~3腰部脊神经后支的外侧支,穿过横突间的肌间隙向后,经过附着于腰1~腰4横突的腰背肌筋膜深层,分布于臀部和大腿后侧皮肤。由于损伤本身及继发的无菌性炎症等病理变化,可刺激经过横突的腰部脊神经,导致臀上皮神经受累,日久则神经纤维变性,出现臀部、大腿后侧疼痛、麻木等臀上皮神经受累表现。

本病属中医"腰痛"范畴。中医认为本病与长期劳损和急性损伤等因素有关。久立、久行等慢性劳损耗伤气血,久则伤及肝肾精血津液,长期损伤致使横突周围经脉瘀阻,血不荣筋,不荣则痛;或长期劳损,正气不足,风寒湿邪侵袭腰部,气血运行不畅,不通则痛。急性损伤导致横突末端筋肉撕裂,血溢脉外,气血瘀阻不行,不通则痛,亦发为本病。

二、诊断

1. 临床表现 腰部一侧或两侧疼痛,呈慢性间歇性、弥散性酸痛,劳累后、晨起或弯腰直起时疼痛较重,稍活动后可减轻,可引起同侧下肢反射痛,其范围多不过膝。

2. 诊断要点

(1)病史:本病多有腰部急、慢性受伤病史,部分患者可无明显诱因。

(2)症状与体征:腰部一侧或两侧疼痛,疼痛范围广泛,劳累后、弯腰直立时加重,疼痛可向臀部、腿后侧及腘窝放射。一侧或两侧竖脊肌外缘第三腰椎横突尖端(部分患者可在第二、第四腰椎横突尖端)有局限性压痛,按压该痛点常可引起同侧臀部、下肢后侧至腘窝的放射痛,但直腿抬高试验及加强试验阴性。部分患侧局部可触及纤维性硬结。

(3)辅助检查:X线检查一般无异常改变,有时可见一侧或双侧第三腰椎横突过长或左右不对称或向后倾斜,或横突尖部略有密度增高区。实验室检查一般无异常。

3. 鉴别诊断

(1)腰椎间盘突出症:腰椎间盘突出节段棘突旁常有明显压痛,下肢放射痛常重于腰痛,且放射痛可超过腘窝达小腿、足部,疼痛与腹压增高有关,直腿抬高试验及加强试验阳性。CT、MRI 检查可明确诊断。

（2）梨状肌综合征：臀部、下肢后侧及后外侧疼痛、麻木，臀部疼痛呈刀割样、烧灼样；在梨状肌体表投影区有压痛和放射痛，并有条索状物可触及，梨状肌紧张试验阳性，患侧直腿抬高试验出现疼痛，但抬高超过 60°后症状反而减轻。CT、MRI 检查无异常。

三、治疗

1. 药物治疗

（1）中药治疗：依据本病的中医分型辨证施治。

1）肾气亏虚型：腰部慢性疼痛，腰膝酸困乏力，劳累后加重、休息时减轻。偏于肾阴虚者，同时有肾阴虚症状，治宜滋补肾阴，方用六味地黄丸、知柏地黄丸、大补阴丸加减；偏于肾阳虚者，同时有肾阳虚症状，治宜温补肾阳，方用补肾活血汤、金匮肾气丸加减。

2）气滞血瘀型：腰部酸胀疼痛，以刺痛为主，痛处固定，舌质暗，苔薄白，脉弦涩。治宜行气活血、化瘀通络，方用桃红四物汤、地龙散加减。

3）寒湿痹阻型：腰部、臀部及大腿酸胀疼痛，伴畏寒恶风，腰腿沉重、活动不利。治宜祛风散寒除湿、宣痹通络止痛，方用独活寄生汤、羌活胜湿汤加减。

（2）西药治疗：以非甾体抗炎药为主。

2. 手法治疗　常用腧穴包括阿是穴及肾俞、志室、大肠俞、腰阳关、阳陵泉、委中、昆仑等，主要手法有循经㨰法、推法、腰背按揉法、点按法、捏拿法、弹拨法等。在腰背部竖脊肌及臀部、下肢后侧行㨰法、按揉法、推法，以舒筋缓急、行气活血，缓解腰部疼痛；点按、按揉肾俞、志室、大肠俞、腰阳关等穴位；在痛点明显的第三腰椎横突尖端处反复按揉、挤压、弹拨，并用掌根或大鱼际在局部按揉，以松解第三腰椎横突周围组织的粘连；最后，用推法、擦法作为结束手法。

在第三腰椎横突痛点处行弹拨法，对于解除局部组织的粘连具有明显作用。在操作此手法时，术者以两手拇指于疼痛敏感点的横突尖端做由外向内、与纤维性硬节垂直方向的反复弹拨，拨动时应由浅入深、由轻到重，用力以患者能耐受为度。

3. 针灸　选取阿是穴及肾俞、大肠俞、委中、阳陵泉、承山等穴，留针 10~20 分钟，每日 1 次，10 次为 1 个疗程，可结合灸法治疗。针刺阿是穴时，深度至横突骨膜，得气后用泻法进行强刺激。

4. 封闭治疗　在压痛敏感的第三腰椎横突尖部（部分患者在第二、第四腰椎之横突尖端压痛敏感），使用醋酸泼尼松龙或曲安奈德注射液进行痛点封闭，要求定位准确，将药物均匀地向横突四周浸润注射。

5. 针刀治疗　针刀直刺压痛最敏感的横突尖部，进行剥离、松解，解除局部粘连，以通络止痛。

6. 固定　腰部疼痛明显者应卧床休息，活动时可佩戴腰围保护，但不宜长时间固定，以防腰部出现失用性肌萎缩，影响脊柱稳定。

7. 练功　疼痛缓解期患者可行腰部练功，可练习"五点支撑""三点支撑""飞燕点水""风摆荷叶"等。练习"风摆荷叶"时，患者站立位，双足分开略宽于肩，以双掌直推腰部竖脊肌 2~3 分钟；然后，两手叉腰，拇指向后，于腰椎横突尖压痛明显处行拇指按揉、拨筋 3~5 分钟；最后，拇指置于腰椎横突尖压痛明显处，练习腰部的环转、后仰及前俯活动，动作宜缓慢，循序渐进，幅度由小到大。

8. 物理治疗　可选择磁疗、红外线疗法、中药离子导入、超短波等配合治疗。

9. 手术治疗

（1）手术适应证：症状严重、反复发作、影响工作者，或经过长期系统的保守治疗，效果不显者。

（2）手术的选择：一般做第三腰椎横突剥离或切除术。

四、预防与康复

平时工作生活中注意腰部保持正确姿势和用力，经常变换体位，预防腰背部急慢性损伤；加强腰背肌锻炼，增强腰背肌力量；注意腰背部保暖，避免腰部受风、寒、湿邪侵袭。

第五节 梨状肌综合征

梨状肌综合征是指梨状肌损伤或坐骨神经与梨状肌解剖关系异常导致坐骨神经受压而产生的一系列相应临床症状和体征。

一、病因病理

梨状肌是臀部的深层肌肉，起始于第2~4骶椎前面，肌束向外穿过坐骨大孔到达臀部，从而将坐骨大孔分为梨状肌上孔和下孔，其肌纤维止于股骨大转子尖端。梨状肌受骶神经支配，该肌收缩时使髋关节外旋、外展。梨状肌通过坐骨大孔把神经、血管分为上、下两部分，梨状肌上孔有臀上神经及臀上动、静脉穿过，下孔有阴部神经、股后皮神经、坐骨神经以及臀下动、静脉穿过。坐骨神经自梨状肌下缘出骨盆后，自臀大肌前下方进入大腿后侧，开始分为胫神经和腓总神经，支配小腿及足部感觉和运动。坐骨神经与梨状肌关系密切，当梨状肌损伤后出血肿胀，容易导致坐骨神经受压而出现相应神经症状。梨状肌的体表投影，可以自尾骨尖至髂后上棘做连线，并将该线中点向股骨大转子顶点做连线，此直线恰好为梨状肌下缘。梨状肌综合征患者，在其体表投影方向常可触及明显压痛。

梨状肌综合征分为急性损伤和慢性损伤两类，大多由间接外力所致。髋关节过度外旋、外展或蹲位站起时，因梨状肌突然收缩或被动牵拉而损伤，致使梨状肌纤维撕裂。或臀部受风寒刺激，导致局部充血、水肿、痉挛、粘连和挛缩；反复损伤可导致梨状肌纤维肥厚，梨状肌肌间隙及梨状肌上、下孔变窄，最终导致梨状肌下孔内的血管、神经受到刺激，引起臀部和下肢疼痛症状。同时，梨状肌的变异、骶髂部其他病变导致臀肌痉挛、坐骨神经行程变异、妇科疾病如卵巢或附件炎症、药物注射导致梨状肌变性、髋臼后上部骨折移位后的异常骨痂生长等，也是影响梨状肌和坐骨神经关系，甚至导致梨状肌综合征的原因。由于梨状肌下孔的坐骨神经、臀下神经受累，日久可导致臀部、下肢肌肉力量下降、萎缩等病理现象。

中医学多将本病归属于"痹证""伤筋""环跳风"及"腰腿痛"范畴。中医认为本病多因肝肾不足，气血亏虚，风寒湿热等邪侵袭腠理，或闪挫劳损，筋膜受伤，流注经络，经络痹阻，气血运行不畅，不通则痛，发为本病。

二、诊断

1. 临床表现 梨状肌综合征常表现为一侧臀部酸胀、疼痛、沉重，疼痛可向小腹部、大腿后侧、小腿后外侧放射。疼痛自感位置较深，严重者臀部可出现烧灼样或刀割样疼痛，患者常因疼痛而夜不能眠，双下肢屈曲困难，可出现跛行，打喷嚏或咳嗽等增加腹压动作时疼痛加剧。

2. 诊断要点

（1）病史：多有急、慢性受伤病史，或臀部受凉病史。

（2）症状与体征：患者可出现一侧臀部疼痛、大腿后侧和小腿后外侧放射痛，增加腹压动作时疼痛加剧。腰部一般无明显压痛和畸形，腰部活动也不受限，在梨状肌体表投影区触诊时有压痛和放射痛，臀部可触及弥漫性钝厚、条索状隆起，梨状肌肌束变硬、坚韧、弹性降低等变化，可有臀部肌肉萎缩。梨状肌紧张试验阳性。

（3）辅助检查：影像学检查一般无明显异常。

3. 鉴别诊断

（1）腰椎间盘突出症：压痛多位于腰骶部，梨状肌综合征压痛主要位于臀部；两者均可产生坐骨神经症状，腰椎间盘突出症随着直腿抬高角度增加而疼痛逐渐加重，梨状肌综合征则是直腿抬高到60°后反而减轻，且有梨状肌紧张试验阳性，腰部活动一般无影响。结合 CT 或 MRI 检查可进一步明确诊断。

（2）骶髂关节损伤：患者一般有明显受伤病史，出现下腰部疼痛，在骶髂关节处有压痛及叩击痛，部分患侧可触及痛性筋结，患侧髂后上棘较对侧出现凸起或有凹陷，患侧髋后伸试验、4 字试验等均阳性。

三、治疗

1. 药物治疗

（1）中药治疗：依据本病的中医分型辨证施治。

1）气滞血瘀型：臀部疼痛，部位固定，舌质紫暗，苔白，脉涩，治宜活血化瘀、消肿止痛，方用桃红四物汤加减。

2）风寒湿阻型：臀部疼痛、沉重，伴恶寒畏风，舌质淡红，苔薄白，脉弦紧，治宜温经散寒、祛风除湿、通络止痛，方用独活寄生汤、蠲痹汤加减。

（2）西药治疗：可口服或外用药物，以非甾体抗炎药为主。

2. 手法治疗　主要作用是活血散瘀、舒筋通络、解除粘连。通过手法缓解梨状肌痉挛，改善局部充血、水肿和无菌性炎症，解除与周围组织的粘连。可选取阿是穴、环跳、居髎、风市、承扶、委中、阳陵泉等穴位。

急性期手法宜轻柔和缓，可用揉摩、按揉、滚、擦等手法治疗。慢性期手法宜渗透有力，可选用按揉、点按、弹拨以及髋部被动运动等手法治疗。先在臀部及痛点处行按揉法，改善血液循环，直到局部产生热感；然后触摸到呈条索状或肥厚的梨状肌，用双拇指或肘尖部进行反复弹拨，要求弹拨时用力方向与梨状肌纤维走向垂直，再在痛点处进行反复的点按法，以明显得气为宜；最后，沿梨状肌体表投影方向，做从外向内的推捋顺筋法，以牵抖下肢、髋膝屈伸动作作为结束手法。

3. 针灸　可取阿是穴及秩边、环跳、承扶、阳陵泉、足三里等穴位，以泻法为主，得气感向远端放射为佳，急性期每日 1 次，缓解期隔日 1 次。

4. 封闭治疗　局部疼痛剧烈者，可在梨状肌表面压痛敏感点注射治疗，要求定位准确，并注意无菌观念。

5. 固定　急性损伤导致者，早期应卧床制动，减少髋部活动及行走。

6. 练功　急性期疼痛剧烈者，应卧床休息制动；缓解期，患者可行腰部及髋部活动锻炼，如仰卧举髋蹬腿、侧卧外摆等，以防止局部组织粘连和肌肉萎缩。

7. 物理治疗　急性损伤初期可适当冷敷，慢性期及恢复期可行中药离子导入、热疗、电疗、磁疗等。

8. 手术治疗

（1）手术适应证：经过系统的非手术治疗效果不明显，或诊断明确但症状反复发作者。

（2）手术的选择：根据肌肉变异、瘢痕粘连或异常生长骨痂卡压坐骨神经的具体情况，进行针对性的手术治疗，以松解或消除坐骨神经的卡压状况。

四、预防与康复

急性期疼痛明显者，应卧床制动，将患髋置于外展、外旋的梨状肌松弛位，减轻对梨状肌的刺激；平时避免髋关节过度外旋、外展及长期蹲位工作；注意局部避风寒侵袭；加强锻炼，增强体质，但髋部活动应循序渐进，避免梨状肌再度受伤。

第六节　腰椎滑脱症

腰椎滑脱症是指由于先天发育不良，以及外伤、劳损、退变、病理因素等，导致相邻两个椎体之间出现相对位置的滑移，引起神经根或马尾神经受压，从而产生相应临床症状的疾病。如果腰椎椎体滑移，但椎弓根峡部连续者，称为腰椎假性滑脱，亦称为退变性腰椎滑脱；若为椎弓根峡部不连续的腰椎滑脱，称为腰椎真性滑脱，亦称为峡部裂性腰椎滑脱。

本病属于中医学"腰痛""腰腿痛""痹证"范畴，多发于中老年女性，常发生于腰4、腰5椎体，是引起腰腿痛的常见病因之一。

一、病因病理

腰椎退变性滑脱的病因尚不明确，一般认为多与腰椎生理曲度改变、腰肌力量弱、椎间盘退变、韧带松弛，以及肥胖、妊娠、骨质疏松、绝经、糖尿病等有关。腰椎真性滑脱的重要病理特征是腰椎弓根峡部不连续，一般认为发生的原因主要包括：一是先天因素导致椎弓峡部缺损或结构薄弱，二是急性外伤导致椎弓峡部的断裂，三是应力积累导致椎弓峡部的疲劳性骨折。目前多数学者认为本病症是椎弓峡部在先天发育不良的基础上，受到慢性劳损而产生的一种疲劳性骨折。若因肿瘤、炎症等病理变化累及椎弓、峡部、关节突，导致腰椎后部稳定性破坏发生的腰椎滑脱，则称为腰椎病理性滑脱。

脊柱有四个生理弯曲，腰段脊柱有前凸的生理曲线，骶骨则向后凸，腰骶脊柱交界形成了腰骶角，由于腰骶角的存在，脊柱重量作用在骶骨后形成向前的剪切力，导致腰4、腰5椎体有向前滑移的趋势。随着腰椎和椎间盘退行性变化，椎间盘逐渐失水、松弛，椎间隙变窄，韧带、关节囊松弛，使得脊柱稳定性下降，导致脊柱生物力学发生变化，腰椎椎体承受向前的剪切力增加，下位椎体后方的关节突难以承受这样增加的剪切力，在脊柱长期的负载过程中，导致关节突关节面的超负荷而加速关节突的退变和重塑，关节突关节对抗椎体前倾剪切力的能力下降，导致上位椎体逐渐产生向前方滑移。真性滑脱由于腰椎本身稳定结构的破坏，椎体也产生滑移。椎体滑移后，导致椎管、神经根管容积和形状发生改变，并可出现椎间盘突出、椎体骨赘形成、黄韧带肥厚等，进一步影响椎管和神经根管，最终导致马尾神经和神经根受累，产生马尾神经症状和神经根症状。

腰椎滑脱的分度和分级对于治疗方法的选择具有指导作用。

1. Meyerding 分级法　该分级法是临床应用较多的一种方法，通过观察侧位 X 线片上腰椎滑脱程度进行分级，即把滑脱椎体的下一椎体上缘矢状径分成 4 等份，根据滑脱椎体相对下位椎体向前移位的位置分为Ⅰ~Ⅳ度：Ⅰ度滑脱，上位椎体向前滑移不超过下位椎体中部矢状径的 1/4；Ⅱ度滑脱，上位椎体向前滑移超过 1/4 未超过 1/2；Ⅲ度滑脱，上位椎体向前滑移超过 1/2 未超过 3/4；Ⅳ度滑脱，上位椎体向前滑移超过 3/4。

2. Newman 分级法 主要用于第五腰椎椎体滑脱的判定,此分级法既能表明第五腰椎椎体的滑脱程度,也反映了第五腰椎椎体的旋转程度。将第一骶椎体上缘划分成 10 等份,然后按照等同尺寸在骶骨前方也画出 10 等份。第五腰椎椎体滑脱程度用 2 个数相加表示:第一个数字表示第五腰椎椎体沿骶骨上缘向前滑脱的程度,第二个数字表示第五腰椎椎体从骶骨顶部向下滑脱的程度。

中医学认为,引起本病的病因有风、寒、湿、热、闪挫、瘀血、气滞、痰饮等,而其根本原因在于肝肾亏虚。肝主筋,肾主骨,如果先天不足,筋脉不得濡养、骨髓不能充盈,则行走不利、骨节疼痛。后天外感六淫,若伤于劳役,则风、寒、湿邪乘虚而入,致气血不畅,经络闭阻,不通则痛。本病具有本虚标实的特点。

二、诊断

1. 临床表现 腰椎滑脱症早期可没有明显症状,随着病情发展,可出现腰痛、间歇性跛行及下肢放射性疼痛等。腰椎滑脱症引起的腰痛特点为机械性腰痛,即腰痛与姿势和活动有关,站立或弯腰时加重,卧床时减轻。腰椎在相对滑移时可导致腰椎管狭窄,出现典型的神经源性间歇性跛行;个别合并椎管狭窄严重患者可出现马尾神经症状,表现为鞍区麻木及大小便功能障碍。腰椎滑脱后若使得神经根通道(包括侧隐窝)狭窄,导致神经根受压,可出现下肢放射性疼痛,甚至发生不全瘫痪。

2. 诊断要点

(1) 病史:本病多呈慢性发病,可有长期弯腰劳累史,部分患者有外伤史。

(2) 症状与体征:早期可没有明显症状,随着病情发展可出现腰痛、间歇性跛行和下肢放射性疼痛等,腰痛常在站立或弯腰时加重。体格检查时,下腰段前凸增加或呈保护性强直,腰椎滑脱严重者在腰骶交界处可出现皮肤凹陷,并可触及阶梯感;局部压痛明显,叩击腰骶部可引起腰部及双侧下肢坐骨神经痛;腰部活动度多因疼痛而不同程度受限;神经功能检查通常不会出现明显的运动、感觉及反射异常。但是,腰椎滑脱的体征不是特异性的,部分患者可没有明显阳性体征。

(3) 辅助检查

1) X 线检查:腰椎正侧位片可显示腰椎间隙变窄,关节突关节增生、硬化等退变表现,并可观察椎体向前或向后移位,判断腰椎滑脱的程度。对于正侧位片上显示有滑脱者,应常规加做双斜位片,可显示椎弓根峡部断裂。腰椎向前滑脱不伴有椎弓峡部裂是退行性腰椎滑脱的典型影像学变化,腰椎侧位片和双侧斜位 X 线片可显示椎弓峡部的情况,有助于鉴别退行性滑脱和峡部滑脱。X 线照片时患者应站立位,因有部分腰椎退行性滑脱患者在平卧时可自动复位;腰椎不稳时拍摄腰椎前屈后伸动力位 X 线片,表现为椎体间超过 4~5mm 的水平移位或是超过 10°~15° 的矢状位旋转。对于某些腰 5 椎体滑脱的患者,因骨盆阻挡导致腰椎弓峡部影像不易观察清楚,需加做 CT 确诊。

2) CT 检查:对椎弓根峡部不连的诊断率很高,在 CT 片相应层面上可见椎弓根峡部断裂,并可显示侧隐窝狭窄及神经根受压情况。连同上、下椎间隙一起检查,可显示腰椎滑脱处神经根受压情况,以及是否合并椎间盘突出。

3) MRI 检查:可观察椎管内外的解剖状态有无变异。矢状面可显示椎体移位和椎弓根峡部不连处软组织影像,横断面显示与 CT 相同,但不如 CT 清楚。

3. 鉴别诊断 主要与引起腰痛和/或下肢放射痛的疾病,包括腰椎急慢性损伤、炎症、肿瘤,以及腰椎间盘突出症等疾病相鉴别。

(1) 腰椎急慢性损伤:腰部疼痛,休息后多有缓解,活动过久时症状可有加重。疼痛多有明确的痛点。影像学无明显异常征象。

（2）脊柱肿瘤：腰部疼痛卧床休息多不能缓解，并呈缓慢进行性加重，常合并夜间痛；而腰椎滑脱症少有夜间痛，经过卧床休息可缓解。影像学检查及穿刺活检均可进行鉴别。

（3）腰椎间盘突出症：腰痛并出现一侧臀部、大腿、小腿的放射痛，影像学检查可明确鉴别。

三、治疗

1. 药物治疗

（1）中药治疗：依据本病的中医分型辨证施治。

1）血瘀气滞型：多有明显外伤史，腰骶部疼痛骤然发作，疼痛剧烈，刺痛或胀痛，痛有定处，日轻夜重，腰部活动受限，步履困难，舌红或暗紫色，脉弦细，治宜活血化瘀、行气止痛，用身痛逐瘀汤加减。

2）风寒湿阻型：腰骶部酸胀疼痛，时轻时重，拘急不舒。偏寒者，遇寒痛增，得热痛缓，舌淡苔白滑，脉沉紧；偏湿者，腰痛重着，肢体麻木，舌质红，苔腻，脉濡数，治宜祛风散寒、除湿通络，方用独活寄生汤加减。

3）肝肾亏虚型：腰酸腿乏，遇劳更甚，卧则减轻，喜按喜揉，治宜补益肝肾、强壮筋骨，方用补肾壮筋汤加减。

（2）西药治疗：主要为对症治疗，以缓解疼痛。

2. 手法治疗　以理筋为主，促进局部气血畅通，缓解肌肉痉挛。但手法务必轻快稳妥，力度适当，切忌强力按压和扭转腰部，以免加重病情。常用腧穴包括阿是穴及肾俞、志室、大肠俞、腰眼、阳陵泉、委中、昆仑、悬钟等，主要手法有循经推法、点按法、点揉法、拔伸法、腰部屈曲滚摇法、坐位腰椎旋转复位法等。

（1）推理背腰法：患者取俯卧位，两下肢伸直，术者立于其左侧，用两手掌或大鱼际，自上向下反复推理腰背部的骶棘肌，直至骶骨背面或臀部，并以两拇指分别点按、点揉两侧肾俞、志室、腰眼、阳陵泉、委中、昆仑、悬钟等穴。

（2）腰部拔伸法：患者体位同上。助手站于患者头侧，双手拉住患者腋下向头部方向牵拉，术者站于患者足侧，双手握住患者两踝向足底方向牵拉，术者和助手沿纵轴方向进行对抗牵引 2~5 分钟。

（3）腰部屈曲滚摇法：患者取仰卧位，两髋膝屈曲位，双手十指交叉抱住膝部。术者一手持踝部，一手扶膝部，向床方向缓缓用力下压双膝部，然后放松，反复操作，使患者腰骶部被动屈曲在床上滚摇数分钟，再将其膝部尽量贴近腹部，以加大屈髋屈膝幅度，然后将双下肢用力牵拉伸直。

（4）坐位腰椎旋转复位法：适用于腰椎棘突有偏歪者。患者取坐位，术者摸清偏歪的腰椎棘突，一手拇指拨动偏歪棘突，向对侧方向用力推顶，另一手从患侧腋下绕过后手掌按压颈后部，做腰部前屈旋转活动，具体参考腰椎间盘突出症旋转复位手法，拨正偏歪的棘突，对某些病例可即刻减轻症状，但要掌握力度。

3. 针灸　可选取阿是穴、肾俞、志室、气海俞、命门、腰阳关、环跳、承扶、委中、阳陵泉、承山、昆仑、悬钟等穴位，留针 30 分钟，或用电针，或加艾灸。每日 1 次，10 次为 1 个疗程。

4. 封闭治疗　可选用药物行骶管封闭治疗，或进行硬膜外封闭。

5. 针刀治疗　可松解该病紧张痉挛的相关肌肉、筋膜和韧带，从而改变和矫正相关组织病理性牵拉引起的异常力线，间接起到恢复脊柱稳定的作用。在腰椎 X 线定位下，以患者腰部病变部位所触及的条索、硬结、压痛点等为中心进行松解。

6. 牵引治疗 主要采用骨盆牵引法,每次牵引重量为 10~15kg,并适当抬高床尾以对抗牵引。每日牵引 1 次,每次 20~30 分钟,10 次为 1 个疗程。

7. 固定 对急性外伤性腰椎滑脱或年幼的腰椎弓崩裂患者,经手法复位满意后,可施行双侧石膏裤固定,两髋保持屈曲 90°,以维持腰椎在屈曲位。症状较轻的腰椎滑脱患者,可佩戴腰围或用腰部支具固定,能明显改善由于滑脱导致的神经源性跛行患者的行走能力。

8. 练功 腰痛症状减轻后,应积极进行腰背肌的功能锻炼。可采用"五点支撑""三点支撑"练功方法,以增强腰部肌力,需注意防止腰过伸活动。练功具有治疗和预防腰椎滑脱的双重作用,但要循序渐进,以不加重局部疼痛为度。同时,也应适度加强腹肌肌力锻炼,这对缓解症状、改善腰部功能,具有重要作用。

9. 物理治疗 可选用红外线、超短波、中药离子导入等方法配合治疗。

10. 手术治疗

（1）手术适应证:腰椎滑脱明显,腰痛和神经根症状较重,经 3~6 个月的保守治疗无效者;椎体滑移程度大于 30%~50%;滑脱角大于 45°,腰骶段脊柱不稳定者;有马尾神经综合征,出现膀胱直肠功能障碍或鞍区麻木者。

（2）手术的选择:手术目的主要是加强腰椎稳定,解除对神经的压迫,根据情况选择手术减压及内固定融合术等。

四、预防与康复

练功活动对防治该病具有重要意义,指导患者积极进行腰背肌及腹肌的功能锻炼。防止腰部过伸活动,避免久站、久行,经常佩戴腰围以控制腰椎进一步滑脱。注意防寒保暖,避免风、寒、湿邪侵袭。

第七节 髌骨软骨软化症

髌骨软骨软化症是指髌骨软骨面因慢性损伤或退变而致髌骨关节软骨肿胀、软化、侵蚀、皲裂,甚至剥脱,从而出现以膝关节前方疼痛为主要表现的膝关节退行性疾病。本病好发于中青年患者,女性发病率明显高于男性。

一、病因病理

髌骨关节面由表面光滑的软骨覆盖,较其他关节软骨面厚,可达 6~7mm。纵形的骨嵴将髌骨面分为内小外大的两个关节面,与股骨髁滑车相对应,形成髌股关节。膝关节在屈伸过程中,髌骨在股骨滑车内滑动,当髌骨软骨病变时可使股骨滑车对应部位的关节软骨发生镜面损伤,导致髌股关节炎,故多数学者认为髌骨软骨软化症是髌股关节炎或膝骨关节炎的早期阶段。

髌骨软骨软化症的病理变化可分为 3 期:初期,以软骨软化为主,软骨失去正常光泽,表面变得粗糙不平;中期,软骨面变薄,出现皲裂,伴有纤维性改变;后期,软骨面糜烂、碎裂、剥脱,骨质外露,软骨下骨硬化、囊性变。髌股关节间隙变窄,关节边缘骨赘形成。

本病属中医学"骨痹"范畴。"肝主筋""肾主骨",筋的灵活、骨的强健均依赖肝血肾精的滋养,故肝肾充盈则筋骨强劲,关节滑利,运动灵活。随着年龄的增长,中青年以后,肝血肾精渐亏,气血不足,致使筋骨失养,加之急性外伤或慢性累积性损伤,使筋骨受伤,复因风寒湿邪侵袭,痹阻经络,气血运行不畅,使膝部筋骨失于濡养,从而加速膝部退行性变,逐渐形成本病。

二、诊断

1. 临床表现　本病起病缓慢,最初为膝部隐痛,疼痛位于髌骨后方,轻重不一,一般平地行走症状不明显,上下楼、上下坡、下蹲起立或走远路后症状加重。膝部乏力,时有打软腿现象,可出现类似半月板损伤的假性交锁症状。单纯髌骨软骨损伤时,无关节积液;后期形成髌股关节炎时,可继发滑膜炎而出现关节积液。病程长者,可出现股四头肌萎缩。

2. 诊断要点

(1) 病史:本病多无明显外伤史。

(2) 症状与体征:缓慢起病,多表现为上下楼梯及下蹲起立时膝关节疼痛,膝关节受凉或阴雨天疼痛加重,患膝无明显肿胀,髌骨压痛,髌周挤压痛(图11-1),活动髌骨时有粗糙的摩擦音,关节内有时可有积液,股四头肌有轻度萎缩。髌骨研磨试验(图11-2)和挺髌试验阳性(图11-3)。

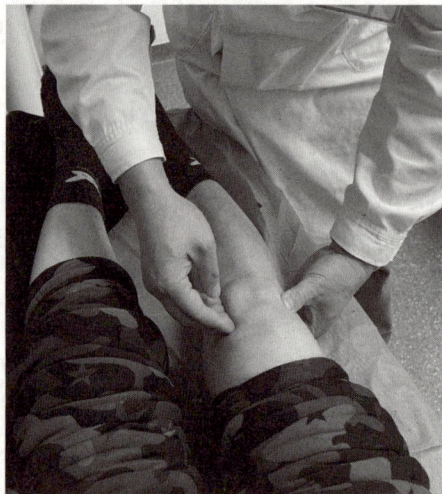

图 11-1　髌骨边缘指压痛

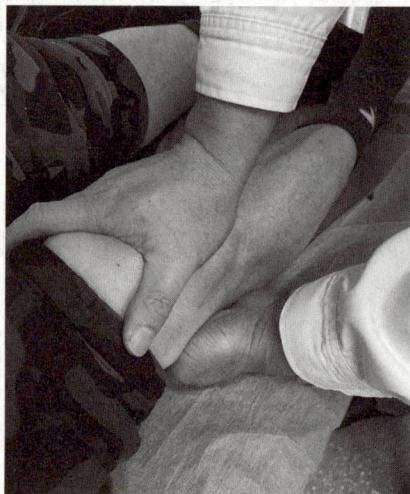

图 11-2　髌骨研磨试验

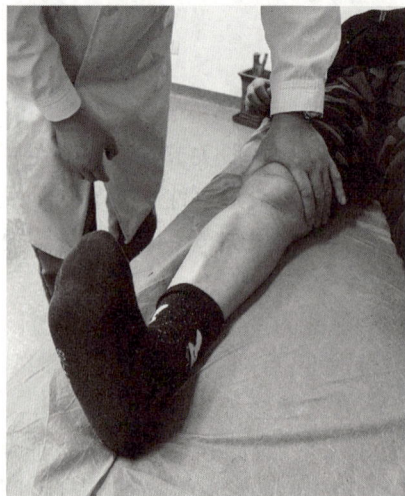

图 11-3　挺髌试验

(3) 辅助检查

1) X线检查:早期无明显改变,中、后期的侧位及轴位片可见到髌骨边缘骨质增生,髌骨关节面粗糙不平、软骨下骨硬化、囊样变,髌股关节间隙变窄等改变。在对膝关节进行摄片时,可在正位、屈曲30°的侧位和屈曲45°的髌骨轴位片上,对髌骨形态及位置进行观察。通过X线检查,可先排除骨软骨骨折、膝骨关节炎等疾病,在侧位片上可测量髌骨高度,这对高位髌骨和低位髌骨的判断具有一定价值。在轴位片上,能较好地观察髌骨形态和是否向外倾斜,这对髌股关节紊乱的判断有重要意义。

2) CT检查:能连续扫描髌股关节形态,还能进行三维重建,对髌股关节解剖畸形的判断有很大帮助。

3)MRI检查:对髌骨软骨软化的诊断有较高的敏感性和特异性,是本病诊断的首选检查手段,膝关节 MRI 检查可见髌骨关节面 T_1 像低信号、T_2 像及脂肪抑制像高信号的局灶性关节软骨病变(图 11-4)。

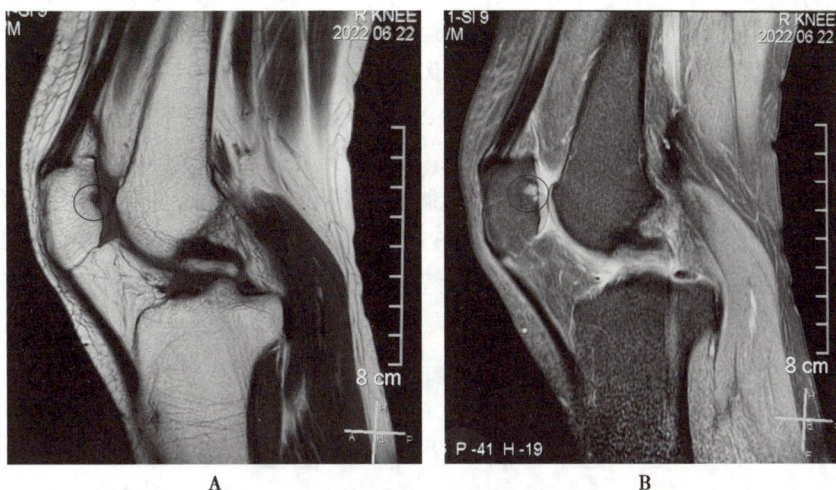

图 11-4　髌骨软骨软化症磁共振表现
A.磁共振 T_1 像局灶性低信号;B.磁共振脂肪抑制像高信号

3. 鉴别诊断　引起膝关节疼痛的疾病很多,髌骨软骨软化症应与以下几种疾病相鉴别。

(1)髌下脂肪垫炎:本病变在髌下脂肪组织内,由损伤、劳损、寒湿侵袭等刺激产生疼痛,也可由关节其他组织病变继发。疼痛主要位于两侧膝眼及髌腱下方,髌骨研磨试验无明显疼痛症状。

(2)膝关节滑膜皱襞综合征:本病主要表现为久坐后膝关节内侧不适,沉重感和钝痛,站起和步行时有细碎的弹响、疼痛,并时有打软腿现象。严重时可出现膝关节嵌顿,疼痛加重,使膝关节保持一定角度,不能屈伸。多见于 12~20 岁青春期女性。髌骨研磨试验可为阳性,但检查过程中可出现膝关节条索样弹响,膝关节磁共振和关节镜检查可明确诊断。

三、治疗

髌骨软骨软化症的临床治疗方法可分为两类,即非手术治疗与手术治疗。其中手术治疗仅针对经保守治疗无效、症状反复或较重者。临床大部分患者处于疾病早期,经保守治疗可取得满意疗效,因此非手术疗法应作为首选。

1. 药物治疗　中药治宜补肝肾、温经通络止痛,可选用健步虎潜丸或补肾壮筋汤,外用海桐皮汤熏洗膝部。西药可适当给予氨基葡萄糖类药物或非甾体抗炎药。

2. 手法治疗　患者取仰卧位,患肢伸直,股四头肌放松。术者用手掌轻轻按压髌骨体做研磨动作,以不痛为度,每次 5~10 分钟;然后用拇、示指扣住髌骨两侧,做上下捋顺动作,以松解髌骨周围组织,减轻髌股关节之间的压力和刺激;再于膝关节周围施以按法、揉捻法、捋法、散法等舒筋手法。

3. 针灸治疗　针灸具有良好的消肿止痛、疏经通络、调和气血、滑利关节的作用,可促进局部血液循环、改善软骨代谢。一般以局部取穴和循经取穴为主。

4. 物理疗法　采用中药渍渍、红外线透热等治疗方式,达到舒筋活络、活血化瘀的目的,减轻临床症状。

5. 固定和练功　疼痛严重时可将膝关节固定于伸直位短期制动,卧床休息,以减轻症状。疼痛缓解后,逐渐加强股四头肌舒缩锻炼和髌周的自我按揉活动。

四、预防与康复

髌骨软骨软化症是退变性疾病,但与关节外伤、长期慢性劳损和感受风寒湿邪有关。本病患者应尽量少爬楼梯、少爬山,避免做下蹲运动,可选择散步、游泳、慢跑、骑单车等有氧运动。膝关节应注意防寒保暖,夏天避免空调、风扇直吹膝关节。

股四头肌练习是防治髌骨软骨病最常用、最有效的功能锻炼方法。通过加强股四头肌力量练习,增加关节稳定性,改善髌骨关节应力分布,并可防止由于膝酸痛及腿发软造成的跌扑或意外伤害。常用的锻炼方法有仰卧勾脚直抬腿训练,即患者仰卧,踝关节用力背伸,患膝伸直,下肢逐渐抬离床面,至45°时保持3~5秒,然后慢慢放下。一抬一放为1次,每天坚持锻炼100次左右。也可选择靠墙静蹲训练,即背靠墙,两脚分开,与肩同宽,膝关节屈曲90°~120°,在这个位置上靠墙15分钟,每天练习2次。

第八节　踝管综合征

踝管综合征又称跗管综合征,是指胫后神经和血管在踝管内受压所引起的以足底阵发性麻木和疼痛为主要特点的临床综合征。

一、病因病理

本病的主要原因是踝关节扭伤、邻近部位骨折的畸形愈合,或局部的慢性劳损产生腱鞘炎,或由于足的外翻畸形,致屈肌支持带张力增加,加大对胫后神经、肌腱的压迫。上述各种原因均可造成腱鞘水肿、充血,鞘壁增厚,使管腔相对狭窄,压迫管内胫后神经,出现踝管综合征。

中医认为本病的病机主要为跌仆闪挫、经筋受损,或寒湿外袭、流注经筋,导致经脉不通、气血不畅,发为本病。

二、诊断

1. 临床表现　本病症状轻者常在行走、久站或劳累后出现内踝下方不适感,局部压痛。较重者足底部和跟骨内侧出现感觉异常或麻木,踝管部可有梭形肿块,叩击可出现明显疼痛,并向足底放射,足趾皮肤可有发亮、汗毛脱落、少汗等自主神经功能紊乱征象,甚至出现足底内在肌萎缩。

2. 诊断要点

（1）病史:有足踝部外伤或局部慢性劳损史。

（2）症状与体征:患侧足底或足跟内侧疼痛、麻木,劳累后明显,休息后减轻。症状严重者可出现足底灼痛,行走后加重,皮肤干燥,汗毛脱落,无汗,或胫后神经支配区的足内在肌萎缩,踝管叩击痛,Tinel 征阳性。

（3）辅助检查:任何可能存在屈肌支持带下胫神经卡压的患者都可进行相应肌电图检查,出现神经动作电位和传导速度的改变。影像学检查可以帮助评估踝管综合征的诊断,X 线平片可显示有无骨骼的异常或畸形,MRI 检查可清晰显示踝管内更多细节,有助于发现病因,为制订手术计划提供依据。

3. 鉴别诊断　本病可与跖筋膜炎和腰骶神经根病损等相鉴别。

（1）跖筋膜炎：疼痛多位于足底近端及足中心，足底有胀裂感。很少涉及足趾，无皮肤感觉障碍表现。

（2）腰骶神经根病损：患者常为腰背痛，向下肢放射至小腿或足底部，借助电生理检查有无 S_1 神经根平面疾患，或行腰椎 CT、MRI 扫描，即可明确诊断。

三、治疗

1. 药物治疗　中药内服可根据患者症状、舌脉辨证论治。虚者滋补肝肾、壮骨荣筋，实者祛风散寒、除湿通痹、活血通络止痛。中药外治多用祛风散寒、活血通络类药物，以缓解症状，可选用药膏、膏药、熏洗、涂擦等方法。西药可选用非甾体抗炎药或皮质类固醇类药物，以改善局部血液循环，促进炎性水肿的消散和吸收，达到治疗目的。

2. 针灸推拿　针灸能疏通经络，祛痹止痛，以局部取穴为主，结合循经取穴。推拿手法能舒筋通络，可运用点按法、一指禅推法、弹拨法等。

3. 物理治疗　可选择磁疗、红外线疗法、中药离子导入、超短波等配合治疗。

4. 手术治疗

（1）手术适应证：经保守治疗 3 个月，患者症状加重或无效者。

（2）手术的选择：主要包括去除外在致病因素（如跟骨骨软骨瘤、腱鞘囊肿、神经鞘瘤、脂肪瘤等）和神经松解两方面。通过松解屈肌支持带、神经外膜或束膜，改善局部血运，降低踝管内压。随着关节镜技术的发展，近年来有学者应用关节镜对踝管综合征进行松解治疗，也取得了不错疗效。

四、预防与康复

在日常生活中要注意对足踝部的保护，穿宽松鞋袜，纠正足部不良姿势，避免在未热身情况下做剧烈运动，避免踝部扭伤。平时注意足部保暖。避免久站或过度运动。一旦发现症状，应引起重视，及时就医，早期诊断、早期治疗是预防本病最好的方法。

第九节　踇外翻

踇外翻是指足踇趾偏离中线，向外倾斜大于正常生理性踇外翻角度，俗称"大脚骨"或"大脚拐"。踇外翻是足踝外科常见畸形，发病人群以成年人为主，常为两侧对称性，多好发于女性，男女之比约为 1：15。患者多因踇外翻畸形继发踇囊炎出现疼痛症状而就诊。

一、病因病理

踇外翻的发病原因至今尚未完全明确。总的来说，其发生有内因和外因两大因素。常见病因有遗传、鞋袜、骨性结构异常、足内外在肌肌力失衡、炎症及神经肌肉因素等，其中遗传因素是踇外翻畸形的主要原因。踇外翻并不是单一的踇趾病变，而是整个前足第一序列的复合畸形，常伴有外侧足趾畸形和相应症状（图 11-5）。踇外翻的第一、第二跖骨间角通常大于正常角度，第一跖趾关节外翻角也大于正常角度。如果第一跖趾关节外翻角超过 30°～35°，通常会导致踇趾旋前。伴随这种异常旋转，正常位于第一跖趾关节屈伸轴跖侧的踇展肌会进一步向跖底侧移位，此时，内侧唯一的限制结构是内侧关节囊韧带。踇内收肌失去踇展肌的对抗，会牵拉踇趾，使其进一步外翻，同时牵拉内侧关节囊韧带，使其变薄，第一跖骨

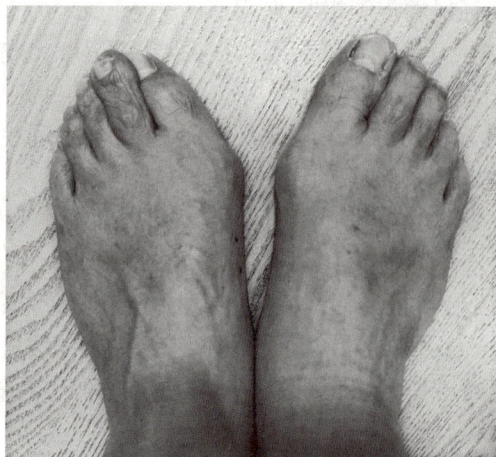

图11-5 跖外翻外形观

头由籽骨处内移。另外,足的跛短屈肌、跛长屈肌、跛收肌和跛长伸肌增加了跖趾关节的外翻力矩,进一步加重了第一跖列的畸形。跛趾的外翻常造成第二趾的锤状趾畸形。另外,前足增宽也使穿鞋更加困难,当鞋头部分较窄时,通常会引发鸡眼,并引起第一跖骨头内侧滑囊增生,产生疼痛症状,即跛囊炎。跛外翻的病理改变可以出现第一跖骨内收、跛趾外翻、跛囊炎、第一跖趾关节炎、一个或多个足趾的锤状趾畸形、鸡眼、胼胝和跖骨痛等。

跛外翻属于中医"骨错缝、筋出槽"范畴,病位涉及筋骨,其损伤病因可归纳为内、外因,外因主要有急性损伤、慢性劳损、风寒湿外邪侵袭等,内因主要与年龄、体质、解剖结构及先天发育畸形等有关。

二、诊断

1. 临床表现 本病常呈对称性发病。轻度跛外翻,患足一般无明显症状,当跛外翻畸形加重,跛趾的跖趾关节轻度半脱位,内侧关节囊附着处反复受牵拉,可有骨赘形成。第1跖骨头的突出部分,因长期受鞋帮的摩擦,局部皮肤增厚,可在该处皮下产生滑囊,如滑囊发炎,可反复出现红、肿、痛,这也是患者就诊的主要原因。严重者跛趾的跖趾关节可产生骨关节炎,甚至可形成第2、3趾锤状趾畸形,造成穿鞋困难。部分患者因第2、3跖骨头跖面皮肤负担加重,形成胼胝或鸡眼。

2. 诊断要点

(1)病史:有急性损伤、慢性劳损史或先天发育畸形等。

(2)症状与体征:足第一跖趾关节疼痛,行走时加重,甚至静息时疼痛也不能缓解。多伴有跛囊炎,或第2、3趾锤状趾畸形或胼胝。

(3)辅助检查:X线片检查在判断跛外翻程度及确定治疗方案中有重要价值。在足正位片上沿第1近节趾骨长轴与第1跖骨长轴各画一线,两线之交角为跛趾外翻角(HVA),正常为15°～20°,第1、2跖骨间夹角(IMA)正常为8°～9°(图11-6)。当HVA>20°和/或IMA>9°即可诊断跛外翻畸形。根据美国足踝外科协会(AOFAS)评分标准,将跛外翻的严重程度分为轻度、中度、重度。轻度为HVA≤20°,IMA≤13°;中度为20°<HVA≤40°,13°<IMA≤16°;重度为HVA>40°,IMA>16°。

3. 鉴别诊断 本病应与跛趾痛风性关节炎相鉴别。两者都表现为跛趾及跖趾关节疼痛,跛外翻多慢性起病,以跛囊炎局部肿痛为主要表现,休息后可缓解,同时跛趾有典型的外翻畸形。跛趾痛风性关节炎多急性起病,进食高嘌呤食物为诱发因素,是嘌呤代谢障碍性疾病。表现为跖趾关节局部炎症性改变,红肿热痛,疼痛剧烈,足

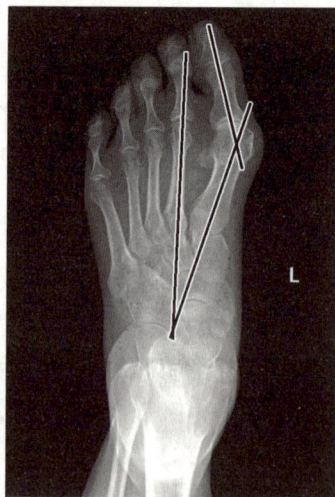

图11-6 跛趾外翻角和第1、2跖骨间夹角

不能着地行走。血尿酸、红细胞沉降率、CRP 可增高,痛风性关节炎反复发作,局部可见痛风石,X 线片可见跖趾关节骨质疏松改变,病程长、症状反复发作者可见跖趾关节虫蚀样破坏。

三、治疗

治疗目的是解除患者疼痛症状,有的患者踇外翻畸形明显但不疼痛,畸形的严重程度与疼痛不成比例。本病的治疗包括非手术治疗和手术治疗两种方法。非手术治疗重在预防,如防治平足症,穿合适宽松的鞋子,在第 1、2 足趾间夹分趾垫,夜间在踇趾内侧用夹板矫正畸形等。但是任何一种非手术治疗方法都不能彻底矫正踇外翻的骨性畸形,只能暂时缓解局部疼痛和延缓畸形进展。因此,踇外翻畸形的矫正治疗主要依赖于手术,手术目的主要是解决踇外翻所致的疼痛和功能障碍。

1. 手法治疗　以拔伸、扳动等手法将外翻足趾被动扳至正常位置,可配合在两侧第 1 趾上套橡皮带。做左右相反方向牵引动作也有一定疗效,每日 2 次,每次 5~10 分钟。

2. 药物治疗　在无菌技术下,用醋酸氢化可的松 25mg 加利多卡因 2ml,局部封闭以消退炎症。还可用中药熏洗,口服舒筋活络中药。

3. 足支具　轻度外翻可在第 1、2 趾间垫夹趾软垫,夜间在趾内侧缚一直夹板,使趾逐渐变直。设法减轻对骨突的压力和摩擦也是行之有效的方法,如在骨突周围放一软的垫圈。穿矫形鞋或铺平足鞋垫矫正平足症。

4. 功能锻炼　积极锻炼足部肌力。

5. 手术治疗　适用于中晚期患者。有些外翻畸形很严重,但并不痛,则不需手术治疗。

(1) 手术适应证:痛性踇外翻畸形;骨间夹角<15°。

(2) 手术的选择:踇外翻的矫形手术方式多种多样,各有所长,主要分为软组织手术、关节成形术、截骨术、关节融合术、关节置换术及联合手术等,但目前尚无一种手术方式可以同时解决踇外翻的所有病理改变。因此,手术方式的选择应个体化。

四、预防与康复

踇外翻早期症状较轻,此阶段患者要穿宽松软底的鞋子,女性不要穿高跟尖头皮鞋,改变运动方式,避免剧烈运动,尽量减少长时间徒步行走。睡前可以用中药浴足,舒筋活络。佩戴踇外翻矫形垫有一定作用。踇外翻手术治疗也存在不同程度的并发症,如切口感染、延迟愈合、内固定失败、骨不连、踇内翻畸形、转移性跖骨痛等。选择合适的术式、医者熟练掌握技术操作、良好的术后管理和循序渐进的功能康复锻炼是取得临床疗效的关键。

●（张顺聪　黄英如　王正）

ER-11-2

扫一扫,
测一测

复习思考题

1. 腰椎间盘突出症与腰椎间盘突出有何区别?

2. 腰椎不稳定的判定方法有哪些?

3. 简述腰肌劳损患者腰部压痛点的分布特点。

4. 应用显微外科技术治疗踝管综合征较传统开放手术有哪些优势?

第十二章

骨关节疾病

> **学习目标**
>
> 　了解骨关节疾病的病因病理;熟悉骨关节疾病的鉴别诊断;掌握骨关节疾病的诊断要点和治疗方法。

第一节　骨　关　节　炎

　　骨关节病是临床常见疾病,患病率随着年龄增长而增加,女性比男性多见。其中骨关节炎为最常见疾病,骨关节炎是一种以关节软骨退行性变和继发性骨质增生为特征的慢性关节疾病,又称为骨关节病、退行性关节炎、增生性关节炎、老年性关节炎或肥大性关节炎等。本病累及关节软骨或整个关节,包括软骨下骨、关节囊、滑膜和关节周围肌肉。好发于负重较大的膝关节、髋关节、脊柱及远侧指间关节等部位。

一、病因病理

　　本病多见于中老年人,有原发性和继发性两种。原发性骨关节炎一般认为与增龄、外伤、内分泌、软骨代谢、免疫异常和遗传等多种因素有关;继发性骨关节炎为继发于某种明确疾病,如创伤、感染、代谢疾病和内分泌疾病等。

　　骨关节炎属中医学"痹病""骨痹""骨蚀"范畴,基本病机为本虚标实,以肝肾亏虚、筋骨失养为本,风寒湿外邪侵袭、痹阻脉络为标;其治则以补益肝肾、强筋壮骨为主,活血祛瘀、散寒除湿、祛风通络为辅。

二、诊断

　　1. 临床表现　主要症状为疼痛,早期为轻微钝痛,后期逐渐加剧。活动时症状加剧,休息后好转。也有患者表现为静止时或晨起感到疼痛,轻微活动后减轻,称为"休息痛"。但活动过量时,关节面摩擦可产生疼痛。疼痛可与天气、季节、居住活动地是否潮湿等因素相关。

　　患者经常自觉关节活动不灵活,上下楼困难,晨起或长时间固定某个体位关节僵硬,稍活动后减轻。关节活动时会有各种不同的响声,有时可出现关节交锁。

　　2. 诊断要点

　　(1) 病史:多见于中老年人。

　　(2) 症状与体征:起病缓慢,初起隐痛,逐渐加重,伴关节僵硬、活动不利。症状时轻时重,其加重与气候有关。逐年加重,反复缠绵难愈;关节轻度肿胀,周围压痛,活动时有摩擦音。严重者肌肉萎缩、关节畸形。

（3）辅助检查

1）实验室检查：血常规、蛋白电泳、免疫复合物及血清补体等指标一般在正常范围。伴有滑膜炎的患者可出现C-反应蛋白和红细胞沉降率轻度升高。继发性骨关节炎患者可出现原发病的实验室检查异常。

2）影像学检查

骨关节炎的X线分级标准：0级：正常；Ⅰ级：关节间隙可疑变窄，可能有骨赘；Ⅱ级：有明显骨赘，关节间隙轻度变窄；Ⅲ级：中等量骨赘，关节间隙变窄较明确，软骨下骨轻度硬化改变，范围较小；Ⅳ级：大量骨赘形成，可波及软骨面，关节间隙明显变窄，软骨下骨硬化明显，关节肥大及明显畸形。

关节镜下软骨损伤的分度：0度：正常关节软骨；Ⅰ度：软骨表面纤维化；Ⅱ度：软骨纤维束样改变；Ⅲ度：软骨脱落，软骨下骨暴露。

CT、MRI检查有助于本病的诊断，可更明确地了解骨质增生、软骨退变程度及关节周围软组织的退变程度。

3. 鉴别诊断

（1）类风湿关节炎：本病好发于腕、肘、髋、膝、踝等大中关节和手指的掌指关节和近侧指间关节，红细胞沉降率多增快，类风湿因子常为阳性。受累关节多为软组织肿胀。常有全身症状、贫血及皮下结节等。

（2）银屑病关节炎：本病有时只侵犯手指的远侧指间关节，但患者多同时发现皮肤和指甲病损，可帮助鉴别。

（3）痛风性关节炎：患者血尿酸增高，关节症状最初为发作性，关节液中常可查到尿酸盐的针状结晶。耳郭等处痛风石的发现可以帮助鉴别。

（4）大骨节病：为地方性疾病，发病于幼年，严重者可见身材矮小。关节病变以手指各关节和踝关节最明显。踝关节病变主要为距骨关节面凹凸不平和跟骨结节发育不良。

三、治疗

本病的治疗目标为延缓疾病发展、减轻疼痛，保护和改善关节活动度，预防和减少关节功能障碍。

（一）非手术治疗

1. 一般治疗　症状较轻的患者，可采用以下治疗方法。

（1）健康教育：尽量避免不合理的运动，适量锻炼，避免生活及工作中的不良姿势，避免长时间或过度的跑、跳、蹲，减少或避免爬楼梯。可以进行适量的自行车、游泳等有氧运动，适度在非负重位下进行关节屈伸锻炼，同时进行适当的肌力锻炼，对于超重或肥胖患者应告知减轻体重。

（2）物理疗法：主要包括热疗、水疗、超声波治疗、经皮神经电刺激疗法（TENS）等，目的在于增加局部血液循环、减轻炎症反应。

（3）行动支持：对于需要的患者可以采用手杖、拐杖、助行器等来减少受累关节负重。

（4）改变负重力学：根据骨关节炎所伴发的内翻或外翻畸形情况，采用相应的矫形支具或矫形鞋以平衡各关节面的负荷。

2. 药物治疗　治疗骨关节炎的药物可分为控制症状、改善病情和软骨保护三类，可根据关节疼痛情况选择药物治疗。骨关节炎强调用药个体化，应根据病情、部位、患者反应进行选择。

（1）局部药物：首选非甾体抗炎药的乳胶剂、膏剂、贴剂和擦剂等局部外用药，可有效缓解关节中度疼痛,且不良反应轻微。

（2）全身镇痛药物：根据给药途径不同,可分为口服药、针剂、栓剂。非甾体抗炎药可以有效缓解疼痛,软骨保护剂可以在一定程度上延缓病程,改善患者症状。

（3）关节腔药物注射：①注射透明质酸钠可以起到润滑关节、保护关节软骨和缓解疼痛的作用。②对于非甾体抗炎药治疗4~6周无效的严重骨关节炎患者或不能耐受非甾体抗炎药、持续疼痛、炎症明显者,可进行关节腔内注射糖皮质激素。但是长期使用糖皮质激素可加剧关节软骨损伤,加重症状。因此,不主张随意选用糖皮质激素进行关节腔内注射,更反对多次反复使用,一般每年不超过3~4次。

3. 中医治疗 主要包括内治法和外治法。

（1）内治法

1）风寒湿痹型：肢体关节与肌肉疼痛、屈伸不利,怕冷。治宜补益肝肾、祛风通络、除湿止痛,方选独活寄生汤加减。

2）瘀血痹阻型：疼痛如刺,痛有定处。治宜活血化瘀、祛风散寒、理气止痛,方选身痛逐瘀汤加减。

3）肝肾亏虚型：烦热多汗、口干烦躁,腰膝酸软、乏力等。治宜补益肝肾、强壮筋骨,方选补肾壮筋汤加减。

4）阳虚寒凝型：怕冷、面色苍白、神疲乏力等。治宜温阳通脉、散寒化痰,方选阳和汤加减。

（2）外治法

1）中药熏洗：可用海桐皮汤或五加皮汤局部热敷、熏洗。

2）针灸治疗：缓解疼痛,改善症状。常用穴位：足三里、太溪、阳陵泉、血海等。

3）理筋手法：根据病情,可选用点穴、舒筋、揉膝、推髌等手法。

4）牵引疗法：有神经根刺激症状者可行牵引疗法,如颌枕带牵引、骨盆牵引等。

（二）手术治疗

1. 手术适应证 骨关节炎持续疼痛伴明显关节破坏、关节间隙狭窄及明显功能障碍者,可考虑手术治疗。

2. 手术的选择 手术方式主要包括关节镜术、截骨术、关节融合术和关节成形术。

（1）关节镜术：关节镜下灌洗关节腔或兼做清理术,适用于骨关节炎合并关节内紊乱。清理术包括增生滑膜刨削、去除剥离的关节软骨、修平关节面、切除骨赘、摘除关节内游离体、软骨缺损部钻孔、破裂半月板修复等。

（2）截骨术：适用于髋膝骨关节炎的矫形,通过截骨矫正关节力线和受力分布,达到缓解疼痛、增进功能的目的。①胫骨高位截骨术：适用于胫股关节内侧骨关节炎伴膝内翻畸形。②股骨粗隆间截骨术：适用于关节力线缺陷所致髋骨关节炎中青年患者。③手足骨关节炎：拇指腕掌关节骨关节炎,可采用大多角骨切除、韧带重建等；足部适合做跖、趾骨部分截骨矫正畸形,以改善功能。

（3）关节融合术：适用于单发的下肢负重关节,关节破坏严重而患者又比较年轻,需要多走路或站立工作的患者。髋关节在切除髋臼和股骨头的软骨面后,将骨粗面对合,并用髋"人"字石膏固定3~4个月。膝关节和踝关节在切除残存软骨面后可用加压融合。

（4）关节成形术：适用于疼痛严重、关节破坏较多的老年人,或双髋受累或一髋一膝同时受累的中年患者。关节成形术可以是关节切除、部分或全部置换术,严重的骨关节炎以人工关节置换术为主,髋膝关节置换术已成为常规手术,肘关节和肩关节置换术也取得较好的临床效果。

四、预防与康复

骨关节炎可致关节畸形及关节功能障碍,严重影响患者的生活质量。早期预防,及时诊治,阻止或延缓病情进展,改善关节功能,可解除患者痛苦,提高生活质量。

首先针对患者进行健康宣教,让患者充分了解本病的性质和后果,避免关节剧烈活动和过度负重,以减轻反复损伤,但可有一般轻微活动及静止性肌力训练,以保护关节稳定性。避免过寒过凉。超重者宜减轻体重,纠正不正确姿势。

📖 知识链接

骨关节炎治疗的研究进展

骨关节炎需要根据关节退变程度,选择不同的治疗方法,其中适当休息、减轻体重、功能锻炼应贯穿整个治疗始终。如何正确处理骨关节炎活动与休息之间的关系是目前治疗难点之一。中医药治疗骨关节炎具有独特优势,但存在临床诊疗规范化及疗效标准统一化等众多"瓶颈"问题,如何综合运用现代科学技术的新理论、新技术、新方法,揭示中医药防治骨关节炎的作用机制及优化临床诊疗方案是亟待解决的问题。

骨关节炎是力学和生物学因素共同作用下,导致软骨细胞、细胞外基质和软骨下骨三者降解和合成正常耦联失衡的结果。目前,骨关节炎的治疗研究虽然取得了一定进展,但因软骨细胞是无神经、血管、淋巴的结缔组织,加之软骨细胞总的细胞更新率较低,软骨一旦开始受损,其自主修复速度往往跟不上软骨的破坏速度,而且现在对骨关节炎的确切病因、软骨细胞死亡的细胞内过程的认识及调控机制等还不是十分清楚。因此,尚无有效的方法来阻止骨关节炎软骨进行性病理破坏,各种疗法主要是对症治疗,以缓解症状、改善功能、提高患者生活质量为目的,即便外科手术治疗也只是补救措施,人工关节置换终究是假体,不可能真正模拟并替代复杂的人体关节结构。因此,最根本的任务是要进一步深入研究和揭示骨关节炎的病因,并进行针对性的防治。目前,就骨关节炎治疗的现状来看,局部使用成软骨生长因子和软骨保护剂的研究和临床应用,以及软骨及软骨细胞移植、组织工程软骨移植等,可能是未来治疗骨关节炎的希望所在。

第二节　股骨头缺血性坏死

股骨头缺血性坏死(avascular necrosis of femoral head)是由于不同病因破坏了股骨头的血液供应,导致股骨头因局部缺血而发生的坏死,晚期可因股骨头塌陷发生严重的髋关节骨关节炎。

一、病因病理

近些年来,国内外学者对股骨头缺血性坏死进行了大量研究,迄今为止尚无突破性进展。目前,将股骨头缺血性坏死的病因分为创伤性和非创伤性。创伤性多为骨内、外动脉突然阻断而导致的缺血。非创伤性股骨头缺血性坏死的原因十分复杂,相关因素有:①激素治疗后;②酗酒;③潜水减压病;④镰刀状细胞贫血;⑤类脂质增生;⑥放射线照射;⑦动脉疾患；⑧其他，如凝血异常、结缔组织病变、骨髓浸润性病变、感染及过敏等。目前，大规模流行病学调查发现皮质激素治疗后和酗酒是两个主要危险因素，且有较长病程。少数病例不伴有上述危险因素者被称为特发性股骨头缺血性坏死。总之，股骨头缺血性坏死发病极其复杂，不可能用单一学说加以解释，将其视为由多因素所致、多阶段发生的疾病更为合适。

本病属中医学"骨痹""骨痿""骨蚀"范畴。其病因病机可归纳为内有肝肾亏虚、正气不足，外有外邪侵袭，或外伤劳损，或饮食失节导致气血运行受阻，筋骨失去濡养而致病。

二、诊断

1. 临床表现　股骨头缺血性坏死早期可以没有任何症状，而在拍摄X线片或CT时发现，其最先出现的症状为髋关节疼痛，或表现为膝关节疼痛。在髋部又以股内收肌疼痛出现最早，疼痛可呈持续性或间歇性。如果是双侧病变可呈交替性疼痛。疼痛性质早期多不严重，随着病情发展，症状逐渐加重。

2. 诊断要点

（1）病史：询问病史，了解发病原因，患者是否有创伤、慢性劳损，减压病、血液病、免疫系统疾病，较长时间使用激素或用量过大，长期过量饮酒，以及接触放射线等病史。

（2）症状与体征：患侧髋部疼痛，呈隐惭性钝痛，急性发作可出现剧痛，疼痛部位在腹股沟区，站立或行走久时疼痛明显，出现轻度跛行。晚期可因劳累而疼痛加重，跛行，髋关节屈曲、外旋功能明显障碍。患髋4字试验阳性，髋关节屈曲挛缩试验（Thomas征）阳性。晚期髋关节屈曲、外展、外旋明显受限。患肢短缩畸形，并出现半脱位。髋关节承重功能试验（Trendelenburg征）阳性。

（3）辅助检查

1）X线：X线表现为股骨头骨密度增高，随着病变发展，初期骨密度呈均匀一致性增高，继而骨质修复，吸收呈不均匀性硬化。股骨头和干骺端骨质疏松，可见囊状透亮区，这是诊断本病的一个可靠依据。髋关节囊肥厚，软组织膨隆，密度增高，边缘较清楚。随着病情发展，股骨头缺血性坏死、变扁。密度增高不均匀，骨皮质碎裂，股骨颈变粗变短，髋臼增大变浅，关节腔变宽。晚期部分患者髋臼受重力作用，凹陷明显，股骨头变大，向外上方移位形成半脱位、关节畸形。

2）CT：CT检查可观察到骨小梁的变化，可见股骨头内小面积骨质疏松，有小囊性变和小裂纹骨折，并可观察新生骨情况。早期股骨头缺血性坏死，骨小梁密度增高，变得清楚、锐利。新生骨骨质致密，无骨小梁结构。早期CT的主要表现："星状征"异常改变，即骨小梁增粗，斑点状及细条状增生硬化。斑片状高密度硬化多呈不规则形，其内正常骨小梁结构模糊或消失，可呈磨砂玻璃样改变，周围可有条带状高密度硬化构成的边缘，颇具诊断特征。

3）MRI：MRI表现可概括为3个方面的改变。①股骨头骨信号改变：早期坏死股骨头内可仅为片状长T_1、长T_2信号。晚期病变部位以纤维化、钙化为主，在T_1WI、T_2WI上均为低信号。在病变发展演变期间出现多种组合信号表现，可见病变区域内骨组织T_2WI为不均高信号或混杂信号，T_1WI为低或略低信号，脂肪抑制扫描病变区域内为高信号。部分早期病例可见"线样征"，为诊断早期成人股骨头缺血性坏死较为特征性的表现。②股骨头形态改变：股骨头塌陷变形。塌陷开始一般局限于股骨头的前上部，其后可扩展累及整个股骨头，甚至出现股骨头碎裂，并可出现关节软骨破坏，关节面毛糙。③髋关节的变化：关节积液，表现为关节内长T_1、长T_2信号。中晚期股骨头变形继发关节狭窄及退行性骨关节病。

MRI、CT 等都有助于股骨头缺血性坏死的早期诊断,诊断时要排除髋关节其他病变。CT 可清楚观察股骨头内部的骨结构改变;MRI 有很高的敏感性、特异性及准确性,是检查股骨头缺血性坏死最敏感的方法,可用于早期诊断。

总之,根据患者的临床表现、症状与体征,以及结合辅助检查结果和分期标准,综合分析确诊。但在诊断中需要注意,原发疾患距离临床出现症状的时间相差很大,例如减压病常在异常减压后几分钟至几小时内出现关节疼痛,但 X 线片上表现可出现于数月及数年后。长期饮酒的患者,可在数年或数十年后发病。股骨颈骨折或髋关节脱位,诊断为股骨头缺血性坏死者,第 1 年约为 25%,第 2 年为 40%,第 3 年为 60%。早期髋关节无活动受限,随着疾病发展可出现内收肌压痛、髋关节活动受限等表现。

(4) 股骨头缺血性坏死的临床分期:比较有影响的有 Ficat 分期和 ARCO 分期。

1) Ficat 分期:根据 X 线结合临床表现将股骨头缺血性坏死分为 0~Ⅳ期。

0 期:X 线片无异常改变,临床也无明显症状,但已有病理改变,称静默髋。本期为临床前期。

Ⅰ期:X 线片正常或有散在稀疏改变。临床有髋痛、静息痛,髋关节内旋或外展轻度受限。本期为临床早期,应做 CT 或 MRI 检查,防止误诊。

Ⅱ期:Ⅱa 期 X 线片显示为广泛骨质疏松,散在骨质硬化和囊性变,股骨头外形正常,无塌陷。临床症状加重,症状持续存在。Ⅱb 期 X 线片显示局部普遍硬化,形成与股骨头上方外形一致的弧形硬化带,软骨下有骨质稀疏区或囊变区,股骨头顶部出现 2mm 以内塌陷,正常股骨头圆弧形外形有改变,骨小梁有异常。本期为临床进展期,临床症状加重。

Ⅲ期(塌陷期):X 线片上除可见到头内普遍硬化、头下囊性变以外,头顶区塌陷大于 2mm,因血管新生,坏死骨下方死骨开始吸收,典型的 X 线表现"新月征"出现。关节间隙多数正常。本期为临床晚期。

Ⅳ期(髋关节骨关节炎期):X 线片示股骨头出现阶梯状或双峰状塌陷,关节软骨丢失,关节间隙变窄,髋周围骨质增生硬化,股骨头向外上方脱位。

2) ARCO 分期:分期比较明确,容易掌握。

0 期:骨活检结果与缺血性坏死一致,但其他所有检查均正常。

Ⅰ期:骨扫描阳性或 MRI 阳性或二者均呈阳性,依赖股骨头累及的位置,病变再分为内侧、中央及外侧。

ⅠA:股骨头受累<15%。

ⅠB:股骨头受累 15%~30%。

ⅠC:股骨头受累>30%。

Ⅱ期:X 线片异常(股骨头斑点状表现,骨硬化,囊肿形成及骨质稀疏),在 X 线片及 CT 片上无股骨头塌陷,骨扫描及 MRI 呈阳性,髋臼无改变,依赖股骨头受累的位置,病变细分为内侧、中央及外侧。

ⅡA:股骨头受累<15%。

ⅡB:股骨头受累 15%~30%。

ⅡC:股骨头受累>30%。

Ⅲ期:新月征,依股骨头受累位置,病变可细分为内侧、中央及外侧。

ⅢA:新月征,新月征<15% 或股骨头塌陷>2mm。

ⅢB:新月征 15%~30% 或股骨头塌陷 2~4mm。

ⅢC:新月征>30% 或股骨头塌陷>4mm。

Ⅳ期:放射线示股骨头关节面变扁,关节间隙变窄,髋臼出现硬化、囊性变及边缘骨赘。

3. 鉴别诊断

（1）关节炎：继发性骨关节炎或其他原因引起的骨关节炎,主要表现为髋关节间隙狭窄、软骨缺损、关节面不平整。

（2）先天性髋关节发育不良：在髋关节疾病中较为常见,早期可能没有明确症状,到晚期会出现疼痛,此时会发现肢体有缩短。通过 X 线片可发现髋关节整体覆盖不良、髋关节上移,与股骨头坏死有比较明确的差别。

（3）强直性脊柱炎：患者晚期可能会出现髋关节功能障碍、股骨头变形,甚至关节强直,此时主要排除强直性脊柱炎。对于年轻患者,可以做一些检查,包括 HLA-B27 化验。若检查为阳性,再结合其他评分标准判定是否为强直性脊柱炎引起的股骨头病变。

（4）其他：包括风湿、类风湿以及各种原因引起的关节病变,早期不是特别明显,晚期可能出现股骨头/髋臼或周围骨质破坏,甚至出现关节病变。此时鉴别主要根据患者既往有无风湿、类风湿病史,同时结合影像学检查,可以看到比较明确的与单纯股骨头坏死的区别。

三、治疗

（一）非手术治疗

1. 一般治疗

（1）减少或避免负重：这类疗法以减少或消除股骨头的物理受压为主,临床效果一般。该法通常是要求患者严格卧床,常用于未塌陷的Ⅰ期或Ⅱ期（Ficat 分期）。

（2）物理治疗：包括体外震波、高频电场、高压氧、磁疗等,可缓解疼痛、促进骨修复。

2. 药物治疗　治疗股骨头缺血性坏死的有效药物主要包括他汀类药物、低分子肝素、前列环素和双膦酸盐等。

（1）他汀类药物：为降脂药。股骨头缺血性坏死患者常伴随脂代谢异常,口服此类药物可达到治疗目的。

（2）低分子肝素：为抗凝药。静脉血栓导致动脉血流降低,造成细胞缺氧。低分子肝素通过溶解静脉血栓治疗股骨头坏死。

（3）前列环素：为血小板凝集抑制剂,并具有强烈的舒张血管作用。前列环素的抗凝和舒张血管作用对骨髓水肿的治疗效果明显,因此主要用于股骨头塌陷前患者。

（4）双膦酸盐：为治疗代谢性骨病的新药,能抑制破骨细胞功能和骨吸收,增加破骨细胞凋亡,减少成骨细胞和骨细胞凋亡;减轻骨髓水肿,减缓股骨头内骨重塑;增加骨密度,预防股骨头缺血性坏死后骨质吸收和股骨头塌陷。其不良反应也受到关注,其中少见而最严重的不良反应为下颌骨坏死,在使用时必须注意。适用于股骨头塌陷前（Ficat 分期的Ⅰ期、Ⅱ期）患者。

3. 中医治疗　内服中药应根据患者情况辨证施治。

（1）湿热下注型：双下肢沉重感,阴囊潮湿,肛门灼热,舌苔厚腻,舌质偏红,治宜清热利湿,选用二妙丸加减。

（2）肝肾亏虚型：腰膝酸软无力,舌质红、少苔,舌体偏小,盗汗,失眠多梦,脉沉细数,治宜补益肝肾,选用独活寄生汤加减。

（3）气血亏虚型：少气懒言、乏力、嗜睡,自汗,舌淡苔白,脉沉细无力,治宜补益气血,选用八珍汤加减。

（4）气滞血瘀型：身体疼痛,固定,舌质紫暗,脉沉细涩,治宜活血行滞、通络止痛,选用身痛逐瘀汤加减。

（二）手术治疗

1. 手术适应证　根据股骨头坏死的 Ficat 分期,各期的病理状态不同,其治疗方法选择亦不同。Ⅰ期、Ⅱ期进行早期治疗,Ⅲ期进行恰当治疗,Ⅳ期股骨头塌陷,继发骨关节炎,只能进行人工关节置换手术。

2. 手术的选择

(1)介入治疗:该疗法主要是指 Seldinger 血管穿刺技术,在影像监视下将药物送至关键血管(如旋股动脉、闭孔动脉等)以提高药物利用率,从而有效治疗股骨头缺血性坏死。这类药物通常包括溶栓、扩血管及解痉药物 3 类,旨在改善股骨头血液供应、减小骨内压力,从而有效促使新骨的形成和坏死区的自我修复。

(2)髓芯减压术:髓芯减压术主要是利用内部压力调节骨内血流,因髓芯压力增高会增加骨内血管压力,影响血供,致使静脉回流不畅,导致骨组织水肿,水肿及血供不畅反过来又进一步增加髓内压。髓芯减压术具有操作简便、不良反应少、术后恢复快,且减压失败不影响以后的治疗等优点。

(3)植骨术:主要应用于关节间隙无狭窄的Ⅱ期和Ⅲ期(Ficat 分期),轻、中度塌陷者。目前,该术式已经发展出 3 类具体方式,包括带血管蒂髂骨瓣移植术、带血管蒂大转子骨瓣移植术和吻合血管的腓骨瓣移植术。

(4)血管束植入术:该术式通过向病变骨内植入游离端被结扎的血管束,促使吻合通道的开启。其方法主要是暴露坏死骨组织,在该段钻孔并贯穿,将血管束穿过孔内并固定,保证其动脉有明显搏动。

(5)髓芯减压+自体干细胞移植:髓芯减压的目的主要有打通硬化带,降低骨内压;提供血管长入路径,有利于坏死区恢复血供,多孔细针可提供多处孔道,且不降低坏死区骨结构支撑力。同时采集自体髂骨干细胞,细胞混悬液向股骨头缺血性坏死区注入与髓芯减压同时进行。

(6)钽棒支撑:用于 ARCO Ⅰ期和Ⅱ期患者,股骨头未塌陷者,以期钽棒与头内骨愈合,支撑股骨头,免于塌陷。

(7)人工腓骨条移植:其治疗原理与方法同钽棒支撑,在扩髓及减压完成后,将取下的正常骨回植通道中,随后置入人工腓骨条,使其头部在软骨下 5mm 处。

(8)人工髋关节置换术:当髋关节病变已经无法逆转,骨塌陷及退行性病变已经形成时,通常采取髋关节置换术治疗。主要手术方式有股骨头表面置换术、股骨头置换术和全髋关节置换术。

四、预防与康复

正确认识导致本病发生的各种因素,生活中要注意少饮酒,最好不饮酒;髋关节部因创伤骨折后,要及时正确治疗,避免发生创伤性股骨头无菌性坏死。激素的使用要在医嘱下进行,不能滥用,定期复查;接触放射线要注意防护。一旦发生本病,要早诊断、早治疗,不要延误病情。患病后减轻负重,少站、少走,以减轻股骨头受压。

第三节　类风湿关节炎

类风湿关节炎(rheumatoid arthritis,RA)是一种以关节滑膜为主要靶组织的慢性全身性自身免疫性疾病。初期以关节滑膜炎症为主要表现,后累及关节软骨及软骨下骨,其次为浆膜、心、肺、眼等结缔组织广泛性炎症。临床特点为反复发作的对称性多发性小关节炎,以手、腕、足等关节最常受累;早期呈红、肿、热、痛和功能障碍,晚期关节可出现不同程度的强硬和畸形,并伴有骨和骨骼肌萎缩,是一种致残率较高的疾病。属中医学"痹证"范畴。

一、病因病理

本病以女性多发,男女比例约为 1∶(2~3),起病大多隐匿,发病缓慢而渐进,疾病发作与缓解交替出现。本病发病机制尚不明确,临床研究认为多与自身免疫系统相关,遗传因素在发病过程中也起到了一定作用。此病是一种慢性、以炎性滑膜炎为主的系统性疾病。

中医学认为本虚标实、正气不足是本病发病的内部原因,外感六淫之邪是发病的外部因素,内生痰浊瘀血,痹阻经络,则本病缠绵难愈。其治则以扶正祛邪、标本兼治为主。

二、诊断

1. 临床表现 类风湿关节炎的主要表现为晨僵、关节肿胀与疼痛。最常累及的关节是腕关节、掌指关节、近端指间关节等,大多为持续性、对称性。除关节症状外,患者可有关节外表现,包括低热、乏力、全身不适、体重下降、类风湿结节、类风湿血管炎、心包炎,以及肺、血液、神经系统等的累及。

2. 诊断要点

(1)病史:女性好发。可发生于任何年龄,高发年龄为 40~60 岁。

(2)症状与体征

1)关节受累表现

①关节疼痛和压痛:表现为对称性和缓慢加重性疼痛,疼痛主要累及的部位为双手近端指间关节、掌指关节、腕关节、肘关节以及足趾关节等。

②关节肿胀:凡受累的关节均可出现肿胀,提示炎症较重。典型表现为关节周围均匀性肿大,如近端指间关节的梭形肿胀。反复发作后受累关节附近肌肉萎缩,关节呈梭形肿胀。

③晨僵:病变关节在夜间静止不动后,晨起时出现较长时间的受累关节僵硬和活动受限。常伴有肢端或指(趾)发冷和麻木感。95% 以上患者出现晨僵。病情严重时全身关节均可出现僵硬感。起床后经活动或温暖后症状可减轻或消失。

④关节摩擦音:检查关节运动时常可听到细小的捻发音或握雪感,表明关节存在炎症,以肘、膝关节为典型。

⑤多关节受累:受累关节多为双侧性、对称性,掌指关节或近侧指间关节常见,其次是手、腕、膝等关节。

⑥关节活动受限或畸形:病变持续发展,关节活动受限;晚期关节出现不同程度畸形,如手指的鹅颈畸形,掌指关节尺偏畸形,膝关节内、外翻畸形等。

2)关节外表现

①一般表现:可有发热、类风湿结节(属于机化的肉芽肿,与高滴度 RF、严重的关节破坏及 RA 活动有关,好发于肘部、关节鹰嘴突、骶部等关节隆突部及经常受压处)、类风湿血管炎[主要累及小动脉的坏死性小动脉炎,可表现为指(趾)端坏死、皮肤溃疡、外周神经病变等]及淋巴结肿大。

②心脏受累:可有心包炎、心包积液,心外膜、心肌及瓣膜的结节,心肌炎、冠状动脉炎、主动脉炎,传导障碍,慢性心内膜炎及心瓣膜纤维化等表现。

③呼吸系统受累:可有胸膜炎、胸腔积液、肺动脉炎、间质性肺疾病、结节性肺病等。

④肾脏表现:主要有原发性肾小球及肾小管间质性肾炎、肾脏淀粉样变和继发于药物治疗(金制剂、青霉胺及 NSAIDs)的肾损害。

⑤神经系统:除周围神经受压的症状外,还可诱发神经疾病、脊髓病、外周神经病、继发

于血管炎的缺血性神经病、肌肥大及药物引起的神经系统病变。

⑥贫血:是 RA 最常见的关节外表现,属于慢性疾病性贫血,常为轻至中度。

⑦消化系统:可因 RA 血管炎、并发症或药物治疗所致。

⑧眼:幼年患者可有葡萄膜炎,成人可有巩膜炎,可能由血管炎所致。还可有干燥性结膜角膜炎、巩膜软化、巩膜软化穿孔、角膜溶解。

3)Felty 综合征:1% 的 RA 患者可有脾大,中性粒细胞、血小板、红细胞计数减少,常有严重的关节病变、高滴度的 RF 及 ANA 阳性,属于严重型 RA。

4)成人 Still 病:以高热、关节炎、皮疹等急性发作与缓解交替出现的一种少见 RA 类型。因临床表现类似于系统性幼年型类风湿关节炎(Still 病)而得名。部分患者经过数次发作转变为典型的 RA。

5)老年发病的 RA:常>65 岁起病,性别差异小,多呈急性发病,发展较快(部分以骨关节炎为最初表现,几年后出现典型的 RA 表现)。以手足水肿、腕管和跗管综合征及多肌痛为突出表现,晨僵明显,60% ~70% RF 阳性,但滴度多较低。X 线以骨质疏松为主,很少侵袭性改变。患者常因心血管、感染及肾功能受损等并发症而死亡。选用 NSAIDs 要慎重,可应用小剂量激素,对慢作用抗风湿药反应较好。

(3)辅助检查

1)实验室检查:血红蛋白减少,白细胞计数正常或降低,但淋巴细胞计数增加。大约 70% ~80% 的病例类风湿因子阳性,但其他结缔组织疾病也可为阳性。红细胞沉降率加快,C-反应蛋白增高,血清 IgG、IgA、IgM 增高。关节液混浊,黏稠度降低,黏蛋白凝固力差,糖含量降低,细菌培养阴性;自身抗体的检出是 RA 有别于其他炎性关节炎如银屑病关节炎、反应性关节炎和骨关节炎的标志之一;对于有关节腔积液的患者,关节液的检查包括关节液培养,类风湿因子、抗 CCP 抗体、抗核抗体检测等,并做偏振光检测以鉴别痛风的尿酸盐结晶。

2)影像学检查:X 线可见早期关节周围软组织肿大,关节间隙增宽,关节周围骨质疏松,随病情发展关节周围骨质疏松更明显,关节面边缘模糊不清,关节间隙逐渐狭窄。晚期关节间隙消失,最终出现骨性强直。CT 扫描有助于早期发现关节侵蚀、关节脱位等病变。MRI 能够早期显示关节软骨、肌腱、韧带及滑膜的病变。关节超声是简易的无创性检查,对于滑膜炎、关节积液以及关节破坏有鉴别意义。

(4)诊断标准

1)1987 年美国风湿病学会推荐的分类标准:具备下述 7 项中的 4 项者,可诊断为类风湿关节炎。①晨僵至少持续 1 小时;②3 个或 3 个以上关节肿胀;③腕、掌指及近端指间关节肿胀;④对称性关节肿胀;⑤皮下类风湿结节;⑥类风湿因子阳性(所用方法在正常人中阳性率不超过 5%);⑦X 线可见手部出现骨质疏松和关节间隙狭窄。上述 1~4 项必须持续超过 6 周,短暂的肿痛非类风湿关节炎特性。

2)2012 年早期 RA(ERA)分类诊断标准:≥3 条可诊断 RA。①晨僵≥30 分钟;②大于 3 个关节区的关节炎;③手关节炎;④类风湿因子(RF)阳性;⑤抗 CCP 抗体阳性。14 个关节区包括双侧肘、腕、掌指、近端指间、膝、踝和跖趾关节。

3. 鉴别诊断

(1)强直性脊柱炎:多数为男性发病;发病年龄多在 15~30 岁;与遗传有关,同一家族有较高的发病率,HLA-B27 阳性达 90% ~95%;血清类风湿因子为阴性,类风湿结节少见;主要侵犯骶髂关节及脊椎,四肢大关节也可发病,易致关节骨性强直,椎间韧带钙化,脊柱呈竹节状;手和足关节极少发病;如四肢关节发病,半数以上为非对称性;属良性自限性疾病。

(2)风湿性关节炎:是风湿病的一个症状,临床表现以关节炎和心肌炎为主。关节炎的典型表现是游走性关节炎,对称性地发作于膝、踝、肩、腕、肘、髋等大关节,局部红、肿、热、痛。急性期消退后,关节功能完全恢复,不遗留关节强直或畸形,常有反复发作的特点;慢性期可见到各种风湿性心瓣膜病变。

（3）痛风性关节炎:病变以血中尿酸含量增高为特点,多发于男性,与饮食有关,好发于第一跖趾关节。病变发作时极度疼痛,难以忍受,缓解后如常人,活动自如,X 线可见穿凿性骨缺损。

（4）关节结核:一般为单发病变,局部可有轻微疼痛和压痛,肌肉痉挛,关节僵硬感和畸形;随后出现功能障碍,各方向活动均受限。局部皮肤无红、热等急性炎症表现,形成寒性脓肿,四肢脓肿多局限于病灶附近。寒性脓肿破溃后形成窦道,经久不愈。全身症状可见低热、乏困无力、盗汗、消瘦、贫血等。多数伴有肺结核病。

（5）系统性红斑狼疮:可有小关节炎症,多见于年轻女性;关节炎症不重,一般无软骨和骨质破坏。全身症状明显,有多器官损害;可有面部红斑,狼疮细胞、抗 ds-DNA 抗体阳性。

三、治疗

治疗目标主要是减轻关节炎症反应,抑制病变发展和骨质破坏,保护关节和肌肉功能,防止关节畸形。治疗原则是早期治疗、联合用药和功能锻炼,同时应结合患者的全身与局部条件、家庭与经济情况,制订个体化治疗方案。

（一）非手术治疗

1. 一般治疗　主要包括急性期必须卧床休息,症状基本控制后注意饮食应含丰富的蛋白质及维生素,如有必要可适当补充营养制剂,改善工作环境,注意休息,采取物理疗法,适当进行康复锻炼。

2. 药物治疗　目前没有任何药物可以完全阻止病变发展,常用药物分为三线。

（1）一线药物:用于初发或轻症病例,可达到消炎止痛效果。包括水杨酸制剂、消炎止痛药物、灭酸类药物、丙酸类药物、吡唑酮类药物和苯乙酸类药物,如水杨酸钠、阿司匹林、吲哚美辛和塞来昔布等。

（2）二线药物:一线药物未能控制病情者,可应用二线药物。如金制剂(金硫丁二钠、金诺芬)、抗疟药(氯喹、羟氯喹、D-青霉胺)。

（3）三线药物:免疫抑制剂,如硫唑嘌呤和环磷酰胺等;激素类药物,如泼尼松、地塞米松等,这类药物的消炎止痛作用非常突出,但停药后症状常迅速复发或加剧,副反应严重,故不列为常规用药。

3. 中医治疗　主要包括内治法和外治法。

（1）内治法

1）行痹:发热恶寒,周身关节疼痛,屈伸不利,游走不定,舌淡苔薄,脉浮紧,治宜祛风除湿、通络止痛,方选防风汤加减。

2）痛痹:关节肿痛,痛有定处,怕风怕冷,舌红苔黄,脉滑,治宜散风止痛、祛风通络,方选乌头汤或麻桂温经汤加减。

3）着痹:关节冷痛,肿痛难消,得温则舒,舌质淡苔白,脉弦紧,治宜除湿消肿、祛风散寒,方选薏苡仁汤或除湿蠲痹汤加减。

4）热痹:关节红肿、热痛,得冷则舒,身热、口干、舌燥,舌红苔黄,脉弦滑,治宜清热通络、疏风胜湿,方选白虎汤加减。

5）尪痹:关节肿大畸形,怕风怕冷,腰膝酸软无力,小便清长,舌质淡,苔白,脉沉细,治宜补肾祛寒、通经活络,方选补肾祛寒治尪汤或真武汤加减。

（2）外治法

1）中药外敷：采用熏洗、敷贴等方法，不仅较好地改善药物的吸收过程，有效减缓一些药物的毒副作用，同时也很大程度上提高了治疗效果。常用中药包括丹皮、白芷、川芎、郁金等。

2）针灸治疗：能缓解疼痛，改善症状，常用穴位有足三里、太溪、阳陵泉、血海等。

3）理筋手法：根据病情，可选用点穴、舒筋、揉膝、推髌等手法。

（二）手术治疗

手术可以矫正畸形，延缓病情发展，改善关节功能。病变早期可行关节清理、关节滑膜切除术，减少炎症渗液，防止血管翳形成，保护软骨和软骨下骨的骨组织，改善关节功能；病变晚期，依据病情和患者要求，行关节融合术、关节成形术和人工关节置换术。

四、预防与康复

功能锻炼是类风湿关节炎患者关节功能得以恢复及维持的重要方法。一般来说，在关节肿痛明显的急性期，应适当限制关节活动。但是，一旦肿痛改善，应在不增加患者痛苦的前提下进行功能活动。对无明显关节肿痛，但伴有可逆性关节活动受限者，应鼓励其进行正规的功能锻炼。

第四节　强直性脊柱炎

强直性脊柱炎（ankylosing spondylitis，AS）是一种原因不明、以侵犯中轴关节为主的慢性炎症性自身免疫性疾病。病变主要累及骶髂关节和脊柱，引起其强直纤维化，并伴有不同程度的眼、肺、心血管、肾等多个器官的病变，常起病隐匿、病势缠绵、致残率高，严重影响患者的身心健康与生活质量。本病多见于青少年男性，少数也可见于中老年人，具有种族差异性和家族遗传倾向性。属中医学"大偻"范畴。

一、病因病理

现代医学认为，此病是一组多基因遗传病，除与 MHC I 类基因 HLA-B27 高度相关外，可能还和 HLA 区域内、区域外的其他基因以及某些基因多态性相关。组织病理表现为关节滑膜部位和附着点（肌腱、韧带、关节囊等附着于骨的部位）慢性炎症细胞增生浸润及血管翳形成，导致骨骼侵蚀破坏和修复，肌腱、韧带、关节囊等组织纤维化及骨化，最终导致脊柱和关节的骨化强直。主要侵犯骶髂关节、椎间小关节及肋间关节。早期常先侵犯骶髂关节下部，并沿着脊柱向上蔓延。组织学研究发现早期炎症侵犯骶髂关节、椎旁小关节的滑膜组织以及附着在骨组织上的肌腱、韧带，炎症或局限或弥散，包括大量的浆细胞、淋巴细胞、巨噬细胞和成软骨细胞浸润，引起关节面软骨破坏、关节下骨髓水肿，在关节面骨质破坏的同时，关节面下由于炎症刺激出现大量骨质硬化、坏死，坏死组织逐渐被纤维软骨替代，最终钙化成骨组织。炎症侵犯脊柱时，外层纤维环骨化导致椎体间融合，进而形成了疾病后期常见的典型"竹节样"病变。

二、诊断

1. 临床表现　该病起病隐匿，进展缓慢，以脊柱关节受累为主，早期出现骶髂部疼痛和晨僵，可半夜痛醒，逐渐出现腰部活动受限，翻身困难，并呈进行性沿脊柱向上发展，累及颈椎,晚期脊柱活动完全丧失,脊背呈板状固定,驼背畸形。患者在病初或病程中也可出现髋关节和外周关节病变,其中膝、踝和肩关节居多,外周关节病变多为非对称性,常只累及少数多关节或单关节,下肢大关节的关节炎为本病外周关节炎的特征之一。患者疼痛及晨僵症状休息后无缓解,遇寒冷潮湿或长时间工作后症状加重,可伴全身疲劳不适,厌食低热、消瘦等。

2. 诊断要点

(1) 病史:既往可有家族史或受寒湿病史。

(2) 症状与体征:本病一般起病比较隐匿,早期可无任何临床症状,有些患者可表现出轻度的全身症状,如乏力、消瘦、长期或间断低热、厌食、轻度贫血等。

本病多有关节病变,且绝大多数首先侵犯骶髂关节,以后上行发展至颈椎。少数患者先由颈椎或几个脊柱段同时受侵犯,也可侵犯周围关节。骶髂关节和椎旁肌肉压痛为本病早期的阳性体征。脊柱、髋部或下肢酸痛不适,或不对称性外周髋关节炎,以夜间痛或晨僵明显为主;若耻骨联合受累,可出现骨盆上缘、坐骨结节、股骨大粗隆炎性症状,早期表现为局部软组织肿、痛,晚期有骨性粗大。

本病的关节外病变大多出现在脊柱炎后,偶有骨骼肌肉症状出现之前数月或数年发生关节外症状。强直性脊柱炎可侵犯全身多个系统,并伴发多种疾病,出现心脏、眼部、耳部、肺部、神经系统、肾及前列腺病变等。

(3) 辅助检查

1) 实验室检查:红细胞沉降率、C 反应蛋白、碱性磷酸酶、肌酸激酶水平升高,HLA-B27 阳性。

2) X 线检查:X 线可见骶髂关节间隙狭窄消失,呈骨性强直,晚期脊柱可见竹节样改变。按照 X 线片所示,骶髂关节炎的病变程度分为 5 级:0 级为正常;Ⅰ 级为可疑骶髂关节炎;Ⅱ 级为骶髂关节边缘模糊,略有硬化和微小侵蚀病变,关节腔轻度变窄;Ⅲ 级为骶髂关节侧硬化,关节边缘模糊不清,有侵蚀病变伴关节腔消失;Ⅳ 级为关节完全融合,关节间隙全部消失。对平片可疑患者行 CT、MRI 检查,可早期发现骶髂关节损害。

3) CT 检查:CT 能清晰显示骶髂关节间隙,对于测定关节间隙有无增宽、狭窄、强直或部分强直有独到之处。

4) 磁共振(MRI)和单光子发射计算机体层摄影(SPECT):两者对于本病的早期诊断非常有帮助,但费用昂贵,不提倡作为常规检查。

3. 鉴别诊断

(1) 类风湿关节炎:强直性脊椎炎是一种可以影响到中轴关节的疾病,经常会累及颈椎、腰椎、胸椎及骶髂关节等重要的中轴关节;而类风湿关节炎虽也可累及这些部位,但主要还是发生于手、腕、肘、肩关节这样的外周关节,所以一个累及中轴,一个累及外周,这是两者主要的鉴别点。

(2) 腰椎间盘突出症:强直性脊柱炎很容易和腰椎间盘突出症混淆,很多患者出现腰痛错误认为是椎间盘突出,其实两者疼痛的性质是不同的,椎间盘突出引起的疼痛一般是劳累后疼痛,而强直性脊柱炎的疼痛主要是休息痛、有晨僵,这是两者的鉴别要点。

(3) 致密性髂骨炎:中青年女性,特别是产后、反复生产的妇女会患上致密性髂骨炎,该病也会出现腰部疼痛、关节疼痛等,这时主要通过骶髂关节的 X 线进行鉴别。

(4) 结核性脊柱炎:临床症状与强直性脊椎炎相似,但 X 线检查可以鉴别。结核性脊柱炎脊柱边缘模糊不清,椎间隙变窄,前楔形变,无韧带钙化,有时有脊柱旁结核脓肿阴影存在,骶髂关节为单侧受累。

三、治疗

治疗目标是缓解症状,维持正常姿势和最佳功能,防止畸形,保持脊柱活动度等。

(一)非手术治疗

1. 药物治疗 根据病情变化,必要时酌情应用。

(1) 非甾体抗炎药(NSAIDs):是治疗本病的主要对症药物之一,目前倾向于选用环氧化酶-2(COX-2)抑制药,以减少该类药物的胃肠道副反应。但 COX-2 抑制药可能会引起心血管、肾脏及过敏等不良反应,应予以重视。

(2) 改善病情的抗风湿药物(DMARDs)

1) 柳氮磺吡啶:适用于改善强直性脊柱炎患者的外周关节炎,并对本病并发的虹膜睫状体炎有预防复发和减轻病变作用,服药期间应定期查血常规和肝功能。

2) 甲氨蝶呤:活动性强直性脊柱炎患者经柳氮磺吡啶和 NSAIDs 治疗无效时,可采用甲氨蝶呤。老年、肥胖、糖尿病、肝病、肾病、活动性消化性溃疡患者不宜使用,孕妇忌用。

3) 肾上腺皮质激素:一般情况下不用于本病的治疗,但在急性虹膜炎或外周关节炎用 NSAIDs 治疗无效时,可局部注射或口服。

4) 生物制剂:是目前治疗强直性脊柱炎等脊柱关节疾病的最佳选择。

2. 中医治疗 主要包括内治法和外治法。

(1) 内治法:按急性发作期、缓解稽留期和康复养生期进行辨证论治。

1) 急性发作期:可分为以下证型。

①寒湿痹阻型:背部疼痛,屈伸不利,遇冷加重,得热则减,治宜温阳补肾,散寒通滞。方用圣愈汤加减。

②湿热痹阻型:关节或肌肉红肿、灼热、疼痛,治宜清热利湿,祛瘀通络。方用热痹方加减。

③气滞血瘀型:背部疼痛,痛有定处,局部暗紫,舌质暗紫,苔红,治宜活血行气,祛瘀活络,通痹止痛。方用筋痹方加减。

④热毒内蕴型:口舌生疮,红肿热痛,心烦失眠、烦躁不安,治宜清热解毒,凉血泻火。方用清瘟败毒饮加减。

2) 缓解稽留期

①气血亏虚型:全身乏力,面色苍白,饮食不佳等,治宜益气补血,疏经通络。方用人参养荣汤。

②胃虚型:不思饮食,大便干结,腹胀等,治宜健运脾胃,化湿和中。方用香砂六君子汤合三藤汤。

③肝肾亏虚型:周身乏力,面色泛黄等,治宜温补肾阳或滋补肝肾,填精益髓。阳虚者用温肾通痹汤合三藤汤;阴虚者用益肾通痹汤合三藤汤。

④寒瘀型:肢体怕冷,关节疼痛、皮肤紫暗等,治宜温阳散寒,散结通络。方用寒痹方合牡蛎海藻汤加减。

3) 养生康复期:肢体疼痛等全身症状基本消失,日常生活不受限,治宜调气血、脏腑、筋骨,以巩固疗效。方用调身通痹汤加减。

(2) 外治法

1) 可用中药熏洗改善症状,缓解疼痛。中药熏蒸方:川乌、草乌、天南星、当归尾、红花、桂枝、细辛、山奈、松节、紫草、桑枝、海桐皮、威灵仙、苏木。该方具有活血舒筋、温经通络的功效。另外,强直性脊柱炎在缓解稽留期可进行督灸,以调和气血,平衡阴阳。

2) 手法治疗:运用理筋活络类手法在患者脊柱两侧操作,松解紧张或痉挛的脊柱周围肌肉、筋膜韧带,以及骶髂关节、髋关节四周软组织,然后根据患者疼痛部位的不同,施以针对性手法。若颈部活动不利,从两侧胸锁乳突肌开始松解,至椎旁肌肉,再运用颈部扳法;若背、腰部僵硬,运用不同扳法;最后,施以放松手法。通过手法刺激督脉、膀胱经,达到舒筋通络、温经行气、补肾强督的作用。

3) 针灸治疗:取穴以督脉为主,如百会、风府、大椎、至阳、命门、腰阳关等,根据疼痛部位的不同,分别取颈、胸、腰段膀胱经第一侧线穴位进行加减。操作方法为患者俯卧,用75%乙醇溶液消毒后进行平刺,以患者感酸麻重胀为度。每周3次,治疗2个月。

4) 导引:可采用太极拳、八段锦进行功能锻炼,每日2次,预防关节僵硬及减轻疼痛。

(二) 手术治疗

强直性脊柱炎晚期常伴发脊柱后凸畸形,可做矫正手术。手术指征:①脊柱后凸畸形(Cobb 角>50°);②矢状面失衡;③髋关节过伸功能良好,但脊柱后凸畸形,导致躯体前倾;④严重进展性的胸椎后凸畸形伴平视能力丧失,产生社会心理负面影响者;⑤急性强直性脊柱炎患者经内科治疗全身症状无明显改善且炎症未得到明显控制者。

晚期强直性脊柱炎患者往往伴有骨质疏松,容易出现椎体楔形变或压缩性骨折。骨折最常见的是下颈椎,其次是胸腰段和腰椎。强直性脊柱炎引起的颈椎骨折不稳定,经牵引、头环背心固定等保守治疗易出现神经系统损害而导致死亡,故一般应行手术治疗。手术方法有前路、后路或前后路联合减压和融合术。

强直性脊柱炎患者晚期出现髋关节畸形和功能障碍,若非手术治疗无效,需行人工全髋关节置换术,以达缓解疼痛、改善髋关节功能的目的。因此,对于强直性脊柱炎晚期引起的髋关节、膝关节严重畸形患者,实行全髋关节、全膝关节置换术是尤为重要的。

四、预防与康复

应避免强力负重,慎防外伤,使病变加重,避免长时间维持一个姿势不动,睡觉时最好是平躺保持背部直立,热敷对于缓解局部疼痛亦有部分疗效,不抽烟,以免造成肺部伤害,注意保暖,避免憋尿及便秘。

(胡 炜)

复习思考题

1. 健康教育和"治未病"理念在骨关节退变过程中有何积极作用?

2. 大量使用激素与股骨头坏死发病的关系如何?

3. 哪些患者需考虑筛查类风湿关节炎?如何诊断类风湿关节炎?怎样才是此病的规范化治疗?

第十三章

代谢性骨病

> ✎ **学习目标**
>
> 　　了解痛风性关节炎和骨质疏松症的病因病理;熟悉痛风性关节炎和骨质疏松症的临床表现与治疗;掌握痛风性关节炎和骨质疏松症的诊断。

第一节　痛风性关节炎

　　痛风性关节炎是由于嘌呤代谢紊乱和/或尿酸排泄减少引起血尿酸水平增高,尿酸盐沉积在关节囊、韧带、滑膜等部位后引起炎症反应和组织破坏的代谢性关节疾病。痛风性关节炎可合并痛风性肾病、泌尿系结石等疾病的发生,严重者可出现关节畸形、关节破坏、肾功能损害等。本病多见于40岁以上中老年男性,目前有一定的年轻化趋势,男女患病比例约为20∶1。急性期具有骤然发作和剧烈疼痛的特征,常伴有局部皮温升高、皮色发红、肿胀的表现;多数患者表现为发作与缓解交替;部分关节炎患者病程缠绵、迁延不愈,以慢性痛风石形成为突出表现。本病好发于第一跖趾关节处,亦多见于膝关节、腕关节、踝关节等部位。

一、病因病理

　　人体嘌呤代谢紊乱、血尿酸水平长期增高是引起痛风性关节炎发生的关键因素,而高尿酸血症是其病理基础。

　　根据高尿酸血症的发病原因,可将本病分为原发性和继发性两种。原发性高尿酸血症和痛风的病因尚不完全清楚,主要与先天性嘌呤代谢障碍有关。尿酸作为嘌呤代谢的最终产物,内源性尿酸是人体尿酸的主要来源,大约占总尿酸的80%。当体内嘌呤代谢障碍时,会导致尿酸的大量生成、堆积和/或尿酸的排泄减少。比如遗传因素影响的先天性嘌呤代谢酶缺陷,包括黄嘌呤氧化酶活性增强引起的尿酸生成增多,以及次黄嘌呤鸟嘌呤磷酸核糖基转移酶缺陷等引起的尿酸排泄减少等,从内源性尿酸代谢途径导致原发性高尿酸血症;大量摄入高嘌呤食物在黄嘌呤氧化酶等代谢酶的作用下生成大量尿酸,从外源性途径增加尿酸水平。除此之外,原发性高尿酸血症和痛风的发病还与劳累、运动、饮酒、感染、创伤等诱发因素有关。除了原发性因素外,高尿酸血症和痛风常继发于其他遗传性代谢疾病、血液疾病和慢性肾病,同时可由呋塞米、依他尼酸、阿司匹林等药物导致尿酸排泄障碍所引起。

　　机体内嘌呤代谢障碍导致尿酸生成增多和/或排泄减少,形成高尿酸血症;当持续保持高浓度血尿酸的病理状态时,单钠尿酸盐结晶在韧带、滑膜、关节囊、软骨等关节内组织及关节周围析出沉积,刺激并诱导中性粒细胞、单核-巨噬细胞、滑膜细胞等产生多种炎症激活因子,从而引起滑膜充血、白细胞渗出、组织破坏等非特异性炎症反应和损伤,导致急性痛风性关节炎发作,这种损伤程度与高尿酸血症程度呈正相关。急性痛风性关节炎经过饮食控制或者治疗后,症状得到缓解,炎症消退,进入间歇期;此时,机体接受一定刺激后(如创伤、运动、寒冷、饮食),可发生血尿酸水平的波动,沉积在关节周围的尿酸盐结晶脱落进入关节腔,体内多种介导炎症反应的免疫细胞(如巨噬细胞、中性粒细胞和滑膜细胞)被激活,参与识别和吞噬局部沉积的尿酸盐结晶,导致炎症被激活,诱发痛风性关节炎发作,在此期间病情常在发作与缓解过程中反复交替。随着病情长时间的反复发作,本病进入慢性期,病变关节出现不同程度的破坏、畸形、残疾,并形成典型的痛风结节。

中医学认为本病属于"痛风""历节""痹证"等范畴,其病位主体在四肢关节,进而可累及筋骨、肌肉、皮肤、脏腑,出现关节发热、红肿、疼痛、屈伸不利等症状。本病多由素日过食醇酒厚味、膏粱辛辣,脏腑积热,内伏浊毒,酿生湿热毒邪,阻碍脾胃运化之功,加之情志过极、劳倦内伤、饮酒饱食、劳力外伤,致气机不畅、血瘀阻络,湿热毒气从脏腑而出,攻于手足,手足则灼热赤肿疼痛;或精亏失养,脾运不健、运化失调,聚湿生痰,痰浊内蕴,阻滞气机,痹阻不通而发病,出现关节畸形、疼痛、块垒硬结等;湿热痰毒等病邪久居体内损伤脏腑,阴阳失衡、功能失调,肝肾亏虚,则筋脉失养、骨髓失充,表现为筋脉拘急,屈伸不利等。本病病机为内生湿热,化毒化瘀化痰,充斥血脉,流注骨节,痹阻经络,久病累及肝肾,导致脏腑功能失调。

二、诊断

1. 临床表现　痛风性关节炎的临床自然病程可分为4个阶段:无症状高尿酸血症期、急性痛风性关节炎期、间歇期、慢性痛风性关节炎期。

(1)无症状高尿酸血症期:高尿酸血症与痛风性关节炎是一个连续、慢性的病理生理过程,本阶段仅有血尿酸的持续性或波动性增高,而无典型临床表现。从血尿酸增高至症状出现的时间可达数年,有些可终身不出现临床症状。

(2)急性痛风性关节炎期:典型特点为起病急骤、疼痛剧烈,多在夜间发作。初发时多表现为单一关节的肿胀和疼痛,数小时内达到高峰,可累及多个关节,受累关节及周围软组织出现典型的肿胀、皮肤发红、发热及剧痛难忍,痛不可触,并可伴有发热、头痛、关节渗液等症状。以第一跖趾关节最多见,其次为踝、膝、腕、足跟和肘关节等,肩、髋、脊椎等较少发病。痛风急性发作多在1周左右可自行缓解,症状逐渐消失,一般不遗留任何关节不适。

(3)间歇期:为两次痛风发作期之间的静止期,可无临床不适;病程历时数月至数年,反复发作后病情逐渐进展;间歇期越短,病变关节越多,逐渐转成慢性关节炎。

(4)慢性痛风性关节炎期:由痛风急性发作期转为慢性期间,本病逐渐进展为慢性、双侧受累、多发性关节炎,尿酸盐在韧带、滑膜、关节囊等关节结构和周围持续性沉积,形成特征性的痛风石,多见于跖趾关节、耳郭、指间、手肘等,加之反复的炎症损伤和组织破坏,最终出现关节不规则肿胀、僵硬和关节畸形。部分患者可合并痛风性肾病、泌尿系结石、心脑血管疾病、肾功能衰竭等。

2. 诊断要点

(1)病因:绝大部分患者在痛风性关节炎急性发作前常有进食高嘌呤食物、饮酒、运动等情况。

(2)症状与体征:典型的急性痛风性关节炎常以起病急骤、夜间发作为主,疼痛剧烈难忍,伴有受累关节红肿、发热、痛不可触等特征;慢性期常见局部关节畸形、功能障碍以及典型的痛风石形成等。

(3)辅助检查

1)血尿酸水平:绝大部分患者有血尿酸水平增高,男性>7mg/dl(420μmol/L),女性>

6mg/dl（360μmol/L），少数患者在急性发作时血尿酸水平可正常。

2）血常规和红细胞沉降率：急性发作期患者可出现白细胞、中性粒细胞计数升高，红细胞沉降率增快。

3）关节液检查：急性痛风发作时常出现关节肿胀，此时可进行关节腔穿刺抽取关节液，采用偏振光显微镜观察关节液中是否存在针状尿酸盐结晶。一般情况下，95%以上急性痛风性关节炎患者的关节液中可发现针状尿酸盐结晶。

4）痛风石：痛风石活检或穿刺检查可检测到尿酸盐结晶。

5）影像学检查：急性发作时一般仅有无特征性软组织肿胀表现；当痛风性关节炎反复发作、慢性期时，X线检查表现为受累关节面出现穿凿样、虫蚀样透亮缺损区；CT扫描可见灰度不等的斑点状痛风石影像，或在MRI见到低至中等密度的块状阴影。

（4）痛风性关节炎诊断标准：美国风湿病学会（ACR）与欧洲抗风湿病联盟（EULAR）在2015年发布了痛风性关节炎的最新诊断标准，较全面地囊括了痛风的临床表现、实验室检查和影像学表现。提出如果出现症状的关节、关节囊或痛风石中存在尿酸盐结晶，即可确诊；如果不符合上述条件，需按积分诊断进行确诊。

3. 鉴别诊断

（1）急性痛风性关节炎

1）急性风湿性关节炎：本病为A族溶血性链球菌感染相关的自身免疫性结缔组织病，是风湿热的主要症状之一，多见于青少年，发病前绝大部分患者有咽炎、扁桃体炎等上呼吸道感染史。本病以踝、膝、肘等大关节的游走性、对称性红、肿、热、痛为典型临床表现，一般不遗留关节畸形，常可伴有心肌炎、环形红斑、皮下结节等其他风湿热表现。实验室检查抗溶血性链球菌抗体升高，血尿酸水平正常。

2）化脓性关节炎：本病为化脓性细菌感染，可引起关节破坏及功能丧失，好发于儿童、老年体弱和慢性关节病患者，多见于金黄色葡萄球菌感染。受累的多为髋、膝等肢体大关节，临床可见急性关节疼痛、红肿、皮温升高、功能障碍，伴有高热、寒战、乏力等全身症状。关节穿刺可抽出脓性积液，细菌培养可发现致病菌，血尿酸水平正常，关节液中无尿酸盐结晶。

3）假性痛风：本病为焦磷酸盐沉积于关节软骨引起的急性关节炎，老年患者多见。好发于膝、髋等大关节，可产生类似于痛风性关节炎急性发作的临床症状。X线表现为关节间隙变窄、软骨下骨硬化和典型的软骨钙化灶，无骨质破坏。关节液中含有焦磷酸钙晶体，血尿酸水平正常。

（2）慢性痛风性关节炎

1）骨关节病：多发于中老年人，以关节软骨退变及软骨下骨硬化为特征。临床可见关节疼痛、变形和活动受限等表现，伴有关节间隙变窄、软骨下骨质硬化、关节边缘骨赘形成等典型的影像学改变。实验室检查血尿酸水平正常。

2）类风湿关节炎：为自身免疫性疾病，女性多见，好发于指间关节、掌指关节等小关节，临床表现为晨僵、关节肿胀、活动受限，后期可见典型的掌指关节尺偏，指间关节鹅颈样、纽扣样畸形等。约20%患者关节附近可有皮下结节，易与不典型痛风混淆。实验室检查类风湿因子阳性，进展期白细胞、红细胞沉降率、C反应蛋白等炎症指标可上升，但血尿酸水平正常。

3）银屑病关节炎：有银屑病史，多见于男性，常表现为手、足远侧或指（趾）间关节的非对称性肿胀、疼痛，伴有典型的银屑病样皮疹。X线检查可见严重的关节破坏，关节间隙增宽、关节畸形，实验室检查无特异性。

笔记栏

三、治疗

本病治疗需分期用药,急性期以改善症状为主,慢性期以降低尿酸水平、减少复发、防治并发症、提高生活质量为目标。

1. 药物治疗

(1) 中药治疗

1) 中药内服

①湿热蕴结型:关节疼痛剧烈,痛不可触,肿胀,局部灼热、皮色发红、得冷则舒,屈伸不利,伴发热烦闷、口渴、小便黄赤,舌红、苔黄腻,脉滑数。治宜清热利湿、通络止痛,方用四妙散加减。

②痰浊阻滞型:关节肿胀,甚则漫肿无边,屈伸不利,局部酸麻疼痛、块垒硬结,伴有目眩、面部浮肿、胸闷脘痞,舌胖质紫暗、苔白腻,脉弦滑。治宜祛湿化痰,通络止痛,方用薏苡仁汤加减。

③瘀血阻络型:关节红肿、疼痛、畸形,夜间痛甚,肤色紫暗,肌肤甲错,舌紫暗或有瘀斑、苔薄黄,脉弦涩。治宜活血化瘀,通络除痹,方用化瘀除痹汤加减。

④肝肾阴虚型:病久屡发,经久不愈,肌肤麻木不仁,筋脉拘急,屈伸不利,昼轻夜重,关节变形,腰膝酸软、头晕耳鸣、颧红口干、手足心热,舌红少苔,脉细数。治宜补益肝肾、通络止痛,方用六味地黄丸加减。

2) 中药外用:采用如意金黄散、四黄膏、金黄膏等外敷、外搽,以活血、清热、消肿。

(2) 西药治疗

1) 急性痛风性关节炎:痛风性关节炎急性发作应尽快使用非甾体抗炎药和秋水仙碱以缓解症状;其间不采用降尿酸治疗,但已服用降尿酸药物时不需停药,以免引起血尿酸波动,导致发作时间延长或再次发作。

①秋水仙碱:起始负荷剂量为 1.0mg 口服,之后每小时追加 0.5mg,直至症状缓解或出现不良反应,达到治疗量一般为 3~5mg,24 小时内不超过 6mg;待症状控制 72 小时后,改为维持量 0.5mg,一日 1~3 次。

②非甾体抗炎药(NSAIDs):无活动性消化道溃疡/出血等禁忌情况下,应早期、足量使用 NSAIDs 治疗,推荐使用选择性 COX-2 抑制剂,如塞来昔布、依托考昔等。

③糖皮质激素:不作为治疗急性痛风性关节炎的一线用药,主要用于急性痛风发作伴有全身症状,或秋水仙碱和非甾体抗炎药无效或使用禁忌,或肾功能不全的患者。一般推荐泼尼松 0.5mg/(kg·d),连续用药 5~10 天停药,或用药 2~5 天后逐渐减量,总疗程 7~10 天,不宜长期使用。若痛风急性发作累及大关节时,或口服治疗效果差,可给予关节腔内或肌内注射糖皮质激素,如复方倍他米松和曲安奈德,但需排除关节感染,并避免短期内反复注射。

2) 降尿酸药物的使用:当痛风性关节炎发作 ≥2 次/年;慢性痛风性关节炎或痛风间歇期,合并血尿酸>480μmol/L、痛风石形成、尿酸性肾石症或肾功能损害等情况时,推荐开始采取降尿酸治疗。目前,降尿酸药物包括两类,抑制尿酸生成药物和促进尿酸排泄药物。

①抑制尿酸生成药物:别嘌醇和非布司他。两者均通过抑制黄嘌呤氧化酶活性,抑制尿酸合成,从而降低血尿酸水平。作为一线治疗选择,别嘌醇的成人初始剂量为 50~100mg/d,每 4 周左右监测血尿酸水平 1 次,病情需要时可递增 50~100mg,最大剂量 600mg/d,分 3 次服用。由于 HLA-B*5801 基因阳性是应用别嘌醇发生不良反应的危险因素,因此建议在条件允许时,治疗前进行 HLA-B*5801 基因检测。非布司他初始剂量为 20~40mg/d,每 4 周左右评估血尿酸,病情需要时可逐渐加量,最大剂量为 80mg/d,需警惕心血管血栓事件的

发生。

②促进尿酸排泄药物:苯溴马隆和丙磺舒。苯溴马隆成人起始剂量为 25～50mg/d,每 4 周左右监测血尿酸水平,病情需要时缓慢递增剂量至 75～100mg/d。丙磺舒初用 0.25g,一日 2 次,之后每隔 1 周将日用量增加 0.25～0.5g,直至 1～2g/d 维持治疗,最大剂量不超过 3g/d。使用促尿酸排泄药物期间,应多饮水以增加尿量,配合碳酸氢钠碱化尿液,以免尿酸盐浓度过高,在尿液中生成尿酸结晶。

③药物降尿酸治疗期间应预防痛风急性发作:降尿酸治疗期间易导致反复出现痛风急性发作症状,可给予预防治疗。在初始降尿酸治疗的 3～6 个月,口服小剂量秋水仙碱 0.5mg,每日 1～2 次。当秋水仙碱无效或存在用药禁忌时,考虑低剂量非甾体抗炎药作为预防性治疗。上述两药使用存在禁忌或疗效不佳时,也可应用小剂量泼尼松(5～10mg/d)预防发作,但应注意糖皮质激素长期应用的副作用。

2. 针灸治疗　局部或循经选穴,常用穴位有太冲、太白、足三里、阴陵泉、丰隆、三阴交、阿是穴等,采用毫针、电针、温针灸进行治疗。

3. 其他　采用离子导入、超短波、超声波等物理治疗进行痛区、痛点治疗;后期出现关节功能障碍、肌肉痉挛时,可对犊鼻、梁丘、阳陵泉、膝阳关、委中及足三里等穴位进行点穴治疗,或者采用拨法、捏法、拿法及弹法对局部肌肉进行按揉,以解除肌肉痉挛,增加关节活动功能。

4. 手术治疗　手术原则要尽可能清除沉积于关节囊、软组织、肌腱、韧带、软骨上的痛风结晶。当痛风石较大,影响关节功能,并且有穿破皮肤或压迫邻近组织的风险时,应考虑手术切除。手术方式包括传统开放手术和关节镜微创手术。当关节破坏明显时,可考虑关节融合术或人工关节置换术。需要注意的是,手术治疗过程中存在尿酸盐结晶溶解重新入血,造成术后痛风性关节炎急性发作的可能,必要时要进行痛风急性发作的预防性用药。

四、预防与康复

低嘌呤饮食,减少高嘌呤食物摄入,如动物内脏、猪肉、牛肉、羊肉、虾、蟹、贝类、金枪鱼、菠菜、芹菜等。适当多食用碱性食物,如白菜、瓜类,促进尿酸溶解,增加尿酸排出。

忌酒,多饮水;肥胖者应控制饮食,减轻体重;痛风性关节炎患者应规律作息,避免劳累,避寒保暖,适当锻炼,保持良好情绪。急性发作时,注意卧床休息,可抬高患肢;间歇期及慢性期应定期检查血尿酸水平,根据具体情况控制血尿酸水平,必要时进行预防性治疗。

第二节　骨质疏松症

骨质疏松症(osteoporosis,OP)是以骨量减少、骨的微细结构破坏和骨强度降低为特征,致使骨脆性和骨折危险性增加的代谢性骨病。本节主要讨论原发性骨质疏松症。本病属于中医学"骨痿""腰痛"和"骨痹"等范畴,最早见于《黄帝内经》。

一、病因病理

骨质疏松症的发生往往是多种原因综合作用的结果。与本病关系密切的危险因素有性激素不足,增龄,营养失调,运动量不足,吸烟,过量饮酒,低体重[体重指数(BMI)<20],髋部骨折家族史等。破骨活动相对强于成骨活动,骨重建处于负平衡,是骨质疏松症发生发展的基本病理环节。女性绝经后,体内雌激素水平下降,可引起钙调节激素如降钙素和维生素 D

的活性产物分泌量异常,正常的调节机制发生紊乱,使过多的骨重建单位被激活,骨转换速度快,破骨细胞活性在总体上强于成骨细胞,所以,当每一个骨重建完成时,都会有不同程度的骨质丢失。若干个负骨平衡的骨重建周期后,骨小梁变细、变薄或断裂,骨强度下降,就发展为绝经后骨质疏松症,又称为高转换型骨质疏松症。人进入老年后,整体功能状态趋于降低,消化吸收功能下降,加之运动量不足等原因,易引起钙摄入量不足,为了维持血钙平衡,甲状旁腺激素会动员骨骼中的钙进入血液循环,从而导致骨质的丢失。但此时骨转换的速度比较慢,骨质丢失的速度也慢,所以把这类老年性骨质疏松症又称为低转换型骨质疏松症。

骨质疏松症分为原发性和继发性两大类,原发性骨质疏松症包括绝经后骨质疏松症(Ⅰ型)、老年性骨质疏松症(Ⅱ型)和特发性骨质疏松症(包括青少年型)。绝经后骨质疏松症一般发生在妇女绝经后 5~10 年内,老年性骨质疏松症一般指老人 70 岁后发生的骨质疏松,而特发性骨质疏松症主要发生在青少年。

古代中医学文献中无骨质疏松之名,按骨质疏松症的主要临床表现,中医学中相近的病证有"骨痿""腰痛"和"骨痹"。《灵枢·邪气脏腑病形》说:"肾脉微滑为骨痿,坐不能起,起则目无所见。"《素问·痿论》说:"肾气热,则腰脊不举,骨枯而髓减,发为骨痿""骨痿者,生于大热也"。产生"肾气热"的原因是"有所远行劳倦,逢大热而渴,渴则阳气内伐,内伐则热舍于肾"。即烦劳过度,耗损肾阴,水不胜火,虚火内盛,二者互为因果,终致虚者愈虚,盛者愈盛,肾精匮乏,髓无以生,骨失所养而发骨痿。中医学认为,腰为肾之府,腰痛的病因虽多,但终与肾虚有关。痹证之因为"风寒湿三气杂至",但"邪之所凑,其气必虚",对于骨痹而言,当责之肾虚。可见与骨质疏松症相近的骨痿、腰痛、骨痹之证,其本皆为肾虚。至于疼痛的原因,中医学认为"不通"和"不荣"均可引起疼痛,肾阴亏虚,骨失濡养,虚火内盛,灼伤脉络,可致疼痛;肾气不足,鼓动乏力,气虚血瘀,闭阻经脉,亦可引发疼痛。

二、诊断

1. 临床表现

(1) 疼痛:疼痛是骨质疏松症最常见、最主要的症状。其最常见部位是腰背部,负重增加时疼痛加重或活动受限,严重时翻身、坐起及行走均有困难。急性发作者,比较剧烈的腰背痛常是因骨质疏松导致的椎体新发压缩性骨折所致。疼痛产生的主要原因有骨转换过快,骨吸收增加导致骨小梁的吸收、断裂,骨皮质变薄、穿孔,从而引起全身疼痛;在应力作用下,由于骨强度明显下降导致椎体楔形变而引发疼痛;由于骨变形,导致附着在骨上的肌肉张力出现变化,肌肉易于疲劳,出现痉挛,从而产生肌膜性疼痛。

(2) 脊柱变形:骨质疏松症患者,椎体内部骨小梁萎缩,数量减少,疏松而脆弱的椎体受压,导致椎体"鱼椎样"变形。椎体发生压缩性骨折时,可导致脊柱前屈,形成驼背畸形。骨质疏松症患者椎体的骨吸收并不是均质的,再加上外力因素,也可出现脊柱的侧凸畸形。由于脊柱畸形,可引起胸闷、通气障碍等症状,有些患者还可出现便秘、腹胀、胃脘不适等消化系统症状。

(3) 骨折:骨折是骨质疏松症的严重并发症,摔倒是主要的外部因素,好发于下胸椎、腰椎、股骨近端、桡骨远端等部位。椎体骨折多为压缩性,严重时还可累及脊髓、马尾或脊神经根,出现双下肢感觉运动障碍,甚至影响膀胱、直肠功能。胸椎骨折可致胸部畸形,使肺活量减少,容易引起肺部感染,甚至影响心功能。

X 线片或 CT 可见骨小梁稀疏、骨皮质变薄,或椎体楔形变。

2. 诊断要点
疼痛、脊柱变形和骨折是骨质疏松症最典型的临床表现。但许多骨质疏松症患者早期常无明显症状,往往在脆性骨折发生后经 X 线或骨密度检查才发现已有骨质疏松症。

临床上用于诊断骨质疏松症的通用指标是发生脆性骨折和/或骨密度低下。目前尚缺乏直接测定骨强度的临床手段,因此,骨密度或矿含量测定是骨质疏松症临床诊断以及评估疾病程度的客观量化指标。

(1) 骨密度测定:建议参照世界卫生组织(WHO)推荐的诊断标准。基于双能 X 射线吸收法(dual energy X-ray absorptiometry,DXA)骨密度测量结果:骨密度值低于同性别、同种族正常成年人骨峰值不足 1 个标准差(1 个标准差约等于 6% 的骨量)属正常;降低 1~2.5 个标准差为骨量低下(骨量减少);降低程度 ≥2.5 个标准差为骨质疏松。符合骨质疏松诊断标准,同时伴有一处或多处骨折时为严重骨质疏松。骨密度也可用 T 值(T-score)表示,T 值=(测定值−峰值骨量)/正常成人骨密度标准差,即 T 值 ≥−1.0 为正常,−2.5<T 值<−1.0 为骨量减少,T 值 ≤−2.5 为骨质疏松,T 值 ≤−2.5 伴有一处或多处骨折为严重骨质疏松。

T 值用于检测绝经后妇女和 50 岁以上男性的骨密度水平。对于儿童、绝经前妇女和 50 岁以下男性,其骨密度水平建议用 Z 值表示。Z 值=(测定值−同龄人骨密度均值)/同龄人骨密度标准差。

(2) 脆性骨折:非外伤或轻微外伤发生骨折,这是骨强度下降的明确体现,也是骨质疏松症的最终结果及并发症。髋部或椎体发生脆性骨折,不依赖于骨密度测定,临床上即可诊断骨质疏松症。而在肱骨近端,骨盆或前臂远端发生的脆性骨折,即使骨密度测定显示低骨量(−2.5<T 值<−1.0),也可诊断骨质疏松症。其他检测方法还有定量 CT、定量骨超声等,其诊断标准因产品型号和生产者不同而各异。

(3) 骨转换生化标志物(bone turnover markers,BTMs):也是骨组织本身的代谢(分解与合成)产物,分为骨形成标志物和骨吸收标志物。前者代表成骨细胞活动和骨形成时的骨代谢产物,后者代表破骨细胞活动和骨吸收时的代谢产物,特别是骨基质降解产物。这些指标的测定有助于判断骨代谢是高转换型还是低转换型,检测骨丢失速率,评估骨折风险,了解病情进展,选择干预措施及监测疗效等。

在不同年龄段及各种代谢性骨病时,骨转换生化标志物能及时反映全身骨骼代谢状态和动态变化。骨转换生化标志物不能用于骨质疏松的诊断,但可反映骨代谢状况。绝经后女性的 BTMs 均值高于绝经前,一般在绝经后 10 年内升高,但随着绝经年限的增加而逐渐下降。绝经后骨质疏松症患者的 BTMs 可在参考值范围内或上限水平,如果明显升高(超过参考值上限 1.5 倍),则应该排除继发性骨质疏松或其他代谢性骨病。

3. 鉴别诊断

(1) 强直性脊柱炎:从年龄、症状、体征、实验室检查、X 线片上鉴别。本病多见于 15~30 岁男性,以腰部、髋关节、骶髂关节和颈部疼痛僵硬为主,往往伴有膝关节、踝关节肿痛。X 线片表现为双骶髂关节间隙模糊、狭窄甚至消失,方形椎,晚期表现为脊柱竹节样变。

(2) 骨软化症:由维生素 D 缺乏、严重维生素 D 活性障碍引起。特点为骨有机质增多,钙化过程发生障碍,临床常有脂肪痢、胃大部切除和肾病史。好发于青壮年,血清钙、磷水平减低,血清碱性磷酸酶水平升高,X 线片表现假骨折线、骨变形。

(3) 多发性骨髓瘤:常为多发性溶骨性破坏,患者常有比较严重的贫血,X 线片表现为边缘清晰的脱钙区。血浆球蛋白水平增高,尿中出现本周蛋白。

(4) 成骨不全:又称脆骨病,是一种遗传性疾病,由于成骨细胞数量不足,膜内成骨发生障碍所致,以全身骨骼系统普遍性骨质疏松和脆性增加为特征,常伴有蓝色巩膜、耳聋等症状。X 线片表现为长骨骨干细长,多发性骨折,颅骨骨化不良,严重时呈薄膜样。

（5）原发性甲状旁腺功能亢进症：本病主要是由于甲状旁腺腺瘤、增生肥大或腺癌所引起的甲状旁腺激素分泌过多导致的疾病，好发于 20～50 岁，女性多于男性。临床主要表现为骨关节疼痛，一般以腰腿痛开始，逐渐发展至全身，活动受限，严重者可出现各种畸形，如鸡胸、驼背、脊柱侧凸、四肢骨变细、头颅变形等，往往轻微外力即可造成多发病理性骨折。X线表现可见骨膜下吸收、弥漫性骨质疏松、骨囊性变及巨细胞瘤等。

三、治疗

骨质疏松症的治疗以"辨证施治，病证结合，整体调节，防治结合"为原则，以降低骨折发生率为最终目标。除了缓解症状，升高或维持骨量外，还应考虑肌力和身体平衡能力的提高，防止跌倒，以及全身功能状态的改善，等等。目前治疗较为完整的策略包括基础治疗、药物干预及康复治疗。

1. 基础治疗

（1）调整生活方式：要求患者摄入高钙、低盐和适量优质蛋白质的均衡饮食，推荐每日蛋白质摄入量为 0.8～1.0g/kg，并每天摄入牛奶 300ml 或相当量的奶制品；适当进行户外活动和日照（建议每周 2 次日晒，每次 15～30 分钟），以及有助于骨健康的体育锻炼和康复治疗；避免抽烟、酗酒、过量服用碳酸饮料，慎用影响骨代谢药物；采取防止跌倒的各种措施；加强自身和环境的保护措施。

（2）补充钙剂：钙不足是骨质疏松的主要原因，因此补充钙剂是骨质疏松症的基础治疗措施之一。为了维持必需的钙蓄积，需补充较平衡维持量更多的钙，通常补钙量为 1 000～1 500mg/d。

世界卫生组织认为，补充钙剂是预防骨质疏松的基本措施，但不能单独作为骨质疏松症的治疗药物，仅作为基本的辅助药物。目前尚无充分证据表明单纯补钙可以替代其他抗骨质疏松药的治疗。钙剂选择要考虑其安全性和有效性，高钙血症时应该避免使用钙剂。此外，应注意避免超大剂量补充钙剂潜在增加肾结石和心血管疾病的风险。

（3）补充维生素 D：维生素 D 主要来自食物中麦角固醇和皮下的 7-脱氢胆固醇经紫外线激活而成，可促进肠道钙的吸收，提高血清钙水平，抑制甲状旁腺激素分泌，增加尿钙排泄，维持正钙平衡，降低骨折风险。成人推荐剂量为 200U（5μg）/d，老年人推荐剂量 400～800U（10～20μg）/d，治疗骨质疏松症时的剂量为 800～1 200U（10～30μg）/d。常用制剂：维生素 AD 胶丸、骨化三醇、α-骨化醇等。

（4）规律运动：运动可改善机体敏捷性、力量、姿势及平衡等，减少跌倒风险，还有助于增加骨密度。适合于骨质疏松症患者的运动包括负重运动及抗阻运动，推荐规律的负重及肌肉力量练习，以减少跌倒和骨折风险。肌肉力量练习包括重量训练、其他抗阻运动和以太极、五禽戏、八段锦等为代表的民族传统健身运动等。运动应循序渐进、持之以恒。骨质疏松症患者开始新的运动训练前应咨询临床医生进行相关评估。

2. 中医辨证论治　以"肾主骨"理论为指导，骨质疏松症以脾肾两虚为主，应调补脾肾为本。

（1）肾精亏虚：颈腰背酸痛无力，甚则畸形，举动艰难，头晕耳鸣，健忘，男子阳痿，夜间尿频，舌淡或变红，苔少，脉沉迟。治宜益肾填精，强筋壮骨，方用左归丸加减。若阴虚火旺症状明显者，可与知柏地黄丸合用；若肾阳虚症状明显者，加杜仲、淫羊藿，或合用河车大造丸。

（2）脾肾气虚：全身倦怠嗜卧，颈腰背酸痛、痿软、伸举无力，甚或肌肉萎缩，骨骼畸形，纳谷不香，面色萎黄不华，便溏，舌淡，苔薄白，脉弱。治宜健脾益肾，方用参苓白术散合右归丸加减,若饮食不佳、胃脘不适者,加焦三仙等。

(3) 瘀血阻络:颈腰背骨节疼痛,呈刺痛,痛点固定不移,或合并骨折,舌紫暗或有瘀斑,苔白,脉弦涩或弦细。治宜活血化瘀,方用身痛逐瘀汤或活络效灵丹加减。

3. 西药治疗

(1) 雌激素:雌激素类药物能抑制骨转换,阻止骨丢失,能维持并且增加骨密度。临床研究已证明激素疗法(HT)[包括雌激素补充疗法(ET)和雌孕激素补充疗(EPT)]能阻止骨丢失,降低骨质疏松性椎体、非椎体及髋部骨折发生的风险,是防止绝经后骨质疏松的有效措施。此类药物只能用于女性患者,主要适用于60岁以前的围绝经期和绝经后妇女,特别是有绝经期症状(如潮热、出汗等)及骨质疏松症或有骨质疏松危险因素的妇女。禁忌证为雌激素依赖性肿瘤(乳腺癌、子宫内膜癌)、血栓性疾病、不明原因阴道出血及活动性肝病和结缔组织病。子宫肌瘤、子宫内膜异位症、垂体催乳素瘤患者,以及有乳腺癌家族史、胆囊疾病者慎用。使用雌激素治疗骨质疏松症总体是安全的,但仍要明确治疗利弊,坚持定期随访和安全性监测。

给药途径以口服为主,此外还有阴道给药、经皮给药(凝胶涂剂和经皮贴片)、皮下埋植等,可根据患者的情况和现有条件进行选择。已行子宫切除的妇女,因不用担心雌激素对子宫内膜的刺激作用,可单用雌激素。对有子宫的妇女,应雌激素、孕激素联合使用,以预防子宫内膜增生及诱发子宫内膜癌的可能。常用雌激素制剂有戊酸雌二醇、结合雌激素等。

(2) 降钙素:降钙素通过抑制破骨细胞活性,减少破骨细胞数量,有效抑制骨质吸收,促进钙在骨中的沉积,减少骨量丢失并增加骨量,从而降低血钙浓度,并可对抗甲状旁腺激素对骨的作用。其另一突出特点是能明显缓解骨痛,对骨质疏松性骨折或骨变形所致的慢性疼痛及骨肿瘤等疾病引起的骨痛均有效。所以更适合有疼痛症状的骨质疏松症患者。

(3) 双膦酸盐类药物:双膦酸盐是焦磷酸盐的稳定类似物,与骨内羟基磷灰石具有高度亲和力,可以选择性作用于骨,特异性结合到骨转换活跃的骨表面上,通过对破骨细胞的抑制,从而抑制骨吸收,提高骨密度,增加骨量,降低骨折发生率。不同的双膦酸盐抑制骨吸收的效力差别很大,因此临床上不同的双膦酸盐药物的使用剂量及用法也有所差异。已用于临床的双膦酸盐药物有阿仑膦酸钠、利塞膦酸钠、伊班膦酸钠、依替膦酸二钠、氯膦酸二钠和唑来膦酸注射液等。

(4) 选择性雌激素受体调节剂(SERMs):SERMs不是雌激素,其特点是能选择性地作用于不同组织的雌激素受体,兼有雌激素受体激动剂和拮抗剂的作用,在不同的靶组织分别产生类雌激素或抗雌激素作用。由于不同的SERMs结构特点不同,对各种受体的亲和力可有所差异,从而在组织中发挥不同的生物效应。

(5) 锶盐:锶是人体必需的微量元素之一,参与人体许多生理功能和生化效应。锶的化学结构与钙和镁相似,在正常人体软组织、血液、骨和牙齿中存在少量锶。人工合成的锶盐雷尼酸锶,是新一代抗骨质疏松药物。用法:2g/d,睡前服用,最好在进食2小时之后。不宜与钙或食物同时服用,以免影响药物吸收。如伴有已确诊的缺血性心脏病、外周血管病和/或脑血管疾病者,或伴有未控制的高血压、肌酐清除率小于30ml/min的重度肾功能损害者禁用。

(6) 甲状旁腺激素:是当前促进骨形成的代表性药物,如特立帕肽注射制剂,用法:20μg/d,皮下注射。用药期间要监测血钙水平,防止高钙血症的发生,治疗时间不宜超过2年。对于合并畸形性骨炎、骨疾病放射治疗史、肿瘤骨转移、高钙血症、骨骺未闭合的青少年及肌酐清除率小于35ml/min者禁用。

（7）其他类药物

1）维生素 K 类:四烯甲萘醌是维生素 K_2 的一种同型物,是 γ-羧化酶的辅酶,在 γ-羧基谷氨酸的形成过程中起着重要作用。γ-羧基谷氨酸是骨钙素发挥正常生理功能所必需的,具有提高骨量的作用。

2）NF-κB 受体激活蛋白配体(RANKL)抑制剂:如地诺单抗,能够抑制 RANKL 与其受体 RANK 结合,阻止破骨细胞的生成、存活以及功能发挥,减少骨的再吸收,从而增加皮质骨和松质骨的骨量和强度。

4. 手术治疗　适用于骨质疏松症并发骨折者,如股骨颈骨折、转子间骨折、桡骨远端骨折、脊柱骨折等。骨质疏松性骨折的治疗原则:评估全身情况,确定手术指征,选择最佳治疗方案;治疗目的:预防并发症,降低死亡率,提高康复水平,改善生活质量;治疗方法:应及时给予恰当的手术内固定治疗。脊柱骨折可选用垫枕练功法或骨水泥填充(经皮椎体成形术)疗法。

5. 其他疗法　练功、电针、超声波、电磁场及高电位治疗仪等也对骨质疏松症有一定的治疗作用。

四、预防与康复

骨质疏松症一旦并发骨折,生活质量下降,出现各种并发症,可致残或致死,因此,骨质疏松症的预防比治疗更为重要。第一,要获得理想的骨峰值,骨峰值是人一生中骨量的最高峰。达到骨峰值的年龄为 25~40 岁。骨峰值的形成 70% 决定于遗传因素,30% 决定于环境因素。环境因素中,从儿童期开始足量的钙摄入和规律的负重运动有利于取得满意的骨峰值。第二,预防骨量丢失,进入成年后应重视高危因素,积极预防和及时处理以减少骨量丢失。防治的首要目标是防止第一次骨折,一旦发生骨折,尽可能防止再次骨折。第三,要合理膳食,日常生活中要避免过度吸烟、饮酒,服用过多的咖啡因,合理营养,摄入较高钙量,如食用牛奶、豆制品、鱼、虾、蟹等。长期严格素食主义者或低盐饮食者更要注意钙的补充。第四,要防止跌倒,有规律地积极锻炼身体,负重锻炼被认为有利于骨质疏松症的康复,可选择户外平地行走,每次 10~30 分钟,每天 1~2 次。

（熊　辉）

复习思考题

1. 骨质疏松对患者的危害有哪些?
2. 如何在日常生活中预防骨质疏松的发生?
3. 简述痛风性关节炎的临床表现。
4. 简述痛风性关节炎的中医辨证论治。

第十四章

骨与关节感染

第一节　化脓性骨髓炎

化脓性骨髓炎(suppurative osteomyelitis)是指骨组织受到化脓性细菌感染而引起的骨膜、骨质和骨髓的炎症。相当于中医学中的骨痈疽。本病的感染途径有三种:①血源性,细菌从身体其他部位的化脓性病灶经血液循环传播至骨组织,引发血源性骨髓炎;②创伤性,细菌从伤口侵入骨组织,如开放性骨折感染发生的骨髓炎;③蔓延性,软组织感染直接浸润邻近的骨组织,如指端感染所引起的指骨骨髓炎。血源性骨髓炎是主要的感染来源,且最为严重而常见。本病按病情发展可分为急性和慢性化脓性骨髓炎。

一、急性血源性骨髓炎

急性血源性骨髓炎(acute hematogenic osteomyelitis)是指身体其他部位的感染病灶中的细菌,经血液循环播散至骨骼,引起骨的感染,可以多部位同时发病。相当于中医学的"附骨疽"。急性血源性骨髓炎多发生于儿童及青少年,以骨质吸收、破坏为主。最常见的发生部位为胫骨近端和股骨远端,其次为肱骨与髂骨。

(一) 病因病理

本病的病理变化为骨质破坏与死骨形成,后期有新生骨,成为骨性包壳。金黄色葡萄球菌是最常见的致病菌,乙型溶血性链球菌占第二位。本病的致病菌系经过血源性播散,大量的菌栓停滞在长骨的干骺端,阻塞了小血管,迅速发生骨坏死,并有充血、渗出和白细胞浸润。白细胞释放的蛋白溶解酶破坏了细菌、坏死的骨组织与邻近的骨髓组织。渗出物和破坏的碎屑形成小型脓肿并逐渐增大,使容量不能扩张的坚硬骨腔内的压力更高。脓肿不断扩大并与邻近脓肿合为更大的脓肿,扩大的脓肿向不同方向蔓延。

脓肿向长骨两端蔓延,由于小儿骨骺板抗感染力较强,不易通过,所以脓液多流入骨髓腔,从而使骨髓腔受累。髓腔内脓液压力增高后,可再沿哈弗斯管至骨膜下层,形成骨膜下脓肿。

脓液突破干骺端的皮质骨,高压的脓液可以沿着哈弗斯管蔓延至骨膜下间隙,将骨膜掀起形成骨膜下脓肿,或穿破骨膜、软组织、皮肤,排出体外,成为窦道。骨质浸泡在脓液中失去血供,导致大片死骨形成。在死骨形成过程中,病灶周围的骨膜因炎性充血和脓液的刺激而产生新骨,包围在骨干外层,形成"骨性包壳",包壳内有死骨、脓液和炎性肉芽组织,成为骨性死腔。小片死骨也可经皮肤窦道排出。大块死骨难以吸收或排出,长期留存体内,至窦道经久不愈合进入慢性阶段。

中医认为热毒是骨髓炎的致病因素,正虚是其发病基础,损伤是其常见诱因。

(二)诊断

1. 临床表现 一般患者近期有感染病灶或上呼吸道感染等病史。起病急,有寒战,继而高热至39℃以上,有明显的脓毒症症状。儿童可有烦躁不宁、呕吐与惊厥。严重者可有昏迷与感染性休克。

早期患区剧痛,患肢呈半屈曲状,伴有周围肌痉挛,因疼痛抗拒做主动与被动运动。局部皮温增高,有局限性压痛,肿胀并不明显。数天后局部出现水肿,压痛更为明显,说明该处已形成骨膜下脓肿,穿破后成为软组织深部脓肿,此时疼痛反可减轻,但局部红、肿、热、压痛更为明显。如果病灶邻近关节,可有反应性关节积液。脓液沿着髓腔播散,则疼痛与肿胀范围更为严重,当整个骨干都存在骨破坏后,即有发生病理性骨折的可能。

自然病程可维持3~4周。脓肿穿破后疼痛即刻缓解,体温逐渐下降,形成窦道,病变转入慢性阶段。

2. 诊断要点

(1)病史:近期有感染病灶或上呼吸道感染等病史。

(2)症状和体征:最典型的全身症状是恶寒、高热、呕吐,呈脓毒症发作样。发病前往往有外伤病史,但找到原发感染灶,或在病史中询问出原发感染灶者却不多见。

(3)辅助检查

1)血常规:白细胞计数增高,一般都在$10×10^9/L$以上,中性粒细胞可占90%以上。

2)红细胞沉降率(ESR)加快。

3)C反应蛋白(CRP):CRP水平在骨髓炎的诊断中比ESR更有价值、更敏感。

4)血液培养:可获致病菌,在寒战高热期抽血培养或初诊时每隔2小时培养一次,共三次,可以提高血培养阳性率。所获致病菌均应行药物敏感试验,以便及时调整抗生素。

5)局部脓肿分层穿刺:选用有内芯的穿刺针,在压痛最明显的干骺端刺入,边抽吸边深入,不要一次穿入骨内,以免将单纯软组织脓肿的细菌带入骨内,抽出混浊液体或血性液可做涂片检查与细菌培养,涂片中发现多是脓细胞或细菌即可明确诊断。任何性质的穿刺液都应做细菌培养与药物敏感试验。

6)X线检查:起病后14天内的X线检查往往无异常发现,使用抗生素的病例出现X线表现的时间往往延迟至1个月左右。①软组织肿胀:骨髓炎发病7~10天内,骨质改变常不明显,主要为软组织肿胀,表现为肌肉间隙模糊、消失,皮下组织与肌肉间的分界不清,皮下脂肪层内出现致密的条纹状和网状阴影。②骨质破坏:发病早期,长骨干骺端由于血液循环增加可出现局限性骨质疏松。约在发病半个月后,形成多数分散不规则的骨质破坏区,骨小梁模糊、消失,破坏区边缘模糊。随后骨质破坏向骨干发展,范围扩大,可达骨干大部或全部。小的破坏区融合成大的破坏区,骨皮质也遭受破坏。骨破坏的同时,开始出现骨质增生,表现为骨破坏周围密度增高,干骺区散在虫蛀样骨破坏。骨破坏很少跨过髓板累及骨髓或穿过关节软骨侵入关节。③死骨:X线表现为小片或长条状高密度致密影,因死骨代谢停止不被吸收,而周围正常骨质疏松,对比之下死骨更为致密。少数病例的大部骨干成为死骨,常并发病理性骨折。④骨膜增生:骨膜下脓肿刺激骨膜,在骨皮质表面形成葱皮状、花边状或放射状致密影。病变早期骨膜增生量较少,密度较小,随病变发展,逐渐变厚及密度增大。骨膜新生骨围绕骨干的全部或大部,即称包壳。

7）CT 检查：较 X 线平片可以提前发现骨膜下脓肿，但对小的骨脓肿仍难以显示。

8）MRI 检查：根据 MRI 影像的异常信号，可以早期发现局限于骨内的炎性病灶，并能观察到病灶范围、病灶内炎性水肿程度和有无脓肿形成，具有早期诊断价值。

3. 鉴别诊断

（1）蜂窝织炎和深部脓肿：早期急性血源性骨髓炎与蜂窝织炎和深部脓肿不易鉴别。可从下列几方面进行鉴别：①全身症状不同：急性骨髓炎脓毒症症状重。②部位不一致：急性骨髓炎好发于干骺端，而蜂窝织炎与脓肿则不常见于此处。③体征不一样：急性骨髓炎疼痛剧烈，但压痛部位深，表面红肿不明显，出现症状与体征分离现象；而软组织感染则局部炎症反应明显，如果鉴别困难，可进一步行 MRI 检查。

（2）急性化脓性关节炎：肿胀压痛在关节间隙而不在骨端，关节活动度几乎完全消失。有疑问时，行关节腔穿刺抽液检查可明确诊断。

（3）骨肉瘤和尤因肉瘤：部分恶性骨肿瘤也可有肿瘤性发热，但起病不急骤，部位以骨干居多，特别是尤因肉瘤，早期不会妨碍邻近关节活动，表面血管曲张，并可摸到肿块。部分病例与不典型的骨髓炎混淆不清，必要时需做活组织检查。

（4）风湿性关节炎：为风湿病的一部分，起病缓慢，全身情况（如发热）和局部症状（关节肿痛）均较轻，常为多关节游走性，红细胞沉降率、抗链球菌溶血素 O 试验等血液检查常呈阳性。

（三）治疗

急性化脓性骨髓炎患者早期有严重的感染中毒症状，如不及时正确治疗，可危及患者生命，或演变成慢性骨髓炎。

治疗的关键在于早期诊断、早期运用大量有效的抗生素控制感染和适当的局部处理，防止骨质广泛破坏和死骨形成。同时强调局部与整体并重、内外兼顾的治疗原则。

1. 一般治疗　注意休息，加强营养，提高机体抵抗力。如中毒症状严重，可少量多次输鲜血。患肢应制动，以防止感染扩散，有利于炎症的吸收和预防病理性骨折。

2. 药物治疗

（1）中医治疗

1）内治法：初期脓未形成热毒炽盛者，以消法为主，治宜清热解毒、活血通络，方用五味消毒饮或黄连解毒汤合仙方活命饮加减；脓成未溃者，治宜托里透脓，方用托里消毒饮；脓已溃且体质虚弱者，治宜补益气血，方用十全大补汤加减。

2）外治法：初期、成脓期局部外敷金黄散、双柏散等；溃脓期，疮口可用冰黄液冲洗，并根据有无腐脓情况，选用九一丹、八二丹、七三丹、五五丹或生肌散药捻，外敷玉露膏或生肌玉红膏。疮口腐肉已脱，脓水将尽时，选用八宝丹、生肌散换药，促进其生肌收口。

（2）西医治疗：正确运用抗生素是控制病情发展的重要环节，一旦诊断明确，应采用及时、足量、联合用药的原则。初期细菌属性不明时，可先选用广谱抗生素，再根据细菌培养和药物敏感试验结果，选用敏感抗生素。

3. 手术治疗　手术目的是减压引流，排出脓液，减少毒素吸收，以减少发生败血症的机会，同时可减少骨质破坏。

（1）手术适应证：急性化脓性骨髓炎早期，使用敏感抗生素 2~3 日后仍不能控制症状者，或诊断性穿刺时在骨膜下或骨髓腔内抽吸到脓液或渗出液时。

（2）手术方式：切开引流是常用而有效的治疗方法。急性期治疗有钻孔引流和开窗减压两种。

（四）预防与康复

急性血源性骨髓炎应注意早期诊断及治疗。注意原发病的治疗，急性期需限制活动，预防骨折,改善营养状态。后期应加强营养及体质锻炼,增强抵抗力。

二、慢性骨髓炎

慢性骨髓炎多由急性骨髓炎治疗不及时或不彻底发展而来;亦有低毒性骨感染,在发病时即表现为慢性骨髓炎。本病病程长,由数月至数十年不等,多伴有窦道经久不愈、反复发作。

(一)病因病理

慢性化脓性骨髓炎的致病因素与急性化脓性骨髓炎相同:①绝大多数由急性骨髓炎治疗不及时或不彻底转变而成;②少数为开放性骨折合并感染所致;③邻近组织感染直接蔓延到骨组织而成。

慢性骨髓炎的病理及影响伤口愈合的因素有:①死骨:游离的死骨留在体内引起异物反应,使伤口不愈合。②骨内空腔形成:慢性骨髓炎患者骨质破坏,死骨自行排出或溶解吸收,或大块死骨经摘除后残留空腔,腔内积脓引流不畅时,伤口不易愈合。③瘢痕组织:慢性化脓性骨髓炎,脓液及其他炎性分泌物长期刺激伤口,使骨空腔内或周围软组织产生坚硬的瘢痕组织,瘢痕组织缺乏血液供应,影响伤口愈合;瘢痕组织有细菌潜伏,也是引起反复发作的一个原因。

中医将骨髓炎视为"附骨疽"。其发病多由病后正气虚弱、余毒未尽所致。正气虚弱多表现为血虚寒凝、气血两虚和肝肾亏虚。

(二)诊断

1. 临床表现　一般全身症状轻微,不发作时甚至无症状。平时局部窦道流脓,伴有臭味,有时小块死骨可随脓液流出。窦道口肉芽组织突起,长期不愈合。如窦道多、创面大、病程长,可有慢性消耗症状。皮肤菲薄,色暗无光泽。

急性发作时体温可升高 1~2℃,局部红、肿、热、痛和压痛。窦道口流脓增多,可有死骨排出,死骨排出后窦道口可自行封闭。这种状态可缠绵数年甚或数十年。

2. 诊断要点

(1)病史:有急性化脓性骨髓炎或开放性骨折合并感染的病史。

(2)症状与体征:慢性骨髓炎有反复发作病史,局部肿胀,骨质增厚,表面粗糙,有压痛。如有窦道,伤口长期不愈,偶有小块死骨排出。有时伤口暂时愈合,但由于存在感染病灶,炎症扩散,可引起急性发作,有全身发冷发热,局部红肿,经切开引流,或自行穿破,或药物控制后,全身症状消失,局部炎症也逐渐消退,伤口愈合,如此反复发作。由于反复发作,多处窦道,对肢体功能影响较大,有肌肉萎缩;如发生病理性骨折,可有肢体短缩或成角畸形;如发病接近关节,多有关节挛缩或僵硬。

(3)辅助检查

1)血液检查:多属正常范围。急性发作时,白细胞数增高、红细胞沉降率加快。

2)X 线检查:可见骨干增粗,轮廓不规则,密度不均匀,以增生改变为主,周围有新生的包壳,其内有死骨及空腔。

3)CT 检查:可清楚显示脓腔与较小死骨。

4)MRI 检查:在慢性骨髓炎的诊断上具有较高价值。

3. 鉴别诊断　应与骨结核相鉴别。骨结核一般多侵入关节,病史较缓慢,有结核或结核病接触史等。X 线片显示以骨质破坏为主而少有新骨形成。

(三)治疗

慢性骨髓炎的治疗比较困难,其慢性化的根本原因是骨包壳、死骨、死腔和窦道的存在。

治疗应特别重视对局部病变的处理,其三个基本要点为彻底清除病灶、积极修补缺损与局部应用抗生素。

1. 药物治疗

(1) 中药治疗:慢性骨髓炎急性发作时可见寒战高热,肢体红、肿、热、痛剧烈,舌质红,苔黄腻,脉滑数。治宜清热化湿,和营托毒,方用黄连解毒汤合仙方活命饮加减内服。外用金黄膏、玉露膏外敷,脓肿切开引流后,用药线引流或生肌散、白玉膏外敷创面;慢性骨髓炎非急性发作时可见面色苍白,气短懒言,脓液清稀,量多质薄,舌质淡,苔薄白,脉细数或虚大无力。治宜调补气血,清化余毒,方用八珍汤加减内服。外用千金散、八二丹药线引流,生肌散、白玉膏外敷创面。

(2) 西药治疗:根据细菌培养及药敏试验结果,选择有效抗生素,应联合足量应用抗生素,在全身用药的同时结合局部用药,以提高疗效。

2. 手术治疗　手术原则是彻底清除病灶,包括死骨、异物、窦道、感染肉芽组织、瘢痕等,术后适当引流,才能完全治愈骨髓炎。

(1) 手术适应证:死骨形成并已分离清楚,有死腔存在并伴窦道溢脓,有足够的新骨形成。

(2) 手术的选择:应根据患者的实际情况确定。非重要部位的慢性骨髓炎,如腓骨、髂骨、肋骨等,可将病骨整段切除。小儿慢性骨髓炎,因其骨骼处于生长旺盛时期,骨腔愈合容易,因此不必做成碟形,只需稍加修整骨端,局部及全身应用抗生素就可愈合。病程持久的慢性骨髓炎周围皮肤有恶变者,或下肢不能彻底清除病灶者,以及长期消耗已很衰弱或出现全身淀粉样变者,可考虑截肢术。

(四) 预防与康复

慢性骨髓炎经综合治疗后可得到控制,要增加患者对疾病的认知。增强抵抗力,防止机体受到细菌侵袭;对于其他部位的轻度感染,要及早治疗,阻断其进入血液循环,防止复发。

第二节　化脓性关节炎

化脓性关节炎是关节的化脓性感染,可发生于任何年龄,多见于儿童。好发部位为髋、膝关节。一般为单发,若在儿童可累及多个关节。

一、病因病理

本病最常见的致病菌为金黄色葡萄球菌。细菌进入关节内的途径有以下几种:①血源性感染:身体其他部位的化脓性病灶如急性蜂窝织炎、疖肿、中耳炎等,致使细菌通过血液循环进入关节,这是主要感染途径;②蔓延感染:关节附近的化脓性病灶直接蔓延至关节内,如胫骨上段骨髓炎蔓延至膝关节;③直接感染:细菌通过伤口进入关节引起化脓性感染,包括关节开放性损伤,或关节手术、关节穿刺等。

病理发展大致可分为三个阶段,在发展过程中有时并无明确的界限。①浆液渗出期:关节腔内有浆液性渗出物,内含大量白细胞。关节最早病变在滑膜,滑膜明显充血、水肿,关节软骨未受破坏。本期病理改变为可逆性,如治疗及时,渗出物可完全吸收而不遗留关节功能障碍。②浆液纤维素性渗出期:病变继续发展,滑液中的酶类物质使血管的通透性明显增加,渗出液增多,其中含有丰富的纤维蛋白,纤维蛋白沉积在关节软骨上,影响软骨代谢,造成关节粘连。由于中性多核细胞释放大量溶酶体类物质,进一步加重软骨基质的破坏。本期出现了不同程度的关节软骨破坏,部分病理已成为不可逆性,治疗后关节功能会出现部分障碍。③脓性渗出期:至病变后期,关节内有明显的混浊脓液,滑膜和软骨已基本被破坏,关节周围也有蜂窝织炎,炎症控制后出现关节的纤维性或骨性强直,遗留严重关节功能障碍。

本病属中医学"关节流注""骨痈疽"范畴。中医学认为本病的机制是机体正气不足,邪毒壅滞关节所致。①正虚邪乘:正气不足,腠理不密,暑湿邪毒客于营卫之间,阻于经脉肌肉之内,与气血搏结,流注于关节。②余毒流注:患疗疮疖痈或麻疹、伤寒之后毒邪走散,流注于关节;或外感风寒,表邪未尽,余毒流注四肢关节所致。③瘀滞化热:因积劳过度,肢体经脉受损,或因跌仆闪挫,瘀血停滞,郁而化热,热毒流注关节而发病。

二、诊断

1. 临床表现

（1）初期:全身不适,食欲减退,恶寒发热,舌苔薄白,脉紧数。关节疼痛、肿胀、灼热,压痛,不能完全伸直,活动受限。

（2）成脓期:全身呈中毒性反应,寒战、高热、出汗,体温可达40~41℃,彻夜难眠,口干、舌红、苔黄腻,脉数。关节红、肿、热,剧痛、胀痛或跳痛,拒按,病变关节不能活动。

（3）脓溃期:全身热毒壅盛症状如上,局部红肿热痛更加显著,关节穿刺为脓液。脓肿突破皮肤而外溃,形成窦道,经久不愈,全身症状急剧减退,出现神情疲惫、面白无华、舌淡苔少、脉细而数等虚弱体征。

2. 诊断要点

（1）病史:常有外伤史、局部病灶感染或全身感染病史。

（2）症状与体征:全身表现为起病急、食欲差、全身不适、畏寒及高热等。局部可有关节疼痛、肿胀、积液,皮肤温度增高,关节拒动及呈半屈曲位。可发生脱位。

（3）辅助检查

1）实验室检查:白细胞总数增高明显,红细胞沉降率增快。寒战期抽血培养可检出病原菌。关节液检查可见大量白细胞、脓细胞和革兰氏阳性球菌等。

2）影像学检查:X线检查早期可见关节囊肿胀,关节间隙增宽;后期则关节间隙变窄甚至骨性融合。CT及MRI检查能比X线平片更早、更清晰地显示病灶。

3. 鉴别诊断

（1）急性化脓性骨髓炎:两者在病变部位均可见红肿热痛,但化脓性骨髓炎主要表现在骨干周围的软组织;X线片变化方面,化脓性骨髓炎在干骺端及骨干,而化脓性关节炎发病在关节。

（2）关节结核:早期全身症状不明显,发展缓慢,病程长,继而出现午后潮热、盗汗。关节肿胀,但不红,溃破后脓液清稀且夹有干酪样絮状物,肢体萎缩,关节活动度小或消失,关节液检查有助于诊断。

（3）类风湿关节炎:常为多关节发病,手足小关节受累,关节肿胀不红;患病久者可有关节畸形和功能障碍;类风湿因子(RF)常为阳性。

三、治疗

急性化脓性关节炎一般起病急骤,早期诊断、及时正确处理是治疗的关键。

1. 一般治疗　加强全身支持疗法,输血输液,纠正电解质代谢紊乱,给予高能量、高蛋白饮食,以提高全身抵抗力。对儿童和重症患者应注意降温。

2. 药物治疗

（1）中医治疗

1）初期:治宜清热解毒,利湿化瘀,方选黄连解毒汤合五神汤。热毒余邪重者加生地、丹皮,蓄瘀化热者加桃仁、红花、丹参、三七等。

2）成脓期:治宜清热解毒、凉血利湿,方用五味消毒饮合黄连解毒汤;热毒内盛症见高热神昏,甚或谵妄属危候,上方加水牛角、生地、丹皮,配服安宫牛黄丸或紫雪丹等;若炽热伤阴致气阴两伤,舌光红无苔者加生脉散。

3）溃脓期:脓将溃未溃或初溃不畅,治宜托里透脓,方选托里消毒饮或透脓散;热毒盛者加连翘、蒲公英、败酱草等。溃后正虚者治宜补益气血,方用八珍汤或十全大补汤。

未成脓时,局部选用金黄膏、玉露膏等外敷,有助于缓解关节红肿热痛等;收口期可外用生肌散等。

（2）西医治疗:早期正确合理地选择有效抗生素,不仅可以保全患者生命,而且还可保留患肢关节功能。选用对致病菌敏感的抗生素,用药期限为体温恢复正常后继续使用2周。全身中毒反应重,出现休克表现者,按脓毒症休克处理。

3. 外治法 初期应用石膏、夹板或牵引于关节功能位制动,有助于减轻肌肉痉挛和疼痛,防止感染扩散,预防畸形和病理性脱位。病变关节积液肿胀,有波动时行关节腔穿刺引流术。可于抽出脓液后注入抗生素,每日或隔日1次,亦可用生理盐水加入抗生素,进行关节灌注,边灌注边引流。

4. 手术治疗

（1）关节切开排脓术:急性化脓性关节炎发病1周左右,关节腔穿刺液已呈脓性,应及时行切开排脓,彻底清除关节腔的坏死组织及其他病理组织。术后可行闭式持续灌注引流术。

（2）矫形术:对于非功能位关节强直畸形,可选用关节成形术、关节融合术甚至关节置换术以矫正畸形,改善关节功能。

四、预防与康复

急性化脓性关节炎的治疗原则强调"早"字,在疾病初期及时应用有效抗生素,对挽救关节功能极其重要。在脓液尚未形成时控制病情,关节功能多可得到保留。一旦关节内脓液已经形成,应及时切开引流,防止关节软骨被破坏。一旦炎症消退,即行早期关节功能锻炼,以减少关节粘连和强直程度。病程晚期者,关节严重破坏,功能完全丧失,保存关节功能已不可能,则必须注意使关节强直在功能位。

第三节　骨与关节结核

骨与关节结核(tuberculosis of bone and joint)是由结核杆菌侵入骨或关节而引起的慢性继发性感染性疾病。随着生活水平的提高,抗结核药物的出现以及科技的进步,本病的发病率明显下降。近年来,由于人口数量的快速增长,流动人口的大量增加以及耐药菌的出现,骨与关节结核的发病率有回升趋势。

【病因病理】

骨与关节结核多继发于肺结核,好发部位都是一些负重大、活动多、易于发生损伤的部位,其中脊柱结核最多见,其次是膝关节、髋关节和肘关节。骨与关节结核发病的高危人群包括既往感染过结核者、高发区移民、糖尿病患者、慢性肾功能不全者、营养不良者及长期使用免疫抑制剂者等。原发病灶中的结核杆菌一般是通过血流到达骨与关节,少数是由邻近病灶蔓延而至。

病原菌主要是人型结核分枝杆菌。结核杆菌一般不能直接侵入骨或关节的滑膜引起骨关节结核,主要是继发于原发肺结核或胃肠道结核,通过血液传播引起。骨与关节结核的病理变化分为渗出期、增殖期、干酪样变性期。椎体结核可分为中心型和边缘型两种,椎体破坏后形成的寒性脓肿可有两种表现:椎旁脓肿和流注脓肿。关节结核在发病初期,病灶局限于长骨干骺端,关节软骨面完好,如果此时结核得到控制,关节功能不受影响。如果病变进一步发展,结核病灶侵及关节腔,结核病灶会穿破关节面,进入关节腔,使关节软骨面受到不同程度损害,称为全关节结核。全关节结核若不能控制,便会出现破溃,产生瘘管或窦道,并引起继发感染,此时关节已完全毁损,必定会遗留各种关节功能障碍。

本病属中医学"骨痨""流痰"范畴,因其病发于骨,消耗气血津液,导致形体虚羸,缠绵难愈而得名;成脓之后,其脓腐状若败絮黏痰,且可流窜他处形成寒性脓肿,故又名流痰。中医学认为,本病为儿童先天不足、肾气未充所致;青少年则为劳倦内伤,以致肾亏络空,感受痨虫;成人房事劳倦、遗精带下,以致肾精亏损、痨虫乘虚而入。其形成与脏腑虚弱、气血亏虚有关,其中肾虚为本,痨虫易感;虚处留邪,痰浊凝聚为标,久而化热,消灼气血津液,蚀骨腐筋。

【诊断】

1. 临床表现　起病缓慢,有低热、乏力、盗汗、消瘦、食欲不振及贫血等症状;也有起病急骤者,出现高热及毒血症症状,一般多见于儿童。局部表现一般均为单发,可有轻微疼痛和压痛、肌肉痉挛、关节僵硬感和畸形,病程持续进展可出现病理性骨折,严重者可并发截瘫。

2. 诊断要点

(1) 病史:既往有肺结核病史或结核接触史。

(2) 症状与体征:患者起病慢,病程长。全身表现为低热、乏力、盗汗、消瘦、纳呆和贫血等;也有起病急骤者,出现高热及毒血症症状;伴有面色无华,心悸失眠,舌质淡红,苔薄白,脉细或虚大。

关节病变初起隐痛,活动后加剧。儿童患者常有"夜啼"。由于髋关节与膝关节神经支配有重叠现象,所以髋关节结核患者亦可主诉膝关节疼痛。浅表关节检查可见关节肿胀和积液,并有压痛。关节常处于半屈曲状态,以缓解疼痛。晚期患者可见肌肉萎缩,关节呈梭形肿胀。病理性脱位与病理性骨折不少见。

脊柱结核主要有疼痛、肌肉痉挛、神经功能障碍。大多数患者有寒性脓肿生成。脓肿可位于病灶局部,也可远离病灶形成流注脓肿。脊柱结核的寒性脓肿会压迫脊髓产生肢体瘫痪,若不能控制混合感染,可引起慢性消耗、贫血、全身中毒症状,严重时可致肝、肾衰竭,甚至死亡。晚期病变静止后可有各种后遗症,如:①关节腔粘连导致关节功能障碍;②关节屈曲挛缩畸形、脊柱后凸畸形等;③小儿骨髓破坏导致肢体不等长等。

(3) 辅助检查

1) 血液学:血常规检查可有轻度贫血,白细胞计数一般正常,有混合感染时白细胞计数增高。红细胞沉降率在病变活动期明显增快,静止期一般正常,是用来检测病变是否静止和有无复发的重要指标。C反应蛋白(CRP)的高低与疾病的炎症反应程度关系密切,故CRP亦可用于诊断结核活动性及临床疗效的判定。

2）细菌学:脓液或关节液涂片镜检找到抗酸杆菌,或结核杆菌培养阳性可诊断为结核病,但阳性率较低,结合临床资料对诊断具有重要意义。

3）免疫学:用结核分枝杆菌的菌体成分制成抗原和抗体,检查患者血清中的结核抗体或抗原,具有检查速度快、操作简单、敏感性和特异性均较好等特点。结核菌素试验(PPD):试验结果不能简单用于确诊或否定结核。强阳性者对成年人有助于支持结核病的诊断,或考虑为近期有结核感染,但尚未发病;对儿童特别是1岁以下儿童可作为结核诊断的依据。

4）分子生物学:结核分枝杆菌基因(DNA)检测技术,可以直接对结核分枝杆菌的种系进行分类鉴定和药敏检测,具有操作简便、反应快速、灵敏度高、特异度高等优点。

5）病理检查:病变部位穿刺活检以及手术后病理组织学和微生物学检查是确诊的重要方法。病理学检查可见典型结核性肉芽肿,且通过抗酸染色或其他细菌学检查证据证明为结核杆菌感染是确诊的依据。

6）影像学检查

X线检查:X线虽不能做出早期诊断,但对诊断骨与关节结核十分重要。其特征性表现为区域性骨质疏松和周围少量钙化的骨质破坏病灶,周围可见软组织肿胀影。随着病变发展,可出现边界清楚的囊性变,并伴有明显硬化反应和骨膜反应。可出现死骨和病理性骨折。

CT检查:与X线片相比,CT可提供更多信息,如能够清晰地确定病灶位置、死骨情况、软组织病变程度,特别是对显示病灶周围的寒性脓肿有独特优势,还可在CT导引下穿刺抽脓和活检。

MRI:可在结核炎症浸润阶段即显示异常信号,比其他检查方法更为敏感,有助于早期诊断。MRI还可以观察脊柱结核有无脊髓受压和变性,在与脊柱肿瘤、骨折、退变等疾病的鉴别诊断中有重要价值。

超声:可以探查深部寒性脓肿的位置和大小;定位穿刺抽脓,进行涂片和细菌培养。

关节镜检查:关节镜检查及滑膜活检对诊断滑膜结核很有价值。

3. 鉴别诊断　根据病史、症状、体征、实验室与影像学检查,典型病例诊断不难,但必须与下列疾病做鉴别。

（1）强直性脊柱炎:多数有骶髂关节炎,症状以后背疼痛为主。X线检查无骨破坏与死骨,脊柱呈"竹节"样改变。胸椎受累后会出现胸廓扩张受限等临床表现,血清HLA-B27检查多为阳性。

（2）化脓性关节炎:发病急,有高热及明显疼痛,进展很快,早期血培养可检出致病菌。其特征性X线表现可做鉴别。

（3）类风湿关节炎:主要特点为对称性关节炎,关节晨僵,血清RF阳性,晚期患指甚至有天鹅颈或纽扣样畸形。

（4）骨肿瘤:一般以疼痛、局部肿块、功能障碍以及病理性骨折为典型表现。恶性骨肿瘤晚期可能会出现恶病质等消耗表现。其特征性X线表现可做鉴别。

【治疗】

骨与关节结核是全身感染和局部损害并存的慢性消耗性疾病,正气强弱对病邪消长和病灶的好转、恶化有直接影响。因此,其治疗必须坚持整体与局部并重,祛邪与扶正兼顾,内治与外治相结合。

本病应采用全身与局部的综合治疗方法,包括休息、疗养、营养、标准化疗药物和手术治疗等。其中，抗结核药物在骨与关节结核治疗中占主导地位，应贯穿治疗全程。

1. 全身治疗

（1）支持治疗：注意休息，避免劳累，合理加强营养，每日摄入足够的蛋白质和维生素。有贫血者应纠正贫血。

（2）抗结核药物治疗：正确使用抗结核药，严格按照"早期、规律、联合、适量、全程"原则用药。选用异烟肼、利福平、吡嗪酰胺和乙胺丁醇，以上三种或四种药同时应用，抗结核药物的主要副作用为肝损害、神经毒性、过敏反应、胃肠道反应、肾损害等，用药期间应定期检查肝肾功能，并同时服用保肝等药物。发现异常及时予以相应处理。

2. 局部治疗

（1）局部制动：目的是保证病变部位的休息，减轻疼痛。临床实践证明，全身药物治疗配合局部制动疗效更好。例如石膏固定、支具固定、牵引等。

（2）局部注射：局部注射抗结核药物具有药量小、局部药物浓度高和全身反应小的优点，最适用于早期单纯性滑膜结核病例。

（3）手术治疗：当药物治疗无效时，应及时采用手术治疗。手术治疗分为脓肿切开引流术、病灶清除术，及其他手术如关节融合术、截骨术、人工关节置换术、植骨融合内固定术等。由于手术可能造成结核杆菌的血源性播散，为提高手术的安全性，术前应规范抗结核药物治疗4~6周，至少2周。术后要继续完成全部规范化疗程。

【预防与康复】

骨与关节结核对人体危害较大，坚持整体与局部并重，祛邪与扶正兼顾，内治与外治相结合进行早期有效的治疗可获得较好疗效。

一、脊柱结核

脊柱结核（tuberculosis of spine）占全身骨与关节结核的 50% 左右，以椎体结核为主，附件结核少见。好发部位依次为腰椎、胸椎、颈椎。脊柱结核可致骨破坏、脊柱畸形、脊髓神经压迫损伤，甚至截瘫等，致残率较高。本病相当于中医学的"龟背痰"。

（一）病因病理

脊柱结核病因同骨与关节结核。以单个椎体破坏蔓延至附近相邻的椎体为多见，根据侵犯部位主要分为两型：

1. 中心型　多见于 10 岁以下儿童，好发于胸椎。病变位于椎体中心，以骨质破坏为主，易产生小死骨和空洞，整个椎体被压缩成楔形，一般只侵犯一个椎体。

2. 边缘型　多见于成人，以腰椎居多。病变位于椎体上、下缘，易侵犯椎间盘使椎间隙狭窄。

脊柱结核易形成寒性脓肿，有以下两种表现形式：①椎旁脓肿：脓液将骨膜掀起，在椎体旁形成脓肿，腐蚀整个椎体边缘，严重者进入椎管压迫脊髓；②流注脓肿：椎旁脓肿压力增高，脓液穿破骨膜，沿疏松的组织间隙向下方流动，在远离病灶的部位出现脓肿。常见的流注途径有：颈椎结核形成咽后壁脓肿、食管后脓肿、锁骨上窝脓肿；胸腰段结核形成椎旁脓肿、腰大肌脓肿及髂窝脓肿；腰大肌脓肿还可沿腰大肌流注至股骨小转子处，形成腹股沟脓肿，可进一步流注至膝上部位。寒性脓肿破溃后可形成窦道。

（二）诊断

1. 临床表现　缓慢发病，全身症状多不明显，可感乏力，部分患者有结核中毒症状。儿童有夜啼和性情急躁。疼痛是最先出现的症状。局部轻微钝痛，劳累后加重，休息后可减轻。可有肢体放射痛，出现特征性姿势。

2. 诊断要点

（1）病史：既往有肺结核病史或结核接触史。

（2）症状与体征：疼痛，乏力，寒性脓肿是部分患者就诊的主要体征。椎旁肌保护性痉挛，使脊柱稳定，疼痛减轻，出现特征性姿势。颈椎结核患者可表现为缩颈状，用双手托下颌，不敢轻易活动颈部；胸椎结核出现驼背；腰椎结核患者在站立与行走时，用双手扶腰以减轻对病变椎体的压力，拾物试验阳性。脊柱畸形常见于胸椎结核，系因椎体楔形变所致。多椎体楔形变可出现驼背畸形，单椎体楔形变常为角状后突畸形。

（3）辅助检查

1）X 线平片：表现以骨质破坏和椎间隙狭窄为主。中心型骨质破坏位于椎体中央，常见于儿童的胸椎，可有椎体塌陷，呈楔形变，也可侵及椎间盘。边缘型骨质破坏在椎体的上缘或下缘，常见于成人的腰椎，侵及椎间盘，椎间隙狭窄，并累及邻近两个椎体，但椎体破坏不严重。X 线平片可显示较大的椎旁脓肿。

2）CT 检查：可清晰显示病灶部位、死骨和空洞，对椎管内病灶显示较清楚，尤其对脓肿的诊断更具价值，可以发现较小的脓肿。

3）MRI 检查：具有早期诊断意义，可显示脊髓是否受压和变性，MRI 的多平面成像有利于观察脊柱和椎间盘细微的病理改变，病变向前纵韧带或后纵韧带及椎间孔蔓延的范围，确定病变区内有无脓肿形成及流注脓肿的范围，观察病变向椎管内侵犯的情况和硬脊膜囊、脊髓的受压程度，为更确切地制订治疗方案，以及进行术后或药物治疗后的随访提供参考。

3. 鉴别诊断

（1）强直性脊柱炎：多数有骶髂关节炎，症状以后背疼痛为主。X 线检查脊柱呈"竹节"样改变，血清 HLA-B27 检查多为阳性。

（2）化脓性脊柱炎：发病急，有高热及明显疼痛，进展很快，早期血培养可检出致病菌，X 线表现进展快。但慢性化脓性脊柱炎与脊柱结核鉴别较困难。

（3）腰椎间盘突出症：无全身症状，有下肢神经根受压症状，红细胞沉降率无异常。X 线片上无骨质破坏，CT 检查可发现突出的髓核。

（4）脊柱肿瘤：多见于老年人，疼痛逐日加重，X 线片可见骨破坏累及椎弓根，椎间隙高度正常，一般没有椎旁软组织块影。

（5）嗜酸性肉芽肿：多见于胸椎，患者年龄通常不满 12 岁，整个椎体均匀性压扁成线条状，上下椎间隙完全正常。没有发热等全身症状。

（6）退行性脊柱骨关节病：为老年性疾病，普遍性椎间隙变窄，邻近椎体上、下缘出现硬化发白，有骨桥形成，没有骨质破坏与全身症状。

（三）治疗

中医辨证治疗参照骨与关节结核。应予以全身支持疗法和抗结核治疗，局部制动。必要时应进行手术治疗，结核病灶清除术可清除脓肿、肉芽、死骨和坏死的椎间盘，改善局部血运，以利修复；同时可解除和防止脊髓受压；植骨融合术有利于脊柱保持稳定。

（四）预防与康复

原则上同骨与关节结核。使用抗结核药物联合病灶清除术大大提高了脊柱结核的治愈率。脊柱结核进展迅速，如果不积极治疗，则预后不佳。脊柱结核需要较长时间卧床，手术后仍需要严格长期服用抗结核药物。

二、髋关节结核

髋关节结核（hip joint tuberculosis）发生率仅次于脊柱结核和膝关节结核，占全身骨关节结核的第 3 位。成人最为常见,单侧发病多见。中医学将髋关节结核称为"环跳流痰"。

(一)病因病理

髋关节结核病因同骨与关节结核。初发,病灶可在滑膜(单纯性滑膜结核),渐及骨质;也可始于髋臼、股骨颈或股骨头(单纯骨结核),逐渐侵入髋臼内,终致骨质、软骨、滑膜及其周围软组织均遭破坏,形成全关节结核。

髋关节结核以滑膜结核多见,在未发展成为全关节结核之前,主要的病理变化是滑膜充血增厚、肉芽组织增生,很少形成脓肿、窦道;单纯骨结核常形成脓肿,破溃后形成窦道;病变发展导致全关节结核,可出现病理性脱位或半脱位;关节软骨破坏后导致关节纤维性或骨性强直。儿童病例会导致骨骺被破坏。

(二)诊断

1. 临床表现 髋关节结核是一种结核病变,起病缓慢,有低热、乏力、倦怠等全身症状,还有间歇性跛行、肌肉萎缩、脓肿或窦道形成、疼痛、关节活动受限等症状。

2. 诊断要点

(1)病史:既往有肺结核病史或结核接触史。

(2)症状与体征:起病缓慢,有低热、乏力、倦怠、食欲缺乏、消瘦及贫血等全身症状。多为单发性,早期症状为疼痛。初起时疼痛不剧烈,休息后会好转。在小儿则表现为夜啼。儿童患者常诉膝部疼痛,如不加注意,会延误诊断。随着疼痛的加剧出现跛行。至后期会在腹股沟内侧与臀部出现寒性脓肿。破溃后形成慢性窦道。股骨头破坏明显时会形成病理性脱位,通常为后脱位。早期髋关节前侧可有压痛,但肿胀多不明显,继而股四头肌和臀肌显著萎缩。患肢出现屈曲、外展、外旋畸形,随病情发展,髋关节即表现为屈曲、内收、内旋畸形,髋关节强直与下肢不等长最为常见。

主要体征:①4 字试验阳性:反映髋关节屈曲、外展、外旋功能受限;②髋关节过伸试验阳性:用于发现儿童早期髋关节结核;③托马斯征阳性:反映髋关节有屈曲畸形。

(3)辅助检查:髋关节结核的影像学检查非常重要,早期 X 线平片表现不明显,仔细阅片可发现局灶性骨质疏松或关节囊肿胀,需要双髋关节同时摄片进行比较。进行性关节间隙变窄及边缘性骨破坏病灶是诊断的重要依据。病程稍晚可出现死骨、空洞或骨的严重破坏,后期可有病理性脱位。CT 检查有助于评价骨破坏的程度、死骨形成以及病灶周围寒性脓肿的位置和范围。MRI 检查可在炎症浸润阶段就显示出异常信号,具有早期诊断价值,可在早期 X 线表现仍为正常时发现关节积液和滑膜病变,以及软骨和软骨下骨的破坏。骨髓信号的改变可以提示骨髓炎或骨髓水肿。明确诊断还要依赖于组织学检查。超声波检查可以发现关节积液及寒性脓肿,并可进行导引下穿刺活检,有助于确诊。

3. 鉴别诊断 根据病史、症状、体征及实验室和影像学检查,本病一般不难诊断。但在早期病变轻微时,需要反复检查、仔细观察,比较双侧髋部 X 线平片,才不致误诊漏诊。须与下列疾病鉴别:

(1)一过性髋关节滑膜炎:多见于 8 岁以下儿童,主诉为髋或膝关节疼痛、跛行或不愿走路,髋关节活动轻度受限,患儿发病前一般有上呼吸道感染病史,卧床休息及患肢皮肤牵引数周后即可痊愈。

(2)儿童股骨头骨软骨病:本病典型的 X 线特征为股骨头致密扁平,关节间隙增宽,以后可出现股骨头破碎、坏死及囊性变,股骨颈粗而短。临床检查髋关节活动很少受限,红细胞沉降率正常。

(3)类风湿关节炎:儿童型类风湿关节炎也有发热、红细胞沉降率增高,尤其在初发为单关节性时很难区别。但本病特征为多发性和对称性,典型的晨僵,X 线平片可见骶髂关节破坏,经过短期观察不难区别。

（4）化脓性关节炎:发病急骤,有高热。急性期有脓毒症表现,血液和关节液中可检出化脓性致病菌。X线表现破坏迅速,并有增生性改变,后期会发生骨性强直。慢性低毒性化脓性髋关节炎与髋关节结核合并混合感染的鉴别有时较困难,必须依靠脓液的细菌培养和活检才能确诊。

（5）强直性脊柱炎:早期与骶髂关节结核有时容易混淆,但前者多见于男性青壮年,患者双侧骶髂关节及腰椎有疼痛,活动受限,常为两侧发病。

（三）治疗

中医辨证治疗参照骨与关节结核。髋关节结核全身治疗和局部治疗同样重要,抗结核药物是治疗的关键。

1. 全身治疗　支持治疗,抗结核用药原则为早期、联合、适量、规律、全程,一般 12～18 个月左右。

2. 局部治疗

（1）局部制动:有屈曲畸形者做皮牵引,然后行石膏固定。

（2）关节内注药:关节内注射抗结核药物,适用于单纯滑膜结核早期。若疗效不好,应及时做滑膜切除术。

（3）病灶清除术:适用于单纯骨结核、早期全关节结核或有寒性脓肿形成时。病灶清除后形成的空腔可以植骨。

（4）关节融合术:适用于晚期全关节结核。年龄在 15 岁以下的患者不宜做关节融合术。

（5）人工关节置换术:适用于部分病变已处于静止期的患者,在抗结核药物的控制下可做全髋关节置换术。

（四）预防与康复

原则上同骨与关节结核。髋关节结核早期诊断困难,多遗留有较严重的关节功能障碍。

三、膝关节结核

膝关节结核发病率占全身骨与关节结核的第 2 位,在四肢关节结核中占第 1 位。单侧多见,多见于儿童和青壮年,多位于股骨下端和胫骨上端。单纯滑膜结核较单纯骨结核常见。本病相当于中医学的"鹤膝痰"。

（一）病因病理

膝关节结核病因同骨与关节结核。膝关节滑膜丰富,起病时以滑膜结核多见,以炎症浸润和渗出为主,表现为膝关节肿胀和积液。病变经滑膜附着处侵袭至骨骼,产生边缘性骨侵蚀,沿着软骨下潜行发展,使大块关节软骨板剥落而形成全关节结核。至后期则有脓液积聚,成为寒性脓肿,破溃后形成慢性窦道。关节韧带结构的毁坏引起病理性半脱位或脱位。病变静止后产生膝关节纤维性强直,有时还伴有屈曲挛缩。

（二）诊断

1. 临床表现　通常膝关节结核患者全身症状较轻,如若合并有全身其他活动性结核时则症状可加重。全身症状可表现为低热、盗汗、贫血、消瘦、易疲劳、食欲不振和红细胞沉降率加速等。膝关节以隐痛为特点;劳累加重,休息则轻。膝关节位置表浅,因此肿胀和积液十分明显。由于疼痛,膝关节呈半屈曲状,日久即发生屈曲挛缩。至后期寒性脓肿形成,溃破后成慢性窦道,经久不愈,可出现膝关节病理性脱位、纤维性强直。

2. 诊断要点

（1）病史：既往有肺结核病史或结核接触史。

（2）症状与体征：起病缓慢，有低热、乏力、疲倦、食欲缺乏、消瘦、贫血等全身症状。儿童有夜啼表现。检查时发现膝眼饱满，髌上囊肿大，浮髌试验阳性。较晚期的膝关节结核，滑膜可以显著肿胀和增厚。早期膝关节穿刺可获得比较清亮的液体，随着病程进展，抽出液逐渐变混浊，纤维素混杂在内，最终变为脓性。关节持续积液和失用性肌萎缩，使膝部呈梭形肿胀。膝关节呈半屈曲状，随着关节骨质的破坏，加之肌肉萎缩、痉挛及韧带松弛，可产生膝关节内外翻畸形和半脱位。当病变严重时，关节畸形位强直，造成患肢髋关节亦不能伸直和跟腱挛缩，患肢呈现屈髋屈膝足下垂之畸形，只能用足尖着地。

（3）辅助检查：早期处于滑膜结核阶段，X 线平片上仅见髌上囊肿胀与局限性骨质疏松。病程较长者可见到进行性关节间隙变窄和边缘性骨侵蚀。至后期，骨质破坏加重，关节间隙消失，严重时出现胫骨向后半脱位。无混合感染时骨质疏松十分严重；窦道形成出现混合感染时则表现为骨硬化。CT 与 MRI 可以看到 X 线平片不能显示的病灶，特别是 MRI 具有早期诊断价值。

3. 鉴别诊断　应注意与类风湿关节炎、化脓性关节炎相鉴别。

（1）类风湿关节炎：早期常为单侧膝关节开始发病，故与单纯滑膜结核不易区别。可通过类风湿因子、结核菌素试验、关节液结核菌涂片镜检或关节液结核菌培养和滑膜活检来明确诊断。

（2）化脓性关节炎：急性感染易鉴别，慢性感染鉴别较困难。慢性感染常发生在全身其他部位的化脓性感染之后。故常需做关节穿刺液的细菌学检查。

（三）治疗

膝关节是结核好发部位，位置表浅，容易早期发现病变，也能得到早期治疗，因此预后比较乐观，关节功能可望得到保留。治疗包括全身治疗、局部治疗和制动。

1. 全身治疗　包括全身抗结核用药及支持治疗。

全身抗结核药物的应用：由于结核耐药菌株的增加，单一用抗结核药物并长期应用更易致耐药菌株产生，因此在用药过程中应密切观察疗效以合理用药。用药原则为早期、联合、适量、规律和全程用药。合理的联合用药，既能使较小的剂量达到有效血浓度，又能降低药物毒性、减少不良反应。

2. 局部治疗　根据病情，选择不同的局部治疗措施。

（1）膝关节制动：膝关节结核通过牵引或石膏制动可达到休息和防止畸形的作用。此法主要适用于早期的单纯滑膜结核和早期骨结核。而后期的滑膜结核、骨结核及全关节结核，则主张在抗结核药物的支持下行手术治疗。

（2）关节腔内抗结核药物注射：适用于单纯滑膜结核。先进行关节积液抽吸，再将抗结核药物直接注入关节腔内。成人注入异烟肼每次为 200mg，儿童用量应根据体质和重量酌减，每周注射 1~2 次，3 个月为 1 个疗程。

3. 手术治疗　手术目的为清除病灶，矫正畸形，尽量保存关节功能。术前均应进行不少于 2 周的抗结核治疗，术后还应进行规律的抗结核治疗。

（1）滑膜切除术：本法适用于单纯滑膜结核局部用药治疗无效者，将滑膜大部分切除后，术后继续关节腔内注射抗结核药物。

（2）病灶清除术：适用于全关节结核骨质破坏严重或脓液较多者，彻底清除结核病灶组织。病灶清除术后应同时做膝关节加压融合术，但 15 岁以下儿童或在病灶清除术后尚有部分关节软骨面残留的成人患者不主张做融合术。

（3）关节融合术：当膝关节结核的骨或关节病变严重，用其他方法不能止痛和稳定关节时，则需行膝关节加压融合术。此手术为目前临床上治疗晚期全膝关节结核最常用、最有效的方法。

（四）预防与康复

原则上同骨与关节结核。单纯性结核治愈时，能保留关节大部分或全部活动功能。晚期全关节结核时，即使治愈也丧失了关节活动功能。因此，既要积极地对症治疗以改善患者膝关节功能，也要积极治疗结核原发病，因为原发病的治疗是本病的防治关键。

（刘　瑞）

复习思考题

1. 治疗骨与关节感染时，中医有何优势？
2. 在骨与关节结核抗结核药物治疗中，结合中医治疗有何好处？
3. 中医如何治疗化脓性关节炎？

◇◇◇ 第十五章 ◇◇◇

骨 肿 瘤

> **学习目标**
>
> 　　了解骨肿瘤的预后；熟悉良、恶性骨肿瘤的临床症状及影像学表现；掌握骨肿瘤的外科分期，良、恶性骨肿瘤的病因病理及治疗原则。

第一节　概　述

　　起源于骨组织或发生在骨骼的肿瘤称为骨肿瘤。临床上可分为原发性骨肿瘤、转移性骨肿瘤和瘤样病变三种。骨肿瘤来源于骨基本组织和骨附属组织。骨基本组织指软骨、骨、骨膜、髓腔纤维组织等；骨附属组织指骨内的神经、血管、骨髓等。原发性骨肿瘤有良性和恶性之分，但并非截然分开，甚至同一肿瘤中可同时存在组织学上良性和恶性的特征。转移性骨肿瘤，系指其他组织或器官的恶性肿瘤通过各种途径转移至骨骼所致。骨的瘤样病变系指临床、病理表现类似骨肿瘤而非真性肿瘤。

　　年龄及部位对骨肿瘤的发生有重要意义，恶性骨肿瘤多发生于儿童和青少年，长骨的干骺端是肿瘤的好发部位。良性骨肿瘤以骨软骨瘤、软骨瘤多见，恶性骨肿瘤以骨肉瘤、纤维肉瘤多见。

【病因病理】

　　骨肿瘤的发病因素很复杂，目前还没有确切的病因。内因有素质学说、基因学说、内分泌学说等；外因有化学元素物质和内外照射慢性刺激学说，病毒感染学说等。部分多发性骨软骨瘤和纤维样增殖症与家族遗传有关。骨的良性肿瘤可以恶性变：如多发骨软骨瘤可恶变为软骨肉瘤。

　　骨肿瘤属于中医学"骨瘤""石痈""石疽"范畴。《诸病源候论》中记载："石痈者，亦是寒气客于肌肉，折于气血，结聚所成。"明·陈实功《外科正宗·瘿瘤论第二十三》阐述"骨瘤"病因："肾主骨，恣欲伤肾，肾火郁遏，骨无荣养而为肿，曰骨瘤。"又论"多骨疽者，由疮溃久不收口，乃气血不能运行至此，骨无荣养所致，细骨由毒气结聚化成，大骨由受胎时精血交错而结。"明·王肯堂《证治准绳》："瘤者，留也。随气凝滞，皆因脏腑受伤，气血乖违，当求其属而治其本。"

【临床分期】

　　目前，临床常用的骨肿瘤分期如下：

　　1. 良性骨肿瘤分期　分为1期、2期及3期(良性肿瘤分期用阿拉伯数字123表示，分别代表潜隐性、活动性和侵袭性)。

　　2. 恶性骨肿瘤分期　一般采用Enneking分期，即根据恶性肿瘤的组织学分级、远隔转移和解剖间室部位进行分期,用罗马数字Ⅰ、Ⅱ、Ⅲ表示。

Ⅰ(低度恶性):无转移。Ⅰ$_A$为间室内;Ⅰ$_B$为间室外。

Ⅱ(高度恶性):无转移。Ⅱ$_A$为间室内,如骨内、关节内、肌间隔内;Ⅱ$_B$为间室外,侵及邻近组织。

Ⅲ(低或高度恶性):有转移。任何部位。

3. 外科分期　骨肿瘤手术方案的确定主要依据外科分期,其三个指标是外科分级(grade,G)、外科区域(territory,T)和转移(metastasis,M),按照 G、T、M 所组成的外科分期,可以反映肿瘤总体的良恶性程度。

G 反映肿瘤本身的良恶性程度。G$_0$ 属良性,G$_1$ 属低度恶性,G$_2$ 属高度恶性。

T 是指肿瘤侵袭范围,以肿瘤囊和间室分界。T$_0$ 为囊内,T$_1$ 为囊外间室内,T$_2$ 为间室外。

M 是肿瘤是否转移。M$_0$ 为无转移,M$_1$ 为有转移。

【诊断】

1. 临床表现　主要表现为肿块、疼痛和功能障碍、畸形、压迫症状、病理性骨折。恶性骨肿瘤的晚期可表现为恶病质或转移。

良性骨肿瘤生长缓慢,肿块坚硬而无压痛。恶性骨肿瘤生长迅速,局部压痛明显,常伴有明显肿胀及浅表静脉怒张。

疼痛常见于恶性骨肿瘤,良性骨肿瘤一般无疼痛。肿瘤可压迫神经、血管及其他组织器官而引起相应症状,压迫脊髓可引起瘫痪。骨骼被肿瘤组织破坏,在轻微或无暴力的情况下可发生骨折,无论良性或恶性均可发生。

2. 诊断要点　骨肿瘤的诊断必须是临床表现和辅助检查(影像学检查和病理学检查等)相结合。

(1) 症状与体征:良性骨肿瘤除有肿块外,多无明显症状。恶性骨肿瘤症状和体征较多且较明显。常见的症状和体征如下:

1) 疼痛:良性骨肿瘤除少数肿瘤,如骨样骨瘤外,一般无疼痛,或仅有轻度疼痛;恶性骨肿瘤一般疼痛剧烈,夜间尤甚。

2) 肿块与肿胀:可在体表触摸到肿块,周围组织肿胀。骨瘤和骨软骨瘤多以肿块为首发症状。骨肉瘤、骨巨细胞瘤等多在长骨干骺端的一侧肿胀,当肿瘤穿破骨膜时可在局部出现较大肿块。

3) 功能障碍:长骨干骺端的骨肿瘤,病变靠近关节,局部的疼痛、肿块可影响关节活动,患处将出现活动受限,或伴有肌肉萎缩。

4) 压迫症状:巨大的良性骨肿瘤,可压迫附近软组织而引起相应症状。脊柱肿瘤不论良恶性,都可能出现脊髓压迫而造成截瘫。

5) 病理性骨折:因肿瘤造成的骨破坏,损坏了骨的稳固性,轻微外力也容易出现病理性骨折,良、恶性骨肿瘤以及瘤样病变均可发生。

6) 全身症状:转移恶性骨肿瘤可经血行或淋巴转移到其他部位。如发生肺转移,可引起咳嗽、咯血、胸痛等症状,转移到区域淋巴结则会出现相应淋巴结的肿大。其他器官的原发癌转移至骨则会引起转移处的顽固性疼痛。可有与其他恶性肿瘤类似的消瘦、食欲减退、失眠、精神不振、恶病质等表现。

(2) 辅助检查

1) 影像学检查:X 线表现为骨质溶骨或成骨改变,有时可见到病理性骨折或软组织阴影。骨膜反应具有特征性表现,尤因肉瘤呈"葱皮"样改变,骨肉瘤表现为 Codman 三角;CT

检查能提供病损的横断面影像,除可早于普通 X 线片发现及确定病灶外,还可确定肿瘤的范围及与周边软组织的关系;MRI 检查能更清楚地显现软组织的累及程度。

2)病理学检查:是确诊骨肿瘤的主要依据,但病理学检查未见恶性细胞时不能完全除外恶性骨肿瘤,除取材因素外,有的恶性肿瘤的病理学表现始终为良性,例如脂肪肉瘤很难直接找到恶性细胞。病理学检查分为:①穿刺活检:多用于溶骨性病灶,简单、安全、损伤小,但准确性稍差;②切开活检:分为术中冰冻和石蜡包埋,前者只适于软组织肿瘤。

3)血液生化测定:恶性骨肿瘤应做血液生化测定。骨质迅速破坏时,血钙往往升高;成骨性骨肿瘤,血清碱性磷酸酶升高;来源于晚期前列腺癌的转移性骨肿瘤,血清酸性磷酸酶升高。

【治疗】

良、恶性骨肿瘤的治疗原则不同。

1. 良性骨肿瘤的治疗 有些不需要治疗,如骨瘤、骨软骨瘤。需要治疗者则应手术治疗,手术方法包括以下几种。①肿瘤切除术:适用于成骨性肿瘤;②刮除植骨术:适用于溶骨性破坏者,可用自体骨、异体骨或人造材料填充;③截除术:适用于骨质及关节破坏严重难于修复者,可行异体骨关节移植或人工关节置换。

2. 恶性骨肿瘤的治疗 以手术为主的综合治疗原则,结合术前、术中和术后的其他治疗,包括放疗以及中西医结合的化疗和免疫治疗等。随着外科手术技术的提高及综合治疗措施的不断完善,保肢治疗受到越来越多的关注。

(1)保肢治疗:不断成熟的化疗手段发展了保肢技术。手术关键是采用合理外科边界完整切除肿瘤,切除范围应包括瘤体、包膜、反应区及其周围的部分正常组织,即在正常组织中完整切除肿瘤,截骨平面应在肿瘤边缘 3~5cm,软组织切除范围为反应区外 1~5cm。保肢手术适应证:①肢体发育成熟;②II_A 期或化疗敏感的 II_B 期肿瘤;③血管神经束未受累,肿瘤能够完整切除;④术后局部复发率和转移率不高于截肢,术后肢体功能优于义肢;⑤患者要求保肢。保肢手术禁忌证:①肿瘤周围主要神经、血管受侵犯;②在根治术前或术前化疗期间发生病理性骨折,瘤组织和细胞突破间室屏障,随血肿广泛污染邻近正常组织;③肿瘤周围软组织条件不好,如主要动力肌群被切除,或因放疗、反复手术而瘢痕化,或皮肤软组织有感染者;④不正确地切开活检污染了周围正常组织或使切口周围皮肤瘢痕化,弹性差,血运不好。

(2)截肢术:对于就诊较晚、破坏广泛和对其他辅助治疗无效的恶性肿瘤(II_B 期),为解除患者痛苦,截肢术仍是一种重要有效的治疗方法。但对于截肢术的选择须持慎重态度,严格掌握适应证,也应考虑术后假肢的制作与安装。

(3)化学治疗:化疗的开展,特别是新辅助化疗概念的形成及其法则的应用大大提高了恶性肿瘤患者的生存率和保肢率。对于骨肉瘤等恶性肿瘤,围手术期的新辅助化疗已经是标准的治疗流程,新辅助化疗最好在有经验的骨与软组织肿瘤治疗中心来实行。病检时评估术前化疗疗效,可指导术后化疗和判断预后。

(4)放射疗法:可强有力地影响恶性肿瘤细胞的繁殖能力。对于某些肿瘤术前术后配合放疗可控制病变和缓解疼痛,减少局部复发率,病变广泛不能手术者可单独放疗。

3. 中医药治疗 有助于增强体质,改善脏腑功能,治宜调补气血,扶正祛邪,行气活血。在临床放化疗后运用中药治疗,有减毒增效之功。正虚邪侵者,治宜扶正祛邪为主,方选八珍汤、十全大补汤;气滞血瘀者,应给予行气活血散结之法,方用桃红四物汤加枳壳、木香、香附等药;肾虚精亏者,予补肾壮骨填精之法以扶正祛邪,扶助正气,托毒外出,以免毒邪深陷,方用左归丸加减。临床实践中应用半枝莲、白花蛇舌草、山慈菇、三棱、莪术等对骨肿瘤有一定疗效。还可根据证候加以辨证施治。

【预防与康复】

良性骨肿瘤易根治,预后较好;恶性骨肿瘤发展迅速,预后不佳,死亡率高,至今尚无满意的治疗方法。

第二节　良性骨肿瘤

一、骨软骨瘤

骨软骨瘤(osteochondroma)又称软骨外生骨疣、外生骨疣,是最常见的骨良性肿瘤,占骨良性病变的 30%~50%。初诊年龄小于 30 岁,男女比例相等。

(一)病因病理

发病部位多在长骨干骺端或干骺端偏骨干,最常见于股骨(远端和近端)、胫骨、肱骨;其次为扁平骨(髂骨、肩胛骨多见)。其基本结构为从骨皮质向外突起的骨组织和被覆其上的软骨帽,表面还有一层软纤维膜或滑囊覆盖,其骨组织由表面生长的软骨帽逐渐骨化而成,因此应属于软骨源性,故得其名。该肿瘤与骨骺关系密切,多见于处在生长发育期的青少年,骨骺线闭合后,肿瘤的生长也停止。肿瘤有遗传倾向,可为单发或多发,基底可狭窄或宽广,约 1% 发生恶变。

(二)诊断

1. 临床表现　该病的临床表现与病变大小和对邻近组织的机械推挤有关。神经血管束受压时可有感觉异常和假性动脉瘤形成,挤压局部软组织可形成滑囊炎,挤压脊髓而造成脊髓压迫。可发生骨折而引起局部疼痛。

2. 诊断要点　骨软骨瘤往往会引起多发性骨性包块的典型症状,可伴有疼痛、畸形、骨折、肢体功能障碍及神经血管受累等伴随症状,本病最主要的症状和体征为多发性骨性包块。

影像特征表现为起自骨表面的骨性突起,与宿主骨髓腔和骨皮质连续并有软骨帽。病变呈阔基型和窄蒂型。软骨帽在成人大于 2cm,儿童大于 3cm 应怀疑恶变;继发软骨肉瘤的软骨帽平均厚度为 5~6cm。MRI 是显示透明软骨帽的最佳方法,因含水量高而呈 T_2 高信号。

本病根据发病年龄、部位、特征性的影像学表现,诊断多无困难。

(三)治疗

本病属 $G_0T_0M_0$。无症状或者进展缓慢者可以不做手术,随访观察。外科手术指征:成年后持续增长,影响关节活动,挤压附近组织(血管、神经、骨骼),出现疼痛,位于中轴部位(骨盆、脊柱、肩胛骨),有恶变倾向。手术应做骨软骨瘤的膜外游离,充分显露,并于基底部周围的正常骨边缘做整块切除。

(四)预防与康复

基底切除不彻底容易复发。

二、软骨瘤

软骨瘤(chondroma)别名中心性骨瘤,是第二常见的骨良性肿瘤。初诊年龄在 10~40

岁,男女比例相等。

(一)病因病理

软骨瘤是以透明软骨为主要病变的良性肿瘤。好发部位为手足管状骨(约占 50%)、肱骨近端、股骨远端。病灶常位于骨干中心的骨质内部,故又称内生软骨瘤,可单发或多发。

(二)诊断

1. 临床表现 无症状,多为偶然发现。可发生病理性骨折,若出现疼痛应怀疑发生恶变。

2. 诊断要点 本病根据临床表现和影像学检查,诊断不难。

好发部位为手、足的长管状骨,也可以发生在扁骨,如肩胛骨或髂骨。患处肿胀,轻微创伤就可引起病理性骨折。

X 线检查可显示病变通常位于干骺端中心部位,为含有斑点状"弧形和环形"软骨样钙化基质的地图样。位于手足管状骨的病变可出现膨胀而无软骨样基质钙化。CT 表现为烟圈样或爆米花样,能明确钙化情况。

(三)治疗

本病属 $G_0T_0M_0$。软骨瘤无症状可不予以处理,也可行刮除植骨治疗,残腔可用乙醇、苯酚等处理。位于长骨的无症状、已钙化的内生软骨瘤亦无须处理。对于有症状、表现为溶骨的患者,则需手术治疗。

(四)预防与康复

单发性软骨瘤手术通常可以治愈,多发性软骨瘤治疗较为困难。术后部分患者由于运动功能障碍,需要进行一段时间的功能恢复。在医生指导下进行康复训练。

三、骨瘤

骨瘤(osteoma)少见,常发生于颅骨,为一局部隆起的骨性包块,无症状。它是骨在成骨过程中过度增殖所发生的一种状况,其肿瘤骨本身的形态学并无异常,属于良性肿瘤。可不做任何治疗,影响美观者可行手术切除,预后良好。

四、骨样骨瘤

(一)病因病理

骨样骨瘤(osteoid osteoma)是以疼痛为主的少见良性肿瘤,好发于青少年,好发部位在下肢长骨。病理特征为孤立性存在的"瘤巢",其小而圆,周围有硬化带,肿瘤直径很少超过 1cm。

(二)诊断

1. 临床表现 主要症状是疼痛,且夜间痛重,影响睡眠。

2. 诊断要点 绝大部分病变为单发,也可累及全身多处骨骼,病变可发生在骨骼的任何部位,约 90%骨样骨瘤患者的典型临床特征是疼痛,由轻到重,从间歇性到持续性,从病变局部发展到可伴有放射痛;疼痛性质多为钝痛,以夜间疼痛或夜间疼痛加重为特征性表现。用阿司匹林可缓解,服用阿司匹林可有效止痛,X 线片可见骨干上的"瘤巢",小而圆,周围有硬化带。

(三)治疗

本病属 $G_0T_0M_0$。诊断明确后应手术治疗,将"瘤巢"及周围部分正常骨组织一并切除,以避免复发。术后效果明确,疼痛消失。

（四）预防与康复

骨样骨瘤是一种常见的良性成骨源性肿瘤,无恶变倾向,通常治疗效果较好。

第三节 恶性骨肿瘤

一、骨肉瘤

（一）病因病理

骨肉瘤(osteosarcoma)又称成骨肉瘤,是原发于骨组织的最常见的恶性骨肿瘤,特点是恶性细胞能直接生成肿瘤类骨组织。好发于青少年,好发部位为长骨干骺端,如股骨远端、胫骨近端和肱骨近端。

（二）诊断

1. 临床表现　主要症状为持续性疼痛,日渐加剧,夜间尤重。肿块生长迅速,质韧硬,与深部组织粘连固定。局部皮温升高,表浅静脉怒张,伴明显压痛。肢体功能障碍,关节活动受限。溶骨性骨肉瘤因皮质骨破坏而出现病理性骨折。逐渐出现全身恶病质表现。

2. 诊断要点　骨肉瘤的突出症状是肿瘤部位的疼痛,由肿瘤组织浸蚀和溶解骨皮质所致。

骨肉瘤患者病变部位 X 线片可显示成骨性或溶骨性破坏,骨膜反应表现为 Codman 三角或"日光放射"现象,临床还应完善病变部位的 MRI、CT 及胸片、胸部 CT 检查,如股骨远端、胫骨近端和肱骨近端。同时还应进行 PET 和/或骨扫描检查;如发现转移灶,则对转移灶进行 MRI 或 CT 检查。切开活检和穿刺活检是骨与软组织肿瘤诊断中的两种方法。切开活检是最准确的方法,因为它可以提供较多的标本来进行免疫组化或细胞遗传学检查。生化检查中,血清碱性磷酸酶、乳酸脱氢酶增高,红细胞沉降率加快,血红蛋白降低。

（三）治疗

手术(截肢或保肢)仍是骨肉瘤治疗的主要方式。对于无转移的高级别骨肉瘤,研究表明截肢术与保肢手术在复发率以及生存率上无显著差异,而保肢手术往往能带来更好的功能。在新辅助化疗反应较好的高级别骨肉瘤患者中,如果能达到广泛的外科边界,应首选保肢治疗。当保肢治疗无法达到满意的外科边界时,应进行截肢治疗。

属 $G_2T_{1\sim2}M_0$ 者,应综合治疗。术前大剂量化疗,术中切除瘤段,根据情况进行:①保肢手术:包括灭活再植、异体骨关节移植、人工关节置换;②截肢手术。术后继续大剂量化疗。发生肺转移的骨肉瘤,属 $G_2T_{1\sim2}M_1$,除对原发灶进行上述治疗外,还可对肺部转移灶进行手术治疗。

（四）预防与康复

骨肉瘤属高度恶性,预后差。注意治疗后的随访监测,每次均应完善影像学及实验室检查。每次随访应重新评估患者功能。如发现复发,则应行化疗,如可能则考虑手术切除。

二、尤因肉瘤

（一）病因病理

尤因肉瘤（Ewing sarcoma）是以小圆细胞含糖原为特征的恶性肿瘤。好发于儿童，多见于股骨、胫骨、腓骨及髂骨、肩胛骨等部位。

（二）诊断

1. 临床表现　主要症状为疼痛、肿胀，并进行性加重，夜间尤甚。局部软组织明显肿胀，广泛压痛，肢体功能障碍。较早出现低热、消瘦、乏力等全身恶病质表现。

2. 诊断要点　好发于四肢长骨骨干。肿块生长较快，局部疼痛、压痛等症状。X线及CT可见较广泛的溶骨性破坏，骨皮质虫蚀样破坏，骨膜呈"葱皮状"增生。实验室检查示白细胞升高，血红蛋白降低，红细胞沉降率增快。

根据发病年龄、部位、实验室检查及典型的影像学特点，多可做出诊断，影像学检查包括胸部CT，原发病变部位MRI、CT、PET扫描和/或骨扫描以及骨髓活检，同时建议行脊柱及骨盆MRI除外骨髓侵犯。有时难与骨髓炎、非霍奇金淋巴瘤进行鉴别，需要病理学检查确诊。

（三）治疗

属$G_2T_{1\sim2}M_0$，需综合治疗。该肿瘤对放疗非常敏感，经小剂量照射后肿瘤迅速缩小，疼痛可明显减轻，故放疗当为首选。由于尤因肉瘤对化疗也非常敏感，因此建议在局部治疗之前先进行化疗。并在化疗后对肿瘤进行再次分期。对初诊无转移的局灶病变患者，再次分期评估，包括胸部及原发部位影像检查，可考虑行PET扫描或骨扫描检查。若肿瘤在放疗或化疗后稳定或改善，则对可切除的局部病灶进行广泛切除，对不可切除的病灶行根治性放疗或继续化疗，根据治疗反应，对转移性疾病可考虑延长初始化疗时间。手术切除后需对手术切缘进行病理学评估，对切缘阳性的病例，术后继续化疗后放疗，或放疗后化疗。对切缘阴性的病例，术后继续辅助化疗，此后进行定期随访。

（四）预防与康复

尤因肉瘤恶性程度高，预后差。患者治疗结束后，定期进行原发部位的体格检查、影像学检查以及胸部CT检查，同时行血常规及其他实验室检查，可考虑应用PET扫描或骨扫描进行监测。在随访过程中发现早期或晚期复发的病例，需再次接受化疗（对晚期复发的病例，可考虑应用前期有效的治疗方案再治疗）和/或放疗。

三、软骨肉瘤

（一）病因病理

软骨肉瘤（chondrosarcoma）是发生在软骨细胞的骨恶性肿瘤。在软骨肉瘤内可有内生软骨骨化，但无真正的肿瘤骨样组织。软骨肉瘤可分为原发软骨肉瘤和继发软骨肉瘤；按部位可分为中央型软骨肉瘤、边缘型软骨肉瘤、骨皮质旁软骨肉瘤；按细胞分化程度可分为低度、中度、高度恶性软骨肉瘤；按细胞组织学特点可分为一般软骨肉瘤、透明细胞软骨肉瘤、间质细胞软骨肉瘤等。本节主要讨论一般软骨肉瘤。一般软骨肉瘤包括原发和继发的，发生在髓内的软骨肉瘤，以及发生在骨表面的骨膜软骨肉瘤。好发部位为长骨和髂骨。

（二）诊断

1. 临床表现　软骨肉瘤发病缓慢，主要症状为疼痛和肿块，开始为隐痛，呈间歇性，以后逐渐加重。肿块生长缓慢。

2. 诊断要点　根据肿瘤生长部位,肿块压迫可引起不同的临床症状,查体可发现局部有压痛的包块,关节活动受限,肿块局部触及发热,如肿块压迫神经可出现放射性疼痛和麻木。X 线平片为低密度阴影,病灶中有斑点状或絮状钙化点,周围骨皮质变薄。

根据病史、临床表现和 X 线检查可做出诊断。由于肿瘤生长缓慢,往往引起病变周围骨皮质膨胀、变薄,但很少穿破皮质。一旦肿瘤穿破骨皮质或并发病理性骨折时,肿瘤可侵入周围软组织。在软骨肉瘤的诊断依据中,肿瘤钙化是非常重要的,其次是骨破坏类型、骨皮质侵蚀骨膜反应等。对 X 线上所表现出来的钙化灶类型、肿瘤边缘性质、软组织包块大小的分析等,可帮助了解肿瘤的恶性程度。

（三）治疗

属 $G_2T_{1\sim2}M_0$。对放疗及化疗均不敏感,以手术治疗为主,行肿瘤根治性切除的保肢手术。

（四）预防与康复

软骨肉瘤术后需要严密随访,一般而言,术后 1 年内每 3 个月随访一次,1 年后每 6 个月随访一次。对于可以切除的软骨肉瘤复发患者必须尽早再次手术切除。如果软骨肉瘤出现转移,则较难治疗。日常生活管理重在科学饮食,膳食应多样化,营养均衡,多饮水,合理安排作息,避免劳累。

四、骨纤维肉瘤

（一）病因病理

骨纤维肉瘤(fibrosarcoma)是发生于髓腔或骨膜纤维结缔组织的一种少见恶性骨肿瘤,好发于长骨干骺端及骨干,多见于股骨和胫骨。骨纤维肉瘤可以是原发的,也可以是继发于 Paget 病骨坏死、慢性骨髓炎、放射治疗之后。

（二）诊断

1. 临床表现　主要症状为疼痛;主要特点为肿胀轻、发展慢、病程长、诊治晚,甚至出现病理性骨折或肺转移才就诊。

2. 诊断要点　本病多见于青壮年,好发于膝关节上下干骺端。病变部分局部可出现疼痛、压痛、软组织肿块,生长缓慢,可发生病理性骨折。X 线表现为长骨干骺端或偏干部位髓腔内溶骨性破坏,骨皮质破坏而不膨胀,很少有骨膜反应。

根据发病年龄、部位、临床表现和影像学检查可初步诊断,确诊有待病理学检查。

（三）治疗

属 $G_2T_{1\sim2}M_0$。对化疗和放疗不敏感,治疗以手术为主,组织学分化较好的纤维肉瘤可做根治性局部切除,对分化差的纤维肉瘤,其恶性程度高,应做截肢术或关节离断术。术后中药治疗。

（四）预防与康复

属高度恶性肿瘤,但预后良好。定期进行原发部位的体格检查、影像学检查,同时行血常规及其他实验室检查,可考虑应用 PET 扫描或骨扫描进行监测。

五、骨髓瘤

（一）病因病理

骨髓瘤(myeloma)是起源于骨髓,以浆细胞增生为主的恶性肿瘤。常为多发性骨破坏,单发较少见。发病年龄以 50 岁以上为多,男性多于女性,男女之比约为 2∶1,好发部位多为扁骨,依次为椎骨、颅骨、髂骨、胸骨、肋骨等。

(二)诊断

1. 临床表现 多数患者有骨痛,开始较轻,呈"风湿样",游走性,间歇性,活动时加剧,疼痛部位多见于腰背部,向腿部放射,数周或数月内逐渐变为持续性骨痛。局部剧痛与压痛往往是发生了病理性骨折,腰背部突然剧痛可能是胸腰椎压缩性骨折的迹象,其他常见的骨折部位有锁骨、肋骨等,亦可多部位骨折。严重时全身状况较差,常伴有贫血、出血、体重下降等,肝、脾轻度、中度肿大,颈部淋巴结肿大,骨髓瘤肾。部分患者在早期或后期可出现肢体瘫痪。

2. 诊断要点 临床表现繁多,主要有贫血、骨痛、肾功能不全、感染、出血、神经症状、高钙血症、淀粉样变等。X 线主要表现为多个溶骨性破坏和广泛的骨质疏松。

提高对本病的认识,结合病史和临床表现,进行影像学和实验室检查多可做出诊断。实验室检查除贫血、尿本周蛋白阳性外,骨髓穿刺涂片可见浆细胞增多,并出现高黏滞血症、高钙血症、高球蛋白血症等。

(三)治疗

以化疗和放疗为主,放疗较敏感,可以减轻疼痛及脊髓压迫症状,预防病理性骨折。年轻患者,可采用异体骨髓移植。同时,采用全身支持疗法与对症治疗改善全身状况。病理性骨折者可做固定,发生于肢体者可截肢,引起脊髓压迫者可行椎板减压术。

(四)预防与康复

本病预后差,未经治疗的患者中位生存期为 6 个月,化疗后的中位生存期为 3 年。经综合治疗后中位生存期可达到 5~10 年,甚至更长。定期门诊随访,行原发部位的体格检查、影像学检查,同时行血常规及其他实验室检查,必要时考虑 PET 扫描或骨扫描进行监测。

六、骨巨细胞瘤

(一)病因病理

骨巨细胞瘤(giant cell tumor of bone)是以基质细胞和多核巨细胞为主要结构,介于良恶性之间的骨肿瘤,好发年龄为 20~40 岁,在四肢长骨中,股骨远端、胫骨近端、桡骨远端和肱骨近端最为多见,骨盆和脊柱等中轴骨也常受累。

按其分化程度分为三级:Ⅰ级为良性,基质细胞甚少,核分裂少,多核巨细胞极多;Ⅱ级为良恶相间,基质细胞较多,核分裂较多,多核巨细胞减少;Ⅲ级为恶性,以基质细胞为主,核分裂极多,多核巨细胞极少。分级对治疗方案的制订有重要参考价值。

(二)诊断

1. 临床表现 主要症状为疼痛和肿胀,局部皮温升高,包块触之有如乒乓球样弹性感,可有病理性骨折及关节功能障碍。

2. 诊断要点 病变范围较大者,疼痛为酸痛或钝痛,偶有剧痛及夜间痛,是促使患者就医的主要原因。部分患者有局部肿胀,可能与骨性膨胀有关。病变穿破骨皮质侵入软组织时,局部包块明显。患者常有压痛及皮温增高,皮温增高是判断术后复发的依据之一。活跃期肿瘤血运丰富,血管造影显示弥漫的血管网进入瘤内,类似恶性肿物的影像。毗邻病变的关节活动受限。躯干骨发生肿瘤,可产生相应症状,如骶前肿块可压迫骶丛神经,引起剧痛,压迫直肠造成排便困难等。

X线平片及CT显示骨端偏心性溶骨性破坏,骨皮质膨胀变薄,呈肥皂泡样改变。无骨膜反应,可有病理性骨折。

初始检查应包括病史、体格检查、原发病灶充分的影像学检查,如X线片、CT和MRI。CT有助于确定骨皮质破坏范围,而评估肿瘤侵犯周围软组织及神经血管时首选MRI。CT和MRI增强扫描还可提供肿瘤的血供信息。PET或PET-CT可用于治疗前分期、监测肿瘤进展速度和评估辅助治疗疗效。胸部影像学对确定有无转移性病灶很重要。结合症状、体征、影像学及实验室检查等诊断不难。活检后的病理检查是明确诊断的金标准。

(三)治疗

本病化疗无效,放疗后易发生肉瘤变,故治疗以手术为主。属 $G_0T_0M_{0\sim1}$ 者,应行刮除灭活植骨术,病灶彻底刮除,骨腔可用氯化锌、石炭酸、液氮等处理,植入自体松质骨、异体松质骨或骨水泥,但易复发;对复发者,其分级可能升高,可按Ⅱ级处理,行瘤段截除异体半关节移植或人工假体植入。属 $G_{1\sim2}T_{1\sim2}M_0$ 者,应做广泛切除、根治性切除或截肢。广泛切除术后造成的骨关节缺损,应进行复杂的个体化关节功能重建。

(四)预防与康复

早期诊断可望获得较好预后。随访内容包括体格检查、手术部位的影像学检查如X线、CT、MRI,以及胸部影像学检查等。

七、转移性骨肿瘤

(一)病因病理

转移性骨肿瘤(metastatic tumor of bone)是指其他部位的恶性肿瘤转移至骨骼的肿瘤。这些恶性肿瘤通过血液循环、淋巴系统转移到骨骼并逐渐生长,形成继发肿瘤,具有原发部位肿瘤的特点,转移部位肿瘤可以再转移。也有一小部分肿瘤直接浸润到骨骼,这种情况常伴有较大范围的软组织浸润。恶性肿瘤向骨转移形成的转移瘤是常见的恶性病变的生长表现形式,带给患者巨大痛苦,严重影响患者带瘤生存质量。由于骨骼内有大量的骨松质,血流丰富、流速慢,因此进入血液的恶性肿瘤细胞极易在骨内停留并生长。好发于中老年人,常见部位为脊柱。发生骨转移频度较高的肿瘤是乳腺癌、前列腺癌、肺癌等。转移瘤使骨强度降低导致病理性骨折,脊柱转移使椎体破坏、塌陷,椎管占位压迫脊髓及神经根导致剧烈根性疼痛、截瘫,继而衰竭死亡。

(二)诊断

1. 临床表现　疼痛是骨转移瘤的首发症状,而在早期疼痛又往往易于与骨科常见病如椎间盘突出症、肩周炎、骨关节炎等相混淆,早期瘤细胞浸润在骨髓内未破坏骨结构。肿瘤引起的疼痛常从间断变为持续,休息制动不能缓解,晚间明显,晚期剧痛需用止痛药。疼痛通常局限,但多个部位出现疼痛并不少见。疼痛会迅速加重,一般镇痛药可能无效。疼痛治疗效果不佳会导致许多临床并发症,包括焦虑和抑郁,从而进一步降低患者的生活质量。

2. 诊断要点　有身体其他部位恶性肿瘤病史,出现骨骼剧烈疼痛时应首先想到骨转移的可能,进行X线、CT、MRI及肿瘤标志物等实验室检查,可确定骨转移的存在。病理学检查除可确认转移性骨肿瘤的来源外,对原发病灶尚不清楚者的诊断具有意义。

(三)治疗

属 $G_2T_{1\sim2}M_1$。以姑息疗法为主,治疗目的是提高生存质量,延长寿命。可采用化疗、放疗、内分泌治疗和手术的综合治疗。放疗指征包括疼痛、病理性骨折风险以及脊髓压迫导致神经并发症。对于治疗疼痛的骨转移瘤有多种放疗分割模式。病理性骨折可做内固定,难以耐受的疼痛可行截肢术,截瘫者可做椎管减压术。但大多数骨转移瘤患者应考虑短期预后及生存期,手术应只限于术后恢复较快或潜在骨折风险会产生严重并发症的病例。长骨骨折、髋关节骨折、脊髓受累和周围神经压迫是手术指征。

(四)预后与康复

转移性骨肿瘤预后差。预后判断对于治疗方式的选择有重要指导作用。骨转移瘤患者的中位生存期在乳腺癌是 2~3 年,前列腺癌是 2 年,肺癌少于 1 年。骨骼并发症包括病理性骨折、脊髓压迫和高钙血症。这类患者大多需要姑息性放疗。所有癌症患者中,有 10% ~ 30% 会发生病理性骨折,长骨近端是最常见的部位,股骨占所有病例一半以上。患者治疗后需定期进行原发部位的体格检查、影像学检查以及胸部 CT 检查,同时行血常规及其他实验室检查,可考虑应用 PET 扫描或骨扫描进行监测。

(丰 哲)

复习思考题

1. 简述良、恶性肿瘤的主要鉴别诊断。
2. 切开活检必须遵从的重要原则有哪些?

第十六章

骨关节与肢体畸形

学习目标

了解先天性髋关节脱位和脊柱侧凸的病因病理,预防与康复;熟悉先天性髋关节脱位 Crowe 分型;掌握先天性髋关节脱位和脊柱侧凸的临床表现、诊断要点及治疗。

第一节　先天性髋关节脱位

先天性髋关节脱位(congenital dislocation of hip,CDH),是临床上常见的先天性畸形,是髋关节发育异常与某些附加因素导致股骨头脱出髋臼之外。我国的发病率为 1‰~3.8‰,北方较南方高。好发于女性,男女之比约为 1∶(4~6)。单侧多于双侧,左侧多于右侧。

一、病因病理

先天性髋关节脱位的病因迄今不明。为了探讨其发病原因,许多学者做了大量实验研究及人口调查工作。现已证实下列因素与先天性髋关节脱位的发病有关。

1. 遗传因素　早在 17 世纪,有学者就曾记述患先天性髋关节脱位的母亲,其子女有跛行,而且是女孩多于男孩。19 世纪末 20 世纪初人们已注意到本病的遗传因素,发现在先天性髋关节脱位患儿血缘亲属中,患有此病者占 20%~30%,直系亲属为 3%~4%。

2. 原发性髋臼发育不良及关节囊、韧带松弛　是本病的主要发病因素。典型先天性髋关节脱位都继发于这两个因素,许多学者研究证明,除畸型髋关节脱位外,典型先天性髋关节脱位的患儿,在胎儿期及出生后即有髋臼浅平、臼顶部发育不良、关节囊松弛等病理改变。随着年龄增长,一部分患儿发展成为完全性髋关节脱位。

3. 机械性因素　髋关节正常发育的前提是髋臼和股骨近端的正常发育,髋臼与股骨头保持良好的正常同心圆解剖关系。近年来,人们已开始注意到,胎儿在子宫内由于胎位异常或承受不正常机械性压力,可能改变甚至破坏了髋关节正常解剖关系,继而发生髋关节脱位。胎儿在宫内总是承受子宫、腹壁肌肉、羊水、胎盘的压力,如果胎位及羊水量正常,这些压力不致影响胎儿髋关节发育。相反,如果胎儿为臀位(特别是伸膝臀位),羊水少,胎盘位置异常,则可使髋关节承受异常压力而影响髋关节发育,造成先天性髋关节脱位。

先天性髋关节脱位的病理变化随患儿的年龄增长而有所不同。在患儿行走前,髋臼仅略见浅平,上缘倾斜,软骨大致正常,髋臼窝逐渐被脂肪及纤维组织填充,股骨头形态大致正常,但骨骺出现较晚,亦较正常为小。行走后由于缺乏正常压力刺激,髋臼发育迟缓而更显浅小,且形态异常,软骨退变,盂唇肥厚,内翻成为股骨头复位的障碍;股骨头受髂骨挤压,受压侧逐渐变扁,软骨退变甚至剥脱,髂骨部也形成假臼。股骨颈变短,前倾角增大,甚至达

90°。关节囊拉长增厚,高位脱位者关节囊形成中段狭窄、两头膨大的葫芦状,关节囊与髂骨及股骨头发生粘连。髋臼内横韧带上移且增厚紧张。圆韧带多撕裂或消失,尚存者则多成为一扁而长的纤维带,有时在股骨头上形成一显著压痕。髋关节的肌肉如内收肌、股直肌、髂腰肌、腘绳肌及臀肌等均发生短缩,臀中肌由于负重时股骨头进一步上移而变得松弛,不能稳定骨盆,导致摇摆步态的发生。以上继发改变也成为影响复位的因素。双侧先天性髋关节脱位时,由于双侧股骨头支撑点向后移位,致使重心前移,骨盆代偿性前倾,导致腰椎前突加大;单侧脱位时还可见骨盆侧倾和脊柱侧凸。

中医学认为本病与先天禀赋不足,肝肾亏虚、气血运行不畅、筋脉失养有关。

Crowe 等于 1979 年提出的分型能够较好地量化髋关节的半脱位程度,对临床手术决策具有重要指导意义。Crowe 分型包括四型:Ⅰ 型指股骨头移位距离小于股骨头高度的 50%,即小于骨盆高度的 10%;Ⅱ 型指股骨头移位距离在股骨头高度的 50%~75%,即骨盆高度的 10%~15%;Ⅲ 型指股骨头移位距离在股骨头高度的 75%~100%,即骨盆高度的 15%~20%;Ⅳ 型指股骨头移位距离超过股骨头高度的 100%,即超过骨盆高度的 20%。该分型的特点主要是对髋关节半脱位的程度进行了划分,把髋臼变浅或 CE 角(股骨头中心点的垂线和髋臼外侧边缘的夹角)增大等异常表现及 50% 以内的半脱位归为 Ⅰ 型,50%~75% 及 75%~100% 的半脱位划分为 Ⅱ 型及 Ⅲ 型,髋关节完全脱位改变归为 Ⅳ 型。

成人先天性髋关节脱位采用 Crowe 分型,对人工全髋关节置换术的术前规划有一定程度上的指导作用:Ⅰ 型可以进行髋臼的原位重建;Ⅱ 型髋臼骨缺损程度虽然会增加原位重建的难度,但可通过植骨来保证原位重建髋臼的骨覆盖,或把髋臼内移进行重建;Ⅲ 型常伴有严重的髋臼骨缺损,提示需要结构植骨方能较好保证原位髋臼重建,或可采用髋臼上移的方法进行重建;Ⅳ 型为完全脱位,真臼通常发育不良,需要采用小臼方能较好地进行原位重建,或可采用髋臼成形术等进行原位重建。

二、诊断

1. 临床表现　新生儿和婴儿期常因母亲发现患儿肢体活动不正常而就诊,可见大阴唇不对称,会阴部增宽,患侧臀部、大腿内侧及腘窝部皮肤皱褶增多、加深或双侧不对称。有时牵动患肢会出现弹响声或弹跳感。

幼儿期出现双下肢不对称,站立时臀部高耸,腰部前凸更为明显;患肢短缩,跛行,双侧脱位者出现典型摇摆步态,即所谓的"鸭步"。患髋多无疼痛,髋关节活动多不受限,内收肌严重挛缩者可有外展受限。

2. 诊断要点

(1)病史:对新生儿髋关节脱位的诊断除了注意上述临床症状外,还要了解患儿的产次、胎位、出生地、家族史等。

(2)症状与体征:单侧脱位患儿早期可以有臀纹、大腿纹不对称,但特异性不强。一侧髋关节内收。双侧脱位患儿会阴部变宽;单侧脱位患儿有下肢不等长;行走期双侧髋关节脱位的患儿有跛行步态,鸭步。蛙式外展试验、特伦德伦堡试验、望远镜试验、Allis 征等阳性。

(3)辅助检查

1)X 线检查:可观察到脱位侧股骨头骨化中心出现延迟、偏小,股骨头外移,距髋臼内缘较远,或股骨头上移,平齐甚至超过髋臼上缘,髋臼窝浅小,假臼形成等征象。Shenton 线中断、Perkins 方形显示股骨头不在内下象限。此外,还可通过 X 线片测量髋臼指数、CE 角,以了解脱位及髋臼发育不良的程度。

2)CT 检查:可良好显示股骨头脱位的位置,股骨头、髋臼形态,髋臼缺损的部位与程度,股骨颈前倾角的大小等情况,对大龄儿童需手术治疗者有助于手术方案的设计。

3)超声检查:具有较高的关节组织穿透性,能够直观、清晰、全面地显示髋关节解剖关系。此外,超声检查还可全面、动态评价髋关节的发育及病变过程,指导临床准确诊断,且无放射性损伤,操作简便无创,更适用于早期髋关节脱位的筛查。

典型的先天性髋关节脱位的诊断并不困难,特别是当患儿开始行走之后,表现跛行或摇摆步态,极易引起家长注意,但是此时诊断为时已晚。大多数学者认为,先天性髋关节脱位如及早诊断和治疗,能使患儿受益终身。如1岁以内给予治疗,大多可治愈。根据统计,约1/3的成人髋关节疼痛性骨关节炎是继发于先天性髋关节脱位的延误诊断及治疗。

辅助检查中,X线片在诊断中虽有重要作用,但对于新生儿髋关节脱位的诊断却并非首选,即使是年长儿童,如果照时患儿体位不正,也可显示出假象。正确的骨盆X线片投照方式应该是双下肢并拢,双髋屈曲30°。

3. 鉴别诊断 本病需要注意和病理性髋关节脱位、麻痹性髋关节脱位、痉挛性髋关节脱位、先天性髋关节内翻等疾病鉴别。

(1)病理性髋关节脱位:这是髋关节细菌感染导致的后遗症,患儿一般先有发热、下肢长期不活动等情况,一段时间后X线片可发现髋关节脱位、股骨头骨骺缺如或变形,需手术治疗。

(2)麻痹性髋关节脱位:为脊髓灰质炎后遗症。曾有发热史,患肢肌肉萎缩及畸形、瘫痪,因髋关节周围肌肉麻痹萎缩引起,多为半脱位。

(3)痉挛性髋关节脱位:多为早产、窒息或出生后脑病引起,有半身瘫痪或截瘫,运动发育落后。多为半脱位,可逐渐发展为全脱位。

(4)先天性髋关节内翻:为先天性骨骼发育不良导致的疾病,患儿也可表现为跛行、外展试验阳性。但X线片有其特征性改变,如股骨颈干角变小,股骨头下有三角形碎片等。

(5)多发性关节挛缩症合并髋关节脱位:多发性关节挛缩症是因肌肉、关节囊及韧带纤维化,引起以全身多个关节僵直为特征的综合征。这类患者除了髋关节脱位外,还可能合并膝关节脱位、马蹄内翻足、腕关节屈曲挛缩等畸形。

三、治疗

先天性髋关节脱位的治疗要根据不同年龄,采用不同方法。总的原则是早期诊断、早期治疗。早期治疗方法简单,患儿痛苦小,效果好,并发症少。2~3岁以内的患儿主要采用非手术治疗,即闭合复位后,用蛙式石膏或支具外固定稳定复位后的髋关节。3岁以上患儿应采用手术治疗。非手术与手术治疗的年龄界限固然重要,但并非一成不变,若非手术治疗不成功应选择手术治疗。即使年龄<3岁,但髋关节病变严重也应考虑放弃非手术治疗。也有学者主张出生后18个月是非手术治疗与手术治疗的"分界线"。按不同年龄组分述治疗方法如下:

1. 6个月以内 出生至6个月龄的患儿,大量临床实践证明,这一年龄组是非手术治疗的最佳时期。绝大多数病例治疗后可获得满意效果。

如在婴儿期发现,可不需手法复位,只应用简单的柔软支架如外展尿枕、连衣挽具保持双髋关节屈曲、外展位置,6~8周即可治愈。连衣挽具是公认的有效治疗方法,但它的最佳适应证为出生后0~6个月龄。其治疗成功率可达85%~95%。

如应用连衣挽具6~8周后,髋关节毫无复位的征象则应放弃此法,选用其他方法如支具等外固定器具。这些支具的优点是简单易行,既能保持髋关节屈曲外展位置,又允许髋关节有一定活动范围。这样,既有利于髋关节发育,又能降低股骨头缺血性坏死的发生率。

2. 6~18个月　该年龄组的病理特点为脱位已为持续性,软组织挛缩明显,难以通过支具自然复位。治疗包括术前牵引、内收肌切断术、闭合复位,若闭合复位失败,应切开复位。闭合复位后行蛙式石膏固定,将髋关节固定于屈髋 90°~95°,外展 40°~45°位,固定 4~6 个月,2~3 个月更换一次石膏,并逐步减小外展角度。切开复位者石膏固定 3 个月后,拆除石膏并改用外展支具全天固定 3 个月,然后于睡眠时间佩戴 1~2 年,直至髋关节发育正常。

3. 18个月至3岁　随着年龄增大、体重增加、髋关节周围软组织挛缩进一步加重,仅少数患儿仍可闭合复位,切开复位是这一年龄阶段主要的治疗方法,同时对存在的髋关节发育不良,应结合股骨截骨术、骨盆截骨术加以矫正,以增加术后髋关节的稳定性,术后石膏固定 2~3 个月。

4. 3~8岁　此年龄组患儿的髋臼及股骨头已显著变形,关节周围软组织也发生适应性短缩,已不能闭合复位,需要进行切开复位。复位困难者需同时进行股骨短缩截骨,并外旋股骨远端以矫正过大的前倾角。髋臼发育不良应结合骨盆截骨术或髋臼造盖术加以矫正。常用的截骨方式包括股骨近端旋转截骨、骨盆内移截骨、骨盆旋转截骨及髋臼旋转截骨等。术后石膏固定 2~3 个月。

5. 8岁以上　大于8岁的患者,即使通过手术达到复位及髋关节相对稳定,但远期骨性关节炎难以避免。虽然如此,对单侧脱位者12岁以前也应尽可能考虑通过前述措施予以治疗,因为大于12岁的儿童,此年龄组患儿接近成年,髋关节的骨性、关节软骨、软组织病变已成为"不可逆"改变。针对这一年龄组患儿的治疗,国内外大多数学者认为不必过度追求关节同心圆复位,可采取比较姑息的手术,如原位造盖术、骨盆内移截骨等。即便手术,术后关节僵直、股骨头坏死、再脱位等并发症发生率也很高,待成年以后如出现显著疼痛及活动障碍,再进一步治疗。

四、预防与康复

本病早期诊断、早期治疗是关键。诊断、治疗越早,所采用的方法越简单,疗效越好,并能获得功能和发育接近正常的关节。髋关节屈曲、外展固定时,注意预防股骨头坏死。

第二节　脊柱侧凸

脊柱侧凸是指脊柱在冠状面上一个或多个节段偏离身体中线向侧方形成弯曲,多半还伴有脊柱的旋转和矢状面上后凸或前凸增加或减少、骨和骨盆的旋转倾斜畸形以及椎旁韧带肌肉的异常。脊柱侧凸好发于青少年,尤其是女性,常在青春发育前期发病,在整个青春期快速进展,成年期则进展缓慢,有时则停止进展。国际脊柱侧凸研究学会对脊柱侧凸的定义如下:应用 Cobb 法测量站立正位 X 线片的脊柱侧方弯曲,测量上终椎上缘延长线的垂线与下终椎下缘延长线的垂线相交所形成的角,如果角度大于 10° 则定义为脊柱侧凸。

一、病因病理

脊柱侧凸按病因可分为结构性和非结构性两种,非结构性脊柱侧凸一般无脊柱自身的器质性病变,当临床上消除这些特殊因素,患者的侧凸往往能获得矫正。本类型临床上最多见的当属姿势性侧凸,一般因长期处于特定姿势所致。此外,临床常见的一些压迫神经根的脊柱疾病也可引起脊柱侧凸,如腰椎间盘突出症、脊柱肿瘤等。同时,还有一系列患者属于双下肢不等长,进而导致脊柱侧凸。上述几种类型均为临床常见,有着明确的致病因素,因脊柱一般无显著器质性改变,只需通过纠正特殊姿势、双下肢不等长,及解除椎体神经根压迫等治疗,即可达到良好的矫正效果。结构性脊柱侧凸分为特发性脊柱侧凸、先天性脊柱侧凸、神经肌肉性脊柱侧凸、神经纤维瘤病合并脊柱侧凸、间质病变导致的脊柱侧凸、后天获得性脊柱侧凸及其他原因(如代谢、营养或内分泌等原因引起)。青少年特发性脊柱侧弯是我国目前最常见的脊柱侧凸类型,占总数的 75%~80%。根据其发病年龄又分为婴儿型(0~3岁)、少儿型(3~10岁)及青少年型(10岁后)。

二、诊断

1. 临床表现　脊柱侧凸主要表现为一个或数个节段向侧方弯曲或伴有椎体旋转的脊柱畸形。随年龄增加弯曲逐渐加重,进而影响身体平衡,严重者影响呼吸、心脏功能,甚至出现神经压迫及瘫痪现象。

2. 诊断要点

(1)病史:由于脊柱侧凸的病因多样,可详细询问患者的年龄、神经肌肉功能、骨骼发育、创伤和遗传因素的有关病史。

(2)症状与体征:早期侧弯畸形常不明显,不易引起注意,生长发育期,侧凸畸形发展迅速,可出现身高不及同龄人。脊柱侧凸早期表现有双肩高低不平,脊柱偏离中线,肩胛骨一高一低,一侧胸部出现皱褶皮纹,前弯时双侧背部不对称,脊柱 Adam 前屈试验阳性,侧凸严重者可出现"剃刀背"畸形,影响心肺发育,反复出现呼吸困难及呼吸道感染症状。由于椎体骨骼畸形发育,将对脊髓神经造成牵拉或压迫并出现神经症状。

脊柱侧凸也可合并脊柱以外的畸形,如先天性心脏病、足部畸形、泌尿系统畸形等。部分类型脊柱侧凸还合并咖啡斑、皮下脂肪瘤或血管瘤等症状。老年退变性脊柱侧凸可能合并腰椎管狭窄,伴有腰腿痛、间歇性跛行等症状。

(3)辅助检查

1)X线:X线片检查最为重要,一般借助 X 线片就可以区别侧凸的原因、分类以及弯度、部位、旋转、骨龄、代偿度。直立位全脊柱正侧位像是诊断的最基本手段。照 X 线时必须强调直立位,不能卧位,应包括整个脊柱。若患者不能直立,宜用坐位像,这样才能反映脊柱侧凸的真实情况。

2)CT:全脊柱 CT 扫描可以更清楚地看到脊柱侧凸的细节,其中经椎弓根平面的图像可进行椎体测量,对术中置入椎弓根螺丝钉的长度和方向有很好的指导意义。另外,CT 还可及时发现椎管内存在的骨性畸形,如脊髓骨性分隔等,而普通 X 线检查并不能发现椎管内的骨性分隔。CT 三维重建还可更加全面观察畸形部位和形态,有利于发现畸形中的细节,包括半椎体的大小和范围等。

3)MRI:MRI 可以清楚显示脊髓的形态和位置,发现脊髓有无纵裂、栓系、空洞,以及小脑扁桃体下疝畸形等。这些畸形常需在侧凸矫形前先进行神经外科处理,否则可能会增加侧凸矫正风险。

脊柱侧凸是危害青少年和儿童的常见病,体征和症状通常在青春期出现。脊柱侧凸的患者通过临床症状、体征及 X 线检查,诊断并不困难。

3. 鉴别诊断　可与脊髓空洞症相鉴别。脊髓空洞症患者,常出现单侧上肢与上胸节之节段性感觉障碍,常以节段性分离性感觉障碍为特点,痛、温觉减退或消失,深感觉存在,该症状也可为两侧性。严重者可出现 Horner 综合征。MRI 可清晰显示空洞的位置、大小、范围以及严重程度。

三、治疗

本病多见于青少年,宜尽早干预,多数脊柱侧凸通过早期、积极、有效的治疗可以纠正。如果未能早期发现或进行恰当治疗,其病理变化将会继续发展,并引起许多继发改变,使治疗增加困难,甚至需要手术治疗。

1. 中医手法　以正骨推拿手法干预脊柱侧弯是目前运用比较广泛的中医外治方式,通过推拿手法松解侧弯区域附近的肌肉附着点,通过正脊手段将弯曲部位进行矫正,最大限度地对脊柱侧弯进行干预。

2. 非手术支具治疗　支具治疗仅对骨骼生长尚未停止的患者有效。本法的治疗是根据脊椎侧弯的严重程度和 Risser 征来判断骨骼生长潜能。Risser 征分度:在骨盆的正位 X 线片上,将髂前上棘到髂后上棘的总长度分为四段,从前向后测量,前 1/4 有骨骺出现的为 Ⅰ 度,前 1/2 出现的为 Ⅱ 度,以此类推,3/4 者为 Ⅲ 度,4/4 者为 Ⅳ 度,骨骺完全融合者为 Ⅴ 度。对于生长潜能不足,如 Risser 征 > Ⅴ 度或月经已超过 1 年的患者,支具通常已无明显效果,所以对发育未成熟的患者,特别是 Risser 征 < Ⅰ 度和月经未开始的患者,如初诊时 Cobb 角已达 30°,支具治疗应立刻开始。对于 Cobb 角为 20°~30° 的患者,如果证明每年有 5° 的进展,也应支具治疗。如初诊时 Cobb 角 < 20°,可随访观察。对于初诊时外观畸形已非常严重又有高度进展危险的患者,支具治疗效果差,可以考虑手术。需要注意的是,伴胸椎明显前凸的患者,支具虽可控制侧凸进展但有可能加重胸椎前凸,使胸腔前后径进一步增大。另外,在评估患者的生长发育情况时,应根据骨龄、Risser 征、椎体环状骨、月经史、第二性征等进行综合评价,有时在年龄、Risser 征与月经史之间可能出现时间上的不相符。

常用的支具包括两种:Milwaukee 支具和 Boston 支具。

(1) Milwaukee 支具:主要适用于胸廓尚未发育好的患者,是目前临床证明最为有效的支具,并对胸廓、乳房发育影响小。但是由于其具有颈圈,使得支具的外观难以接受。优点:由于开口的设计及压垫是附在垂直金属条上,能最低限度地限制呼吸,空气循环好,可在较热的气候下佩戴。压垫位置可根据患儿成长及弯曲情况进行调整。此种支具对 T_7 以上的侧凸,包括双侧凸有效。缺点:主要是患者的心理障碍。由于颈圈显露在外,很多患者不愿接受,尤其是女孩子。下颌垫可能引起牙齿畸形,在治疗腰段脊柱侧凸时,如因压垫和垂直金属条轮廓不适,会出现前导力过大而引起后凸不足。佩戴支具进行体育活动或跌倒时,颈圈对孩子是有危险的。

(2) Boston 支具:适用于顶椎在 T_{10} 以下的脊柱侧凸,优点:由于没有像 Milwaukee 支具的颈圈及垂直金属条,且支具被衬衣掩盖,故易被患者接受。支具的佩戴,对生活及外观无影响,对患儿无危险。由于支具内面衬有泡沫塑料,减少了压力所造成的不适,并能更好地固定支具。缺点:随着患者年龄的增长及身材变高,需不断更换合适支具,由于通风较差,可引起皮疹及痱子,可以在支具上打小孔透气的方法来克服。

3. 手术治疗　对于生长潜能不足,例如 Risser 征 > Ⅳ 度或月经已超 1 年的患者,支具效果不佳,如患者畸形严重或进展较快,可考虑手术治疗,适时手术器械矫形固定融合仍是目前脊柱侧凸治疗的有效方法。

(1) 手术适应证:侧弯大于 50°;侧弯大于 40°,且每年进展 > 5°;侧弯在 40°~50°,且患者发育未成熟;支具治疗不能控制,侧弯快速进展者;腰背疼痛明显或者有神经压迫症状者。

(2) 手术的选择:手术目的是防止畸形进展、恢复脊柱平衡,尽可能矫正畸形,尽量多地保留脊柱的活动节段以及防止神经损害。目前最为常用和成熟的技术为三维矫形技术和椎弓根螺钉固定技术,通过该技术,患者一般可以获得良好的手术矫形,而矫形程度的确定要考虑患者脊柱和脊髓的耐受性,过分矫正容易导致内固定失败,增加手术并发症发生率,甚至引起神经损害和瘫痪。一般来说,特发性脊柱侧凸的矫正率可达到 60%~80%。此外,对于年幼患者,还可采用生长棒内固定,从而减轻手术对患者生长发育的影响。

四、预防与康复

治疗 1 年后,如侧凸能减少 50%,可开始逐渐减少佩戴时间并随着 Risser 征分级度数的增加,可仅在夜间佩戴。如侧凸又开始增加 5°以上,则需增加佩戴时间。大部分患者戴支具需至 Risser 征Ⅳ度以上、椎体环状骨闭合和月经后 2 年,支架的治疗方案因人而异,常需根据侧凸进展情况和发育状态随时调整。有些患者需戴至骨骼发育完全成熟。为了增加患者对支具的耐受性和让患者在较大的纠正状态下开始支具治疗,一般先进行牵引下去旋转矫形石膏(EDF 石膏)治疗 2 个月,再更换一次石膏治疗 2 个月,然后开始支具治疗。

脊柱侧凸患者一般需要定期进行复查,了解侧弯进展情况,严格遵从医嘱佩戴支具,按时调整或更换支具,并进行康复锻炼,建议在家人或朋友的陪同下进行,以防运动过度或意外发生。对于重度侧凸患者,不但要关注其病情变化,同时需要观察其心理情况,让其保持积极乐观的心态,配合治疗。

(丰 哲)

复习思考题

1. 试述先天性髋关节脱位与股骨头坏死的鉴别。
2. 浅析青少年脊柱侧凸的发病与中医"筋骨平衡"学术思想的关系。

主要参考书目

1. 韦以宗. 中国骨科技术史[M]. 2 版. 北京:科学技术文献出版社,2009.
2. 冷向阳,王拥军. 中医骨伤科学基础[M]. 2 版. 北京:人民卫生出版社,2021.
3. 詹红生,刘军. 中西医结合骨伤科学[M]. 北京:中国中医药出版社,2021.
4. 陈孝平,汪建平,赵继宗. 外科学[M]. 9 版. 北京:人民卫生出版社,2018.
5. 黄桂成,王拥军. 中医骨伤科学[M]. 北京:中国中医药出版社,2021.
6. 马勇,毕荣修. 中医筋伤学[M]. 2 版. 北京:人民卫生出版社,2021.
7. 詹红生,杨凤云. 中医骨伤科学[M]. 3 版. 北京:人民卫生出版社,2021.
8. 童培建,郑晓辉. 创伤急救学[M]. 2 版. 北京:人民卫生出版社,2021.
9. 何伟. 中西医结合骨伤科学[M]. 广州:广东高等教育出版社,2007.
10. 丁文龙,刘学政. 系统解剖学[M]. 9 版. 北京:人民卫生出版社,2018.
11. 柏立群,罗毅文. 中医正骨学[M]. 2 版. 北京:人民卫生出版社,2021.
12. 赵文海,张俐,温建民. 中医骨伤科学[M]. 北京:科学出版社,2017.
13. 詹红生,冷向阳,谭明生. 中医骨伤科学[M]. 2 版. 北京:人民卫生出版社,2021.
14. 王拥军,冷向阳. 中医骨伤科学临床研究[M]. 2 版. 北京:人民卫生出版社,2016.
15. 赵文海,詹红生. 中医骨伤科学[M]. 2 版. 上海:上海科学技术出版社,2020.
16. 施杞. 中医骨内科学[M]. 北京:人民卫生出版社,2018.
17. 张俐,黄俊卿. 中医骨病学[M]. 2 版. 北京:人民卫生出版社,2021.
18. 徐展望,郑福增. 中医骨病学[M]. 北京:中国中医药出版社,2021.
19. 林定坤,刘军. 中西医结合骨伤科学[M]. 3 版. 北京:科学出版社,2017.
20. 徐林,刘献祥. 中西医结合骨伤科学临床研究[M]. 北京:人民卫生出版社,2017.

复习思考题
答案要点

模拟试卷